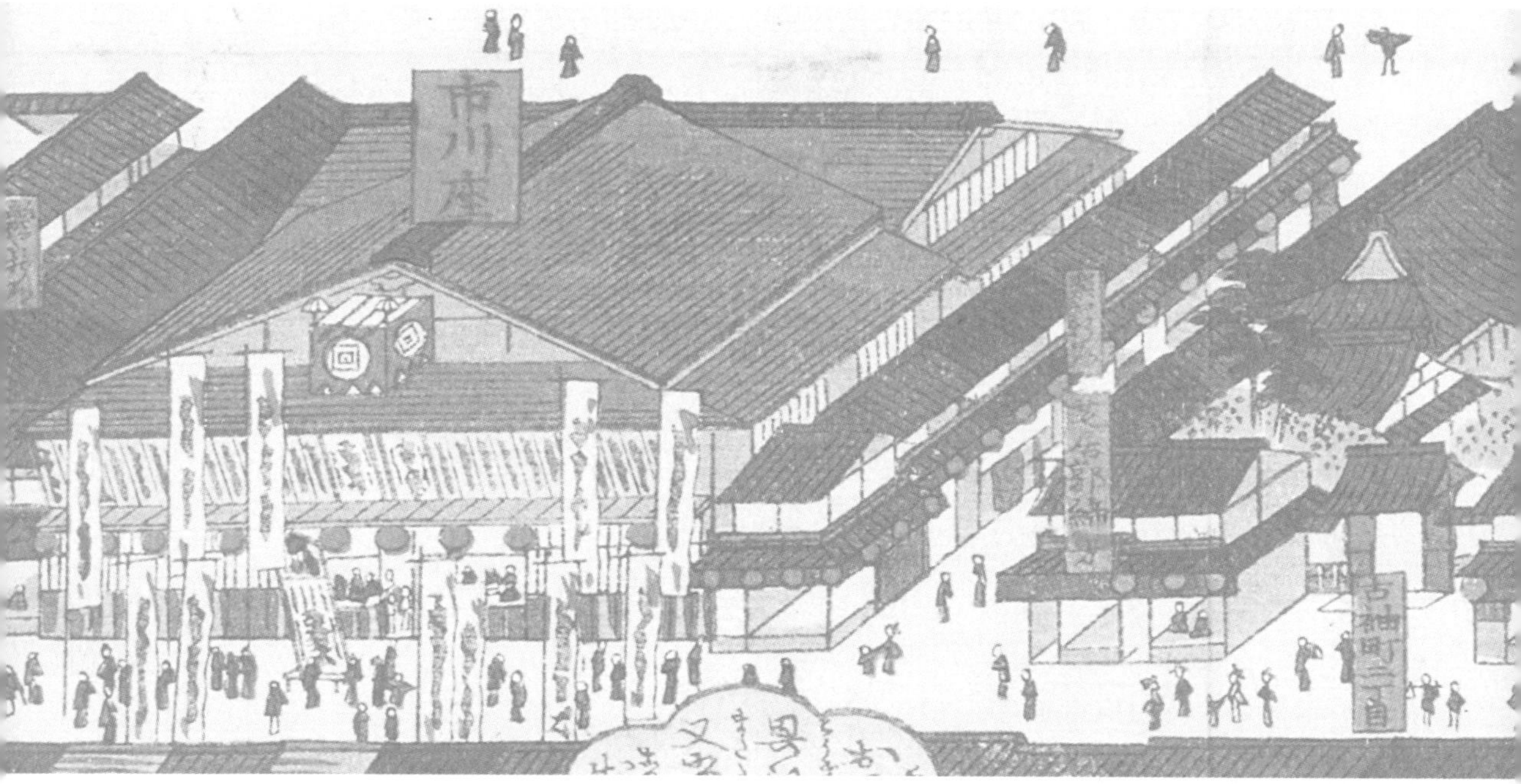
市川座

国立劇場近代歌舞伎年表編纂室 編

近代歌舞伎年表

名古屋篇

第十一巻

大正八年〜大正九年

八木書店刊

函・見返しの図は「古袖町芝居郭略図(部分)」(国立劇場所蔵)

目次

二月

長栄座469　三栄座470　千歳劇場471　大黒座473　中央劇場475　新守座476　三栄座478　三栄座480　蓬座481　高砂座482　千歳劇場483
京枡座469　中央劇場470　湊座471　京枡座473　三栄座475　歌舞伎座476　中央劇場478　千歳劇場480　歌舞伎座481　蓬座482　帝国座484
高砂座469　蓬座471　蓬座473　末広座474　大黒座475　大黒座476　宝生座478　御園座480　大黒座481　末広座482　歌舞伎座484
御園座470　大黒座471　京枡座473　御園座474　千歳劇場475　高砂座477　蓬座479　蓬座480　高砂座481　大黒座483　新守座484
三栄座470　国技館471　新守座473　京枡座474　帝国座475　帝国座477　大黒座479　国技館480　京枡座482　宝生座483
帝国座470　高砂座471　歌舞伎座473　三栄座474　港座476　京枡座477　高砂座479　新守座481　国技館482　寿座483
京枡座470　寿座473　蓬座475　蓬座476　京枡座480　帝国座481　三栄座482　大黒座483

十月

京枡座486　宝生座487　高砂座488　御園座490　南劇場491　高砂座493　高砂座494　中央劇場495　三栄座496　歌舞伎座499　中央劇場500
三栄座486　御園座487　千歳劇場489　蓬座490　蓬座491　蓬座493　御園座494　蓬座495　末広座496　高砂座499　御園座501
大黒座486　蓬座487　中央劇場489　歌舞伎座490　京枡座491　京枡座493　京枡座494　三栄座495　蓬座498　帝国座499　蓬座501
高砂座487　京枡座488　帝国座489　三栄座490　大黒座491　千歳劇場493　国技館494　高砂座496　大黒座498　御園座499　三栄座501
中央劇場487　大黒座488　京枡座489　新守座490　帝国座492　歌舞伎座494　大黒座495　帝国座496　高砂座498　京枡座500　高砂座501
帝国座487　蓬座488　寿座489　寿座491　三栄座492　新守座494　高砂座495　宝生座496　千歳劇場499　寿座500　宝生座501
寿座488　帝国座491　末広座492　京枡座496　新守座500　御園座501

凡例

収録対象範囲

〔地域〕

名古屋市内。

〔年代〕

明治元年(慶応四年)から昭和二十二年まで。

〔劇場〕

恒常的に演劇を興行していたと認められる劇場。なお、映画専門館等に転じたものも、その年内一杯は対象劇場とした。また、人形浄瑠璃専門劇場・寄席等は原則として除外した。

〔興行〕

前記劇場において催されたすべての興行。ただし、演劇については、それ以外の場所において興行されたものも収録対象とした。なお、寄席、見世物等・映画専門館における実演等も年によっては、各年末に一覧表の形で付した場合もある。

〔記事概要〕

歌舞伎を中心とした芸能興行記録、及びその周辺記事(劇界記事)。

〔興行記録記載範囲〕

歌舞伎　①興行年月日・開演時間　②劇場　③上演順　④演目
⑤角書・語り等　⑥幕数・場数　⑦場割　⑧配役
⑨邦楽演奏者　⑩振付師　⑪作者等　⑫演出家・監修者等
⑬舞台美術関係者　⑭狂言作者・狂言方　⑮頭取・頭
⑯名代・興行人等　⑰口上　⑱観劇料　⑲典拠

歌舞伎以外　①興行年月日・開演時間　②劇場　③上演順　④演目
⑤幕数・場数　⑥出演団体・主な出演者　⑦芸能分野
⑧作者等　⑨演出家・監修者等　⑩舞台美術関係者
⑪典拠

ただし、歌舞伎以外の興行であっても、歌舞伎俳優が出演している興行については、歌舞伎に準じて扱った。

配列

〔興行記録〕

初日の年月日順。「吉日」など初日の判明しないものは、同じ月の中で初日の判明しているものの後に掲載した。ただし、前後の興行との関連から興行の順番が推測できるものはこの限りではない。なお、同一劇場で初日が「吉日」とあり、前後関係が不明なものは、座組、番付板面の状況等を考慮し配列した。初日が同一の場合は、劇場名による五十音順にしたがって配列した。

〔劇界記事〕

発生日付順。ただし、長期にわたる記事や複数の関連記事は、適宜統合して適当と思われる日付のもとに掲載した。また、期日を特定できない記事も、典拠資料の発行日によって適当と思われる箇所に配列した。

記載方法

〔立項〕

一興行について、一項目とした。ただし、番付を典拠資料としたもののうち、興行年月などが同一で、興行の前後関係が不明のものについては、同一項目に併記したものもある。また、新聞の予定記事のみで、何の傍証のない興行に関しても、原則として、興行の可能性が極めて小さいものを除き、立項した。

〔興行年月日〕

初日・楽日のうち、新聞等の予告記事によるものは、日付を（　）に入れて表示した。また、典拠資料中の書入れに興行年月日についての記載がある場合は、備考欄で触れたものもある。

〔開演時間〕

「開演」「開場」などの語や時間を表す語は、典拠資料中にある表記をそのまま用いた。また、新聞等に開演時間についての記載がある場合は、備考欄で触れたものもある。

〔劇場名〕

劇場名は、典拠資料中にある表記をそのまま用いた。したがって、各劇場の名称は統一されていない。また、劇場名に付随する劇場所在地名（古袖町・大須など）は、他の劇場と混同する虞れのない限り、原則として省略した。

〔上演順〕

上演の順序を表す語は、典拠資料中にある表記をそのまま用い、記載のない場合は空欄とした。

〔演目名〕

上演された演目名・浄瑠璃名題・劇中劇の演目名などを記した。歌舞伎以外の興行においては、その興行自体に付けられた名称を演目名の扱いで掲出し、個々の演目名を小さく扱ったものもある。なお、興行自体に付けられた名称が、不詳の場合は典拠資料中の演者及び演目等から芸能分野名を推定し、それを（　）に入れて表記した。

〔角書・語り等〕

典拠資料中における体裁の再現に努めたが、語りの長いものは、【語り】と項目名を立てて書き流しにした。

〔幕数・場数〕

原則として典拠資料中にある表記をそのまま用い、演目名の下に記した。

〔場割〕

場数の少ない場合は演目名の下に記したが、多い場合は、【場　割】と項目名を立てて書き流しに記した。

〔配役〕

一、典拠資料に「役人替名」などの語がある場合を含めて、【配　役】として項目を立てた。

二、上に役名、下に俳優名を配したが、一人の俳優が複数の役を勤めている場合、二役目以降の俳優名は省略した。ただし、典拠資料において各幕ごとに配役が記されている場合は、二役目以降にも俳優名を記した。また、役名・俳優名が一行におさまらない場合は、俳優名を前の行に記した。なお、典拠資料の配役欄に一つ書きがある場合、これを省略した。

三、上下二段に組まれている役割番付の配役は、上段の右から左、下段の右から左の順に記し、上段と下段の境界を…………で示した。この他に、別紙によって配役が補ってある場合には、さらに…………を入れ、別紙である旨を示して併載した。

四、番付等において庵に入っている配役、別枠で囲まれている配役などは、それぞれ俳優名を、庵形・長方形等の罫で囲み、典拠資料中の位置にしたがって適宜配置した。

五、番付等において複数の役名の下の中央に俳優名が筆太に一行書きされている場合（一本書き）は、俳優名の両側を罫で挟んで示した。ただし、配役欄全体が一本書きされている特殊な場合は、通常の記載方法により、その旨を備考で触れた。

六、番付等において極細の字で記されている配役については、一部を除いて省略した。

〔出演団体名・出演者名〕

歌舞伎以外の興行の場合は、配役を省略し、出演団体名または主な出演者名を記した。ただし、人形浄瑠璃の興行で、『義太夫年表　明治篇』『義太夫年表　大正篇』『文楽興行記録　昭和篇』に掲載されていないものについては、この限りではない。

〔芸能分野名〕

歌舞伎以外の興行及び歌舞伎に準じて扱った興行において、典拠資料中にその興行の芸能分野を示す記載がある場合は、原則として典拠資料中の表記にしたがって、その分野名を《　》に入れて記した。

〔邦楽演奏者名〕

邦楽演奏者名は、邦楽の種別ごとに項を立てて連名を記した。囃子方は、便宜上長唄に含まれるものとして扱った。

〔作者名等〕

典拠資料中に作者・原作者・脚色者等文芸関係者名の記載がある場合は、演目名の右側に記した。

〔演出家名・監修者名等〕

典拠資料中に演出家・監修者・舞台監督等の記載がある場合は、演目名の右側に記した。

〔舞台美術関係者名等〕

典拠資料中に舞台美術・意匠・考証等の記載がある場合は、演目名の左側に記した。

〔狂言作者名等〕

「狂言作者」「狂言方」等の名称は、典拠資料中の表記をそのまま用いた。

〔名代等〕

「名代」「興行人」等の名称は、典拠資料中にある表記をそのまま用いた。また、典拠資料の配役中に「太夫本」「座本」などが記されている場合は、配役欄の該当箇所に記載した。

〔口上〕

典拠資料中に口上の記載がある場合は、項を立てて全文を記した。ただし、興行にあたっての単なる挨拶程度のものは省略したものもある。

〔観劇料〕

典拠資料中の表記の如何に関わらず全て【観劇料】として項を立てた。

〔典拠資料名〕

典拠資料のうち、興行に直接関連して発行された印刷物の名称は、便宜上左記のように区分した。

番　　付　一枚刷りで、配役が記載されているもの。

絵本番付　冊子もので、木版刷りのもの。

筋　　書　冊子もので、あらすじの記載されているもの。

簡易筋書　簡略な冊子、または一枚刷りの二つ折りで、あらすじが記載されているもの。

プログラム　一枚刷りで、あらすじが記載されていないもの。

チ ラ シ　A4判位までの一枚刷りで、主として宣伝を目的としているもの。

典拠資料のうち、前記以外のものは、新聞・雑誌・各種文献類である。新聞に関しては紙名と日付、雑誌に関しては誌名と発行年・号数・頁数等、文献類に関しては書名および必要に応じて頁数を記した。

〔改訂版〕

筋書・プログラム等で初日間近に出されたものと、その興行期間中に出された改訂版とでは、異同が見られるケースがある。この場合は異同箇所に番号を付し、〔改訂版〕の項を立て、各個にその異同を示している。

〔興行一覧表〕

各年度の初めに「興行一覧表」を掲載した。記号はそれぞれ左記のとおりであり、記号に付した数字は、初日・楽日の日付を表している。黒い記号は、歌舞伎及び歌舞伎に準ずるもの（芸妓芝居・子供芝居等）を示す。

	歌舞伎	その他
初日＝不詳 楽日＝不詳	●	○
初日＝判明 楽日＝判明	▮	▯
初日＝判明 楽日＝不詳	▼	▽
初日＝推定 楽日＝推定	⬢	⬡
初日＝推定 楽日＝不詳	◆	◇

用字

〔漢字〕

一、常用漢字表・人名用漢字表に収録されているものは、その字体を用いた。

二、その他は通行の字体を用いたが、典拠資料中の表記にしたがって複数の字体を併用したものもある。

〈例〉雁─鴈　蓑─簑　次─二、治　灯─燈　壇─檀　杯─盃

阪─坂　竜─龍　芦─蘆

三、演目名以外の数字・日付・数詞等は、左記のように改めた。

〈例〉壱→一　弐→二　参→三　拾→十　廿→二十　卅→三十

零一→一　正月→一月　朔日→一日　戔・箋→銭

〈仮名〉

一、ひらがな・カタカナは、典拠資料中の表記にしたがった。ただし、新聞資料等のひらがな文脈における「ハ、ミ、ニ」はひらがなに改めた。

二、変体仮名や仮名の合字は、演目名などに用いられている場合を除き、通行の仮名に改めた。ただし、「江」については、仮名に改めなかった。

三、「エ門」「ヱ門」は「衛門」に、「兵へ」「兵エ」「兵ヱ」は「兵衛」に、それぞれ改めた。

〈その他の文字〉

一、漢字の合成字や記号のような文字は、典拠資料中の文字を再現した。

〈誤刻・誤植〉

一、明らかに誤刻・誤植と思われる箇所は、編者の判断で改めた。判断しかねる場合は、（ママ）と傍注した。

二、慣用的な誤字は典拠資料中の表記をいかした。

〈例〉玄番　主悦　無官太夫　鎌丈　靭負

〈難読箇所〉

一、破損等の理由で判読できない箇所は、□□□あるいは［　　］で示した。また、あるべき箇所に役名・俳優名などがない場合は、［　］（空白）とした。

〈ルビ〉

一、典拠資料において演目名にルビの振られているものは、原則としてルビを振った。演目名以外の箇所におけるルビは、特殊な読み方をしているものや難読なものを除いて省略した。

二、番付・筋書等興行資料のルビは、原文のままとした。

三、演目名のルビに判読不可能な箇所、明らかに空白の箇所がある場合は、□または［　］を用いて示した。

〈引用等〉

一、新聞・法令等からの引用にあたっては、読解の便を図るため、適宜句読点等を施すとともに、原文中の句読点の一部を改めた。ただし、番付・筋書等興行資料における口上等については、原文のままとした。

二、外題・役名・引用文等には人権に関わる用語が使われている場合がある。年表としての資料的性格を考えて原本の通りに翻刻したが、利用者各位には、人権問題の正しい理解にもとづいて活用して下さるようにお願いしたい。

本巻について

〈収載年代〉

本巻（第十一巻）には、大正八年から大正九年までを収載した。

〈典拠資料─番付等─〉

本巻の興行記録の典拠、参考資料として扱った番付資料については、形式が第九巻と差異がない為省略する。第九巻の凡例4～10頁を参照されたい。

〈典拠資料─新聞・雑誌─〉

本巻で典拠として使用した新聞・雑誌には欠号があることを考慮されたい。

「演芸画報」

「新愛知」

「新演芸」

「名古屋新聞」

〔参考文献一覧〕

『中車藝話』　築地書店
『名古屋女子大学所蔵　芝居番付資料目録』　名古屋女子大学図書館
『国会図書館所蔵　上方歌舞伎番付目録』近世篇
　園田学園女子大学近松研究所
『愛知県の地名』日本歴史地名大系23
『角川地名大辞典』23愛知県
『近代歌舞伎年表』大阪篇　全9巻　八木書店
『近代歌舞伎年表』京都篇　全10巻・別巻　八木書店
『義太夫年表』近世篇　全5巻6冊　八木書店
『義太夫年表』明治篇　義太夫年表刊行会
『義太夫年表』大正篇　義太夫年表刊行会
『中京芸能風土記』関山和夫　青蛙房
「名古屋芸能史」前・後編　名古屋市教育委員会
『名古屋叢書』第17巻　風俗藝能編(2)　校訂復刻
　愛知県郷土資料刊行会
『名古屋市史』第9巻　風俗篇　愛知県郷土資料刊行会
『新修　名古屋市史』第6巻　名古屋市
『歌舞伎座百年史』本文篇上巻・資料篇　松竹、歌舞伎座
『御園座七十年史』御園座

〔刊行企画者〕

服部幸雄　松井敏明

〔資料収集担当者〕

北潟喜久　久保田伸子　福田和彦

〔翻刻担当者〕

本巻の番付・筋書等興行資料の翻刻作業担当者は左記のとおりである。
（五十音順）
及川章子　小倉三知　鍛治聖子　小早川純子
小林陽子　宍戸晶子　蔀美恵子　品川隆重
丹治悦子　中村薫子　西沢睦子　藤尾真一

〔作業担当者〕

本巻の編集作業担当者は左記のとおりである。（五十音順）
編集統括
劇界記事編集　中川俊宏
編集　赤尾光代　氣多恵子　小林元江　中野優子
　中村利恵　配川美加　三浦広平　安冨　順
新聞記事整理　濱口久仁子　森本美恵
校正　小池章太郎　田中葉子
事務統括　篠田研一

名古屋篇第十一巻編纂にあたりましては、左記の方々にご援助を賜りました。ここにご芳名（敬称略）を掲げまして、厚くお礼申しあげます。（五十音順）

○資料提供者―個人
秋庭太郎　池田藤美　市川右之助　稲川阿尊　岸本多津子　貴田チヨ
小池章太郎　小嶋朝岬　小宮麒一　佐藤峻吉　白井ヒロシ　関山和夫
竹内道敬　田中佐恵志呂　高見沢忠雄　塚原弘幹　利倉幸一　鳥越文蔵
内藤金吾　長尾晴子　長谷川貞信　舟橋寛治　松尾禎三　安田文吉
柳永二郎　山田庄一　山田徳兵衛

○資料提供者―機関・団体
大阪府立中之島図書館　実践女子大学　松竹大谷図書館　松竹関西演劇部　園田学園女子大学近松研究所　中央区立京橋図書館　東京大学国文学研究室　東京大学総合図書館　東京大学法学部明治新聞雑誌文庫　東京文化財研究所　名古屋市蓬左文庫　名古屋市鶴舞中央図書館　名古屋女子大学　阪急文化財団　御園座　早稲田大学坪内博士記念演劇博物館　早稲田大学図書館　早稲田大学文学部演劇映像研究室

近代歌舞伎年表

名古屋篇

第十一巻

大正八年〜大正九年

大　正　八　年（1919・己未）

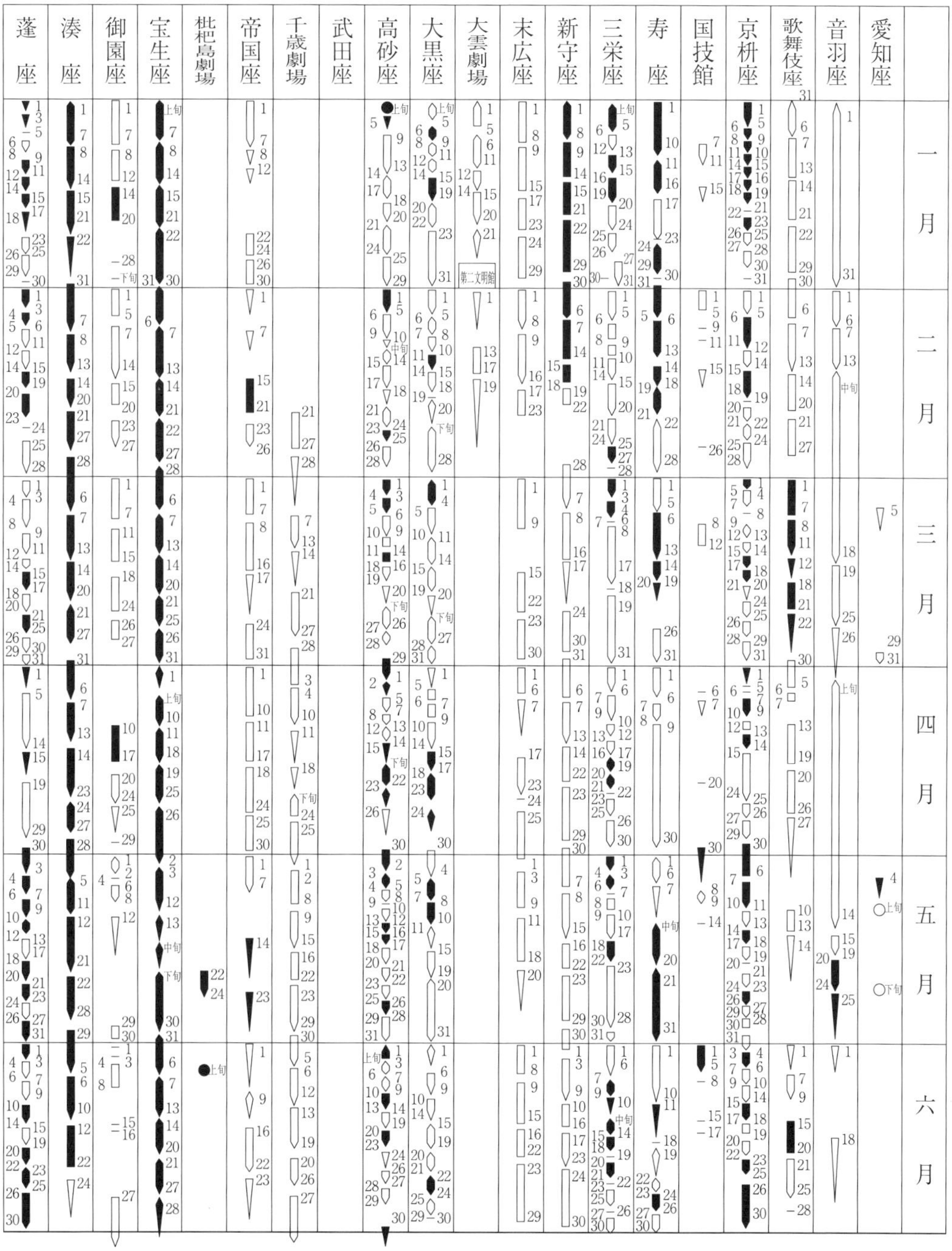
蓬座
湊座
御園座
宝生座
枇杷島劇場
帝国座
千歳劇場
武田座
高砂座
大黒座
大雲劇場
末広座
新守座
三栄座
寿座
国技館
京枡座
歌舞伎座
音羽座
愛知座
一月
二月
三月
四月
五月
六月
第二文明館
上旬
中旬
下旬

	蓬座	湊座	御園座	宝生座	枇杷島劇場	帝国座	千歳劇場	武田座	高砂座	大黒座	大雲劇場	末広座	新守座	三栄座	寿座	国技館	京枡座	歌舞伎座	音羽座	愛知座
七月	1 5 6 14 15 中旬 22 23 24 25 26 27 28	1 14 17 25 26 30	3 6 9 11 18 19 25 28	上旬 中旬 21 22 下旬		1 6 11 15	3 4 10 11 17 18 24 25		5 7 8 10 11 12 14 15 16 17 18 19 24 27 29	1 5 6 8 9 11 12 14 15 23 24 27 28 30		1 4 5 7 8 12 15 17 25 29	1 7 8 15 16 21 22 26 29	1 3 4 5 6 13 14 20 21 22 23 24 26 27	1 6 7 13 14 19 25 26 27	2 15	1 3 4 6 7 9 10 11 12 17 18 22 23 25 26 27 28 29 30	1 7	15 23 26	
八月	1 4 5 9 11 12 13 14 17 18 20 21 24 25 26 27 31	5 6 12 13 22 23 28 29	3 7 13 23	8 9 中旬 23 24 下旬	上旬 18	5 12 20 21 24 31	1 7 8 14 15 21 22 28 29		1 4 5 9 12 13 15 16 17 18 21 22 23 28 30 31	1 3 4 10 11 12 14 15 17 18 20 21 23 24 29		1 7 9 15 16 22 23 29	5 6 13 14 21 22 29 30	3 4 8 9 中旬 17 18 20 21 23 24 25 27 28	1 14 15 19 20 23 24 26 27	23 27	1 4 5 6 7 8 9 13 14 17 18 20 21 27 28 29 30 31	1 9 16 25 27		1 24 下旬
九月	1 3 4 6 7 14 15 16 17 20 21 23 24 26 27 30	4 5 11 12 18 19 23 29 30	6 8 9 13 14 15 21 22 27	5 6 12 13 下旬 26 27		9 11 13 14 23 24 30	4 5 11 12 18 19 25 26		5 6 6 7 11 12 13 15 16 18 19 20 21 23 24 27 28 30	2 4 5 7 8 12 13 14 15 19 20 23 29 30		1 7 13 17 21 27	5 6 13 14 21 22 29 30	6 7 10 11 13 14 16 17 18 20 21 22 23 下旬 27 28 30	2 4 5 7 8 11 12 13 14 15 23	13	2 3 4 5 6 7 8 10 11 12 14 15 20 21 23 24 27 28 30	1 7 8 10 11 13 15 21 27		上旬
十月	1 3 4 6 7 11 12 14 15 中旬 19 20 21 22 23 24 26 27 28 29 30		1 8 9 10 11 15 17 22 25 26 27	4 6 11 12 中旬 25 26		1 4 10 12 15 17 18 19 24 28 31	31 2 3 9 10 16 17 23 24 30	17 19	1 4 5 8 9 14 19 20 21 22 24 25 27 28 30 31	1 5 6 7 8 10 11 12 13 14 15 19 20 27 28		19 25 26 28 30	7 8 15 16 23 24 30 31	1 7 8 11 12 中旬 23 24 27 28 30 31	1 2 5 6 7 8 14 15 16 17 20 21 27	1 1	1 9 10 12 13 14 15 20 21 22 23 24 25 27 28 30 31	10 21	中央劇場	17 18
十一月	2 4 5 6 7 11 12 14 15 18 19 21 22 25 27 28 30		7 8 9 10 14 20 24 29	上旬 8 9 15 16 22 23 29 30		1 3 5 12 18 25	6 7 13 14 20 21 27 28		3 4 6 7 9 10 13 14 16 17 18 19 21 22 25 26 27 30	2 5 6 9 10 12 13 14 15 19 20 22 23 27 28 30		2 8 13 19 21 28 30	8 9 16 17 23 24 30	3 4 8 9 10 11 14 15 17 18 19 20 21 22 30	2 3 4 7 8 20 21 29 30	4 8 15 21	3 4 6 7 9 10 11 12 14 15 18 19 21 22 26 27 30	11 12 14 15 22 28	21 27 28	10 12 14
十二月	1 3 4 6 7 9 10 11 12 14 15 17 18 19 22 23 26 28 29		1 3 4 10 11 17 18 24	6 7 13 14 20 21		4 6 13 14 15 16 18 19 20 21	4 5 11 12 18 19 24 25		1 3 4 5 6 7 8 10 11 12 14 16 17 19 20 23 24 25 26	1 4 5 8 9 10 11 14 15 17 18 20 21 25 26		7 9 15 17 23 25 29	1 7 8 14 15 21 22 25 26 28	1 4 5 7 8 10 11 13 14 17 18 19 20		1 20	1 3 4 6 7 9 10 11 12 14 15 17 18 21 22 25 26	1 4 5 12 18 19	6 7 13 14 18 19 24 25 26	

○大正八・九年の名古屋劇界　――景気が良いのか悪いのか――

「米騒動」に揺れた大正七年から翌八年に入り、名古屋の世情も概して落着きを取り戻している。新栄町署の管内状況調査（「名古屋新聞」大正8・7・20附録）によると、「上流と下流は景気が好い」「中産階級は不相変《あひかはらず》疲弊」とされているが、劇場・寄席の入場人員は前年同時期との対比で一割七分増しとなっており、全体としてはまずまず好調を維持しているようである。

しかしながら、演劇興行全般の形勢としては、名古屋は年々勢いを失っているのではないか、と指摘する声も聞かれている。「大正九年と云ふ年も、名古屋の劇壇は、実に荒涼たるものであつた」とされ、「ほんとは名古屋は芸所《げいどころ》であつた。それは確《たしか》にあつたのであらう、あるのでは更にない」（「名古屋新聞」大正10・1・1）と言い切られている。名古屋が「芝居の見巧者」や「此の道の通人」が「うようよして」いる「東西の役者の難関」（同前）とされる土地であったのは、もはや遠い昔日の面影にすぎない、というのが当時の実情のようである。

それは、前巻（第十巻）巻頭においても紹介したような、名古屋在住の有力な俳優の不在、という問題とも結びついているところであろう。「お馴染深き一座と申せば、旧では港座の中村吉十郎・市川段枝、新派にては千歳座の荒木清一派なれども、この荒木一派は近来殆んど名古屋を離れ…」（「新演芸」大正8年1月号）とあるように、東京と関西からの来演に頼らざるを得ない寂しい状況に陥っている。

同様の傾向は寄席にも見られ、「東京などのやうに昼席はなくとも、未だ明治四十三年の共進会の開かれた当時には、名古屋の寄席は今程凋落はして居なかつた」（「新愛知」大正9・4・22）とされている。「薄暗い小路の宵を……トントンと溝板を、ふみながら懐手をして、『エー、ラシヤイツ』と呼ばれて、あの、ほのぐらい寄席の木戸をくゞる気分は、もう名古屋では得られる時がないだらうか？」（同前）と昔の風情を懐かしむ声もあるが、大正九年一月、全国の興行施設の禁煙が通達され、劇場や寄席の近代化は着実に進んでいくのである。

○（大正七年）十二月（三十一）日～一月（六）日　昼夜二回 初日夜の部一回　歌舞伎座

《新派連鎖劇》東西新派花形　中京 西萬兵衛一行加入

お目見得狂言
勅題を其儘に　朝《あしたの》晴《せい》雪《せつ》　全十一場

井手蕉雨氏作
喜劇　鶴《つる》子《こ》と亀《かめ》子《こ》

東京 柴田善太郎
菊波正之助
花村静哉
松竹 酒井欣弥
大東鬼城
住吉秀峰
子役 木下双蝶
坪内文子

【典　拠】「名古屋新聞」大正7・12・25附録広告、27附録、28附録、30、1・3、5広告、6広告、7附録、「新愛知」1・1広告。

【備　考】○酒井欣弥・大東鬼城は今回松竹より引抜かれた。（「名古屋新聞」大正7・12・28附録）○『朝晴雪』は中京成美団上演『享楽の影』に同工の由。（同紙1・15附録）○「芝田・西・酒井・大東等の新派一座は、名古屋で生れたと云ふ記念に『金城劇団』と銘名して、昔の中京成美団以上の看板を造らうと奮闘するさうな。」（同紙大正7・12・22）○「所謂芝居小家的の弊習を一掃し、時代の要求に応ず可く観客待遇を懇切にすると同時に、内容の充実を計り東西に嘱望の新進気鋭の青年俳優を出演せしめ、脚本を選定し最善の舞台装置を施し幕間を短縮し、殆ど幕なし同様の模範的新派劇を実現せしめんと、場内外の大修理大改築をなし…。」（同日同紙附録）○「同座は最新米国式のキネオラマを応用すべく、電気技士を東京より招聘し取り付けをなし、又出演俳優は新狂言を選定し夫れ〲稽古に腐心し、衣裳の好《よき》は東京三越呉服店にて調製を急ぎつゝあれば…。」（同紙大正7・12・25附録）○「『朝晴雪《あさはれのゆき》』を上演し衣裳は全部いとう呉服店にて調製せる物を用ひ、喜劇『鶴子と亀子』はいとう呉服店の休憩室を背景に、大規模の舞台を見せる。」（「新愛知」大正7・12・26附録）○「正月気分を漂はさんと最美の舞台装置と斬新なるキネオラマを応用し、荘麗なる場面を展開し…。」（「名古屋新聞」大正7・12・27附録）○「歌舞伎座『朝の晴雪』」（同紙大正7・12・28附録）○「五十余名の大一座（中略）明日は夜の部一回にて、金二十銭均一の大勉強。」（同紙大正7・12・30）○「柴田善太郎・酒井欣弥一行の連鎖劇は…。」（同紙1・3）○「連日昼夜共に満員の大盛況。」（同紙1・5）○評「初芝居めぐり」雅光（「名古屋新聞」1・5）

○一月（一）日～（三十一）日　夜　音羽座

落語・音曲・手踊　雷門助六一行

【出　演】助三・ぽたん・竹竹・寿楽・雷蔵・柳窓・六松・三猿・住登・楽太夫・筑流・助六・松竹・一旭・佳香・筑統・文馬・笑朝・登枝夫・春楽・登喜夫・筑後

【典　拠】「新愛知」1・1、「名古屋新聞」1・8附録、10附録～12附録、13、19附録、29附録、31附録、2・1附録。

【備　考】○内容は、落語・落語をどり・落語音曲・義太夫・改良義太夫・落語振事・奇術・手踊・をどり・琵琶・音曲噺・昔噺手踊・手品・笑話・ハイカラ義太夫・音曲・落語劇・落語手踊り・西洋手品・百物語・御祝儀落語・娘義太夫・滑稽落語。（「名古屋新聞」1・8附録、10附録～12附録、13、19附録、20）○「助六の踊り、三猿の音曲は相変らず人気を呼び居れり。」（同紙1・16附録）○「連日好評の落語助三一派は得意の七変化を演ずると。」（同紙1・18附録）○「人気者揃ひで例の助六一派の腕達者の粒選りで相変らずの人気を呼んで居る。」（同紙1・26附録）○「連夜大入満員。」（「新愛知」1・27）

○一月一日～（五）日　京枡座

【一番目】日本晴《にほんばれ》伊賀《いが》の仇討《あだうち》

【二番目】東俠客《あづまけうかく》春雨傘《はるさめがさ》

東京名題　中村新駒　市川芳三郎　尾上扇三郎　阪東利之助　市川工女之助

【典　拠】「名古屋新聞」大正7・12・30、1・3、「新愛知」1・5、5広告、6。

【備　考】○「五十余名。」（「名古屋新聞」大正7・12・30）○「『日本晴伊賀水月』。」（「新愛知」1・5）○「満員」（同日同紙広告）

○一月一日～（十）日　寿座

演目不詳

片岡島之助　市川福升　片岡我蔵　中村梅童

【典　拠】「名古屋新聞」1・1広告、10広告、11広告。

○一月（一）日～（八）日　昼の部午後一時　夜の部六時　新守座

《旧派連鎖劇》一週年記念特別大興行　三河家・葉村家合同

曽我《そが》兄弟《きやうだい》　赤沢山より本懐まで　連鎖十二場

【出　演】市川荒太郎・中村仙松・阪東豊昇・中村扇成・嵐橘太郎・浅尾奥山・市川荒一郎・嵐璃徳・市川荒五郎

【配　役】工藤　市川荒五郎｜五郎時致　市川荒太郎
十郎　嵐璃徳｜満江　浅尾奥山

【観劇料】二等平場三十銭均一

【経　営】天活直営

【典　拠】「名古屋新聞」大正7・12・28附録広告、29、30、1・5、6、8広告、9広告、「新愛知」1・1広告。

【備　考】○「予てお馴染の三河家市川荒五郎・市川荒太郎、葉村屋嵐璃徳の二座大合同(中略)座員は月末乗込みの予定にて、諸般の準備中。」(「名古屋新聞」大正7・12・28附録) ○「満一週年記念の特別大興行にして、極めて大規模の設備を為し内外の装飾其他に改善を加へ…。」(同紙大正7・12・29) ○「諸般の準備完了(中略)正月気分を表現するに相応しい出し物(中略)に古い狂言を新しく演じ活かす連鎖劇の特長を示す為め、新に撮影する大規模なる連鎖ヒルムを使用。」(同紙大正7・12・30) ○「昼夜とも大入り続き。」(同紙1・3) ○「新春興行の白眉(中略)荒五郎の工藤、十郎の璃徳、五郎時致の荒太郎、満江の奥山等が手一杯に活躍し、中にも大詰討入り本懐の場は、実演より写真に写真より実演と大立廻りの連鎖ヒルムを巧に配し、独特の舞台装置の連鎖振りは満場湧が如き大喝采。因に一週年記念興行として、二等平場従前通り三十銭均一。」(同紙1・5) ○「近来珍らしき出し物にて一般客受け好く、午前九時より詰掛け…。」(同紙1・6) ○「中村の場、母満江は義を重んずる武人の妻ながらも、流石に我子が愛着に惹かさるる温情に満場の涙を誘ひ、尻晴《(ママ)》の盛況を呈しつ、ありと。」(同紙1・8附録)

○一月一日～八日　正十二時 正五時半 昼夜二回開演　末広座

佐藤紅緑氏作

現代劇 一派　路《みち》二《ふた》つ　全五幕八場

【出　演】日疋重亮・諸口十九・宇田省三・勝見庸太郎・稲富寛・木下八百子・五月信子・三好栄子・五味国太郎

【典　拠】番付。初日及び団体名は「新愛知」1・1広告、場数は「名古屋新聞」1・3評、千秋楽は同紙1・8附録による。

【備　考】○「松竹合名社経営」(典拠番付) ○「観劇料　椅子席金二十銭　二等金三十五銭　金八十銭茶火敷物御案内料共」(典拠番付) ○脚色は座付作者「佐々木杢郎」(「名古屋新聞」大正7・12・28附録、1・28附録) ○「大阪道頓堀弁天座に於て旗挙げし大成功をなしたる日疋重亮(中略)三好栄子一派に、五味国太郎一派が合同。」(同紙大正7・12・26附録) ○「末広座新狂言『路二つ』略筋」㈠～㈢(同紙大正7・12・26附録～28附録) ○「従来軽便なる点に於て好評たりし平場椅子席に、更に多額の費用を投じて足あぶりを入るる由。」(同紙大正7・12・27附録) ○「前人気頗る盛んなり。」(同紙大正7・12・30) ○「初日昼夜共大入盛況を極め現代劇初御目見得の人気素晴しく(中略)好評を博しつ、あり。」(同紙1・5) ○評「初芝居めぐり」雅光(「名古屋新聞」1・3)

○一月(一)日～五日　大雲劇場

《新派劇》新派劇団男女合同一座

新派悲劇　新《しん》寒《かん》潮《てう》　稲葉彦三郎　高橋八州男　志水五郎

【典　拠】「名古屋新聞」大正7・12・30、「新愛知」1・5。

【備　考】○「連日大入。」(「新愛知」1・5)

○一月一日〜(七)日　正午より昼夜二回開演　**帝国座**

《喜劇》大阪芦辺倶楽部現代コメデーニコ〳〵団一派

【第一】入らぬ心《しん》配《ぱい》

【第二】日《にっ》当《たう》金《きん》

【第三】社会劇　恵《めぐみ》の水《みづ》

【第四】新喜劇　御《お》礼《れい》詣《まゐり》

日活会社特選　活動写真

【典拠】「名古屋新聞」大正7・12・27附録、30、「新愛知」1・1広告、6、7広告、8広告。

【備考】○「株式会社帝国座は愈々三十一日から花々敷正月興行(中略)面白い芝居を観せると。尚舞台開きは一月末に大歌舞伎を招いて興行する由。」(「新愛知」大正7・12・24附録)　○「内外の設備電気の応用等、就中舞台面は最新の技工を傾注して模範的の大舞台を実現し、近く大阪芦辺倶楽部に於て多大の人気を博したるコメデー喜劇ニコニコ団一行を迎へて(中略)芦辺式電光戦機ユニバースを取備へて、観客を喜ばせる段取であると。」(同紙大正7・12・26附録)　○「観覧料を破格の特価特等三十銭、一等二十銭、二等十五銭、三等十銭、小児各等半額、傘代・小児下足代等観覧料の外一切取らぬ由。」(「名古屋新聞」大正7・12・27附録)　○「笑劇・社会劇・悲劇を配合して(中略)新狂言を選出。」(同紙大正7・12・30)　○「連日昼夜満員〆切の大当り。」(「新愛知」1・5)　○「実演喜劇と活動写真をていれこ幕なしに演じ、各優が関西一流の軽妙な芸風に、独特のユニバースを応用し、社会劇『恋の水』、新喜劇『御礼詣』は就中一段の歓迎を受けつゝあり。」(同紙1・6)

○一月一日〜七日　午後四時開場　**御園座**

《新喜劇》曽我廼家十郎一行

十郎作

【第一】謹《きん》賀《が》新《しん》年《ねん》

【第二】刻《こく》一刻《こく》

【第三】旧劇　出《しゅっ》世《せ》宗《むね》盛《もり》

【第四】お祖《ば》母《あ》さん

【第五】無《む》我《が》夢《む》中《ちう》

十郎　月小夜　十二郎　亀鶴

【典拠】「新愛知」1・1広告、6評、「名古屋新聞」1・5、5評、6、7附録。

【備考】○「一座は今回始めて御園座出演。」(「名古屋新聞」大正7・12・29)　○「曽我廼家略筋」(同紙大正7・12・30)　○「『出世宗盛』は『日本外史』より取材して、是に十郎が妙想を加へしもの。」(同日同紙)　○「連日の活況にて、昨四日目も早くも木戸〆切の盛況。」(同紙1・5)　○評「初芝居めぐり」雅光(「名古屋新聞」1・5)「御園座の十郎」あの人(「新愛知」1・6)

○一月(一)日~(七)日　湊座

【一番目】矢代《やしろ》騒動《さうどう》誉《ほまれ》の大久保《おほくぼ》　中村吉十郎　慶女　滝蔵　紅雀　松童　右衛門　眼笑　一派

【中　幕】和田合戦女舞鶴《わたかつせんをんなまひつる》

【切】文月夜《ふみつきよ》雲間《くもま》の小狐《こぎつね》

【典　拠】「名古屋新聞」大正7・12・29、30、1・7広告、8附録。

【備　考】○「相変らずの好人気に元旦以来満員。」(「名古屋新聞」1・6)

○一月一日~　蓬座

【一番目】安政《あんせい》東白浪《あづましらなみ》　大阪名題 大谷馬十　市川百十郎　大谷友十郎　嵐守十郎　一座

【中】菅原伝授手習鑑《すがはらでんじゆてならひかゞみ》　寺子屋

【二番目】大江山土蜘蛛実記《おほえやまつちくもじつき》

【典　拠】「名古屋新聞」大正7・12・30、1・1広告、「新愛知」1・1。

○一月上旬~(五)日　三栄座

《女優歌舞伎》

時鳥曽我御所染《ほとゝぎすそがごしよそめ》

先代萩《せんだいはぎ》

曽我兄弟《そがけうだい》　市川寿三八一行

【典　拠】「名古屋新聞」1・1広告、3、「新愛知」1・5、6広告。

○一月上旬~(五)日　大黒座

(昼)

浪花節芝居　音羽家一行

(夜)

万歳　花房清十郎一座

【典　拠】「名古屋新聞」1・1広告、3、5広告、6広告。

○一月上旬　高砂座

有職鎌倉山《いうしよくかまくらやま》

妹背門松《いもせかどまつ》

恋女房染分手綱《こひねうばうそめわけたづな》　大阪 実川正之助一行

【典　拠】「新愛知」1・1、3広告。

【備　考】○「好評」(「新愛知」1・3広告)

○一月上旬～(七)日　宝生座

【一番目】三人吉《にんきち》三廓初買《くるわはつかひ》
【中　幕】夫婦《めうと》松《まつ》
【二番目】日《ひ》高《だか》川《がは》
【観劇料】場代なし
【典　拠】「新愛知」1・1、6広告～8広告。
【備　考】○「一番目『三人吉三廓物売』(中略)毎日木戸〆切。」(「新愛知」1・5)

○一月三日～　蓬座

市川百十郎　二の替り

【一番目】関《せき》口《ぐち》武《ぶ》勇《ゆう》伝《でん》
【二番目】江《え》戸桜廓達引《どざくらくるわのたてひき》
【典　拠】「新愛知」1・3、3広告。

○一月五日～　高砂座

大阪名題 実川正之助一行　二の替

演目不詳

【典　拠】「新愛知」1・5広告、6。
【備　考】○「好評二の替」(「新愛知」1・7広告)

○一月五日　蓬座

市川百十郎　三の替

演目不詳

【典　拠】「名古屋新聞」1・5広告、「新愛知」1・6。

○一月六日～(八)日　午後四時より　京枡座

大阪名題 片岡梅長
市川百十郎
二座合同

【一番目】三国《ごく》妖《えう》婦《ふ》伝《でん》
【二番目】三人《にん》片《かた》輪《わ》
【典　拠】「名古屋新聞」1・6、8附録、9附録。
【備　考】○「大人気。」(「名古屋新聞」1・8附録)

○一月六日～(十二)日　三栄座

万歳新演劇　花房清十郎一座

【演　目】六日～　冤罪　幕合なし
九日～　清十郎十八番物
【典　拠】「名古屋新聞」1・6、9附録、12広告、13。
【備　考】○「日々好評を博し居れりと。」(「名古屋新聞」1・11附録)

○一月(六)日～(十一)日　大雲劇場

《新　派》稲葉彦三郎一派　二の替り

新派大悲劇　子《こ》故《ゆゑ》の闇《やみ》　八場　　東京　高槻　八洲男

喜劇　胡《こ》蝶《てふ》の舞《まい》　二場

【典　拠】「新愛知」1・5、6広告、11広告、12広告、「名古屋新聞」1・8附録、10附録。

【備　考】○「電気応用にて上演すと。」(「新愛知」1・5) ○「連日連夜大入り満員。」(「名古屋新聞」1・9附録) ○「神戸・京都・大阪にて大好評の稲葉彦三郎。」(同紙1・10附録)

○一月(六)日～(八)日　大黒座

演目不詳　　東京名題　中村　新駒　一座

【典　拠】「名古屋新聞」1・5広告、6、8広告、9広告。

【備　考】○「大好評。」(「名古屋新聞」1・6)

○一月六日～(八)日　午后五時より　蓬座

特別活動大写真　　世界館巡業部

【内　容】旧劇　新派　喜劇

【典　拠】「名古屋新聞」1・6、7広告、8附録、9附録。

【備　考】○「初日満員。」(「名古屋新聞」1・7附録) ○「連日満員。」(同紙1・8附録)

○一月七日～十三日　昼夜二回　昼之部正十二時 夜之部正六時 開場　歌舞伎座

二の替り狂言

【第一番目】喜劇　虞《グ》美《ビ》人《ジン》草《サウ》　三場

【第二番目】悲劇　愛《あい》の響《ひゞき》　全十一場

【出　演】酒井欣弥・大東鬼城・菊波正之助・花村静哉・柴田善太郎・坪内文子・西萬兵衛・住吉秀峯・秋山三郎

【典　拠】番付。千秋楽は「名古屋新聞」1・13による。

【備　考】○「観劇料　特等金六十銭　一等金四十銭　二等金二十五銭　三等金十五銭　敷物下足無料」(典拠番付) ○「今回の替り狂言(編注、『愛の響』)は柴田善太郎一行の当り狂言として、東都の人気を吸集せし頗る多趣味なる江戸気分を充分表現せし物。」(「名古屋新聞」1・7附録) ○「『愛の響』は(中略)舞台は場毎大道具を使用し、加は、るにキネマの応用と相待ち多大なる好評を博し、喜劇『虞美人草』は関西の当り狂言にて大々的喝采。」(同紙1・8附録) ○「場内外及観客の扱ひ等全く時勢的に改造せしと心地よき劇場となりしに…。」(同紙1・11附録) ○「近日中名古屋劇団倶楽部の総見ある由。」(同紙1・12附録) ○「大好評を博しつ、ある…。」(同紙1・13) ○評「歌舞伎座二の替り」雅光(「名古屋新聞」1・9附録)

○一月七日～(十一)日　午後五時より開演　国技館

大奇魔術　　小天勝改め 松旭斎天華　一行

【番　組】魔術応用劇　ペルス　自転車曲乗り　美人ダンス　喜歌劇　等

【典　拠】「名古屋新聞」1・5、7附録、8附録、11附録、12附録。

【備　考】○「奇術界の女王天勝と並称せらる松旭斎天華嬢一行は五十余名の座員と三十余噸の大貨物を携へ(中略)目新しき物のみを封切なす由。」

（「名古屋新聞」１・６）○「正午より自動車十数台を連ねて花々敷く町廻りをなすと。初日大勉強二十五銭均一。」（同紙１・７附録）○「一行の奇術は（中略）孰《いづれ》も大受けにて、天華の演ずる封切魔奇術に至つては奇想天外的の巧妙さに満場破れんばかりの大喝采を博し、満員札止めの盛況。」（同紙１・８附録）○「泰西に於ける奇術の粋を集め当地にて始めての封切りの事とて何れも斬新を極め（中略）萩原の追分け・喜劇等は大喝采なり。」（同紙１・９附録）○「演技の斬新と娘子軍の美しき喜歌劇とにて学生向観客を集注し連日連夜に亘る大盛況。尚一行独特オーゲストラーは全座員の巧なる滑稽を用ひ愛嬌を添へつゝありと。」（同紙１・10附録）○「本日更に町廻りを為し、午後五時より万松寺境内の帝国座に再演すること、なり…。」（同紙１・12附録）

○一月八日～　正午より昼夜二回開演　帝国座

《新喜劇》大阪芦辺倶楽部現代コメデーニコニコ団一行　二の替り

【第　一】笑劇　大《おほ》　当《あた》　り

【第　二】新喜劇　日《に》　本《ほん》　晴《ばれ》

【第　三】社会劇　疑《うたがひ》

【第　四】喜悲劇　小《こ》　鳥《とり》　笛《ぶえ》

【典　拠】「名古屋新聞」１・８附録、８附録広告、９附録。

【備　考】○「ユニバース応用」（「名古屋新聞」１・８附録広告）○「名優が軽妙な滑稽味に場毎に大喝采。」（同紙１・11附録）

○一月（八）日～（十四）日　宝生座

新皿屋敷月雨傘

【観劇料】場代なし

【典　拠】「新愛知」１・７広告、８広告、14広告、15広告。

○一月八日～十二日　午后四時三十分開幕　御園座

曽我廼家十郎一派　二の替り

【第一番】島《しま》　の　花《はな》

十郎新作

【第　二】大《だい》　黒《こく》　柱《はしら》

十郎新作

【第　三】まあちやんと

【第　四】猫《ねこ》　か　ら

【第　五】一　夜《や》　紳《しん》　士《し》

十郎
月小夜
裾野
十太郎
十次郎
舞鶴
伊織
柏十郎（ママ）
道三

【典　拠】「名古屋新聞」１・８附録、９附録、10附録評、12附録。

【備　考】○「毎日午后四時開場」（「名古屋新聞」１・８附録広告）○「『まあちやんと』は十郎が外国種を飜訳したる苦心の作で、奇想天来（ママ）従来の喜劇に未だ見た事のない演じ方を用ゐ…。」（同紙１・９附録）○「曽我廼家略筋」（同紙１・10附録）○「初日以来の大人気にて、今回の呼物十郎の新作二種は満場笑声の大受け。」（同紙１・11附録）○評「御園座二の替」雅光（「名古屋新聞」１・10附録）

○一月八日～(十四)日　湊座

中村吉十郎一座　正月第二回興行

【一番目】魁大阪《さきがけおほ□□》御《ご》陣《ぢん》(難波戦記)

【二番目】三(ママ)回港曲輪達引《かへりみなとくるわたてひき》(三人新兵衛)

【配　役】
淀君　中村　吉十郎
木村重成
玉屋新兵衛
真田幸村　巴左衛門
(ママ)氏村新兵衛
女房お浪　慶　女
遊女小女郎
徳川家康　信左衛門
松尾新兵衛
片桐主膳之介　紅　雀
□崎
片桐且元　眼　笑
仲居お槙

【典　拠】「名古屋新聞」1・8附録～10附録、14広告、15附録。

【備　考】○『淀君と且元』『三人新兵衛』は、何れも一座にあて箝めたる狂言。」(「名古屋新聞」1・9附録)　○「狂言の配合宜しき為大人気。」(同紙1・10附録)　○「益々好人気。」(同紙1・14附録)

○一月九・(十)日　京桝座

中村梅長・市川百十郎一座　二の替り

【前】関口武勇伝《せきぐちぶゆうでん》

【中】苅萱《かるかや》(石童丸)

ラブレース

【典　拠】「名古屋新聞」1・9附録～11附録。

【備　考】○「大好評。」(「名古屋新聞」1・10附録)

○一月九日～十四日　正午十二時　午后五時半　二回開演　新守座

《連鎖劇》三河家・葉村家大合同連鎖劇

敵討天下茶屋聚《かたきうちてんかちややむら》　連鎖十二場

【配　役】第一(実演)早瀬伊織邸
浮田中将秀秋　市川　三　好
早瀬伊織　中村　仙　松
弟源次郎　嵐　璃　京
母みさほ　嵐　徳　若
姉染の井　中村　扇　成
妹葉末　中村　扇　助
安達弥助　嵐　橘太郎
召仕おさの　実川　芦　香
同　おきし　市川　重之助
岩淵平馬　岩井　竹　緑
宮上軍蔵　市川　三すじ
直江刑部　中村　翫　竹
安達元右衛門　嵐　璃　徳

第二(実演)大阪天王寺鳥居前
早瀬伊織　中村　仙　松
弟源次郎　嵐　璃　京
姉染の井　中村　扇　成
妹葉末　中村　扇　助
安達弥助　嵐　橘太郎
奴宇平助　阪東　豊　昇
仲間呑助　市川　荒　橘
飛脚早助　嵐　徳　升
茶亭平吉　市川　眼三郎
居酒屋太助　中村　翫　暁
東間大蔵　市川　宝十郎
阪田庄三郎　市川　荒市郎
参詣人　大　勢　以
安達元右衛門　嵐　璃　徳
東間三郎右衛門　市川　荒太郎

第三(連鎖)東寺境内借宅
早瀬伊織　中村　仙　松
弟源次郎　嵐　璃　京
姉染の井　中村　扇　成
妹葉末　中村　扇　助
富田屋お吉　嵐　徳之助
尼妙閑　浅尾　奥　山
小道具屋利兵衛　市川　荒　橘
杉山曽平　市川　荒十郎
井筒屋伊三郎　嵐　橘右衛門
沢山慶庵　中村　翫　暁
安達弥助　嵐　橘太郎
安達元右衛門　嵐　璃　徳

第四(実演)天神の森非人小屋

第五(写真)源次郎の危難

第六(連鎖)福島堤奇遇
早瀬伊織　中村　仙　松
弟源次郎　嵐　璃　京
大和万歳徳若　市川　浩太郎
才蔵広又　中村　扇　助

市川　三好
田舎武士軍次兵衛
神道者鈴太夫　市川　荒十郎
香具屋重兵衛　市川　宝十郎
奴宇平助　阪東　豊昇
非人頭腕の伝吉　嵐　橘右衛門
同　あごの三　岩井　竹緑
嵐　徳升
同　ずだ〳〵の八
中村　獅歌平
同　天満みこの市
嵐　璃運児
同　□とこの頓兵衛
実川　芦香
同　やれもさの次郎
京屋万助　浅尾　奥山
安達元右衛門　嵐　璃徳
東間三郎右衛門　市川　荒太郎
人形屋幸右衛門　市川　荒五郎
第七(実演)人形屋幸右衛門内
第八(同)京屋万助の店
第九(同)元の人形屋内
第十(同)元の京屋内
第十一(同)元の人形屋内
第十二(同)元の京屋店

京屋手代久七　市川　荒太郎
中村　扇成
幸右衛門女房お時
万助女房お徳　嵐　徳之助
早瀬源次郎　嵐　璃京
近所の子豊松　市川　たけを
幸右衛門倅幸松　嵐　徳太郎
万助倅万吉　中村　かなめ
妹葉末　中村　扇助
手代嘉助　中村　翫暁
同　佐兵衛　嵐　徳若
丁稚長松　市川　浩太郎
同　三太郎　市川　重之助
小道具屋藤兵衛　市川　三好
米屋作兵衛　嵐　橘右衛門
酒屋勘兵衛　市川　眼三郎
木屋与兵衛　市川　荒十郎
中村　翫竹
礼者堅木屋勝右衛門
若者平三　市川　宝十郎
奴宇平助　阪東　豊昇
番頭善八　市川　荒市郎
京屋万助　浅尾　奥山
手代　大　勢以
人形屋幸右衛門　市川　荒五郎

【経　営】天活直営
【典　拠】番付。千秋楽は「名古屋新聞」1・14附録による。
【備　考】○「連鎖十三場は初日以来頗る盛況にて(中略)福島堤返り討の場は荒太郎東馬(ママ)、璃徳の元右衛門大に活躍し悲壮極まりなく、之れに巧妙なる舞台装置、キネを応用して満場破れん計りの大喝采。」(「名古屋新聞」1・11附録)　○「各優の適り役と連鎖振の巧妙とに大好評を博し、連日連夜の盛況(中略)大詰人形屋幸右衛門宅内の場は、大三河家の老巧に場面を引締め、幕毎に喝采を博しつつありと。」(同紙1・13)　○「昨日一座全員総出にて次狂言用連鎖劇写□の撮影を、極めて大仕掛けに市内各所にて行ひたり。」(同紙1・14附録)　○評「新守座の『天下茶屋』」累(「名古屋新聞」1・12附録)

○一月九日～十五日　ひるの部十二時半／よるの部五時半　昼夜二回　**末広座**

現代劇　二の替狂言

露風子作　左人生脚色

共《きょう》　鳴《めい》　五幕

【出　演】諸口十九・勝見庸太郎・宇田省三・稲富寛・日疋重亮・木下八百子・花川緑・東良之助・五月信子・三好栄子・吉野玉子・五味国男・五味国太郎
【典　拠】番付。時間は「名古屋新聞」1・8附録広告、千秋楽は同紙1・15附録による。
【備　考】○「大阪道頓堀にて大好評を博したる新狂言とて亦もや中京の人気を集中するは疑ひなく、一篇の筋も頗る現代的にて風刺の興味のあると各優の活躍と相俟つて前景気益々盛んなり。」(「名古屋新聞」1・9附録)　○「初日は案の如く大入満員の盛況を呈し、殊に五味国太郎の仏国人ローバースは既に定評あるもの。大阪道頓堀にては日本の船成金にて演ぜしが、今回特に当地お好みに依り、西洋人に扮して其の巧なる妙技を演ずる。」(同紙1・10附録)　○評「末広座の二の替り」雅光(「名古屋新聞」1・11附録)

○一月(九)日～(十一)日　大黒座

浪花節芝居

【典　拠】「名古屋新聞」1・8広告、9広告、11広告、12広告。

○一月九日～(十三)日　高砂座

生番人(ママ)大危険術

【典　拠】「新愛知」1・9広告、13広告、14広告。
【備　考】○「好評」(「新愛知」1・10広告)　○「高砂座(熱田)最新欧米式大奇術　地球斎天丸嬢及び南洋人一行の合同。」(同紙1・13)

○一月九日～(十一)日　午前(ママ)四時より　蓬座

【一番目】接木《つぎき》根岸《ねぎし》の礎《いしずへ》　大阪名題　中村時蔵　阪東のしほ　一座
【二番目】名《めい》筆《ひつ》吃《ども》又《また》平《へい》

【典　拠】「名古屋新聞」1・9附録、11広告、12附録。
【備　考】○「頗る満員」(「名古屋新聞」1・10広告)　○「引続き大盛況。」(同紙1・11附録)

○一月十一日～(十四)日　京枡座

【一番目】加《か》賀《が》の梅《うめ》鉢《ばち》　東京名題　中村新駒　市川芳三郎　尾上扇三郎　一座
【二番目】俠客腕《けふかくうで》の喜《き》三郎《らう》

【典　拠】「名古屋新聞」1・11附録、12附録、13、14附録、15附録。
【備　考】○「二座合同大一座。」(「名古屋新聞」1・11附録)　○「大受にて満員大盛況。」(同紙1・13)

○一月(十一)日～(十六)日　寿座

演目不詳　市川百十郎一座

【典　拠】「名古屋新聞」1・10広告、11広告、16広告、17広告。

○一月　活動弁士の認可

「昨年八月、活動写真取締規則が改正されてから、本県保安課では管内の活動写真経営者に就いて、夫々設備の改善を促すと共に、
◆活動弁士の資格調査を行ひ、既に従事中の者に就ては身許を厳□に取調べて、資格ありと認むる者には弁士認可証を下附し、素行修まらざる者に対しては、認可証を下附する事が出来ないと云ふ通知を与へた。
◆此の認可証が無い者は、旧臘限りで舞台へ出る事が出来なくなつたので、廃業する者もあり、他県へ流れて行つた者もあるが、中には主任弁士で有り乍ら身持ちの悪い為、許可証の下附されぬ者もある。今の処、
◆弁士総人員は県下を通じて九十六名であつたが、此中七名は不合格者と云ふ宣告を下されて居る。不合格者に対しては、保安課では夫々充分に厳戒を加へて、他に新しく職業を発見して、新生涯に入る様勧告して居るが、多くの者は、
◆饒舌《しやべ》ること以外には能が無いので、急に現在の職を奪はれると、忽ち其日の生活に窮する者が多い。中には自分の前非を悔い、改悛の情の現れて居る者もあつて、将来の素行を厳重に監視すると云ふ約束

の上、一時◆仮許可証を、下附された者もあると云ふ事である。兎に角恁《こ》うして弁士が改良されて行くと云ふ事は、将来大いに発展する活動写真なる物の為喜ぶべき事である。」

（「名古屋新聞」1・11附録）

○一月十二日～(十四)日　**大雲劇場**
《新派》稲葉彦三郎一派　三の替り
悲劇　三ケ月《つき》お玉《たま》　十二場
【典　拠】「名古屋新聞」1・13、13広告、14附録、16附録。
【備　考】○「毎日大盛況。」（「名古屋新聞」1・14附録）

○一月(十二)日～(十四)日　**大黒座**
浪花節　京山若駒一派
【典　拠】「名古屋新聞」1・11広告、12広告、14広告、15。

○一月十二日～　昼夜開演　初日午後五時より　**帝国座**
喜歌劇・大魔術　ユニバース応用　小天勝改め松旭斎天華一行
【番　組】㈠序曲　㈡現代流行唄独唱　㈢□転車曲技　㈣ダンス　エスパノラ　㈤小奇術　数番　㈥悲劇ベルス　㈦バレー　海の魔女　㈧曲芸　陽気なコツク　㈨奏楽　長唄　勧進帳　㈩喜歌劇　パイジンクス

【典　拠】「名古屋新聞」1・12附録、12附録広告、14附録、15附録。
【備　考】○「入場料は特等五十銭、一等三十銭、二等二十銭、三等十銭。」（「名古屋新聞」1・12附録）○「国技館にて大好評を博したる天華一行は、昨十二日より十台の自動車にて花々敷く町廻りをなし…。」（同紙1・13）○「開場に先立ち満場札留め、素晴らしい大人気。」（同紙1・14附録）○「同座独特の最新のユニバースを応用して一層の華を添へて居るが…。」（同紙1・15附録）

○一月十二日～(十四)日　午後五時より　**蓬座**
《女優三曲芝居》
天《てん》竺《じく》徳《とく》兵《べ》衛《ゑ》　元祖市川若吉一座
【中　幕】恋女房染分手綱《こひにようほそめわけたづな》
【大　切】三曲芝居　神《かん》崎《ざき》東下《あづまくだ》り
【典　拠】「名古屋新聞」1・12附録、13、14附録、15。
【備　考】○「大喝采。」（「名古屋新聞」1・13）○「大入続き。」（同紙1・14附録）

○一月十三日～(十五)日　**三栄座**
《女優歌舞伎》
【一番目】鏡《かゞ》見《み》山《やま》　市川寿三八　嵐寿々八一座
【二番目】一の谷《たに》
【典　拠】「新愛知」1・13、「名古屋新聞」1・15、16附録。

【備　考】○「新愛知」1・13には「一番目『桔梗の旗揚』、二番目『傾城廓の達引』」とある。○「好評」（「新愛知」1・14広告）

○一月十四日～二十一日　昼夜二回 昼の部正十二時 夜の部正六時 開場　**歌舞伎座**

三の替り狂言

【第一番目】喜劇　家庭円満　二場

【第二番目】悲劇　お新貞雄 浮《うき》草《くさ》情《じょう》話《わ》　全十一場

酒井欣弥
西村萬兵衛
花村静哉
高浪貞次
菊波正之助
大東鬼城
柴田善太郎

【典　拠】番付。千秋楽は「名古屋新聞」1・21附録による。

【備　考】○「観劇料　特等六十銭　一等三十五銭　二等二十五銭　三等十五銭　敷物下足無料」（典拠番付）○「東都にて三ケ月に渡る満員を続けたる、近松物を今様に直せし悲劇『浮草情話』にて、今回は大道具等は東都に演ぜし時の舞台面を使用。」（「名古屋新聞」1・14附録）○「『お新貞雄浮草情話』は（中略）大詰湯島天神境内等は、キネオラマ応用の頗る大道具に加へ（中略）清元の師匠福寿の美音と相俟ち、非常なる人気を呼びつゝあり。」（同紙1・15附録）○「『浮草情話』は某大家の筆になつた濃艶な情的悲劇で、（中略）初日から非常なる人気なり。」（同紙1・16）編注、ここにいう「某大家」とは劇評から「泉鏡花」と推察される。○「昼夜の二回共立錐の地もなき満員。」（同紙1・21附録）○評「歌舞伎座三の替り」雅光（「名古屋新聞」1・17附録）

○一月（十四）日～（十七）日　**高砂座**

演目不詳

中川寛司
小笠原一行

【典　拠】「新愛知」1・13広告、14広告、17広告、18広告。

【備　考】○「好評」（「新愛知」1・15広告）

○一月十四日～二十日　午後二時開幕　**御園座**

大阪大名題俳優義士劇一行

天下一品　義《ぎ》士《し》劇《げき》　二十八段返し

【切狂言】片岡十八番　三《か》日《づき》月《じ》次《ろ》郎《きち》吉　一幕

【場　割】三日月浪宅の場　松並木不動山仕合の場　田原大角邸の場

【配　役】

〈片岡　松之助〉

第一　鶴ケ岡八幡宮夢の場

塩谷判官　市川　段　枝
足利直義　三枡　源三郎
桃井若狭之助　片岡　松　幸
顔世御前　中村　嘉　昇
雑式　大　ぜ　い
大名　大　ぜ　い
仕丁　大　ぜ　い
高野師直　嵐　佐十郎

第二　営中柳の間衣服違ひの場

第三　松の間刃傷の場

第四　城外義士の駈附

第五　田村邸浅野内匠頭訣別の場

浅野内匠頭　市川　段　枝
吉良上野之助　嵐　佐十郎
伊達左京之助　市川　好十郎
大友遠江守　片岡　竹之助
品川豊後守　中村　暁十郎
速水藤左衛門　三枡　源三郎
近松勘六　中村　富　菊
茶道久和　片岡　秋之助
同　秀斎　片岡　円　郎
亀井能登守　市川　姉　六
稲葉佐渡守　市川　右田松
中山備中守　片岡　半一郎
板倉石見守　嵐　葉三郎
立花民部大輔　嵐　芳之助
京極隠岐守　中村　芝　丈
萩原惣左衛門　片岡　長十郎
吉良仲間折助　姉(ママ)川　姉　六
諸士　大　ぜ　い
田村右京　中村　好十郎
竹林唯七　嵐　伊三郎
片岡源吾右衛門　中村　飛　雀

第六　橋本宿寺阪吉右衛門出会之場

第七　赤穂城最期の大評定

第八　塩浜大石良雄舟別れの場

寺阪吉右衛門　片岡　松　幸

竹林唯七　嵐　伊三郎
飛脚戸羽平　片岡　竹之助
法印　片岡　長十郎
茶亭久八　嵐　芳之助
百姓半作　市川　右田松
同　畑六　片岡　半一郎
大石主税　片岡　親之助
原惣右衛門　嵐　佐十郎
岡島八十右衛門　中村　暁十郎
矢頭与茂七　中村　好十郎
木村岡右衛門　中村　富　菊
岡野金右衛門　片岡　竹之助
倉橋伝助　嵐　葉三郎
片岡源吾右衛門　中村　飛　雀
吉田忠左衛門　片岡　長十郎
義士　大　せ　い
船頭辰五郎　市川　姉　六
水夫松蔵　片岡　松五郎
百姓　大　ぜ　い
大石内蔵之助　片岡　松之助

第十（ママ）　萱野村三平切腹の場
第十一　都島原揚屋の場
第十二　同　大門口の場
第十三　竹田街道の場
第十四　島原門外堤の場

萱野三平　嵐　伊三郎
父三右衛門　嵐　佐十郎
娘おかつ　中村　嘉　昇
大高源吾　市川　好十郎
大石瀬左衛門　中村　暁十郎
百姓次作　片岡　竹之助
同　権九郎　片岡　長十郎
同　茂七　市川　右田松
下女かすま　片岡　松　幸
前野平内　市川　段　枝
大野郡右衛門　中村　飛　雀
岡野三十郎　片岡　長十郎
甲田喜内　片岡　竹之助
菱川良信　市川　好十郎
高窓太夫　中村　嘉　昇
薄雲太夫　沢村　源三郎
門番暁右衛門　中村　暁十郎
中間八内　尾上　松　童
悴茂二郎　中村　富　菊
寺阪吉右衛門　片岡　松　幸
大石内蔵之助　片岡　松之助

第十五　山科妻子別れの場

大石内蔵之助　片岡　松之助
大石主税　片岡　親之助
次男吉千代　片岡　松　山
三男大三郎　片岡　小　緑
妻よし　嵐　伊三郎
下女おりん　中村　飛　雀
寺阪吉右衛門　片岡　松　幸
左右田彦右衛門　中村　暁十郎
山坂伴吾　片岡　竹之助
母千寿院　市川　段　枝

第十六　両国橋義士勢揃ひの場
第十七　吉良家清水宿直の場
第十八　吉良家書院の場
第十九　同　奥庭池端の場
第二十　義士本懐の場

大石内蔵之助　片岡　松之助
大石主税　片岡　親之助
寺阪吉右衛門　片岡　松　幸
間者お梅　中村　嘉　昇
清水一角　市川　段　枝
小林平八郎　中村　暁十郎
吉良上野之助　嵐　佐十郎
吉良之臣　市川　姉　六
倉橋伝助　片岡　門　六
吉良左兵衛佐　三枡　源三郎
和久半太夫　嵐　芳之助
大鷹（ママ）源吾　尾上　松　童
茶道鉄才　片岡　章之助
神崎与五郎　嵐　伊三郎
堀部弥兵衛　中村　飛　雀

【太夫元】延木鶴三
【観劇料】初日　特等御一名金七十銭　一等同金五十銭　二等同金三十五銭　三等同金十五銭　二日目より　特等御一名金一円　一等同金七十五銭　二等同金五十五銭　三等同金二十五銭
【典　拠】番付。切狂言に関する情報は「名古屋新聞」1・12附録、14附録、「新愛知」1・13、千秋楽は「名古屋新聞」1・20による。
【備　考】○「新愛知」1・13には「十四、大石東下玄関の場、十五、大石本陣座敷の場、十六、南部坂邸別の場、十七、瑶泉院居間の場、十八、同雪の別れの場」とある。○「独特の『赤穂誠忠義士』。」（「名古屋新聞」1・12附録）○「今回十週年記念興行に際し贔屓連より緑会なる会を設立し、十五日より毎日総見を為す由。」（同日同紙附録）○「総員八十六名は十三日着名、十数輛の自動車にて花々敷町廻り顔見世をなし熱田社に参拝の上、盛んなる祝賀の宴を開き…。」（同紙1・13）○「初日より惣幕出揃ひ。」（同紙1・14附録）○「二日目は十五日なりし故早くも満員となり、従つて開幕も午後二時に改めたり。」（同紙1・16附録）○「打出しは十時。」（同紙1・18附録）○「昨夕より蔵入御礼として、一等以下の半額券を市中に配付したれば、此券持参の人は一等以下半額。」（同紙1・20）○評「御園座の義士劇」雅光（「名古屋新聞」1・16附録）

○一月十五・(十六)日　京枡座

【一番目】御目見得《おめみゑ》だんまり
実録《じつろく》細川《ほそかは》実伝《じつでん》
菅原伝授手習鑑《すがはらでんじゆてならひかゞみ》
恋《こひ》娘《むすめ》昔《むかし》八丈《じやう》（お駒才三）

片岡島之助
中村梅童
片岡我蔵
市川福升
市川眼十郎
一座

【典　拠】「名古屋新聞」1・15附録～17附録。
【備　考】○「大喝采。」（「名古屋新聞」1・16附録）○「連日満員盛況。」（同紙1・17附録）

○一月十五日～　午後五時より　国技館

獅子芝居

元祖嵐酒徳　嵐三光
嵐悦丸　三座合同

【典　拠】「名古屋新聞」1・15。
【備　考】○「近傍有志の招聘せし者とて其総見あり非常の好人気。」（「名古屋新聞」1・16附録）○「連日大好評。」（同紙1・17附録）

○一月十五日～二十一日　新守座

《連鎖劇》三河家・葉村家合同　三の替

【一番目】大岡政談　越《え□》後《ご》の雪《ゆき》　連鎖十五場
【二番目】三河家十八番　絵《ゑ》本《ほん》太《たい》功《こう》記《き》　十段目

【配　役】越後伝吉　荒太郎｜松平伊賀守
妻みさを｜後家お早　扇成
三浦屋お高｜筑波の新八　橘太郎
伝吉妻おせん　仙昇｜真柴久吉
嫁初菊｜三浦四郎兵衛　奥山
城代庄蔵｜母さ□き
加藤清正　荒市郎｜中□与兵衛　璃徳
新□虎平　豊昇｜十次郎
黒時伴左衛門｜武智光秀　荒五郎

【経　営】天活直営
【典　拠】「名古屋新聞」1・15附録、15附録広告、21附録。
【備　考】○「前狂言は一座得意の出しもの。（中略）何れも大仕掛の舞台装置に、天活独特のキネと光線を配し…。」（「名古屋新聞」1・15附録）○「連日の大入り御礼として、特等・一等の入場者には歌舞伎座の無料券を呈する由。」（同紙1・17附録）○「既に定評ある荒五郎の光秀にて円熟せる技巧を遺憾なく現し満場大喝采。」（同紙1・18附録）○「昨日より二十日迄葉村家会観劇会があり、各連芸妓及びヒイキ客の後援見物にて場内頗る賑ひ居れり。」（同紙1・19附録）○「本日郊外に出張、次狂言用連鎖写真の大撮影を行へり。」（同紙1・20）

○一月十五日～(二十)日　大雲劇場

《新　派》稲葉彦三郎一派　四の替り

伏《ふく》魔《ま》殿《でん》

【典　拠】「名古屋新聞」1・16附録、19附録、20広告、21広告。
【備　考】○「更に腕利き数名を加へたり。」（「名古屋新聞」1・18附録）○「連日の人気を呼んで満員つゞき。」（同紙1・19附録）

○一月十五日～（十九）日　**大黒座**

演目不詳　　中村時蔵一座

【典　拠】「名古屋新聞」1・15、19広告、20広告。

○一月（十五）日～（二十一）日　**宝生座**

【一番目】檜《ひのき》山《やま》相《さう》馬《ま》実《じつ》記《き》

【二番目】桜《さくら》紅葉《もみぢ》清水《きよみづ》清玄《せいげん》

【観劇料】場代なし

【典　拠】「新愛知」1・14広告、15広告、20、21広告、22広告。

○一月十五日～（二十一）日　**湊座**

中村吉十郎・眼笑・巴左衛門一派　芸題替り

【一番目】忠孝耐忍《ちうかうたいにん》加賀簑《かがみの》（北国奇談）

【二番目】摂《せつ》州《しう》合《がつ》邦《はう》辻《つぢ》

【配　役】娘お辻　中村吉十郎
俊徳丸　松童 ─ 合邦　巴左衛門

【典　拠】「名古屋新聞」1・15附録、16附録、20、21広告、22附録。

【備　考】○「新年この方の人気に乗じ一座大車輪に演じ大好評。」（「名古屋新聞」1・16附録）○「不相変好景気。」（同紙1・20）

○一月十五日～（十七）日　午後四時より　**蓬座**

【一番目】宇《う》都宮《つのみや》釣《つり》天井《てんぜう》　大阪名題 尾上和市／沢村四記蔵／市川芝蔵　一座

【二番目】実《じつ》録《ろく》千両幟《りやうのぼり》

【典　拠】「名古屋新聞」1・15、16附録～18附録。

【備　考】○「幕無し大車輪。」（「名古屋新聞」1・16附録）○「連夜満員。」（同紙1・17附録）

○一月十六日～（十九）日　**三栄座**

《女優歌舞伎》市川寿三八・嵐寿々八一座　芸題がへ

髪《かみ》結《ゆひ》藤《とう》次《じ》

【二番目】熊《くま》谷《がひ》蓮《れん》生坊《しやうばう》

【典　拠】「名古屋新聞」1・16附録、19広告、20。

【備　考】○「名古屋新聞」1・17附録には「一番目『熊谷蓮生坊』、二番目『髪結藤次』」とある。○「大入気。」（「名古屋新聞」1・18附録）

○一月　**保能会組織される**

「名古屋好能家諸氏は名古屋能楽会の現状に鑑み、名古屋保能会なるものを組織し、能楽を開催し、相互の観覧に附し、且智識芸道の修得を図る由にて、事務所を西区堀詰町九一水谷方に置き、隔月一回能楽倶楽部に於て、能（各流）五番、狂言数番、囃子、仕舞、一管一調、素謡等を差加へ、開会する由。」（「名古屋新聞」1・16）

○一月十七・(十八)日　京枡座

片岡島之助・市川福升一座　芸題替へ

演目不詳

【典　拠】「名古屋新聞」1・17附録、18広告、19附録。
【備　考】○「頗る満員」(「名古屋新聞」1・18広告)

○一月十七日～(二十三)日　寿座

(万歳演劇)

花房清十郎一座

【典　拠】「名古屋新聞」1・17附録、23広告、24広告。

○一月十七日～二十三日　昼夜二回ひるの部十二時よるの部五時開演　末広座

現代劇　三の替り狂言
日人生(ママ)作

紅《べに》花《はな》　六幕

【出　演】五味国太郎・諸口十九・勝見庸太郎・川原履信・加藤直・松下義雄・宇田省三・五味国男・松本栄・稲富寛・日疋重亮・東良之助・五月信子・三好栄子・花川環・桜木文子・吉野玉子・木下八百子
【典　拠】番付。千秋楽は「名古屋新聞」1・23附録による。
【備　考】○典拠番付は初日を「十六日」と印刷し、「十七日」と改める。○「松竹合名社経営」(典拠番付)　○「座主中村」(典拠番付)　○「観劇料平土間椅子席御一名金二十銭　二等二階全部但シ南高桟敷一筋ヲ除ク金三十五銭　一等金八十銭但シ茶火鉢敷物下足御案内料共」(典拠番付)　○「紅花五幕七場」(典拠番付配役欄)　○「十七日初日は例に依つて昼夜共大入満員の締切を呈したるが(中略)日疋・五味・八百子等の相変らぬ活躍と努力に、舞台の色彩華やかに愈々喝采を博しつゝあり。」(「名古屋新聞」1・18附録)　○「新しき舞台装置と新作狂言の面白さに人気益々加はれる現代劇『紅花』(中略)能く世相を写して益々大好評。」(同紙1・21附録)　○評「末広座の『紅花』」雅光(「名古屋新聞」1・19附録)

○一月十八日～(二十)日　高砂座

日活々動写真大会

【典　拠】「新愛知」1・18広告、20。
【備　考】○「毎日好評。」(「新愛知」1・20)

○一月十八日～　蓬座

大阪名題
尾上和市・市川芝キ蔵一座　芸題替へ

演目不詳

【典　拠】「名古屋新聞」1・18附録、19附録。
【備　考】○「毎日満員。」(「名古屋新聞」1・19附録)　○「芸題毎日続き。」(「新愛知」1・20)　○「連日満員(中略)芸題毎日替。」(「名古屋新聞」1・21附録)

○一月十九日～(二十一)日　午後五時より　**京枡座**

《女三曲芝居》

百万石名誉《まんこくめいよ》の福原《ふくはら》

三曲芝居　神崎《かんざき》東下《あづまくだ》り　元祖市岡若吉　中村鴈女　一座

【大　切】乗《のり》合《あひ》万《まん》歳《ざい》

【典　拠】「名古屋新聞」1・19附録、20、21附録、22附録。

【備　考】○「元祖女三曲芝居市川若吉・市川鴈女大一座。」（「名古屋新聞」1・19附録）○「『百万石名誉の福原』『新年乗合万歳』毎日続き大好評。」（同紙1・20）

○一月(十九)日　**観世流素謡舞囃子会**

「十九日正午より、呉服町能楽倶楽部に於て、当市能楽家青山社中の素謡舞囃子会を開催する由。傍聴随意。」（「名古屋新聞」1・18附録）

○一月二十日～(二十四)日　**三栄座**

浪花節　篠田実　徳川巴城　勢開軒勢開　港家小柳枝　一行

【典　拠】「名古屋新聞」1・20、23附録、24広告、25。

【備　考】○「長講二席づゝ、かけ持なしの大人気。」（「名古屋新聞」1・21附録）

○一月(二十)日～(二十二)日　**大黒座**

浪花節　雲井雷太郎一行

【典　拠】「名古屋新聞」1・19広告、20広告、22広告、23附録。

○一月(二十一)日～　**大雲劇場**

《新　派》稲葉彦三郎一派　五の替り

新派悲劇　新《しん》野《の》崎《さき》村《むら》

【典　拠】「名古屋新聞」1・20広告、21附録、21広告、22附録。

【備　考】○「一行の当り狂言にて、各場毎に大喝采。」（「名古屋新聞」1・21附録）○「熟せる一行の技芸と完備せる大道具にて、連日大好評。」（同紙1・25附録）○「主役たる稲葉の奮闘振りと新式の光線作用に依つて場面を引立たせ、観客大受け。」（同紙1・27）○「大盛況。」（同紙1・28附録）

○一月(二十一)日～(二十四)日　**高砂座**

中京成美団　新愛知新聞社劇　花《はな》妻《づま》　藤川岩之助一行

【典　拠】「新愛知」1・20、22広告、24広告、25広告。

【備　考】○「好評」（「新愛知」1・22広告）

○一月二十二日～二十九日　昼夜二回　歌舞伎座

《新派連鎖》柴田・酒井・大東　西一行加入　四の替り

悲活劇　恋《れん》慕《ぼ》草《くさ》　全七場　柴田菊波　酒井花村　大東西

【典　拠】「名古屋新聞」1・22附録、22附録広告、23附録、26附録、28附録、29附録。

【備　考】○「今回は頗る大道具を用ゐ、場面も六場と云ふ幕数を少くし、場毎に緊張せる舞台振を見すと。」（「名古屋新聞」1・22附録）○「連鎖フヰルム・大道具と相俟つて非常の好評を博し…。」（同紙1・23附録）○「『恋慕草』は東都劇界を沸騰せしめたる大作物とて、場面の変化と筋のよいと云ふので劇通に喜ばれて各場毎に喝采を博し…。」（同紙1・24附録）○「初日以来益々人気を加へ連日連夜の盛況。」（同紙1・26附録）

○一月二十二日　京枡座

《三曲芝居》市岡若吉・中村鴈女一座　芸題替へ

金《かな》森《もり》太《た》助《すけ》

【大　切】喜劇　二人《にん》芸《げい》

【典　拠】「名古屋新聞」1・22附録、23附録。

○一月二十二日～二十九日　新守座

《連鎖劇》三河家・葉村家合同　第四の替り

【一番目】源《けん》平《へい》布《ぬの》引《びき》の滝《たき》　滝壺より実盛物語り迄　連鎖六場

【切狂言】梅《うめ》川《がは》忠《ちう》兵《べ》衛《ゑ》　封印切より新の口村迄

【配　役】娘小万　荒太郎
亀屋忠兵衛
平宗盛　仙　松
井筒屋おゑん
飛騨左衛門　荒市郎
土屋作左衛門　豊　昇
葵御前　扇　成

女郎梅川
小松内大臣　橘太郎
百姓九郎助　奥　山
実盛　璃　徳
丹波屋八右衛門
瀬尾十郎　荒五郎
親孫右衛門

【典　拠】「名古屋新聞」1・22附録、22附録広告、23附録、29附録。

【備　考】○「非常なる好評に□中にも（編注、『布引滝』で）白旗を取られ奪ひ返さんとする郎党に追はれる娘小万（荒太郎役）が、追ひ詰められ水中に飛び入り逃げ延びんとする連鎖写真は、過効（ママ）外築港の中川附近を琵琶湖上に見立て、此の寒中に水中に飛び入り撮影せる物にて、尚切狂言『梅忠』道行も先日の雪を利用せる連鎖写真にて、何れも巧妙なる舞台装置と共に清麗なる場面を見せ居れり。」（「名古屋新聞」1・23附録）○「久し振りの出し物といひ（中略）殊に新口村の孫右衛門は荒五郎の折紙付きとて大喝采を博しつゝあり。」（同紙1・24附録）○「九郎助住家の場は各優腕較べの有様にて、殊に璃徳の実盛物語りは十八番物の事故手一ぱいに演じ申分なく…。」（同紙1・25附録）○「次狂言の連鎖フイルムを昨日、市内東陽館の庭内にて大撮影をなせる由。」（同紙1・28附録）○「連日破れん計りの大盛況。」（同紙1・29附録）○評「『布引』と『梅忠』と」累（「名古屋新聞」1・25附録）

○一月二十二日～二十四日　正午より昼夜二回　帝国座

臨時特別大興行　英国政府官演

賜天覧欧洲戦争活動写真

【内　容】㈠メソポタミヤ激戦　㈡英国篤志婦人の活動　㈢タンクの活動　㈣英国海軍空中戦　㈤英国四ケ年の大激戦　㈥戦の修復

番外　英国コンノート殿下御来朝の実況（名古屋鶴舞公園の中京美人踊　京都嵐山　金閣寺　其他名勝御巡遊光景）　㈦独逸の新武器　㈧英国の努力

【典　拠】「名古屋新聞」1・22附録、22附録広告、23附録、24附録。

【備　考】○「先に赤阪離宮に天覧の栄を賜りたる英国政府所有欧洲大戦活動写真。」（「名古屋新聞」1・21附録）○「該フイルムは近近英国に送還さるべく、再び観るを得ざる大写真にして、英国が四ケ年に亘つて凡ゆる危険を冒して撮影したるもの。」（同紙1・22附録）

○一月（二十二）日～（三十）日　宝生座

仮名手本忠臣蔵《かなてほんちうしんぐら》　大序より大詰迄

【観劇料】場代なし

【典　拠】「新愛知」1・21広告、22広告、27、30広告、31広告。

○一月二十二日～　湊座

中村吉十郎一派　芸題替り

【一番目】伊勢名勝《いせめいしよう》二見《み》の仇討《あたうち》　発端より仇討迄　十八段返し　幕なし

【二番目】紅白咲分須《こうはくさきわけす》磨《ま》の夜嵐《よあらし》　上下

眼　笑
巴左衛門
松　童

【典　拠】「名古屋新聞」1・22附録、24附録、25附録。

【備　考】○「一座の当り狂言にて毎日の客足賑やか。」（「名古屋新聞」1・26附録）○「一派は地方巡業の途に上り、更に来る旧正月より同一座は特色を発揮したる狂言を上演のため準備中。」（同紙1・28附録）○「三十日までやすみ。」（同紙1・29附録）

○一月二十三日～（二十五）日　午後四時より　京枡座

山《やま》口《くち》武《ぶ》勇《ゆう》伝《でん》　三十八段返し　幕無し

市川百十郎
大谷友十郎
浅尾大　車

【典　拠】「名古屋新聞」1・23附録、25附録、26附録。

【備　考】○「満員続き。」（「名古屋新聞」1・24附録）○「大好評大車輪。」（同紙1・25附録）

○一月二十三日　午後五時より　寿座

活動大写真

【内　容】旧劇霧隠　新派悲劇春の雪　喜劇

【典　拠】「名古屋新聞」1・23附録。

【備　考】○寿座の前興行及びこの興行記録と同日初日の蓬座の興行記録から、この寿座の興行記録は蓬座の誤りかと推測される。

○一月二十三日～（三十一）日　大黒座

浪花節芝居　音羽家一行

【典　拠】「名古屋新聞」1・23附録、31広告、2・1広告。

○一月二十三日～（二十五）日　蓬座

活動大写真大会

【内　容】旧劇霧隠　新派悲劇春の雨　其他数番

【典　拠】「名古屋新聞」1・23広告、24附録～26附録。

【備　考】○「大好評。」（「名古屋新聞」1・24附録）○「満員盛況」（同紙

1・25広告）　○「新派『春の雪』。」（同日同紙附録）

○一月(二十四)日～(二十九)日　寿座

《女優歌舞伎》

時鳥《ほとゝぎす》曽我《そが》御所《ごしょ》染《ぞめ》　大序より大詰迄　市川寿三八　寿々八　一座

【典　拠】「名古屋新聞」1・23広告、24広告、26附録、26広告、29広告、30広告。

【備　考】○「市川美寿八一座にて得意の狂言を出す。」（「名古屋新聞」1・24附録）

○一月二十四日～二十九日　毎日二回開演　末広座

現代劇　お名残り狂言

【第　一】黎《れい》　明《めい》　四幕　佐々木杢郎氏作

【喜　利】椎《しい》　茸《たけ》　山《やま》　一幕　左人生作

【出　演】諸口十九・勝見庸太郎・川原履信・加藤貫・宇田省三・五味国男・松本英・稲富寛・日疋重亮・三好栄子・橘花枝・桜木文子・吉野玉子・杉山綾子・木下八百子・五味国太郎

【典　拠】番付。千秋楽は「名古屋新聞」1・29附録による。

【備　考】○「松竹合名社経営」（典拠番付）○「座主中村。」（典拠番付）○「観劇料　椅子席金二十銭　二等金三十五銭　一等金八十銭茶、火、敷物、下足御案内料共」（典拠番付）○「ともに近来の好狂言にて役々の配合よく（中略）『椎茸山』は諸口と宇田の為めに書かれたるものにて、大火災と大立廻りにて、手に汗を握らし居れり。」（「名古屋新聞」1・25附録）○「『黎明』序幕返し平作茶屋は（中略）此座得意の現代的世話場にて大好評。」（同紙1・26附録）○「『椎茸山』は（中略）大立廻り喝采亦大喝采。」（同紙1・29附録）

○一月　枇杷島座の再建築

「市外枇杷島町枇杷島座は、小出作次氏の個人経営なりしを、都合上客臘東春日井郡瀬戸町に売却し、更に今回同町の有志者を中心に、株式組織の下に枇杷島座を建築すること、なり、目下株主募集中なるが、一面同座は市内東陽町元中京座を買受け、既に該建築材料は運搬中なれば、近日中には土盛工事に着手し、二月下旬までに竣工の予定なりと。」（「名古屋新聞」1・24附録）

○一月二十五・(二十六)日　三栄座

《新派劇》

松《せう》　竹《ちく》　梅《ばい》　川上貞次郎　加藤　福井　二村　一座

喜劇　ヲヤヲヤ

【典　拠】「名古屋新聞」1・25、26附録、27。

【備　考】○「名古屋新聞」1・25には「芸題『北海の雪』、切喜劇『デコボコ』」とある。

○一月二十五日～(二十九)日　高砂座

日活特撰活動写真

【内　容】真田十勇士　穴山小助　泰西活劇戦ひの朝
【典　拠】「新愛知」1・25広告、27、29広告、30広告。
【備　考】○「好評。」（「新愛知」1・27）

○一月二十五日　筑前琵琶演奏会
「市内中区日出町筑前琵琶旭老会にては、今二十五日午後五時より白川町大運寺にて月次《つきなみ》演奏会を開催す。」（「名古屋新聞」1・25附録）

○一月（二十五）日　三曲演奏会
「来る二十五日（土曜日）午後五時より、市内矢場町五ノ切中央食堂、市民倶楽部に於て、当市の天風流尺八指南者及び其門人合同し、箏曲家沢田東一師、長唄河合多津子師外数十名にて、尺八・箏・三味線三曲合奏会を催す。」（「名古屋新聞」1・24附録）

○一月二十六・（二十七）日　午後五時より　京枡座
特別活動大写真
【内　容】旧劇霧隠才蔵　新派悲劇春の雪　喜劇野呂馬車　其他
【典　拠】「名古屋新聞」1・26附録　27、28附録。
【備　考】○「昨初日満員大盛況。」（「名古屋新聞」1・27）

○一月二十六日～三十日　午后五時開演　帝国座
浪　花　節　　東家楽遊一行
【出　演】東家小雀　楽遊一門 東家楽水・東家楽坊・東家楽洋　新加入 神風閣公月　三味線 戸川花助
【読み物】二十六日　十八番 忠僕直助（東家楽遊　三味線 戸川花助）　後席　十八番 百万両宝入船（東家楽遊　三味線 戸川花助）　長講二席
二十七日　忠孝武術鑑（楽洲）　義烈百傑（楽隆）　水戸黄門記（雀）　三馬術（楽行）　乃木将軍（小雀）　巡査の車夫（東）　塩原多助（楽坊）　元禄二つ巴（楽）　大石東下り（楽遊）　水上美人（楽遊）
二十八日　前 横川勘平（東家楽遊）　後 水上美人（東家楽遊）
二十九日　長講二席　十八番 粟田口露の竹笛（楽遊）　十八番 天野屋利兵衛（楽遊）
三十日　山科妻子別れ（楽遊）　探偵苦心 水上美人（楽遊）　二席
【典　拠】「名古屋新聞」1・24附録、25附録、25附録広告、26附録、27、28附録広告、29附録、30附録、「新愛知」1・27。
【備　考】○「十九日より来演の筈なりし東家楽遊は、病気の為め一時延期。」（「名古屋新聞」1・19附録）○「浪花の名士楽遊（中略）読物は久方振の来演につき、撰定講演す。」（同紙1・21附録）○「入場料は本日限り三十銭均一。」（同紙1・26附録）○「昨初日（中略）開場忽ち満員締切の大盛況で、特に東家小雀を始め新風閣光月の出演で一層の人気を高めつゝあり。」（同紙1・27）○「初日以来満員の大盛況。」（同紙1・30附録）

○一月二十六日～（二十九）日　午後四時より　蓬座
浪　花　節　芝　居　幕無し　東中軒雲月　小松屋長十郎　一座
芸題毎夜続き
【演　目】観音丹治　七化お長
【典　拠】「名古屋新聞」1・26附録、29附録、30附録、「新愛知」1・30。
【備　考】○「毎夜大入の盛況。」（「名古屋新聞」1・29附録）

○一月二十六日〜　帝国座跡にて猛獣使い・大曲馬

「来る二十三日より、市内中区門前町浪越《なごや》公園内元帝国座跡に於て、矢野東洋巡業隊一行にて、露国バロースシキ式空中飛行術、並に獅子・虎・熊其他の猛獣使ひを開場する由。」

（「名古屋新聞」1・17附録）

「二十五日より大須帝国座跡にて興行する矢野動物第二演芸部は（後略）」

（「名古屋新聞」1・22附録）

「二十六日初日にて、一昨日と本日午前中、町廻りをし、午後五時より開場。」

（「名古屋新聞」1・26附録）

○一月(二十六)日　椙山高等女学校における音楽会

二十六日午後一時と同六時の二回、私立椙山高等女学校講堂において、「音楽思想普及の為め」の音楽会が開催される。出演は、東京音楽学校より招聘する金子豊子（声楽）・古谷幸一（ピアノ）・舘山甲午（ヴァイオリン）の他、青山善吾を中心とする名古屋四声会員五名（四部合唱）。昼の公演には、特に小学教育関係者及び市内の六学年在学中の女生徒が招待される。

（「名古屋新聞」1・20、25附録）

○一月二十七日〜(三十一)日　三栄座

万歳新演劇　万歳・芝居 テイレコ幕なし　日比愛三郎 前田朝日奈 一座

【典　拠】「名古屋新聞」1・27、28附録、31附録、2・1附録。

○一月二十八日〜(三十)日　午後四時より　京枡座

《新派劇》

死《し》美《び》人《じん》　幕無し　川上貞二郎 一行

【二番目】喜　劇

【典　拠】「名古屋新聞」1・28附録〜30附録、31広告。

【備　考】○「芸題悲劇『不美人』。」（「名古屋新聞」1・28附録）○「川上貞二郎外数名大一行にて（中略）大大詰劇にて大好評。」（同紙1・29附録）○「毎夜満員大好評。」（同紙1・30附録）

○一月二十八日　夜六時より　御園座

愛知医専昇格期成同盟会大演説会

【典　拠】「名古屋新聞」1・28、29。

○一月三十日〜二月六日　昼夜二回　歌舞伎座

柴田・酒井・大東・西一行　狂言替

【一番目】悲劇　月《つき》魄《しろ》　全四場

菊池幽芳作

【二番目】鳶物語　早《はや》咲《さき》の梅《うめ》　全六場

【出　演】酒井欣哉・坪内文子・大東鬼城・住吉・菊波・木下双葉・花村・岩崎・西萬兵衛・柴田善太郎

【典　拠】「名古屋新聞」1・30附録、30附録広告、2・1附録評、1広告、2附録、3、6附録。

【備　考】○「狂言の撰定と舞台面実写的の大道具等に注意しつ、ある（中略）一行は、本日より一番目（中略）日光陽明門などは非常なる大道具を使用し、大詰まで三段に返すとの事。」（「名古屋新聞」1・30附録）○「東西の人気俳優を集め中京の重鎮を加へての大一座。」（同紙2・2附録）○「菊波も昨日より出演し居り。」（同紙2・4附録）○「連日に渉り立錐の余地も無き満員。」（同紙2・5附録）○評「『月魄』と『早咲の梅』」雅光（「名古屋新聞」2・1附録）

○一月三十日　寿座

医専昇格演説会

【典　拠】「名古屋新聞」1・30広告。

○一月三十日　三栄座

医専陞格《しょうかく》大演説会

【典　拠】「新愛知」1・30広告。

○一月三十日～二月（六）日　新守座

《旧派連鎖劇》三河家・葉村家合同　五の替り

【前】箱根《はこね》霊験記《れいげんき》躄《いざり》の仇討《あだうち》　非人施行より滝壺まで一幕実演三場

【中】丸《まる》橋《ばし》忠《ちう》弥《や》　堀場より召捕り迄実演六場

【切】伊《い》勢《せ》音《おん》頭《どう》　油屋より十人斬迄連鎖五場

【配　役】

飯沼勝五郎	荒太郎	料理人喜助	扇　成
丸橋忠弥		忠弥女房おせつ	橘太郎
仲居まんの		母早蕨	
女房初花	仙　松	非人くらげの三	奥　山
勝田弥三郎		女郎お鹿	
女郎お紺		奴筆助	璃　徳
鞠久馬	荒市郎	弓師藤四郎	
遠州屋権七		福岡貢	
非人なまこの八	豊　昇	滝口上野	荒五郎
内山五郎市		松平伊豆守	

【典　拠】「名古屋新聞」1・30附録、31附録、2・1広告、2附録評、6附録広告。

【備　考】○「『伊勢音頭』四場にて、序幕より幹部出揃ひ。」（「名古屋新聞」1・30附録）○「初日（中略）開場早々芸題替りを待ち兼ねたる観客潮の如く押し寄せ、頗る大盛況。」（同紙1・31附録）○「特に旧正月向きの芸題を盛り沢山に撰定（中略）序幕より出揃う（中略）忠弥召捕りの大立廻り又油屋十人斬りの連鎖フヰルムは、東陽館庭内を撮影してキネ応用の連鎖上りの舞台面は大喝采。」（同紙2・1附録）○「本日次狂言のヒルムは晴雪園にて撮映。」（同紙2・3）○「連日開場前より木戸前に観客押し寄せ大盛況。」（同紙2・4附録）○評「新守座評判記」雅光（「名古屋新聞」2・2附録）

○一月三十日　午後六時半より　蓬座

医専第二回陞格大演説会

【典　拠】「新愛知」1・30。

○一月(下旬) 午後五時開場 **御園座**

米価調節演説会 主催 愛知新聞

【典 拠】「名古屋新聞」1・30附録。

○一月三十一日 午後六時三十分より **京枡座**

第三回 医専昇格期成大演説会

【典 拠】「名古屋新聞」1・31広告、2・1。

○一月三十一日～二月(五)日 **寿座**

演目不詳 尾上和市一座

【典 拠】「名古屋新聞」1・31附録、31広告、2・5広告、6広告。

【備 考】○「名古屋新聞」1・31附録には「尾上利市」とある。○「毎日好評」(「名古屋新聞」2・3広告)

○一月(三十一)日～二月(六)日 **宝生座**

肥《ひ》後《ごの》駒《こま》下《げ》駄《た》

摂《せっ》州《しゅう》合《がっ》邦《ぽう》辻《つじ》

【観劇料】場代なし

【典 拠】「新愛知」1・30広告、31広告、2・3、6広告、7広告。

○一月三十一日～二月(七)日 夜 **湊座**

中村吉十郎一派 芸題替

【一番目】伽《か》羅《ら》先《せん》代《だい》萩《はぎ》 茶屋場より対決まで

歌舞伎十八番の中

【中 幕】毛《け》抜《ぬ》き 松童

【二番目】蘭《らん》平《へい》物《もの》狂《くる》ひ

【配 役】政岡 眼笑
久米寺弾正 巴左衛門
蘭平 中村吉十郎

【典 拠】「名古屋新聞」1・31附録、2・6附録、7広告、8附録。

【備 考】○「休場中なりし(中略)一派は、今三十一日(中略)旧正月狂言として…。」(「名古屋新聞」1・31附録) ○「狂言の取合せ宜しきと一座の奮闘的活躍に連夜満員。」(同紙2・5附録)

○一月 周辺地区の興行

・瀬戸の陶元座は、一日より末広座巡業部第一団による新春興行として、東京名題市川九蔵・市川団三郎、大阪名題中村嘉七・中村信濃・市川滝三郎・嵐巌右衛門等の合同一座にて、『お目見得だんまり』『源平布引滝』『本蔵下邸』『安宅松勧進帳』『御所の五郎蔵』等を上演。（「名古屋新聞」大正7・12・28）

・中津の旭座は、一日より末広座巡業部第二団による新春興行として、東京名題市川海老十郎・中村時鶴、大阪名題嵐吉右衛門・嵐雛十郎・中村藤之助等の一座にて、『夜討曽我』『神崎東下り』『石切梶原』『奥州安達ケ原』等を上演。（「名古屋新聞」大正7・12・28）

・挙母の大正座は、一日より松風軒栄楽にて開場。（「新愛知」大正7・12・28広告）

・一宮の満寿美座は、五日より末広座中村興行部第一団市川九蔵・中村嘉七・中村信濃・市川団三郎・市川滝三郎等の一座にて、一番目『源平布引滝』、中幕『本蔵下屋敷』、『勧進帳』、二番目『御所五郎蔵』を上演。

（「名古屋新聞」1・5）

・豊橋の豊橋座は、六日より末広座中村興行部第二団市川海老十郎・嵐吉右衛門・中村時鶴・嵐雛十郎等の東西歌舞伎五十余名の一座にて、一番目『夜討曽我狩場』敷皮まで、中幕『神崎東下り』、同『熊谷蓮生坊』、二番目『奥州安達ケ原』を上演。

（「名古屋新聞」1・5、「新愛知」1・7附録）

・豊橋の東雲座は、六日より永井徳子一座八十余名によるダンス歌劇を上演。

（「新愛知」1・7附録広告、9附録）

・豊橋の弥生座は、新顔加入の敷島会一行にて、喜劇『ハッピリー』、家庭劇『銀の蛇』十一場を開演中。

（「新愛知」1・7附録）

・寿座（三遠地方・所在地不詳）は、港家儀蝶一座による浪花節を興行中。

（「新愛知」1・7附録）

・豊橋の弥生座は、敷島会による連鎖劇にて、悲劇『蛇苺』、人情劇『青春の夢』計二十二場を上演中。

（「新愛知」1・8附録）

・東濃御嵩町の曙座は、十日より末広座巡業部第一団市川九蔵・市川団三郎・中村信濃・中村嘉七等の一座にて、一番目『源平布引滝』、中幕上『本蔵下屋敷』、同下『勧進帳』、二番目『御所五郎蔵』を上演。

（「名古屋新聞」1・10、10広告）

・豊橋の豊橋座は、十日より末広座巡業部第二団市川海老十郎一座の二の替りとして、一番目『菅原伝授手習鑑』、中幕『赤垣源蔵』、二番目『壺坂』上下を上演。

（「名古屋新聞」1・10、10広告）

＊「新愛知」1・11附録および12附録には「一番目『芽出柳』、中幕『寺子屋』、二番目『壺坂寺』」とある。

・豊橋の東雲座は、十三日より中京成美団藤田・堀田肇一派に小山・徳田・松枝等の新進若手俳優一座を加えた一行にて『花妻』を上演。

（「新愛知」1・10附録、14附録）

・東海道島田町の実座は、十三日より末広座巡業部第二団市川海老十郎一座にて、一番目『曽我夜討』、中幕上『神崎東下り』、下『熊谷蓮生坊』、二番目『安達ケ原』三段目を上演。

（「名古屋新聞」1・13、14広告）

・東濃坂下町の万歳座は、十四日より、末広座巡業部第一団市川九蔵・市川団三郎・中村信濃・中村嘉七の一座にて、一番目『源平布引滝』、中幕上『本蔵下屋敷』、下『勧進帳』、二番目『御所五郎蔵』を上演。

（「名古屋新聞」1・13、14広告）

・豊橋の豊橋座は、市川左莚治・坂東勝之助一座にて『相馬大裡（ママ）東錦絵』全通しを上演中。

（「新愛知」1・14附録）

・豊橋の弥生座は、敷島会一行による連鎖劇『蛇苺』、人情劇『青春の夢』を上演中。

（「新愛知」1・14附録）

・尾張西春日井郡清洲町の衆楽劇場は、十六日午前十時より尾張蚕網同業組合代議員選挙会・総会を開催し、午後六時より西春日井郡農会主催にて、名古屋郵便局員による「郵便貯金」及び「簡易」奨励の講演会を活動写真応用にて開催。

（「名古屋新聞」1・15）

・（豊橋の）弥生座は、敷島会一行による連鎖喜劇『初夢』二場、悲劇『濁水』十六場を上演中。

（「新愛知」1・16附録）

・豊橋の豊橋座は、十七日より四日間、曽我廼家十郎一座五十余名にて第一『謹賀新年』二場、第二『刻一刻』二場、第三『旧劇出世宗盛』二場、第四『お祖母さん』三場、第五『無我夢中』二場を上演。

（「新愛知」1・16附録、17附録広告）

・東海道島田の実座は、十七日より末広座巡業部第二団市川海老十郎一座にて、二の替りを開場。

（「名古屋新聞」1・17、17広告）

・挙母の大正座は、実川延右衛門にて興行中。

（「新愛知」1・17広告）

・東濃明知町の常盤座は、十八日より末広座巡業部第一団市川九蔵・市川団三郎・中村信濃・中村嘉七等の一座にて開場。

（「名古屋新聞」1・17、17広告）

・(豊橋の)東雲座は、名古屋帝国座巡業俳優市川八左衛門一座にて『お目見得だんまり』『実録先代萩』『源平魁躑躅』を興行中。
(「新愛知」1・18附録)

・安城町の安城座は、十九日より『花妻』を上演。
(「新愛知」1・19広告)

・東海道江尻の歌舞伎座は、十九日より末広座巡業部第二団市川海老十郎一座にて開場。
(「名古屋新聞」1・20広告)

・四日市の港座は、二十二日より末広座巡業部第一団九蔵・団三郎・嘉七・信濃の一座にて開演。
(「名古屋新聞」1・22)

・静岡の千鳥座は、二十三日より末広座巡業部第二団市川海老十郎一座にて開場。
(「名古屋新聞」1・23広告)

・(豊橋の)豊橋座は、橘家橘枝・市川団俄の一座にて『江戸桜噂の金夜』を全通しにて上演中。
(「新愛知」1・23附録)

・(豊橋の)弥生座は、二十四日より敷島会一行による連鎖劇として、一番目悲劇『勇み肌』、二番目情劇『女の命』を上演。
(「新愛知」1・24附録)

・岐阜の旭座は、二十五日より『花妻』を上演。
(「新愛知」1・24広告)

・(豊橋の)東雲座は、二十五・二十六の両日、筑前琵琶同好会主催による筑前琵琶大会を開催し、名古屋旭洲会による五絃大演奏などを上演。
(「新愛知」1・24附録)

・(豊橋の)東雲座は、二十七日より三十一日まで、片岡松之助一座八十余名による義士劇を、十周年記念興行として上演。
(「新愛知」1・24附録、30附録)

・(豊橋の)豊橋座は、片岡菊三郎一座にて開演中。
(「新愛知」1・26附録広告)

・島田の稔座は、末広座巡業部第一団市川九蔵・市川団三郎・中村信濃・中村嘉七にて興行中。
(「名古屋新聞」1・27広告)

・浜松市の歌舞伎座は、二十八日より末広座巡業団第一団九蔵・団三郎・信濃・嘉七の一座にて開演。
(「名古屋新聞」1・28)

・(豊橋の)豊橋座は、大阪名代三枡稲丸・三国屋国三・実川延車の一座にて『朝日影芦辺の真鶴』を全通しにて興行中。
(「新愛知」1・30附録)

○二月一日~(六)日　音羽座

落語

【出　演】橘家橘太郎《音曲手踊り》・松林松風《新講談》・昇天斎一旭《千里眼》・助六・六平・六松・寿楽・雷蔵・住登・柳窓・楽太夫・助三

【典　拠】「名古屋新聞」2・1附録広告、3、4附録、6広告、7附録。

【備　考】○内容は、落語・落語手踊・落語音曲・義太夫・千里眼睡眠術・改良義太夫・落語振事・新講談・落語劇。(「名古屋新聞」2・3、4附録)
○「本日よりの交替連としては、大阪より橘家橘太郎を招き東京よりは新講談松林松風及び昇天斎一旭の千里眼並に催眠術といふ目先の異りたるところ、大喜利には助六一派の落語劇。」(同紙2・1附録) ○「大喜利は珍奇なる落語劇を御覧入候　落語定席 音羽座」(同日同紙附録広告) ○「助六一派の落語劇は好評。」(「新愛知」2・3)

○二月一日~(五)日　午後四時より　京枡座

浪花節芝居　幕無し

芸題毎日つゞき　河内家小円治 常盤家いろは 井筒家咲之助 一座

【演　目】肴家寅吉　水戸黄門記　義士銘々伝

【典　拠】「名古屋新聞」2・1附録、5附録、6附録。

【備　考】○「連日大入り木戸〆切(中略)若手揃ひの大一行にて芸題毎日替り。」(「名古屋新聞」2・4附録)

○二月一日~五日　午後四時より開場　**国技館**

人形浄瑠璃

当地初御目見得
人形元祖
上村源之丞一座

【演　目】一日　一谷嫩軍記　阿波鳴戸
三日　一谷嫩軍記　切　壺阪寺　沢市住家の段
四日　朝顔日記　大序より大切迄　先代萩　御殿

【典　拠】「名古屋新聞」1・30附録、2・1附録、4附録、5附録、「新愛知」2・3。

【備　考】○「当上村家は藤原氏より出で当主に至る六十五代一千三百数十年子孫連綿歴代陛下の天覧を賜り、日本第一諸芸衆能之冠上村日向掾為原正清の門額を賜はりしもの。今回は太夫も精選の上出場する由。」(「名古屋新聞」1・30附録)○「当人形は古き由緒あるものにして、三番叟翁面は後陽成帝の恩賜なりと。大切は総掛合大道具大仕掛五十三段返しの由。(中略)特等六十銭(中略)一等四十銭(中略)下足・敷物付との事。」(同紙2・1附録)○「二日目より竹本錦太夫を差加へ非常の好評にて日増大人気。」(同紙2・4附録)○「興行の都合により本日一日間日延、上場行次第金二十銭均一。」(同紙2・5附録)

○二月一日~(五)日　**三栄座**

帝国一等　獅子芝居

沢村大悦
今村新丸
二座合同

【典　拠】「名古屋新聞」2・1附録、5附録、6附録。

【備　考】○「毎日大好評。」(「名古屋新聞」2・4附録)

○二月一日~(八)日　昼夜二回　**末広座**

《新派劇》大平野紅(ママ)氏作

青《せい》春《しゅん》　五幕

成美団一行

【出　演】福井茂兵衛・小織桂太郎・都築文男・英太郎・松浪義雄・末吉春人・和歌浦糸子・常磐操子・新加人実川延之丞

【経　営】松竹

【典　拠】「名古屋新聞」1・29附録、30附録、30附録広告、2・1附録、8附録広告。

【備　考】○「小織桂一郎が再び来るさうだ。元一座に居つた酒井(編注、酒井欣弥)と大東(編注、大東鬼城)は、今は歌舞伎座に敵国の形。」(「名古屋新聞」1・16附録)○「目下神戸中央劇場に開演中(中略)七十余名の大一座にて(中略)芸題は同一座の為めに、特に大平野紅(ママ)(編注、野虹)氏が新作。」(同紙1・29附録)○「今明の両日を大道具調べの為休演。」(同紙1・30附録)○「『青春』は通俗なる家庭悲劇にて筋も好く…。」(同紙2・2附録)○「旧正月の三日間共木戸締切の盛況。」(同紙2・4附録)

○二月一日~(五)日　**大黒座**

獅子芝居

嵐悦丸一座

【典　拠】「名古屋新聞」2・1広告、5広告、6広告。

○二月一日~　大雲劇場改**第二文明館**

(活動写真)

【内　容】一日~　旧劇真田大助と猿飛佐助の忍術漫遊(松・扇合同)
新派悲劇姫百合　戦劇愛国の血

（七）日～　正劇仏国士官　新派悲劇恋の一念　滑稽活劇アンプローズの血眼　旧劇真田大助と猿飛佐助
【典　拠】「名古屋新聞」2・1附録、1広告、6附録～8附録。
【備　考】○「二月一日より大雲劇場改め第二文明館となり（中略）花々敷開場す。」（「名古屋新聞」1・31）○「大盛況。」（同紙2・4附録）

○二月一日～（五）日　高砂座
《旧劇実写連鎖劇》
浪花《なには》俠客《けうかく》魁《さきがけ》梅治《うめぢ》
【典　拠】「新愛知」2・1広告、3、5広告、6広告。
【備　考】○「好評」（「新愛知」2・3広告）

○二月一日～　正午十二時より昼夜二回開演　帝国座
《新喜劇》時之助改め曽我廼家一太郎男女優合同一座
【第　一】笑劇　秘《ひ》密《みつ》の裏《うら》
【第　二】新喜劇　心《こゝろ》　中村園枝改め中村悦子
【第　三】旧喜劇　出世《しゆつせ》の稲川《いなかは》
【第　四】諷刺喜劇　教《けう》訓《くん》
【典　拠】「名古屋新聞」2・1附録、3。
【備　考】○「東京浅草公園金龍館付俳優（中略）曽我廼家市太郎を座長、同館幹部女優（中略）中村悦子を立女形として（中略）三十日当市に乗込み（中略）中村悦子は名古屋市裏門前町出身で（中略）今回父の十三年忌の追悼の為めに帰名。」（「名古屋新聞」2・1附録）○「旧喜劇『稲川次郎吉』及喜劇『処《ママ》』は、一太郎大車輪の奮闘振りに満場湧くが如く大好評。」（同紙2・4附録）○「連日の満員。」（同紙2・5附録）

○二月一日～五日　午後五時　御園座
京山小円一行
浪　花　節　京山円遊　京山円龍　岡本鶴丸　京山駒春　京山円平　岡本円平
【読み物】一日　七福神宝の入船（円平）　水戸黄門記（駒春）　武道の花（円龍）　義士伝（円平）　真田幸村（鶴丸）　義烈百傑（円遊）　桜川五郎蔵（小円）　越後家大評定（小円）
二日　三競誉の手綱（鶴丸）　義烈百傑（円遊）　勧進帳（小円）　江戸の花（小円）　二長講
三日　義烈百傑　続き（円遊）　佐倉曙義民伝　宗五郎子別れ（小円）　義士討入（小円）
四日　義烈百傑　続き（円遊）　五郎正宗孝子伝（小円）　安兵衛婿入り（小円）　長講二席
五日　児島高徳（小円）　後席　孝子万兵衛（小円）
【典　拠】「名古屋新聞」1・29附録、2・1附録、3、4附録、4評、5附録。
【備　考】○「久方振り来演の事故、門下の優秀なる者を網羅し…。」（「名古屋新聞」1・29附録）○「初日は二十銭均一。」（同紙2・1附録）○「定刻前より入場客押寄せ開場忽ち満員札を掲げられ、頗る大盛況（中略）巡業先の都合に依り五日間限り。本日より特等五十銭、一等三十五銭、二等二十五銭。」（同紙2・2附録）○「連日好況続き（中略）本日読物『児島高徳』は、畏くも各宮殿下の御前講演の栄を賜はりし物。」（同紙2・5附録）○評「御園座の小円」雅光（「名古屋新聞」2・4）

○二月一日〜(三)日　午後三時より　蓬座

【一番目】日本晴《にほんばれ》伊賀《いが》の仇討《あだうち》

【中　幕】大石蔵之助《おほいしくらのすけ》東下《あづまくだ》り

【二番目】俠《けう》客《かく》春《はる》雨《さめ》傘《がさ》

東京名題 中村新駒
市川芳三郎一座
尾上扇三郎合併

【典　拠】「名古屋新聞」1・31附録、2・1附録、3、4附録。

【備　考】○「中幕『義士大石東下り』。」(「名古屋新聞」2・1附録)○「大好評。」(同紙2・2附録)

○二月一日　名古屋高等工業学校の音楽演奏会

一日午後二時より、名古屋高等工業学校の校友会主催による音楽演奏会が開催され、新作校歌の合唱に続き、独唱、尺八・琴曲合奏、松籟会員他によるヴァイオリン等洋楽器の合奏、森田錦泉の薩摩琵琶、安部旭桃の筑前琵琶、ホワイトローズ倶楽部のハーモニカ合奏、いとう呉服店音楽部の合奏等が上演された。(「名古屋新聞」2・2附録)

○二月(二)日　霞会新年囃子会

「霞会の新年囃子会は、二月二日正午より、能楽倶楽部にて催す筈なるが…。」(「名古屋新聞」1・26附録)

○二月四・(五)日　蓬座

東京名題 中村新駒・市川芳三郎一座　二の替り

加《か》賀《が》の梅《うめ》鉢《ばち》

【二番目】俠客腕《けうかくうで》の喜《き》三郎《らう》

【典　拠】「名古屋新聞」2・4附録、5附録、5広告、6附録。

【備　考】○「何れも大好評。」(「名古屋新聞」2・5附録)

○二月　国技館売却問題のその後

経営困難に陥っている名古屋国技館の売却に苦悩する大正土地株式会社は、東京相撲協会への同館売却の道を模索してきたが、売却額十万円という同社の提示に対し、協会側は難色を示しており、交渉の成立は悲観的な状況になっているもようである。(「名古屋新聞」2・4)

117頁上段、第十巻652頁下段参照。

○二月六日〜(十一)日　午後三時より　京枡座

《実写連鎖劇》

【一番目】清《きよ》水《みづ》寺《でら》清《せい》玄《げん》

【二番目】国《くに》定《さだ》忠《ちう》次《ぢ》

東京名題 中村新駒
市川芳三郎
尾上扇三郎
合併一座

【典　拠】「名古屋新聞」2・6附録〜8附録、11広告、13附録。

【備　考】○「昨日より(中略)芸題『清水寺清玄』、『俠客国定忠次』にて連鎖は市郊外を撮影せしもの。」(「名古屋新聞」2・7附録)○「実写にて市内名所撮影にて大人気。」(同紙2・8附録)○「連日満員。」(同紙2・9附録)

○二月六日～(十二)日　寿座

演目不詳　実川菊三郎　片岡我升
市川猿升　一座

【典　拠】「名古屋新聞」2・6広告、13広告、14広告。
【備　考】○「満員御礼」(「名古屋新聞」2・9広告)　○「毎日好評」(同紙2・13広告)

○二月六日～八日　三栄座

万歳新演劇　万歳・芝居テイレコ　洋行戻り鈴木源十郎
石川貫一　一座

【典　拠】「名古屋新聞」2・6附録～9附録。

○二月(六)・(七)日　大黒座

《新派劇》

演目不詳

【典　拠】「名古屋新聞」2・5広告～8広告。

○二月六日～(九)日　高砂座

(万歳芝居)　花房清十郎

【典　拠】「新愛知」2・6広告、9広告、10。
【備　考】○「好評」(「新愛知」2・7広告)

○二月六日～(十一)日　午後四時より　蓬座

浪花節芝居　幕無し　芸題毎日続き　大阪名題河内家小円治
常盤家いろは　一行

【演　目】俠客肴屋寅吉　水戸黄門記
【典　拠】「名古屋新聞」2・6附録、8附録、11、13広告。
【備　考】○「浪花芝居元祖大阪河内家小円治・常盤家いろは一座(中略)大盛況。」(「名古屋新聞」2・7附録)　○「評判よし。」(同紙2・11)

○二月七日～(十三)日　音羽座

特別興行　日本人形元祖上村源之丞一座

人形浄瑠璃　大道具大仕掛五十三段返し　竹本錦太夫
竹三郎　加入

【演　目】七日　一の谷双《(ママ)》葉軍記　大序より大詰迄　切　酒屋
九日　朝顔日記　御殿場(錦太夫)
十日　太閤記　堀川

【典　拠】「名古屋新聞」2・7附録、9附録、10。
【備　考】○「大好評にて、特に五十三段返しの大道具にて見事。」(「名古屋新聞」2・9附録)

○二月七日～(十三)日　昼夜二回　歌舞伎座

《新派劇》　金城団柴田・酒井・大東・西一行　第六回替り狂言

悲活劇　朧《おぼろ》夜《よ》　全七場

【出　演】酒井・大東・花村・島・小松・秋山・高浪・住吉・岩崎・菊波・西・柴田

【典　拠】「名古屋新聞」2・7附録、7附録広告、8附録、10評、13附録、14附録。
【備　考】○「今回聊か報国の意を表すべく出征軍人の凱旋を幸ひ、凱旋軍人家族を招待し観劇をさせ一日の快を与ふべく師団へ申込み、両三日中に観劇券を配布する由。」(「名古屋新聞」2・9附録)○「連日非常なる人気(中略)新派劇としては一寸目先の変りし狂言にて、『黒田騒動』の紅葉の間の様なる処もあり頗る大向ふを喜ばせつゝあるが、長廊下の場は柴田独得の立廻りを見せ非常なる好評。」(同紙2・13附録)○評「歌舞伎座『朧夜』」雅光(「名古屋新聞」2・10)

○二月七日～十四日　昼夜二回　**新守座**
《旧派連鎖劇》三河家・葉村家合同一座　第六の替り
新愛知講談　竹柴扇蔵氏脚色
【前】大岡政談　音《おと》羽《は》丹《たん》七　連鎖十五場
【切】義士外伝　雪《ゆき》の曙《あけぼの》　一幕二場
【配　役】奴の音羽　後に兵庫屋音羽　市川荒太郎
飯焚伝助
丹波屋丹七　中村仙松
大高源吾
番頭彦兵衛　市川荒市郎
加藤左太夫　坂東豊昇
落合其月
母おしづ　中村扇成
女房お柳
侍女おその
三河屋喜蔵　浅尾奥山
宝普斎其角
大岡越前守　嵐璃徳
土屋主税
丹波屋丹右衛門　市川荒五郎
【座附作者】竹柴扇蔵
【典　拠】「新愛知」2・3、9広告、「名古屋新聞」2・7附録、8附録、14附録。
【備　考】○「本日座員総出にて連鎖ヒルムの大撮影を為し(中略)本紙読者の優待方法を設け…。」(「新愛知」2・3)○「『元禄快挙雪の曙』。」(「名古屋新聞」2・7附録)○「各場面共連日来の熱心なる稽古の効果現れ大喝采。」(同紙2・8附録)○「読者割引券持参者と普通観客とにて、座前の広場も人にて埋まり…。」(「新愛知」2・10)○「頗る尻晴れ(マヽ)の盛況。」(「名古屋新聞」2・14附録)○評「新守座『雪の曙』」(「名古屋新聞」2・13附録)

○二月七日～　**帝国座**
《新喜劇》東京金龍館　曽我の家一太郎一派　芸題がへ
【第　一】月《げつ》給《きふ》日《び》　三場
【第　二】片《かた》男《を》波《なみ》　二場
【第　三】旧喜劇　つゞれの錦《にしき》　一場
【第　四】新喜劇　人《ひと》の妻《つま》　二場
時太郎
半兵衛
悦子
一太郎
芝楽
【典　拠】「名古屋新聞」2・7附録～9附録。
【備　考】○「旧喜劇『つゞれの錦』、新喜劇『人の妻』が呼び物。」(「名古屋新聞」2・9附録)

○二月(七)日～(十三)日　**宝生座**
【一番目】男達《をとこ□て》出《で》入港《いりみなと》
【二番目】碁《ご》盤《ばん》太《たい》平《へい》記《き》白《しら》石《いし》話《ばなし》

【観劇料】場代なし
【典　拠】「新愛知」2・6広告、7広告、10、13広告、14広告。

○二月七日～(十四)日　午後四時より開演　**御園座**

《新喜劇》楽天会一派

【第　一】大《おほ》風《ふ》呂《ろ》敷《しき》　二
【第　二】情《なさけ》の女《をんな》　二
【第　三】風《ふう》流《りう》乞《こ》食《じき》　三
【第　四】妙《めう》な男《をとこ》　四

中島　楽翁
粂田　通天
徳川　天華
宮島　弁天
田村　楽太
渋谷　一雄
松尾　天勝
上田　天靖
谷川　天龍
　　　天仙
新加入 舞鶴　昇楽

【典　拠】「名古屋新聞」2・5附録～7附録、9附録評、14附録、「新愛知」2・15広告、18附録。
【備　考】○「楽天会略筋」(「名古屋新聞」2・5附録、6附録)　○「八十余名の一座。」(同紙2・5附録)　○「何れも新狂言(中略)初日は特等七十銭、一等五十銭、二等三十銭、三等十五銭といふ割引。」(同紙2・7附録)　○「初日(中略)忽ち満員。本日は廓連妓新年宴会として、五百余名の総見ある由。」(同紙2・8附録)　○「例の人気者揃ひの事とて昨二日目の如きは開場間《まも》なく満員〆切といふ大好評を示したるが、芸題は何れも(中略)大受けなり。」(同紙2・9附録)　○「連日満員。」(同紙2・14附録)　○評「御園座の楽天会」雅光(「名古屋新聞」2・9附録)

○二月八日～(十)日　**大黒座**

演目不詳　霞亭清吉一座

【典　拠】「名古屋新聞」2・8広告、10広告、11。
【備　考】○「毎日好評」(「名古屋新聞」2・10広告)

○二月八日～(十二)日　**湊座**

中村吉十郎一派　芸題替り

【一番目】吉《よし》田《だ》御《ご》殿《てん》鹿《か》の子《こ》振《ふり》袖《そで》
和《わ》国《こく》橋《ばし》髪《かみ》結《ゆひ》藤《とう》次《じ》
信左衛門

【配　役】藤次　中村吉十郎——千代姫　慶女
彦左衛門　巴左衛門　喜三郎　眼笑
伊豆守　松童

【典　拠】「名古屋新聞」2・8附録、9附録、13広告、14附録。
【備　考】○「初日より総幕出揃ひ。」(「名古屋新聞」2・9附録)　○「相変らず好人気。」(同紙2・13附録)

○二月九日　午後一時より　**国技館**

普通選挙市民大会　弁士 尾崎行雄

【典　拠】「名古屋新聞」2・9附録。

○二月九・十日　**三栄座**

浪花節　京山小円一行

【読み物】九日　真田幸村(鶴丸)　義烈百傑(円遊)　矢倉の巴(小円)　越後家大評定(小円)

十日　佐倉曙　宗吾子別れ（小円）　江戸の花（小円）　長講二席

【典　拠】「名古屋新聞」２・９附録、11、「新愛知」２・10。

【備　考】○「大人気」（「新愛知」２・10広告）

○二月九日〜（十六）日　末広座

昼十二時より
夜五時より

成美団　二の替り
小島孤舟氏新作
社会悲劇　塩《しほ》原《はら》譚《はなし》　五幕

【出　演】福井・常盤・英・延之丞・都築・小織・末吉・松浪

【典　拠】「名古屋新聞」２・８附録広告、９附録、「新愛知」２・16広告、17。

【備　考】○『塩原譚』梗概」（「名古屋新聞」２・８附録）○「本狂言は小島孤舟氏の作にて数奇を極めたる社会悲劇、成美団得意の演しもの。」（同紙２・９附録）○「初日は不相変の満員。」（同紙２・10）○「小番附には英クンの名前が見えない。」（同紙２・11）○「引続き好況（中略）大入り続き。」（同紙２・15附録）

○二月（九）日　新年謡会

二月九日午前九時より、清水町の老松庵において、東北会新年謡会が開催される。

（「名古屋新聞」２・８）

○二月（九）日　天風流尺八演奏会

「栄町十一屋呉服店階上にて、来る九日正午より六時迄、一般入場随意にて天風流尺八三曲合奏を催す。出演者は、尺八吉田天風師、箏曲沢田東一師、長唄河合多津子師、以下門人数十名出演す。」

（「名古屋新聞」２・８）

○二月十日〜　高砂座

花房清十郎一行　二の替り
（万歳芝居）

【演　目】畜生腹

【典　拠】「新愛知」２・10、11広告。

【備　考】○「好評」（「新愛知」２・11広告）

○二月十一日　午前十時から　国技館

憲法発布三十年祝賀式

主催
名古屋市

【典　拠】「名古屋新聞」２・11。

○二月十一日〜（十四）日　三栄座

万歳新演劇　万歳・芝居　テーレコ幕なし

鈴木源十郎
石川貫一一座

【典　拠】「名古屋新聞」２・11、14附録、「新愛知」２・15広告。

○二月十一日〜（十四）日　大黒座

演目不詳

旧劇
日若会一行

【典　拠】「名古屋新聞」２・11、11広告、14広告、15広告。

○二月十二日〜(十四)日　午後四時より　京枡座

浪花節芝居　幕無し　大阪名題 河内家小円次一行

毎夜つゞき

【演　目】浪花俠客伝　水戸黄門記

【典　拠】「名古屋新聞」2・13附録〜15附録。

【備　考】○「高評　節劇元祖河内家小円治」(「名古屋新聞」2・14広告)

○二月十二日〜(十四)日　蓬座

《新喜劇》

演目不詳　曽我廼家助成一行

【典　拠】「名古屋新聞」2・13附録、13広告、14附録、15附録。

【備　考】○「大阪若手揃(中略)大人気。」(「名古屋新聞」2・13附録)

○二月十二日　俳優の窃盗・横領

「市内西区北野町二ノ二六山田健夫方同居□工兼俳優大村純一(三二)は、昨年四月山田方に入質方依頼せられたる男向マント一枚(代十九円)を、同区北鷹匠町柴山藤吉方へ一旦入質せし後、勝手に受け出し、之れを同区馬喰町古物商柴田賢一方へ十四円に売却・横領せる外、昨年十月健夫妹たま所有の琉球羽織一枚(代二十円)外六ケ所にて七十余円の金品を窃取せるを、江川署の知る所となり、取調べの末、十二日身柄局送り。」(「名古屋新聞」2・13附録)

○二月十三日〜十七日　午後五時より　大雲劇場(第二文明館)

浪花節　天中軒雲月一行

【読み物】十三日　四季の色取(雲誠)　御園の色(ママ)(千代丸)　百集□談(月丸)　武芸見立(清月)　善と悪(東郷)　三人書生(雲鶴)　太功記(浪花吉右衛門)　山科□子別(雲月)　安兵衛婿入(雲月)

十四日　前席　義士外伝　村上喜剣(雲月)　次席　岡野金右衛門(雲月)　長講一席

十五日　横川勘平(雲月)　大高源吾笹売(雲月)

十六日　南部坂雪の別れ(雲月)　不破数右衛門(雲月)

十七日　大石山鹿護送(雲月)　神崎東下り(雲月)　長講二席　余興　博多節(雲月)

【典　拠】「名古屋新聞」2・13附録〜16附録、16附録評、17。

【備　考】○「毎日大好評。」(「名古屋新聞」2・16附録)　○「其他の一行は前夜の続き物を。」(同紙2・17)　○評「雲月来る」はな(「名古屋新聞」2・14附録)「雲月を聴く」はな(同紙2・16附録)

○二月中旬〜(十四)日　高砂座

《新派活動連鎖劇》

演目不詳

【典　拠】「新愛知」2・13広告〜15広告。

【備　考】○「大好評」(「新愛知」2・13広告)

○二月十四日～二十日　歌舞伎座

《新　派》金城団

【開幕劇】新喜劇　我輩《わがはい》は豪傑《がうけつ》である
名古屋新聞連載小説　黒法師原作
井手蕉雨子脚色

現代悲劇　合《あは》せ鏡《かゞみ》　全七場

ビゼー氏作曲
劇中劇　カルメン
大道具・キネオラマ使用

酒井欣弥
大東鬼城
花村静哉
大橋礼吉
高波定治
秋山三郎
岩崎新
菊波正之助
島
小松
木下
栗田
新川
西萬兵衛
柴田善太郎

【典　拠】「名古屋新聞」2・14附録、14附録広告、15附録、16附録、17、17評、20附録。

【備　考】○「井手蕉雨氏が（中略）全五場に脚色。」（「名古屋新聞」2・14附録）○「改正直段　三等三階金十五銭　平場と二階は金三十銭均一　特等東西出桟敷金六十五銭」（同日同紙附録広告）○「『合せ鏡』略筋」（同日同紙附録）○「十三日芝居がかぶると同時に、総立ち稽古に移つた。（中略）頭取住吉が…。」（同紙2・15附録）○「昨二日目は十五日の休み日とて開場間もなく満員締切と云ふ大盛況なり。（中略）昨日より番付面に脱漏し居る『鈴木仙三郎宅』と『木賃宿』の二場をも出し…。」（同紙2・16附録）○「空前の大盛況（中略）連日連夜の大入り。」（同紙2・17）○「劇中劇は今回の呼び物となり、衣裳の美くしきと大道具の立派なるは、東京の帝劇其のまゝなりとの評あり。引続き団体の申込多く、前茶屋は場取に忙殺され…。」（同紙2・18附録）○「『合せ鏡』全六場（中略）『カルメン』の一節の衣裳を全部大阪へ注文せしといふ、実に美事なる物。」（同紙2・19附録）○「『カルメン』（中略）該場面には帝国劇場オケストラ楽長太田汀波先生が…。」（同紙2・20附録）○評「歌舞伎座の本社劇」㊤㊥㊦雅光（「名古屋新聞」2・16附録、17、18附録）

○二月十四日～（十八）日　寿座

嵐山《あらしやま》花《はな》五郎《らう》
板《はん》額《がく》治《ぢ》郎《ろ》吉《きち》

阿波家団十郎
市川源升
一座

【典　拠】「名古屋新聞」2・14附録、18広告、19広告。

【備　考】○「毎日好評」（「名古屋新聞」2・18広告）

○二月（十四）日～（二十一）日　宝生座

【一番目】実録《じつろく》毛《け》谷《や》村《むら》六助《すけ》

【二番目】揚巻助《あげまきすけ》六廓《くるわ》亀鑑《きかん》

【観劇料】場代なし

【典　拠】「新愛知」2・13広告、14広告、17、21広告、22広告。

○二月十四日～（二十）日　湊座

吉十郎一座　芸題替り

【一番目】宇《う》都《つ》の谷《や》峠《とうげ》

【中　幕】奈《な》須《す》与《よ》市西海《いちせいかい》硯《すゞり》

【二番目】嵐山《あらしやま》花《はな》五郎《らう》

眼笑
慶女
巴左衛門
松童

【典　拠】「名古屋新聞」2・14附録、14広告、20附録、「新愛知」2・20広告、21広告。

【備　考】○「総幕出揃ひ（中略）好景気。」（「名古屋新聞」2・16附録）○

「用意深き狂言の取合せ。」（同紙2・18附録） ○「連日好人気。」（同紙2・20附録）

○二月中旬〜三月（十八）日　夜　音羽座

東西合併落語　金柳派落語 助六一派

【出　演】六平・住登・柳窓・一旭・楽太夫・助六・松風・枝六・助三・六松・寿楽・雷蔵・橘太郎・社中・松竹・金坊・新楽

【典　拠】「名古屋新聞」2・14附録、14広告、15附録、21附録、3・5附録、7附録、18広告、19広告。

【備　考】○内容は、落語・義太夫・千里眼・改良義太夫・落語振事・新講談・落語劇・手踊り・をどり・奇術・笑話・振事。（「名古屋新聞」2・14附録、15附録、3・4、11附録） ○「千里眼及落語劇は連日好評。」（同紙2・14附録） ○「十五日より特別記念興行として大福引を行ひ、入場者に（中略）景品を呈すと。」（同紙2・15附録） ○「此度御客様の御勧めに依り出演者一同結束し古に因み新しく一派を樹て金柳派と命名し記念興行（中略）助六一座外に交替連出演　本日より一週間」（同日同紙附録広告） ○「相変らず評判よく大受けなり。」（同紙2・20附録） ○「金柳派記念改名興行は大好評にて大入続きなるが、今一週間を日延べし二月中引続き福引を入場者に…。」（同紙2・22附録） ○「一旭の奇術、橘太郎の落語振事は益評判よし。」（同紙2・25附録） ○「金柳派中京落語助六一派。」（同紙3・2附録）

○二月十五日〜（十八）日　午後四時より　京枡座

【一番目】東俠客男《あづまけふかくをとこ》の達引《たてひき》　大阪名題 実川菊三郎 市川桃太郎 一座

【中　幕】義士《ぎし》岡野《をかの》金右衛門《きんゑもん》

【二番目】八百屋《や》お七

【典　拠】「名古屋新聞」2・15附録、18附録、19附録。

【備　考】○「満員の盛況。」（「名古屋新聞」2・16附録） ○「『八百屋於七』人形つり（ママ）。」（同紙2・17） ○「若手揃ひ大一座は大好評。」（同紙2・18附録）

○二月十五日〜　国技館

《新派劇》改良琵琶入新喜劇　東京芦辺巡業部楽勇会一行

喜劇　恋《こひ》と恋《こひ》

悲劇　雪《ゆき》の夜《よ》

【典　拠】「名古屋新聞」2・15附録、16附録、16広告。

【備　考】○「時節柄大勉強上場早いがち金七銭均一。」（「名古屋新聞」2・16附録） ○「毎日好評　琵琶入新派劇」（同日同紙広告）

○二月十五日～(二十)日　三栄座

《僧侶劇》
親鸞上人御《しんらんしやうにんご》一代記《だいき》
毎日つゞき　安藤大僧丈一行

【切狂言】蓮如上人嫁《れんによしやうにんよめ》おどし

【典　拠】「新愛知」2・15広告、「名古屋新聞」2・17、19附録～21附録。

【備　考】○「毎日大入つゞきの(中略)『親鸞上人御一代記』本日よりつゞき。」(「名古屋新聞」2・17)　○「連日満員。」(同紙2・20附録)　○「安藤大僧正とかいふ役者か坊主か判らぬ一行(中略)三栄座辺りで演《や》つた時は舞台へお賽銭が降つたといふから豪気なもんさ、此頃では更に賽銭のお贔屓に報ゆる為か、六十歳以上のお老人は木戸無料。」(同紙2・25附録)

○二月十五日～十八日　新守座

《連鎖劇》三河家・葉村家合同　お名残狂言

【一番目】伊《い》賀《が》越《ごえ》　饅頭娘四場

新作物上野戦争余談
【中狂言】維新情話 上野《うへの》の夜嵐《よあらし》　連鎖十一場

【切狂言】所作事 乗《のり》合《あひ》船《ふね》
常盤津出語り　浪越連妓

【配　役】
誉田大内記　荒太郎 ｜ 女房お□
茅野三之丞 ｜ 大工松蔵
才蔵(ママ)保又 ｜ 渡辺靫負
女房お谷　仙松 ｜ 肥田幸内　荒市郎
沢井又五郎　豊昇 ｜ 通人岩井粋好　璃徳
桜井甚左衛門 ｜ 唐木政右衛門
佐多孫左衛門 ｜ 増田屋彦三郎
船頭市蔵 ｜ 万歳□若
宇佐美五右衛門　奥山 ｜ 庫番吉兵衛　荒五郎
桜川善孝

【典　拠】「名古屋新聞」2・15附録、18附録。

【備　考】○「今回はお名残り狂言として特に選定し(中略)『上野の夜嵐』の連鎖フヒルムは、京都島原の実景を応用して頗る大仕掛。」(「名古屋新聞」2・15附録)　○「二ケ月余に亘り連日連夜の盛況(中略)『上野の夜嵐』連鎖十場大喝采。」(同紙2・17)　○「殊に常盤津出語りの浪越連妓出演の事とて、連日満員の盛況。」(同紙2・18附録)

○二月十五日～(十八)日　大黒座

万歳芝居
鈴木源十郎　石川勘市　一座

【典　拠】「名古屋新聞」2・15附録、18広告、19広告。

【備　考】○「毎日好評」(「名古屋新聞」2・18広告)

○二月十五日～(十七)日　高砂座

月《つき》の都《みやこ》
キネオラマ応用　荒木清一派

【典　拠】「新愛知」2・15広告、17、18広告。

【備　考】○「好評。」(「新愛知」2・17)

○二月十五日～二十一日　午後二時開場　帝国座

新築披露大歌舞伎

だんまり

【第一番目】扇的西海硯《あふぎのま□ふさいかいすゞり》　三幕

山崎紫紅氏作

島《しま》の女《おんな》　一幕

【中幕下】奥州安達原　袖萩祭文の場

【二番目】近頃河原の達引　二幕

【大喜利】夕霧伊左衛門廓《くるわ》文《ぶん》章《しやう》　吉田屋の場

【配役】序幕　鷹ケ峰暗闘の場

盗賊夜叉五郎　我童
畠山重忠　吉三郎
叡山の袈裟丸　寿美蔵
浜村主水之助　莚升
六部木曽左源太　九団次
岡部蔵人　米左衛門
奴礒平　左衛門
岩木典蔵　登美三郎
轟運平　登喜助
黒暗の丑蔵　岡六
百姓　九目昇
同　莚吉
同　米作
息女大姫 実ハ北野のお熊　松蔦
腰元呉竹　莚蔦

第一番目

序幕　砥上ケ原隠居邸の場

五十嵐刑部　米左衛門
供侍三平　我楽太
同　久内　幸作
同　若党東介　島三郎
同　番八　左八助
中間可内　莚吉
同　与平　門二郎
同　久田八　米作
百姓米八　吉五郎
同　与作　岡六
与市母慶光院　米三
同　妻駒の井　莚蔦
奥女中松代　莚一
同　竹沢　登美丸
同　梅野　登茂恵
同　井筒　莚二郎
腰元沢田　蔦次郎
同　小笹　蝠丸
同　八重路　登美丸

二幕目　那須与市屋敷の場

同　奥庭古祠の場

那須与市　寿美蔵
五十嵐小文次　莚升
軍卒伴内　寿太郎
同　兵六　登喜助
同　番介　蝶蔵
同　東一　吉五郎
同　幸平　岡六
与市妻駒の井　莚蔦
小太郎乳母篠原　吉三郎
駒若乳母照葉　松蔦
腰元葉末　蔦二郎
同　松枝　蝶之助
同　小菊　蝠丸
同　呉竹　登美丸
与市長男小太郎　ゆたか
同　二男駒若　蔦千代

中幕の上

熱海東海岸の場

漁夫宗次　寿美蔵
同　磯六　小半次
同　波八　左喜蔵
同　岩吉　我運童
同　鯛六　二之助
同　岸介　寿太郎
同　沖内　登喜助
同　森作　松五郎
同　魚六　蝶蔵
同　茂八　蔦蔵
同　海老七　歌久兵衛
同　帆介　島三郎
同　船吉　門笑
島の女おうた　我童
熱海の女おみね　松蔦
友達娘おきく　莚蔦
同　おさの　登美三郎
同　おいそ　蔦次郎
同　おなか　蝶之助
同　おなみ　小蔦
同　おたま　蝠郎
同　おすへ　千代寿

中幕の下

環宮御殿袖萩祭文の場

桂中納言教氏　吉三郎
八幡太郎義家 実ハ阿部貞任　莚升
□傔杖直方　門蔵

外ケ浜の南兵衛　実ハ阿部宗任　九団次
義家の臣新吾　寿太郎
同　兵太　二之助
同　番蔵　蝶　蔵
同　勇作　我楽太
同　義一　吉五郎
同　忠八　幸　作
仕丁五郎又　登喜助
同　太郎又　岡　六
同　四郎又　松　次
傔杖妻浜夕　歌　六
同　娘袖萩　我　童
腰元小雪　登美三郎
同　柴の戸　蔦次郎
同　荻野　蝶之助
同　朝霧　蝠　丸
袖萩娘お君　ゆたか

二番目

序　幕　四条河原殺の場

横淵官左衛門　米左衛門
井筒屋伝兵衛　寿美蔵
丹波屋六右衛門　我運童
口入勘蔵　左喜蔵
井筒屋番頭万八　門　蔵
同　徳兵衛　吉五郎
丹波屋のお俊　松　蔦
同　女中おとめ　莚　蔦
同　お梅　左衛門

二幕目　堀川与次郎内猿廻しの場

猿廻し与次郎　我　童
井筒屋伝兵衛　寿美蔵
与次郎母おもよ　歌　六
丹波屋のお俊　松　蔦
稽古娘おつる　亀　松

大　切

吉田屋格子先の場
同　奥座敷の場

藤屋伊左衛門　我　童
吉田屋喜左衛門　歌　六
阿波平大尽　米左衛門
たいこ持当八　莚　升
若い者松蔵　小半次
同　梅六　寿太郎
同　竹八　登喜助
同　東六　蝶　蔵
同　与八　蔦　蔵
同　花七　二之助
たいこ持団八　歌久兵衛
同　三中　吉五郎
同　桃八　岡　六
同　米六　幸　作
同　金八　莚　一
同　光中　島三郎
扇屋の夕霧　松　蔦
吉田屋女房おきさ　吉三郎
仲居よしの　登美三郎
同　きくの　米　三
同　花野　蔦次郎
同　八重野　千代寿
同　おきの　蝠　丸
同　おさの　蝶之助
同　おたの　登美丸
同　おその　登茂恵
同　梅野　小　蔦
同　松野　千代長
禿しげり　蝠　郎
同たより　蔦千代

【常磐津】常磐津喜久太夫　常磐津緑太夫　常磐津美佐太夫　〔三味線〕岸沢寿佐久　〔上てうし〕岸沢古吉

【座　主】志知彦三郎　金輝館主岡崎常太郎

【観劇料】初日特等御一名金一円八十銭下足敷物料共　一等同金一円二十銭同　二等同金五十銭同　以下均一　二日目より特等御一名金二円二十銭下足敷物料共　一等同金一円八十銭同　二等同金一円二十銭同　三等同金七十銭同　四等同金三十銭同　二十日・二十一日大入御礼　特等一円五十銭　一等一円　二等・二階全部五十銭

【典　拠】番付。千秋楽は「名古屋新聞」2・21附録、座主は同紙2・14附録、二十日・二十一日の観劇料は同紙2・20附録、21附録による。

【備　考】○「名古屋新聞」2・16附録は二日目以降の二等観劇料を「一円」とする。○「十四日開場式（中略）目下狂言選定中。」（「名古屋新聞」2・4附録）○「中村歌六を後見とせる。」（同紙2・8附録）○「従来の座主志知彦三郎氏の外、納屋橋金輝館主岡崎常太郎氏が加はり、志知氏は多く監督し岡崎氏専ら活動して…。」（同紙2・14附録）○「予期以上の大盛況。（中略）尚同一座は去る十五日より一週間興行にて…。」（同紙2・17）○「初日以来連日満員の大盛況。」（同紙2・18附録）○「本日も正十一時開場。」（同紙2・19附録）○評「我童と松蔦と」仙松（「名古屋新聞」2・17）

○二月十五日～二十日　四時　御園座
《新喜劇》　楽天会一派　二の替り狂言
【第　一】三　人《にん》兄《きやう》弟《だい》
【第　二】天《あつ》晴《ぱ》れ男《をとこ》
【第　三】二　度《ど》の縁《えん》
【第　四】孝《かう》か不《ふ》孝《かう》か
【典　拠】「名古屋新聞」2・15附録、16附録、16広告、20附録。
【備　考】○「本日値段は特等七十銭、一等五十銭、二等三十銭、三等十五銭。」（「名古屋新聞」2・15附録）○「昨日の如きは開場忽ち満員札を掲たるが…。」（同紙2・16附録）○「何れも同一派の当り狂言のみ。」（同紙2・17）○「連日盛況。」（同紙2・20附録）

○二月十五日～（十九）日　午後三時より　蓬座
《旧劇実写連鎖》
清《きよ》水《みず》寺《でら》清《せい》玄《げん》
国《くに》定《さだ》忠《ちう》次《じ》
東京名題　中村新駒　市川芳三郎　合同一座
【典　拠】「名古屋新聞」2・15附録、17、19附録、20広告。
【備　考】○「大人氣。」（「名古屋新聞」2・16附録）○「満員。」（同紙2・19附録）

○二月十五日　日出館（三重県）の売却
「本月十五日本紙広告欄に掲出の三重県一志郡矢野村香良洲に建設の元日出館は、二月二十七日公入札法に依り売却されたるが、同館は建築材料頗る立派にて、旅館又は海水温浴場や別荘向に適すといふ。」（「名古屋新聞」2・16）

○二月十七日～二十三日　末広座
成美団小織・福井一派　三の替りお名残り狂言
近松秋江作　小島孤舟脚色
事実劇　舞《まひ》鶴《つる》心《しん》中《ぢう》　五幕
【出　演】小織・英・末吉・喜多・常盤・和歌浦・延之丞・松浪・都築・福井
【典　拠】「名古屋新聞」2・17、19附録評、23附録。
【備　考】○「『舞鶴心中』は最近に起りたる事実譚（中略）昨初日より満員。」（「名古屋新聞」2・18附録）○「操子（編注、常盤操子）と云へば、此の劇を最後として舞台を退き、家庭の人となると云ふ。酒井（編注、酒井欣弥）去つて女形の払底となり、役らしい役が漸く付くやうになつた際、此処に又同女の為め惜しむべき極みである。」（同紙2・19評）○「日増し好評続き。」（同紙2・22附録）○評「末広座を観る」汀の人（「名古屋新聞」2・19附録）

○二月十八日～　高砂座
荒木清一派　二の替り
演目不詳
【典　拠】「新愛知」2・18広告。

○二月十九日　京枡座

大阪名題 実川菊三郎・市川桃太郎一座　二の替り

演目不詳

【典　拠】「名古屋新聞」2・19附録、20附録。

【備　考】○「若手揃ひ大一座大好評、本日より二の替り。」（「名古屋新聞」2・19附録）

○二月（十九）日～（二十一）日　寿座

演目不詳　　中村秀三郎 市川猿十郎 一座

【典　拠】「名古屋新聞」2・18広告、19広告、21広告、22広告。

○二月十九日～二十二日　午後五時より開演　新守座

浪花節　　天中軒雲月 一行

【読み物】十九日　四季の春（雲佳）　御園（ママ）の華（千代丸）　百集美談（月丸）　武芸見立（清月）　善と悪（東郷）　放□鳥（雲鶴）　大功記（浪花吉右衛門）　大石江戸探り（雲月）　稲川東下り（雲月）

二十日　前原伊助（雲月）　大石東下り（雲月）

二十一日　馬場三郎兵衛大盃（雲月）　岡野金右衛門絵図面取り（雲月）

二十二日　赤垣源蔵（雲月）　大高源吾（雲月）

【典　拠】「名古屋新聞」2・19附録～22附録。

【備　考】○「本日は米屋町の贔屓筋発企となり、三百余名の団体ありと。」（「名古屋新聞」2・19附録）　○「雲月は特に読物を口演し喝采鳴りも止まずと。」（同紙2・21附録）　○「初日以来好評にて満員続き。」（同紙2・22附録）

○二月十九日～　午後四時より　大雲劇場（第二文明館）

《新派連鎖劇》　豊正会津守正一一行

悲劇　御《ご》前《ぜん》直《なほ》　全二十七場　　武知元良 宮城忍 桜木翠香

【典　拠】「名古屋新聞」2・19附録、22附録、25附録、「新愛知」2・24。

【備　考】○「狂言は本年一月四日・五日の両日に渡り、東海の名勝を背景とし撮影。」（「名古屋新聞」2・23附録）　○「連日大好評。」（同紙2・25附録）

○二月十九日　大黒座

南鷹匠町同志会

【典　拠】「名古屋新聞」2・19広告。

○二月二十・（二十一）日　午後四時より　京枡座

《新派連鎖劇》　松葉会

さゞ浪《なみ》　　松尾良一行

悲劇　花《はな》吹雪《ふぶき》

【典　拠】「名古屋新聞」2・20附録、21附録、24。

【備　考】○「満員」（「名古屋新聞」2・21広告）

○二月(二十)日〜　**大黒座**

演目不詳　嵐雷三郎一座

【典　拠】「名古屋新聞」2・19広告、20広告。

○二月二十日〜(二十三)日　**蓬座**

東《あづま》俠客《けうかく》男《をとこ》の達引《たてひき》

義士《ぎし》岡野《おかの》金《きん》右《ゑ》衛門《もん》

八百屋《や》於《お》七

大阪名題　実川菊三郎　市川桃太郎　片岡蝶十郎一座

【典　拠】「名古屋新聞」2・20附録、20広告、23附録、24。

【備　考】○「連日満員の大阪若手揃ひの（中略）大一座、引続き大入り。」（「名古屋新聞」2・23附録）

○二月二十一日〜二十七日　昼夜二回　**歌舞伎座**

《新　派》金城団　御名残狂言

【一番目】悲劇　想《さう》夫《ふ》憐《れん》　全七場

【二番目】人情劇　春《はる》の夢《ゆめ》　全五場

酒井　大東　花村　菊波　西　柴田

【典　拠】「名古屋新聞」2・21附録、21附録広告、27附録。

【備　考】○「『想夫憐』『春の夢』（中略）新派界の大歌舞伎とも云ふべき大狂言。」（「名古屋新聞」2・21附録）○「『想夫憐』は全体に渉り趣味豊なる物とて大喝采。（中略）二番目又柴田の当り物とて客受け大好評。」（同紙2・25附録）○「稀有の大盛況（中略）三月中地方巡業をする由。」（同紙2・27附録）○評「歌舞伎座劇評」雅光（「名古屋新聞」2・23附録）

○二月二十一日〜(二十四)日　**三栄座**

《新　派》新派合同

警吏《けいり》誉《ほまれ》大盗人《おほぬすびと》市岡《いちをか》八郎《らう》

大道具大仕掛け

小泉一郎　近藤慶太郎一座

【典　拠】「名古屋新聞」2・21附録、24、25附録。

【備　考】○「小泉一郎一座の『大犯人市岡八郎』劇は大人気。」（「名古屋新聞」2・22附録）

○二月(二十一)日〜(二十三)日　**高砂座**

浪花節　東家楽遊

【典　拠】「新愛知」2・20広告、23広告、24。

【備　考】○「好評」（「新愛知」2・23広告）

○二月二十一日〜二十七日　昼夜二回開演　**千歳劇場**

《新喜劇》大阪芦辺倶楽部ニコ〳〵団宝太郎・一馬一行　初お目見得

【其　一】笑劇　春《はる》雨《さめ》の後《のち》　全二場

【其　二】新喜劇　廓《くるわ》情《じょう》話《わ》　全二場

【其　三】社会劇　大和往来　新《しん》恋《こい》飛《ひ》脚《きやく》　全四場

【其　四】笑劇　祈《いの》り釘《くぎ》　全三場

宝太郎　久雄　吉雄　喜宝(マヽ)　天水　七郎　花喜津　実　寿　一馬

【典　拠】簡易筋書。団体名は「名古屋新聞」2・20附録、初日及び開演時間は同紙2・21附録、芸能分野名は同紙2・23附録、千秋楽は同紙2・27附録による。

【備　考】○「名古屋新聞」2・21附録広告では⑴『祈り釘』、⑵『春雨の後』、⑶『新恋飛脚』、⑷『廓情話』の上演順である。また同紙は宝太郎に「幹事」、一馬に「主任」の肩書きを付す。○「千歳劇場は喜劇の常設として面白い興行法を見せる筈。」(「名古屋新聞」2・19附録)○「一行は本日花々しく乗込み、自動車十数輛に分乗し町廻りをなし…。」(「同紙2・20附録)○「昨日正午より開場。」(同紙2・22附録)○「初日・二日目共大人気にて満員の盛況(中略)幹部たる宝太郎は楽天会の楽翁そつくりにて、味な処に渋みたつぷりにて、一座の座長たる一馬は何所にヤマのない軽い芸風。」(同紙2・23附録)○「『新恋飛脚』は所作事『梅忠』の作り替とも云ふ可く、宝太郎の忠太郎は意気そつくり。」(同紙2・24)○「開場以来盛況。」(同紙2・27附録)○評「千歳劇場の喜劇」川(「名古屋新聞」2・23附録)

○二月二十一日〜(二十七)日　**湊座**

【一番目】野《の》狐《きつね》三次《じ》　中村吉十郎一派

【二番目】近《あふ》江《み》源《げん》氏《じ》

【典　拠】「名古屋新聞」2・22附録、23附録、25附録、27広告、28附録。

【備　考】○「一番目の火事場は頗る大仕掛。」(「名古屋新聞」2・23附録)○「既に□《そう》幕「　」。」(同紙2・24)○「共に大好評。」(同紙2・25附録)

○二月(二十二)日〜(二十四)日　**京枡座**

《新派連鎖劇》松葉会　芸題替

実写大連鎖　俠《け》□芸《げい》妓《ぎ》　松尾良一行

【典　拠】「名古屋新聞」2・23附録、24、24広告、25附録。

【備　考】○「名古屋新聞」2・24広告には「本日芸題替へ」とある。○「連日満員の大人気。」(「名古屋新聞」2・23附録)○「『俠芸妓』其他。」(同紙2・24)

○二月(二十二)日〜(二十八)日　**寿座**

《新　派》

雪《ゆき》の夜《よる》　琵琶入り

喜劇　演《えん》芸《げい》道《だう》楽《らく》

東京小二郎　中京二郎　女優岩井政子

【典　拠】「名古屋新聞」2・21広告、22広告、22附録、28広告、3・1附録。

○二月(二十二)日～(二十七)日　宝生座

江戸《えど》土産《みやげ》花合籠《はなあはせかご》

御所桜堀川《ごしよざくらほりかは》夜討《ようち》

【観劇料】場代なし

【典　拠】「新愛知」2・21広告、22広告、24、27広告、28広告。

○二月二十三日～(二十六)日　午後五時より開場　帝国座

北都斎謙遊一行　初御目見得披露興行

浪　花　節

【読み物】二十四日　加賀騒動　前夜つゞき(北都斎謙遊)　石工《(ママ)》立志伝　前夜つゞき(北都斎遊斎)

二十五日　加賀騒動(北都斎謙遊)　名工立志伝(北都斎謙遊)　長講二席

【典　拠】「名古屋新聞」2・22附録、23附録、24、25附録、26広告、27広告、「新愛知」2・24。

【備　考】○「東都浪界之偉傑北都斎謙遊は、今回九州巡業の帰途市内某座に乗込む由(中略)天稟の美音と巧妙なる節調は、東都の楽燕・重友と並び新進浪界の名人。」(「新愛知」2・10)　○「初目見得披露興行として、入場料は特に十銭均一。」(「名古屋新聞」2・23附録)　○「謙遊は(中略)米国新帰朝者として、巧妙なる節調天稟の美音にて満場湧くが如き大喝采。」(同紙2・25附録)

○二月二十三日～(二十七)日　昼の部午前十時開会午後三時閉会 夜の部午後五時開会午後十時閉会　御園座

名古屋運輸・保線両事務所主催

第六回　管内鉄道従事員慰安会

【内　容】活動写真　悲劇　憂き身(荒木清一派)　二番目　喜劇　二軒長屋(荒木清一派)

【典　拠】「名古屋新聞」2・20附録、24、「新愛知」2・24。

【備　考】○「昼間は地方在勤者及其家族、夜は名古屋附近在住者並に其家族を一回約三千名内外宛招き…。」(「名古屋新聞」2・24)

○二月(二十三)日　名古屋能楽会初会

「名古屋能楽会は、来る二十三日午前九時より呉服町能楽堂に第十一期初会を催す。」(「名古屋新聞」2・9附録)

○二月(二十三)日　追善尺八演奏会

「二十三日午後零時半より、熱田市場町蔵福寺に於て、立川清君の為めに、清□会主催の追善尺八演奏会を開催す。」(「名古屋新聞」2・20附録)

○二月二十四・(二十五)日　高砂座

御《お》目《め》見《み》得《え》だんまり

曽《そ》我《が》対《たい》面《めん》

忠《ちう》臣《しん》蔵《ぐら》

安《あ》達《だちが》原《はら》　三段目

市川　琴治
尾上　□六

【典　拠】「新愛知」2・24、24広告～26広告。

【備　考】○「好評」(「新愛知」2・25広告)

○二月二十四日　蓬座

実川菊三郎一座　芸題替

堀《ほり》部《べ》安《やす》兵《べ》衛《ゑ》　高田の馬場迄幕無し

【大　切】切《き》られお富《とみ》

【典　拠】「名古屋新聞」2・24、25附録。

○二月二十五日～(二十八)日　午後五時より　京枡座

万歳芝居　新派と万歳ていれこ幕無し　元祖鈴木　源十郎一行

【演　目】大切　御殿万歳　七福神

【典　拠】「名古屋新聞」2・25附録、28附録、3・1附録。

【備　考】○「大切御殿万歳『七福神』は大人気。」(「名古屋新聞」2・28附録)

○二月二十五日～(二十七)日　三栄座

《女優歌舞伎》

本《ほん》朝《てう》廿四孝《かう》

京《きやう》人《にん》形《ぎやう》

市川　若之助
沢村　鍵治
一座

【典　拠】「名古屋新聞」2・25附録、27附録、28附録。

【備　考】○「名古屋新聞」2・25附録には「『本朝廿四孝』と『吉野山』『元禄踊』」とある。○「『本朝廿四孝』と『京人形』にて大人気。」(「名古屋新聞」2・27附録)

○二月二十五日～(二十八)日　午後四時より　蓬座

《新派連鎖劇》　松葉会

実写連鎖　俠《けふ》芸《げい》者《しや》　松尾　良一行

【典　拠】「名古屋新聞」2・25附録、27附録～3・1附録。

【備　考】○「其他滑稽写真数種。」(「名古屋新聞」2・25附録)○「初日より満員続き(中略)大好評。」(同紙2・27附録)

○二月二十六日　午後六時二十分より　国技館

普通選挙単独大演説会　布施　辰治

【典　拠】「新愛知」2・26、「名古屋新聞」2・27。

○二月二十六日～(二十八)日　高砂座

太島活動大写真

【典　拠】「新愛知」2・26広告、28広告、3・1広告。
【備　考】○「好評」(「新愛知」2・28広告)

○二月二十七日　芦辺館の小火

「二十七日午前二時半、西区上畠町活動写真常設館芦辺館看客席一隅に積重ねありし座蒲団中より発火し、座蒲団二百枚余を焼失し、同三時頃鎮火。」
(「名古屋新聞」2・28附録)

○二月下旬～(二十八)日　大黒座

《新　派》

演目不評　川上　貞二郎

【典　拠】「名古屋新聞」2・27広告、3・1広告。

○二月二十八日　三栄座

《女優歌舞伎》市川若之助・沢村鍵治一座　二の替り

幡《ばん》随《ずゐ》院《ゐん》長《ちやう》兵衛《べゑ》

重《しげ》の井《ゐ》子《こ》別《わか》れ

【典　拠】「名古屋新聞」2・28附録、3・1附録。

○二月二十八日～三月(七)日　新守座

正午十二時・午後五時半より昼夜開演
初日午後四時より一回限り

《新派連鎖劇》天活新派大合同劇団　お目見得狂言

大悲劇　尽《つ》きぬ情《なさ》け　連鎖十三場

【出　演】秋元菊弥・秋山十郎・村島歳郎・小東金哉・子役宮村栄・子役大和桃太郎・桜井武夫・原田好太郎・高田篤二・中原正也・志賀靖郎・原良一・熊谷武雄

【典　拠】「名古屋新聞」2・28附録、28附録広告、3・1附録、7広告、8附録。

【備　考】○「天活会社の代表的の劇団昨年おなじみの熊谷武雄・秋山十郎・小東金哉に、女形の白眉秋元菊弥・桜井武夫と斯界の重鎮原良一・原田好太郎・志賀靖郎を加へ、其他新進若手連の大一座にて(中略)阪神の狂言を選定して開演する由。尚場内外に開演中を利用して大々修理を施すと。」(「名古屋新聞」2・23附録)　○「原田・桜井・原は永らく当地にて開演しお馴染み深き事故、各方面のヒイキ筋より幕・幟等の寄贈引もきらず。」(同紙2・24)　○「本日午後六時名古屋着、駅前に小憩の後、腕車・自働車数十台を列ね花々しく広小路通りを新守座へ乗込み。」(同紙2・27附録)　○「場内は斬新なる舞台装置を施し…。」(「同紙2・28附録)　○「新守座連鎖劇梗概」(同日同紙附録)○「昨日初日(中略)一年振りの活躍に大当り(中略)場取りの注文続々あり。」(同紙3・1附録)　○「大道具は又大好評。」(同紙3・2附録)　○「益大盛況。」(同紙3・7附録)　○評「新守座を観る」雅光(「名古屋新聞」3・2附録)

○二月二十八日～　昼夜二回　**千歳劇場**

《喜　劇》大阪芦辺倶楽部第二部員花井天女・永瀬義郎一派

笑劇　三ツ重《かさ》ね　全四場

【第　三(ママ)】悲喜劇　晴《はれ》時《し》雨《ぐれ》　全三場

【第　三】社会劇　最《さい》後《ご》の勝《しょう》利《り》　全三場

新喜劇　夢《ゆめ》の浮《うき》橋《はし》　全三場

楽天会花形　花井天女　一郎　春子　純一　成美団幹部　永瀬義郎

【典　拠】「名古屋新聞」2・27附録、28附録広告、3・1附録、2附録、3、4。

【備　考】○「昼夜二回入替なし」（「名古屋新聞」2・28附録広告）○「『晴時雨』十二場。」（同紙3・1附録）○「連日昼夜共満員。『三ツ重』全四場、『最後の勝利』三場、『夢の浮橋』三場共、教訓に亦諷刺に或る意味に於て最も大受。」（同紙3・3）○「『最後の勝利』（中略）は一座の得意。」（同紙3・5附録）○「大阪芦辺倶楽部第二団（中略）の第一回狂言は好評裡に終り…。」（同紙3・6附録）

○二月（二十八）日～三月（六）日　夜　**宝生座**

児《じ》雷《らい》也《や》

二度目《どめ》の清書《せいしょ》

【観劇料】場代なし

【典　拠】「新愛知」2・27広告、28広告、3・3、6広告、7広告。

【備　考】○「連夜大盛況。」（「新愛知」3・3）

○二月二十八日～三月（六）日　**湊座**

吉十郎一派　狂言替り

【一番目】寺《てら》子《こ》屋《や》

【二番目】壺《つぼ》坂《さか》

【切狂言】お菊《きく》幸《かう》助《すけ》

【配　役】玄蕃　信右衛門｜松王丸　巴左衛門

梅王　松童　源蔵　眼笑

桜丸　紅雀　沢市

千代　慶女

【典　拠】「名古屋新聞」2・28附録、3・1附録、6広告、7附録。

【備　考】○「俳優の意気しつくりと投合し大喝采。」（「名古屋新聞」3・2附録）○「頗る好評。」（同紙3・5附録）

○二月　**周辺地区の興行**

・豊橋市の東雲座は、一日より四日間、末広座巡業団第一団市川九蔵・市川団三郎・中村信濃・中村嘉七・嵐巌右衛門・市川滝三郎等七十余名の一座にて、一番目『源平布引滝』竹生島より物語迄、中幕上『本蔵下屋敷』上下、中幕下『勧進帳』一幕、二番目『御所五郎蔵』三幕を上演。

（「名古屋新聞」1・28、「新愛知」2・1附録、2附録広告）

・遠州気賀の喜賀座は、一日より末広座巡業部第二団市川海老十郎一座にて開演。

（「名古屋新聞」2・1広告）

・松阪町の松阪座は、一日より末広座巡業部第三団宙乗り早替り名人嵐枝昇一座にて開演。

（「名古屋新聞」2・1、1広告）

・挙母の大正座は、旧元日（編注、新暦の二月一日）より実川延右衛門

にて開場。（「新愛知」1・26広告、2・2広告）

・(豊橋の)弥生座は、敷島会による連鎖劇として、喜劇『とり合せ』、活劇『死の影』、新派連鎖劇『南地廓日記』を興行中。（「新愛知」2・1附録）

・(豊橋の)豊橋座は、大阪名題三枡稲丸・三国屋国三・実川延車の一座にて『朝日影芦辺の真鶴』全通しを上演中。（「新愛知」2・5附録）

・三河新城町の富貴座は、六日より末広座巡業部第一団九蔵・団三郎・信濃・嘉七の一座にて開演。（「名古屋新聞」2・6）

・浜松市の旭日座は、六日より末広座巡業部第二団海老十郎一座にて開演。（「名古屋新聞」2・6）

・(豊橋の)東雲座は、六日より三日間、東家楽遊一行にて浪花節を興行。（「新愛知」2・6附録、6附録広告）

・岐阜の旭座は、『花妻』を上演中。（「新愛知」2・6広告）

・挙母の大正座は、七日より文明館の活動写真を上映。（「新愛知」2・7広告）

・(豊橋の)豊橋座は、八日より三日間限り、桃中軒雲右衛門武力一座にて浪花節を興行。（「新愛知」2・6附録、9附録広告）

・桑名の中橋座は、九日より中京成美団藤川岩之助・小山秀夫・徳田柴郎・松枝緑之助・江川信吾・田之浦遊・津田法明・中山秀雄等の新派連鎖劇を上演。（「新愛知」2・9）

・(豊橋の)東雲座は、九日より五日間、竹本小土佐・同末虎の女義太夫特別大一座にて興行。（「新愛知」2・9附録、11附録広告）

・(豊橋の)弥生座は、敷島会一行による連鎖劇として、喜劇『アケテビツクリ』、悲劇『うき世』二十四場に芸題替えして上演中。（「新愛知」2・9附録）

・松阪町の松阪座は、十三日より中京成美団藤川岩之助・小山秀夫・徳田柴郎・松枝緑之助・江川信吾・田之浦遊・津田法明・中山秀雄等の新派連鎖劇を上演。（「新愛知」2・9）

・岐阜の旭座は、『音羽丹七』を上演中。（「新愛知」2・13広告）

・三河足助町西盛座は、十四日より末広座巡業部第一団九蔵・団三郎・信濃・嘉七一座にて開演。（「新愛知」2・14、15広告）

・尾張丹羽郡布袋町の布袋座は、十四日より末広座巡業部第二団海老十郎一座にて開演。（「新愛知」2・14、15広告）

・(豊橋の)豊橋座は、市岡若吉一座による三曲源氏節演劇を興行中。（「新愛知」2・14附録）

・挙母の大正座は、十五日より岩見新之助による新派を上演。（「新愛知」2・15広告）

・豊橋市の豊橋座は、十五日より末広座巡業部第三団嵐枝昇・嵐三ツ団子一座にて、『狭間合戦』『壺坂霊顕記』『土蜘蛛』を上演。（「新愛知」2・14、15広告、16附録）

・(豊橋の)東雲座は、近松界《(ママ)》一派の出演にて、一番目『小野道風』、大喜利『義経千本桜』道行の場を上演中。（「新愛知」2・16附録）

・(豊橋の)弥生座は、活動写真を上映中。（「新愛知」2・16附録）

・(西尾の)西尾座は、十七日より河隅活動写真隊による活動写真を上映。（「新愛知」2・26附録広告）

・(豊橋の)東雲座は、近松界《(ママ)》一派片岡松長・市川団梗・中村政太郎等の一座にて、『双蝶々曲輪日記』『心中天の網嶋』『義経千本桜』を上演中。（「新愛知」2・18附録、19附録広告）

・(豊橋の)豊橋座は、名古屋末広座巡業興行嵐枝昇・嵐三ツ団子一座にて、『壺坂霊顕記』『葛の葉子別れ』を上演中。（「新愛知」2・18附録）

・(豊橋の)弥生座は、敷島会一行による連鎖劇にて、喜劇『主と主』三場、悲劇『千鳥の歌』十二場を上演中。（「新愛知」2・18附録）

・多治見の榎元座は、十九日より『音羽丹七』を上演。（「新愛知」2・19広告）

・三河安城町の安城座は、十九日より末広座巡業部第一団市川九蔵一座にて開演。（「新愛知」2・19広告、「名古屋新聞」2・19）

・一宮の歌舞伎座は、十九日より末広座巡業部第二団海老十郎一座にて開演。（「名古屋新聞」2・19）
・（豊橋の）豊橋座は、名古屋末広座巡業興行嵐枝昇・嵐三ツ団子一座にて、『忠臣浪の宇和嶋』『葛の葉子別れ』を上演中。（「新愛知」2・19附録）
・三河新城町の富貴座は、二十日より末広座巡業部第三団嵐枝昇一座にて開演。（「名古屋新聞」2・20広告）
・新川の新盛座は、二十日より荒木清にて開場。（「新愛知」2・26附録広告）
・挙母の宝集座は、二十日より大島特撰活動写真を上映。（「新愛知」2・26附録広告）
・三河小渡の宝源座は、二十一・二十二の両日、京山小円にて開場。（「新愛知」2・21広告）
・津市の曙座は、二十一日より『花妻』を上演。（「新愛知」2・21広告）
・（半田の）半田劇場は、夜七時より貯金奨励の活動写真「山の兄弟」「隣同志《ママ》」を上映。（「名古屋新聞」2・24）
・（豊橋の）豊橋座は、市内素人による松花劇一座にて、芸題を毎日取替えて興行中。（「新愛知」2・21附録）
・中島郡祖父江町の新豊座は、二十二日より末広座巡業部第二団市川海老十郎一座にて開演。（「名古屋新聞」2・22、22広告）
・（豊橋の）弥生座は、敷島会一行による連鎖劇にて、喜劇『蝶と虎』、『島の美人』に芸題替えして興行中。（「新愛知」2・22附録）
・紀州長島町の新築劇場大正座は、二十三日より末広座巡業部第一団市川九蔵・市川団三郎・中村信濃・中村嘉七の一座にて開演。（「名古屋新聞」2・22、23広告）
・三河田原町の田原座は、二十三日より末広座巡業部第三団嵐枝昇一座にて開演。（「名古屋新聞」2・22、23広告）
・三河足助の西盛座は、二十三・二十四の両日、京山小円にて開場。（「新愛知」2・23広告）
・（豊橋の）東雲座は、曽我廼家市太郎・時太郎・半兵衛の一座による喜劇にて、『秘密の裏』『心』『櫓太鼓』『人の妻』を上演中。（「新愛知」2・23附録）
・伊勢山田市の帝国座は、二十五日より四日間、小織桂一郎・福井茂兵衛・英太郎・和歌浦糸子等の一座にて、第一『露の二葉』四幕八場、第二『青春』五幕八場を上演。（「名古屋新聞」2・23）
・西尾町の西尾座は、二十五日より三日間、片岡松之助・嵐伊三郎・中村飛雀・片岡松幸・中村嘉昇・中村暁十郎・中村好十郎・市川段枝・嵐佐十郎の一座にて『義士劇』二十八段返しを上演。（「新愛知」2・26附録広告）
・刈谷の大黒座は、二十五日より守田勘弥にて開場。（「新愛知」2・26附録広告）
・中津の中央座は、『音羽丹七』を上演中。（「新愛知」2・25広告）
・紀州長島の大正座は、二十六日より末広座巡業部第一団市川九蔵・市川団三郎・中村信濃・中村嘉七の一座にて開演。（「名古屋新聞」2・27広告）
＊「二十六日より」と典拠にあるが、既に二十三日に開場している一座であるため、芸題替りかと推測される。
・足助の西盛座は、中村信濃・市川九蔵・中村嘉七の一座にて興行中。（「新愛知」2・26附録広告）
＊この興行と前項との間に興行日程上の矛盾が見られる。
・挙母の大正座は、二十七・二十八の両日、京山小円一行にて開場。（「新愛知」2・26附録広告）
・（岡崎の）宝来座は、二十七日より東家楽遊にて浪花節を興行。（「新愛知」2・26附録）
・（豊橋の）豊橋座は、敷島大蔵一座に花形として敷島大城・浪花亭愛馬等の加入による一行にて浪花節を興行中。（「新愛知」2・27附録）

・挙母の大正座は、三十日より原鳳声・原華六にて興行。（「新愛知」２・22広告）

○三月一日～七日　昼夜二回　**歌舞伎座**

東西歌舞伎一座

【一番目】嵐山《あらしやま》花《はな》五郎《らう》

【中　幕】上の巻　信濃十八番　勧《くわん》進《しん》帳《ちやう》

下の巻　菅《すが》原《はら》　寺子屋

【切狂言】海老十郎十八番　朝《あさ》顔《かほ》日《につ》記《き》

大井川の場　大道具キネオラマ応用

市川海老十郎　中村信濃　嵐雛十郎　尾上卯多五郎　市川藤之助

【配　役】
武蔵坊弁慶　中村信濃
武部源蔵
目明源造　嵐雛十郎
富樫左衛門
下男三助
愛妾お雪　市川藤之助
義経
女房お千代
嵐山花五郎　尾上卯多五郎
番卒

春藤玄蕃
亭主徳右衛門　正三郎
郡貫造
女房戸浪
亀井六郎
一子小太郎　寛童
太刀持
松王丸　市川海老十郎
簪女朝顔

【観劇料】平場三十銭

【典　拠】「名古屋新聞」２・27附録、３・１附録、３、７附録。

【備　考】○「六十余名にて、本日正十二時より開演。（中略）猶今回は（編注、観劇料）特別大勉強。」（「名古屋新聞」３・１附録）○「東西の人気者中村信濃・市川海老十郎。」（同紙３・２附録）○「恵比寿家・信濃家の後援会二千名は五日間に渡り、白熱的声援しつゝある。」（同紙３・４）○「海老十郎・信濃の顔合せは好劇家の呼物となり、連日大盛況。」（同紙３・５附録）○評「歌舞伎座を観る」雅光（「名古屋新聞」３・５附録）

○三月一日～(四)日　午後三時より　**京枡座**

《旧劇実写連鎖劇》　大阪若手俳優

一魁《さきがけ》梅《うめ》次《じ》

中村時之助　中村歌童　中村歌笑　片岡市橋　市川紋之助　市川市松　坂東好三郎　嵐雷次郎

【典　拠】「名古屋新聞」３・１附録、２附録、３、４、５附録。

【備　考】○「四十余名大一座。」（「名古屋新聞」３・１附録）○「昨一日満員締切（中略）旧劇実写大連鎖劇其他特別余興数種にて大人気。」（同紙３・２附録）○「大阪若手中村時之助・客員中村歌童大一座。」（同紙３・３）○「連日満員。」（同紙３・４）

○三月一日～(五)日　**寿座**

《連鎖劇》

演目不詳　松尾良一行

【典　拠】「名古屋新聞」３・１附録、５広告、７附録。

○三月一日～(三)日　**三栄座**

【前狂言】伊《だ》達《ての》大《おほ》木《き》戸《ど》

【　切　】花里《はなのさと》男達引《をとこのたてひき》

嵐雷三郎　沢村菊三郎　市川八百三郎一座

【典　拠】「名古屋新聞」3・1附録、3、4。

【備　考】○「大道具大仕掛。」（「名古屋新聞」3・2附録）

○三月一日〜九日　午後四時より開演　末広座

大阪女浄瑠璃

豊竹　呂昇　呂勇　昇女
　　　右昇　は昇　東広
　　　喜昇　燕之助　呂之助

【語り物】一日　朝顔日記 浜松小屋（昇） 鎌倉三代記 佐々木物語（燕之助） 忠臣蔵 勘平腹切（呂之助） 白石噺 揚屋（右昇） 明烏 山名屋（喜昇） 忠臣蔵 赤垣出立（東広） 卅三所 壺坂寺（呂昇 ツレ 燕之助・右昇）

二日　玉藻前 三段目（昇） 阿漕浦 平治住家（昇女） 重の井子別れ（燕之助） 油屋（は昇） 日吉丸 三段目（呂之助） 新口村（石昇《ママ》） 寺子屋（喜昇） 帯屋（東広） 仙台萩 御殿（呂昇）

三日　鈴ヶ森（昇） 松王屋敷（昇女） 梅の由兵衛（□之助） 判官切腹（は昇） 三十三間堂（呂之助） 弁慶上使（右昇） 朝顔 宿屋（□□） □□□□（東広） 堀川（呂昇 ツレ 呂之助）

四日　二十四孝（昇） 神崎揚りや《ママ》（呂之助） 八陣（燕之助） 野崎村（右昇） 岩井風呂（は昇） 安達 三（喜昇） 大文字屋（昇女） 沼津（東広） 太十（呂昇）

五日　聚楽町（昇） いざり 三人上戸（は昇） 先代 御殿（昇女） 新口村（呂之助） 白石 揚屋（燕之助） 日吉丸 三（右昇） 宗五郎 子別れ（喜昇） 寺子屋（東広） 酒屋（呂昇）

六日　朝顔日記 宿屋（右昇） 八陣 八ツ目 正清本城（昇） 合邦内之段（喜昇） 千本桜 寿し屋（昇女） 阿漕浦 平治住家（は昇） 菅三 桜丸切腹（燕之助） 岸姫 三 飯原兵衛館（呂之助） 天の網島 河庄内（東広） 三十三間堂 平太郎住家（呂昇）

七日　彦山権現 六助住家（昇） 忠臣蔵 勘平切腹（昇女） 明烏 山屋《ママ》（燕之助） 増補忠臣蔵 本蔵下屋敷（は昇） お駒才三 鈴ヶ森（呂之助） 太功記 十段目（右昇） 三十三所 壺坂寺（喜昇） いざり 三人上戸（東広） お染久松 野崎村（呂昇 つれ 燕之助・昇女）

八日　朝顔語《ママ》□小家（昇） 御所桜 弁慶上使（昇女） 梅川忠兵衛（燕之助） 玉藻 三 置音《ママ》館（は昇） 三勝半七 みのや（呂の助） 恋女房 重の井子別（右昇） お妻八郎兵衛（喜昇） 忠四 判官切腹（東広） 紙治内（呂昇）

【典　拠】「名古屋新聞」2・24、3・1附録、2附録、3、4、5附録〜8附録、「新愛知」3・9広告。

【備　考】○「松竹経営末広座」（「名古屋新聞」3・1附録広告） ○「呂昇の養女となりし呂之助。」（同紙2・22附録） ○「当地三年振のお目見得。」（同紙2・24） ○「二月二十六日より（中略）三等二十銭　二等五十銭　一等八十銭　茶・火鉢・敷物料共」（同紙2・25附録広告） ○「目下開場地大入続きの盛況にて、不得止日延べなしたる為め当地初日は来る一日と決定。」（同紙2・27附録） ○「本興行に限り椅子席を廃し其全部を平場と為したり。」（同紙2・28附録） ○「人気すばらしく場取の注文又続々。」（同紙3・1附録） ○「記録破りの演じものと待に待たれたる前人気とにて昨一日の呂昇初日は満場破れん許りの大盛況。」（同紙3・2附録） ○「昨三日目は土佐駒連の大総見を始めとして、桟敷も平場も鮨詰の満員。」（同紙3・4） ○「今五日目はデン界兼てお俟ち兼ねの呂昇の『酒屋』に、東広の『寺子屋』。」（同紙3・5附録） ○「大入りの為九日まで日延べ。」（同紙3・7附録） ○「呂昇の芸術」(上)(下)（同紙3・7附録、8附録） ○評「呂昇の『壺坂』」（「名古屋新聞」3・3）

○三月(一)日〜(四)日　大黒座

演目不詳　実川菊三郎 片岡我升 一座

【典　拠】「名古屋新聞」2・28広告、3・1広告、4広告、5広告。

○三月一日〜(三)日　高砂座

隅田心中　中村翠娥 一行

【典　拠】「新愛知」3・1広告、3、4広告。
【備　考】○「好評。」(「新愛知」3・3)

○三月一日〜七日　正午より昼夜二回　帝国座

《新派連鎖劇》木村猛夫・井上春之輔・藤川岩之助三派合同
三浦佳舟氏脚色

【一番目】悲劇 久《ひさ》香《か》夫《ふ》人《じん》 七幕
【二番目】秘《ひ》密《みつ》境《きやう》 上下

【出　演】木村猛夫・井上春之輔・巻野憲二・愛沢正義・生駒九二夫・藤川岩之助・小山秀夫・辰見小太郎・森・徳田・江川・押野・天野・三谷・栗原
【舞台監督】小島桜村・佐倉萬洲
【典　拠】「新愛知」2・24、「名古屋新聞」2・24、25附録、27附録広告、3・1附録、2附録、7附録。
【備　考】○「新派劇界の重鎮木村猛夫を始め、井上春之輔に東西より巻野憲二・豊沢正義・岩駒九二夫を迎へ、藤川岩之助・小山秀夫外中京成美団の新進と模範的大連鎖劇団を華々しく開演。」(「名古屋新聞」2・24) ○「五十余名の大一座にて狂言も関西劇壇に大好評を博したる『久香夫人』を上場する事となり(中略)内外共に大いに改新して、模範的の大連鎖劇を以て旗揚げするといふ。」(同紙2・25附録) ○「昨日十余台の自動車にて若宮・(中略)伊藤呉服店附近等にて撮影をなしたるが、脚本は三浦圭舟先生作にして、『久香夫人』悲劇中の江戸川端は東京より吉野技師出張、新式大道具の監督をなしつゝあり。」(同紙2・28附録) ○「八十余名の大一座にて近頃無比の大悲劇。」(同紙3・2附録) ○「二番目は小島桜村氏満蒙探検中に得たる実話」(「新愛知」3・3広告) ○「初日以来大盛況。(中略)因に本日は次回狂言の為め市内各所撮影をなす。」(「名古屋新聞」3・5附録)

○三月一日〜七日　午後三時開場　御園座

《新　派》新派合同劇
大阪毎日新聞連載　菊池幽芳氏原作
亭々生氏脚色　玄文社発行

女《をんな》の生命《いのち》 五幕

【出　演】井上正夫・木下吉之助・木村操・深沢恒造・小林利之・藤村秀夫・松永猛・吉田豊作・川村桂一・武田正憲
【典　拠】番付。千秋楽は「名古屋新聞」3・7附録による。
【備　考】○「八十余名の大一座。」(「名古屋新聞」2・24) ○「『女の生命』梗概」(同紙2・25附録、27附録) ○「初日は特等一円二十銭、一等九十銭、二等五十銭、三等三十銭、四等十五銭。」(同紙2・28附録) ○「衣裳又新調ものにて小道具一切は東京より特に持参せしもの。背景は丹羽黙仙氏の担当(中略)今二日目の日曜は開場も早く(中略)二日目よりは特等一円四十銭、一等一円二十銭、二等七十五銭、三等五十銭、四等二十五銭。」(同紙3・2附録) ○「開幕は午後三時、夜十一時半の打出し。」(同紙3・3) ○「各優の活躍と脚色の妙と舞台装置の美と三拍子揃つて連夜大盛況。」

（「新愛知」3・3）○「最も高尚なる家庭劇で、俗受主義の連鎖劇とは大に異なる演劇なれば、初日以来盛況を告げ場取に応じ切れぬ有様。」（同紙3・6附録）

○三月一日～(三)日　午後五時より　**蓬座**

特別活動大写真

【内　容】旧劇釣鐘弥右衛門　新派悲劇黄菊白菊　其他滑稽物数種

【典　拠】「名古屋新聞」3・1附録、3、4。

【備　考】○「満員大盛況。」（「名古屋新聞」3・2附録）○「新派『黄菊白菊』は若い子女を熱狂せしめ…。」（「新愛知」3・3）

○三月四日～(六)日　**三栄座**

嵐雷三郎・沢村菊三郎・尾上梅三郎一座　二の替り

十八番　本《ほん》町綱《ちやうつな》五郎《らう》　幕なし

【典　拠】「名古屋新聞」3・4、5附録、「新愛知」3・6広告、7広告。

【備　考】○「毎日大入。」（「名古屋新聞」3・6附録）

○三月(七)日　**三栄座**

嵐雷三郎　芸題がへ

演目不詳

【典　拠】「新愛知」3・6広告、7広告、「名古屋新聞」3・8附録。

○三月四・(五)日　**高砂座**

中村翠娥一行　二の替

演目不詳

【典　拠】「新愛知」3・4広告～6広告。

【備　考】○「大好評」（「新愛知」3・5広告）

○三月四日～(八)日　午後四時より　**蓬座**

《僧侶劇》　安藤大僧丈一行

親鸞上人《しんらんしやうにん》一代記《だいき》　幕無し

大道具仕掛

【典　拠】「名古屋新聞」3・4、6附録、8附録、「新愛知」3・9広告。

【備　考】○「連日満員（中略）大道具なれば盛況。」（「名古屋新聞」3・7附録）○「安藤大僧丈大一行芸題引続き、尚六十年以上の老人は木戸無料、毎日満員大好評。」（同紙3・8附録）

○三月五日～　**愛知座**

《新　派》　金鯱美団一行

雪《ゆき》と墨《すみ》

【典　拠】「名古屋新聞」3・5附録。

【備　考】○「人気揃ひ若手新派。」（典拠）

○三月五日～(七)日　午後四時開演　**京枡座**
《新派劇》東京新派劇　むつみ会
新《しん》苅《かる》萱《かや》弘《こう》法《ぼふ》　志村峰郎　岡島直二郎　伊藤操　安達亮一　蜂須賀豊　一行
【大　切】喜劇
【典　拠】「名古屋新聞」3・5附録、7附録、8附録。
【備　考】○「志村・国(ママ)島大一行（中略）昨日も弘法講中の見物あり連日満員。」（「名古屋新聞」3・7附録）○「大切喜劇は大喝采。」（同紙3・8附録）

○三月五日～(十)日　**大黒座**
《新　劇》
演目不詳　金鯱会一行
【典　拠】「名古屋新聞」3・5広告、10広告、11広告。
【備　考】○「毎日好評」（「名古屋新聞」3・10広告）

○三月六日～(十三)日　**寿座**
演目不詳　実川菊三郎一座
【典　拠】「名古屋新聞」3・7附録、13広告、14附録。

○三月六日～(九)日　**高砂座**
《新派活動連鎖劇》
演目不詳
【典　拠】「新愛知」3・6広告、9広告、10広告。
【備　考】○「好評」（「新愛知」3・7広告）

○三月七日～(十三)日　昼夜二回　**千歳劇場**
大阪芦辺倶楽部第二団ニコ〳〵団　二の替り
ニコ〳〵団十八番
【第　一】笑劇　女《をんな》医《い》者《しや》　全三場
【第　二】新喜劇　あいさつ違《ちが》ひ　全三場
【第　三】社会劇　遺《ゐ》品《ひん》の塑《そ》像《ざう》　全一場
【第　四】新喜劇　風《ふう》流《りう》芸《げい》者《しや》　全三場
花井天女　幸夫　敏祐　純一　友光　時三郎　喜峰　富貴　一郎　信夫　美夫　義郎　永瀬合同一座
【典　拠】「名古屋新聞」3・6附録、7附録、10、11附録、12附録、13広告、14附録。
【備　考】○「今回は更に京阪地方にて大好評を博せし芸題中より、一座の得意物を選択中。」（「名古屋新聞」3・6附録）○「『風流芸者』二場。」（同紙3・11附録）○「連日大人気。」（同紙3・12附録）

○三月(七)日～(十三)日　**宝生座**
新門辰五郎
【観劇料】場代なし
【典　拠】「新愛知」3・6広告、7広告、13広告、14広告。

○三月七日～(十三)日　湊座

巴左衛門・眼笑・松童一座　芸題替

【一番目】佐《さ》野《の》鹿《しか》十郎《らう》　大序より仇討迄

【中　幕】蝶《てう》千鳥《とりよ》夜討《うちそ》曽我《が》

【大喜利】義《ぎ》士《し》銘《めい》銘《めい》伝《でん》　植木屋の場

慶女
信左衛門
紅雀

【典　拠】「名古屋新聞」3・7附録、10、13広告、14附録。

【備　考】○「空前の好景気。」(「名古屋新聞」3・8附録)

○三月八日～(十一)日　歌舞伎座

市川海老十郎・中村信濃一行　二の替り

【一番目】大石東下《たち》りの一節　立《たち》花《はな》左《さ》近《こん》

唐模《からも》様水滸《やうするこ》伝《でん》

信濃十八番　布《ぬの》引《ひき》の滝《たき》　義賢

蘭《らん》平《へい》物《もの》狂《くるひ》

【配　役】花和尚魯智深　中村　信　濃
木曽膳(ママ)上義賢
娘小まん　藤之助
松風
　実は蔵人妻縺(ママ)
大石内蔵之助　卯多五郎
百姓九郎助

伴義澄
立花左近　雛十郎
奴折平
　実は多田蔵人行綱
有原(ママ)行平
九紋龍史進　市川海老十郎
蘭平
　実は伴義雄

【典　拠】「名古屋新聞」3・7附録、8附録、10、11広告、12広告。

【備　考】○「同優(編注、海老十郎・信濃)の十八番『水滸伝』『義賢館』『蘭平物狂ひ』。」(「名古屋新聞」3・7附録)　○「『水滸伝』の雪中の大格闘は非常の人気を集め…。」(同紙3・10)　○「舞台面の大仕掛に人気を呼び、就中信濃の義賢、大詰の蘭平の捕物に中京勇連の沢村伝八が軽妙なるトンボを見せ好評。」(同紙3・11附録)　○評「歌舞伎二(ママ)の替り」雅光(「名古屋新聞」3・10)

○三月(八)日　京枡座

《新　派》東京新派むつみ会一行　芸題替

演目不詳

【典　拠】「新愛知」3・8広告、9広告、「名古屋新聞」3・8附録。

【備　考】○「名古屋新聞」3・8広告には「本日　安藤大僧侶劇」とある。
○「連日好人気の東京若手揃ひの新派劇むつみ会大一行本日芸題替。」(「名古屋新聞」3・8附録)

○三月八日～十二日　国技館

東京大相撲　栃木山
大錦
鳳
一行

【典　拠】「名古屋新聞」3・8、13、「新愛知」3・9。

○三月八日～(十七)日　三栄座

浪花節芝居　高島家団十郎
浅尾幸朝
一座

【演　目】八日～　筒井政談野狐三次　毎日続き
中旬～　天龍川の仇討　切　義士伝　毎日つゞき
【典　拠】「名古屋新聞」3・8附録、15、17、18附録。
【備　考】○「名古屋新聞」3・17には「『筒井政談野狐三次』劇」とある。

○三月八日～十六日　新守座
《新派連鎖劇》天活新派大合同劇団
吉岡好郎氏脚色
軍国大悲劇　涙《なみだ》の家《いへ》　連鎖十三場
【出　演】熊谷・秋元・原良・原好・桜井・秋山・志賀・村島・中原・小東・高田
【典　拠】「名古屋新聞」3・8附録、16附録。
【備　考】○「『涙の家』梗概」（「名古屋新聞」3・7附録）○「例の独特の大道具と舞台装置にて、大好評ならん。」（同紙3・8附録）○「本日午前中は座員一同栃木山後援の為、国技館に相撲の見物をする由。」（同紙3・11附録）○「連日連夜満員。」（同紙3・13附録）○評「新守座二の替り」川（「名古屋新聞」3・11附録）

○三月八日～十六日　正午より開演　帝国座
《連鎖劇》木村猛夫一派　三派合同　芸題がへ
小島欧《ママ》村氏原作　竹阿弥先生脚色
新派悲劇　千鳥《とり》ケ淵《ぶち》
【出　演】井上春之助・辰見小太郎・生駒九二夫・藤川岩之助・小山秀夫・愛沢正義・木村猛夫
【典　拠】「名古屋新聞」3・7附録、8附録、8附録広告、16附録、「新愛知」3・8広告。
【備　考】○「連鎖作者小嶋梅《ママ》村先生を東京より招き、梅《ママ》村先生の作にて新しき血も有り涙もある連鎖として最も適当なる芸題を脚色中なりと。」（「新愛知」3・3）○「大道具はフレートマンチリー式を以て、竹阿弥監督する筈なりといふ。」（「名古屋新聞」3・8附録）○「各場共に頗る場受けがして素晴らしい大人気なり。」（同紙3・11附録）○「場毎脚色の妙を得、二人の可憐な子役を使つて満場涙をもつて掩はれ連鎖フキルムも鮮かなり。」（同紙3・12附録）○「満員御礼」（「新愛知」3・12広告）○「大評判の『千鳥ケ淵』は涙の多い大芝居で全市の人気を此の一幕にあつめて居る。」（「名古屋新聞」3・13附録）○「初日以来連日満員。各優の勢力、技巧を加へた舞台装置に満場只涙を以て掩ひ…。」（同紙3・16附録）

○三月八日　新守座にて窃盗
「市内西区六句町二ノ二一谷藤七方同居前科一犯石田庄二（二八）は、（中略）本月八日午後十時頃、新守座にて活動写真見物中の婦人より絞手提袋一個を窃取せしを、笹島署に逮捕せられ、取調べの末、十二日身柄局送り。」

（「名古屋新聞」3・13附録）

○三月（九）日～（十二）日　京枡座
《僧侶劇》
親鸞《しんらん》上人御《しやうにんご》一代記《だいき》
大道具仕掛　元祖安藤大僧丈一行
【典　拠】「名古屋新聞」3・8広告、10、11附録～13附録、「新愛知」3・9広告。
【備　考】○「名古屋新聞」3・8広告には「本日」とある。○「満員の僧侶劇（中略）大道具仕掛にて大人気。」（「名古屋新聞」3・11附録）○「当興

行は六十歳以上の老者木戸無料。」（同紙3・12附録）○「連日大人気。」（同紙3・13附録）

○三月九日～（十一）日　**蓬座**

《新派劇》東京新派　むつみ会一行

芸者《げいしゃ》の赤心《せきしん》

【二番目】喜劇

【典　拠】「新愛知」3・9広告、「名古屋新聞」3・10、11附録、12附録。

【備　考】○「東京若手新派劇（中略）『芸者《げいしゃ》の赤心《まごころ》』、喜劇等連日大入続き。」（「名古屋新聞」3・11附録）

○三月九日　**笠松大和座の全焼**

「岐阜県羽島郡笠松町劇場大和座の西北隅から、九日午前二時半頃発火し、広大なる同座を全焼し、同五時鎮火した。発火の原因、損害等不明にて、目下取調中。」（「新愛知」3・10）

○三月十・十一日　午後五時より　**高砂座**

南区凱旋軍人歓迎筑前琵琶大会

【番　組】十日　敦盛　上の巻　四絃合奏（玉省玉光）　宇治川（老染）　伏見の吹雪（新金波貞雄）　桶狭間（安部旭芳）　入道秀吉（東京 杉浦旭水）　高田の馬場（熊本 大津旭光）　橘中佐（安田旭春女史）　本能寺（安田旭老）　新曲　日本海々戦（安部旭洲）　凱旋歌　五絃合奏

十一日　石童丸（安部旭春）　鳥居勝高（安部旭芳）　斎藤実盛（熊本 大津旭光）　丸橋忠弥（安部旭桃）　那須与市（安田旭老）　米丸（安部旭洲）　朝晴雪　五絃合奏（すゞな家すゞな事旭常　外三名）

【典　拠】「名古屋新聞」3・6附録、7附録、10、11附録。

【備　考】○「熱田旭洲会支部設立三週年披露大会を兼ね（中略）開催し、出演者は斯界の第一人者安部旭洲師始め女流名人十数名及び各連芸妓応援する由。又、代議士磯貝浩氏外数氏の後援もありて頗る大規模に行はる、と。」（「名古屋新聞」3・6附録）○「各宮殿下御前にて弾奏の光栄を浴せし安部旭洲師其他男女流名手出演、会費は特別会員金五十銭、一等会員金三十銭、二等会員二十銭。」（同紙3・7附録）○「第一日を開催したるが、凱旋軍人招待其他各団体の入場もあり盛況を呈したり。」（同紙3・11附録）

○三月十日　**活動写真界刷新期成同盟の総会**

「活動写真界刷新期成同盟会第一回総会は、既記の如く十日午前十時より、出席者三十六名にて市内矢場町中央食堂楼上に於て開会。座長に大原東陽氏を推し、二十八ケ条よりなる会則を附議し、満場一致にて可決し、次いで役員の選挙に移り、会長に藤井夫天、副会長に飛雷天叫の両氏当選し、十一時半散会せり。」（「名古屋新聞」3・11附録）

○三月（十一）日～（十四）日　**大黒座**

源氏節芝居

【典　拠】「名古屋新聞」3・10広告、11広告、14広告、15広告。

○三月十一日～十五日　五時　御園座

巴家寅子一行

新旧笑劇

鶴昇　太助
小直　宝昇
金太郎

【番　組】第一 巴家十八番 喜劇 銅像 三場 第二 菅原 四段目 大切 巴家演芸 吹き寄せ芸 余興 曲芸・大小奇術・音曲(竹竿乗りの曲芸 大薩摩)

【典　拠】「名古屋新聞」3・10、11附録、12附録、12広告、13附録評、15附録。

【備　考】○「名古屋新聞」3・11附録には上記演目のほか『雛祭』四場」とある。○「江戸生粋の(中略)一行は、当市興行界の当り将軍林忠治君の手で興行(中略)寅子は本職の笑劇の方は義太夫が甘《うま》く端唄は名人。」(「名古屋新聞」3・10)○「四十余名の大一座(中略)初日に限り金二十五銭均一。」(同紙3・11附録)○「一行の後援として遠く京都・大阪の花柳界より団体見物申込み有り。」(同紙3・13附録)○「毎夜満員(中略)寅子の音曲は非常の大受にて、花柳界の人気亦すさまじ。」(同紙3・15附録)○評「御園座を見る」雅光(「名古屋新聞」3・13附録)

○三月十二日～　歌舞伎座

東西合同市川海老十郎・中村信濃一座　三の替り

【一番目】誠忠義士伝の内 堀《ほり》部《べ》安《やす》兵《べ》衛《ゑ》　高田の馬場の仇討より浅野任官まで十二場幕なし

【二番目】海老十郎十八番 白《しら》浪《なみ》五人《にん》男《をとこ》　浜松屋より勢揃ひまで

【配　役】菅野六郎右衛門　雛十郎
吉田忠左衛門
中津川祐範　卯多五郎
堀部弥兵衛金丸
南郷力丸
妻早瀬　藤之助
赤星重三(ママ)
浅野内匠頭　市川海老十郎
弁天小僧菊之助
中山安兵衛　中村信濃
日本左衛門

【典　拠】「名古屋新聞」3・12附録、13附録。

【備　考】○「当地の名残興行、同時に御礼として歌舞伎座入場の観客には、御園座開演の巴屋(ママ)寅子□行の半額入場券提供。」(「名古屋新聞」3・12附録)○「『堀部武庸出世譚』と『白浪五人男』の幕有り幕なし、連日満場。」(同紙3・14附録)○「十二日芸題替より一層好評を加へ(中略)昨十四日も服部工場数百名の総見ありて益旺盛を極めつゝあり。」(同紙3・15附録)

○三月十二日～(十四)日　蓬座

《新派劇》東京若手新派むつみ会一行　二の替り

演目不詳　幕無し

【大　切】喜劇

【典　拠】「名古屋新聞」3・12附録～14附録。

【備　考】○「連日満員(中略)芸題引続き幕無し大車輪、大切の喜劇は大評判。」(「名古屋新聞」3・13附録)

○三月十三・(十四)日　京枡座

《僧侶劇》元祖安藤大僧丈一行　二の替り

親《しん》鸞《らん》聖《しやう》人《にん》　下の巻

石《いし》山《やま》軍《ぐん》記《き》　一場

【典　拠】「名古屋新聞」3・13附録、14附録、15。

【備　考】○「当興行は六十歳以上の老者木戸無料。」（「名古屋新聞」3・13附録）○「大好評。」（同紙3・14附録）

○三月十三日　末広座、天然痘にて消毒

「市内中区松元町四丁目十六番地日雇業中山太喜蔵（五六）が、三月五日発病、十二日天然痘と決定せるは昨本紙に既報の如くなるが、同人は中区末広町末広座に夜番として雇はれ、本年一月三十一日より二月二十八日迄同座に起臥し居たるより、十三日午後一時より所轄新栄町署よりは久野部長出張、同座の大消毒を行ひたり。」

（「名古屋新聞」3・14附録）

○三月十四日～（十九）日　寿座

演目不詳　　市川百十郎　大谷友十郎一座

【典　拠】「名古屋新聞」3・14附録、19広告、20附録。

○三月十四日～十六日　高砂座

東京大歌舞伎　末広座巡業部第一団

演目不詳　　市川九蔵　沢村哥川　市川九団次　坂田半五郎

【典　拠】「名古屋新聞」3・14広告、「新愛知」3・16広告。

○三月十四日～　正十二時開場昼夜二回　千歳劇場

《喜　劇》ニコニコ団・曽我廼家大合同一座

【第　一】喜劇　苦《く》学《がく》生《せい》　全二場

【第　二】喜劇　三人《にん》兄《きやう》弟《だい》　全三場

【第　三】旧喜劇　宝《たから》の入《いり》船《ふね》　二場

【第　四】新派喜劇　狂《くる》ひ咲《さき》　二場

【出　演】天女・一郎・時三郎・友光・敏祐・美夫・喜峰・幸夫・正蝶・純一・義郎・千鳥《女優》・菊五郎・高綱・美蝶・十郎丸・蝶五郎

【典　拠】プログラム。初日及び演目名の読みは「名古屋新聞」3・14附録、上演順は同紙3・15附録による。

【備　考】○「よるとひるとの境で入れかへはいたしません」（典拠プログラム）○「その日の都合により四の芸題の順序を変へる事があるかも知れません」（典拠プログラム）○「天女・義郎一派に（中略）喜劇界の人気者曽我廼家蝶五郎・女優千鳥一派と合同。」（「名古屋新聞」3・14附録）○「初日は定刻前より押よせたる観客に、間もなく〆切の盛況。」（同紙3・15附録）○「両派大合同とは云へ四種の狂言をニコニコ団と曽我廼家とが二種宛演じ、一つ狂言で両者が一緒にならぬ。」（同紙3・16附録評）○「連日大人気。」（同紙3・20附録）○評「千歳劇場の喜劇」（「名古屋新聞」3・16附録）

○三月（十四）日～（二十）日　宝生座

加賀見山旧錦絵

【観劇料】場代なし

【典　拠】「新愛知」3・13広告、14広告、20広告、21広告。

○三月十四日～(二十)日　湊座

眼笑・巴左衛門・松童一派　芸題替り

【一番目】三人片輪《にんかたわ》孝子《かうし》の誉《ほまれ》

【中狂言】江《え》戸桜《とさくらし》清水清玄《みづせいげん》

【切狂言】日向島《ひふがしま》非人景清《にんかげきよ》

【配　役】桜姫　慶女｜清玄　眼笑
三保谷四郎　松童｜景清　巴左衛門

【典　拠】「名古屋新聞」3・14附録、18附録、20広告、21広告。

【備　考】○「役役活動して緊張せる舞台面を見せつつあり。」(「名古屋新聞」3・18附録)

○三月十五日～(十七)日　午後四時開演　京枡座

【一番目】博多《はかた》小女郎《こぢよらう》蜘蛛《くも》実記《じつき》　大道具仕掛

【中　幕】傾城《けいせい》恋《こひ》仮名《かな》書《がき》

【二番目】東俠客廓の立引《あづまけうかくくるわたてひき》　(小三金五郎)

大阪名題　市川眼雀　市川市猿治　中村高之助　片岡我蔵　一座

【典　拠】「名古屋新聞」3・15、16附録、17、18附録、19附録。

【備　考】○「名古屋新聞」3・17には「二番目『碁盤太平記』」とある。
○「何れも大好評。」(「名古屋新聞」3・16附録)　○「連日満員(中略)芸題引続き、尚『土蜘蛛実記』は大道具仕掛にて大人気。」(同紙3・18附録)

○三月十五日～二十二日　昼十二時夜五時より開演　末広座

《連　鎖》

紅《べに》隈《くま》　五幕　山長一派

【出　演】静間小二郎・河原市松・高梨俵堂・立川六郎・沢田青柳・矢野伊之助・高部幸次郎・清水林之輔・瀬戸日出夫・佐久間満・安原邦哉・山本繁・山崎長之輔

【典　拠】「名古屋新聞」3・14附録、15附録、22附録。

【備　考】○「同座にては椅子席の改良やら大道具調べに忙殺されつゝ、有るが(中略)狂言は春にふさわしき色艶ふかき『紅隈』六幕。」(「名古屋新聞」3・11附録)　○「今回より新に建てたる木戸前の看板は非常の費用を掛けたるもの。此の点已に装飾と勉強のレコードを破り…。」(同紙3・12附録)　○「末広座の『紅隈』梗概」(一)～(三)(同紙3・12附録～14附録)　○「新派の重鎮静間小二郎を客員とし(中略)芸題は阪地に於て大好評を博したる『紅隈』。」(同紙3・13附録)　○「平場椅子席金二十五銭」(同紙3・14附録広告)　○「舞台装置と大道具に大々的改善を尽し(中略)場毎場毎の大連鎖は在来の技巧に更に巧みを加へ…。」(同日同紙附録)　○「初日(中略)昼夜共大入満員。」(同紙3・16附録)　○「連日好評。」(同紙3・22附録)

○三月(十五)日～(十九)日　大黒座

《新　派》

演目不詳　むつみ会

【典　拠】「名古屋新聞」3・14広告、15広告、19広告、20附録。

○三月十五日〜(十七)日　午後三時より　**蓬座**

御目見得《おめみえ》だんまり

東京名題 市川 市蔵

女優 阪東 和歌子　喜楽　玉七　東蔵　春三郎　合同

【一番目】本《ほん》朝《てう》廿四孝《かう》

【中　幕】碁《ご》盤《ばん》太《たい》平《へい》記《き》

【二番目】所作事　名《めい》木《ぼく》左小《ひたりこ》刀《がたな》

【典　拠】「名古屋新聞」3・15、16附録、17、18附録。

【備　考】○「何れも大道具にて開演。」(「名古屋新聞」3・15)○「昨初日満員。」(同紙3・16附録)

○三月(十八)日　**名古屋保能会発会**

「名古屋市を中心に能楽の保持発達を図る趣旨にて生れたる名古屋保能会は、各流派を問はず、唯一の素人演能機関として広く会員(特別会員一円一ケ月、通常会員一ケ月二十銭、何れも半年分前納)を募る由。入会申込所は能楽事務所、中物南店、其中堂等。而して其第一会は、来る十六日午前八時半より、東区呉服町能楽堂に於て、左の如く挙行する由。」(「名古屋新聞」3・13附録)

○三月十七日〜　**新守座**

《新派連鎖》　天活新派合同劇団　第三の替り

吉田好郎氏脚色

人情悲劇　浮《う》き沈《しづ》み　連鎖十三場

【出　演】熊谷武雄・秋元・原好・桜井・秋山・志賀・村島・中原・小東・高田

【典　拠】「名古屋新聞」3・17、20附録。

【備　考】○「昨十七日より三日間、熊谷武雄会開催。ヒイキ筋の総見三日に亘り三千余名なる由。場取の注文頻々たり。」(「名古屋新聞」3・18附録)○「昨二十日、次狂言用連鎖写真製作の為め座員総出にて鶴舞公園・専売局附近其他市内要所を背景に大撮影を為せり。」(同紙3・22附録)

○三月十七日〜　昼夜二回開演　**帝国座**

《連鎖劇》木村・井上・藪川合同　三の替り

竹阿弥氏新作

弓《ゆみ》張《はり》月《づき》　連鎖十三場

井上愛沢　辰見木村　生駒松枝　藤川江川　小山

【典　拠】「新愛知」3・17、17広告、「名古屋新聞」3・17。

【備　考】○「新派大合同」(「新愛知」3・17広告)○「大盛況。(中略)大詰雪中場は大道具にてキネマ応用大好評なり。」(「名古屋新聞」3・18附録)○「満場只涙の雨となり、大詰経王堂に大決闘、手に汗を握る。因に明十九日昼間部は帝国撚糸会社の為め売切れ。」(同紙3・19附録)○「連日満場。」(同紙3・20附録)

○三月十八日〜二十一日　昼夜二回開演　**歌舞伎座**

天下唯一早替り劇名人大阪若手名題嵐枝昇一座

【一番目】神霊宇和島実記《しんれいうわしましつき》　全冊五幕

四十八度の早替り

嵐三ツ団子　市川荒猿　市川百之助　片岡秀三郎　中村小米

【二番目】壺《つぼ》坂《さか》霊《れい》験《けん》記《き》　沢市内より谷底まで

電気応用大道具大仕掛

【配　役】山辺清兵衛　嵐　枝昇
奴道助
土井要人
座頭沢市
悪者雁九郎
庄屋太郎作
観世音菩薩
伊達右宗太夫(ママ)　嵐　三ツ団子
尾知代右衛門　市川　百之助
米屋市兵衛

大橋右勝(ママ)　市川　荒猿
百姓茂次兵衛
奥方お辰の方　片岡　秀三郎
古手屋市兵衛　家十郎
脇三左衛門
三ケ月お照
妻初音　中村　小米
女房おり(ママ)
悪者三郎　雷　車
薪太屋太兵衛(ママ)

【典　拠】「名古屋新聞」3・16附録、17、18附録、19附録、21広告。
【備　考】○「一番目の序幕より大喜劇(ママ)のチヨンチヨンまで、五分間と幕間を待たせぬ頗る猛者揃ひなる由。」(「名古屋新聞」3・16附録)　○「嵐枝昇外五十余名本日乗込。(中略)『壺坂』を又早替りに演ずと。」(同紙3・17)　○「連日満員。一番目(中略)は四十八度の早替り観客に十二分満足を与へ、二番目(中略)是又大道具に電気応用に枝昇の四役眼の廻る程早き活躍は場内破る、許り大喝采。」(同紙3・20附録)

○三月十八日～(二十)日　京枡座

市川市猿治・市川眼雀一座　芸題替へ
【一番目】小町奴廓《こまちやつこくるわ》の立引《たてひき》
【二番目】鎌《かま》倉《くら》三代《だい》記《き》
【典　拠】「名古屋新聞」3・19附録、20附録、21広告。
【備　考】○「何れも大人気。」(「名古屋新聞」3・19附録)　○「何れも大道具にて好評。」(同紙3・20附録)

○三月十八日　三栄座

薩摩琵琶大会
【典　拠】「名古屋新聞」3・18附録。
【備　考】○「入場無料。」(典拠)

○三月十八・(十九)日　午後五時より　高砂座

欧洲戦線内実写活動大写真
【典　拠】「新愛知」3・17、18広告～20広告。
【備　考】○「好評」(「新愛知」3・19広告)

○三月十八日～二十四日　午後五時より　御園座

新芸術座一行　第一回公演
中村吉蔵作
【第　一】社会劇　肉《にく》店《みせ》　一幕
メリメエ原作　川村花菱脚色
【第　二】西欧情話　カルメン　五幕

中井　哲
高山　晃
野添　健
辻野　良一
今村　静子
香川　玉枝
川田　芳子
中山　歌子
沢　宮子
帝劇専属舞台協会
加藤　精一
森　英次郎

【典　拠】「名古屋新聞」3・18附録、19附録広告、24。
【備　考】○「松井須磨子が最後の舞台を飾りし(中略)尤も思ひ出の多き狂言。」(「名古屋新聞」3・16附録)　○「新芸術座の略筋」(同日同紙附録、18附録)　○「初日観劇料特等一円、一等七十五銭、二等五十銭、三等三十五銭、四等二十銭。」(「新愛知」3・17)　○「須磨子の遺業を　今村静子　新芸術座の花形たる岐阜生れの女」（「名古屋新聞」３・17）○「『カルメン』劇リラスの酒場にて踊るトーダンスの今村静子は、数年来米国にて高柳夫婦の監督にて、シカゴの舞踏学校を卒業。」（同紙３・18附録）○「毎日午後五時半開場」（同紙３・19附録広告）○「初日（中略）定刻前より観客押寄せ、忽ち満員の大盛況。」（同日同紙附録）○「カルメンに扮する中山静子（ママ）は帝劇女優第二期生丈有て、その技実に須磨子其のままに見せ、又今村静子は流石外国仕込のトーダンスと云ふ、何れも破れん計りの大喝采。」（同紙３・22附録）○「好評を博せしため、今二十四日一日間日延べ。」（同紙３・24）○評「新芸術座劇評」雅光（「名古屋新聞」３・20附録）

○三月十八日～（二十）日　午後四時より　**蓬座**

浪花節芝居　幕無し　元祖 高島家団十郎 一座

芸題毎日替り

【典　拠】「名古屋新聞」３・18附録、20附録、21広告。

【備　考】○「芸題毎日つゞき幕無し大好評。」（「名古屋新聞」３・20附録）

○三月十九日～（二十五）日　夕五時　**音羽座**

落語劇　金柳派 助六 一派

【番　組】第一 浮む瀬　第二 茶の湯　第三 しいちゃん　第四 景清　第五 橋弁慶　第六 三軒長屋　第七 文七元結

【典　拠】「名古屋新聞」３・19附録、19附録広告、20附録、「新愛知」３・25広告、26広告。

【備　考】○「音羽座出演の雷門助六が今度一座のシカ連を糾合して落語芝居と云ふ変チキ芝居を試みに就き、平素の贔屓後援者連中は興行中大入り大当りを取らせずんばあるべからずと大奮発の納屋の得月は助六会、広小路の川柳家佐々木桂雨君は松竹会と云ふ総見団を起し、何れも五百以上の大連中を造らうと目下褌を緊めて大運動中。」（「名古屋新聞」３・18附録）○「彼岸興行として助六一派の落語劇、昨初日は満員大入り。」（同紙３・20附録）○「目先変りて連日連夜の大入りなり。」（同紙３・22）

○三月十九日～（三十一）日　**三栄座**

浪花節芝居　毎日続き　大阪初上り 河内家小円次 一座

【演　目】十九日～ 嵐山花五郎　蘆屋道満大内鑑　肴屋寅吉　水戸黄門記　魁梅次　切 義士伝

三十日～ 男松竹梅　切 義士伝

【典　拠】「名古屋新聞」３・19附録、20附録、22附録、27附録、29附録、30附録、31、４・１附録。

○三月二十日～　**寿座**

演目不詳　実川菊三郎　松本扇遊　市川我昇

【典　拠】「名古屋新聞」３・20附録。

○三月二十日～　**大黒座**

《僧侶劇》

親《しん》鸞《らん》上《じやう》人《にん》　安藤大僧丈 一行

【典　拠】「名古屋新聞」３・20附録。

【備　考】○「初日以来大入好評。」（「名古屋新聞」３・24）

○三月二十日～　**高砂座**

演目不詳　三井武次郎一派

【典　拠】「新愛知」3・20広告。

【備　考】○「好評」（「新愛知」3・22広告）

○三月二十一日～　**京枡座**

《新派連鎖劇》

悲劇　船《ふね》子《こ》唄《うた》、連鎖幕無し　松葉会一行

【大　切】喜劇

【典　拠】「名古屋新聞」3・21広告、22。

【備　考】○「昨初日満員（中略）大人気。」（「名古屋新聞」3・22）

○三月二十一日～（二十七）日　昼夜二回　**千歳劇場**

曽我廼家蝶五郎・芦辺倶楽部天女・義郎合同　二の替り

【一番目】社会喜劇　彼《ひ》岸《がん》詣《まう》り

【二番目】新喜劇　二夕昔《むかし》

【三番目】旧喜劇　筐《かたみ》の印《いん》籠《ろう》　全三場

【四番目】女《をんな》の勤《つと》め　蝶五郎　十郎丸　千鳥

【典　拠】「名古屋新聞」3・22附録、24、26附録、27附録、29附録。

【備　考】○「初日満員。」（「名古屋新聞」3・22附録）○「第四新喜劇『二夕昔』。」（同紙3・26附録）

○三月（二十一）日～（二十五）日　**宝生座**

木鼠吉五郎

【観劇料】場代なし

【典　拠】「新愛知」3・20広告、21広告、25広告、26広告。

○三月（二十一）日～（二十七）日　**湊座**

徳《とく》川《かは》天《てん》一坊《ばう》　眼笑　巴左衛門一行

熊《くま》谷《がひ》陣《ぢん》屋《や》

【配　役】熊谷　巴左衛門　一天一坊　眼笑

【典　拠】「名古屋新聞」3・20広告、21広告、26附録～28附録。

【備　考】○「彼岸特別興行として座員も大車輪に演じ、頗る好評。」（「名古屋新聞」3・26附録）○「準備都合にて二十八日より三日間休演。」（同紙3・28附録）

○三月二十一日～（二十五）日　**蓬座**

博《はか》多《た》小《こ》治《ぢ》郎《らう》（ママ）土《つち》蜘《ぐ》蛛《も》実記《じつき》

大道具大仕掛け宙つり　大阪若手 市川眼雀　市川市猿治　一座

【典　拠】「名古屋新聞」3・21広告、22附録、26附録、「新愛知」3・25広告。

【備　考】○「高評」（「名古屋新聞」3・22広告）

○三月二十二日～　昼夜二回　**歌舞伎座**

人一代なりけり　花《はな》川《かは》戸《ど》助《すけ》六《ろく》　五幕幕なし

三勝《かつ》半《はん》七　酒屋

大阪名題　中村信濃　中村梅女　中村梅之助　雛十郎　卯多五郎　藤之助

【配　役】

花川戸助六	中村信濃	母お静	
松平越前宰相		嫁おその	
牛若伝次	雛十郎	茜(ママ)お幸	
親宗岸		新造白玉	中村梅之助
烏井新左衛門	卯多五郎	美濃屋三勝	
小桜佐吉		三浦屋女将お時	中村梅女
茜屋半兵衛		小山田主膳	
三浦屋揚巻太夫	正三郎		

【典　拠】「名古屋新聞」３・22附録。

【備　考】○「五十余二(ママ)名の大一座。」（典拠）○「連日満場の大好評。」（「名古屋新聞」３・26附録）

○三月(二十二)日　**観世流素謡舞囃子会**

「来る二十二日正午より、東区呉服町能楽倶楽部に於て、当市能楽家青山社中の素謡舞囃子会を開催する由。傍聴随意。」

（「名古屋新聞」３・20附録）

○三月二十三日～三十日　昼夜二回　**末広座**

山長一派　二の替り

大悲劇　さすらひ　五幕

【出　演】静間・河原・高梨・立川・沢田・矢野・清水・瀬戸・佐久間・原好・原・安原・山本・高部・山崎

【典　拠】「名古屋新聞」３・22附録、22附録広告、24、26附録、28附録、30附録。

【備　考】○「平場椅子席金二十五銭」（「名古屋新聞」３・22附録広告）○「一行独特の舞台を写真と相俟ち頗る興味深き場面を見せると。」（同日同紙附録）○「昼夜共満員。」（同紙３・24）○「演芸場の場は廓美形造(ママ)の出囃しに目先を変へ大好評。」（同紙３・26附録）

○三月二十四・(二十五)日　**京枡座**

《新派連鎖劇》松葉会一行　二の替り

晴《は》る空《そら》

【典　拠】「名古屋新聞」３・24、26附録、「新愛知」３・25広告。

【備　考】○「満員盛況」（「新愛知」３・25広告）

○三月二十四日～三十日　正午十二時午后五時半二回開演　**新守座**

《連鎖劇》天活新派大合同劇団連鎖劇　第四の替り

江戸模様　鳶《とび》姿《すがた》　連鎖十五場

【出　演】熊谷武雄・秋元菊弥・原良一・原田好太郎・桜井武夫・秋山十郎・志賀靖郎・村島歳郎・小東金哉・高田正夫

【典　拠】番付。第四の替りは「名古屋新聞」３・27附録、千秋楽は同紙３・30附録による。

【備　考】○「天活直営」（典拠番付）○「連日満員続き（中略）大詰安堂寺本堂に於ける痛快なる猛火中の解決の場は、花火に電光に出来得る限の装置と技巧を施し、舞台一面猛火に包まれたる物凄き有様は、見物の喝采鳴りも止まずと。」（「名古屋新聞」３・28附録）○「連日大好評。」（同紙３・30

附録）　○評「新守座四の替り」川（「名古屋新聞」3・27附録）

○三月二十四日～三十一日　帝国座

《連鎖劇》井上春之輔・木村武夫合同　第四回替り

竹阿弥氏作

【一番目】勲《いさほし》　連鎖五場

【二番目】涙《なみだ》の親《おや》子《こ》　連鎖三場

藤川　山本清　愛沢　木村　生駒

【典　拠】「新愛知」3・24広告、「名古屋新聞」3・24、29附録、31。

【備　考】○「三派合同の新派大連鎖劇『万松寺身代り不動実記』の大瀑布の場は頗る大好評を博し連日好人気なるが、不動尊のお守り一万枚を観覧者に頒つ由。」（「名古屋新聞」3・26附録）○「日一日に意気投合し、昨日の如きも各花柳界の声援等有て頗る盛況。」（同紙3・27附録）○『勲』劇は万松寺不動明王身替り実記を脚色（中略）満場湧くが如く大喝采。第二番目『涙の親子』は満場の涙を絞らしめ連鎖フヰルムは新舞子の美景を選びて撮影になる映画に一層の人気を呼び、花柳方面の総見に花をそへつゝあり。」（同紙3・29附録）○「連日大好評。就中シベリアの戦場及び平兵衛漁家は絶大の賞讃を博しつゝあり。因に劇花柳界の大人気に三十一日迄日延べ。」（同紙3・30附録）

○三月二十四日　高砂座の楽屋にて乱闘

「市内中区住吉町二丁目十三番地興行師栗木房太郎（六〇）は、去る二十四日午後六時頃、南区熱田神宮坂高砂座にて、目下興行中の市内中区岩井町一丁目十九番地俳名小泉一郎事稲垣鍬三郎（四四）と、配役の事より口論をおつ始め、双方舞台以上の大立廻り（ママ）の最中、偵邏の巡査に踏込まれ、熱田署へ引致、一夜検束、将来を厳戒されて放還。」

（「名古屋新聞」3・26附録）

○三月下旬～（二十六）日　高砂座

三井武次郎一派　二の替り

演目不詳

【典　拠】「新愛知」3・24広告、26広告、27広告。

○三月二十六日～　夜　音羽座

助六一派　二の替り

落語劇

【番　組】ふたなり　所作事浦島　替り目　蚊軍　虚言と誠　谷どろ　かぢか沢

【典　拠】「名古屋新聞」3・26附録、28附録、29附録。

【備　考】○「腕前は冴えを見すれば定めし大盛況なるべし。」（「名古屋新聞」3・26附録）○「狂言替りとて頗る大好評。殊に『蚊軍』に於ける助六一派が活躍は臍の宿替へ。」（同紙3・28附録）○「毎夜木戸〆切なり。」（同紙3・29附録）

○三月二十六日～（二十八）日　京枡座

東部雀連春季浄瑠璃大会　取持　吾妻連芸妓

【典　拠】「名古屋新聞」3・26附録、28附録、29附録。

【備　考】○「語り物は何れも十八番もの。」（「名古屋新聞」3・26附録）○「木戸無料。」（同紙3・27附録）

○三月二十六日～（三十一）日　**寿座**

演目不詳　鈴木源十郎一座

【典　拠】「名古屋新聞」3・26広告、31広告、4・1附録。

○三月（二十六）日～（三十一）日　**宝生座**

迷子札孝子の誉

【典　拠】「新愛知」3・25広告、26広告、31広告、4・1広告。
【観劇料】場代なし

○三月二十六・二十七日　午後六時より　**御園座**

各派女流琵琶名人会　主催 東京琵琶新聞社

【出　演】錦心流 松田清子・高峯流筑前琵琶 井上鶴子・薩摩琵琶 佐藤秀子・橘流筑前琵琶 辻井旭好
【番　組】二十六日　毒饅頭（松田清子）　錦の御旗（松田清子）　威海衛（佐藤秀子）　本能寺（佐藤秀子）　扇の的（井上鶴子）　川中島（井上鶴子）　湖水渡（辻井旭子（ママ））　斎藤実盛（辻井旭子（ママ））
二十七日　別れの盃（松田清子）　屋島の誉（松田清子）　常陸丸（井上鶴子）　村上喜剣（井上鶴子）　吉野落（佐藤秀子）　橘大隊長（佐藤秀子）　宇治川合戦（辻井旭好）　義士本懐（辻井旭好）
【典　拠】「名古屋新聞」3・26附録、27附録。
【備　考】○「各得意の演奏をなす由。」（「名古屋新聞」3・26附録）　○「昨夜は満員の大盛会なりしが、日延べなし。」（同紙3・27附録）

○三月二十六日～（二十九）日　午後四時より　**蓬座**

《新派連鎖劇》松葉会

悲劇　船《ふな》子《こ》唄《うた》　松尾良一行

【典　拠】「名古屋新聞」3・26附録、29附録、30広告。
【備　考】○「昨初日満員（中略）若手揃ひ大一行『船子唄』其他余興写真等。」（「名古屋新聞」3・27附録）　○「連日満員。」（同紙3・29附録）

○三月下旬～（二十七）日　**大黒座**

獅子芝居

【典　拠】「名古屋新聞」3・26広告～28広告。

○三月（二十七）・（二十八）日　**高砂座**

春季浄瑠璃会

【典　拠】「新愛知」3・26広告～29広告。

○三月（二十八）日～（三十一）日　**大黒座**

女流浪花節　改心軒女雲一座

【典　拠】「名古屋新聞」3・27広告、28附録、31広告、4・1附録。
【備　考】○「頗る大好評。」（「名古屋新聞」3・28附録）

○三月二十八日〜四月三日　昼夜　**千歳劇場**

《喜劇・笑劇》ニコニコ団・曽我廼家合同　芸題替

社会劇　親《おや》　心《こゝろ》　二場　筑前琵琶入り

新喜劇　泥《でい》中《ちう》の蓮《はす》　三場　キネオラマ応用　ニコ〳〵団一派　天女　義郎

旧派喜劇　廓《くるわ》の仇《あだ》討《うち》　四場

新喜劇　花《はな》嫁《よめ》花《はな》聟《むこ》　全二場　曽我の家一派

【典　拠】「名古屋新聞」3・29附録、4・1附録〜3附録。

【備　考】○「大好評。」（「名古屋新聞」3・29附録）○「目新らしく筑前琵琶入り。」（同紙4・1附録）○「連日の人気。」（同紙4・3附録）

○三月二十九日〜(三十一)日　**愛知座**

《僧侶劇》

親鸞《しんら□》聖人《せうにん》一代記《だいき》　元祖　安藤大僧丈一行

【典　拠】「名古屋新聞」3・29附録。

○三月二十九日〜(三十一)日　**京枡座**

万歳獅子芝居大会

【出　演】名古屋組・丸山組・千種組・御器所組・守山組・猪ノ子石大森組

【典　拠】「名古屋新聞」3・29附録、31、4・1附録。

【備　考】○「今回はボンデン開きの興行にて名古屋連千種・丸山・大森の各連数百名の大一座にて大好評。」（「名古屋新聞」3・30附録）○「大人気。」（同紙3・31）

○三月二十九日〜四月(一)日　**高砂座**

演目不詳　尾上和市一座

【典　拠】「新愛知」3・29広告、4・1広告、2広告。

【備　考】○「好評」（「新愛知」3・30広告）

○三月三十日〜四月五日　五時より開演　**歌舞伎座**

浪花節　奈良丸　小奈良　奈良春　花仙　滑稽読み　京山吾一

【読み物】三月三十日　美久仁の花（吉田良一）本朝武術鑑（吉田花仙）探偵ローマンス（奈良春）名匠甚五郎（吾一）生の叫び義民宗吾（小奈良）神崎の少壮時代（奈良丸）峯の白雲吉野静（奈良丸）長講二席

三十一日　華族の大波瀾（奈良春）荒五郎（ママ）（吾一）天野屋利兵衛（小奈良）前席　大高源吾の笹売り（奈良丸）後席　義経安宅落（奈良丸）

四月一日　相馬大作（吾一）宗五郎哀別（小奈良）前席　南部坂雪の別れ（奈良丸）後席　勧進帳（小奈良）長講列（ママ）席

二日　相馬大作（吾一）間重次郎（小奈良）前席　大石廓遊興（奈良丸）後席　悪七兵衛景清（奈良

丸）長講
三日　羽衣国五郎（奈良春）　伊達黒白論（吾一）　山科の妻子別れ（小奈良）　景清の鶴ケ岡（奈良丸）　神崎東下り（奈良丸）
四日　恋か慾か（奈良春）　大塩平八郎（吾一）　天野屋の義侠（小奈良）　勝田新左衛門（奈良丸）　難波戦記大阪陣（奈良丸）
五日　深夜の悲鳴（奈良春）　伊達大騒動（吾一）　矢頭右衛門（小奈良）　赤垣源蔵（奈良丸）　長講二席

【典　拠】「名古屋新聞」3・27附録、30附録、31、4・1附録、2附録、2附録評、3附録、5附録。
【備　考】○「花柳界方面の前人気素晴敷。」（「名古屋新聞」3・28附録）○「奈良丸の『勧進帳』は成田家の芝居よりも面白く演場大喝采。」（同紙4・2附録）○「連夜に渉り（中略）満員続きなるも、次興行の都合に依り今晩にて当地打上。」（同紙4・5附録）○評「奈良丸を聴く」川（「名古屋新聞」4・2附録）

○三月三十・（三十一）日　蓬座
《新派連鎖劇》松葉会一行　二の替り
悲劇　晴《は》る丶空《そら》　幕無し
【典　拠】「名古屋新聞」3・30附録、31、4・1附録。
【備　考】○「『晴る丶空』連鎖にて幕無し其他。」（「名古屋新聞」3・30附録）

○三月三十一日〜四月六日　昼夜　新守座
《新派連鎖劇》天活新派合同劇団熊谷一派　変り狂言
菊池幽芳氏作　天活脚本部脚色
乳《ち》姉《きやう》妹《だい》　連鎖十五場
熊谷　桜井
秋元　秋山
原良　志賀
原好　小東
【典　拠】「名古屋新聞」3・27附録、28附録、31、4・1附録、3附録評、6附録。
【備　考】○「新派劇界の名狂言！古いものですが新しい演出法と現代的の色彩を添て面白く御覧に入れます」（「名古屋新聞」3・28附録広告）○「配役予想投票、新調衣裳、陳列の美を施せる舞台装置等にて、案の如く昨替り初日より昼夜共満員の大盛況。」（同紙4・1附録）○「鮮明なる写真と巧妙なる舞台装置との連鎖振りは、満場大喝采。」（同紙4・5附録）○評「新守座『乳姉妹』」川（「名古屋新聞」4・3附録）

○三月三十一日〜四月（六）日　湊座
【一番目】玉《たま》藻《も》前《まへ》　発端より大詰まで
電気応用
【中　幕】義士銘々伝の内　弥《や》作《さく》の鎌《かま》腹《はら》
眼笑　巴左衛門　松童　慶女　一座
【二番目】伊《い》勢《せ》音頭《おんどう》恋《こひ》の寝《ね》刃《たば》
【典　拠】「名古屋新聞」3・28附録、31、4・1附録、6広告、7。
【備　考】○「初日は満員の大好景気。」（「名古屋新聞」4・1附録）○「連日好況。」（同紙4・6）

○三月　周辺地区の興行

・岐阜の明治座は、一日より金城団柴田・酒井・西の一行にて『合せ鏡』を上演。（「名古屋新聞」2・25附録）

・（岡崎の）金升座は、一日より竹本朝太夫・豊沢松太郎および若手による東都浄瑠璃一座にて開演。（「新愛知」2・26附録）

・西尾の歌舞伎座は、一日より大阪名題尾上菊三郎一座にて開場。（「新愛知」2・26附録広告）

・瀬戸の陶元座は、一日より『音羽丹七』を上演。（「新愛知」2・27広告、3・1広告）

・四日市市の湊座は、一日より小織・福井・英等の一行にて、『露の二葉』四幕八場、『青春』五幕を上演。（「名古屋新聞」2・28附録）

・（豊橋の）東雲座は、一日より中村秀三郎・市川莚糸・市川猿十郎等の一座にて『お目見得だんまり』『有職鎌倉山』『絵本太功記』『梅春達師俠客』を上演。（「新愛知」3・1附録）

・三河田原町の田原座は、末広座巡業部第三団嵐枝昇一座にて二の替りを興行中。（「名古屋新聞」3・1広告）

・（豊橋の）豊橋座は、万歳新派劇日比愛三郎一行にて『糸のもつれ』を上演中。（「新愛知」3・1附録）

・知多郡内海町の常盤座は、二日より末広座巡業部第一団嘉七・団三郎等の一座にて開演。（「名古屋新聞」3・2広告）

・豊橋の豊橋座は、二日より末広座巡業部第三団嵐枝昇一座にて、洋行御名残り興行として、『東海道噂面影』（枝昇の五役四十八回早替り）、『田原物語』、『宵の森明神』を上演。（「名古屋新聞」3・3広告、「新愛知」3・4附録）

・（豊橋の）弥生座は、敷島会一行による活動連鎖劇として、事実劇『明石六人心中　残れる母親』（琵琶歌入り）を上演中。また余興フィルムとして「銃声」を上映中。（「新愛知」3・2附録）

・津島の巴座は、五日より『音羽丹七』を上演。（「新愛知」3・5広告）

・岡崎の宝来座は、六日より末広座巡業部第一団九蔵・九団次・歌川・嘉七等の一座にて、一番目『一の谷嫩軍記』、中幕上『吃又平』、下『大盃』、二番目『御所五郎蔵』を上演。（「名古屋新聞」3・6）

＊「名古屋新聞」3・6広告は「三河岡崎　常盤座」とする。

・浜松の旭日座は、六日より末広座第三団枝昇一座にて開演。（「名古屋新聞」3・6）

＊「名古屋新聞」3・6広告は「浜松　歌舞伎座」とする。

・挙母の大正座は、七日より花房清十郎による新派を上演。（「新愛知」3・7広告）

・（豊橋の）東雲座は、七日より四日間、「浪界革新会々長」津田清美一行による浪花節を開演。（「新愛知」3・7附録広告）

・四日市の港座は、八日より『音羽丹七』を上演。（「新愛知」3・8広告）

・（豊橋の）豊橋座は、豊呂会《ほうろくわい》一座による旧劇を開演中。（「新愛知」3・8附録）

・松坂の松阪座は、十一日より十五日まで、『音羽丹七』を上演。（「新愛知」3・10広告、15広告）

・多治見の榎元座は、十一日より末広座巡業部第一団市川九蔵・市川九団次・沢村哥川・中村嘉七等の一座にて開演。（「名古屋新聞」3・11広告）

・知立の東雲座は、十一日より末広座巡業部第三団嵐枝昇一座にて開演。（「名古屋新聞」3・11広告）

・（豊橋の）東雲座は、十一日より新派劇の荒木清一座に藤田金吾・梅原忠夫等が加入して、『月の都』八場を開演。（「新愛知」3・11附録、11附録広告）

・岐阜市の旭座は、十一日より四日間、豊竹呂昇一座にて興行。（「名古屋新聞」3・12）

・（豊橋の）弥生座は、美上・大村・政子・静江等の男女合同一座によ

る新派連鎖劇として『恋の争ひ』『真清水』を上演中。（「新愛知」3・12附録）

・（豊橋の）豊橋座は、万歳新派劇花房清十郎一座にて『白痴の忠僕』を上演中。また余興として「御殿の舞」を上演中。（「新愛知」3・12附録）

・岡崎の宝友座は、十四日より末広座巡業部第三団嵐枝昇一座にて開演。（「名古屋新聞」3・14広告）

・挙母の大正座は、十五日より吉川美芳による浪花節を興行。（「新愛知」3・13広告）

・三河刈谷の大黒座は、十五日より豊竹呂昇一座にて興行。（「名古屋新聞」3・12）

・大垣の愛友館は、十五日より大阪女義太夫を興行。（「新愛知」3・14広告）

・山田の神明座は、十六日より十九日まで、『音羽丹七』を上演。（「新愛知」3・15広告、19広告）

・東濃大井の大栄座は、十七日より末広座巡業部第一団市川九蔵・坂田半五郎・市川九団次・沢村哥川等の一座にて開演。（「名古屋新聞」3・18広告）

・（豊橋の）東雲座は、十九日より豊竹呂昇にて開演。（「新愛知」3・19附録）

・（豊橋の）弥生座は、新派連鎖劇にて、一番目『春の色』、二番目『兄の罪』八場を上演中。（「新愛知」3・19附録）

・（豊橋の）豊橋座は、豊川稲荷二の午祭礼興行として、花菱会一座にて、『肥後駒下駄』、中幕『実盛』、大切『弁天娘男女白浪』を上演中。（「新愛知」3・19附録）

・津市の曙座は、二十日より『音羽丹七』を上演。（「新愛知」3・20広告）

・挙母の大正座は、二十日より文明館活動写真を上映。（「新愛知」3・20広告）

・岐阜の明治座は、二十二日より末広座巡業部第一団市川九蔵・市川九団次・坂田半五郎・沢村哥川等の一座にて開演。（「名古屋新聞」3・21広告）

・常滑の晋明座は、二十二日より末広座巡業部第三団嵐枝昇一座にて開演。（「名古屋新聞」3・22広告）

・（豊橋の）豊橋座は、上遊連一座にて興行中。（「新愛知」3・22附録）

・豊橋市の東雲座は、二十四日より同市東田遊廓連芸妓長唄温習会を開演。（「新愛知」3・22附録）

・（伊勢）神戸の寿座は、二十四日より『音羽丹七』を上演。（「新愛知」3・24広告）

・（豊橋の）東雲座は、二十五日より三日間、西川照吉還暦祝賀の舞踊大会を門下生一同の発起により開演。（「新愛知」3・25附録）

・（豊橋の）弥生座は、新派連鎖劇を芸題替えして、喜劇『黒髪』、悲劇『怒の白無垢』十三場を上演中。（「新愛知」3・25附録）

・（豊橋の）豊橋座は、市内蚕糸業家連の万人講蚕糸会による素人劇を上演中。（「新愛知」3・25附録、29附録）

・東濃大井町の大栄座は、二十六日より末広座巡業部第三団嵐枝昇一座にて開演。（「新愛知」3・26、「名古屋新聞」3・26広告）

・伊勢山田の帝国座は、二十七日より末広座巡業部第一団市川九蔵・坂田半五郎・市川九団次・沢村哥川等の一座にて開演。（「名古屋新聞」3・27広告）

・三河挙母町の宝集座は、二十七日より末広座巡業部第二団中村信濃一座にて開演。（「新愛知」3・26、「名古屋新聞」3・27広告）

・（桑名の）中橋座は、二十七日より『音羽丹七』を上演。（「新愛知」3・27広告）

・（豊橋の）東雲座は、三十日昼夜、東京琵琶新聞社主催の琵琶会を、錦心流和田清子、筑前高峰流井上鶴子、薩摩佐藤秀子、橘流辻井旭好等の出演にて開演。（「新愛知」3・28附録、30附録）

・岐阜の明治座は、二十九・三十の両日、「欧州戦乱及び飛行機に関

する活動写真」を上映。（「名古屋新聞」３・28）

○四月一日～　午後四時より　京枡座

【一番目】実《じつ》録《ろく》千両《りやう》幟《のぼり》　三十八段返し　幕無し
【中　幕】成《なり》平《ひら》文《ぶん》治《ぢ》
【二番目】壺《つぼ》坂《さか》霊《れい》験《げん》記《き》

立花家百十郎
明石家友十郎
嵐　守十郎
大谷　馬十
嵐　萃光

【典　拠】「名古屋新聞」４・１附録～３附録。
【備　考】○「満員〆切」（「名古屋新聞」４・３広告）○「大好評の市川百十郎・市川吉十郎・大谷馬十等大一座。」（同日同紙附録）

○四月一日～（六）日　寿座

《連鎖劇》

演目不詳　松葉会一行

【典　拠】「名古屋新聞」４・１附録、６広告、８附録。

○四月一日～（六）日　三栄座

《僧侶劇》

蓮《れん》如《によ》上《じやう》人《にん》御《ご》一代《だい》記《き》　大道具大仕掛　安藤大僧丈一行

【典　拠】「名古屋新聞」４・１附録、２附録、６附録、「新愛知」４・７。
【備　考】○「元祖僧侶劇（中略）は毎日満員。」（「名古屋新聞」４・５附録）

○四月一日～六日　昼の部十二時 夜の部六時 開場　末広座

山長一派　三の替り

小島孤舟氏作

家庭悲劇　心《こゝろ》の叫《さけ》び　五幕

静間高部
河原瀬戸
高梨山本
芝芸雀山崎

【典　拠】「名古屋新聞」３・31、４・１附録、６附録。
【備　考】○「『心の叫び』筋書」（「名古屋新聞」３・30附録、４・１附録）○「『心の叫び』五幕は『新ほととぎす』として一座得意の当り狂言。」（同紙４・１附録）○「昨初日は吉例に依り大入満員。」（同紙４・２附録）○評「若宮の山長劇」雅光（「名古屋新聞」４・５附録）

○四月一日～　大黒座

万歳新派劇　鈴木源十郎　石川貫一　一座

【典　拠】「名古屋新聞」４・１附録。

○四月一日～十日　正午 午後六時 開演　帝国座

《新派連鎖劇》胡蝶会・中京成美団合同　第五回替り狂言

井手蕉雨氏作　名古屋新聞小説　竹阿弥・一峰庵脚色

心《こゝろ》　連鎖十一場

【出　演】愛沢正義・木下・松枝緑之助・藤田・津田・島・田の浦・敷島・小笠原・若月・佐藤・藤川岩之助・中村貞枝・小桜仙之助・近松一哉
【典　拠】「名古屋新聞」３・30附録、４・１附録、３附録、５附録広告、10附録、「新愛知」４・１広告。
【備　考】○「目下本紙に連載し多大の好評を博し居る井手蕉雨氏の傑作小

説『心』は、読者諸氏より是非劇に仕組めよとの希望続々あり、本社は其の求めに応ずべく適当なる優人を物色しました末、現時中京の人気を背負ひ万松寺新開地帝国座に大々盛況を取れる木村猛夫・藤川岩之助一派に演ぜさす事としました。最も俳優は在来の上に更に当代新派劇界の花形と目さるゝ数名を加へ、近来にない腕揃ひの大一座となし開演する筈です。」（「名古屋新聞」3・28附録）○「帝国座の前掛り　衣裳はいとう呉服店に陳列。▲大道具は黙《（ママ）》阿弥氏に総てを新調し、加ふるに氷室家の洋室、待合琴路等は東京より吉野氏一派の画工来名し昨日より揮毫中なり。大詰は舞台一面の紅葉にてこれに電球数百をあしらひ観客の度胆を奪ふの計画なり。▲衣裳は待合琴路に於て照葉が着用す総小紋の年妙《（ママ）》縮緬の二枚重ね照葉形の長襦袢、何れも蕉雨氏の見立てのものなり。▲俳優は従来の帝国座の一団に大阪と東京より若手連中央劇壇の近松・木の下・大阪のトンボ会の中村三郎・小桜等数十名の新進加入し、名古屋の新国劇が今回初めて組織せらる訳なり。▲尚芸妓照葉及芙佐子の着用する井出蕉雨氏見立の華やかなる衣裳は本日より広小路いとう呉服店へ陳列する由。」（同紙3・29附録）○「営業部にては大道具背景等の作成を急ぎ、脚本部は俳優の召集に努力しつゝ、トンボ会、胡蝶会青年俳優を加へ、従来の中京成美団とを合同し、約五十有余の大一座と為したる程にて（中略）前記トンボ会の俳優中従来の木村・生駒の両人に替り近松一哉・小桜仙之助・中村貞枝の三名新たに加入する筈。」（同紙3・30附録）○「一等五十銭（中略）二等平場三十銭（中略）三等二十銭（中略）四等十銭」（同紙4・1附録広告）○「全市より待ち構へられたる劇とて昼夜とも大入り満員の盛況を呈したり。」（同紙4・2附録）○「劇中にて神谷秀嶺・長谷川両氏の薩摩琵琶弾奏あり。」（同紙4・3附録）○「初日以来連日満員の盛況。」（同紙4・5附録）○「『心』劇大喝采（中略）連鎖フイルムの巧な撮影振りで観客大受け大好評なり。」（同紙4・6附録）○「大入りの為め来る十日まで日延べ」（同紙4・9附録広告）○評「帝国座の本社劇『心』評判記」雅光（「名古屋新聞」4・3附録）

○四月（一）日～　宝生座

風流花笠男

【観劇料】場代なし
【典　拠】「新愛知」3・31広告、4・1広告。

○四月一日～　午後四時より　蓬座

新愛知小説
実録 音《おと》羽《は》丹《たん》七
大道具大仕掛

東京俳優
中村嘉七　市川国四郎　片岡当笑　市川海十郎
市川鮫之助　中村歌九磨　片岡銀杏　市川蝠十郎

【典　拠】「名古屋新聞」4・1附録、1広告、2附録、3附録。
【備　考】○「四十余名大一座。」（「名古屋新聞」4・1附録）○「昨日満員木戸〆切（中略）大入気。」（同紙4・2附録）○「連日満員。」（同紙4・3附録）

○四月上旬～五月（一四）日　夜　音羽座

落　語

金柳派
助六一派

【出　演】文馬・雨柳・助三・寿楽・雷蔵・朝之助・美都・松竹・六松・松風・助六・南楽　五月（一）日より柳亭左鶴・マストン加入
【典　拠】「名古屋新聞」4・1附録、3附録、5附録、21附録、5・1附録、14附録、15附録。
【備　考】○内容は、御祝儀・落語・落語音曲・落語ものまね・落語振事・笑話・落語をどり。五月からは新講談・振事・音曲噺・曲芸も加わる。（「名古屋新聞」4・3附録、5附録、5・5）○「中京落語金柳派助六一行に東京・大阪よりの交替連加はり二十有余名の大一座にて頗る盛況。」（同紙4・1附録）○「東京落語合併。」（同紙4・3附録）○「連日満員大入。」（同紙4・5附録）○「色物沢山目先を変へ相変らず大人気大盛況。」（同紙4・13附録）○「金柳派一座に柳亭左鶴・デストン（ママ）外数名差加へ開演。」（同紙5・1附録）○「助六の振事天下一品。」（同紙5・3附録）○「益盛況にて連日連夜大入りにて一座懸命に勉強しつゝあり。」（同紙5・4附録）○「金柳派助六一派の外に東京交替連中として柳亭左鶴・曲芸・マストン等外二、三名差加へ大盛況。」（同紙5・6附録）○「大盛況。」（同紙5・14附録）

○四月一日　喜劇俳優、衆議院副議長を殴打

一日午前十時四十分に阿漕駅に下車した衆議院副議長浜田国松とその息幹《みき》の両氏が改札口を出ようとした際、折柄の混雑もあって、松坂における興行を打ち上げて津の曙座へ向かう喜劇五楽会曽我の家市太郎及び女優中村悦子の一座と押し合いになった。一人の俳優が幹氏を押し退けたのを同氏が咎めたところから暴力沙汰に発展し、諌める浜田副議長を俳優二名が殴打するに至ったが、知らせを受けた停車場取締巡査によって二名は津署に引致の上取調べを受けることとなり、俳優一同も同署へ召喚されて取調べを受けた。

（「新愛知」4・2）

○四月(二)日～　高砂座

東京名題　尾上多賀之丞

演目不詳

【典拠】「新愛知」4・1広告、2広告。

○四月(二)・(三)日　錦心流琵琶水会温習会

「錦心流琵琶水会にては、四月二・三両日午後六時より、西区新道町三正覚寺に於て温習会開催の筈。」

（「名古屋新聞」4・1附録）

○四月(三)・(四)日　幸清次郎追善能楽会・囃子会

「幸銭太郎（ママ）・幸円次郎両氏主催にて、来る四月三日午前八時より東区呉服町能楽堂に於て、幸清次郎翁追善能楽を催す。」

（「名古屋新聞」3・29附録）

「故幸清次郎先生追善の為め、霞会・和合会・幸友会催主となり、四日午前八時より鶴舞《つるま》公園聞天閣に於て囃子会を催す。」

（「名古屋新聞」4・1附録）

○四月三日　ドイツ人俘虜の演奏会

「中京音楽会にては、今般当地収容中の独逸俘虜音楽団の演奏方に関し、特に其筋より許可を得、三日（神武天皇祭）午後二時、偕行社に於て、同音楽団五十余名の合唱と、二十余名より成る合奏を以て、第十四回演奏会開催。（後略）」

（「名古屋新聞」4・3附録）

「（前略）五百余名ある俘虜の内、音楽専門学校出身の所謂玄人は、伍長のシエーフエル君と上等兵のシユーマン君の二人。他は皆素人であるが、根が音楽国独逸の人達であるから、全く玄人跣足《はだし》の腕である。（後略）」

（「名古屋新聞」4・5）

第十巻656頁上段参照。

○四月四日～(十)日　千歳劇場

《喜　劇》ニコ〳〵団・曽我廼家蝶五郎一派合同　狂言替

【第　一】笑劇　心《こゝろ》の色《いろ》揚《あげ》　四場

大阪毎日新聞連載　千歳劇場脚本部

【第　二】新喜劇　女《をんな》の生命《いのち》　三場

【第　三】旧喜劇　東《あづま》双《さう》紙《し》　三場

【第　四】笑劇　嘘《うそ》　三場

曽我廼家蝶五郎
曽我廼家天女
長瀬義郎
十郎丸
実一郎
女優千鳥

【典　拠】「名古屋新聞」4・3附録、6附録、6附録評、7、8附録～11附録。

【備　考】○「初日・二日目共満員(中略)『東草紙』四場。」(「名古屋新聞」4・6附録)　○「佐藤場主、今一奮発して作家を迎へては如何。」(同日同紙附録評)　○「新喜劇『女の生命』三場は、各地大人気の悲劇『女の生命』喜劇化したもの。」(同紙4・7)　○「連日大人気。」(同紙4・10附録)

○評「千歳劇場の喜劇」川(「名古屋新聞」4・6附録)

○四月五日　京枡座

市川百十郎・市川友十郎一座　芸題替へ

東海道《とうかいだう》二人与《にんよ》作《さく》　十三度早替り

【典　拠】「名古屋新聞」4・5附録、6広告。

【備　考】○「連日大好評(中略)本日芸題替へ。」(「名古屋新聞」4・5附録)

○四月五・六日　大黒座

音羽丹七

【典　拠】「新愛知」4・5広告、6広告。

○四月五日～(七)日　高砂座

(浪花節)　津田清美

【典　拠】「新愛知」4・5広告、7広告、8広告。

【備　考】○「大好評」(「新愛知」4・7広告)

○四月五日～(十四)日　午後五時より　蓬座

万歳芝居　芝居と万歳ていれこ幕なし　元祖鈴木源十郎
石川貫一
合同一座

【演　目】大切　御殿舞

【典　拠】「名古屋新聞」4・5附録、6附録、14、15附録。

【備　考】○「満員大盛況。」(「名古屋新聞」4・9附録)　○「毎日大好評。」(同紙4・12附録)

○四月上旬～(十)日　宝生座

敵討天下茶屋

【観劇料】場代なし

【典　拠】「新愛知」4・5広告、10広告、11広告。

○四月六・七日　午後五時より　**歌舞伎座**

主催　加藤渓水
応援　各連芸妓

中京各家春季演芸大会

【番　組】六日　筑前琵琶 餅酒合戦（安田旭老）　宇治川（旭華）　寺阪吉右衛門（旭染女史）　義太夫 三勝（新若松金吾）　菅原四（新若松金時）　博多節（林家静子）　新内（鶴賀福松）　尺八（加藤渓水　外数人）

七日　筑前琵琶　黄徳寺（旭老）　御大将（旭老）　桜田の泡雪（旭染）　川中島（旭華）　吉野落（貞雄）　大内山（千花）　義太夫　堀川（金吾）　千本　酢屋（金玉）　鳴戸（金時）　清元　若木桜（小沢・小奴）　長唄　鶴亀（杵屋連中）　博田(ママ)ぶし（静子）　新内　明烏（福松）　尺八　渭水の曲（漢(ママ)水）　千早城（漢(ママ)水）　川中島（華山）

【典　拠】「名古屋新聞」４・６附録、７、７広告。

○四月六日　午前十時より　**京枡座**

春季手踊温習会

東部師匠　竹内八重子門人

【典　拠】「名古屋新聞」４・６附録。

○四月六日　午前九時より　**国技館**

日本陶器職工慰安会

【典　拠】「名古屋新聞」４・６附録。

○四月七日〜(九)日　午後三時より　**京枡座**

帝国座巡業部一座

新愛知小説

音《おと》羽《は》丹《たん》七　二十八段返し

東京名題　片岡当笑　市川団四郎

【典　拠】「新愛知」４・７、「名古屋新聞」４・７、８附録、９広告、10広告。

【備　考】○「昨初日満員。」（「名古屋新聞」４・８附録）

○四月七日〜　午後六時より　**国技館**

薩摩琵琶

（錦心(ママ)流宗(ママ)家）神谷秀嶺

【番　組】七日　乃木大将（柴田秋鳳）　別れの盃（長谷川湖楓）　本能寺（長谷川秋風）　奇縁（竹□金煙）　伊藤公・山科の別（神谷秀嶺）　筑前　松の間（戸田花子）

八日　城山（秋鳳）　別れの国歌（湖楓）　勧進帳（金煙）　龍の口（秋風）　橘大隊長・新曲河中島（秀嶺）　筑前　常陸丸（花子）　筑前　扇の的（富嬢）

【典　拠】「新愛知」４・７、「名古屋新聞」４・７、８附録。

【備　考】○「昨日開場の薩摩琵琶錦正派宗家神谷秀嶺師出演に付、旭廓美人連総見あり。」（「名古屋新聞」４・８附録）

○四月七・(八)日　**寿座**

獅子芝居・万歳喜劇

中村　水野　合同

【典　拠】「名古屋新聞」４・８附録、８広告、９附録。

○四月七日～(九)日　三栄座

浪花節　北都斎謙遊　京山円十郎一行

【読み物】七日　加賀騒動(謙遊)　名工立志伝(謙遊)　桜川五郎蔵(円十郎)　吉原十人斬(円十郎)
八日　名工立志伝(謙遊)　桜川五郎蔵(円十郎)
九日　名工立志伝(謙遊)　吉原十人斬(円十郎)

【典　拠】「新愛知」4・7、「名古屋新聞」4・8附録～10附録。

○四月七日～(十三)日　新守座

《新派連鎖》天活新派合同劇団　替り狂言

時事悲劇　若《わか》き女《をんな》の半生《はんせい》　連鎖十三場

【出　演】桜井武夫・秋元菊弥・熊谷武雄・原田好太郎・秋山十郎・原良一・中原政也・志賀・村島・山東・高田

【典　拠】「名古屋新聞」4・7、8附録、10附録評、13広告、14広告。

【備　考】○「『若き女の半生』梗概」(「名古屋新聞」4・6附録)○「新聞記事を脚色せるものなる由。」(同日同紙附録)○「長尺連鎖写真と連鎖上り(実演との連絡)の舞台装置に新工夫を凝らし…。」(同紙4・11附録)○「連日大盛況(中略)昨日は次狂言用の連鎖フイルムを市内国技館及び公園にて撮影し、尚本日も大仕掛なる方法にて大撮影を行ふ由。」(同紙4・13附録)○評「新守座を観て」川(「名古屋新聞」4・10附録)

○四月七日～　昼夜二回開演　末広座

《連　鎖》山長一派　お名残狂言

辰《たつ》巳《み》八景《けい》　五幕

山長　山本　矢野
河原　高梨　瀬戸
静間　安原　立川
岩月　佐久間

【典　拠】「新愛知」4・7、「名古屋新聞」4・8附録広告、9附録、9附録評。

【備　考】○「松竹経営末広座」(「名古屋新聞」4・6附録広告)○「『辰巳八景』梗概」(同日同紙附録、8附録)○「岩月は今度高部が病気のため代理として…。」(同紙4・9附録評)○「盛況。」(同紙4・10附録)○評「山長の『辰巳八景』」雅光(「名古屋新聞」4・9附録)

○四月七日～九日　大黒座

大阪女義太夫　竹本末虎一座

【語り物】七日　朝顔宿屋(昇司)　三人上戸　滝(八重松)　弁慶上使(大年)　十郎兵衛　重松内(文字之助)　合邦内(呂秀)　酒屋(呂雪　糸□駒)　赤垣源蔵出立(末虎)　□崎(掛合)
八日　上酣屋(駒司)　長吉殺し(組秀)　松王邸(綱駒)　日吉三(昇司)　熊谷陣屋(八重松)　白石噺　揚屋(大年)　先代萩　御殿(文字之助)　本蔵下屋敷(呂秀)　尼ケ崎(呂雪)　帯屋(末虎)　関取千両幟(総掛合)
九日　浜松小屋(駒司)　三代記(組秀)　百度平内(綱駒)　又助内(昇司)　平治内(八重松)　袖萩祭文(大年)　新口村(文字之助)　さかろ(呂秀)　柳(呂雪)　沼津(末虎)　琴責(総掛合)

【典　拠】「新愛知」4・7、「名古屋新聞」4・7、8附録、9附録。

○四月七日～(十三)日　湊座

巴左衛門・眼笑一座

【一番目】二蓋笠《かいがさやぎう》柳生実記《じつき》

【中　幕】三十三間《げん》堂《たう》　平太郎住家

尾上多摩之丞
市川男女之助
市川鯉玉
加入

【　切　】嫗《こもち》山《やま》姥《うば》

【配　役】柳生但馬守　　松童｜平太郎　　市川鯉玉
阪田蔵人　　　　　　お柳　　尾上多摩之丞
柳生又十郎　　眼笑｜八重桐
大久保彦左衛門　　巴左衛門

【典　拠】「名古屋新聞」4・5、13広告、14、「新愛知」4・7。

【備　考】○「新加入の尾上多摩之丞は中幕(中略)にお柳を勤め、切では『嫗山姥』を演じ居れるが、其の細かき芸と美しき舞台姿とが人気に投じ居れり。」(「名古屋新聞」4・10附録)　○「新加入以来一層人気を集め(中略)盛況。」(同紙4・13附録)

○四月八日～(十二)日　高砂座

日本車輌職工慰安会

【典　拠】「新愛知」4・8広告、12広告、13広告。

【備　考】○「名古屋新聞」4・8広告には「末広座巡業部第二団 中村信濃一座　八日より　熱田高砂座」とある。○「好評」(「新愛知」4・9広告)

○四月　豊橋市の劇場が慈善興行

「豊橋市大字清水(当時同市大字新川)字市南四十一番地人力車夫尾崎清次郎(四十一)は、十年前に妻に死別後、同市紺屋町磯田人力車会社の輓子《ひきこ》をなし、月五、六十円位の収入を得、老母及両児を養育し来りしが、大正八年一月頃より同人は肋膜病に罹り、市内新銭町神藤医師方に入院、療養し、目下全快に向いたるも、医薬料八十円余りとなり、且つ些かの貯金も使ひ果して、収入の道更になく、親族知友の者の救助を受け、細き煙を立て居る有様なるより、今回同市寿座興行主は慈善興行を成し、収入の全部を恵与。又東雲座・豊明館両主も同様にして、幾分の金銭を同人に恵与する筈。」(「新愛知」4・8附録)

○四月九日～(三十)日　寿座

《新派劇》

中京立志団一行

演目不詳

【典　拠】「名古屋新聞」4・9附録、30附録、5・1広告。

【備　考】○「未曾有の盛況。」(「名古屋新聞」4・30附録)

○四月十日～十二日　京枡座

竹本末虎一座

大阪女義太夫

【語り物】十日　日高川(駒司)　三代記(組秀)　浜松小屋(昇司)　寺子屋(綱駒)　平治内(八重松)　袖萩祭文(大年)　酒屋(文字之助)　沼津(呂秀)　御殿(呂雪)　帯屋(末虎)　琴責(総掛合)

十一日　上かんや(駒司)　鈴ケ森(組秀)　太十(昇司)　本蔵下屋敷(綱駒)　小磯原(八重松)　弁慶上使(大年)　新口村(文字之助)　合邦内(呂秀)　壺坂(呂雪)　判官切腹(末虎)　千両幟(総掛合)

十二日　浜松小家（駒司）　忠臣蔵　裏門（組秀）　日吉　三（昇司）
野崎村（綱駒）　熊谷陣屋（八重松）　勘平腹切（大年）
鳴戸（文字之助）　さかろ（呂秀）　平太郎内（呂雪）　油
屋（末虎）　大切　忠七（総掛合）

【典　拠】「名古屋新聞」4・10附録～12附録。

○四月十日～（十二）日　三栄座

《新　派》十字劇団

兄《あに》の情《なさけ》　新派名題　大西馨　一行

【典　拠】「名古屋新聞」4・10附録、12附録、13附録。
【備　考】○「大好評。」（「名古屋新聞」4・12附録）

○四月十日～（十四）日　大黒座

浪花節　港屋　小龍丸

【典　拠】「名古屋新聞」4・10広告、14広告、15広告。

○四月十日～十七日　正午十二時開幕　御園座

松竹合名社専属俳優

【一番目】鶴屋南北作　版権興行権所有
丁度時候《てうどじこう》に尾張路《おわりぢ》や
矢竹心《やたけごころ》も春霞《はるがすみ》　桜《さくら》のもと　三幕
列女《れつぢよ》の伝《でん》を
花の巻

【中　幕】近松門左衛門翁作　渡辺霞亭氏脚色　版権興行権所有
つもる恨《うら》みの山科《やましな》に黒白争《こくびやくあら》ふ
心《こゝろ》と心《こゝろ》時《とき》に大星由良之助《おほぼしゆらのすけ》　碁《ご》盤《ばん》太《たい》平《へい》記《き》　一幕
其出発《そのしゆつぱつ》は雪の巻上

【中　幕】渡辺霞亭氏作　版権興行権所有
同《おな》じ赤穂《あかほ》の物語《ものがた》りも実説《じつせつ》による
討入《うちい》りの夜《よ》は恨《うら》みもすゝぐ　土《つち》屋《や》主《ちか》税《ら》　一幕
雪の巻下

【二番目】大森痴雪氏作　版権興行権所有
町人《ちやうにん》の身《み》も両刀《りやうとう》と禄《ろく》にくゝられ
半兵衛《はんべゑ》が思《おも》わず受《う》くるまがつみに　小いな半兵衛　恋《こひ》の湖《みづうみ》　二幕
恋《こひ》にその身《み》も月の巻

【大喜利】浄瑠璃　釣《つり》女《をんな》　一幕　常磐津連中

【配　役】**序　幕　鏡島の春色**

松村七郎高直	市川市蔵	松岡君蔵	市川莚平
能師芥見左近	嵐吉三郎	遠藤米平	尾上昇鶴
筑波秀十郎	中村成三郎	侍女呉羽	中村桂枝
伊葉野政平	市川市昇	同　園生	市川市松郎
河原浅右衛門	中村高福	同　卯月	市川巴若
		女の童敷妙	中村鴈之助

同　花園　林　長丸
老女霜野　中村林左衛門
信方室綾の方　市川　新升

二幕目　茶室の深夜
殿中の御能

織田信方　中村　魁車
シテ曽我五郎
芥見左近　嵐　吉三郎
後ツレ古屋五郎
松村七郎　市川　市蔵
堀勘四郎氏家　中村　扇昇
伊原長七郎　中村　成笑
六波羅新吾　中村　成三郎
原口市之進　中村　林若
仁木源十郎　中村　高雀
穂積作次郎　市川　市昇
平田藤吾　中村　高福
戸田幸三郎　市川　播广蔵
御台綾の方　市川　新升
老女霜野　中村林左衛門
乳人初女　市川　莚女
溝口与之　中村　福助

大詰　広庭の自刃

織田信方　中村　魁車
溝口七太夫　中村　梅玉
榊原新左衛門　尾上　卯三郎
堀勘四郎　中村　扇昇
梅津兵内　中村　梅丈
小性花形要人　中村　鴈之助

同　水口求馬　林　長丸
信方の近臣　中村　福六
同　市川　巴若
同　市川　市松郎
同　嵐　岡六
若侍　中村　桂枝
同　尾上　木昇
仲間　市川　巴幸
同　嵐　吉五郎
乳人初女　市川　莚女
溝口与之　中村　福助

山科大星閑居の場

大星由良之助良雄　中村　鴈治郎
大星力弥　林　長三郎
奴岡平　尾上　卯三郎
実は高村逸平太
旅僧空念　中村　扇昇
実は竹林唯七
医者玄洞　市川　箱登羅
太鼓持夢助　市川　市昇
同　勝作　市川　播广蔵
同　市八　市川　莚平
同　頓八　尾上　昇鶴
仲居おさく　中村　成三郎
同　おしけ　中村　高雀
芸者小成　中村　高福
同　笑香　市川　市松郎
舞子小蝶　中村　鴈之助

同　扇蝶　林　長丸
召使お小夜　中村　成笑
妻おいし　嵐　吉三郎
母親千寿院　中村　梅玉

向島晋其角寓居の場
土屋奥座敷の場

土屋主税　中村　鴈治郎
大高源吾　中村　魁車
落合其月　市川　市蔵
河瀬六弥　中村　扇昇
西川頼母　中村　林若
仲間角平　市川　莚平
晋其角　中村　梅玉
召使お住　中村　成笑
腰元お仙　中村　成三郎
侍女お園　中村　福助
仲間　四　人

江州山上寺の場

稲野谷半兵衛　中村　鴈治郎
望月雄之進　嵐　吉三郎
宅原源右衛門　中村林左衛門
八木重兵衛　中村　林若
粟津屋伝八　尾上　卯三郎
仲間助七　市川　市蔵
男衆小平　市川　箱登羅
子分久助　市川　市昇
所化雲念　林　長三郎
茶店弥兵衛　尾上　昇鶴
町人市助　市川　莚平

同　仁兵衛　市川　播广蔵
若侍　中村　福六
同　市川　巴若
同　尾上　木昇
同　市川　巴幸
粟津屋若い者　嵐　吉五郎
同　中村　桂枝
同　嵐　岡六
同　尾上　松次
花車お玉　市川　新升
茶店娘お安　中村　梅丈
町の女おいく　中村　高福
同　おしん　市川　市松郎
錦屋小いな　中村　福助

稲野屋質店の場
富永屋座敷の場

稲野谷半兵衛　中村　鴈治郎
八木重兵衛　中村　林若
藤川三十郎　中村　高福
番頭政七　市川　莚平
手代与吉　市川　市昇
男衆小平　市川　箱登羅
丁稚長松　中村　鴈之助
許婚お美喜　中村　魁車
稲野谷下女お静　中村　高雀
富永屋仲居お豊　中村　成三郎
町の女おきち　市川　播广蔵
母親お縫　市川　莚女
錦屋小いな　中村　福助

奥御殿狂言の場

上臈　市川新升
醜女　林長三郎
大名某　中村魁車
太郎冠者　中村福助

【常磐津】常磐津喜久太夫　常磐津登佐太夫　常磐津須磨太夫　〔三味線〕岸沢巳佐吉　〔上調子〕岸沢古吉　【長　唄】坂東徳三郎　玉村伊太郎　若林久次郎　〔三味線〕中村新三郎　玉村庄三郎　中井勝次　〔　笛　〕坂東千兵次　〔　鼓　〕小川政之助　〔大　鼓〕玉村辰三郎　〔太　鼓〕坂東藤三郎　〔長唄〕坂東辰之助　〔長　唄〕玉村富五郎
【観劇料】初日　特等二円七十銭　一等一円七十五銭　二等一円十五銭　三等七十五銭　四等四十五銭　五等二十五銭
【典　拠】番付（松竹合名社印行部印行）。初日観劇料は「名古屋新聞」4・10、千秋楽は同紙4・17附録による。
【備　考】○「略筋　一番目『桜のもと』」（「名古屋新聞」4・3附録、5附録）○「前人気旺盛。」（「新愛知」4・7）○「『基盤太平記』梗概」（「名古屋新聞」4・8附録）○「興行日数は十日より僅に八日間限りで、日延べを致しません」（同紙4・9広告）○「『小稲半兵衛』略筋」（同日同紙附録）○「百八十余名の大一座（中略）初日早朝より観客押寄せ開幕前に早満員締切（中略）連日団体観劇及各連妓の総見の申込続々あり。」（同紙4・11附録）○「鴈梅大一座は久し振りのお目見得と、芸題は東西に於て好評を博せしものとて開演以来満員締切の大好況。」（同紙4・14）○「昨日は十五日とて殊に朝来の降雨に、各団体の山遊替りの総見ありて場内は寿司詰の有様。（中略）前茶屋も各団体の場取に忙殺され居れり。」（同紙4・16附録）○「本日は午前十二時開場（中略）幕合に各俳優出揃ひ初日以来の満員御礼口上を顧客に申上ぐる由。」（同紙4・17附録）○評「『恋の湖』を観る」雅光（「名古屋新聞」4・12附録）

○四月十日　俳優の横領・窃盗事件の判決

「宝飯郡八幡村大字市田諏訪四十七番地俳優牧野伊三郎（二十二）に係る横領窃盗事件は、十日豊橋区裁判所に於て懲役五ケ月を言ひ渡された。」（「新愛知」4・11附録）

○四月十一日～　千歳劇場

《新旧喜劇》ニコ〳〵団・曽我廼家一派合同　芸題替

【第　一】笑劇　不言《いはず》不語《かたらず》　二場
【第　二】旧喜劇　命《いのち》の替《かへ》玉《たま》　五場
【第　三】社会劇　花《はな》咲《さ》く頃《ころ》　一場
【第　四】新喜劇　昔《むかし》なじみ　二場

ニコ〳〵団　花井　永瀬
曽我廼家蝶五郎

【典　拠】「名古屋新聞」4・11附録、13附録、16附録。
【備　考】○「連日満員。」（「名古屋新聞」4・16附録）

○四月十一日～十七日　昼夜二回　帝国座

《新派連鎖劇》第五回替はり

竹阿弥山人新作
【一番目】悲劇　たづぬる親《おや》　連鎖十一場

村井弦斎氏原作
【二番目】喜劇　深《み》山《やま》の美《び》人《じん》　三場

愛沢　松枝　小島桜　江川　若月
江口　佐藤　菊野　小柴　津田　藤川

【典　拠】「新愛知」4・11広告、「名古屋新聞」4・11附録、11附録広告、16附録、17附録。
【備　考】○「『たづぬる親』七場（中略）『深山の美人』上下。」（「名古屋新聞」4・11附録）○「例の実演と写真と相俟つて奇抜なる撮影は頗る大好評なり。」（同紙4・13附録）○「藤川・愛沢等の活躍にて大川端附近及び清水堂等は劇中の劇にて波瀾重畳頗る好評。」（同紙4・14）○「『尋ぬる親』の二幕目照代の家の場及び清水堂の背景は、絵とは思はれぬ程巧に仕上り大好評。」（同紙4・15附録）○「『深山の美人』は曾て故川上が演じ藤川が奥山登之助と愛沢が今野小才次、松枝が綾葉に扮して大好評。」（同紙4・16附録）○「連日満員相変らず好人気。」（同紙4・17附録）

○四月（十一）日～（十八）日　宝生座

塩原多助一代記

【観劇料】場代なし

【典　拠】「新愛知」4・10広告、11広告、18広告、19広告。

○四月十二日　長唄芽立会

「長唄好きの集りの芽立《めたち》会にては、今十二日午後四時より広小路鯛飯楼に於て、第二回長唄会を催す由。」（「名古屋新聞」4・12附録）

○四月十三日～十九日　昼夜二回　歌舞伎座

《新派劇》金城団一行

笑劇　百円《ゑん》の靴《くつ》　三場　柴田善太郎　酒井欣弥一派

大悲劇　母《は》ゝの望《のぞみ》　全八場　西萬兵衛一派合同

【出　演】柴田善太郎・大東鬼城・西萬兵衛・菊波正之助・花村静哉・岩崎新・徳田紫郎・大橋礼吉・秋山三郎・高浪貞次・森田松太郎

【典　拠】「名古屋新聞」4・9附録、12附録、13附録、19附録。

【備　考】○「一行は四国高知市旧本城大手前の劇場堀詰座よりの招きにて、三月一日より四十日間の開演中之れ又、連日の大好評を博しつゝありしが（中略）新脚本の選定と共に…。」（「名古屋新聞」4・9附録）○「一行は昨朝帰名、頃日来大道具に大修繕を施し最新発明カー式電光応用に面目を一新せんと加工中（中略）従来の一座に徳田等の新進花形を加へ（中略）『母の望み』七場。」（同紙4・12附録）○「非常なる人気を呼び、入場料も平場二十銭の早い勝。」（同紙4・14）○「『母の望み』は（中略）当代の傑作にて座自慢の大舞台と相待つて大好評にて、連日各商店等の附け込み多く場内破れん計りの大盛況。」（同紙4・16附録）○「家庭悲劇『母の望』十三場」（同日同紙附録広告）

○四月十三・（十四）日　京枡座

【一番目】霞時《かすみとき》金小《きんのこ》柄《づか》　紀伊国家源之助

【中　幕】奥州《おうしう》安達《あだち》ケ原《はら》　中村花橘一座

【二番目】阿《あ》波《は》の鳴《なる》戸《と》

【典　拠】「名古屋新聞」4・13附録、14、15附録。

【備　考】○「大好評。」（「名古屋新聞」4・14）

○四月十三日～（十六）日　三栄座

《新　派》十字劇団　二の替り

寒《かん》菊《きく》　大西馨　水野美雄　福島政夫一座

【典　拠】「名古屋新聞」4・13附録、15附録、16広告、17広告。
【備　考】○「好評。」(「名古屋新聞」4・15附録)

○四月(十三)・(十四)日　高砂座

東京三福活動大写真

【典　拠】「新愛知」4・12広告～15広告。
【備　考】○「好評」(「新愛知」4・14広告)

○四月十三日　長唄研究会

「三喜緒《きを》会主催にて、十三日午前十時より十一屋余興場にて、第二十一回長唄並に研究会を催す由。」(「名古屋新聞」4・13附録)

○四月(十三)日　宝生流能楽会

「十三日正午より呉服町能楽堂に開催。」(「名古屋新聞」4・9附録)

○四月　豊川町に劇場新築

「宝飯郡豊川町には、目下劇場としては狭少なる豊川座が僅に一ケ所存在するのみにて、近来同町の発展に際して、町の面目を損ふの嫌ひあるを遺憾とし、同町有力者等発起となり、定員二千有余名を入るべき一大劇場を新設せんと、此程本県へ認可申請の手続を為したるが、認可の上は、現下宝飯郡小阪井村に存在する豊盛座を買収し、之に大修築を施し、豊川町大字矢作地内へ移転し、費用二万余円を投じて、頗る壮大なるもを(ママ)建築の計画なるが、既に敷地附近には小料理店なども開業せられて、一帯の土地は買(ママ)約済みとなれるもの多き模様なりと。」(「新愛知」4・13附録)

○四月十四日～二十二日　新守座

《新派連鎖劇》天活新派大合同劇団　芸題替

座附作者吉岡好郎氏作

冒険活劇　猛虎《まうこ》と曲馬師《きよくばし》　連鎖十三場

【出　演】熊谷・秋元・桜井・原良・秋山・志賀・原田・宮村《子役》・木村《子役》・小泉・村島・中原・小東・高田
【典　拠】「新愛知」4・14、「名古屋新聞」4・14、16附録評、22附録。
【備　考】○「天活直営新守座」(「名古屋新聞」4・14広告)○「『猛虎と曲馬師』」(同紙4・13附録)○「曾て見ざる大仕掛、連鎖写真も特に千五百尺以上使用。」(同紙4・16附録)○「連鎖十五場は鮮やかな奇術・曲芸・虎使ひなど賑しき演出振りに、目醒むるばかりの大道具・小道具・衣裳等満場破れんばかりの大喝采にて、毎日十数組の団体見物にて繁忙を極め居れり。」(同紙4・17附録)○「清水邸露台の場はキネマ応用の珍妙な舞台装置で夜の背景を見せ…。」(同紙4・18附録)○「場毎に熱狂的喝采に迎へられ、各俳優亦懸命に勤め尻晴れ(ママ)の好況。」(同紙4・22附録)○評「新守座の猛虎劇」雅光(「名古屋新聞」4・16附録)

○四月十四日～(二十三)日　湊座

眼笑・巴左衛門・松童・多摩之丞一派　芸題替り

【一番目】曽《そ》我《が》御《ご》所《しょ》染《そめ》

【中　幕】阿《あ》波《はの》鳴《なる》戸《と》

【切　】鎌《かま》倉《くら》三代《たい》記《き》

【配　役】御所五郎　松童　｜　三浦之介
星影土左衛門(ママ)　信左衛門　｜　百合之方　巴左衛門
妙林　鯉玉　｜　佐々木高綱
おくる　｜　順礼お捨　尾上多摩之丞
五月太夫　慶女　｜　雪折左織之助
時姫　｜　早替り女房お弓
与四郎　眼笑

【典　拠】「名古屋新聞」4・14、17附録、23広告、24広告。

【備　考】○「毎日大人気。」(「名古屋新聞」4・21)　○「新加入尾上多摩之丞の扮する(中略)お弓は頗る上出来。」(同紙4・23附録)

○四月十五日～(二十四)日　午後五時開演　京枡座

万歳芝居　元祖鈴木源十郎
石川貫一　合同一座

芸題毎日替り

【余　興】喜劇 御殿舞

【典　拠】「名古屋新聞」4・15附録、19附録、22附録、24附録、25広告。

【備　考】○「本日午後四時より。」(「名古屋新聞」4・15附録)　○「大受なり。」(同紙4・16附録)　○「芸題替にて大入満員。」(同紙4・18附録)　○「万歳新演劇は連日大好評。」(同紙4・21)　○「源十郎の美音大喝采。」(同紙4・24附録)

○四月十五日～(十七)日　大黒座

演目不詳　実川菊三郎
片岡我升

【典　拠】「名古屋新聞」4・15広告、17広告、18広告。

○四月十五日～　高砂座

《旧劇連鎖劇》

演目不詳

【典　拠】「新愛知」4・15広告。

【備　考】○「好評」(「新愛知」4・16広告)

○四月十五日～　午後四時より　蓬座

【一番目】霞時金《かすみどききん》の小柄《こづか》

【中　幕】奥《おう》州《しゅう》安《あ》達《だち》ケ原《はら》

【二番目】阿《あ》波《は》の鳴《なる》戸《と》

大阪若手　紀之国家源之助
中村花橘
中村円車　一座

【典　拠】「名古屋新聞」4・15附録、16附録。

【備　考】○「高評」(「名古屋新聞」4・17広告)

○四月十五日　筑前琵琶温習会

四月十五日午後五時より、矢場町停留所前の法光寺にて、尚史会の第三回筑前琵琶温習会が開催される。出演者は、箕浦秋峰・長浦一雪・杉本旭凰・三輪旭優ほか。（「名古屋新聞」4・15附録）

○四月（十七）日～（十九）日　三栄座

佐《さ》倉義《くらぎ》民伝宗《みんでんそう》五郎《らう》一代記《だいき》

時十郎　歌仙
我蔵　小扇次
一座

【典　拠】「名古屋新聞」4・16広告、17広告、18附録、19附録、20広告。

○四月十七日～（二十三）日　末広座

新国劇　第一回狂言　昼正午 夜六時より開場

行友李風作

新編　春《はる》告《つげ》鳥《とり》　五幕　沢田正二郎一派

【出　演】倉橋仙太郎・金井謹之助・小川隆・野村清一郎・南吉太郎・伊川八郎・小笠原茂夫・高島幸郎・中田正造・田中介二・沢田正二郎・富士野蔦枝・沢井光子・園紅子・池田照子・東愛子・久松喜代子

【典　拠】「名古屋新聞」4・14、15附録～17附録、23附録、24附録。

【備　考】○「『春告鳥』の梗概」（「名古屋新聞」4・16附録、17附録）○「第四幕目（中略）は流石同座ならでは見られぬ大道具に加へて、一座独特の格闘は実に目も醒むるばかり。」（同紙4・18附録）○「非常なる好評にて連日連夜満員続き。」（同紙4・23附録）○評「新国劇を観て」雅光（「名古屋新聞」4・19附録）

○四月（十八）日～（二十三）日　大黒座

演目不詳

市川市猿治
市川眼若
一座

【典　拠】「名古屋新聞」4・17広告、18広告、23広告、24広告。

○四月十八日～　千歳劇場

《喜　劇》ニコニコ団・曽我廼家合同一座　替り狂言

新喜劇　二夫《ふう》婦《ふ》　二場

旧喜劇　出《しゅっ》世《せ》の鼻《はな》　三場

連鎖社会劇　若《わか》き恋《こひ》　実演三場 連鎖十五場

【典　拠】「名古屋新聞」4・18附録。

【備　考】○「十八日より新に企てられたる新喜劇連鎖を上演すべく、昨日午前八時より市内公園・築港・呼続町・山崎川及若松町枕水楼等市内目貫の場所を撮影したるが…。」（「名古屋新聞」4・17附録）○「喜劇連鎖は何が偖風変りの喜劇にフイルムを応用して、実演と写真の場をうまく連鎖して、各場共腹を抱て観客を『あつ』と云はせ、初日は無論満員の大盛況を呈し大受け大喝采。」（同紙4・19附録）

○四月十八日～二十四日　帝国座

《新派連鎖劇》狂言替

銀鱗子作

小《さ》夜《よ》時《し》雨《ぐれ》　連鎖十場

藤川　津田
小山　若月
中村　松枝
河野　江川
島　愛沢

【典　拠】「名古屋新聞」4・18附録、18広告、18附録広告、24附録。

【備　考】○「『小夜時雨』七場。」（「名古屋新聞」4・18附録）○「お馴染の藤川・愛沢・小山等初め必死の活動（中略）場面の変化と相俟つて人気極めて好評。」（同紙4・19附録）○「近来の大芝居とて大好評。」（同紙4・21）

○四月（十九）日〜（二十五）日　宝生座

御堂前八ツ太皷

【観劇料】場代なし
【典　拠】「新愛知」4・18広告、19広告、25広告、26広告。

○四月十九日〜（二十九）日　午後五時開幕　蓬座

《新喜劇》帝劇専属喜劇団 五楽会

ふみ切《きり》番《ばん》
心《こゝろ》
出《しゆつ》世《せ》稲《いな》川《かは》
親《おや》の慈《じ》悲《ひ》　等

曽我廼家一太郎
中村悦子
一派

【典　拠】「名古屋新聞」4・18附録、19附録、22附録、29附録、30附録。
【備　考】○「芸題替りにて大喝采。」（「名古屋新聞」4・22附録）○「芸題毎日替へ。」（同紙4・23附録）○「引続き大好評。」（同紙4・26附録）

○四月二十日〜二十六日　歌舞伎座

《新派劇》金城団一行　二の替り

大悲劇　孤《みなし》児《ご》　全七場
キネマ応用

【出　演】柴田善太郎・大東鬼城・西萬兵衛・菊波正之助・花村・岩島（ママ）・徳田
【典　拠】「名古屋新聞」4・19附録、20広告、21、22附録、26附録。
【備　考】○「更に若手花形数名を差加へ…。」（「名古屋新聞」4・19附録）○「連日大入り。」（同紙4・25附録）

○四月二十日　午前七時　国技館

第二回　県下各郡市青年団相撲大会　主催　愛知県教育会

【典　拠】「名古屋新聞」4・15、21。

○四月（二十）・（二十一）日　三栄座

戻《もど》り籠《かご》大岡《おほをか》裁段《さいだん》

時十郎
歌仙
一座

【典　拠】「名古屋新聞」4・19附録、20広告、21、22附録。
【備　考】○「名古屋新聞」4・20広告には「『安政白浪五人男』」とある。○「大好評。」（「名古屋新聞」4・21）

○四月二十日～(二十四)日　午後四時開場　**御園座**

《喜劇》曽我廼家五郎一派

【第一】初《しょ》対《たい》面《めん》　二場

【第二】利《り》益《えき》配《はい》当《とう》　二場

【第三】鬼《おに》蔦《づた》　三場

【第四】短《たん》慮《りょ》の刃《やいば》　三場

五郎　蝶六　大磯　小次郎　亀鶴　蝶七　花菱　笑将　一郎　三郎　太郎　五楽　胡蝶

【典　拠】番付（松竹合名社印刷部印行）。千秋楽は「名古屋新聞」4・24広告、25附録広告による。

【備　考】○「半年振りにヒヨツコリと又もお目通り致しました」（典拠番付）○「曽我廼家の筋書」（「名古屋新聞」4・18附録、19附録）○「八十余名にて連日好況。（中略）開演は毎日午後五時。」（同紙4・24附録）○評「五郎の喜劇評」雅光（「名古屋新聞」4・22附録）

○四月二十日～二十二日　**林貞院供養会の余興**

「市内幅下新道町林貞院にては、奉安の霊像身代弘法大師祥当に付、二十日・二十一日・二十二日、三日間供養会修行並に美昇連浄瑠璃大会の余興あり。」（「名古屋新聞」4・22附録）

○四月下旬～(二十二)日　**高砂座**

演目不詳　嵐守太郎　阪東藤之助

【典　拠】「新愛知」4・21広告～23広告。

【備　考】○「好評」（「新愛知」4・22広告）

○四月下旬～二十四日　**千歳劇場**

《喜劇》

笑劇　二夫《ふう》婦《ふ》　ニコニコ団　曽我廼家　合同

旧喜劇　出《しゅっ》世《せ》の鼻《はな》

連鎖社会劇　盲《め》目《くら》鳥《とり》　写真二十五場　実演四場

【典　拠】「名古屋新聞」4・21、23附録、24附録。

【備　考】○「社会劇『目無鳥《めなしとり》』。」（「名古屋新聞4・21）○「写真・実演合して二十八場。」（同紙4・23附録）○「喜劇連鎖『盲目鳥《もうもくとり》』実演四場は最新のキネを応用し、写真二十五場に館主独特の背景を撮影し、光線等は云ふに及ばずヒントが好く合ひ、観客を『やんや』と云はせ連日大入の盛況。」（同紙4・24附録）

○四月二十二日　**三栄座**

時十郎・歌仙・扇昇・国の丞一座　三の替り

白《しら》浪《なみ》五人男《にんをとこ》

【典　拠】「名古屋新聞」4・22附録、23附録。

○四月二十二日　**「名古屋新聞」の喜劇脚本募集**

「喜劇は至る所で歓迎されますが、好脚本の無いのは最も遺憾とする処です。我社は茲に観る処あり、聊か賞を懸け、喜劇の脚本を募集します。左の規定に拠つて軽妙なる喜劇を提供して戴きたいと思ひます。

規定

▲幕数　一幕(二場又は三場のものにて一時間以内に演了し得るもの)
▲時代　現代
▲〆切　四月三十日
▲賞金　一等金三十円、二等金二十円(一篇宛)
▲選者　名古屋新聞編輯局
当選の佳作は本紙に掲載し、機を見て上演せしむ。(興行著作権は総て本社の手に移さる事)」(「名古屋新聞」4・22)

応募総数三十一篇の中から、一等『思ふ壺』・二等『成貧の夢』が選ばれたが、後日、一等入選作が『夏小袖』(尾崎紅葉)の焼き直しであることが発覚して入選取消しとなり、佳作の中から二等入選作を追加選考することとなった。(「名古屋新聞」5・2、7、13附録)

○四月二十三日〜(二十五)日　三栄座
《新喜劇》　愛楽　新之助一座
演目不詳
【典　拠】「名古屋新聞」4・23附録、25広告、26附録。
【備　考】○「喜劇開演の処、毎日満員大盛況の由。」(「名古屋新聞」4・24附録)

○四月二十三日〜二十九日　正午十二時 午後六時　新守座
《新派連鎖劇》　天活新派合同劇団熊谷一派
名古屋新聞連載小説　沖野岩三郎氏作
天活脚本部附佐々木史郎氏脚色
悲劇　若《わか》き生命《いのち》　実演七場 写真六場
【出　演】秋元・秋山・村島・小東・三浦・桜井・原田・高田・中原・小野・志賀・原・熊谷
【典　拠】「名古屋新聞」4・22附録、23附録、24附録、26附録評、29附録。
【備　考】○「さきに長編『宿命』を書いて文壇に盛名を馳せたる沖野岩三郎氏。」(「名古屋新聞」4・19附録) ○「連鎖撮影は二十日午前七時より、西別院・西築地・中川等に於て約十六場面の映画を写し(中略)直ちに仕上に取掛つた(中略)特に今回は大道具に衣裳に電気装置に背景に、夫々各担当係り員は最善の美を尽さんと殆んど競技的の工夫、構想を凝らし…。」(同紙4・21) ○「新守座の筋書」(同紙4・22附録、23附録) ○「連鎖劇として面白く見せる為めに、原作以外の人物を適宜に按配し…。」(同紙4・23附録) ○「特等九十銭(中略)一等六十銭(中略)二等三十五銭(中略)三等二十銭」(同日同紙附録広告) ○「連日各等売切れと云ふ満員続きの大盛況(中略)大詰海岸の結末に、頗る悲壮を極めた深刻の演出振りに、此座独特のキネオラマが自然味を手伝つて一層引立たしめ…。」(同紙4・25附録) ○「成る可く幕を閉めず暗転を用ひて退屈をさせざる特有の舞台面にて大受けである。前茶屋は米鶴・梅本・松山にて場取の注文頻々。」(同紙4・26附録) ○「連日連夜満員の盛況なるが、次狂言の都合にて日延せず。」(同紙4・29附録) ○評「『若き生命』を観る」㊤㊦雅光(「名古屋新聞」4・25附録、26附録)

○四月(二十三)日〜　高砂座
嵐守太郎・阪東藤之助　二替
演目不詳
【典　拠】「新愛知」4・22広告、23広告。

○四月二十四日　末広座

新国劇創立三週年記念祝

無礼講芝居

【典　拠】「名古屋新聞」４・25附録。

【備　考】○「記念祝とあつて二十四日の間日《あいひ》を伊勢参拝の替と(中略)無礼講芝居を演つた。そこで沢田が勘定場役、倉橋が走り役、金井が楽屋番で、下廻りの面面がお芝居を演つた。(中略)蔦枝・愛子等はお茶子に当つて…。」(典拠)

○四月(二十四)日～　大黒座

《女優劇》

演目不詳　市川若之助

【典　拠】「名古屋新聞」４・23広告、24広告。

○四月(二十四)日～(二十七)日　湊座

【一番目】実録伊達騒動《じつろくだてさうどう》

【中　幕】酒井《さかゐ》の太鼓《たいこ》

【　切　】お染久松《そめひさまつ》　野崎村

巴眼笑
左衛門
多摩之丞
一派

【典　拠】「名古屋新聞」４・23広告、24附録、27附録、28広告。

【備　考】○「大受け。」(「名古屋新聞」４・24附録)

○四月二十五・(二十六)日　京枡座

獅子芝居大会

今村弥十郎
市川安丸
合同

【演　目】忠臣蔵　矢口の渡し　阿波の鳴戸

【典　拠】「名古屋新聞」４・25広告、26附録、27広告。

【備　考】○「好評」(「名古屋新聞」４・26広告)

○四月二十五日～五月一日　昼夜二回　末広座

新国劇沢田一派　二の替り

行友李風氏作

維新情史　月形半平太《つきかたはんぺいた》　五幕八場

【出　演】沢田正二郎・倉橋仙太郎・田中介二・金井謹之助・中田正造・小川隆・高崎幸郎・野村清一郎・小笠原茂夫・伊川八郎・南吉太郎・久松喜世子・富士野蔦枝・東愛子・沢井光子・園紅子・池田照子

【典　拠】「名古屋新聞」４・24附録、25附録、25附録広告、５・１附録、「新愛知」４・28。

【備　考】○「『月形半平太』略筋」(「名古屋新聞」４・24附録)　○「当狂言は現に関西にて大好評を博せしもの。」(同日同紙附録)　○「初日以来上景気。」(同紙４・27附録)　○「新して旧劇《(ママ)》『月形半平太』。」(同紙４・29附録)

○評「新国劇二の替り」川(「名古屋新聞」４・27附録)

○四月二十五日～五月(一)日　千歳劇場

《喜　劇》ニコニコ団一派・曽我廼家一派合同　狂言替り

【第　一】笑劇　伝《でん》　言《ごん》　票《ぺう》　二場

【第　二】社会劇　船《せん》　頭《とう》の　娘《むすめ》

【第　三】旧喜劇　火《ひ》ともし唄《うた》

【第　四】新喜劇　大《たい》　成《せい》　功《こう》　三場

蝶五郎　千鳥　義郎　天女　十郎丸　純一

【典　拠】「名古屋新聞」4・25附録～27附録、29附録、5・1広告、2附録。

【備　考】○「一座独特の軽いくさ味のない芸風。」(「名古屋新聞」4・26附録)　○「人気者揃ひ(中略)にて連日大受け。」(同紙4・27附録)

○四月二十五日～三十日　帝国座

《新派連鎖劇》藤川・愛沢一派　芸題替へ

大倉桃郎氏原作

琵《び》　琶《わ》　歌《うた》　連鎖十場

【出　演】藤川・愛沢・小山・江川・中村・松枝・小柴・島・若月・山本・佐藤・小桜・伊藤

【典　拠】「新愛知」4・25広告、「名古屋新聞」4・25附録～27附録、30附録。

【備　考】○「日本三大悲劇の一『琵琶歌』を新らしい演出法に依て上演。」(「名古屋新聞」4・24附録)　○「九場を据ゑ、例の写真連鎖を主としたるものにて従来の実演に趣を変へたる…。」(同紙4・25附録)　○「由井ケ浜、神武寺等大道具キネマ応用にて絶大なる人気なり。」(同紙4・26附録)　○「海岸の場は背景と云ひ電気と云ひ去年喜多村・秋月・村田の三優が出して以来の大芝居にて大好評。」(同紙4・27附録)

○四月二十五日～　午後四時開場　御園座

《喜　劇》曽我廼家五郎一派　二の替り

【第　一】油《ゆ》　断《だん》　大《たい》　敵《てき》　二場

【第　二】春《はる》　　衣《ぎ》　二場

【第　三】風《ふう》　流《りう》　坊《ばう》　主《ず》　二場

【第　四】御《ご》　前《ぜん》　角《す》　力《まふ》　三場

五郎　蝶六　大磯　小次郎　亀鶴　笑将　花菱

【典　拠】番付(松竹合名社印刷部印行)。

【備　考】○「毎日五時」(「名古屋新聞」4・26広告)　○「連日盛況。芸題は(中略)何れも同一派当り狂言。」(同紙4・27附録)

○四月二十六日～(三十)日　三栄座

浪花節真打大合同

玉川次郎　吉川辰丸
桜井紫水　大阪亭三玉
宝中軒鈴右衛門　武蔵大掾

【典　拠】「名古屋新聞」4・26附録、29附録、30広告、5・1広告。

【備　考】○「浪花節真打揃ひ大会、毎日満員。」(「名古屋新聞」4・29附録)

○四月二十六日〜　**高砂座**

《新派》

演目不詳　中村翠娥

【典拠】「新愛知」4・26広告。

【備考】○「大好評」(「新愛知」4・27広告)

○四月(二十六)日〜五月(一)日　**宝生座**

善悪片輪車

【観劇料】場代なし
【典拠】「新愛知」4・25広告、26広告、5・2広告、3広告。

○四月(二十六)日　**人文講座の開催**

「市内東区主税町愛知教会に於て、二十六日午後七時より金子白夢の『芸術に於ける劇の意義及価値』あり。」

(「名古屋新聞」4・26附録)

○四月二十七日〜　**歌舞伎座**

金城団一行　三の替り

悲活劇　は組の纏　江《え》戸《ど》紫《むらさき》　全五冊
キネオラマ応用

【出演】柴田善太郎・西萬・大東・菊波・花村・徳田・岩崎・高波・大橋・秋山
【典拠】「名古屋新聞」4・27附録、30附録、5・4附録。
【備考】○「湧くが如き好人気を呼び(中略)火中の大立廻り流石其技芸の美事なると、舞台一面の猛火に場内破るる計りの大喝采。」(「名古屋新聞」4・29附録)○「柴田善太郎一行巡業の都合上急に昨日上京せし為め、場内・大小道具全部修繕を行ひ…。」(同紙5・4附録)

○四月二十七日〜(二十九)日　五時　**京枡座**

春季浄瑠璃大会　会主 豊竹花靱

【語り物】二十七日　忠三(光子)　忠六(繁登)　八陣(美昇)　弁慶(花蝶)　日吉丸(初登)　鳴戸(鈴登)　菅四(三名登)　又助住家(久司)　嫁おどし(加長)　鈴ケ森(鈴名)　三人上戸(文志)　平太郎住家(錦昇)　新口村(勝光)　朝顔日記(吾楽)　忠臣七(惣掛合)
【典拠】「名古屋新聞」4・27附録、29附録、30附録。
【備考】○「豊竹花靱門人中にて、大曽根和合連芸妓・愛知因社総取持。」
(「名古屋新聞」4・29附録)

○四月　**名古屋能楽会例会の延期**

「名古屋能楽会にては、来る二十七日午前九時より、東区呉服町能楽堂に例会を開催す。」

(「名古屋新聞」4・17附録)

「名古屋能楽会にては、佐野吉之助氏二十日突然死去に付、来る二十七日の催能は延期となりたりと。」

(「名古屋新聞」4・24附録)

○四月二十八日～五月(五)日　湊座
眼笑・巴左衛門一行　芸題替り
【前狂言】本《ほん》町《ちやう》綱《つな》五　郎《らう》
【中　幕】毛《け》谷《や》村《むら》六　助《すけ》
新加入 尾上多摩之丞
【切　】所作事　京《きやう》　人《にん》　形《ぎやう》
【典　拠】「名古屋新聞」4・29附録、30附録、5・2附録、4附録、5、6附録。
【備　考】○「大評判。」（「名古屋新聞」4・29附録）○「連日好景気。」（同紙4・30附録）○「座附俳優は大活躍。」（同紙5・1附録）○「尾上多摩之丞のお園と京人形は却却手に入つたもの。」（同紙5・4附録）

○四月二十九日　午後六時　御園座
遊廓移転問題政談演説会
主催 経済公論社
【典　拠】「新愛知」4・29広告。

○四月三十日～五月六日　午後四時より　京枡座
《旧劇実写連鎖劇》
三ツ葉《ばあ》葵《ふい》紀《き》州《しう》の誉《ほまれ》
市川市十郎　嵐守十郎
大谷友十郎　大谷馬十
一座
【典　拠】「名古屋新聞」4・30附録、5・1附録、6附録。
【備　考】○「今回初連鎖劇。」（「名古屋新聞」4・30附録）○「大好評。」（同紙5・1附録）○「附近全部撮影の大連鎖。」（同紙5・2附録）○「連日満員大盛況。」（同紙5・4附録）

○四月三十日～　国技館
笹《さ》野《の》権《ごん》三　郎《らう》
実《じつ》録《ろく》曽《そ》我《が》夜《よ》討《うち》
青《チン》島《タオ》陥《かん》落《らく》
市川団次郎
市川団升
一座
新派 川上次郎
一座
【典　拠】「名古屋新聞」4・30附録、5・1附録。
【備　考】○「大好評」（「新愛知」5・4広告）

○四月三十日～五月七日　新守座
《新派連鎖》天活新派大合同劇団　狂言替り
士芳生作
家庭悲劇　兄《あに》の心《こゝろ》　実演連鎖十一場
【出　演】熊谷・原田・志賀・秋山・原良・原好・高田・村島・秋元・桜井・小東・中原・三浦・子役宮村栄
【典　拠】「名古屋新聞」4・30附録、5・2附録評、7附録。
【備　考】○「天活直営」（「名古屋新聞」4・30附録広告）○「『兄の心』十三場。」（同紙4・30附録）○「連鎖十二場」（同日同紙附録広告）○「今回の連鎖写真は撮影地をガラリト変へ、中村公園附近を重に背景とした頗る巧妙なるもの。」（同紙5・1附録）○「連日連夜満員続き。」（同紙5・4附録）○「本日座員総出にて市内各所の実景を利用して、次狂言用連鎖ヒルムの大撮影を挙行する筈。」（同紙5・6附録）○評「新守座の新狂言」雅光（「名古屋新聞」5・2附録）

○四月三十日～五月(四)日　**大黒座**

万歳芝居　　花房清十郎

【典　拠】「名古屋新聞」4・30広告、5・4広告、5広告。

○四月三十日～五月(二)日　午後三時より　**高砂座**

【一番目】だんまり

【前狂言】宇《う》都《つの》宮《みや》釣《つり》天《てん》井《ぜう》　通し　東京名代 坂東太郎一座

【切】盛《もり》綱《つな》首《くび》実《じっ》験《けん》(ママ)

【典　拠】「名古屋新聞」4・30附録、5・2広告、3広告。

【備　考】○「毎日好評」(「名古屋新聞」5・2広告)

○四月三十日～五月(三)日　四時より　**蓬座**

【一番目】箱根《はこね》霊現躄《れいげんいざり》の仇討《あだうち》

【中　幕】傾城阿《けいせいあ》波《は》の鳴戸《なると》　旧劇女優 市川若之助一座

【二番目】俠客腕《けうかくうで》の喜《き》三郎《らう》

【典　拠】「名古屋新聞」4・30附録、5・2附録、3広告、4附録。

【備　考】○「大人気。」(「名古屋新聞」5・1附録)

○四月三十日　**弁士雲井天洋、窃盗にて逮捕**

京都新京極八千代館の活動写真弁士雲井天洋事井上資雄(二五)は、名古屋市内のニコニコ館に出勤中であった大正六年十月二十七日、仲間の弁士柴田狂華に怨恨を抱くことあって、柴田並びにニコニコ館館主の衣類各二十五円相当を窃取し、入質して逃走した。以来、門前町署にて同人の所在を捜索していたが、各地の活動写真館を経て岐阜柳ヶ瀬町の国技館に出演していたところ、三十日に逮捕された。

(「名古屋新聞」5・2附録)

○四月　**周辺地区の興行**

・挙母の大正座は、一日より山田義雄一座にて開演。(「新愛知」4・1広告)

・豊橋の東雲座は、一日より中村時之助一座三十余名による活動連鎖旧劇『浪花俠客魁梅次』大序より敵討迄を上演。(「新愛知」3・30附録、4・5附録)

・金沢市の北国劇場は、一日より末広座巡業部第一団市川九蔵・坂田半五郎・市川九団次・沢村哥川等の一座にて開演。(「名古屋新聞」4・1広告)

・松阪の神楽座は、一日より末広座巡業部第二団中村信濃一座にて開演。(「名古屋新聞」4・1広告)

・松阪の万歳座は、一日より末広座巡業部第三団嵐枝昇一座にて開演。(「名古屋新聞」4・1広告)

・大垣(劇場名不詳)にて、旧劇『甲賀三郎』を上演中。(「新愛知」4・3広告)

・小渡の宝源座は、五日より片岡嶋之助・福升等の一座にて開場。(「新愛知」4・5広告)

・(豊橋の)弥生座は、新派連鎖劇一座にて、喜劇『舌三寸』四場、悲劇『小夜嵐』八場、及び活動写真にて興行中。

（「新愛知」4・5附録）

・（豊橋の）豊橋座は、新派八千代団一行による万歳芝居を興行中。（「新愛知」4・5附録）

・（豊橋の）東雲座は、小泉一郎・武田梧楼一座による『警史の誉大犯人市岡八郎』二十一場を上演中。（「新愛知」4・6附録）

・三国の湊座は、七日末広座巡業部第一団市川九蔵・坂田半五郎・市川九団次・沢村哥川等の一座にて開演。（「名古屋新聞」4・7広告、8広告）

＊右の一座は、八日より門司の凱旋座に出演。

・一身田の常盤座は、七日末広座巡業部第二団中村信濃一座にて開演。（「名古屋新聞」4・7広告、8広告）

＊右の一座は、八日より熱田の高砂座に出演。

・中津の旭座は、七日末広座巡業部第三団嵐枝昇一座にて開演。（「名古屋新聞」4・7広告、8広告）

・東濃下石の陶盛座は、八日より末広座巡業部第三団嵐枝昇一座にて開演。（「名古屋新聞」4・8広告、9広告）

・挙母の大正座は、八日より新派連鎖劇を興行。（「新愛知」4・8広告）

・豊橋市の寿座は、慈善興行中。（「新愛知」4・8附録）

83頁上段参照。

・岡崎の宝来座は、十日より『音羽丹七』を上演。（「新愛知」4・10広告）

・（豊橋の）弥生座は、新派連鎖劇一座にて、悲劇『若葉の頃』を上演中。（「新愛知」4・10附録）

・（豊橋の）豊橋座は、坂東花蝶・中山薪左衛門・坂東橘太郎等の一座にて『越前葵黄金鯱鉾』を上演中。（「新愛知」4・12附録）

・浜松の旭日座は、十三日より『音羽丹七』を上演。（「新愛知」4・13広告）

・挙母の大正座は、十五日より京山円十郎にて開場。（「新愛知」4・15広告）

・（豊橋の）東雲座は、男女合同福寿会一座による旧劇喜劇の活動連鎖劇を上演中。（「新愛知」4・17附録）

・（豊橋の）弥生座は、男女合同一座による連鎖劇を芸題替えして、喜劇『書生と車』、悲劇『五重塔』を上演中。（「新愛知」4・19附録）

・（豊橋の）東雲座は、大阪名題成駒屋鴈笑一座による活動連鎖劇『鬼一法眼』菊畑、『新木作肥後駒下駄』を上演中。（「新愛知」4・20附録、24附録）

・三河寺田の大正座は、二十一日より『音羽丹七』を上演。（「新愛知」4・21広告）

・挙母の大正座は、二十二日より玉垣活動写真を上映。（「新愛知」4・21広告）

・挙母の大正座は、二十三日より三井武次郎による新国劇を開演。（「新愛知」4・23広告）

・豊橋市石塚の豊橋座北手空地にて、二十三・二十四の両日、東西合併大相撲を興行。（「新愛知」4・19附録）

・（豊橋の）豊橋座は、万人講豊松劇一座にて興行中。（「新愛知」4・23附録）

・（豊橋の）豊橋座は、三曲娘源氏節演劇市岡若吉一座にて興行中。（「新愛知」4・24附録）

・（豊橋の）東雲座は、鴈笑一座の連鎖旧劇を芸題替えして『東海道二人与作』を上演中。（「新愛知」4・25附録）

・（豊橋の）弥生座は、新派連鎖劇団一行による芸題替えにて、喜劇『丸八』、連鎖悲劇『花の命』を上演中。（「新愛知」4・25附録）

・（豊橋の）東雲座は、露川蛍雪・高杉松翁等の出演による錦心流琵琶春期合同大会を、豊橋武蔵野会の後援にて昼夜二回開演中。（「新愛知」4・27附録）

・（豊橋の）豊橋座は、元祖成田家猿十郎ほかの若手一座による浪花節演劇にて、続物を毎日上演中。（「新愛知」4・27附録）

・(豊橋の)弥生座は、男女合同敷島会一行による連鎖劇にて『千代川□』を上演中。(「新愛知」4・30附録)

○五月(一)日～(六)日　寿座

新　派　劇　　石川貫一　鈴木源十郎　一座

【典　拠】「名古屋新聞」4・30広告、5・1附録、1広告、6広告、7附録。

○五月一日～(三)日　三栄座

【前狂言】勢《せい》力《りき》富《とみ》五郎《らう》

【中】弓張月源家《ゆみはりつきけんけ》鏑矢《かぶらや》　八丈ケ島　市川眼雀　市川猿次　合同一座

【切】矢《や》口《くち》の渡《わた》し

【典　拠】「名古屋新聞」5・1附録、2附録、3広告、4附録。

【備　考】○「名古屋新聞」5・1附録には「切『嫗山姥』」とある。○「満員」(「新愛知」5・2広告)

○五月一日～(七)日　帝国座

《新派連鎖劇》藤川・愛沢・小山一座　替り芸題

小島桜村氏脚色

供《く》養《やう》堂《だう》　七幕

愛沢　伊藤
江川　若月
松枝　島
佐藤　中村
小森　小山
山本清　藤川

【典　拠】「名古屋新聞」5・1附録、2附録、7附録、8附録。

【備　考】○「小島桜洲(ママ)氏が特に筆を練りたる湯河原情話を『供養堂』となし(中略)此の芝居は巡礼の娘が伯爵に嫁した事件を脚色せし頗る変化に富むるものなりと。」(「名古屋新聞」4・30附録)○「竹阿弥作『供養堂』連鎖十一場」(同紙5・1広告)○「連鎖劇を以て名古屋に誇る同座は(中略)ある強盗が尼を惨殺する時事劇にして写真は頗る変化あり。」(同紙5・2附録)○「大波瀾の活劇にて(中略)目先き変つた大道具(中略)近来珍らしい大立廻り。」(同紙5・3附録)○「日一日と意気投合し、実演と連鎖との巧妙なる撮影頗る非常の好評を呈し人気頗る旺盛を極めつつあり。」(同紙5・6附録)○「本日より来る十日迄休演し、次興行の(中略)前飾り及内外の装飾に取掛り、九日は旧劇の撮影をなすと。」(同紙5・8附録)

○五月(一)・(二)日　午後二時より　御園座

聯合慈善演芸会　主催　愛知育児院　名古屋盲人会　後援　名古屋婦人会　中京婦人会

【番　組】箏曲　常盤津　舞踊　筑前琵琶　剣舞　人情噺　掛合噺　長唄　浄瑠璃　薩摩琵琶　尺八

【典　拠】「名古屋新聞」4・26、27附録。

【備　考】○「出演者も斯道一流の名手ばかり(中略)実費を差引いた残額を以て、日本にたつた一つよりない盲人図書館の拡張基金及育児院の棄児・貧児・孤児等三百七十余名の養育資金に充てるのださうです。」(「名古屋新聞」4・26)○「会費は一円(白券)と七十銭(青券)と三十銭(赤券)の三種。」(同紙4・27附録)

○五月(一)日　遍照院毘沙門天大祭の余興

「市内東区七小町遍照院にては、五月一日より三日間毘沙門天大祭を執行し、一日には大般若経解修行。余興には手踊・子供相撲・浄瑠璃等あり。」(「名古屋新聞」4・30附録)

○五月二日～八日　千歳劇場
《連鎖喜劇》ニコニコ団天女・義郎・曽我廼家蝶五郎合同　芸題替
【第　一】笑劇　百《も》々《ゝ》夜《よ》車《くるま》　二場
新喜劇　女《をんな》嫌《きら》ひ　三場
連鎖喜劇　捨《すて》児《こ》　実演三場 映画二十場
旧喜劇　布《ぬの》引《ひき》の滝《たき》　三場
三段目実盛物語の場　義太夫入り

花井
天女
義郎
喜峰
曽我廼家
蝶五郎
千鳥
十郎丸
一郎
時三郎

【典　拠】「名古屋新聞」5・2附録、2附録広告、3附録、4附録評、8附録。
【備　考】○「『棄児』の略筋」（「名古屋新聞」5・3附録）○「『棄児』実演四場、写真十五場は巧妙なる撮影と当市有名なる場所を背景にし…。」（同日同紙附録）○「『百々夜車』三場。（中略）久しく病気で休んで居た天女・喜峰が顔を揃へて出演する。蝶五郎が名古屋で初めての女形をやる。」（同紙5・4附録評）○「一般お客様の為、日に日に館内を改築し、市内の模範劇場として今後益大発展を為す由。」（同紙5・7附録）○「連日連夜の大入。」（同紙5・8附録）○評「千歳座（ママ）の喜劇」雅光（「名古屋新聞」5・4附録）

○五月三日～九日　昼夜二回　末広座
新国劇沢田正二郎一派　三の替り
社会劇　二《ふた》ツの心《こゝろ》　五幕九場
【出　演】沢田・倉橋・金井・中田・田中・小川・久松喜世子・富士野蔦枝・東愛子・木村幸子・沢井光子
【典　拠】「名古屋新聞」5・2附録、3附録、3附録広告、5評、9附録。
【備　考】○「社会悲劇（中略）五幕八場を上場、同狂言は一座が心血を濺《そゝ》いで、関西にての当り狂言。」（「名古屋新聞」5・2附録）○「昨初日は昼夜共満場締切の好況。」（同紙5・4附録）○「真面目なる新劇に所謂新国劇の権威を示しつゝある『二つの心』。」（同紙5・8附録）○「大入続き。」（同紙5・9附録）○評「新国劇三の替り」雅光（「名古屋新聞」5・5）

○五月（三）・（四）日　高砂座
東京名代 坂東太郎一座　二の替り
【前狂言】石《いし》井《ゐ》常《つね》右《ゑ》衛門《もん》
【中　幕】松《まつ》王《わう》下《しも》屋《や》敷《しき》
【切　】累《かさね》　土橋
【典　拠】「名古屋新聞」5・2広告、3広告、4附録、5。
【備　考】○「連日大入気。」（「名古屋新聞」5・4附録）

○五月（三）日～（十二）日　宝生座
奴浪人
【観劇料】場代なし
【典　拠】「新愛知」5・2広告、3広告、12広告、13広告。

○五月四日～　午後六時より　**愛知座**

旧劇　大久保彦左衛門漫遊記《おほくぼひこざゑもんまんゆうき》

新派　敵《かたき》

泰西活劇　犠《ぎ》牲《せい》の命《いのち》

【興　行】中村芝好興行部

【典　拠】「名古屋新聞」5・4附録。

○五月(四)日～(六)日　**三栄座**

市川眼雀・市川市猿次一座　二の替り

小《こ》町《まち》奴長吉《やつこちやうきち》

御《ご》所《しよ》桜《さくら》　弁慶上使

【典　拠】「名古屋新聞」5・3広告、4附録、5、6広告、7附録。

【備　考】○「『小町奴長吉』にて大好評。」(「名古屋新聞」5・5)

○五月(四)日　**御園座**

西川里喜代門人春季舞踊温習会

【番　組】三番叟　菜の葉　羽根の禿　夕涼　供奴　子宝　小いな半兵衛　お染久松　鶴亀　将門　桂川　調布玉川　安宅　扇獅子　羽衣　鞍馬　五条橋　市原野　夜討曽我　釣女　塩竈　廿四孝　狐火　日高川　千人(ママ)　漁師　隅田川　菖蒲浴衣

【典　拠】「名古屋新聞」5・3附録。

○五月四日～(六)日　四時より　**蓬座**

《女優歌舞伎》市川若之助一座　二の替り

新《しん》皿《さら》屋《や》敷《しき》　幕無し

【典　拠】「名古屋新聞」5・4附録、5、6附録、7附録。

【備　考】○「好評」(「名古屋新聞」5・6広告)

○五月(四)日　**豊明会能楽会**

「四日正午より呉服町能楽堂に其第七回を催す。」

(「名古屋新聞」5・2附録)

○五月四日　**中京キネマ享楽会**

四日夜、「カフエー楼上」において、中京キネマ享楽会主催による映画同好者の会合が開かれた。映画を研究する同会会員十五、六名が出席し、各自が五分間演説などを行った。なお、会合は毎月一回開かれることになっている。

(「名古屋新聞」5・8附録)

○五月(五)日～(七)日　**大黒座**

演目不詳　姉川仲蔵

【典　拠】「名古屋新聞」5・4広告、5広告、7広告、8附録。

○五月五日～(八)日　午後五時より　**高砂座**

万歳新演劇　花房清十郎一行

【演　目】新派悲劇 ながき夢 七場　喜劇 虎の巻 一幕
【典　拠】「新愛知」5・5、8広告、9広告。
【備　考】○「悲劇・喜劇何れも好評。」(「名古屋新聞」5・6附録)

○五月(五)日〜(十一)日　湊座

多摩之丞・眼笑・巴左衛門・松童一座　芸題替

【一番目】敵討《かたきうち》天下《てんか》茶屋《ちやや》
【中　幕】白《しら》石《いし》噺《ばなし》　揚屋の場
【二番目】お千代《よ》半兵衛《はんべゑ》
【配　役】元右衛門　松童
重蔵
藤馬三郎兵衛(ママ)
三郎右衛門　信左衛門
染の井　慶女
宮城野
京屋万助　鯉玉
弟弥助
安達之助

早瀬伊織　眼笑
半兵衛
人形屋幸右衛門
八百屋婆お熊　巴左衛門
おみね　多摩之丞
妹信夫
八百屋お千代
番源二郎(ママ)　紅雀

【典　拠】「新愛知」5・5、12、「名古屋新聞」5・6附録〜8附録、11広告。
【備　考】○「新愛知」5・5では早瀬伊織＝紅雀となっている。○「座附俳優大車輪。」(「名古屋新聞」5・9附録)

○五月五日　東海演芸記者倶楽部の設立

「今度名古屋市内各新聞社の演芸記者を中心として、東海演芸記者倶楽部と云ふ団体が出来、五日端午の節会を卜して盛んなる発会式を開いたが、その目的とする所は、先づ劇・演芸一般に関する真摯の研究を基礎とし、名古屋にて開演さるゝ演芸に対して権威ある劇評を試み、一面斯界の渾沌時代にある今日、幾分なりとも改良発展に向つて力を尽すと云ふのである。又二、三の倶楽部規約等の決議を了《を》へて散会したが、世話方として太田雅光がその衝に当る事となつた。尚当夜集会した新聞社は左の八社であつた。
▲新愛知新聞▲名古屋新聞▲名古屋日日新聞▲名古屋毎日新聞▲名古屋日報▲愛知新聞▲大阪毎日新聞支局▲大阪朝日新聞支局(順序不同)」
(「名古屋新聞」5・7附録)

○五月六日〜(八)日　夜　御園座

大阪素人浄瑠璃大家　川口初音見台開き浄瑠璃大会

【語り物】六日　御所三(花笑)　鈴が森(音枝)　又助住家(柳三)　盛衰記三(初清)　壺坂寺(勢見)　喜内住家(音琴)　先代萩竹の間(初弥)　弥作鎌腹(初城)　野崎村(初音)　大切余興芝居　本蔵下屋敷　忠臣蔵　一力茶屋
七日　正清本城(市昇)　油屋(初弥)　玉三(花笑)　新口村(高枝)　寺子屋(柳三)　三人上戸(初城)　尼ヶ崎(勢見)　菅三　佐田村(初清)　四ツ谷怪談　伊右衛門住家(音琴)　堀川　猿廻し(初音)　芝居　先代萩　御殿より床下迄　千本桜　道行の段
【典　拠】「名古屋新聞」5・6附録、7附録。
【備　考】○「川口初音氏は今回某家より古代金蒔絵の貴重なる見台を贈られたる披露として、今六日より三日間(中略)其披露浄瑠璃大会を催し…。」

（「名古屋新聞」５・６附録）

○五月　**豊橋の琵琶研究会**

「豊橋市内の筑前琵琶同好者相寄り、今回市内東八町裁縫女学校前早川方へ旭芳会支部を設置し、斯道名流の大家を招聘して、研究会を催す筈なるが、同好者中には市内有力者夫人連を多数網羅し居れりと。」

（「新愛知」５・６附録）

○五月七日～（十）日　午後四時より　**京枡座**

大阪女優歌舞伎　市川若之助　中村須栄夫　一座

【一番目】実《じつ》録《ろく》廿四孝《かう》

【二番目】伊《い》勢《せ》音《おん》頭《どう》

【典　拠】「名古屋新聞」５・７附録～11附録。

【備　考】○「名古屋新聞」５・７附録には「一番目『箱根霊現躄の仇討』、中幕『阿波の鳴戸』、二番目『腕の喜三郎』」とある。○「大人気。」（「名古屋新聞」５・８附録）○「連日満員。」（同紙５・10附録）

○五月七日～　**寿座**

鈴木源十郎・石川貫一　三の替り

新派・御殿舞　テイレコ幕なし

【演　目】新派　片男浪　大団円迄（石川貫一）　御殿舞（鈴木源十郎）

【典　拠】「名古屋新聞」５・７広告、７附録。

【備　考】○「満員」（「名古屋新聞」５・11広告）

○五月七日　**三栄座**

市川眼雀・市川市猿次・市川香蔵一座　三の替

演目不詳

【典　拠】「名古屋新聞」５・７附録、８附録。

【備　考】○「三の替狂言、当座十八番物を開演。」（「名古屋新聞」５・７附録）

○五月七日～（九）日　四時開演　**蓬座**

《旧劇実写連鎖劇》　市川百十郎　大谷友十郎　一座

三ツ葉葵誉《ばあふいほまれ》の仇討《あだうち》　幕無し

【典　拠】「名古屋新聞」５・７附録～10附録。

【備　考】○「市内名所熱田附近撮影なり。」（「名古屋新聞」５・７附録）○「大好評。」（同紙５・８附録）○「満員」（同紙５・９広告）

○五月（八）・（九）日　午後六時より　**国技館**

国民飛行思想普及講演

【典　拠】「名古屋新聞」５・７附録。

○五月八・九日　**三栄座**

万歳ぼんでん披露大会

【典　拠】「名古屋新聞」５・８附録、９広告。

【備　考】○「昨日満員。」（「名古屋新聞」５・９附録）

○五月八日～(十五)日　新守座
《連鎖劇》天活・新派大合同劇団連鎖劇　正午十二時 午后五時半 二回開演
士芳生作
男《おとこ》　連鎖十一場
【出　演】熊谷武雄・秋元菊弥・原良一・原田好太郎・桜井武夫・秋山十郎・志賀靖郎・村島歳郎・中原正也・小東金哉・高田正雄・子役宮村栄
【典　拠】番付。千秋楽は「名古屋新聞」5・15広告、16附録による。
【備　考】○「天活直営」(典拠番付) ○「連鎖十七場。」(「名古屋新聞」5・7附録) ○「連鎖写真も名電の電車を利用して新式撮影に観客を喜ばし居れり。」(同紙5・9附録) ○「奇抜なる撮影振りが人気を呼び昼夜共大入満員なるが、大詰館山旅館火災中の格闘は実に目覚しき花火に、電気装置に思ひ切つた費用を投じ一棟焼き落としの大仕掛は、観客アット許りに大喝采。」(同紙5・13附録) ○「本日は熱田築港方面にて、次狂言の連鎖キルムの撮影をなす由。」(同紙5・14附録) ○評「『男』劇を見て」雅光(「名古屋新聞」5・10附録)

○五月八日～(十)日　大黒座
《女優劇》
演目不詳　嵐鯉昇一座
【典　拠】「名古屋新聞」5・8附録、10広告、11広告。

○五月(八)日　宝生流素謡会
「宝生流研究会にては、来る八日午後一時より、栄町一丁目北側高麗屋楼上に於て素謡会を開催。」(「名古屋新聞」5・6附録)

○五月上旬　愛知座
芸《げい》妓《しゃ》の罪《つみ》　中京金鯱美団
【典　拠】「名古屋新聞」5・8附録。
【備　考】○「客受好く一座大車輪。」(典拠)

○五月九日　高砂座
花房清十郎　二の替
(万歳新演劇)
【典　拠】「新愛知」5・9広告、10広告。

○五月九日～(十五)日　千歳劇場
《喜　劇》ニコニコ団・曽我廼家蝶五郎一派合同　芸題替
笑劇　親《おや》の慈《じ》悲《ひ》　二場
社会劇　江《え》戸《ど》の花《はな》　四場
新喜劇　浮《うか》む瀬《せ》　二場
旧喜劇　雪《ゆき》姫《ひめ》物《もの》語《がたり》　三場
天女・義郎・蝶五郎・千鳥・女寅・時三郎・一郎・満笑・友光・十郎丸
【典　拠】「名古屋新聞」5・9附録、10附録、11附録評、14附録、15広告、15附録、16附録。
【備　考】○「千歳劇場筋書」㈠㈡(「名古屋新聞」5・9附録、10附録) ○「連日連夜大好評。」(同紙5・13附録) ○「キネオラマ応用は目覚る計りの舞台面を見せ、大入満員の盛況。」(同紙5・15附録) ○評「千歳劇場喜劇」

光雅(ママ)(「名古屋新聞」5・11附録)

○五月十日〜十三日　午後五時開演　歌舞伎座

初御目見得

関東派十二大家　**浪花節大博覧会**

【出　演】菅原千鳥・木村重吉・東家三勝・吉川松鶴・木村勘弥・桃中軒鶴右衛門・木村重勝・伊藤作楽・河内山松香・東家楽正・浪花亭愛喬・木村友衛

【読み物】十日　番町皿屋敷(菅原千鳥)　恨の血汐(木村重吉)　播随院長兵衛(東家三勝)　業平金五郎(吉川松鶴)　切られ与三郎(木村勘弥)　うづら権兵衛(桃中軒雲右衛門)　忍術龍門太郎(木村重勝)　藤田伝三郎(伊藤作楽)　水戸黄門(河内山松香)　寛政力士伝(東家楽正)

十一日　水野十郎左衛門(勘弥)　恨の血面(重吉)　伊藤公対面(重吉)　谷風情の角力(楽正)　金五郎と三次の出合(松鶴)　安兵衛東下り(重勝)　熊野霊験記(鶴右衛門)　一心太助と松前屋(愛喬)　桜川五郎蔵(三勝)　塩原青の別れ(友衛)　黄門記　柳町見物(松香)　番町皿屋敷　御菊殺し(千鳥)　佐竹騒動　御百(ママ)(作楽)

十二日　阿部四郎五郎(勘弥)　三国一医者問答(松香)　水戸黄門記(鶴右衛門)　享保五人男(松鶴)　□楽□立(重勝)　曲垣平九郎(愛喬)　軍事探偵(重吉)　相馬大作(楽正)　曽我□語り(千鳥)　佐竹騒動(作楽)　伊達黒白論(友衛)　俠骨□一正(ママ)(三勝)

十三日　義烈百傑集(友若)　前原伊助(勘弥)　赤垣源蔵(重勝)　石井常右衛門(三勝)　水戸黄門記(松香)　塩原多助(友衛)

【典　拠】「名古屋新聞」5・9附録、10附録、10附録広告、11附録、13附録、「新愛知」5・12。

【備　考】○「十二大家幹部連は、孰れも本日乗込み。」(「名古屋新聞」5・9附録)　○「連夜大盛況。(中略)大喝采なるが次回興行の都合上、今晩にて終り。」(同紙5・13附録)

○五月十日〜(十七)日　三栄座

万歳新演劇　花房清十郎一座

【演　目】十日〜　海山川(心の達引)

中旬〜　朝日の門松　喜劇　ポカン〳〵

十六日〜　栄重郎　喜劇　公園の電気

【典　拠】「名古屋新聞」5・10附録、14附録、16附録、17広告、18附録。

【備　考】○「『海山川』劇一名『心の達引』大人気。」(「名古屋新聞」5・11附録)

○五月十日〜(十二)日　午後五時より　高砂座

《新派劇》金城団一派地方巡業興行部

孤《みなし》児《ご》　七場

柳《やなぎ》橋《ばし》情《じやう》話《わ》　三場

西萬兵衛
菊波
花村
徳田
合同

【典　拠】「名古屋新聞」5・10附録、10広告、13広告、「新愛知」5・12広告。

【備　考】○「金城団・西萬兵衛合同一行」(「名古屋新聞」5・10広告)　○「好評」(「新愛知」5・12広告)

○五月(十)日～(十二)日　蓬座

《旧劇実写連鎖劇》

関《せき》口《くち》武《ぶ》勇《ゆう》伝《でん》

市川百十郎
大谷友十郎
一座

【典　拠】「名古屋新聞」５・９附録、10附録、13広告、「新愛知」５・12広告。

【備　考】○「大好評。」(「名古屋新聞」５・10附録)　○「若手一座。」(同紙５・11附録)　○「高評」(「新愛知」５・12広告)

○五月十一日～(十三)日　京枡座

浪花節

雲井雷太郎
武蔵大掾
二座合同

【典　拠】「名古屋新聞」５・11附録、13広告、14広告。

【備　考】○「浪界の明星若手雲井雷太郎一行にて大人気。」(「名古屋新聞」５・13附録)

○五月十一日～十八日　昼夜二回　末広座

新国劇沢田一派　四の替りお名残狂言

花《はな》笠《がさ》獅《し》子《し》　五幕

【出　演】沢田・倉橋・田中・金井・中田・小川・伊川・小笠原・富士野・東・沢井・久松

【典　拠】「名古屋新聞」５・10附録、11附録、13附録評、18附録。

【備　考】○「今十日を道具改めに休場(中略)本狂言は頗る艶気ある所謂三尺物にて大立廻りを見せ、殊に花柳界方面の前人気素晴らしく…。」(「名古屋新聞」５・10附録)　○「大奮闘に好評。」(同紙５・18附録)　○評「新国劇々評」雅光(「名古屋新聞」５・13附録)

○五月(十一)日～　大黒座

関東浪花節真打連合同

【典　拠】「名古屋新聞」５・10広告、11附録。

【備　考】○「目下歌舞伎座に好評の関東浪花節真打連の合同一派。」(「名古屋新聞」５・11附録)

○五月(十一)日　観世流能楽会

「来る十一日午前八時より呉服町能楽倶楽部に於て当市能楽家青山社中の能楽会を開催す。」(「名古屋新聞」５・２附録)

○五月十二日～　午後五時開演　御園座

革新浪花節女流団一行

女流浪花節

【出　演】女雲右衛門・末広玉子・清原花蝶・立花文子・良音浜子・八幡初枝・良音豪子・立花静子・立花春子

【読み物】十二日　白石噺(春子)　梅川忠兵衛(静子)　義士伝(豪子)　関取千両幟(初枝)　召集令(浜子)　藪井玄医(文子)　南部坂(花蝶)　神崎与五郎(玉子)　吉原奇談(女雲右衛門)

十三日　梅川忠兵衛(立花静子)　柳生旅日記(良音豪子)　召集令(良音浜子)　照手姫(立花文子)　忠僕直助(末広玉子)　出世の盃(女雲右衛門)　関取千両幟(八幡初枝)　大切　忠(ママ)兵衛婿入り(掛合)

十四日　魚兼光(清原花蝶)　天野屋利兵衛(末広玉子)　大石江戸探り(女雲右衛門)　山鹿護送(掛合)

十五日　二人令嬢(良音浜子)　更科勇婦伝(立花文孝(ママ))　神崎

堪忍袋（清原花蝶） 岡野金右衛門（末広玉子） 勧進帳（女雲右衛門）
十六日 二人令嬢（八幡初枝） 更科勇婦伝（良音浜子） 殿中刃傷（清原花蝶） 大高源吾（末広玉子） 倉橋伝助（掛合）

【典 拠】「名古屋新聞」5・9附録、10附録、13附録～16附録、「新愛知」5・12。
【備 考】○「女流浪界に名声高き女雲右衛門は、久方振りに来演と決定。」（「名古屋新聞」5・9附録）○「十数名の美形揃ひ。」（同紙5・13附録）○「連日好況続き（中略）各口演振の妙味は場内破れる許りの大喝采。」（同紙5・15附録）

○五月十二日～（二十一）日 湊座
座附俳優 眼笑・巴左衛門・多摩之丞・松童一派 芸題替り

【一番目】加賀見《かがみ》山旧錦絵《やまきうにしきゑ》
【中 幕】土《つち》屋《や》主《ち》税《から》
【二番目】小《こ》三金《きん》五郎《らう》
【配 役】

大高源吾	信左衛門	金五郎	巴左衛門
奴江戸平	松童	岩藤	
奈良屋権右衛門		其角	
中老尾上	慶女	お初	多摩之丞
髪結おつる	鯉玉	小三	
土屋主税	眼笑		

【典 拠】「新愛知」5・12、「名古屋新聞」5・14附録、15附録、21広告、22附録。

【備 考】○「『義士伝土屋主税』。」（「名古屋新聞」5・16附録）○「車輪の奮闘。」（同紙5・19）

○五月十三日～（十五）日 高砂座
だんまり
俠《けう》客《かく》春《はる》雨《さめ》傘《かさ》
岡《をか》崎《ざき》怪《くわい》猫《べう》伝《でん》
市川米寿一座

【典 拠】「名古屋新聞」5・13広告、15附録、16附録。
【備 考】○「若手腕達者揃ひが得意の狂言を演じて連日大好評なり。」（「名古屋新聞」5・14附録）

○五月（十二）日～ 宝生座
金比羅御利生記
【観劇料】場代なし
【典 拠】「新愛知」5・12広告、13広告。

五月十三日～（十七）日 午後四時より 蓬座
《新派連鎖劇》花井薫・川合正夫一行
悲劇 袖《そで》屏《びやう》風《ふ》
【二番目】祇《ぎ》園《をん》夜《よ》話《はな》し
森菊秋守
都
田崎月川

【典　拠】「名古屋新聞」5・13附録、13広告、14附録、15附録、17広告、18附録。
【備　考】○「『祇園夜話《ぎをんやわ》』。」（「名古屋新聞」5・16附録）

○五月中旬～（二十）日　寿座
《新　派》
女の誠
旧劇　神霊矢口渡
弥生団一行
【典　拠】「名古屋新聞」5・13広告、20広告、21広告。

○五月十四日～　昼午後一時 夜午後六時 二回開演　歌舞伎座
《新派連鎖劇》　軍事教育衛生連鎖劇　太陽団改め 二葉会川上一派
【一番目】人情劇　夕《ゆふ》立《たち》　五場　川上 西塚
教育劇　国《くに》の誉《ほまれ》　十二場　川上 静 菊吹
電気キネオラマ応用
【典　拠】「新愛知」5・7広告、「名古屋新聞」5・11附録、14附録～16附録、19。
【備　考】○「一昨年（ママ）（編注、正しくは大正五年。『名古屋篇』第九巻684頁上段参照）御園座に好評を博したる軍事教育劇（中略）今度は若手俳優数名を加へ…。」（「名古屋新聞」5・11附録）○「本日午前十時より市内鶴舞公園・大須境内・旭廓《しんち》・天王町及び東山覚王山等に於て撮影を為すとの事にて、（中略）『国の誉』は過般東京明治座に、満都の人気を沸騰せしめ大好評を博したるもの。」（同紙5・13附録）○「卑俗なる芝居と事異り教育の一助ともなすべく脚色されたるものにて、幕毎の波瀾と大道具及び鮮明なる活動写真は一寸類を見ず。」（同紙5・14附録）○「昨日も満員大好評。」（同紙5・16附録）○「各学校生徒・在郷軍人団・各町衛生組合等の団体見物あり、好人気。」（同紙5・19）

○五月十四日～（十七）日　四時より　京枡座
《旧劇実写連鎖》
荒《あら》川《かは》武《ぶ》勇《ゆう》伝《でん》　幕無し
大阪名題 嵐守太郎　市川団如　坂東鶴五郎
【典　拠】「名古屋新聞」5・14附録、15附録、17広告、18広告。
【備　考】○「昨初日満員。」（「名古屋新聞」5・15附録）○「好評」（同紙5・17広告）

○五月十四日　午後五時より　国技館
憲政会少壮団　時局大演説会
【典　拠】「新愛知」5・13広告、「名古屋新聞」5・15。

○五月十四日～　正午より開演　帝国座
《新旧合同連鎖劇》
新愛知新聞講談劇
鍾馗《しようき》半《はん》兵《べ》衛《え》　連鎖二十一場
【出　演】新派 藤川・愛沢・小山　旧派 右多之助・楽之助・蝠十郎・当笑・松助・銀杏・海老十郎・駒三郎・楽三郎加入
【典　拠】「名古屋新聞」5・11附録、13附録、14附録、16附録、「新愛知」

5・12。

【備　考】○「昨日より休演の同座は今回面目を一新すべく内外設備改良の為め来る十日まで数百の大工其他入り込み、大道具は勿論都てを修繕なし（中略）同座の経営者岡崎・志知の両氏は目下上京、鍾馗半兵衛に扮する俳優を交渉中。」（「名古屋新聞」5・9附録）○「座方一同は小屋前の装飾大道具・衣裳の調製其他で大多忙を極めて居る▲俳優蝠十郎・駒三郎・楽三郎・右多之助・当笑等は十一日午後六時に東京から乗込み、劇場側の盛んなる出迎へをうけた▲連鎖用のフヰルムは十三日より八事山・旭廓・其他市内の要所々々にて撮影すと。」（「新愛知」5・12）○「前人気旺盛。」（「名古屋新聞」5・14附録）○「脚色の構装よろしく、加之《おまけに》蝠十郎・右多之助・楽三郎等が車輪の働きと愛沢・藤川・小山等が活躍とにて大好評。」（同紙5・15附録）○「観客開場前より同座に群集し満場の好況を呈したり。（中略）就中鍾馗半兵衛の蝠十郎、右多之助の霞のお千代の両優必死の立廻りは最も目醒ましく人気頗る旺盛。」（同紙5・16附録）○「益々人気を加へ連日満員。吉原仲の町の夜、八ツ山下決闘の場等は最新の舞台装置に蝠十郎の大活躍に喝采を博し居れり。」（同紙5・20附録）○「座附前茶屋新武蔵・志水等、地方団体等の附込み頻頻として…。」（同紙5・21附録）

○五月十五日～（十九）日　音羽座

新派万歳劇

鈴木源十郎
石川貫一
合同一行

【演　目】社会劇　悲喜劇　歌劇　等

【典　拠】「名古屋新聞」5・15附録、19広告、20広告。

【備　考】○「大盛況。」（「名古屋新聞」5・19）

○五月十五日～（十九）日　大黒座

《新派劇》

演目不詳

川上貞二郎

【典　拠】「名古屋新聞」5・15広告、19広告、20広告。

【備　考】○「好評」（「名古屋新聞」5・17広告）

○五月十六日～二十二日　新守座

《新派連鎖》天活新派大合同劇団　替り狂言

士芳氏新作

悲劇　怪《くわい》船《せん》隼《はやぶさ》丸《まる》　連鎖十三場

【出　演】熊谷・原辰（ママ）・原好・桜井・秋山・志賀・村島・中原・小東・高田

【典　拠】「名古屋新聞」5・16附録、18附録、22附録。

【備　考】○「連鎖十二場」（「名古屋新聞」5・16附録広告）○「初日以来満員続きの盛況。」（同紙5・18附録）○「秋元は病気で当狂言欠勤。」（同日同紙附録評）○「当《あたり》狂言『はやふさ丸』。」（同紙5・19）○「序幕返し邸内夜会の場は奇抜な福引余興は、満場を笑はせ益々大好評。」（同紙5・20附録）○評「熊谷の海賊劇」雅光（「名古屋新聞」5・18附録）

○五月十六・(十七)日　高砂座
市川米寿　二の替り
【前狂言】石《いし》川《かは》五衛《ゑ》門《もん》　全通
【中】だんまり
【切】京《きやう》人《にん》形《ぎやう》
【典　拠】「名古屋新聞」5・16附録、16広告〜18広告。

○五月十六日〜二十二日　千歳劇場
《連鎖喜劇》ニコ〱団・曽我の家合同　替り狂言
旧喜劇　ぽんこつ　三場　蝶五郎一派
新喜劇連鎖　虚《きよ》栄《えい》心《しん》　実演五場映画十五場　天女義郎一派
キネマ応用
【典　拠】「名古屋新聞」5・16附録、19、22附録。
【備　考】○「『虚栄心』は教訓的の諷刺。各場面新輸入の最新キネマを応用して、いやが上にも引立て大好評。」(「名古屋新聞」5・18附録)　○「一昨日より一時文士界を騒がせし問題の女本荘幽蘭女史(編注、ジャーナリスト・女優。『京都篇』第七巻411頁下段参照)が、旧喜劇の『ぽん骨』に連鎖笑劇の『虚栄心』実演三場と連鎖フイルム十二場の内　実演の場に臨時出演して現代的の新しい女振りを見せて大喝采。」(同紙5・21附録)　○「幽蘭女史出演に一層の人気を呼居れる。」(同紙5・22附録)

○五月中旬〜　宝生座
実録先代萩
【観劇料】場代なし
【典　拠】「新愛知」5・16広告、23広告。

○五月(十七)日　かつら伎流春季尺八演奏会
「竹友会主催にて、来る十七日午後二時より市内西区桑名町三丁目国風音楽講習所に於て、かつら伎流春季尺八演奏会を催す由。当日番組三十七番あり。」(「名古屋新聞」5・13)

○五月十八・(十九)日　京枡座
《新派連鎖劇》
【一番目】悲劇　袖《そで》屏《べう》風《ふ》　花井薫一座
【二番目】祇《ぎ》園《をん》夜《や》話《わ》
【典　拠】「名古屋新聞」5・18附録、19、20附録。
【備　考】○「若手揃ひ一座。」(「名古屋新聞」5・18附録)　○「『祇園夜噺』。」(同紙5・19)　○「好評」(同日同紙広告)　○「満員」(同紙5・20広告)

○五月十八日〜(二十二)日　三栄座
《歌舞伎実写連鎖劇》
関《くわん》東《とう》侠《けふ》客《かく》国《くに》定《さだ》忠《ちう》次《じ》　三十六場通し　市川芳三郎　尾上扇三郎一座

【典　拠】「名古屋新聞」5・18附録、20附録、22附録、23附録。
【備　考】○「人気」（「新愛知」5・20広告）

○五月十八日〜（二十）日　午後五時　**高砂座**

浪花節芝居

片山玩丈　子役 中村彦麿
世界亭国丸

【演　目】前狂言　男一匹　大松楼雪の曙　毎夜続き
【典　拠】「名古屋新聞」5・18附録、18広告、20広告、21附録。
【備　考】○「若手大一座。」（「名古屋新聞」5・18附録）○「好評」（同紙5・20広告）

○五月十八日〜（二十）日　午後四時より　**蓬座**

《旧劇実写連鎖》

荒《あら》川《かは》武《ぶ》勇《ゆう》伝《でん》　幕なし

大阪名題 嵐守太郎
市川団如

【典　拠】「名古屋新聞」5・18附録、20附録、21附録。

○五月（十八）日　**長尾社中素謡会**

「長尾社中花調会の主催にて、来る十八日午前九時より栄町一丁目高麗屋楼上に於て、素謡・連吟・独吟・囃子の会を催すと。」（「名古屋新聞」5・16附録）

○五月十八・（十九）日　**縁日・祭礼の余興**

十八日、市内東区萱町谷汲山室寺の観音の縁日における余興として、浄瑠璃会・生花会等が行われる。

また十八・十九の両日、市内中区公設市場隣の白雪稲荷神社臨時祭の余興として、相撲・万歳・手品等が行われる。（「名古屋新聞」5・18附録）

○五月二十日〜（二十四）日　**音羽座**

《女優劇》中京女優団

千代《よ》田《だ》騒《さう》動《どう》　十一場

酒《さか》屋《や》　総幕なし

大道具大仕掛

市川若之助一行

【典　拠】「名古屋新聞」5・20附録、20附録広告、24広告、25広告。
【備　考】○「純女優劇の（中略）一派三十有余名にて連日連夜大盛況。」（「名古屋新聞」5・24附録）

○五月（二十）日　**京枡座**

《新派連鎖》金城倶楽部

命《いのち》の光《ひかり》

飛《ひ》行《かう》家《か》

花井薫一行

【典　拠】「名古屋新聞」5・20附録、21附録。

○五月二十日～　午後五時開幕　**末広座**

《新喜劇》曽我廼家五九郎一派

【第　一】虫《むし》

【第　二】八公《こう》

【第　三】月《げつ》給《きふ》日《ひ》

【第　四】社会劇　竹《たけ》取《とり》物《もの》語《がたり》

【第　五】笑劇　小《こ》町《まち》桜《さくら》　二場

一奴　萬歳　時二郎　五之（ママ）　喜楽　一二三　扇蝶　五九郎　四天王　五二郎

井上　宝来　女優東　橘　木村　木下　伊藤

花枝　郁代　光子　貞子　八千代

【典　拠】「名古屋新聞」5・15附録、20附録、21附録、26。

【備　考】○「男女優七十余名の大一座。」（「名古屋新聞」5・13附録）○「五九郎劇は一色変つた喜劇団にて、聊かも遊戯的分子を含まず真剣の舞台来現は、嚙み合ひ劇・土佐犬劇の名に呼ばれて、浅草にても主として智識階級の観客を吸集し…。」（同紙5・15附録）○「五九郎劇梗概」（同紙5・20附録、21附録）○「初日は一等金五十銭、二等以下は金二十五銭均一。」（同紙5・20附録）○「初日は満員木戸締切の大盛況。」（同紙5・21附録）○「久方振のお目見得に人気沸騰。」（同紙5・22附録）○「上演順は（中略）第二『竹取物語』、第三『八公』、第四『月給日』（中略）と改め…。」（同紙5・24附録）○評「五九郎を観る」雅光（「名古屋新聞」5・22附録）

○五月（二十）日～（三十一）日　**大黒座**

浪花節芝居　河内家小円次

【典　拠】「名古屋新聞」5・19広告、20広告、31広告、6・1広告。

【備　考】○「名古屋新聞」5・20広告には「京山小円次一座」とある。

○五月二十一日～（二十三）日　四時より　**京枡座**

《新派連鎖劇》金城倶楽部　花井薫一座　芸題替り

悲劇　毒《どく》草《さう》

【大　切】喜　劇

【典　拠】「名古屋新聞」5・21附録～24附録。

【備　考】○「毎日満員続き。」（「名古屋新聞」5・23附録）

○五月（二十一）日～（三十一）日　**寿座**

《女（ママ）劇》

黒《くろ》手《て》組《くみ》助《すけ》六

関《せき》取《とり》千両《りやうの》幟《ぼり》

女優美代松一座

【典　拠】「名古屋新聞」5・20広告、21広告、22附録、31広告、6・1広告。

○五月二十一・（二十二）日　**高砂座**

世界亭国丸一行　二の替り

浪花節芝居

【演　目】旭門松　振袖娘　間重二郎妻子の別れ

【典　拠】「名古屋新聞」5・21附録、22附録、23広告。

○五月二十一日～(二十三)日　午後四時より　**蓬座**

《少年劇》

神霊《しんれい》矢口《やくち》の渡《わた》し

所作事　三ツ面《めん》

大阪名題　中村政之助
中村政代
中村時治郎
中村時代

【大　切】喜劇　三人《にん》夫《ふう》婦《ふ》

【典　拠】「名古屋新聞」5・21附録～24附録。

【備　考】○「大阪名代八歳の少年優中村政之助・政代外大一座。」(「名古屋新聞」5・21附録)　○「好評(中略)中村政治郎一座」(同紙5・22広告)

○五月二十二日～(二十四)日　**枇杷島劇場**

末広座巡業興行部第二団

吉例　祝寿《しゆくじゆ》式《しき》三番《ば》

引抜き　御目見得だんまり　御誂《おあつら》へ劇錦絵《げきにしきゑ》

【一番目】花《はな》川《かは》戸《と》助《すけ》六

勧《くわん》進《しん》帳《ちやう》　安宅の関

酒《さか》屋《や》

大阪名題　中村信濃一座

【典　拠】「名古屋新聞」5・21、「新愛知」5・22広告。

【備　考】○「末広座巡業興行部第二団として山陰線地方巡業中到る処大々的の好評を博しつゝある大阪名題中村信濃一座は一昨日帰名し、市外東枇杷島町に新築の枇杷島劇場開場式興行に(中略)出演する由。(中略)尚、本月下旬より県下各地を巡業する由。」(「名古屋新聞」5・21)

○五月二十二日～(二十八)日　**湊座**

眼笑・多摩之丞・巴左衛門・松童一座　芸題替り

【一番目】小《を》笠原《かさはら》諸礼《しよれい》忠孝《ちうかう》

【大喜利】安珍清姫《あんちんきよひめ》日高川《たかがは》

多摩之丞十八番人形振

【配　役】

明神ケ嶽雄狐	松童	小笠原隼人	眼笑
奴小平次		岡田良助	巴左衛門
犬上兵部	信左衛門	小平次妻お早	多摩之丞
小笠原豊前守	鯉玉	良助妻およの	
愛妾お大の方	慶女	清姫	

【典　拠】「名古屋新聞」5・22附録、27附録、28広告、29附録。

【備　考】○「相変らず好人気。」(「名古屋新聞」5・25附録)　○「多摩之丞は人形振りにて清姫を演じ好評。」(同紙5・28附録)

○五月二十三日～(二十八)日　**三栄座**

《新派劇》

演目不詳　幕なし

芸題毎日替り

静間次郎
川上貞次郎一座

【典　拠】「名古屋新聞」5・23附録、28附録、29広告。

【備　考】○「満員　新派劇団」(「名古屋新聞」5・25広告)

○五月二十三日～二十九日　昼夜　**新守座**

《新派連鎖》天活新派大合同劇団　狂言替り

新愛知新聞連載小説　吉岡好郎氏脚色

大悲劇　嵐《あらし》の跡《あと》　連鎖十二場

【出　演】熊谷・秋元・原良・原好・桜井・秋山・志賀・村島・中原・小東・高田・宮村

【典　拠】「名古屋新聞」5・23附録、25附録評、29。

【備　考】○「昨日一座総出にて熱田西築港附近に出張、大仕掛けに撮影したる連鎖写真を使用す。」(「名古屋新聞」5・23附録)○「場毎に観客の涙を絞り大喝采。殊に大詰大嵐中の惨劇は巧妙なる舞台装置にて物凄き大嵐の有様を現し…。」(同紙5・25附録)○「連鎖写真の如きも毎回の追懸けにはせず、築港湾内にてランチを応用して西洋写真に劣らぬ変化に富んだ巧妙なる撮影振りにて大喝采を博し、日々団体見物の申込引も切れずと。」(同紙5・28附録)○「月末に拘らず昼夜満員。」(同紙5・29)○評「芝居評判記」雅光(「名古屋新聞」5・25附録)

○五月二十三日～(二十五)日　午後五時より開演　**高砂座**

名古屋新聞社小説　井手蕉雨氏作　中京成美団一行

心《こゝろ》　十四場

【出　演】藤川岩之助・江川・松枝・佐藤・小柴・中山・鈴木・千代田・藤野・島・中村要・中村太郎・若月・斎藤・藤田・桜木・山田・不動

【典　拠】「名古屋新聞」5・21附録、23附録～25附録、26。

【備　考】○「今回の巡業は専ら俳優の淘汰を行ひ、各役に当て嵌めたる配役を為し内外一層の注意を加へ、お馴染の藤川・江川・松枝・佐藤等の他更に(中略)敏腕を加へて、帝国座に使用せる大道具等を其儘に応用し…。」(「名古屋新聞」5・21附録)○「本社小説井出蕉雨先生原著『心』劇は既報の如く藤川岩之助一座にて前回帝国座に於て開場せる時よりも場毎緊張せる舞台面にて、各優必死の働きをなし人気頗る好く、就中待合琴路に於ける中山・中村等の活躍振りと大詰に於ける藤川の駒田、松枝・島・江川等の研鑽したる技芸とは頗る好評、人気旺盛を極つゝあり。」(同紙5・24附録)○「初日満員大入の大盛況を示したるが、昨二日目も同様大入りを占め、各優の努力は場も割るゝばかりの大喝采なりき。」(同紙5・25附録)

○五月二十三日～(二十九)日　**千歳劇場**

《喜劇連鎖》ニコ〳〵団・曽我廼家一派合同　芸題がへ

蝶五郎一派

旧喜劇連鎖　貧《ひん》福《ぷく》両《りやう》面《めん》鏡《かゞみ》　実演三場 映画二十八場

天女・義郎一派

新喜劇　養《やう》子《し》　三場

社会悲喜劇　恵《めぐみ》の水《みづ》　一場

蝶五郎　千鳥　天女　義郎　満美　喜峰　時三郎

【典　拠】「名古屋新聞」5・23附録、24附録、25附録評、27附録、29広告、30附録。

【備　考】○「千歳劇場略筋」(「名古屋新聞」5・23附録、29附録)○「今度は目先変りの連鎖喜劇にて八事大日堂を背景に…。」(同紙5・24附録)○「尼女優本荘幽蘭が突如雲がくれして仕舞つたが、他の幹部は珍らしく出揃ひ…。」(同紙5・25附録評)○「益大盛況(中略)『貧富両面鑑』は写真二十五場。」(同紙5・28附録)○評「芝居評判記」雅光(「名古屋新聞」5・25附録)

○五月二十三日～　帝国座

新愛知新聞講談劇

続編　鍾馗《しようき》半兵衛《はんべゑ》

【配　役】大岡越前　片岡我十｜半十郎　喜楽

十字屋五郎右衛門　梅長｜半兵衛　蝠十郎

【切狂言】忠《ちう》臣《しん》蔵《くら》　本蔵下屋敷

【配　役】若狭之助　片岡我十｜伴左衛門　松助

本蔵　当笑

【典　拠】「名古屋新聞」5・23附録、24附録、29附録、「新愛知」5・26。

【備　考】○「前編以上の大歌舞伎にて、片岡我十・梅長・喜楽其他大阪より数十名加はり（中略）写真も奇抜にて人気非常なる勢ひなり。」（「名古屋新聞」5・24附録）○「後篇全部、片岡我十・右多之助・蝠十郎等にて上場中。」（同紙5・26）○「各優大車輪の活躍及大道具大仕掛の巧成る舞台装置とに依つて（中略）連日連夜満員の盛況。」（同紙5・27附録）

○五月二十四日～（二十六）日　午後五時より　京枡座

源氏節芝居　幕無し　阪東美佐治　岡本松旭　一座

芸題毎日続き

【演　目】黒田騒動　野晒五助　余興　源氏節追分

【典　拠】「名古屋新聞」5・24附録、25附録、26、27附録。

【備　考】○「好評　歌舞伎女優劇阪東美佐治一行」（「名古屋新聞」5・25広告）

○五月二十四日～（二十六）日　五時より　蓬座

獅子芝居大会　今村弥十郎一行

【演　目】忠臣蔵　三段目　阿波鳴門　矢口渡し

【典　拠】「名古屋新聞」5・24附録、26、27附録。

【備　考】○「本日四時より」（「名古屋新聞」5・24広告）○「大好評」（「新愛知」5・26広告）

○五月二十五日～　午後三時より　音羽座

大阪若手大歌舞伎

善光寺如来御《ぜんくわうじによらいご》一代記《だいき》　幕なし　市川延蔵一座

大道具

【典　拠】「名古屋新聞」5・24附録、26、30附録。

【備　考】○「大盛況。」（「名古屋新聞」5・27附録）○「『善光寺如来の由来』劇は、同宗信者の団体見物続々申込有り。」（同紙5・30附録）

○五月下旬～（三十）日　宝生座

更科武勇伝

【観劇料】場代なし

【典　拠】「新愛知」5・25広告、30広告、31広告。

○五月二十六日～（二十八）日　高砂座

甲斐《かひ》源氏《げんじ》好女《かうぢよ》の敵打《かたきうち》　大序より大詰まで　市川眼若　坂東三津之丞

【典　拠】「名古屋新聞」5・26、28広告、29附録。
【備　考】○「十八番物にて大車輪の大盛況。」（「名古屋新聞」5・27附録）

○五月　国技館の売却

予て計画が進められてきた名古屋国技館の売却話は、相撲協会に売却することで協定が整いつつある。（「名古屋新聞」5・26）
「（前略）尚名古屋国技館を買収し、東京協会の直営と為すの議も其際決定する事として散会した。（後略）」（「新愛知」6・7）
34頁下段、199頁下段参照。

○五月二十七・（二十八）日　京枡座

浪花節真打揃ひ大会　玉川次郎　東海金城　武田萬兵衛　木村重正　雲井雷太郎

【典　拠】「名古屋新聞」5・27附録～29附録。
【備　考】○「一語物毎夜つゞき。」（「名古屋新聞」5・28附録）

○五月二十七日～（三十一）日　五時より　蓬座

女優劇・源氏節合同　芝居・源氏節ていれこ幕無し　阪東美佐治　岡本松旭　一行

芸題毎日替へ

【演　目】野晒悟助　大切　日高川
【典　拠】「名古屋新聞」5・27附録～6・1附録。
【備　考】○「好評」（「名古屋新聞」5・28広告）○「阪東美代治・岡本松旭等一座。」（同紙5・30附録）

○五月（二十七）日　俘虜音楽運動会

「名古屋俘虜収容所の俘虜は、来る二十七日（火曜日）午前午後に亘つて諸種の運動・音楽等を一般公開的に鶴舞《つるま》公園グラウンド及び音楽堂に催す筈で、その運動競技番組、音楽プログラム等は追つて詳報するが、中島所長の話には、毎度俘虜の外出の際に困る事は、一般の人が俘虜に談話を交へる事で、それを見ると規則として俘虜を罰せねばならぬ、それ故一面俘虜の心情を汲んで、絶対に談話を交へぬ様注意して貰ひ度いとの事であつた。又運動競技の全部終らぬのに柵内に入り込むのは頗る迷惑であり、又異国人の手前、強く制する事は出来ず、尚かく不規律では日本人としての体面に関るから、その点も充分注意を願ひ度いとの事であつた。」（「名古屋新聞」5・22）

○五月下旬　愛知座

奇魔術応用劇　地球斎マンマル一行

【演　目】怪猫
【典　拠】「名古屋新聞」5・27附録。
【備　考】○「満員の盛況。」（典拠）

○五月二十九・三十日　五時より　京枡座

浄瑠璃大会　竹本越広門人

【語り物】二十九日　壺坂寺（若松）　八陣　八（友芝）　弁慶上使（綱丸）
柳（寿美子）　日吉（ママ）川（友花）　御殿（松枝）　鳴戸（玉渡）　新口村（秀勇）　太十（七五三）　六助内（金昇）
逆櫓（綱登）　寺子屋（森太夫）
三十日　鈴ケ森（若松）　三浦別れ（友芝）　酒屋の段（友花）

弁慶上使(秀勇)　寺子屋(綱丸)　沼津の段(金昇)
太功記(寿美子)　宗五郎内(七五三)　八陣　八ツ目
(松枝)　新口村(玉渡)　油屋の段(綱登)　三人上
戸(森太夫)

【典　拠】「名古屋新聞」5・29附録、29広告、30附録。
【備　考】○「竹本越広門人中愛知因社・吾妻連芸妓惣取持。」(「名古屋新聞」5・30附録)

○五月二十九日〜(三十一)日　午後五時より　**高砂座**

《連鎖劇》男女合同

新派連鎖劇　暁《あかつき》　二十八場

旧劇　三勝《かつ》半《はん》七　福寿会一派

喜劇　谷《たに》川《かは》の水《みづ》

【典　拠】「名古屋新聞」5・29附録、31附録、6・1附録。
【備　考】○「連鎖劇外に余興を加へ…。」(「名古屋新聞」5・29附録)○「好評」(同紙5・30広告)

○五月二十九・三十日　午後五時より　**御園座**

女流筑前琵琶大演奏会　主催 関西魁新聞社

【番　組】二十九日　本能寺(梅咲若菜)　吉野静(新金波貞雄)　桜田泡雪(すゞな家杵子)　扇の的(江戸家光駒)　茶臼山(若菊家千花)　五条橋(合奏　滝豊子　阿部芳子)　斎藤実盛(桐山旭鵬)　旗曼荼羅(阿部旭芳)　大高源吾(東京 亀井旭登美)　丸橋忠弥(阿部旭春)　壇の浦(東京 江馬旭子)

三十日　大高源吾(寿ゞな家かづ子)　常陸丸(寿ゞな家照代)　伏見吹雪(新金波貞雄)　橘中佐(喜与志君勇)　伊賀曙(若菊家千花)　弓張月(合奏　滝豊子・阿部芳子)　金子十郎家忠(桐山旭鵬)　本能寺(東京 亀井旭登美)　阪本龍馬(阿部旭桃)　斎藤実盛(東京 江馬旭子)

【典　拠】「名古屋新聞」5・29附録、30附録、30附録広告。
【備　考】○「東都筑前琵琶界の花形江馬旭子は門弟数名と共に来名(中略)当市の旭洲会及び琵琶芸妓一同も之が応援として、当日華々しく出演。」(「名古屋新聞」5・23附録)○「番外として秋渓倶楽部会長佐野秋渓氏のハーモニカ独奏及び、渓水社加藤渓水氏の尺八・俗曲ある由。」(同紙5・25附録)○「入場券の売行は頗る好況にして団体の申込も多数ある由。」(同紙5・28附録)○「応援琵琶芸妓一同の出演順は、抽籤に依つて定めらる。」(同紙5・29附録)○「満員の盛況。」(同紙5・30附録)

○五月二十九日〜六月(五)日　**湊座**

多摩之丞・眼笑・巴左衛門　芸題替り

【一番目】水《み》戸黄門漫遊記《とくわうもんまんいうき》　発端より大詰まで二十五段幕なし

【中　幕】重《しげ》の井《ゐ》子《こ》別《わか》れ

【大喜利】所作事　二人《にん》袴《はかま》

【配　役】
二階堂信濃守　福徳屋左衛門　鯉玉
嫁女蝶　娘かつ　慶女
九紋龍長次　高砂尉兵衛　眼笑
水戸光圀公　番頭五九郎　巴左衛門

乳人重の井　多摩之丞　一　高砂弟尉之丞

【典　拠】「名古屋新聞」5・29附録、29広告、30附録、6・3附録、6附録、「新愛知」6・5広告。

○五月三十・(三十一)日　三栄座

《新派劇》

演目不詳　幕なし　芸題毎日がわり

川上貞次郎　静間次郎　加藤朝夫　一座

【典　拠】「名古屋新聞」5・29附録、30附録、31広告、6・1広告。

【備　考】○「大人気　新派劇団一行」(「新愛知」5・31広告)

○五月三十日〜六月一日　新守座

《新　派》天活新派大合同劇団熊谷一派　お名残り興行

【第　一】社会劇　めぐり合《あひ》

【第　二】旧劇　忠《ちう》臣《しん》蔵《ぐら》　七段目

【第　三】熊谷十八番　喜劇　髯《ひげ》一ツ

熊谷　秋元　原良　桜井　原田　秋山

志賀　村島　中原　小東　高田　宮村

【典　拠】「名古屋新聞」5・30附録、6・1附録広告。

【備　考】○「三ケ月余りに亘り狂言毎に絶大なる人気を博し、中京劇界第一の寵児と言はれたる熊谷一派(中略)孰も各優の秘蔵芸ばかりを網羅し(中略)特に二千余名の応援総見あり。」(「名古屋新聞」5・30附録)○「応応（ママ）援見にて昨初日は各等共満員の盛況。」(同紙5・31附録)○「初日以来組見にて盛況なるが、いよ〳〵本日限りにて打上げ京都へ赴く由。」(同紙6・1附録)○「『忠七』は余興の御愛嬌劇(中略)と思ひの外、原良一の平右衛門、秋元菊弥のおかる、原田好太郎の大星由良之助は…。」(同日同紙附録評)○評「新守座のお名残」涙(「名古屋新聞」6・1附録)

○五月三十日〜六月(五)日　昼夜二回　千歳劇場

《喜　劇》ニコニコ団・曽我廼家蝶五郎合同

【第　一】笑劇　合同出演　妻《つま》の作《さく》戦《せん》　一場

【第　二】旧喜劇　蝶五郎・千鳥一派　出世《しゅつせ》の太《たい》鼓《こ》　三場

【第　三】新喜劇　連鎖　天女・義郎一派　東海学生相撲大会当日出張撮影　学《がく》生《せい》相《す》撲《まふ》　四場

【第　四】笑劇　合同出演　女《をんな》色《いろ》々《〱》　二場

蝶五郎　千鳥　天女　義郎　十郎丸　一郎　喜峰　高綱

【典　拠】「名古屋新聞」5・30附録、30附録広告、31附録、6・2、3附録、6附録、「新愛知」6・5広告。

【備　考】○「連鎖喜劇『学生相撲』三十八場」(「名古屋新聞」5・30附録広告)○「千歳劇場筋書」(同日同紙附録)○「満員〆切の好況。」(同紙6・2)

○五月三十一日～六月(三)日　京枡座

特別大興行

実説忠臣蔵大写真　小松商会

【典　拠】「名古屋新聞」5・31附録、6・3附録、「新愛知」6・4広告。
【備　考】○「大好評。」(「名古屋新聞」6・2)

○五月(三十一)日～六月(六)日　宝生座

姉妹達の大木戸

【観劇料】場代なし
【典　拠】「新愛知」5・30広告、31広告、6・6広告、7広告。

○五月　周辺地区の興行

・金□座(所在地不詳)は、一日より渋井アソブ一行にて、『筐』、喜劇『心の眼』一場を上演。（「新愛知」4・29附録）
・(豊橋の)豊橋座は、一日より市川芳三郎・尾上扇三郎・中村雀円・浅尾工女之助ほか五十余名の大阪の若手一座による『国定忠次一代記』を実写活動連鎖にて上演。（「新愛知」4・30附録、5・1附録）
・(豊橋の)東雲座は、市川十郎・三津之正等の花菱会一行による旧劇にて、一番目『玉藻前』、中幕『御所桜』弁慶上使、二番目『白浪五人男』を上演中。（「新愛知」5・1附録、3附録）
・(豊橋の)弥生座は、男女合同連鎖劇一座にて、家庭劇『人の親』、連鎖事実劇『若き踏切番 孝子の一生』八場を上演中。（「新愛知」5・2附録）
・(豊橋の)豊橋座は、大阪若手市川芳三郎・尾上扇三郎等五十余名の一座にて連鎖旧劇『国定忠治』を上演中。（「新愛知」5・3附録）
・(豊橋の)寿座は、若手連一座による浪花節を興行中。（「新愛知」5・3附録）
・新城の富貴座は、藤田活動写真一行にて興行中。（「新愛知」5・3附録、6附録）
・(豊橋の)東雲座は、市川花仙・市川三家吉・阪東静松・岡本松旭等の一座による源氏節芝居にて、『箱崎文庫黒田騒動』、二番目『侠客野晒吾助』のほか、余興として源氏節を上演中。（「新愛知」5・4附録、9附録）
・大井町の大栄座は、五日午後六時より、恵那郡有志の主催にて憲政会東濃大演説会を開会。（「名古屋新聞」5・7）
・(豊橋の)豊橋座は、素人連の女優・子供合同一座にて興行中。（「新愛知」5・6附録）
・挙母の大正座は、七日より文明館活動写真を上映。（「新愛知」5・7広告）
・(豊橋の)弥生座は、男女合同連鎖劇にて、教訓劇『猫の執念』、『闇の光』を上演中。（「新愛知」5・9附録、10附録）
・(豊橋の)東雲座は、中村翫五郎・市川紅車・市川三蔵等の一座にて、東海道名勝地を背景とした連鎖旧劇『鬼の清吉』、『雪月花』を上演中。（「新愛知」5・10附録）
・挙母の大正座は、十一日より中村時之助にて開演。（「新愛知」5・10広告）
・新城の富貴座は、片岡一行による新派悲劇『一人心中かたき心』を上演中。（「新愛知」5・13附録）
・(豊橋の)豊橋座は、十四日より四日間、曽我廼家五九郎一派にて、第一笑劇『虫』一場、第二悲喜劇『八公』三場、第三喜劇『月給日』二場、第四社会劇『竹取物語』一場、第五喜劇『小町桜』二場を上演。（「新愛知」5・13附録、14附録広告）
・挙母の大正座は、十七日より原雷右衛門にて開場。（「新愛知」5・16広告）

・(豊橋の)東雲座は、十七日より東京若手の名題阪東藤之丞・市川照三郎一座にて、一番目『女塩原家名再興』、中幕『だんまり』、大切『堀部安兵衛高田の馬場』を上演。
(「新愛知」5・16附録〜18附録、20附録)

・(豊橋の)弥生座は、男女合同連鎖新派劇一座の芸題替えにて、佐藤紅緑作の悲劇『潮』を上演。
(「新愛知」5・17附録、24附録)

・(豊橋の)豊橋座は、東陽軒大洲一行による浪花節を興行中。
(「新愛知」5・18附録)

・(豊橋の)寿座は、京山入道一座による浪花節を興行中。
(「新愛知」5・20附録)

・(豊橋の)豊橋座は、女優市川牡丹・市川市女吉等五十余名の一座にて『だんまり』『義士誠忠録』討入本懐までを上演中。
(「新愛知」5・21附録、23附録)

・豊橋の東雲座は、二十四日より三日間、毎日午後四時より、豊橋市舞踊師匠連の取持ちにて、同市関屋町の舞踊師匠中松屋仲之助の舞踊大会を開催。東京より杵屋金之助、清元の延王枝等が来援。
(「新愛知」5・23附録)

・津市の曙座は、二十四日午後一時より政友会演説会を開催。
(「新愛知」5・25)

・瀬戸の栄座は、二十六日より末広座巡業興行第二団中村信濃・尾上卯多五郎・嵐雛十郎・中村藤之助・嵐橋松等の一座にて、『御誂劇錦絵』(御目見得だんまり)、一番目『花川戸助六』三幕、『勧進帳』安宅の関、大切『艶容女舞衣』酒屋等を上演。
(「名古屋新聞」5・24、26)

・蒲郡の宝盛座は、二十六日より志知興行部の中京成美団一行によるキネマ応用連鎖劇『心』を上演。
(「名古屋新聞」5・25広告)

・(豊橋の)東雲座は、通俗教育連鎖劇二葉会川上健蔵一派にて、一番目『夕立』、二番目『国の誉』をキネマ応用にて上演中。
(「新愛知」5・27附録)

・(豊橋の)豊橋座は、牡丹一座の二の替りとして、『男達小町奴長吉』大詰まで、『暗闘百々《だんまりも、》夜車《よぐるま》』、『義賢館』を上演中。
(「新愛知」5・27附録)

・(豊橋の)弥生座は、新派連鎖劇男女合同一座の芸題替えにて、悲劇『南地心中』、喜劇『夜の十時』を上演中。
(「新愛知」5・27附録)

・西尾の西尾座は、二十九日より三十一日まで、志知興行部の中京成美団一行によるキネマ応用連鎖劇『心』を上演。
(「名古屋新聞」5・29広告、31広告)

○六月一日〜　音羽座

浪花節芝居　片山巡業部国丸劇第一団

【演　目】侠客国定忠治　義士伝　五郎孝子伝　其他
【典　拠】「名古屋新聞」5・31附録、6・1附録。
【備　考】○「各優大車輪にて大盛況。」(「名古屋新聞」6・3附録)

○六月一日〜　午後五時より　歌舞伎座

活動大写真　東洋通俗教育活動写真協会

【内　容】親鸞聖人御一代記　教育史料和気清麿公
【典　拠】「名古屋新聞」5・31附録、6・1附録。
【備　考】○「大阪府鯰江町新喜多中通り東洋活動大写真協会は、本年一月以来巨万の資財を投じ、東西両本願寺派の本山高徳穎(ママ)歳の学僧を初め、同宗教大学の□□教授達に請あふて、宗祖親鸞聖人の御伝記を選択し聖人御一代の古跡を各地に探り、名所旧跡の風光を背景とし、見真会直属の東西名題俳優百四十八名が実演を撮影する活動大写真は、聖人御誕生より御入滅に至るまで九十六ケ年間御一代絵巻物を、全五十巻前中後の三篇に分ちて実に一万五千尺の最大長尺フキルム。」(「名古屋新聞」5・30附録) ○「入場料一等四十銭、二等二十五銭、三等十五銭にして、六十歳以上の老人は金十銭にて上場行き次第。」(同紙5・31附録) ○「満員」(「新愛知」6・4広告)

○六月一日～(五)日　午後四時より開場　国技館

善光寺牛《ぜんくわうじうし》の道引《みちひき》

壺坂寺霊験記《つぼさかてられいけんき》

市川延蔵
市川小延

【典　拠】「名古屋新聞」6・1附録。

【備　考】○「今回は特に六十以上の老人には無料観覧せしめ…。」(典拠)

○六月一日～(十)日　寿座

(万歳喜劇)

花房清十郎一行

【典　拠】「名古屋新聞」6・1附録、10広告、11広告。

【備　考】○「好評」(「名古屋新聞」6・10広告)

○六月一日～(六)日　三栄座

万歳新演劇

鈴木源十郎
石川貫一一座

【演　目】月夜の火玉　袖時雨　幕間 徳川御殿舞　追分(源十郎)

【典　拠】「名古屋新聞」6・1附録、3附録、6附録、「新愛知」6・7広告。

【備　考】○「同座封切りの新題上場。」(「名古屋新聞」6・1附録) ○「大好評。」(同紙6・2) ○「『袖時雨』は幕間に徳川御殿舞、源十郎の追分。」(同紙6・6附録)

○六月一日～八日　昼の部十二時 夜の部六時 より開演　末広座

《新　派》現代劇一派

大悲劇　太《たい》陽《やう》　五幕

【出　演】武田正憲・諸口十九・高橋義信・松本英一・藤村興・勝見庸太郎・稲富寛・中村小三郎・林正夫・加藤寛・柳永二郎・五月信子・三好栄子・和歌浦糸子・桜木文子・日疋重亮

【典　拠】「名古屋新聞」5・30附録～6・1附録、3附録、3附録評、8附録広告。

【備　考】○「名古屋新聞」5・30附録には右の出演者のほかに「川原」「三笠萬里子」「川上竹子」「二木照子」の名が見える。○「京阪神地方に演じて絶大の好評を博せしもの。」(「名古屋新聞」5・29附録) ○「当興行は平場は元の椅子席なりと。」(同紙5・30附録) ○「『太陽』筋書」(同紙5・31附録) ○「昨初日は昼夜共満員木戸締切。」(同紙6・2) ○「熟し切った舞台と新しき筋とに依つて日増し盛況を極む。」(同紙6・6附録) ○評「現代劇の『太陽』」雅光(「名古屋新聞」6・3附録)

○六月(一)日～　大黒座

源氏節芝居

阪東美佐次一座

【典　拠】「名古屋新聞」5・31広告、6・1広告。

○六月(一)日～三日　高砂座

《旧劇連鎖》

実物名馬応用劇　塩原多《しおはらた》助《すけ》一代記《だいき》　河原　団十郎

【典　拠】「名古屋新聞」5・31広告、6・1附録、1広告、3附録。

【備　考】○「河原団十郎特殊の技芸を演ずる由。」（「名古屋新聞」6・1附録）

○六月一日～　帝国座

《新派連鎖劇》　岡崎興行部革新第一回興行　桂寿郎一派　昼の部正午 夜の部午後六時 開幕

【第　一】喜劇　縁《ゑん》は異《い》なもの　一幕二場　井手蕉雨氏作

【第　二】現代劇　夕《ゆふ》栄《ばえ》　一幕　名古屋新聞連載小説　井手蕉雨作

【第　三】連鎖悲劇　磯《いそ》打《う》つ浪《なみ》　十七場

津阪幸一郎
門脇清三郎
金子弥太郎
女優 村田豊子
白川おつま
高木初子
松野春子
磐根久美子
歌川楳の
美駒百合子
松本愛子

【典　拠】「名古屋新聞」5・28附録、6・1附録、1附録広告、2、3附録、3附録広告。

【備　考】○「来る六月一日より岡崎興行部が経営の衝に当り、内外の改善を計り面目を一新し（中略）東京みくに座専属俳優桂寿郎一派にて（中略）桂は伊井蓉峰の愛弟にて彼の山長よりは重宝がられしものにて、最近川上貞奴引退興行に一座を率ゐ加はり九州各地を巡業し、到る所に大好評を博し居たり。女優には東京神田劇場の腕利き村田豊子、文士伊藤銀月子の妹白川おつま始め（中略）美人揃ひなり（中略）一座は二十八日乗込み来り…。」（「名古屋新聞」5・28附録）○「正午・午後五時半の昼夜二回開演。」（同紙6・1附録）○「悲劇『磯打つ浪』帝国座狂言筋書」（同日同紙附録）○「特等七十銭（中略）一等五十銭（中略）二等三十五銭（中略）三等二十銭」「第三（中略）二十五場」（同日同紙附録広告）○「初日より総幕出揃ひ満員の盛況を呈したるが…。」（同紙6・2）○「狂言と斬新な背景に巧妙なるキネオラマ、ユニバースの応用が人気に投じ初日以来大入満員。」（同紙6・3附録）○「桂寿郎一座は純正の東京役者とて台詞に訛無く、演ること瀟洒にして看客に好感を与へしむ。」（同紙6・6附録）○「大好評に連日満員日延べをしたる桂寿郎一座。」（同紙6・8附録）○評「帝国座の新派劇」雅光（「名古屋新聞」6・3附録）

○六月一日　五時より　御園座

伊勢門水翁還暦祝賀芸妓舞踊

【番　組】清元　名寄の寿　梅の香　俄仙人　祝賀　華の寿

【典　拠】「名古屋新聞」5・24附録、6・2、3附録評。

【備　考】○「出演芸妓も還暦に因みて総数六十一名。」（「名古屋新聞」5・24附録）○「発企人総代伊藤守松氏及び門水翁の挨拶あり。次いで紅白余興に移り西川花子を始め西川門下の舞踊数番に四百余名の会員各自歓を尽し、門水翁の万歳を三唱して散会したるは午後八時頃なりき。」（同紙6・2）○評「おどりの夜」赤い鞘（「名古屋新聞」6・3附録）133頁下段参照。

○六月一日～(三)日　四時より　**蓬座**

東侠客業平文治《あづまけうかくなりひらぶんぢ》

【中　幕】源《げん》平《へい》兜《かぶと》軍《ぐん》記《き》

【二番目】御所桜堀川夜《ごしよさくらほりかはよ》討《うち》

大阪名題
河原崎国太郎
市川福升
加賀家玉七
尾上菊三郎
嵐芳五郎

【典　拠】「名古屋新聞」6・1附録、3附録、「新愛知」6・4広告。

【備　考】○「好評」(「名古屋新聞」6・2広告)

○六月一日　**豊橋に活動写真館有楽館開館**

「豊橋市関屋町元三遠銀行跡へ、高橋小十郎氏等発企となつて、三万六千余円を投じて新築中なりし日活特約常設活動写真館有楽館は、二十七日には全部の竣工を告げたるを以て、愈々六月一日開館の運びに至るべしと。」(「新愛知」5・28附録)

「豊橋市西八丁新活動常設館は、愈一日より開館。」(「新愛知」6・1附録)

○六月二日～(九)日　**新守座**

《連　鎖》天活第一劇団大井新太郎一派

羽様荷香氏新作・舞台監督

黄《こ》金《がね》地《ぢ》獄《ごく》　連鎖十二場

【出　演】大井新太郎・酒井政俊・関真佐男・寺田健一・村尾一華・山田好良・三好康雄・田島雄明・波多譲・天川吉弥

【典　拠】「名古屋新聞」5・31附録、6・2広告、3附録、10附録、「新愛知」6・9広告。

【備　考】○「花形と外新進気鋭の若手五十余名の大一座。」(「名古屋新聞」5・31附録) ○「『黄《か》金《ね》地《ぢ》獄《ごく》』」(同紙6・3附録広告) ○「阪地楽天地にて好劇家を熱狂せしめたる一座の大当り狂言(中略)尚本日に限り午後四時より一回開演の筈。」(同日同紙附録) ○「連日連夜満員(中略)従来の座員外に山田好良・波多譲等…。」(同紙6・6附録) ○「『黄《わう》金《こん》地《ち》獄《ごく》』中第二維賢寝室の場は珍らしき舞台技巧を用ひ(中略)大喝采。」(同紙6・9)

○六月二日　**御園座**

《歌　劇》桜楓会名古屋支部大学基金興行

宝塚少女歌劇

雲井浪子　春田花子
篠原浅芽　滝川末子
三室錦子　高浜喜久子
吉野雪子

【演　目】一　お伽歌劇 花争(小野清通作)　二　歌劇 神楽狐(久松一声作)　三　歌劇 桃色鸚鵡(宝塚少女歌劇団作)　四　鼎法師(楳茂都陸平作)　五　喜歌劇 唖女房(アナトール・フランス作　坪内士行改訳)

【典　拠】「新愛知」5・23、「名古屋新聞」5・23、30、31、6・2、3。

【備　考】○「少女歌劇には旦那さんも御手伝ひ」(「名古屋新聞」5・23) ○「坪内士行氏談」(「新愛知」5・25) ○「少女歌劇の音楽方面」(上)(下)(「名古屋新聞」5・28、29) ○「少女歌劇の筋書」(同紙5・30、31、6・2、3) ○「一行は二日夜九時五十五分着の列車にて名古屋駅に到着(中略)桜楓会の幹部なる(中略)各夫人出迎へ居たるが、一行五十二名はセルの着物に海老茶袴をうがち、連日の東京興行に少しく疲労の色現れ居たるが、遉《さすが》一行の花形なる雲井浪子は靴の運びも軽ろやかに挨拶を交はし居たり。脊(ママ)弘服に鳥打帽の坪内士行氏より出迎へ一同に挨拶ありたる後、一行は十数台の自動車に分乗し、旅館なる中区住吉町の錺宗旅館に入れり。」(同紙6・3附録) ○「大入満員であつた。」(同紙6・24)

○六月　筑前琵琶宇佐美旭風の帰名

「当市筑前琵琶界に於て弾奏の妙曲の優艶を以て知られたる宇佐美旭風師は、先般上京、宗家橘一定師に就き、更に其蘊奥を極め、宗家より法院山の称号及び五絃琵琶教授の認許を受け、帰名し、従前通り教授する由。尚、近き将来に於て、之れが披露の為め大会を開催せん準備中と。」（「名古屋新聞」6・3附録）

○六月四日～(六)日　京枡座

《連鎖劇》

実物名馬応用　実馬《じつば》塩原《しほばら》多《た》助《すけ》一代記《だいき》

浅尾森之助一座

【典　拠】「新愛知」6・4広告、7広告、「名古屋新聞」6・6附録、6広告。

【備　考】○「満員」（「名古屋新聞」6・6広告）

○六月四日～八日　午後五時より開演　御園座

《新喜劇》曽我廼家十郎一派

【第　一】申《まをし》分《ぶん》なし　二場

【第　二】らしい男《をとこ》　三場

【第　三】旧劇　西《さい》行《ぎやふ》法《ほふ》師《し》　三場

【第　四】赤《あか》てがら　三場

【第　五】自《じ》働《どう》電《でん》話《わ》　二場

十郎　月小夜　十次郎　舞鶴　十兵衛　十太郎　柏十郎　裾野　道(ママ)三　伊織　虎笑　十童

【典　拠】「名古屋新聞」5・30附録、6・1附録、3附録、6附録、8附録。

【備　考】○「八十余名の大一座。」（「名古屋新聞」6・1附録）○「東都に二十六日間満員続きの好狂言揃ひ（中略）今回は巡業都合に依り五日間限り。」（同紙6・3附録）○「昨二日目の如きも頗る盛況。」（同紙6・6附録）○評「十郎一派の喜劇」雅光（「名古屋新聞」6・6附録）

○六月四日～(六)日　四時より　蓬座

特別大興行活動大写真

【内　容】実説忠臣蔵

【典　拠】「新愛知」6・4広告、7広告、「名古屋新聞」6・6附録。

【備　考】○「満員大盛況。」（「名古屋新聞」6・6附録）

○六月上旬　枇杷島劇場

演目不詳

鬼幸改　市川芳三郎一座

【典　拠】「新愛知」6・4広告。

○六月六日～(九)日　大黒座

《喜　劇》

演目不詳

曽我廼家祐成

【典　拠】「名古屋新聞」6・6附録、9広告、11附録。

○六月六日～(十二)日　千歳劇場

《喜　劇》曽我廼家蝶五郎・ニコニコ団花井天女・長瀬義郎一派合同

【第　一】笑劇　貸《か》さぬ家《いへ》　二場

名古屋新聞喜劇脚本懸賞募集第二等当選
小野法郎氏作

【第　二】喜劇　成《なり》貧《ひん》の夢《ゆめ》　一場

【第　三】新喜劇　ひがみ心《こゝろ》　二場

【第　四】旧喜劇　附《つ》け焼《やき》刃《ば》　三場

蝶五郎　千鳥　一郎　喜峰　天女　義郎　十丸　時三郎　新加入　五九道

【典　拠】「名古屋新聞」6・3附録、6附録、8評、10附録、12広告、14附録。

【備　考】○「特等六十銭(中略)一等四十銭(中略)普通席二十銭。」(「名古屋新聞」6・6附録)　○「千歳劇場筋書」(同日同紙附録)　○「各優の大車輪と館主の巧なる経営法に依り益絶大なる人気を極め(中略)大盛況。」(同紙6・11附録)　○評「千歳劇場の喜劇」涙(「名古屋新聞」6・8附録)

○六月六日～(十)日　湊座

多摩之丞・眼笑・巴左衛門一行　芸題替り

【一番目】実録《じつろく》お俊伝兵衛《しゆんでんべゑ》　十七段返し

【大喜利】廿四孝《かう》　狐火
八重垣人形振

【配　役】横淵官二郎　鯉　玉｝早苗之進　巴左衛門
滝口伝兵衛　眼　笑｝与次郎
八重垣姫　慶　女｝召使お俊　多摩之丞

【典　拠】「名古屋新聞」6・6附録、8附録、10広告、11附録。

【備　考】○「多摩之丞の八重垣姫は呼び物。『お俊伝兵衛』は頗る目新しきもの。」(「名古屋新聞」6・9)　○「座附俳優一同大車輪。」(同紙6・10附録)

○六月六日　芝居関係者賭博にて逮捕

「六日午前三時頃、市内中区白川町一丁目二番地旅館音羽館八畳間に於て、左記四名の者は花札を使用し、賭博開帳中、新栄町署の白井巡査に踏み込まれ、取調べの上何れも七日局送り。(後略)」

逮捕されたのは、岐阜県羽島郡笠松町出身の芝居太夫元片山音次郎(三四)のほか、「遊芸人吉田仙事名倉末次郎(二五)」、「遊芸人吉田一之助事吉田登(二四)」、「俳優小松原峰太郎内縁の妻藤本きぬ(三九)」。

(「名古屋新聞」6・8附録)

○六月六日　豊橋の東雲座にて衣裳方が乱暴

「(前略)小幡末吉(四十九)は、六日午後八時頃飲酒泥酔して豊橋市呉服町東雲座へ入り込、暴言を吐くのみか、果ては出勤俳優にまで暴行を加へる始末に、臨検中の豊橋署員が制止するも肯かず、本署へ連行して(後略)」

男は茨城県新治郡出身で同座に衣裳方として勤務していた者。目下同座出演中の有楽座専属俳優某が貸金の返済に応じないため、凶行に及んだものと報じられている。

(「新愛知」6・8附録)

○六月上旬～(六)日　高砂座

（新　派　劇）　西　萬兵衛一行

【典　拠】「新愛知」6・6広告、7広告。

【備　考】○「大好評」（「新愛知」6・6広告）この興行が次の興行と同一興行か不明。

○六月七日～(九)日　歌舞伎座

現代女流浪花節　女雲右衛門　末広　玉子　清原　花蝶　合同

【読み物】九日　関取千両幟（八幡初枝）元令嬢　続き（良音浜子）不老嬢（立花文子）桜田血染雪　続き（清原花蝶）忠僕直助（末広玉子）前原伊助宗房（女雲右衛門）

【典　拠】「名古屋新聞」6・9、10広告。

【備　考】○「満員」（「新愛知」6・9広告）○「十二名大合同一行はお名残興行として、金二十銭均一と云ふ破格の大活動。」（「名古屋新聞」6・9）

○六月七日～(九)日　京枡座

《旧劇喜劇連鎖劇》福寿会

実《じつ》録《ろく》千代《だい》萩《はぎ》

旧劇　女《をんな》舞《まひ》衣《ぎぬ》

喜劇　谷《たに》川《がは》の水《みづ》

川島　八重子一行

【典　拠】「新愛知」6・7広告、「名古屋新聞」6・8附録、9、10附録。

【備　考】○「昨初日満員。」（「名古屋新聞」6・8附録）○「男女合同大連鎖劇旧劇『新吉原』電気応用、喜劇数番大好評。」（同紙6・9）

○六月(七)日～(九)日　三栄座

《実写連鎖劇》

塩原《しほはら》実記《じつき》多《た》助《すけ》一代記《たいき》

下河原団十郎一座

【典　拠】「新愛知」6・6広告、7広告、9広告、「名古屋新聞」6・8附録、10附録。

【備　考】○「実物名馬応用大連鎖劇」（「新愛知」6・7広告）

○六月(七)日～(九)日　高砂座

《新　派》原良・西萬合同

新愛知小説劇

嵐《あらし》の跡《あと》　花村　徳田

【典　拠】「新愛知」6・6広告、7広告、9、「名古屋新聞」6・8広告、9、10附録。

【備　考】○「開演以来大盛況を博しつゝある本社劇『嵐の跡』は非常なる好評にて、原良の猪作と謙吉、西萬の達也、花村の美保子、徳田の淳子等は共に適り役にて幕毎に緊張せる場面を見せ居れり。」（「新愛知」6・9）

○六月(七)日～(十三)日　宝生座

嶋淵月白浪

【観劇料】場代なし

【典　拠】「新愛知」6・6広告、7広告、13広告、14広告。

○六月七日～(九)日　午後五時より　蓬座
《新派劇》
演目不詳　芸題毎日替り　幕なし　川上貞二郎一行
【典　拠】「新愛知」6・7広告、9広告、「名古屋新聞」6・8附録、9、10附録。
【備　考】○「芸題引続き幕なし。」(「名古屋新聞」6・8附録) ○「高評」(同紙6・9広告)

○六月八日　午後六時半から　国技館
市政革新大演説会
【典　拠】「新愛知」6・9。

○六月八日　新城の富貴座にて爆発
「県下南設楽郡新城町富貴座にては、六日より市川牡丹一座にて開演中、去る八日午後十時頃、『牛若小僧三吉』火事場の場面にて、火薬を使用中、他の火薬箱に火が移り、俄然大音響と共に爆発し、舞台一面火の海と化し、同座道具師同町宮の前牧野平光(三二)は為めに左《ゆん》手《て》の指二本切断され、人事不省に陥りたる騒ぎに、即時同人を同町森島医院に入院治療を受けしめ、一方表方・楽屋一同は、協力して消火に努め、幸ひに事なきを得たるが、一時は却々《なか〳〵》の大混雑を呈せりと。因に平光の傷は全治迄三週間を要す可しと。」(「名古屋新聞」6・11)

○六月九日～十五日　昼夜二回　末広座
《新　派》現代劇一派　二の替り
【一番目】悲活劇　柿《かき》番《ばん》小《こ》家《や》　三幕五場
【二番目】社会劇　十　六　形《かた》　一幕三場
【出　演】武田正憲・諸口十九・高橋義信・松本英一・武田春郎・藤村彗・勝見庸太郎・稲富寛・中林・林正夫・加藤寛・柳永二郎・五月信子・三好栄子・和歌浦糸子・日疋重亮
【典　拠】「名古屋新聞」6・8附録広告、15附録、「新愛知」6・9、9広告。
【備　考】○「連日連夜大入大好評(中略)『十六形』は労働問題に当て嵌められたるもの。」(「名古屋新聞」6・11附録)

○六月(九)日～　帝国座
《新派連鎖劇》桂寿郎一座　二の替り
【第　一】新作喜劇　中《ちう》尉《ゐ》殿《との》　二場
【第　二】神秘劇　唄《うた》の杜《もり》　二場
【第　三】連鎖人情劇　緋《ひ》鹿《か》の子《こ》　全二十場

津阪幸一郎
金子弥太郎
門脇清太郎
大井輝彦
近藤主□
石川□
磐根くみ子
白川おつま
松賀梅子
村田豊子
松本愛子

【典　拠】「名古屋新聞」6・8附録、8広告、8附録広告、10附録、11附録。
【備　考】○「帝国座筋書」(「名古屋新聞」6・10附録) ○「第一(中略)は判り易い喜劇。第二(中略)は一座の権威と誇るべきもの。第三(中略)は巧妙なる連鎖劇で大詰の火事場は多額を投じて大仕掛の道具、観客大喝采。」(同紙6・11附録) ○評「帝国座を観る」雅光(「名古屋新聞」6・11附録)

○六月十日〜(十四)日　五時より　**京枡座**

万歳芝居　芝居と万歳ていれこ　芸題毎日替へ

鈴木源十郎
石川貫一
合同一座

【演目】袖時雨　万歳　喜劇　大切　東京万歳　七福神
【典拠】「名古屋新聞」6・10附録、11附録、14附録、15附録。
【備考】○「好評」(「名古屋新聞」6・11広告)

○六月十日〜　**三栄座**

《女優歌舞伎》

蝶《てふ》千鳥曽《とりそ》我《が》物語《ものがたり》

名代 市川鯉昇
市川桑治
市川雛枝
一座

【切狂言】壺《つぼ》坂《さか》霊《れい》験《けん》記《き》
【典拠】「名古屋新聞」6・10附録、11附録、11広告。
【備考】○「鯉昇三役早変り。」(「名古屋新聞」6・10附録)

○六月十日〜十六日　**新守座**

《連鎖》天活第一劇団大井新太郎一派　二の替り

座附作者中井苔香氏新作

名《めい》工《こう》の鑿《のみ》　連鎖九場

【出演】酒井・寺田・山田・三好・波多・田島・村尾・関・大井
【典拠】「名古屋新聞」6・10附録、11附録、16。
【備考】○「蘊蓄の技を捨て浮世を白眼視し酒仙の境に遊ぶ兄、情の蔭に泣く弟の急場を救ふ舞台面は、鶴舞公園にて撮影したるもの。」(「名古屋新聞」6・10附録)　○「連日大盛況(中略)在来の三尺物とは其趣を異にし頗る涙多く、大井独特の工夫を凝らしたる電気光線の巧妙な技術に大喝采。昨土曜日の如きは昼の部数百名の団体見物あり。」(同紙6・15附録)

○六月十日〜(十四)日　**大黒座**

万歳芝居

日比愛三郎
一行

【典拠】「名古屋新聞」6・11附録、14広告、15附録。

○六月十日〜(十三)日　**高砂座**

《女優歌舞伎》

【一番目】髪《かみ》結《ゆう》藤《とう》治《じ》　大序より大詰迄

市川若之助
一座

【二番目】一の谷《たに》軍《ぐん》記《き》　玉織姫あん室の場
【典拠】「名古屋新聞」6・10附録、14附録、「新愛知」6・13広告。
【備考】○「大好評」(「新愛知」6・11広告)

○六月十日〜(十四)日　五時より　**蓬座**

三曲芝居　芸題毎日替り

市岡若吉
中村鴈女
一座

【余興】源氏節　喜劇　手踊り
【典拠】「名古屋新聞」6・10附録、11附録、14附録、15附録。
【備考】○「芸題引続き、余興三曲芝居と源氏節。」(「名古屋新聞」6・11附録)　○「好評」(同紙6・12広告)

○六月十一日～　**寿座**

【第　二】鏡《かゝみ》山《やま》

【　切　】野《の》晒《ざらし》悟《ご》助《すけ》

岡本美代松一行

【典　拠】「名古屋新聞」6・11附録、11広告。

【備　考】○「好評」（「名古屋新聞」6・21広告）

○六月十二日～二十二日　午後二時開幕　**湊座**

名古屋新聞講談劇

田《た》宮《みや》坊《ぼう》太《た》郎《らう》　二十七段返し　幕なし

電気応用花火大仕掛け

眼笑　巴左衛門　多摩之丞　信左衛門

【場　割】第一 紀州家老安藤帯刀江戸表出立　第二 安藤彦十郎酒狂　第三 召捕　第四 紀州家殿中大評議　第五 彦十郎切腹　第六 安藤帯刀諫言　第七 四ノ宮甲斐守毒茶　第八 安藤帯刀邸　第九 甲斐守邸奥方諫言　第十 甲斐守刃傷　第十一 甲斐守滅亡　第十二 江戸神田明神達引　第十三 桜屋酒宴　第十四 井上新左衛門邸　第十五 有馬温泉場　第十六 旅宿死霊　第十七 田宮源八郎の武勇　第十八 お辻源八郎出会　第十九 養源寺客室　第二十 堀源太左衛門道場　第二十一 田宮源八郎邸　第二十二 国府八幡宮境内源八郎横死　第二十三 田宮坊太郎出産　第二十四 坊太郎茶の給仕　第二十五 お辻詫住居　第二十六 坊太郎母子別れ　第二十七 土屋甚吾左衛門出船

【観劇料】御一名金二十五銭

【典　拠】「名古屋新聞」6・11附録、14附録、14附録広告、15附録、16、22附録。

【備　考】○「目下本紙に連載し絶大の好評を博し居れる『金比羅利生記田宮坊太郎』は今回劇として大須湊座に上演する事となりました。一座はお馴染の多摩之丞・眼笑・信左衛門の顔触れ腕利き揃ひの一行（中略）目下役の研究に余念なく工夫に工夫を凝らさん為め今日一日休場して稽古を励んで居ます。」（「名古屋新聞」6・11附録）○「脚色も却々巧妙に出来上り（中略）今回は舞台に大革新を加へ、ユニバース電気及び仕掛煙火を応用すと。」（同日同紙附録）○「昨日より総幕出揃ひ（中略）俳優一同大車輪、大道具の完全と電気応用の煙火等二十七段返しに何れも見物に満足を与へ連日大満員の盛況なり。開場は毎日午後一時より。」（同紙6・15附録）○「殊に電気花火大仕懸の火事場は大拍手を以て迎へられつ、あり。」（同紙6・17附録）○「近頃になき大当りを占め連日連夜の大入盛況に付き、更に三日間の日延べをなし…。」（同紙6・20附録）○「稀に見る成功を呈し居れり。」（同紙6・21附録）○「好評の為め日延に日延を重ね（中略）いよいよ本日限り千秋楽。」（同紙6・22附録）

○六月十三日～（十九）日　**千歳劇場**

《新旧喜劇》ニコニコ団・蝶五郎・五九道合同劇　芸題替へ

【第　一】喜劇　冒《ぼう》険《けん》家《か》　二場

【第　二】旧喜劇　幸《かう》助《すけ》餅《もち》　五場

【第　三】笑劇　ダイヤモンド　一場

【第　四】新喜劇　影《かげ》法《はふ》師《し》

曽我廼家蝶五郎　千鳥　五九道　天女　義郎　一郎　喜代子　十郎丸　女寅

【典　拠】「名古屋新聞」6・14附録、15附録、16、17附録～20附録。

【備　考】○「珍芸題と諷刺劇を揃へて大好況。」（「名古屋新聞」6・14附録）

○六月十四日～(十九)日　午後五時より　高砂座

【一番目】悲劇　心《こゝろ》の誓《ちかひ》　六場　新国劇 三井武二郎一行

【二番目】喜劇　玉《たま》手《て》箱《ばこ》　三場

【典　拠】「名古屋新聞」6・14附録、16、19広告、20附録。

【備　考】○「大好評。」(「名古屋新聞」6・16)

○六月(十四)日～(二十)日　宝生座

唐模様倭水滸伝

【観劇料】場代なし

【典　拠】「新愛知」6・13広告、14広告、20広告、21広告。

○六月中旬～(十四)日　三栄座

《女優歌舞伎》

松竹梅《しやうちくばい》三女仇討《ぢよのあだうち》　市川鯉昇　市川雛栄　市川桑次郎　一座

【典　拠】「名古屋新聞」6・14附録、15附録。

【備　考】○「大人気。」(「名古屋新聞」6・14附録)

○六月十五日～二十日　午後三時より　歌舞伎座

義士劇元祖大阪大名題片岡松之助一座

【一番目】義士伝の内　不《ふ》破《は》数《かず》右衛《ゑ》門《もん》　三幕

【次　】大石良雄《おほいしよしを》南部坂雪《なんぶさかゆき》の別《わか》れ

【中　幕】下の巻　松之助十八番　敵討《かたきうち》檻褸錦《つゞれにしき》　大安寺堤三味の場

【切　】伊《い》勢《せ》音《おん》頭《どう》　油屋十人斬りまで

【出　演】片岡松之助・市川段枝・嵐佐十郎・嵐伊三郎・中村飛雀・尾上松童・片岡松幸・中村嘉昇・市川好十郎・中村富菊・片岡長十郎・片岡松山・片岡松丸

【配　役】

大石内蔵之助良雄　片岡松之助
春藤次郎左衛門
福岡貢　嵐伊三郎
不破数右衛門正種
高市武右衛門
油屋おこん
浅野内匠頭長矩　中村飛雀
青山佐十郎
弟新七
華岳寺正雪　嵐佐十郎
加村宇多右衛門

娘おかの　中村嘉昇
後室瑶泉院
女郎お岸
太野郡右衛門　市川好十郎
田中貞四郎
粕屋平馬
藍玉屋北六
大野九郎兵衛　片岡長十郎
原惣右衛門
徳島岩次
戸田の局　市川段枝
仲居万野

【観劇料】入場料　初日　特等七十五銭　一等六十銭　二等四十五銭　三等三十銭　四等十五銭

【典　拠】「名古屋新聞」6・11附録、14附録、15附録、17附録、17附録評、20附録。

【備　考】○「得意の『義士劇』五幕。」(「名古屋新聞」6・11附録) ○「八十余名の大一座(中略)観客は午前中より押掛け来り、午後三時には忽ち満場締切の大盛況。」(同紙6・16) ○「連日満場。(中略)大入の為め二十日まで日延べ。」(同紙6・18附録) ○「『大安寺堤』三昧の場は亮市・加田の両侍奴四十名の総出は頗る呼物。」(同紙6・20附録) ○評「義士劇評判記」雅光(「名古屋新聞」6・17附録)

○六月十五日~(十七)日　四時より　京枡座

【一番目】荒木《あらき》又《また》右衛門《ゑもん》

【中　幕】阿《あ》古《こ》屋《や》琴《こと》責《ぜめ》

大石《おほいし》妻子《さいし》別《わか》れ

【二番目】白《しら》木《き》屋《や》

土《つち》屋《や》主税《ちから》

東京名題　河原崎国太郎　加賀家玉七　一座

【典　拠】「名古屋新聞」6・15附録、17附録、18附録。

【備　考】○「満員」(「名古屋新聞」6・16広告) ○「『荒木又右衛門』『琴責』『大石妻子別れ』は大好評」(同紙6・17附録)

○六月十五日　午前八時から　国技館

第二回　紳士警官相撲大会

【典　拠】「名古屋新聞」6・16。

○六月十五日~(十八)日　三栄座

《実写旧劇連鎖劇》

筒井《つゝゐ》政談《せいだん》野狐《のきつね》三次《じ》　三十余場　通し　幕なし

市川芳三郎　尾上扇三郎　坂東利之助

【典　拠】「名古屋新聞」6・15附録、18附録、19附録。

【備　考】○「満員の盛況。」(「名古屋新聞」6・16)

○六月(十五)日~(十九)日　大黒座

《連鎖劇》

演目不詳

福寿会一行

【典　拠】「名古屋新聞」6・14広告、15広告、19広告、20広告。

○六月十五日　午後七時　御園座

第一回　市政革新大演説会

主催　市政革新会

【典　拠】「新愛知」6・15広告。

○六月十五日~(十九)日　五時より　蓬座

万歳劇　芝居・万歳 ていれこ

鈴木源十郎　石川貫一　合同一座

芸題毎日替

【演　目】大切　御殿舞　オイワケ節

【典　拠】「名古屋新聞」6・15附録、16、18附録~20附録。

【備　考】○「大人気。」(「名古屋新聞」6・17附録) ○「芸題替にて大切『東京万歳』。」(同紙6・19附録)

○六月十五日　**慈善琵琶大会**

「南区熱田市場町蔵福寺にて、十五日午後六時より森田金泉師外数名出演し、会費の収益全部を市内帝国救助院の経営費として寄贈する由。」（「名古屋新聞」6・15附録）

○六月（十五）日　**錦心流琵琶温習会**

「中区水主町琵水会本部にて、錦心流琵琶温習会を十五日午後六時より開催。入場無料。」（「名古屋新聞」6・14附録）

○六月十六日〜二十二日　昼夜二回　**末広座**

《新派》現代劇一派　三の替り

【一番目】新作現代劇　三味《み》線《せん》草《くさ》　四幕

【二番目】喜劇　写《しや》真《しん》情《じやう》話《わ》　一幕

【出　演】武田正憲・諸口十九・高橋義信・筒井徳二郎・稲富寛・勝見庸太郎・柳永二郎・中林小三郎・桜木文子・五月信子・三好栄子・和歌浦糸子・日疋重亮

【典　拠】「名古屋新聞」6・16、19附録、22附録、22附録広告。

【備　考】○「末広座の筋書」（「名古屋新聞」6・15附録）○「此頃大阪で解散した自然座の筒井徳二郎が、此三の替りから加はる事となり。」（同日同紙附録）○「初日は意外の大入満員。」（同紙6・17附録）○「他座に勝れた大道具と俳優の努力とに益大好評。」（同紙6・20附録）○「連日連夜大盛況。」（同紙6・22附録）○評「末広座三の替り」□（「名古屋新聞」6・19附録）

○六月十六日〜（二十二）日　夜　**帝国座**

桂寿郎一座　第三回変り狂言

【第　一】喜劇　御《ご》利《り》益《やく》　一場

【第　二】連鎖悲劇　青《あを》葉《は》の蔭《かげ》　二十場

【出　演】桂寿郎・村田豊子・白川おつま・小村静枝・津坂幸一郎・門脇清三郎・大月輝彦・近藤金作・金子弥太郎・石川・近沢

【典　拠】「名古屋新聞」6・16、16広告、18附録、20附録、22広告、23附録。

【備　考】○「新調の背景を以て万斛の涼味を掬すべき方法を講じつゝあり。」（「名古屋新聞」6・15附録）○「第二（中略）三《ママ》十場は現代人情の探微を穿つた新脚本、中にも連鎖の活動写真は誇るべき新撮影に危険を冒せる活劇は満場破れるばかりの大好評。」（同紙6・17附録）○「連日連夜諸団体の総見にて人気旺盛。」（同紙6・20附録）○評「帝国座を観る」雅光（「名古屋新聞」6・19附録）

○六月十六日　午後七時から開会　**御園座**

音　楽　会　　世界一週米国少年団一行

【典　拠】「名古屋新聞」6・17。

【備　考】○「一般の観覧者は一等一円、二等七十銭、三等五十銭であるが、学生には特別の割引をする筈。」（「名古屋新聞」6・11附録）

○六月十六日　**伊勢門水翁還暦祝賀能**

十六日、名古屋能楽堂において、市内中区末広町伊勢門水の還暦を祝賀する能会が催され、金剛巌の『邯鄲』、桜間金太郎の『熊野』、伊

勢門水の業平による狂言『業平餅』などが上演された。（「名古屋新聞」5・24附録、6・17附録）

123頁下段参照。

○六月十七日　午後三時から　**国技館**

音楽会　世界一週米国少年団一行

【典　拠】「名古屋新聞」6・17。

【備　考】○「全市小学生を招待して得意の音楽会を催し、十八日朝京都へ向け出発する筈である。」（典拠）

○六月十七日～（二十三）日　昼夜　**新守座**

《連　鎖》天活第一劇団大井・酒井一派　第三回目替り

中井苔香氏新作

連鎖大悲劇　旭《あさ》日《ひの》光《ひかり》　連鎖十場

【出　演】酒井・寺田・山田・三好・波多・田島・村尾・関・大井

【典　拠】「名古屋新聞」6・17附録～19附録、23広告、24附録。

【備　考】○「昨日は初日にも拘らず百七十余名の団体と総見ありて、昼夜共満員。」（「名古屋新聞」6・18附録）○「連鎖光明劇『旭日光』。」（同紙6・21附録）○「例の天活式の大道具にて満場急霰の拍手。」（同紙6・20附録）○「昨日は市外覚王山に出張、頗る大仕掛に次狂言の連鎖写真の大撮影を行ひたり。」（同紙6・22附録）○「連日大好評。」（同紙6・23）○評「新守座の『旭日光』」雅光（「名古屋新聞」6・20附録）

○六月十八日～　午前六時開場　**音羽座**

東西合併大相撲

【典　拠】「名古屋新聞」6・16、19附録。

【備　考】○「来十七日より晴雨を論ぜず五日間（中略）興行。」（「名古屋新聞」6・16）○「東京方大ノ里・八甲山・大鳴門一行と大阪方陣幕・平錦一行の京阪合併大相撲。十七日初日の処、大阪方幕内力士の内汽車に乗遅れたる為め勧進元は決勝五番、番外お好みを出し、お客様に詫を述べ丸札を呈して入掛けとなつた十八日の初日は上景気にて満員の盛況を呈したり。」（「名古屋新聞」6・19附録）○「初日は（中略）落語家助六はお好みとして飛付五人抜きを出し、木戸御免の才三・おかぎの両名も早朝から入場。」（同紙6・20附録）

○六月十八・十九日　**京枡座**

現代的新浪花節　美当峰月　燕朝　雷太郎

【読み物】乃木将軍（峰月）　旅順孝子兵士（峰月）　長講二席づゝ

【典　拠】「名古屋新聞」6・18附録、19附録。

【備　考】○「浪界新横綱美当峰月外燕朝・雷太郎の少年つぼみ等一行。」（「名古屋新聞」6・19附録）

○六月十八日　午後七時より　**寿座**

第四回　名古屋市政革新会演説会

【典　拠】「名古屋新聞」6・19附録。

○六月十八・(十九)日　林貞院縁日の余興

市内西区巾下新道林貞院は、十八・十九の両日、例月のとおり縁日につき、大般若挙行のほかに、余興として昼に須磨琴会、夜に浄瑠璃大会が開かれる。

(「名古屋新聞」6・18附録)

○六月(十九)日~　寿座

万歳新派劇　日比愛三郎一行

【典　拠】「名古屋新聞」6・19附録。

【備　考】○「明(ママ)十九日より。」(典拠)

○六月十九日　午後七時より　三栄座

第五回　名古屋市政革新会演説会

【典　拠】「名古屋新聞」6・19附録。

○六月二十日~(二十二)日　京枡座

《新派劇》新愛知小説

嵐《あらし》の跡《あと》　原良一　花村静哉　西萬兵衛　一座

【典　拠】「名古屋新聞」6・20附録、20広告、22附録、23。

【備　考】○「昨初日満員。(中略)一座大車輪。」(「名古屋新聞」6・21附録)

○六月二十・(二十一)日　三栄座

《女優歌舞伎》

新作　三代《だい》嘶《はなし》髪結《かみゆひ》藤次《とうじ》　大阪　市川若之助一座

【切狂言】一の谷《たに》兜《かぶと》軍記《ぐんき》

【典　拠】「名古屋新聞」6・20附録~22附録。

○六月(二十)・(二十一)日　大黒座

浪花節　武田萬兵衛一行

【典　拠】「名古屋新聞」6・19広告~22広告。

○六月二十日~(二十三)日　午後五時より　高砂座

小《こ》三金《きん》五郎《らう》

【　中　】和《わ》田《だ》合《がっ》戦《せん》　板額門破りより市若切腹まで

【　切　】白《しら》木《き》屋《や》

大阪名代　中村千太郎　実川菊次郎　市川福升　一座

【典　拠】「名古屋新聞」6・20附録、23広告、24附録。

【備　考】○「今明両日は尚武会大祭に付、午後三時より開演。」(「名古屋新聞」6・21附録)　○「好評　大阪名題中村扇太郎」(「新愛知」6・22広告)

○六月二十日～（二十六）日　昼夜　**千歳劇場**

《新旧喜劇》ニコニコ団・曽我廼家一派合同　芸題替

【一番目】喜劇　調《てう》伏《ふく》　三場

【第　二】喜劇　剛《がう》状《じやう》と我《わが》儘《まゝ》　三場

旧喜劇　身《み》替《がは》り大《だい》名《みやう》　二場

新喜劇　芸《げい》妓《ぎ》の意《い》気《き》地《ち》　三場

蝶五郎　千鳥　五九道　天女　義郎　喜峰　一郎　時三郎　女寅　十郎丸　小磯

【典　拠】「名古屋新聞」6・20附録～22附録、22附録評、24附録、26附録、27附録。

【備　考】○「千歳劇場筋書」（「名古屋新聞」6・19附録、20附録）○「専属作者の新作新喜劇には現代社会を諷刺し…。」（同紙6・20附録）○「昨初日は昼夜共に満員、近来に見ざる大盛況。」（同紙6・21附録）○「『我儘と剛情』は（中略）諷刺教訓。」（同紙6・25附録）○評「千歳劇場の喜劇」雅光（「名古屋新聞」6・22附録）

○六月二十日～（二十二）日　四時より　**蓬座**

東京女優大歌舞伎

御《お》目《め》見《み》得《え》だんまり

蝶《てう》千《ど》鳥《り》曽《そ》我《が》物《もの》語《がたり》

恋女房染分手綱《こひにようばうそめわけ□つな》

福《ふく》徳《とく》屋《や》万《まん》助《すけ》

市川団女　団子　桑治　政吉

【典　拠】「名古屋新聞」6・20附録、22附録、23。

【備　考】○「大好評」（「名古屋新聞」6・21広告）

○六月二十一日～（二十五）日　午後五時より　**歌舞伎座**

歌　劇　東京中央歌劇座一行

【出　演】松永勝・千田猛・守田秀弥・片山文雄・戸山萬里・黒田誠・瀬川梅夫・江口正男・松本一・糸井繁代・松本くに子・富士野駒子・倉知光栄・大江高子・三浦喜久代・梅野つばめ・神谷芳子・山本錦子・三条時子・小松みどり・遠山友子

【番　組】二十一日～　第一　喜歌劇 洗濯大会　第二　表情劇 指紋　三場　第三　トーダンス 光明　一場　第四　アラスカ奇談大活劇 創痕　三場　第五　オペレット カフエーの夜　一幕

二十四日　カチユーシヤ　さすらひ　夢の通ひ路　独唱数番

二十五日　新曲 逍遥の月下　我が思ひ　恋路の籬　ケレーヂー　等

【典　拠】「名古屋新聞」6・19附録～22附録、24附録、25附録、26広告。

【備　考】○「一行は過般来阪神各地廻演中の所、今回帰京の途中近日当市に来り（中略）三十余名大合同。」（「名古屋新聞」6・19附録）○「入場料は特等金六十銭、一等金四十銭、二等金二十五銭、三等金十五銭。」（同紙6・21附録）○「初日学生・軍人などの入場者押掛け満員締切の大盛況。（中略）スパニツシユダンスは糸井繁代の独占舞台。」（同紙6・22附録）○「連日満員。（中略）本日独唱及び弾奏の唄は、新曲『逍遥の月下』…。」（同紙6・25附録）

○六月(二十一)日~(二十七)日　宝生座

村井長庵やぶれ傘

【観劇料】場代なし
【典　拠】「新愛知」6・20広告、21広告、27広告、28広告。

○六月(二十一)日　熱田鶴風社演奏会

「南区熱田琴古流尺八鶴風社主催にて、二十一日(熱田大祭)午後七時より熱田田中町光寿庵にて演奏会開催。」（「名古屋新聞」6・18）

○六月(二十二)・(二十三)日　寿座

蛇芝居　肉《にく》附《つき》の面《めん》　全六幕　　水野光美一座

【典　拠】「名古屋新聞」6・23、24広告。
【備　考】○「名古屋新聞」6・22附録には「明日より」とある。

○六月二十二日　三栄座

《女優歌舞伎》
伊勢《いせ》騒動《さうどう》二見《み》の仇討《あだうち》　通し　　大阪 市川若之助一座

【典　拠】「名古屋新聞」6・22附録、23附録。

○六月(二十二)日~(二十四)日　大黒座

《連鎖劇》
演目不詳　　大谷友十郎 市川百十郎一座

【典　拠】「名古屋新聞」6・21広告、22広告、24広告、25広告。

○六月(二十二)日　青山社中素謡舞囃子会

「来る二十二日午後一時より、東区呉服町能楽倶楽部に於て、青山社中の素謡舞囃子会を開催する由。傍聴随意。」（「名古屋新聞」6・19附録）

○六月(二十二)日　喜多流素謡会

「二十二日午後一時、中区矢場町白林寺に開催。」（「名古屋新聞」6・20附録）

○六月二十三日~(二十五)日　京枡座

東京女優大歌舞伎
御目見得《おめみえ》だんまり
【一番目】蝶《てう》千鳥《どり》曽《そ》我物語《がものがたり》
【中　幕】恋女房染分手綱《こひにようばうそめわけたづな》
【二番目】福《ふく》徳《とく》屋《や》万助《すけ》

市川団女
市川団子
市川桑治
市川政吉

【典　拠】「名古屋新聞」6・23、24附録、25広告、26附録。

○六月二十三日～(二十五)日　三栄座

浪花節　原華六　五十鈴軒嶺風
徳川譲　一行

【典拠】「名古屋新聞」6・23、24附録、25広告、26附録。

【備考】○「人気」(「名古屋新聞」6・24広告)

○六月二十三日～二十九日　昼夜二回　末広座

《新派》現代劇一派　四の替りお名残り狂言

【一番目】悲劇　紅《くれない》の酒《さけ》　四幕
【二番目】西南役悲壮話　五六八の最期《さいご》　一幕

【出演】武田正憲・勝見庸太郎・稲富寛・五月信子・三好栄子・和歌浦糸子・日疋重亮
【典拠】「名古屋新聞」6・22附録広告、23、25附録広告、29附録。
【備考】○「『五六八の最後』は一座又特有の出し物。」(「名古屋新聞」6・24附録)○「連日大好評(中略)本日昼之部は十一時半より開演。夜之部は東京砲兵工廠へ売切れに付き一般の観客は謝絶。明日は昼夜二回共普通興行。」(同紙6・28附録)○「舞台装置と各優の努力に依り益々好評。」(同紙6・29附録)

○六月二十三日～　昼夜二回　帝国座

《連鎖劇》東都新派花形 桂寿郎一派　革新四回替り

友《いう》情《じやう》？煩《はん》悶《もん》　前後七幕　津坂
白川おつま
小村静枝

【典拠】「新愛知」6・23、23広告、「名古屋新聞」6・24附録広告、25附録、26附録。

【備考】○「岡崎興行。」(「新愛知」6・23)○「近来の大事件たる○○○事件の内容を座附作者一花氏の手に依て脚色されたる悲惨劇『恐ろしき一夜』五場附『煩悶』二場に分ち上場。」(「名古屋新聞」6・23)○「名古屋新聞」6・24附録には「昨初日昼夜満員」とあるが、同紙6・24附録広告には「昨初日大道具新調の為め昼の部を休演」とある。○「『友情《ゆうじやう》？煩悶《もたへ》』(中略)本日は正午十二時と午后五時開演(中略)尚発表の悲惨劇『恐ろしき一夜』は昨朝突然其筋より御注意相受け、劇中の一部分に訂正加除仕り、芸題も『友情』？附『煩悶』にて前後七幕を上場致し…。」(「名古屋新聞」6・24附録広告)○「問題劇の事とて人気素晴しく、筋に背景に申分なく…。」(同紙6・25附録)○「帝国座にて好評の桂寿郎一派連鎖劇は、同座舞台修繕の為め二十六日より熱田高砂座に移り…。」(同紙6・26附録)

○六月(二十三)日～(二十五)日　蓬座

名古屋新聞講談劇

田《た》宮《みや》坊《ぼう》太《た》郎《らう》　電気応用　二十七段返し幕無し　嵐眼笑
巴左衛門
多摩之丞

【典拠】「名古屋新聞」6・23、24附録～26附録。

【備考】○「名古屋新聞」6・24附録、25附録には「二十二日より」とある。○「『田宮坊太郎』は所謂湊座引越興行にて、例の幕無し二十七段返し電気応用の花々しき大舞台にて、巴左衛門・多摩之丞・眼笑等の大車輪に初日以来大入満員の盛況なり。」(「名古屋新聞」6・24附録)

○六月二十四日～(二十六)日　寿座

演目不詳　市川琴次一座

【典拠】「名古屋新聞」6・24広告、26広告、27広告。

【備　考】○「好評」（「名古屋新聞」6・26広告）

○六月二十四日～三十日　新守座

《連鎖劇》天活第一劇団大井一派　第四の替り

立花靖堂氏作

連鎖大悲劇　返《かへ》り咲《ざき》　連鎖十一場

【出　演】酒井・寺田・山田・三好・波多・野村・小林・田島・村尾・関・大井

【典　拠】「名古屋新聞」6・24附録～26附録、26附録評、30。

【備　考】○「棹月氏新作『返り咲き』。」（「名古屋新聞」6・24附録）○「天活直営」（同日同紙附録広告）○「今回は特に連鎖写真を九百尺に余る長尺を使用したる事とて、頗る好評。」（同紙6・25附録）○「第七多摩川夕涼みの場は独特の電気装置にキネマを利用して、清き流れ対岸の火入遠見など涼しき蛍狩の実況を見せ…。」（同紙6・26附録）○「鮮明の連鎖写真とキネマ応用の舞台装置と各優の努力とにて連日満員の盛況。」（同紙6・28附録）○「昨今両日に渡り座員惣出にて、次狂言用連鎖写真の大撮影を挙行しつつありと。」（同紙6・29附録）○評「新守座と帝国座」雅光（「名古屋新聞」6・26附録）

○六月二十四日～　午後六時より　高砂座

浪花節　津田清美一行

【読み物】二十四日　義士伝　新物

【典　拠】「名古屋新聞」6・24附録。

【備　考】○「革新浪界大将津田清美一行。」（典拠）

○六月二十四日～　湊座

故竹本香住追善浄瑠璃大会　会主花沢柳子

【語り物】二十四日　忠三（力子）　酒屋（小二三）　先代萩（弘）　松王屋敷（喜遊）　忠八（新翁琴枝）　鳴戸（柳玉）　新口村（弥生）　日吉丸（小勝）　壺阪（小金）

二十五日　上かんや（文子）　三代記（小光）　一《ママ》弁慶（弘）　太十（喜遊）　松王邸（新翁琴枝）　白石噺（弥生）　鈴ケ森（萬）　柳（小勝）　朝顔（小金）　大切　弥次喜多（掛合）

二十六日　鈴ケ森（君子）　日吉丸（政子）　壺坂（光子）　矢口（加昇）　玉三（喜遊）　□郡（新翁琴枝）　忠八（弥生）　太十（萬）　嫁おどし（小勝）　堀川（小金）

二十七日　忠三（花子）　鎌三（力子）　千代萩（弘）　白石（弥生）　朝顔（琴枝）　寺子屋（小勝）　獅（小金）

二十八日　二度目（政子）　鈴森（光子）　矢口渡し（琴枝）　白石七（弥生）　酒屋（柳玉）　日吉丸（萬）　忠八（小勝）　壺坂（小金）

二十九日　忠三（力子）　二度目（政子）　日吉丸（小二三）　三代記（小光）　先代萩（光子）　太十《ママ》（嘉遊）　妹脊山（琴枝）　柳（弥生）　鏡山（小勝）　三勝　酒屋（小金）

大切　弥次喜太

【典　拠】「名古屋新聞」6・24附録～29附録。

【備　考】○「大喜利の弥次喜多茶番掛合手踊大受。」（「名古屋新聞」6・27附録）○「柳子と小金の十八番に弥次喜太手踊等。」（同紙6・28附録）○「満員」（同紙6・30広告）

○六月(二十五)日~(二十九)日　大黒座

《新派》　蛇劇　大勇団一行

【典拠】「名古屋新聞」6・24広告、25広告、29広告、「新愛知」6・30。

○六月二十六日~(三十)日　京枡座

湊座引越興行
名古屋新聞講談劇
田《た》宮《みや》坊《ぼう》太《た》郎《ろう》　二十七段返し　幕無し　電気応用

【観劇料】木戸二十銭
【典拠】「名古屋新聞」6・26附録、26附録広告、30、7・1附録。
【備考】○「初日は大盛況を博したり。」(「名古屋新聞」6・27附録)○「引続き大盛況、愈々大人気を博しつゝあり。」(同紙6・30)

○六月二十八日~　演目追加

菅《すが》原《はら》伝《でん》授《じゅ》　寺子屋

【典拠】「名古屋新聞」6・29附録、30。

【備考】○「『田宮坊太郎』は引続き大盛況なるが、尚昨日より御好みに依り一座各地に好評を博したる『菅原伝授』(中略)を差加へ愈々大人気を博しつゝあり。」(「名古屋新聞」6・29附録)

○六月二十六日　三栄座

《旧劇実写連鎖劇》
三ツ葵
紀州の誉　関《せき》口《くち》武《ぶ》勇《いさ》(ママ)伝《でん》　幕なし　市川百十郎　大谷友十郎一座

【典拠】「名古屋新聞」6・26附録、27附録。

【備考】○「満員」(「名古屋新聞」6・26広告)

○六月二十六・(二十七)日　高砂座

《新派連鎖劇》
【第一】喜劇　御《ご》利《り》益《やく》
【第二】神秘劇　唄《うた》の杜《もり》
【第三】連鎖悲劇　磯《いそ》打《う》つ浪《なみ》　桂寿郎一派

【典拠】「名古屋新聞」6・26附録、27広告、28附録。

【備考】○「好評」(「名古屋新聞」6・27広告)なお、二十八日初日の次興行と演目の重複がみられるので、初日が延期された可能性もある。

○六月二十六日~(三十)日　五時開演　蓬座

三曲芝居　幕無し　女優　市岡若吉一座
芸題毎日替

【演目】喜劇　源氏節　角力甚句
【典拠】「名古屋新聞」6・26附録~28附録、30、7・1附録。
【備考】○「芝居芸題毎日替にて、其他喜劇・源氏節大好評。」(「名古屋新聞」6・27附録)○「余興に喜劇。」(同紙6・29附録)

○六月二十六・二十七日　旭廓娼妓慰安会

旭廓《しんち》の廓事務所において、二十六・二十七の両日、娼妓の慰安会が催され、雷門助六一座による落語と門前署長による訓話があった。

（「名古屋新聞」6・27附録）

○六月二十七日～(三十)日　寿座

《新　派》

女《をんな》塩《しほ》原《はら》　毎日芸題替り　川上貞次郎一座

【幕　間】大曲芸　一丸（ママ）

【典　拠】「名古屋新聞」6・27附録、30広告、7・1附録。

○六月二十七日～(三十)日　三栄座

天下一品　三曲劇　大阪初上り　鈴木小主水一行

【余　興】万歳（大阪芸妓）

【典　拠】「名古屋新聞」6・27附録、30、7・1附録。

【備　考】○「他にルイナキ劇で大人気。」（「名古屋新聞」6・28附録）○「大阪芸妓の余興万歳、共に好評。」（同紙6・30）

○六月二十七日～七月(三)日　千歳劇場

《喜　劇》ニコニコ団・曽我廼家合同一派　芸題替へ

【第　一】笑劇　鉄《てつ》成《なり》金《きん》　三場

【第　二】喜劇　夫婦《ふうふ》の宿《やど》行《ゆき》　三場

【第　三】旧喜劇　大久保《おほくぼ》彦左衛門《ひこさゑもん》　三場　天女　時三郎　蝶五郎

【第　四】新作喜劇　金色夜叉《こんじきやしや》に不如帰《ほとゝぎす》　三場　キネマ応用

【典　拠】「名古屋新聞」6・27附録、27附録広告、28附録、7・1附録、3広告、4附録。

【備　考】○「千歳劇場筋書」（「名古屋新聞」6・26附録、27附録）○「今週の入場料　特等大人七十五銭・小人三十五銭　一等大人五十銭・小人二十五銭　普通大人二十五銭・小人十五銭」（同紙6・27附録広告）○「各団体見物の申込み等続々あり。」（同紙6・29附録）○「背景は独特のユニバースキネ応用にて涼しく好評。」（同紙7・1附録）○「連日大入り、大当り。」（同紙7・2）

○六月二十七日～七月(三)日　午後五時開演　**御園座**

《喜劇・連鎖劇》喜劇義士廼家・連鎖劇中野女優団合同一座

【第　一】**操**《みさほ》　二場

【第　二】**焼**《やけ》**跡**《あと》　三場

【第　三】連鎖劇 **思**《おも》**はぬ縁**《えん》　十五場

【第　四】喜劇 **根**《ね》**上**《あが》**り松**《まつ》　二場

【第　五】**化**《ばけ》**物**《もの》**屋**《や》**敷**《しき》　三場

由良之助
平右衛門
勘平
源吾
弥五郎
花子
菊子
子供華嬢
力弥
九太夫
一枝
富子

吉野
中野

【典　拠】「名古屋新聞」6・24附録、25附録、27附録、29附録、29附録評。

【備　考】○「『根引松』(ママ)は斯界近来の傑作にて、同一行が神戸聚楽館に於て三の替り二十日間引続き上場なし大好評もの。因に一行は二十六日花々敷乗込をなし、道具調べの上…。」(「名古屋新聞」6・25附録) ○「本日午後四時より開場。(中略)初日に限り特等五十銭、一等より三十銭均一と云ふ大割引。」(同紙6・27附録) ○「義士廼家喜劇一行は東京・大阪の中野興行社が、当地の林興行部と提携して第一回興行を、而も月末に蓋を開ると云ふ大胆を敢行したので前景気荒く、昨日午前から町廻りに男女優の幹部連が自動車三台に分乗し一層の人気を引締、開場前に大盛況。」(同紙6・28附録) ○「六年振りで名古屋へ来た(中略)二十七日初日で一週間(中略)上演することになつた。」(同紙6・29附録評) ○「日を逐ふに随ひ益人気よ(ママ)(中略)『操』は最も客受よき為め、第五に廻し居れり。」(同紙7・2) ○評「御園座の喜劇」雅光(「名古屋新聞」6・29附録)

○六月二十八日　午後七時より　**歌舞伎座**

第十四回 市政革新演説会

【典　拠】「名古屋新聞」6・28附録。

○六月二十八・(二十九)日　**高砂座**

《新派連鎖劇》

【第　一】悲劇 **御**《ご》**利**《り》**益**《やく》　二場

【第　二】連鎖悲劇 **磯**《いそ》**打**《うち》**浪**《なみ》　十七場

桂　寿郎一派

【典　拠】「名古屋新聞」6・28附録、29広告、30。

【備　考】○「好評」(「名古屋新聞」6・29広告)

○六月(二十八)日～　**宝生座**

松竹梅三女仇討

【観劇料】場代なし

【典　拠】「新愛知」6・27広告、28広告。

○六月二十八日　黄花園大納涼夜会の余興

万松寺黄花園の「大納涼夜会」が二十八日午後六時から毎夜開催され、「噴水人形大仕掛」「電気応用花火」のほか、活動写真が上映され、西川流舞踊「軒すだれ」「玉兎」、桂派茶番などが余興として演じられた。

(「名古屋新聞」6・28広告、7・5広告、11)

○六月三十日　午後七時より　**大黒座**

第十六回　革新演説会

【典　拠】「新愛知」6・30。

○六月三十日～　午後五時より　**高砂座**

夏《なつ》祭《まつり》

大《だい》安《あん》寺《じ》

妹《いも》脊《せ》御殿

片岡島之助
中村雁童
中村雁十郎一座

【典　拠】「名古屋新聞」6・30、7・1附録。

【備　考】○「片岡島之助・中村梅《ママ》童・中村翫《ママ》十郎一行にて大好評。」（「名古屋新聞」7・1附録）

○六月　周辺地区の興行

・（豊橋の）豊橋座は、一日より三日間、曽我廼家十郎一派にて、第一『申分なし』二場、第二『らしい男』三場、第三旧劇『西行法師』三場、第四『赤てがら』三場、第五『自動電話』二場を上演。（「新愛知」5・31附録広告）

・（豊橋の）東雲座は、一日午後一時より豊橋実業談話会第二十二回通常総会を開催。（「新愛知」5・24附録）

同座は、一日より三日間、浪花節大博覧会を関東浪花節組合の代表十二名にて開催。（「新愛知」6・1附録）

・（豊橋の）弥生座は、一日より新派連鎖劇男女合同一座にて『菖蒲時雨』を上演。（「新愛知」5・31附録）

・挙母の大正座は、一日より魔術応用怪猫劇を上演。（「新愛知」6・1広告）

・津市の曙座は、一日より末広座巡業部第二団中村信濃・嵐雛十郎・尾上卯多五郎・中村藤之助等百八十余名の一座にて、一番目『花川戸助六』六幕、中幕『勧進帳』安宅関、二番目『艶姿《ママ》女舞衣』酒屋の段等を上演。（「名古屋新聞」5・31、6・2広告）

・新川町の新盛座は、一日より三日間、名古屋帝国座志知巡業団の中京成美団藤川岩之助一派による連鎖劇『心』を上演。（「新愛知」5・31広告、「名古屋新聞」6・3広告）

・岐阜の旭座は、一日より六日間、名古屋帝国座巡業団志知興行部の片岡我十・市川蝠十郎・市川右多之助・片岡梅長・片岡当笑・中山喜楽等の一座による歌舞伎連鎖劇『鍾馗半兵衛』を上演。（「新愛知」5・31広告、6・1附録、4）

・岡崎市の宝来座は、四日より三日間、名古屋帝国座巡業団志知興行部の中京成美団藤川岩之助一派による新派連鎖劇『心』を上演。（「新愛知」5・31広告、6・4広告）

・（豊橋の）東雲座は、有楽座専属俳優花房秀香・津久葉治男一行による軍人思想普及劇『常陸丸須知中佐物語』『金色夜叉』等を上演中。（「新愛知」6・4附録、5附録）

・桑名の中橋座は、五日より名古屋末広座巡業部第二団中村信濃・尾上卯多五郎・嵐雛十郎・中村藤之助等の一行にて、第一『花川戸助六』、中『勧進帳』、切『酒屋』を上演。（「新愛知」6・5、5広告）

・南設楽郡新城町の富貴座は、六日より市川牡丹一座にて『牛若小僧三吉』を開演。（「名古屋新聞」6・11）

＊同座の次興行に同じ一座で『御目見得だんまり』とあるところから、上演演目は一致しないが両興行は同一の可能性もある。128頁上段参照。

・（豊橋の）豊橋座は、中村扇太郎一座による旧劇『千代萩』『三十三間堂』『恋娘昔八丈』を上演中。（「新愛知」6・6附録）

・犬山の真栄座は、七日より三日間、名古屋帝国座巡業団志知興行部の片岡我十一座による歌舞伎連鎖劇『鍾馗半兵衛』を上演。
（「新愛知」6・4広告）

・静岡の若竹座は、八日より名古屋帝国座巡業団志知興行部の中京成美団藤川岩之助一派による新派連鎖劇『心』を上演。
（「新愛知」6・4広告、「名古屋新聞」6・8広告）

・（豊橋の）弥生座は、連鎖劇常設一周年記念興行として、八日より十九日まで、連鎖劇『涙の家』を上演。「昨秋西伯利亜出征の際、小倉第十二師団下に起りし事実劇を同座の俳優、四日豊橋市内で撮影した映画を以て連鎖劇にて試演する筈。」
（「新愛知」6・4附録、10附録広告、18附録）

・挙母の大正座は、八日より一志好美一座にて開場。
（「新愛知」6・8広告）

・新城の富貴座は、市川牡丹一座にて『御目見得だんまり』『天一坊』『矢口の渡』を上演中。
（「新愛知」6・8附録）

・（豊橋の）豊橋座は、九日より大阪大歌舞伎中村信濃・尾上卯多五郎・嵐吉右衛門・嵐雛十郎等の七十余名の大一座にて『花川戸助六』『双蝶々廓日記』『倭仮名在原景図』を上演。
（「新愛知」6・7附録、10附録、「名古屋新聞」6・10広告）

・一宮の満寿美座は、十日より四日間、名古屋帝国座巡業団志知興行部の片岡我十・市川蝠十郎・市川右多之助・片岡梅長・片岡当笑・中山喜楽・嵐徳二郎ほか八十余名の一座による歌舞伎連鎖劇『鍾馗半兵衛』を上演。
（「新愛知」6・4広告、10）

・（豊橋の）東雲座は、立花□《ふみ》子・末広玉子・清原花蝶等による女流浪花節を興行中。
（「新愛知」6・10附録）

・挙母の大正座は、十二日より市川猿十郎にて開場。
（「新愛知」6・12広告）

・西尾の歌舞伎座は、十三日より末広座巡業部第二団中村信濃一座にて開場。
（「名古屋新聞」6・12広告）

・豊橋の東雲座は、十三日午後七時より在郷軍人聯合分会中分会主催による軍人母妻会を開催し、軍事講演のほか、吉田小奈良丸の浪花節、三遊亭三角の落語手踊、金子本一郎・喨和会員の三曲合奏、市内名人連の義太夫・琵琶歌など種々の余興を上演。
（「新愛知」6・10附録、15附録）

・新城の富貴座は、花房秀香一行による『金色夜叉』を上演中。
（「新愛知」6・13附録）

・岡崎市六地蔵の宝来座は、十四日より五日間、名古屋帝国座巡業団志知興行部の片岡我十・市川蝠十郎・市川右多之助・片岡梅長・片岡当笑・中山喜楽・嵐徳二郎ほか八十余名の一座による歌舞伎連鎖劇『鍾馗半兵衛』を上演。
（「新愛知」6・1附録、4広告、10）

・（豊橋の）東雲座は、浅尾森之助・河合明石等の一座にて、実物の馬を応用した連鎖劇『塩原太助一代記』を上演中。
（「新愛知」6・14附録）

・豊橋の豊橋座は、十五日より末広座巡業部第一団市川九蔵・市川九団次・沢村哥川・嵐巌右衛門・市川高三郎・坂田半五郎・沢村長五郎・中村時鶴・市川団三郎等の一座にて、一番目『一の谷嫩軍記』、中幕上『丹助の毒茶』、中幕下『石切梶原』、二番目『野崎村』を上演。
（「名古屋新聞」6・12広告、「新愛知」6・13附録、14附録、14附録広告）

・三河三谷町の恵比寿座は、十六日より末広座巡業部第二団中村信濃一座にて開場。
（「名古屋新聞」6・16広告）

・蒲郡町の宝盛座は、十七日より二日間、市川右多之助・片岡我十ほか八十余名にて歌舞伎連鎖劇『鍾馗半兵衛』を上演。
（「新愛知」6・17附録）

・豊橋市の東雲座は、十九日より二十四日まで、名古屋帝国座巡業団志知興行部の片岡我十・市川蝠十郎・市川右多之助・片岡梅長・片岡当笑・中山喜楽・嵐徳二郎ほか八十余名の一座による歌舞伎連鎖劇『鍾馗半兵衛』を上演。

（「新愛知」6・1附録、4広告、10、24附録）

・（豊橋の）豊橋座は、二十・二十一の両日、新芸術座中井哲・高山晃・野添健・辻野良一・今村静子・香川玉枝・中山歌子・沢宮子等の一行にて、社会劇『肉店』西欧情話『カルメン』を上演中。
（「新愛知」6・19附録、20附録広告）

・挙母の大正座は、二十日より文明館特別大写真を興行。
（「新愛知」6・15広告）

・豊橋市の豊橋座は、二十四日より三日間、同市松葉芸妓組合正栄連主催、同町正栄会後援による芸妓舞踊大会を開催。
（「新愛知」6・13附録、19附録、24附録）

・岡崎の宝来座は、二十四日より二十七日まで『鍾馗半兵衛』を上演。
（「新愛知」6・24広告、27広告）

・新城の富貴座は、吉田小奈良丸・京山右呑風による浪花節を興行。
（「新愛知」6・24附録）

・西尾町の西尾座は、二十五日より片岡我十・市川蝠十郎・市川右多之助・片岡梅長・片岡当笑・中山喜楽・嵐徳二郎ほか八十余名の一座による『鍾馗半兵衛』を上演。
（「新愛知」6・1附録、10）

・（豊橋の）弥生座は、『海の鳴る頃』『残る光』を上演中。
（「新愛知」6・25附録）

・（豊橋の）寿座は、三河屋円車一行による浪花節を興行中。
（「新愛知」6・26附録）

・常滑の晋明座は、二十七日より市川団女一座にて、『御目見得だんまり』『曽我物語』『恋女房染分手綱』重の井子別れ、切所作事『福徳屋万助』を上演。
（「新愛知」6・27）

・（豊橋の）東雲座は、二十七日より中川伊勢吉一行による浪花節を興行。
（「新愛知」6・27附録）

・静岡の千鳥座は、末広座巡業部第一団市川九蔵・市川九団次にて興行中。
（「名古屋新聞」6・27広告）

・蒲郡の宝盛座は、末広座巡業部第二団中村信濃一座にて興行中。
（「名古屋新聞」6・27広告）

・（豊橋の）弥生座は、連鎖男女合同劇の芸題替えにて、喜劇『思ひ違ひ』、悲劇『虚栄の罪』を上演中。
（「新愛知」6・27附録）

・挙母の大正座は、二十八日より左半治・彦蔵等にて市川左運蔵名披露興行を開演。
（「新愛知」6・22広告、23）

・横須賀の大正座は、二十八日より『鍾馗半兵衛』を上演。
（「新愛知」6・28広告）

・（豊橋の）豊橋座は、三十日より新進若手沢村扇之助・尾上花仙・市川十郎等の一座にて『時鳥侠客御所染』『阿波鳴戸』『嫗山姥』等を上演。
（「新愛知」6・29附録）

・東海道焼津の湊座は、末広座巡業部第一団市川九蔵・市川九団次にて興行中。
（「名古屋新聞」6・30広告）

・信州飯田の曙座は、末広座巡業部第二団中村信濃一座にて興行中。
（「名古屋新聞」6・30広告）

○七月一日～七日　午後五時より　**歌舞伎座**

革新青年団　初御目見得

天下唯一　浪花節連鎖劇　幕間無し

中村小奴
中村福奴

【演　目】一日～　弁天小僧吉之助　十二冊　毎日続き　二番目　宇都の谷峠　文弥殺し（大道具大仕掛け）　大喜利　余興　出雲名物鰌掬ひ（一座惣出　長唄出囃子　電光応用背景）　中村小歌（ママ）十八番

三日　一番目　弁天小僧吉之助　中篇　相州小田原の旅館より弁天小僧召捕まで（大道具）

四日　白浪百人男の内　天下の義賊弁天小僧吉之助　後篇（最新式電光応用）　大喜利　出雲名物安来節鰌すくひ

五日　蔦紅葉宇都谷峠　序幕より大詰まで（オーカー式ユニバース応用）　大喜利　出雲名物安来節鰌すくひ

六日　蔦紅葉宇都谷峠　文弥殺し　通し
七日　蔦紅葉宇都谷峠　文弥殺し

【典　拠】「名古屋新聞」6・28附録、30、7・3附録～6附録、7。
【備　考】○「山陽・山陰・九州各地の劇界に浪花節連鎖劇として、天下唯一山陰名物男中村小奴青年団一行（中略）背景はオーカー式の大道具大仕掛。」（「名古屋新聞」6・28附録）○「五十余名大一座（中略）出雲名物の『安来節』所謂『松江節』の音頭にて、一座惣出の惣踊りは当市にては初めて。」（同紙6・29附録）○「文弥殺しを早替りにて演じ（中略）入場料は破格の大勉強にて、二十五銭均一。」（同紙7・1附録）○「キネマ応用。」（同紙7・3附録）○「若手揃ひの大車輪と（中略）『鰌すくひ』が呼び物となり、各連芸妓の見物多く…。」（同紙7・6附録）

○七月一日～(三)日　午後四時より　**京枡座**
《新旧合同連鎖劇》福寿会　　川島八重子一行

演目不詳

【典　拠】「名古屋新聞」7・1附録、2、3附録、4附録。
【備　考】○「連日満員（中略）川島興行部一行、新派大連鎖及喜劇。」（「名古屋新聞」7・3附録）

○七月一日～(六)日　寿座

荒《あら》市《いち》（ママ）川《かは》三勇士《ゆうし》
三人《にん》吉《きち》三
日《に》（ママ）本《ほん》太《たい》閤《かう》記《き》
阿《あ》波《は》の鳴《なる》戸《と》

片岡林若
市川春太郎
市川団若
一座

【観劇料】木戸四銭
【典　拠】「名古屋新聞」7・1附録、6広告、7広告。

○七月一日～(三)日　三栄座
《女優歌舞伎》

五郎正宗孝子伝《らうまさむねかうしでん》
【中　幕】二人《にん》喜《き》劇《げき》
【切　】お駒《こま》才《さい》三　白木屋

女優
市岡若吉
中村扇若
市川米八
一座

【典　拠】「名古屋新聞」7・1附録、3広告、4附録。

○七月一日～七日　新守座

《連鎖劇》天活第一劇団　狂言替

羽様荷香氏作

連鎖 大悲劇 望《のぞみ》の光《ひかり》　連鎖十一場

大阪 筑前琵琶川原旭風　弾奏

喜劇 出《しゅっ》産《さん》

酒井　寺田　山田　三好　波多　田島　村尾　関　大井

【典　拠】「名古屋新聞」7・1附録、1附録広告、4附録、5附録、5附録評、7。

【備　考】○「例の天活式大道具にキネを応用として、頗る奇抜な連鎖振を見せる。」(「名古屋新聞」7・1附録) ○「初日以来満員(中略)大詰燈台の場は大阪より特派の筑前琵琶の名手河原旭風弾奏に、悲壮味を添へつゝあり。」(同紙7・5附録) ○「昨日は一座員惣出にて市内広小路一帯より記念碑附近を背景として、目先きの変りたる連鎖ヒキルムの大撮影を行ひたりと。」(同紙7・6附録) ○「大詰は道具に電気光線に出来る限りの贅を尽したる事故、頗る大好評。」(同紙7・7) ○評「新守座劇評」弌(「名古屋新聞」7・5附録)

○七月一日～(四)日　昼一時 夜六時 二回開演　末広座

《歌舞劇》新星歌舞劇団一座

【第　一】喜劇 勇《ゆう》者《しゃ》　一幕

【第　二】アラスカ奇談 創《さう》痕《こん》　二幕

【第　三】舞踊 ジプシーライフ　一場

【第　四】楽劇 スエンガリ　二幕
伊庭孝作

【第　五】舞踊 ハンガリアダンス　一場

伊庭孝　高田雅夫　正国宏　原せい子　花房静子　花井敏郎　岡本春経　明石潮　金木三夫　鈴木林

【監　督】伊庭孝

【典　拠】「名古屋新聞」6・28附録、29附録、7・1附録、1附録広告、3附録評、4附録広告、5附録広告。

【備　考】○「松竹経営」(「名古屋新聞」7・1附録広告) ○「管絃部員を加へたる…。」(「名古屋新聞」6・28附録) ○「末広座筋書」(同紙6・29附録、7・3附録) ○「昨初日(中略)昼夜共大満員。」(同紙7・2) ○「夏向きのものとして上演以来盛況続き。」(同紙7・4附録) ○評「末広座歌舞劇」雅光(「名古屋新聞」7・3附録)

○七月一日～(五)日　大黒座

《新派劇》

演目不詳

【典　拠】「名古屋新聞」7・1広告、5広告、6広告。

【備　考】○「名古屋新聞」6・30広告には「一日より浪花節芝居」とある。

○「好評」（「名古屋新聞」7・2広告）

○七月一日～　四時　帝国座

浪花節　京山小円一行

【読み物】一日　水戸巡遊記（京山朝春）　天保水滸伝（京山円龍）　明ケ烏（浪花家吉右衛門）　伊賀越道中双六（京山円遊）　五郎正宗（京山小円）　江戸の花（京山小円）

二日　水戸漫遊記（京山駒春）　天保水滸伝（京山円童）　明烏（浪花家吉右衛門）　伊賀越道中双六（京山円遊）　出世角力桜川五郎蔵生立（京山小円）　義士討入（京山小円）

三日　十八番　桜川五郎蔵生立　続き（京山小円）　義士討入り（京山小円）

四日　十八番　佐倉義民伝　二席（京山小円）

【典　拠】「名古屋新聞」6・29附録、7・1附録、2、3附録、4附録、「新愛知」7・2広告。

【備　考】○「浪界の会頭京山小円は若手揃ひ一座を引連来たり（中略）前人気頗る盛んなりと。」（「名古屋新聞」6・29附録）　○「初日に限り特等五十銭、一等以下三十銭均一の由。」（同紙7・1附録）　○「満員続き。」（同紙7・3附録）　○「初日以来相変らずの大入。」（同紙7・4附録）

○七月一日～　湊座

豊竹若太夫主催浄瑠璃復習会　取持　野沢連　花連　廓芸妓連中

【語り物】一日　御祝儀（入登）　弁慶（三笠）　先代（勇）　忠八（米昇）　菅四（菊枝）　油屋（一光）　酒屋（幸玉）　太十（小叶）　大喜利　忠臣蔵　本蔵下邸

三日　玉三（八千代）　仙台（知代）　朝顔（和香）　太十（勇）　合邦（金波楼内扇昇）　嫁おどし（磯香）　白石噺（ぴら新）　野崎（幸玉）　忠六（小叶）　大切　揚巻助六（太夫達芝居）

四日　新口村（知代）　松王屋敷（和香）　弁慶上使（八千代）　忠四（幸玉）　二度目（ヒデ新）　柳（金波楼内扇昇）　白石噺（小叶）　廓の達引（惣出）

五日　太十（花子）　弁慶（菊子）　日吉丸（小丈）　寺子屋（千代）　八陣（みさを）　合邦（すゞ子）　松王屋敷（金波楼内扇昇）　野崎村（益女）　大切　千両幟（楽屋総掛合）

【典　拠】「名古屋新聞」7・1附録、3附録～5附録。

【備　考】○「花柳連浄瑠璃会五日目は平和祝賀の為め先客三百名に限り景品を出す。」（「名古屋新聞」7・5附録）　○「満員　浄瑠璃大会」（同紙7・13広告）

○七月一日～（五）日　蓬座

特別活動大写真

【内　容】一日～　大連続名写真女ロロー　旧劇大名五郎蔵　新派大悲劇浅草情話

（四）日～　写真全部取替　旧劇乃木将軍　正劇牧師の娘　喜劇花娘の失敗

【典　拠】「名古屋新聞」7・1附録、1広告、3附録～6附録。

【備　考】○「好評」（「名古屋新聞」7・3広告）

○**七月一日　講和条約記念祝賀会**

六月二十八日にヴェルサイユ条約が調印されたことを受けて、七月一日に全国的な記念行事が行われた。名古屋市においても、鶴舞《つるま》公園にて盛大に祝賀会が催され、余興として万歳・二輪加・手品・曲芸・かっぽれなどが演じられたほか、市内各連選抜の約三十名の芸妓による「平和踊」（「平和ダンス」とも）が、「いとう呉服店少年音楽隊の演奏する勇ましい楽曲に伴《つ》れて」踊られ、また雷門助六社中による手踊も演じられた。なお、雨のため夜間に予定されていた一部の余興は延期された。　（「新愛知」7・1、2、「名古屋新聞」7・1、2）

「雨の為め順延に順延を続け居たる平和記念の祝賀余興は、連夜引続き雨中を練り廻り居たるが、更に五日に到り全く晴天と成りたるより、市中は再び祝賀気分を盛返し、市の余興たる公園の奏楽及煙火は六日に延期されたるが、市中個人団体の催し物続出し、或は提灯行列に、或は変装行列に、馬を先頭に地球を先頭に、街より街を練り廻り（後略）」　（「名古屋新聞」7・6）

市内各町の余興や行列は七日も続き、警察は八日を以て打切りとするよう決した。（「名古屋新聞」7・8附録）

○七月二日　午後七時から　国技館

市政革新　名古屋市民大会　　主催　市政革新会

【典　拠】「新愛知」7・2、2広告。

○七月四日～(六)日　京枡座

特別活動大連続写真

【内　容】女ロロー　旧劇大名五郎蔵　新派大悲劇浅草情話

【典　拠】「名古屋新聞」7・4附録、6広告、7。

【備　考】○「満員」（「名古屋新聞」7・5広告）

○七月四・(五)日　三栄座

《女優歌舞伎》

十八番　百万石《まんごく》千代田《よた》の礎《いしずえ》

市岡若吉
中村扇若
市川米八
一座

【切狂言】三　曲　芝　居

【典　拠】「名古屋新聞」7・4附録～6附録。

○七月四日～(十)日　千歳劇場

《喜　劇》天女・時三郎・蝶五郎一派　芸題替へ

【第　一】聟《むこ》一人《り》嫁《よめ》三人《にん》

【第　二】喜劇　百円《ゑん》の子供《こども》

【第　三】旧劇第一回　五週間連続大滑稽劇　弥次喜多《やじきた》道中膝栗毛《だうちうひざくりげ》

【第　四】喜劇　平和《へいわ》調印提灯行列《てういんちやうちんぎやうれつ》

天女
時三郎
蝶五郎
十郎丸
喜峰
千鳥
一郎

【典　拠】「名古屋新聞」7・4附録、5附録、6附録評、7、10広告、11附録。

【備　考】○「千歳劇場筋書」（「名古屋新聞」7・3附録、4附録）○「『弥次喜太《ママ》』の奥州白石噺の場は義太夫出語りにて大好評。」（同紙7・5附録）○「場内優秀なる設備と涼しい背景とは大喝采。」（同紙7・6附録）○「五週間連続の『弥次喜多』（中略）次週は蝶五郎・時三郎・十郎丸交代にて勤める筈なるが、目下三優の内誰れが喜多八か弥次郎兵衛かを懸賞答案募集中。」（同紙7・8附録）○評「千歳の評判記」川（「名古屋新聞」7・6附録）

○七月五日～七日　昼之部一時 夜之部六時より二回開演　末広座

《歌舞劇》新星歌舞劇団一行　第二回目狂言

【第　一】喜歌劇　鬼《おに》の居《ゐ》ない中《うち》

【第　二】舞踊　ピエロットの戯《たはぶ》れ

【第　三】楽劇　すごろく

【第　四】歌舞劇　新《しん》婚《こん》旅《りよ》行《かう》

【第　五】舞踊　セラーダンス

【監　督】伊庭孝

【典　拠】「名古屋新聞」7・5附録、6附録、7。

【備　考】○「大好評。（中略）次興行の都合上いよいよ本日限り。」（「名古屋新聞」7・7）

○七月五日～七日　高砂座

（浪　花　節）　京山　小円一行

【読み物】五日　鳴り渡る櫓の巴　越後家大評定　長講二席

七日　宗五郎子別れより直訴迄　長講二席

【典　拠】「名古屋新聞」7・3附録、5附録「新愛知」7・7。

【備　考】○「初日『鳴戸』『越後家大評定』。」（「名古屋新聞」7・3附録）

○「好評」（同紙7・6広告）

○七月六日～（十三）日　三栄座

大妙術・万歳新演劇　蟇仙人 日比愛三郎 合同

【番　組】火中術（蟇仙人）

【典　拠】「名古屋新聞」7・6附録、7、9附録、13広告、14広告。

【備　考】○「出羽羽黒山出身の蟇仙人出演。」（「名古屋新聞」7・6附録）

○「共に連日好評。」（同紙7・12附録）

○七月（六）日～（八）日　大黒座

浪　花　節

【典　拠】「名古屋新聞」7・5広告、6広告、8広告、9広告。

○七月六日～　午後四時より　帝国座

長唄名人会

【出　演】長唄・鼓唄　芳村孝次郎　長唄　芳村伊四郎・芳村伊久四郎・富士田新之助・富士田太郎・松島庄三九・芳村長五郎・松島庄十郎　長唄・鼓唄　芳村伊十郎　三味線　杵屋栄蔵・杵屋和吉・杵屋栄二・杵屋源次郎・杵屋栄之助・杵屋栄一・杵屋栄左久・杵屋寒玉　笛　住田多蔵・住田又次郎　小鼓　福原鶴三郎　小つゞみ　福原鶴吉　太鼓　望月長太郎・望月太喜右衛門・福原鶴太郎・望月長四郎　小鼓　望月太左衛門

【番　組】六日　翁　石橋　新曲浦島　吾妻八景　勧進帳

七日　舌出三番叟　蒲菖浴衣　吉原雀　安宅の松　新歌舞伎十八番の内船弁慶　楠公　蜘蛛拍子舞

【典　拠】「名古屋新聞」7・6附録、7、8附録評。

【備　考】○「東都長唄名人会来る　東京帝劇専属の長唄連中及び歌舞音楽派領袖連中の閑日を得て近日当市に開催。一行は（中略）四十余名なりと。」（「名古屋新聞」６・27附録）○「近年なき名人揃ひにて開会の由。」（同紙７・４附録）○「前人気素晴らしく…。」（同紙７・６附録）○「初日満員〆切（中略）二日目も平場売切れの由。」（同紙７・７）○「帝劇及歌舞伎専属の各師匠連中にて昨《（ママ）》初日は各連妓の総見。時ならぬ紅花を咲かせ、亦各団体の応援にて満場寿司詰めの有様にて前茶屋は場取りに忙殺され破れん許りの大好評。」（同紙７・８附録）○評「伊十郎と寒玉と」赤丸（「名古屋新聞」７・８附録）

○七月六日～九日　午後五時より開演　御園座

大阪文楽人形入り浄瑠璃

【出　演】豊竹呂太夫・鶴沢芳之助　竹本静太夫・野沢歌助　竹本綴太郎・鶴沢徳太郎　豊竹古靱太夫・鶴沢清六　人形振事師　吉田文五郎・吉田辰五郎・吉田兵蔵

【語り物】六日　弁慶上使（竹本静太夫）　赤垣源蔵出立（豊竹呂太夫）　合邦　下の巻（竹本綴太夫　人形　文五郎）　お俊伝兵衛　堀川　猿廻し（豊竹古靱太夫　三味　清六）　大切　三浦別れ（掛合　豊竹英太夫・竹本常子太夫・豊竹つばめ太夫）

七日　逆櫓（静太夫）　沼津（呂太夫　ツレ引　猿太郎　胡弓　清一）　新口村（綴太夫）　尼ケ崎（古靱太夫）　大切　鈴ケ森（掛合　英太夫・常子太夫・吉野太夫・辰太夫・清太夫）

八日　本蔵下屋敷（静太夫）　寺子屋（呂太夫）　朝顔　宿屋（綴太夫）　お染久松　野崎村（古靱太夫）　大切　廿四孝（掛合　英太夫・常子太夫・つばめ太夫・辰太夫）

九日　日吉丸（静太夫）　弥作鎌腹（呂太夫）　三勝半七　酒屋（綴太夫）　安達原（古靱太夫）

【典　拠】「名古屋新聞」７・３附録、５附録、５附録広告、６附録、７、８附録、８附録評、９附録、「新愛知」７・７。

【備　考】○六日の語り物について、「名古屋新聞」７・６附録には『弁慶上使』（竹本呂太夫）」とある。○「総員八十余名の大一座なるが、前人気頗る旺盛を極め今より団体申し込み等続々あり。」（「名古屋新聞」７・６附録）○「昨二日目も初日にまさる好景気にて開場間もなく満員札を掲げたるが…。」（同紙７・８附録）○「初日以来連日満員続き。」（同紙７・９附録）○評「御園座の人形浄瑠璃」仙（「名古屋新聞」７・８附録）

○七月六日～（十四）日　五時より　蓬座

大阪女三曲万歳・新喜劇

座長 鈴木小主水一座

芸題毎日替り

【典　拠】「名古屋新聞」７・６附録、８附録、９附録、11附録、14、15附録。

【備　考】○「三十余名の大一座。」（「名古屋新聞」７・６附録）○「大好評。」（同紙７・７）○「天下一品三曲万歳鈴木小主水外若手揃の大一座。」（同紙７・８附録）○「大切喜劇・万歳。」（同紙７・11附録）○「連日満員。」（同紙７・12附録）

○七月上旬～　宝生座

浪花俠客煙草屋喜八

【観劇料】場代なし

【典　拠】「新愛知」７・６広告、12広告。

○七月七日～(九)日　五時より　京枡座

百万石《まんごく》千代《よ》田《だ》の礎《いしずゑ》　元祖 市岡若吉　中村扇若　市川米八

【大　切】女優三曲芝居　芸題毎日替り

【典　拠】「名古屋新聞」7・7、8附録～10附録。

【備　考】○「大好評。」(「名古屋新聞」7・8附録)

○七月七日～(十三)日　寿座

源氏節芝居

【典　拠】「名古屋新聞」7・7広告、13広告、14広告。

【備　考】○「好評」(「名古屋新聞」7・13広告)

○七月八日～十五日　新守座

《新派連鎖劇》天活第一劇団　狂言替

中井・立花両氏合作

連鎖大悲劇　木《き》曽《そ》の夜《よ》嵐《あらし》　九場

【出　演】酒井政俊・寺田健一・山田・三好康雄・波多・田島・村尾一華・関真佐男・大井新太郎

【典　拠】「名古屋新聞」7・8附録、11附録、11附録評、11広告、15附録。

【備　考】○「天活直営」(「名古屋新聞」7・11附録広告)○「今回は平和祝賀の提灯を連鎖ヒキルムに納めあり。大詰大瀑布は数十石の本水使用。」(同紙7・8附録)○「市内広小路・大須観音附近・鶴舞公園等にて撮影したる大仕掛の長尺連鎖写真は、昨初日も大盛況。」(同紙7・9附録)○「本水使用の大滝中の立廻りと、子役三人が搦んだ涙の多い場面が呼び物となり連日盛況。」(同紙7・12附録)○「団体見物続々と申込ある為め、本一日日延べ。」(同紙7・15附録)○評「新守座を観る」川(「名古屋新聞」7・11附録)

○七月八日　午後五時より　末広座

尺八大会　主催 安福呉山社中

【出　演】加藤渓水・田中湖舟・浪越連妓　地方　佐藤正和・杉山田鶴子

【番　組】長唄　多摩川　三曲合奏　夜々の星　箏曲　越後獅子　尺八独奏　俗曲　舞踊　吾妻八景　薩摩琵琶　川中島　三曲合奏　四季の眺　長唄　今様望月

【典　拠】「名古屋新聞」7・4附録、8附録。

【備　考】○「余興として筑前琵琶・薩摩琵琶・義太夫其他浪越連芸妓二十余名の長唄・舞踊等ある由。」(「名古屋新聞」7・4附録)○「会費八十銭、五十銭、三十銭。」(同紙7・8附録)

○七月八日～(十)日　高砂座

《浪花節劇活動連鎖》

【前　】連鎖　弁天小《べんてんこ》僧《ぞう》菊之《きくの》助《すけ》　中村小奴　中村福奴

【切　】出雲名物　安来節鰌すくひ踊　一座

【典　拠】「名古屋新聞」7・8附録、10広告、11附録。

【備　考】○「四十余名の大一座。」(「名古屋新聞」7・8附録)○「好評」(同紙7・9広告)

○七月九日～(十一)日　大黒座

浪花節　桃中軒白雲一行

【典　拠】「名古屋新聞」7・9附録、11広告、12広告。

【備　考】○「満員大好評。」(「名古屋新聞」7・10附録)

○七月十・(十一)日　五時より　京枡座

《女優三曲劇》元祖市岡若吉一座　芸題替へ

喜　劇

【大　切】三曲芝居

【典　拠】「名古屋新聞」7・10附録～12附録。

【備　考】○「大切の三曲芝居は楽屋総出。」(「名古屋新聞」7・10附録)○「芸題引つゞき、尚三曲芝居と喜劇は大喝采。」(同紙7・11附録)

○七月十一日　高砂座

《浪花節芝居連鎖》中村小奴一座　二の替り

後編　弁《べん》天《てん》小《こ》僧《ぞう》

【切】時雨《しぐれ》の傘女団《からかさをんなだん》七

【典　拠】「名古屋新聞」7・11附録、12附録。

○七月十一日～(十七)日　昼夜　千歳劇場

《喜　劇》

【第　一】喜劇　御《ご》存《ぞん》じより　三場

【第　二】喜劇　新《あた》らしき親《おや》　三場

【第　三】喜劇　ゐのしゝ娘《むすめ》　三場

【第　四】旧劇　弥《や》次《ぢ》喜《き》多《た》　三場

蝶五郎　天女　時三郎　十郎丸　喜峰　五道　正九郎　高太綱

小磯　進士哉　富七雄　五郎　幸夫　新蝶　楽酔

【典　拠】簡易筋書。上演順は「名古屋新聞」7・11附録、昼夜は同紙7・15附録、千秋楽は「新愛知」7・17広告、18広告による。

【備　考】○「千歳劇場筋書」(「名古屋新聞」7・9附録)○「暑中の場内の涼しき設備を為し…。」(同紙7・10附録)○「第二回『弥次喜多』」(同紙7・11附録広告)○「『弥次喜多』(中略)川渡りの場は独特のキネを応用して、涼しき川の流れを見せる。」(同日同紙附録)○「昼夜共に大人気。」(同紙7・15附録)

○七月十一日～　昼夜二回開演　帝国座

大技芸術　米国エム・ジー歌舞演芸大合同団一行

【番　組】人語を解す不思議な名馬(算術・旗取り・音楽・其他各国々歌を了解す)　身長七尺体量四十貫ベルン兄弟(ウイリアム・ベルン氏　ヘンリー・ベルン氏)　舞踊ローズの舞・オリエンタルダンス(アーミー・メイナルト嬢　ベッテイ・パッテリック嬢)　声楽　余興　特撰大活動写真

【典　拠】「名古屋新聞」7・9附録広告、11附録、11附録広告、14。

【備　考】○「英仏を漫遊して本邦に渡来し、東京・大阪・京都・横浜に大好評を博し七日迄神戸相生座に連日満員の盛況を呈せし人言を解する名馬、身長七尺四十貫の巨大の体軀を有する怪力兄弟、ダンス家、声楽家、ヴァイオリン家等を以て組織せし大合同芸術団は、本日当地帝国座に乗込み来り…。」（「名古屋新聞」７・８附録）○「我が演劇界に一大革新を与へしめたる米国エム・ジー歌舞演芸団一行（中略）就中其の名馬の演出に到りては克く人語を解し或は音楽を奏し、算術旗取其他神使の如き技芸（モーションに到りては不思議ならざるは無く、観客に一大驚異感を与ふ可く及び怪力巨漢ベルン氏兄弟魔神の如き力芸艶麗花の如き（中略）楽奏ダンス等中京劇界空前絶後の盛況を呈すべし。」（同紙７・11附録）○「米人チャーレース・マーガレット氏と其率ゆる大芸術団一行（中略）本日より五日間昼夜二回開演　入場料　特等金一円五十銭　一等金一円　二等金八十銭　三等金五十銭　軍人・小人半額」（同日同紙附録広告）○「空前の大盛況を呈せる（中略）一行は、其の魔人の如きベルン兄弟の怪力足上にある板の上に二十幾名の人を載せ尚悠々と琴を弾するが如き、観客をして驚嘆の感を与へ喝采急霰の如く、就中名馬モツアルト・トウキヨウ号の神使の如き技芸、メ嬢及バ嬢の舞踊等大好評。尚団体見物の申込続々ある由。」（同紙７・12附録）○「艶麗清美極まり無き（中略）ローズの舞・オリエンタルダンス等観客を恍惚たらしめ益人気旺盛。」（同紙７・14）

○七月十一日～（十八）日　午後四時開幕　**御園座**

松竹合名社専属俳優

【第一番目】絵《ゑ》本《ほん》太《たい》功《こう》記《き》　本能寺より尼ケ崎まで

【中満来】上　小腕《こうで》にあまる二《ふた》つ胴《どう》　八幡《はちまん》誓《ちか》ひの親子《おやこ》が俤《おもかげ》　型《かた》もそのまゝ梶原平三《かぢわらへいざう》　試名剣《ためしのわざもの》　一まく

【中　幕】下　若年《じやくねん》ながら天晴《あつぱ》れ勇士《ゆうし》　大坂《おほさか》がた和解《わかい》の使者《しや》　木村長門守《きむらながとのかみ》　血《けつ》判《ぱん》取《とり》　一満来

【第二ばん目】恋飛脚大和往来《こひびきやくやまとわうらい》　新町井筒屋の場

【大喜利】妹《いも》脊《せ》の道《みち》行《ゆき》　一幕　竹本連中　長唄連中

【配　役】一番目

序　幕　本能寺春永旅宿
同　本堂廊下
同　寺中奥庭
同　春永最期

小田右大臣春永　市川　右治丸
阿能の局　嵐　吉　郎
侍女信夫　尾上　卯之助
同　吉野　実川　美　鴈
同　竜田　実川　若　昇
同　小桜　片岡喜久之助
同　紅葉　市川　莚太郎
森蘭丸　中村　太　郎
弟の力丸　中村　小　福
宗祇法師　中村　雀次郎
武智日向守光秀　片岡　秀　郎
安田作兵衛　市川右田三郎
軍卒　大　ぜ　い

大　詰　摂州尼ケ崎閑居

武智重兵衛光秀　片岡　秀　郎
妻の操　実川　延　童
母皐月　嵐　璃之助
重次郎光慶　嵐　珏　蔵
嫁初菊　中村　小　福
講中佐兵衛　尾上　喜十郎
同　仁四郎　沢村　い訥平
同　嘉次郎　実川　磯之助
同　戸茂作　中村　駒　蔵
加藤虎之助正清　市川　右治丸
軍卒　大　ぜ　い

真柴築前守久吉　中村　扇　雀

中　幕

（上）　鎌倉星合寺

梶原平三景時　中村　扇　雀
大庭三郎景親　市川　莚　蔵
俣野五郎景久　中村　太　郎
黒戸太郎　嵐　吉　郎
錦部九郎　中村　雀次郎
崎守新吾　実川　鴈　蔵
大島隼太　尾上　喜十郎
穂積当内　沢村　い訥平
戸組源七　中村　駒　蔵
奴松平　片岡　秀　郎
石垣堅蔵　嵐　珏　蔵
囚人呑助　市川右田三郎
早川十平　実川　磯之助
真乳次郎　嵐　橘美三
寺侍源内　実川　美　鴈
同　賞路　嵐　小　珏
小性靫負　市川　鶴　升
同　要人　実川　若　昇
同　銀弥　市川　莚太郎
同　久馬　中村　扇　吾
仲間　大　ぜ　い
娘こずへ　中村　福太郎
青貝師六郎太夫　中村　鴈衛門

（下）　茶臼山徳川陣営

木村長門守重成　片岡　秀　郎
郡主馬之祐義和　実川　延　童
徳川将軍家康　市川右田三郎
本多出雲守忠朝　嵐　珏　蔵
　中村　鴈衛門
酒井左衛門尉忠勝
　実川　鴈　蔵
井伊兵部少輔直政
榊原越中守康勝　嵐　吉　郎
安藤帯刀直次　尾上　卯之助
成瀬隼人正正成　中村　雀次郎
竹越豊後守成久　中村　小　福
侍臣細川久元　尾上　喜十郎
同　池田大学　中村　駒　蔵
同　水野将監　実川　美　鴈
同　有馬市之丞　沢村　い訥平
小性　大　ぜ　い
郎党　大　ぜ　い

二番目

新町井筒屋封印の場

亀屋忠兵衛　中村　扇　雀
傾城梅川　中村　福太郎
槌屋治右衛門　市川　莚　蔵
肝入由兵衛　中村　雀次郎
井筒屋おゐん　実川　延　童
遣り手おくま　尾上　喜十郎
幇間の一八　沢村　い訥平
大尽猪山　実川　鴈　蔵
仲居おいま　実川　美　鴈
同　おなか　市川　鶴　升
同　おさく　片岡喜久之助
同　おすへ　市川　荒　玉
同　おきく　実川　童二郎
同　おとく　市川　莚太郎
同　おちよ　実川　若　昇
太鼓持丈六　市川　鶴九郎
同　呑ン子　尾上　万之助
同　蝶九　中村　金之助
同　小造　中村　福衛門
同　駄六　嵐　吉之助
同　甚久　市川　市五郎
同　金玉　片岡　丹　蔵
丹波屋八右衛門　片岡　秀　郎

大喜利

道行の場

娘お三輪　中村　扇　雀
烏帽子折求女　嵐　珏　蔵
入鹿妹橘姫　中村　福太郎
里の童　実川　若　昇
同　市川　荒　玉
同　中村　扇　吾
仕丁　中村　太　郎
同　市川　右治丸
同　尾上　卯之助
同　中村　小　福

【長　唄】中村徳次郎　玉村源次郎　玉村富二郎　〔三味線〕神崎屋兼吉　坂東松之助　中村栄次郎〔　笛　〕坂東重作〔　鼓　〕若林久次郎〔太鼓〕小川滝三郎〔長　唄〕玉村富五郎

【観劇料】初日　特等一円　一等七十銭　二等五十銭　三等二十五銭

【典　拠】番付（松竹合名社印刷部印行）。初日観劇料は「名古屋新聞」7・10附録、千秋楽は「新愛知」7・18広告、19広告による。

【備　考】○「大阪青年大歌舞伎扇雀一行（中略）百余名大一座（中略）劇場前には美々しく装飾され、尚半駒会より扇雀へ寄贈の白米五十俵を高く積上げられ格別の人目を引きつゝあるが、今より附込及団体の申込続々ある由。」（「名古屋新聞」7・11附録）　○「初日（中略）開場間も無く満員札を掲られたるが…。」（同紙7・12附録）　○「毎日五時」（同日同紙広告）　○「何れも十八番物揃ひの献立なれば各優の大活躍と相俟つて場内破れん許りの大喝采を博しつゝあり。」（同紙7・16附録）　○「初日以来満員続き。」（同紙7・17附録）

○七月十二日～十七日　五時より　**京枡座**

浪花節芝居　芸題毎日つゞき

松島家市十郎
市川浪六
井筒家咲之助
世界亭国丸

【演　目】十二日～　尾張大八　三十八段返し幕無し
十七日　芸題替へ　女侠客幡随院お長　幕無し

【典　拠】「名古屋新聞」7・12附録、14、16附録、17附録、「新愛知」7・18広告。

【備　考】○「大阪歌舞伎浪花節芝居。」（「名古屋新聞」7・12附録）○「音羽家一行」（同日同紙広告）○「大阪若手揃ひ。」（同紙7・15附録）○「浪花節芝居の大歌舞伎。」（同紙7・16附録）○「頗る好評」（「新愛知」7・17広告）

○七月十二日～十五日　午後五時半開場　**末広座**
十三日日曜昼夜二回開場

活動写真　説明　岩藤思雪
石井孤峯

【内　容】イントレランス

【典　拠】「名古屋新聞」7・10附録、12附録、15附録。

【備　考】○「『イントレランス』とは」（「名古屋新聞」7・10附録）○「世界四大監督の一人グリフイン氏が心血を漉ぎたる大作（中略）打上後絶対に県下にては再演せずと。」（同日同紙附録）○「前景気盛んなる事当地興行界空前の事に属し特等・一等席の附込み多く、殊に平場の椅子席を全部一等席として提供したること等は、頗る人気に叶へるもの、如し。今夜は名士招待会にて、招待状持参者以外の入場は謝絶。」（同紙7・11附録）○「今晩より四日間（中略）十三日（中略）昼の部午前十一時半開場（中略）観覧料特等金五円　一等金三円　二等金二円　三等平場椅子席金一円　四等金五十銭（中略）松竹経営末広座」（同紙7・12広告）○「満場大喝采。」（同紙7・15附録）

○七月十二日～（十四）日　**大黒座**

《新　派》

演目不詳　立花薫

【典　拠】「名古屋新聞」7・12広告、14広告、15広告。

【備　考】○「好評」（「名古屋新聞」7・13広告）

○七月十二日～（十四）日　**高砂座**

《新派連鎖劇》福寿会

【一番目】波《は》上《じやう》の月《つき》　川島八重子一行

【　中　】鳴《めい》門《もん》（ママ）

喜劇

【典　拠】「新愛知」7・12広告、「名古屋新聞」7・12附録、14広告、15広告。

【備　考】○「大好評」（「新愛知」7・14広告）

○七月十四日～　**寿座**

博《はか》多《た》三勇《ゆう》士《し》

御《ご》所《しよ》桜《さくら》　弁慶上使の段　旧劇日若会

【典　拠】「名古屋新聞」7・14広告、15附録。
【備　考】○「好評」（「名古屋新聞」7・17広告）

○七月（十四）日～（二十）日　三栄座

《女優歌舞伎》

梅《うめ》柳《やなぎ》桜《さくら》の曙《あけぼの》

【中】三曲芝居

【切】鰌《どじやう》すくひ

市岡若吉
中村扇若
市川米八
一座

【典　拠】「名古屋新聞」7・13広告、14広告、15附録、20附録、21広告。

○七月（十七）日～　演目差し替え

蟇妖術天竺徳兵衛《がまえうしゆつてんぢくとくべゑ》

【典　拠】「名古屋新聞」7・17附録。
【備　考】○「名古屋新聞」7・15附録、17附録、20附録の演目の記載順から、演目差し替えと推定した。

○七月（二十）日　演目差し替え

山《やま》中《なか》鹿《しか》之《の》助《すけ》

【切】伊賀《いが》越道中双六《ごえたうちうすご》

【典　拠】「名古屋新聞」7・20附録。
【備　考】○「名古屋新聞」7・15附録、17附録、20附録の演目の記載順から、演目差し替えと推定した。

○七月十四日～　湊座

夏季浄瑠璃大会

竹本二葉太夫

【語り物】十四日　忠六（亀玉）　明からす（広葉）　矢口（一昇）　柳（喜笑）　四ツ谷（鯱おこし）　堀川（加石）　鳴門（佐乃）　先代（寿み勇）　大切　野崎村（惣掛合）
十五日　合邦（時登）　新口村（大砲）　赤垣（清島）　太十（大和）　重の井（勝光）　沼津（白菊）　卅三所（新末広その）　酒屋（元正枕寿み勇）　大切　扇屋熊谷（惣掛合）

【典　拠】「名古屋新聞」7・14、15附録、16附録。
【備　考】○「二葉会一行の夏季浄瑠璃大会は連日好人気。」（「名古屋新聞」7・16附録）

○七月中旬～（二十一）日　宝生座

実録千両幟

【観劇料】場代なし
【典　拠】「新愛知」7・14広告、21広告、22広告。

○七月十五日～　音羽座

納涼大演芸会

【出　演】桂馬・雷蔵・美都・松風・南枝・桂小南　雷門助六一派
【典　拠】「名古屋新聞」7・15附録、附録広告、17附録。
【備　考】○内容は、落語・振事笑話・新講談・落語振事・芝居噺振事。（「名古屋新聞」7・15附録）○「本日より交替連として、東京睦会幹部桂小南大一座を相招き、電気応用所作事を大道具大仕掛けにて御覧入候」（同

日同紙附録広告）○「雷門助六一派の落語手踊り等あり。」（同紙7・17附録）

○七月十五日～　午後七時より　**国技館**

天然色株式会社活動写真　主催 大須世界館巡業部

【内　容】旧劇天童神力丸　喜劇　新派　戦時飛行機の実写

【典　拠】「名古屋新聞」7・15附録、16附録。

【備　考】○「新旧喜劇とも頗る目新らしきものにて、殊に戦時飛行機の実写ものは最も奇抜のもの、由。」（「名古屋新聞」7・16附録）○「好評」（同日同紙広告）

○七月（十五）日～（二十三）日　**大黒座**

三曲万歳　鈴木　小主水

【典　拠】「名古屋新聞」7・14広告、15広告、23広告、24広告。

○七月（十五）・（十六）日　**高砂座**

《新派連鎖劇》二の替り

演目不詳

【典　拠】「新愛知」7・14広告～17広告。

○七月十五日～　午後五時より　**帝国座**

浪花節　京山愛子一行

【読み物】十五日　花川戸助六（京山愛子）義士銘銘伝（京山愛子）長講二席
十六日　相馬大作（京山愛子）朝顔日記（京山愛子）長講二席
不明　侠客国定忠治　三場

【典　拠】「名古屋新聞」7・15附録、15附録広告、16附録、20附録。

【備　考】○「昨年六月二十三日横浜解纜のサイベリア丸にて洋行の途に上りし女流浪界の一人者京山愛子嬢は、満一ケ年の間戦乱の欧米を巡遊し久し振りにて来る六日横浜着のサイベリア丸にて帰朝する由。」（「名古屋新聞」7・3附録）○「京山愛子の帰朝披露を兼ね得意の妙節を聞かする由にて（中略）三十銭均一の大破格値段なりと。」（同紙7・15附録）○「帰朝披露一ケ年振りお目見得の事とて人気沸騰し初日は満員の盛況。」（同紙7・16附録）○「愛子の米国土産」（同日同紙附録）○「何分当分は当地御名残の事故愛浪家の団体申込多数、いよ〳〵お名残の読物は愛子独特『侠客国定忠治』。」（同紙7・20附録）

○七月十五日～　**蓬座**

《旧劇実写連鎖劇》　大阪若手 坂東寛菊一座

【一番目】五郎正宗孝子《らうまさむねかうし》伝《でん》　連鎖幕無し

【二番目】大江《おほえ》山蜘蛛実記《やまつちぐもじつき》　連鎖幕無し

【典　拠】「名古屋新聞」7・15附録、17附録。

【備　考】○「四十余名。」（「名古屋新聞」7・15附録）○「好評」（同紙7・17広告）

○七月十五日～　広小路納涼会

「広小路住吉町角明治銀行建築地内に於て、本日より納涼会を開催し、支那曲芸・獅子芝居・角力其他の余興数番ある由。」（「名古屋新聞」7・15附録）

○七月十六日～二十一日　新守座

《連鎖劇》天活第一劇団大井新太郎一派

中井苔香氏作

現代社会悲劇　其《その》日《ひ》の鐘《かね》　連鎖九場

【出　演】酒井・寺田・山田・三好・波多・田島・村尾・関・大井

【典　拠】「名古屋新聞」7・15附録～17附録、21。

【備　考】○「連鎖写真は市外枇杷島一帯を背景として、満員大盛況。」（「名古屋新聞」7・17附録）○「幕毎面白く、大井の老役手一ぱいに活躍（中略）殊に尻晴《ママ》れの好人気。」（同紙7・20附録）

○七月十七日～　午後六時より　末広座

世界的大奇術　松旭斎天一一行

【番　組】魔奇術カード捌（天一）　水瓶曲芸（天栄）　フラツクワンモルモット（天一・天栄）　自転車曲乗（アツクル）　中華民国人の曲芸　少女の妙技　金百円金時計懸賞附　奇妙の鉄箱

【典　拠】「名古屋新聞」7・17附録、20附録、21、23附録。

【備　考】○「内外男女四十余名の大一座。」（「名古屋新聞」7・16附録）○「一行は久々の出演（中略）入場料は平場椅子席同三《ママ》十銭、二等同五《ママ》十銭、一等同七《ママ》十銭、小人は各等其半額。」（同紙7・17附録）○「毎夜大入満員。」（同紙7・23附録）

○七月十七・（十八）日　高砂座

世界館巡業部天活々動大写真

【内　容】新派磯打つ波　活劇命の父　其他十数種

【典　拠】「名古屋新聞」7・17附録、19広告、「新愛知」7・18広告。

【備　考】○「大好評」（「新愛知」7・18広告）

○七月十七日～（二十五）日　午後五時より　湊座

（万歳新演劇）　花房清十郎一派

【典　拠】「名古屋新聞」7・17附録、25広告、26広告。

【備　考】○「新演劇団花房清十郎一派（中略）芸題は数種取仕組見する由。」（典拠）○「一座得意狂言に座長清十郎の軽妙なる滑稽は頗る好人気。」（「名古屋新聞」7・23附録）○「新狂言取替へ毎夜大車輪。」（同紙7・24附録）

○七月十八日～（二十二）日　六時開演　京枡座

《新　派》

衛生芝居・喜劇　川上貞二郎一座

【典　拠】「新愛知」7・18広告、「名古屋新聞」7・19広告、20附録、22附録、23附録。

【備　考】○「本日より四日間」（「新愛知」7・18広告）○「東部組合の衛生劇（中略）木戸無料。」（「名古屋新聞」7・20附録）

○七月十八日～(二十四)日　**千歳劇場**

《喜　劇》蝶五郎・天女合同　芸題替

【第　一】喜劇　誤《ご》　解《かい》　二場

名古屋新聞懸賞募集当選

【第　二】喜劇　出《いづ》　雲《も》　会《くわい》　議《ぎ》　四場

劇中劇　出雲踊《いづもおど》り鰌《どじよ》すくひ

美妓出演　キネオラマ応用

蝶五郎
十郎丸
五九道
天　女
時三郎

【第　三】喜劇　癪《しやく》にさわる　一場

【第　四】連続旧喜劇　弥《や》　次《じ》　喜《き》　多《た》　二場

新内出語り

【典　拠】「名古屋新聞」7・16附録、20附録、20附録評、22附録、24附録、25附録。

【備　考】○「『出雲会議』は近来になき大舞台を見する筈なるが、其の余興『鰌すくひ』に出演する芸妓左の如し。」(「名古屋新聞」7・17)　○「記者が見た初日には蝶五郎が病気、十郎丸が点呼(編注、兵役義務の簡閲点呼)、女優の千鳥が帰省(中略)二日目からは蝶五郎も十郎丸も出揃ふ筈。」(同紙7・20附録評)　○「大盛況。」(同紙7・24附録)　○評「千歳座(ママ)喜劇」澪(「名古屋新聞」7・20附録)

○七月十九日～　**寿座**

源　氏　節　芝　居

岡本　美根松
一座

【典　拠】「名古屋新聞」7・19広告。

【備　考】○「好評」(「名古屋新聞」7・23広告)

○七月十九日～　**高砂座**

《旧劇連鎖》

新愛知新聞社講談

鍾　馗　半　兵　衛

【典　拠】「新愛知」7・19広告、「名古屋新聞」7・19広告。

【備　考】○「好評」(「名古屋新聞」7・22広告)

○七月十九日～二十五日　午後四時開幕　**御園座**

青年劇替り狂言

【第一番目】新規作肥後木履《あらきづくりひごのこまげた》　四幕

【第二番目】父《ちゝ》の老舗《しにせ》を其《その》まゝに　見《み》様《やう》見《み》真似《まね》に御前町《みまへちやう》　うつす紙屋《かみや》も覚束《おぼつか》ながら　心《しん》中《ぢう》天《てんの》網《あみ》嶋《じま》　河庄の場

雪の巻　瓦《ぐわ》　鑵《くわん》　寺《じ》

【大喜利】月の巻　鞍《くら》　馬《ま》　山《やま》

花の巻　吉《よし》　野《の》　山《やま》

【配　役】一番目

序　幕　松山邸柿の木の場

同　玄関厳談の場

矢阪邸駒下駄の場

仲間駒平　実は向井善九郎	中村　扇　雀
松山秀之進	嵐　璃之助
一子秀太郎	中村　扇　吾

娘おぬい　中村福太郎
召使おすみ　尾上卯之助
下部粂造　市川右治丸
矢阪源次兵衛　中村鴈衛門
仲間只助　実川鴈蔵
源氏太兵衛　嵐吉郎
吉住伊八　中村駒蔵
深谷逸平　中村雀次郎
米沢大六　沢村い訥平
矢阪源内　市川右田三郎
中川縫之助　片岡秀郎

二幕目　城外地蔵堂暗討の場

矢阪源次兵衛　中村鴈衛門
弟源内　市川右田三郎
仲間只助　実川鴈蔵
松山秀之進　嵐璃之助
下部粂造　市川右治丸
松田の僕重助　嵐小珏
矢阪の奴甚内　嵐橘美三
松田新蔵　嵐珏蔵

三幕目　魚売惣次住居の場
品川宿桔梗屋の場
同　二階廊下の場
同　花衣部屋会顧の場
同　宿放れ仇討の場

魚売惣次　実川延童
女房おすみ　尾上卯之助
松田新蔵　嵐珏蔵
医者古田玄龍　中村鴈衛門
実は矢阪源次兵衛
下僕只助　実川鴈蔵
隣りの女房お辰　中村駒蔵
矢阪源内　市川右田三郎
町の若者熊吉　市川市五郎
同　与太郎　実川童二郎
同　留次　市川荒玉
同　鎌五郎　実川若昇
非人駄六　中村駒蔵
向井左膳　中村扇雀
実は向井善九郎
成川要蔵　実川磯之助
橋本清五郎　嵐小珏
溝口小兵衛　市川鶴九郎
神田貞次　尾上喜十郎
遊女花衣　中村福太郎
実はおぬい
二階廻しお竹　片岡喜久之助
芸者花吉　市川鶴升
同　松次　市川莚太郎
遊女綾袖　実川美鴈
遺子秀太郎　中村扇吾

大詰　月岡玄関訴状の場
同　広間祝言の場

月岡刑部　中村鴈衛門
娘松江　中村小福
召使おきく　嵐吉郎
間宮文太夫　実川鴈蔵
松山惣右衛門　尾上喜十郎
藤森源吾　中村駒蔵
萱野定之進　中村雀次郎
亀井重太夫　実川磯之助
小山玄内　嵐橘美三
内藤九郎蔵　沢村い訥平
太田段平　中村福衛門
武内数馬　尾上万之助
森山専蔵　中村金之助
山田弥三衛門　片岡丹蔵
下侍左伝吾　嵐小珏
同　可平太　嵐吉之助
河西平四郎　実川美鴈
侍女　大ぜい
中川縫之助　片岡秀郎
妻お沢　中村太郎
向井善九郎忠久　中村扇雀

二番目
曽根崎河庄の場

紙屋治兵衛　中村扇雀
紀伊国屋小春　中村福太郎
河内屋お庄　尾上卯之助
仲居おちよ　市川鶴升
同　おたみ　片岡喜久之助
伯人小糸　市川荒玉
丁稚三五郎　中村小福
廻し男嘉助　嵐吉郎
江戸屋太兵衛　嵐珏蔵
五貫屋善六　中村太郎
町人　大ぜい
粉屋孫右衛門　片岡秀郎

大喜利
（上）　瓦鑵寺の雪

花和尚魯智心　市川右治丸
九紋龍史進　市川莚蔵

（中）　月の鞍馬山

源牛若丸　嵐珏蔵
木の葉天狗　六人
僧正坊　嵐璃之助

（下）　吉野山道行

佐藤忠信　実川延童
実は源九郎狐
静御前　中村太郎
鼓の藤太　尾上卯之助

【長　唄】玉村伊太郎　玉村源二郎　玉村金二郎　〔三味線〕中村伊三郎　玉村富之助　西村富二郎　〔笛〕坂東重作　〔小　鼓〕若林文二郎　〔太鼓〕中村定次郎　〔長　唄〕玉村富五郎

【典　拠】番付（松竹合名社印刷部印行）。千秋楽は「名古屋新聞」7・26附録による。

【備　考】○番付面には初日「二十日」とあり、「十九」と書き直されている。○典拠番付には見えぬが邦楽出演者に「竹本」もある。（「名古屋新聞」7・21評）○「二の替り初日（中略）開場間も無く満員札の大盛況（中略）何れも十八番物揃ひ。」（同紙7・20附録）○「今二十二日御園座で催すヤレ〳〵連の太郎会には、柏屋やつこ・桔梗屋周助・三橋屋・高島屋・大門屋外二、三ケ店より寄贈の福景品多く、新駒屋（編注、中村太郎）の人気は沢山なり。」（同紙7・22附録）○「扇雀の治兵衛は定評ある如く、父雁次郎其儘にて格別の好評を以て迎へられ、場内破れん計りの大喝采。」（同紙7・23附録）○「連夜満員の盛況。」（同紙7・24附録）○評「扇雀の『河庄』」雅光（「名古屋新聞」7・21）

○七月中旬〜（二十二）日　午後五時より　**蓬座**

浪花節芝居　毎夜替り引つづき

大阪若手　松島家市十郎
井筒家咲之助　一座

【演　目】俠客尾張大八

【典　拠】「名古屋新聞」7・19広告、20附録、22附録、23附録。

【備　考】○「好評　浪花節芝居大歌舞伎　音羽家一座」（「名古屋新聞」7・19広告）

○七月二十日　観世流素謡舞囃子会

「二十日午後正一時より、市内呉服町能楽倶楽部に於て当市能楽家青山社中の素謡舞囃子会を開催する由。傍聴随意。」

（「名古屋新聞」7・15附録）

○七月　新派俳優の窃盗

「新潟県南蒲原郡三条町忠太郎長男当時住所不定新派俳優韮沢幸一（十九）は、去月七日静岡県庵原郡江尻町劇場寿座楽屋に於て、俳優萩田仙三郎所有の衣裳数点を窃取逃走し、尚七月二日宝飯郡三谷町二五旅人宿竹内しゅん方にて、宿泊中の同郡豊川町大字豊川俳優本田保の袷羽織一枚（十円）を窃取し、朋輩なる原籍同郡豊川町大字豊川字出口権之助孫加藤正（二十一）に情を明し、両人共謀して入質費消した外、両人共諸所で窃盗を働いて居た事発覚し、御油署に於て取調べの上、十九日書類送局さる。」

（「新愛知」7・20附録）

○七月二十一日　三栄座

衛生講話会

【典　拠】「名古屋新聞」7・21広告。

○七月二十二・（二十三）日　三栄座

浪花節　京山小円　一行

【読み物】二十二日　木下藤吉郎（吉右衛門）　荒木又右衛門（円遊）　勧進帳（小円）　幡随院長兵衛（小円）
二十三日　召集美談（吉右衛門）　剣客と名士（円遊）　五郎正宗孝子伝（小円）　越後の大評定（小円）

【典　拠】「名古屋新聞」7・22附録〜24附録。

【備　考】○「好評」（「名古屋新聞」7・23広告）

○七月二十二日～二十六日　新守座

《連鎖劇》天活第一劇団大井新太郎一派　お名残り狂言

名古屋新聞連載小説　篠原嶺葉氏原作

専属作者立花靖堂氏脚色

家庭大悲劇 糟《そう》糠《かう》の妻《つま》　全九場

【出　演】酒井政俊・寺田健一・山田好良・三好康雄・波多譲・田島雄明・村尾一華・関真佐男・天川吉弥・小林・大井新太郎

【典　拠】「名古屋新聞」7・20附録、22附録～24附録、24附録評、26附録。

【備　考】○「立花靖堂氏は（中略）来社して未掲載の原作原稿の全部を精読し、極めて原作に忠実に（中略）脚色をなし、昨日は連鎖写真の撮影をなし、本日は城外附近一帯及樋ノ口町好生館附近一帯を背景となし、座員総出にて大撮影を行ふ筈なりと。兎に角六十日間打ち続け大好評を博したる…。」（「名古屋新聞」7・20附録）○「三幕十場に劇化。」（同紙7・21）○「連鎖写真は夜間撮影を行ひたる奇抜なるもの。」（同紙7・22附録）○「初日以来期待以上の大盛況。」（同紙7・24附録）○「本水使用の舞台装置なぞ客受け頗るよく本紙読者の優待割引ある為め、引き続き盛況にて尻晴（ママ）の好況なるが、いよ〳〵本日限りにて大阪歌舞伎座よりの招きに応ずべく…。」（同紙7・26附録）○評「新守座の本社劇」雅光（「名古屋新聞」7・24附録）

○七月（二十二）日～　宝生座

伊賀越道中双六

【観劇料】場代なし

【典　拠】「新愛知」7・21広告、22広告。

○七月二十二日　筑前琵琶旭老会月次演奏会

「名古屋旭老会にては、二十二日午後六時より、中区白川町大運寺に於て筑前琵琶同会月次演奏会を開催す。」（「名古屋新聞」7・22附録）

○七月二十三日～（二十六）日　夜　音羽座

中部衛生聯合会衛生劇

【典　拠】「名古屋新聞」7・23附録。

○七月二十三日～（二十五）日　京枡座

《旧劇実写連鎖劇》

【一番目】孝子《かうし》伝《でん》五郎正宗《らうまさむね》

【中　幕】大江山《おほえやま》蜘蛛《くも》の実記《じつき》

【二番目】日《ひ》高《だか》川《がは》

大阪女優　阪東勘菊　市川福昇　市川勝治　阪東玉十郎

【典　拠】「名古屋新聞」7・23附録～26附録。

【備　考】○「大切電気応用。」（「名古屋新聞」7・24附録）○「連鎖大道具。」（同紙7・25附録）

○七月二十三日　午後七時より　蓬座

藤八拳大会　主催 角盛流一派

【典　拠】「名古屋新聞」7・23附録。

【備　考】○「飛入り勝手次第。」（典拠）　○「鶴振流一派」（「名古屋新聞」7・24広告）

○七月二十四日～（二十六）日　三栄座

《新派劇》　金城美団

松《せう》竹《ちく》梅《ばい》　杉山信夫

喜劇　大《だい》勝《しよう》利《り》　佐藤かほる一行

【典　拠】「名古屋新聞」7・24附録、26附録、27附録。

【備　考】○「好評」（「名古屋新聞」7・25広告）

○七月二十四日～（二十七）日　大黒座

演目不詳　市川百十郎一座

【典　拠】「名古屋新聞」7・24附録、27広告、28。

【備　考】○「好評」（「名古屋新聞」7・25広告）

○七月二十四日～二十七日　高砂座

日活活動大写真

【内　容】二十四日　旧劇真田幸村　新派悲劇女の命　其他余興等

【典　拠】「名古屋新聞」7・24附録、25附録、27附録。

【備　考】○「好評」（「名古屋新聞」7・25広告）　○「日活活動大写真夏目巡業部一行は、本日一日日延べす。」（同紙7・27附録）

○七月二十四・（二十五）日　六時より　蓬座

特別活動大写真

【内　容】連続大写真女ドーロー　宇都宮釣天井　冒険ケレン　其の他

【典　拠】「名古屋新聞」7・24附録、25広告、26広告。

【備　考】○「好評」（「名古屋新聞」7・25広告）

○七月二十五・（二十六）日　寿座

浪花節大会　雲井雷太郎　吉川辰丸　桃中軒鈴右衛門　大正軒福遊

【典　拠】「名古屋新聞」7・24附録、25広告～27広告。

【備　考】○「数十名にて開演。」（「名古屋新聞」7・24附録）　○「好評」（同紙7・26広告）

○七月二十五日～二十九日　午後六時より　末広座

賜天覧　仏国政府撮影

欧洲戦争実写活動写真　説明　雨宮桃村

【内　容】余興写真　西洋活劇　黒手組　滑稽　実写

【典　拠】「名古屋新聞」7・25附録、25附録広告、26附録、27附録、29附録。

【備　考】○「此度講和談判成立に際し特に仏国政府より下附されたるものにして、伏見宮御殿に於て天覧を賜はりそれより一般公開さるゝに至りたるもの。」（「名古屋新聞」7・22附録）　○「入場料は平場椅子席金二十銭、二等金四十銭、一等金六十銭、小人は各等共半額。」（同紙7・25附録）　○「昨日（中略）直に満員の大盛況。」（同紙7・26附録）　○「公開以来益好評。」（同紙7・28）

○七月二十五日～　千歳劇場

《喜劇》

喜劇　粋《すい》な叔父《おぢ》さん　二場

喜劇　実《じつ》意《い》くらべ　二場

喜劇　太《たい》鼓《こ》医《い》者《しゃ》　三場

旧喜劇　弥《や》次《じ》喜《き》多《た》　二場

義太夫出語り　竹本美喜太夫

蝶五郎　天女　十郎丸　喜峰　千鳥　富士雄　高綱　小磯　満笑

十三郎　五七郎　重二郎　楽酔　五九道　幸夫　正太郎　田村

【典　拠】簡易筋書。

【備　考】○「千歳劇場筋書」（「名古屋新聞」7・24附録）○「第四回『弥次喜太《ママ》』」（同紙7・25広告）○「大盛況続き。」（同紙7・30附録）○評「千歳劇場新狂言」川（「名古屋新聞」7・27附録）

○七月二十六・(二十七)日　六時より　京枡座

特別連続活動大写真

【内　容】女ロロー　旧劇宇都宮釣天井　正劇ケレン冒険喜劇ハムノモデル　等

【典　拠】「名古屋新聞」7・26附録、26広告、27附録、28広告。

【備　考】○「大好評」（「名古屋新聞」7・27広告）

○七月(二十六)日～　湊座

筑前・薩摩合同琵琶大会　主催 東京日本琵琶新聞社

【余　興】剣舞　浪花節　義太夫　バイオリン　ハーモニカ

【典　拠】「名古屋新聞」7・25広告、26附録。

○七月二十六・二十七日　午後五時より　蓬座

浪花節　京山愛子一行

【読み物】朝顔日記　義士銘々伝　長講二席

【典　拠】「名古屋新聞」7・26附録、27附録、28。

【備　考】○「女流横綱京山愛子　洋行戻り」（「名古屋新聞」7・27広告）

○七月二十七日～　寿座

《新派》

磯《いそ》千鳥《とり》　川上貞次郎

【典　拠】「名古屋新聞」7・27附録。

【備　考】○「好評」（「名古屋新聞」7・30広告）

○七月二十七日～八月(三)日　三栄座

浪花節芝居　成駒家太郎　市川高之丞　桃中軒雲月

【演　目】二十七日～　自雷也物語　毎日つづき
三十日～　二の替り　名題男松竹梅　毎日つづき
八月二日～　鼠小僧　毎日つづき

【典　拠】「名古屋新聞」7・27附録、28、30附録、8・2附録、3附録、4。
【備　考】○「『自雷也物語』は大好評。」(「名古屋新聞」7・29附録)

○七月二十八日・(二十九)日　京枡座

浪　花　節　　京山愛子一行

【読み物】朝顔実伝　義士銘々伝
【典　拠】「名古屋新聞」7・28、29附録、30附録。
【備　考】○「女流浪界の横綱洋行戻り京山愛子一行は、久々の御目見得とて昨初日は満員大盛況。」(「名古屋新聞」7・29附録)

○七月二十八日~(三十)日　大黒座

(浪　花　節)　　桃中軒富士入道一行

【典　拠】「名古屋新聞」7・28、30広告、8・1附録。
【備　考】○「好評」(「名古屋新聞」7・29広告)

○七月二十八日~八月三日　午後四時開幕　御園座

大阪青年大歌舞伎一座

【第一番目】大《おほ》石《いし》良《よし》雄《を》　全二幕
【中満来】義経千本桜　鮓屋の場
【第二番目】五《ご》大《だい》力恋緘《りきこひのふうしめ》　上中下(ママ)
【大　切】所作事　三つ面　一まく

【配　役】第一番目

序幕　嵯峨山楓狩の場

大石内蔵介良雄　片岡秀郎
傾城高窓　尾上卯之助
芸子若勇　市川鶴升
同　妻菊　中村荒玉
同　吉弥　実川若昇
若イ者多助　市川鶴九郎
同　光三　嵐橘美三
同　治作　市川市五郎
仲居おまん　嵐伊三丸
同　おせん　片岡喜久之助
舞子　大ぜい
太鼓持　大ぜい
竹林唯七　市川右田三郎

大詰　山科の里閑居の場

大石内蔵介良雄　片岡秀郎
悴主税　中村太郎
次男吉千代　中村扇吾
三男大三郎　市川紅丸
後室千寿院　嵐璃之助
女房およし　市川莚蔵
下女おりん　嵐吉郎
山下甚吉　中村雀次郎
谷坂伴吾　実川鴈蔵
寺坂吉右衛門　市川右治丸

中幕　大和下市鮓屋の場

いがみの権太　中村扇雀
鮓屋弥左衛門　中村鴈衛門
女房おつね　市川右田三郎
娘お里　中村小福
権太女房小仙　尾上卯之助
一子善太郎　中村扇吾
手代弥助
実ハ三位中将維盛　嵐珏蔵
若葉内侍　尾上卯之助
六代君　中村扇吾

郎党軍太　尾上　喜十郎
同　群藤吾　実川　磯之助
同　右郎次　中村　駒蔵
同　平六兵衛　嵐　小珏
雑兵　大ぜい
梶原平三景時　片岡　秀郎

二番目

上の巻　南地富田屋見世
同　奥座敷

千島万太郎　嵐　珏蔵
出石宅左衛門　尾上　喜十郎
笹野三五兵衛　片岡　秀郎
勝間源五兵衛　中村　扇雀
磯谷伴左衛門　中村　雀次郎
市塚左十郎　実川　鴈蔵
安松伊平太　中村　駒蔵
飛脚正太平　実川　磯之助
富田屋お市　中村　太郎
芸者菊野　中村　福太郎
仲居おとわ　実川　美鴈
同　お千代　中村　梅花
同　おさく　市川　鶴升
舞子丸子　中村　扇吾
同　小玉　市川　紅丸
芸者　大ぜい
下男武助　嵐　小珏
廻しの弥助　市川　右治丸

下の巻　北の新地出来嶋屋
同　奥亭座敷

勝間源五兵衛　中村　扇雀
芸者菊野　中村　福太郎
若徒八右衛門　市川　莚蔵
喜集院喜平太　実川　磯之助
許嫁なぎさ　実川　美鴈
磯谷伴左衛門　中村　雀次郎
出来嶋屋十兵衛　尾上　喜十郎
女房お咲　嵐　吉郎
廻しの弥助　市川　右治丸
下男武助　嵐　小珏
仲居おきち　市川　莚太郎
小女郎おまつ　実川　若昇
芸者房の　市川　鶴升
同　小糸　片岡喜久之助
太鼓持孝八　片岡　丹蔵
同　路蝶　中村　福衛門
同　丈六　実川　延太
同　喜七　中村　金之助
同　由丸　尾上　万之助
笹野三五兵衛　片岡　秀郎

大喜利

吉野山正行閑居

楠正行　嵐　珏蔵
弁の内侍　中村　福太郎
こし元若葉　実川　美鴈
同　白砂　片岡喜久之助
同　花野　市川　莚太郎
同　小雪　中村　荒玉
侍女楓　尾上　卯之助
面売三作　中村　小福
衛士又五郎　実川　延童　実ハ塚本狐

【観劇料】初日　特等御一名金一円　一等同金七十銭　二等同金五十銭　三等同金二十五銭　二日目より　特等御一名金一円三十銭　一等同金九十銭　二等同金六十銭　三等同金三十銭
【典　拠】番付。千秋楽は「名古屋新聞」8・3附録による。
【備　考】○「三の替り初日開演せしが頗る盛況。」（「名古屋新聞」7・29附録）○「当興行は来月三日迄にて日延なし。」（同紙7・30附録）○「来演以来連夜満員札を掲げ、未曾有の盛況に打揚げ来りしが…。」（同紙8・3附録）○評「『大石』と権太と『五大力』と」雅光（「名古屋新聞」7・30附録）

○七月二十八日～　五時より　蓬座

《新派劇》蝶々会一行

鐘《しょう》楼《ろう》守《もり》

新喜劇

山田　荒川　敷島

【典　拠】「名古屋新聞」7・28附録～30附録。
【備　考】○「本日六時より新派悲劇蝶々会一行。」（「名古屋新聞」7・28附録）○「引続き大好評。」（同紙7・30附録）

○七月下旬～八月（八）日　宝生座

大久保武蔵馬鐙

【観劇料】場代なし
【典　拠】「新愛知」7・28広告、8・8広告、9広告。

○七月二十九日～八月五日　昼夜二回開演　**新守座**
初日限り午後五時より夜間一回

《新派連鎖劇》天活専属松尾志乃武一派
渡辺汀雨氏脚色
悲劇　義理《ぎり》づくめ　連鎖十場

【出　演】月村専一郎・池田鑑三・加藤孝明・末広進太郎・山本耕水・宮城野紫翠・松尾志乃武

【典　拠】「名古屋新聞」7・25附録、28附録、29附録、29附録広告、30附録、8・5附録。

【備　考】○「新守座林興行部　主任林喜兵衛」（「名古屋新聞」7・29附録広告）○「改正入場料　特等席八十銭　一等席（二階全部）四十銭　二等席（平場）三十銭　三等席二十銭」（同日同紙附録広告）○「京阪神地方で隆隆たる人気を贏《か》ち得たる新派女形の白眉松尾志乃武は、数十名の新進花形腕達者揃ひ座員を引具し、昨日花々しく乗込。（中略）芸題は一座得意の狂言。」（同日同紙附録）○「特殊の持ち味に大好評。」（同紙8・1附録）○「尻晴れの大盛況。」（同紙8・5附録）○評「新守座の松尾」雅光（「名古屋新聞」8・1附録）

○七月二十九日～　午後五時より　**高砂座**

《新派連鎖劇》中京成美団
悲劇　供《く》養《やう》堂《だう》　十七場　藤川岩之助一行

【典　拠】「名古屋新聞」7・29附録。

【備　考】○「満員大好評。」（「名古屋新聞」7・30附録）

○七月三十日～　午後五時より　**京枡座**

《新　派》大勇団
悲劇　肉《にく》つきの面《めん》　市川蛇四郎
活劇　蛇《へび》塚《つか》　高田豊
水野光美

【典　拠】「名古屋新聞」7・30附録。

【備　考】○「『蛇塚』は本蛇を使ふ。」（典拠）

○七月三十日～八月（五）日　**湊座**

【一番目】血《ち》染《そめ》の神《かみ》風《かぜ》　中村吉十郎一派
【中　幕】老《らう》後《ご》の政《まさ》岡《をか》
【切　】斬《き》られお富《とみ》

【典　拠】「名古屋新聞」7・30附録、8・5広告、6附録。

【備　考】○「永らく地方巡業中なりし中村吉十郎は帰名、二十八日より従来の大一座に加はり…。」（「名古屋新聞」7・26附録）○「九州地方巡業中なりし中村吉十郎。」（同紙7・27附録）○「二十八日より開場の筈なりしも種々準備の都合により来る三十日より開演。」（同紙7・29附録）○「吉十郎が久方振りの出演に大人気。」（同紙7・30附録）

○七月　周辺地区の興行

・（豊橋市の）東雲座は、市川百十郎・大谷友十郎の一座による旧劇活動連鎖劇『関口武勇伝』（三つ葉葵紀州の誉）を上演中。（「新愛知」7・1附録、3附録）

・豊橋市花園町大谷派別院本堂において、一日午前八時・同十一時・午後二時・同五時の計四回、工女慰安伝道会が催され、余興として三曲合奏・手踊・喜劇・長唄等を上演。（「新愛知」6・26附録）
・横須賀の歌舞伎座は、三日より女優市川団女にて開場。（「新愛知」7・3広告、4広告）
・（豊橋の）弥生座は、芸題替えして、喜劇『夏木立』、悲劇『須磨の仇浪』を上演中。（「新愛知」7・4附録）
・挙母の大正座は、五日より市川羽左衛門にて『田宮坊太郎』を上演。（「新愛知」7・1広告、4広告）
・豊橋の東雲座は、六日より五日間、西萬兵衛一座へ原良一一派の花村静哉・岩崎新・徳田紫郎・大橋礼吉等の合同一座にて『嵐の跡』を上演。（「新愛知」6・12附録、7・1附録、4附録、6附録）
・（豊橋の）豊橋座は、牟呂連一座による素人劇「万人講芝居」を上演中。（「新愛知」7・8附録、12附録）
・瀬戸町の陶元座は、九日より『田宮坊太郎』を上演。（「名古屋新聞」7・10）
・多治見の榎本座は、十日より『鍾馗半兵衛』を上演。（「新愛知」7・10広告）
・一ノ宮の歌舞伎座は、十一日より吉十郎・巴左衛門・眼笑等の一座にて『田宮坊太郎』を上演。（「名古屋新聞」7・11広告）
・蒲郡の宝盛座は、十二日より女優市川団女にて、『御目見得だんまり』、喜劇『福徳屋万助』等を上演。（「新愛知」7・10広告、11）
・挙母の大正座は、十二日より文明館活動写真を上映。（「新愛知」7・12広告）
・津市の［　］座は、十四日より原良一・西萬兵衛合同一座にて『嵐の跡』を上演。（「新愛知」7・14）
・蛭川の蛭川座は、十四日より『鍾馗半兵衛』を上演。（「新愛知」7・14広告）
・岐阜の明治座は、十五日より吉十郎・巴左衛門・眼笑等の一座にて『田宮坊太郎』を上演。（「名古屋新聞」7・16広告）
・（豊橋の）東雲座は、十五日より松竹合名社専属・伊庭孝監督の新星歌舞劇団にて、第一喜劇『勇者』、第二アラスカ奇談『創痕』、第三歌舞劇『新婚旅行』、第四舞踊『ジプシーライフ』、第五歌舞劇『戦争の始終』、第六舞踏『セーラーダンス』を上演。（「新愛知」7・15広告）
・豊橋市の豊橋座は、十六日より十九日まで、東京帝劇幹部尾上梅幸・松本幸四郎・沢村宗十郎等百二十余名の一座にて、序幕『暗闘《だんまり》』、一番目『堀部妙海尼』、中幕上『茨木』渡辺綱館の場、同下『花川戸助六』仲之町より仕返しまで、大喜利『奴道成寺』を上演。（「新愛知」7・9附録、14、19附録）
＊「名古屋新聞」には七月二十日以降二十二日まで右の公演の広告が掲載されている。
・瀬戸の陶元座は、十六日より『鍾馗半兵衛』を上演。（「新愛知」7・16広告）
・（豊橋の）弥生座は、男女合同連鎖劇一行にて『寅の巻』『緑ケ池』を上演中。（「新愛知」7・16附録）
・挙母の大正座は、十八日より旧派中村津多七にて開場。（「新愛知」7・18広告）
・豊橋の東雲座は、二十日より吉十郎・巴左衛門・眼笑等の一座にて『田宮坊太郎』を上演。（「名古屋新聞」7・20広告）
・岡崎の宝来座は、二十日より女優市川団女にて『三枡寿曽我』、『恋女房染分手綱』、切『福徳屋万助』を上演。（「新愛知」7・20、20広告）
・（豊橋の）弥生座は、「新加入の合同一座」にて連鎖悲劇『紅だすき』を上演中。（「新愛知」7・20附録）
・遠州気賀の気賀座は、沢村宗十郎・松本幸四郎・尾上梅幸にて興行中。（「名古屋新聞」7・23広告）
・下諏訪の御田座は、末広座巡業部第二団中村信濃一座にて興行中。

（「名古屋新聞」7・23広告）

・御嵩の曙座は、『鍾馗半兵衛』を上演中。（「新愛知」7・24広告）

・（豊橋の）豊橋座は、鈴木源十郎一座による万歳芝居を上演中。（「新愛知」7・25附録）

・（豊川の）豊川座は、桃中軒青雲一座による浪花節を興行中。（「新愛知」7・25附録）

・布袋の布袋座は、二十六日より『鍾馗半兵衛』を上演。（「新愛知」7・26広告）

・静岡の若竹座は、沢村宗十郎・松本幸四郎・尾上梅幸にて興行中。（「名古屋新聞」7・26広告）

・信州岡谷の宝座は、末広座巡業部第二団中村信濃一座にて興行中。（「名古屋新聞」7・26広告）

・（豊橋の）弥生座は、男女合同一座による連鎖劇の芸題替えにて、大悲劇『恋の柵』を上演中。（「新愛知」7・26附録）

・（豊橋の）寿座は、玉川太郎一座による浪花節を興行中。（「新愛知」7・26附録）

・（豊川の）豊川座は、二十七日より義士の家一派による連鎖劇を上演。（「新愛知」7・25附録）

・（豊橋の）東雲座は、二十七日より義士廼家一派・女優団合同にて、喜劇『焼餅』、旧喜劇『お福の面』、社会劇『元の鞘』、笑劇『でんでん太鼓』を開演。（「新愛知」7・26附録、27附録）

・（豊橋の）豊橋座は、武知元良・津守正一の一座による新派連鎖劇を上演中。（「新愛知」7・29附録）

・（豊橋の）東雲座は、春日亭清鶴・春日亭清吉・春日亭雷太郎等の一座にて浪花節を興行中。（「新愛知」7・29附録）

○八月一日〜　**愛知座**

三曲関東万歳新旧劇　幕なし　鈴木小主水一座

【典　拠】「名古屋新聞」8・1附録。

【備　考】○「満員の盛況。」（「名古屋新聞」8・2附録）

○八月一日〜　午後五時より　**歌舞伎座**

浪花節　京山愛子朝鮮・満洲・西比利亜巡業御名残り

【読み物】一日　侠客花川戸助六（京山愛子）　赤穂誠忠義士銘々伝（京山愛子）　長広《（ママ）》舌二席

二日　誠忠義士銘々伝（京山愛子）　侠客全伝（京山愛子）　長講二席

三日　赤穂誠忠義士銘々伝（京山愛子）　侠客伝の内孝子物語（京山愛子）　長広舌二席

【典　拠】「名古屋新聞」8・1附録〜3附録。

【備　考】○「毎日金二十銭均一の大勉強」（「名古屋新聞」8・1附録広告）　○「本日も場代なし。」（同紙8・2附録）　○「満場好評」（同日同紙広告）

○八月一日〜（四）日　四時より　**京枡座**

《旧劇実写連鎖劇》

東海道《たうかいだう》二人《にんよ》与作《さく》　二十八段返し

雪《せつ》月《げつ》花《くわ》

中村鴈笑一座

【典　拠】「名古屋新聞」8・1附録、3附録、4広告、5広告。
【備　考】○「四十余名の大一座。」（「名古屋新聞」8・1附録）○「昨初日満員。（中略）大道具にて電気応用キネオラマ。」（同紙8・2附録）

○八月一日～(十四)日　寿座

大阪浪花節劇

市川浪六
片岡愛昇
小松家長十郎

【演　目】身替り不動尾張大八一代記 毎日段続き
【典　拠】「名古屋新聞」8・2附録、14広告、16附録。
【備　考】○「名古屋新聞」8・1広告～15広告には「好評 松島屋団十郎一行」とある。

○八月一日～(七)日　末広座

昼十二時
夜六時　二回開演

成美団一派

暗《やみ》の都《みやこ》　五幕

【出　演】末吉春人・宮田八郎・喜多治郎・佐久良桂吾・木下八百子・川田芳子・桃井文夫・実川延之丞・阪東ゆたか・松浪俊雄・池見成美・小織桂一郎
【典　拠】チラシ。一部出演者名は「名古屋新聞」7・28、千秋楽は同紙8・7附録広告、8附録による。
【備　考】○「松竹経営」（典拠チラシ）○木下八百子・川田芳子・池見成美は「新加入」。（「名古屋新聞」8・3附録評）○『暗の都』の梗概」（同紙7・30附録、8・1附録）○「前人気頗る高し。」（同紙7・30附録）○「八十余名の大一座の新狂言は本水使用の涼味に富んだ…。」（同紙8・1附録）○「一日（中略）昼夜共大満員。」（同紙8・2附録）○「久方振の成美団。」（同紙8・4）○「本日は大道具万端準備に休場。」（同紙8・8附録）
○評「成美団覗記」雅光（「名古屋新聞」8・3附録）

○八月一日～(三)日　大黒座

演目不詳

旧劇女優
市川鯉昇
一行

【典　拠】「名古屋新聞」8・1附録、3広告、4広告。
【備　考】○「好評」（「名古屋新聞」8・2広告）

○八月(一)日～(四)日　午後五時より　高砂座

万歳新派劇

花房清十郎
一座

【演　目】新派 同じ思ひ 七場 幕合 万歳
【典　拠】「名古屋新聞」8・1広告、2附録、4広告、5附録。
【備　考】○「名古屋新聞」8・2附録には「本日（中略）より」とある。○「満員」（「名古屋新聞」8・3広告）

○八月一日～(七)日　千歳劇場

《喜　劇》
【第　一】笑劇　いたづら者《もの》　二場
【第　二】喜劇　勝《かち》気《ぎ》な女房《にょうぼ》　三場
【第　三】旧喜劇　弥《や》次《じ》喜《き》多《た》　三場
【第　四】喜劇　よう〳〵　三場

蝶五郎
天女
時三郎
十丸
千鳥
喜峰
五九道
高綱

満笑
小磯
幸夫
富士雄
進哉
楽酔
田村

【典　拠】簡易筋書。上演順は「名古屋新聞」8・1附録、千秋楽は同紙8・7広告、8附録による。
【備　考】○「千歳劇場筋書」(「名古屋新聞」8・1附録)　○「第五回『弥次喜多』は山塞より名古屋迄にて、各場面電気仕掛のバースを使用。」(同紙8・2附録)　○「満員つゞきの好況。」(同紙8・7附録)　○評「三種の喜劇」(「名古屋新聞」8・3附録)

○八月一日～(四)日　蓬座
《旧劇実写連鎖劇》
鬼《おに》島《しま》三勇《ゆう》士《し》　連鎖幕なし
市川百十郎
大谷友十郎
大谷馬十一座
【典　拠】「名古屋新聞」8・1附録、3附録、4広告、5附録。
【備　考】○「市内附近全部撮影。」(「名古屋新聞」8・1附録)　○「好評」(同紙8・2広告)

○八月三日　第二回平民演芸会
「三日午後七時より、市内矢場町中央食堂階上に於て、第二回平民演芸会を開き、ヴアイオリン・ハーモニカ・三味線・尺八等の随意演奏を歓迎する由。」(「名古屋新聞」8・3)

○八月四日～(八)日　夜　三栄座
《新派劇》
女《をんな》塩《しほ》原《はら》
喜劇
川上貞次郎
加藤朝夫
福井明天
桃井吉之助一座

【典　拠】「名古屋新聞」8・4、6附録～9附録。
【備　考】○「芸題毎日がわり。」(「名古屋新聞」8・4)　○「連夜大入り。」(同紙8・7附録)

○八月四日～　大黒座
《新派劇》
演目不詳
【典　拠】「名古屋新聞」8・4広告。
【備　考】○「好評」(「名古屋新聞」8・8広告)

○八月五・(六)日　五時より　京枡座
浪花節芝居　幕無し
毎日替り
中村成太郎
市川高之丞
太夫桃中軒雲月
【演　目】児雷也物語　実録野狐三治
【典　拠】○「名古屋新聞」8・5附録～7附録。
【備　考】○「大阪歌舞伎浪花節芝居。」(「名古屋新聞」8・5附録)　○「成駒家太郎・桃中軒雲月大一行。」(同紙8・6附録)

○八月五日～　高砂座
花房清十郎一座　二の替り
万歳新派劇
【演　目】浮き雲　七場　万歳
【典　拠】「名古屋新聞」8・5附録。

【備　考】○「大好評。」（「名古屋新聞」8・7附録）

○八月五日～　午後四時開演　**帝国座**

片岡我十・市川段枝合同一座

連鎖劇　増補《ぞうほ》鍾馗半兵衛《しょうきはんべゑ》　連鎖二十一場

新脚本

【中　幕】菊鶴家十八番史劇　児《こ》島《しま》高《たか》徳《のり》　一幕

【二番目】伊《い》勢《せ》音《おん》頭《とう》　油屋

片岡我十　市川福十郎　片岡梅長　片岡当笑　中山喜楽　嵐徳二郎　片岡島右衛門　市川段枝　市川右升　加入

【観劇料】初日　十五銭均一　二日目より　一等三十銭　二等二十銭　三等十銭

【典　拠】「名古屋新聞」8・2附録、3附録、4、5広告。

【備　考】○「名古屋新聞」8・1附録には、片岡我十らの他に「片岡左衛門」の名がある。○「名古屋新聞」8・3附録には「初日に限り二十五銭均一」とある。○「二番目は沢松家の『伊勢音頭』油屋。」（「名古屋新聞」8・2附録）○「東西歌舞伎劇は人気役者揃ひにて狂言も色取り好く、初日は開場前より見物押掛近来になき大人気にて、中幕『児島高徳』は義太夫と琵琶とを調和させ実に面白き試に客受け好く大盛況を呈し居れり。」（同紙8・6附録）○「久し振り歌舞伎にて客受よく、中幕は琵琶応用、大切は段枝の貢と我十の喜介、梅長万野等の意気が合ひ申分無し。」（同紙8・8附録）○「東西歌舞伎の納涼劇上場の左右の両庭及屋上は絶えず水道を通はせて自然の涼風を通ぜしめて客受け好く、九日・十日・十一日は特に昼十二時、夜六時開幕。」（同紙8・9附録）

○八月五日～　四時　**蓬座**

《旧劇実写連鎖劇》

東海道《とうかいどう》二人《にんよ》与作《さく》　中村鴈笑一座

【大　切】所　作　事　電気応用キネオラマ

【典　拠】「名古屋新聞」8・5附録、7附録。

【備　考】○「『東海道二人与作』は熱田附近名所を撮影。」（「名古屋新聞」8・5附録）○「満員」（同紙8・6広告）○「『東海道二人与作』は十八番の十三度早替りは大喝采。」（同紙8・7附録）

○八月六日～十三日　昼夜　**新守座**

《新派連鎖劇》天活専属松尾志乃武一派　二の替り

渡辺汀雨氏脚色

悲劇　愛《あい》の乱《みだ》れ　連鎖十三場

月村　山本　池田　宮城野　加藤　松尾　末広

【典　拠】「名古屋新聞」8・6附録、9附録、13附録。

【備　考】○「一昨日筑港附近で撮影せる写真に大阪よりの写真とを併用し長尺の連鎖振りに、目先の変つた舞台面を展開する由。」（「名古屋新聞」8・6附録）○「初日以来満員つづき（中略）非常に客受け好く、写真も目先の変りたる変化多き面白きもの。」（同紙8・9附録）○「尻晴れ（マヽ）の活況。」（同紙8・12附録）○「昨日限りの処、次狂言の大仕掛なる為今日迄日延。」（同紙8・13附録）○評「新守座二の替り」雅光（「名古屋新聞」8・8附録）

○八月六日～(十二)日　湊座
中村吉十郎・眼笑・巴左衛門一座　芸題替り
【前狂言】越《ゑち》後《ご》伝《でん》吉《きち》
【　切　】源《げん》平《へい》盛《せい》衰《すゐ》記《き》
【配　役】伝吉　眼　笑　小万
柏屋与宗次　巴左衛門　庄左衛門　寛十郎
瀬尾十郎　黒助
重右衛門　中村　吉十郎　井上庄九郎　滝　蔵
伊豆守　伊藤重三郎　梅三郎
実盛　葵御前
娘お六　慶　女
【典　拠】「名古屋新聞」8・6附録、12広告、13附録。
【備　考】○「共に一座の当り狂言とて毎日好人気。」(「名古屋新聞」8・7附録)○「場毎に喝采。」(同紙8・8附録)○「旧盆の人気旺んなり。」(同紙8・9附録)○「頗る好景気。」(同紙8・11)

○八月七・(八)日　午後六時より　京枡座
特別連続活動大写真
【内　容】旧劇石川五右衛門　連続写真女ロロー
【典　拠】「名古屋新聞」8・7附録、7広告、8附録、9附録。

○八月七日～十三日　夕六時八時二回開演　御園座
西川流舞踊大会
涼みをどり
石松師匠門下　盛栄連妓　廓連妓　睦連妓　中券番連妓　浪越連妓
【番　組】式三番　第一　鵜飼　第二　常盤津　萩原　第三　長唄　砧　第四
和楽・オーケストラ合奏　平和音頭(本水使用大道具)
【典　拠】「名古屋新聞」8・1附録、3附録、6附録～8附録、9附録評、13附録。
【備　考】○「出演物《だし》は総踊り、式三番を以て四場に仕組み(中略)出演者は毎日交替であるさうな。」(「名古屋新聞」8・1附録)○「入場券は一等金一円、二等金五十銭の二種なるが、右通券は便宜上各前茶屋・いとう呉服店・桔梗屋呉服店・大門屋等にて発売する由。尚当日は木戸口にても売るとの事。」(同紙8・3附録)○「前人気頗る旺盛(中略)各連妓三百余名が其技を競ふ。」(同紙8・6附録)○「本日は第一総見として中券番の出演せざる者二百余名が芸道研磨の為め総見する筈にて、引続き各連の総見ある由。」(同紙8・7附録)○「初日(中略)定刻前より観客は犇々《ひし〳〵》と押寄せ、二回共忽ち満員〆切。」(同紙8・8附録)○「涼味を添ふる衣裳と本水使用の舞台一面等は最も納涼に適したる好見物ならん。」(同紙8・9附録)○「連日満員の盛況。」(同紙8・13附録)○評「すゞみ踊り」川(「名古屋新聞」8・9附録)

○八月八日～(十四)日　**千歳劇場**

《喜　劇》蝶五郎・千鳥・天女・時三郎合同劇　芸題替

鱧《はも》の子《こ》

嘘《うそ》か誠《まこと》か

旧喜劇　花見《はなみ》の出《で》合《あひ》

【第　四】喜劇　へんくつ者《もの》

【典　拠】「名古屋新聞」８・８附録、９附録、13附録～15附録。

【備　考】○「千歳劇場替狂言」(「名古屋新聞」８・７附録)○「連日連夜大入りを占め『花見の出合』は呼び物となれり。」(同紙８・11)

○八月九日～十六日　午後三時開場 四時開幕　**歌舞伎座**

《新　派》新派大合同

菊池幽芳先生傑作

新派劇十種の内　喜多村緑郎十八番

【一番目】家庭悲劇　己《おの》が罪《つみ》　全十場

喜多村新古劇三十六種の随一

喜多村緑郎
金城団 原良一
西萬兵衛
合同一座

【切狂言】旧劇　鈴《すゞ》ケ森《もり》　一幕

【出　演】原良一・西萬兵衛・花村静哉・岩崎新・大橋礼吉・深津三郎・小松末夫・浅野長・雲岡光次郎・若井信雄・南一郎・子供久保田久雄・喜多村緑郎

【典　拠】「名古屋新聞」８・５附録、７附録、９附録、９附録広告、12附録、13附録、16広告。

【備　考】○「喜多村緑郎は(中略)金城団一行の上置として…。」(「名古屋新聞」８・５附録)○「喜多村緑郎は(中略)昨日来名し、原良・西萬との打合せを終了し稽古に取り掛れり。(中略)喜多村式とも云ふ可き衣裳に大道具に、頗る新生面の技巧を表現して…。」(同紙８・６附録)○「当地初お目見得の浅野長・雲岡光二郎・若井信雄・南一郎、斯界の麒麟児久保田久雄。」(同紙８・７附録)○「特別大興行は昨三日目も又復満員の盛況。」(同紙８・12附録)○「『己が罪』八場。」(同紙８・13附録)○「喜多村の権八に原良の長兵衛は意気投合し、雲助の大立廻りは一座惣出の上、中京勇連の花やかなる立廻りは頗る大好評。」(同紙８・14附録)○「開場以来連日満場の大盛況(中略)本日限りなるが、平場は特に金五十銭均一。」(同紙８・15附録)○評「二座初日記」雅光(「名古屋新聞」８・11)

○八月十一日～　演目追加

喜　劇

【典　拠】「名古屋新聞」８・12附録。

○八月九日～(十三)日　**京枡座**

《旧劇実写連鎖劇》

天《てん》竺《ぢく》徳《とく》兵《べ》衛《ゑ》

市川芳三郎
扇三郎

【典　拠】「名古屋新聞」８・９附録、11広告、13広告、14広告。

【備　考】○「大好評。」(「名古屋新聞」８・12附録)

○八月九日～　三栄座

《新旧合同劇》

新派　月《つき》夜《や》の月《つき》　川合　敏雄／高田　豊　一座

旧劇　敵討天下《かたきうちてんか》茶屋《ちゃや》　阪東　七百蔵　一座

【典　拠】「名古屋新聞」8・9附録。

○八月九日～十五日　昼十二時／夜六時より開演　末広座

成美団　二の替り

【第　一】悲劇　いとし児《こ》　二場

【第　二】悲劇　筐《かたみ》の銘《めい》刀《たう》　四幕

【出　演】末吉・宮田・喜多・左久良・木下八百子・川田芳子・桃井・延之丞・松浪・池見成美・小織桂一郎

【典　拠】「名古屋新聞」8・8附録、8附録広告、9附録、15附録。

【備　考】○「成美団新狂言」(「名古屋新聞」8・8附録)　○「人気旺盛。」(同紙8・13附録)　○評「二座初日記」雅光(「名古屋新聞」8・11)

○八月九日～(十二)日　高砂座

東西大歌舞伎　大阪名代　市川　猿十郎／中村　秀三郎／市川　莚糸　一座

【前】大《たい》閤《こふ》記《き》

【中】どんどろ

【切】浪花俠客名物男《なにはけうかくめいぶつをとこ》

【典　拠】「名古屋新聞」8・8附録、9附録、9広告、12附録、13附録。

【備　考】○「旧盆大興行(中略)は大好評。」(「名古屋新聞」8・12附録)

○八月(九)日～　宝生座

梅雨小袖昔八丈

【観劇料】場代なし

【典　拠】「新愛知」8・8広告、9広告。

○八月九日～(十一)日　蓬座

特別連続活動大写真　東京小松商会

【内　容】連鎖写真女ロロー　旧劇石川五右衛門

【典　拠】「名古屋新聞」8・9附録、9広告、11広告、12広告。

【備　考】○「満員」(「名古屋新聞」8・11広告)

○八月(十)・(十一)日　大黒座
(昼席)
午後七時より
浪花節　桃中軒白雲一行
《新旧合同》
演目不詳
【典　拠】「名古屋新聞」8・9附録、11広告、12附録。
【備　考】○「好評　浪花節　桃中軒白雲一行」(「名古屋新聞」8・11広告)

○八月上旬　枇杷島劇場
(昼)
浪花節
(夜)
活動写真
【典　拠】「新愛知」8・10広告。

○八月(十二)日～(十四)日　大黒座
浪花節芝居　市川亀若一座
【典　拠】「名古屋新聞」8・12附録、14広告、15広告。
【備　考】○「名古屋新聞」8・13附録には「本日より」とある。

○八月十二日～二十日　五時開演　帝国座
我十・段枝合同劇　替り狂言
【一番目】夏《なつ》祭浪花鑑《まつりなにはかゞみ》
【二番目】隅田川法界坊《すみだかはほふかいばう》
常盤津出語　本水使用キネオラマ仕掛
【配　役】団七　我十
法界坊　段枝
儀平次　梅長
頭取
【典　拠】「名古屋新聞」8・12附録～15附録、17附録、19附録、20附録。
【備　考】○「『夏祭り』には本水を使用の大舞台。」(「名古屋新聞」8・11)○「『法界坊』は段枝が早替りを見せ、尚水道にて左右の庭園及屋上へ水を送り涼気を場内に漲らすと。」(同紙8・12附録)○「『夏祭』は裏田浦儀平(ママ)橋の場は本雨に我十の団七と段枝の儀平次との立廻りは大車輪。」(同紙8・13附録)○「本水使用の大道具と段枝の早替りは大々好評。」(同紙8・14附録)○「一座も頗揃ひのすに(ママ)大道具大仕掛。」(同紙8・15附録)○「菊鶴家・沢松家の各団体見物ありて多々益好人気。」(同紙8・16附録)○「東西歌舞伎劇は客筋のすゝめにより二十日迄日延べ。」(同紙8・20附録)

○八月十二・(十三)日　蓬座
《新派劇》
芸題毎日替り
演目不詳　蝶々会一行
【典　拠】「名古屋新聞」8・12附録、12広告、13広告、14附録。
【備　考】○「東西若手揃の大一座。」(「名古屋新聞」8・12附録)○「大好評」(同紙8・13広告)

○八月中旬～(十七)日　三栄座

新派大合同劇　芸題毎日替り　川合　敏雄　高田　豊　川上　次郎　宮川　鉱太郎一座

【演　目】(十四)日　北海の月　切　喜劇　トラコ□
(十六)日　松のみどり　切　喜劇　朝日の門松

【典　拠】「名古屋新聞」8・12附録、14附録～16附録、17広告、18広告。

【備　考】○「大好評。」(「名古屋新聞」8・15附録)

○八月十三日～(十五)日　高砂座

大蛇劇　月《つき》の夜《よ》　大阪中西興行部一行

【典　拠】「名古屋新聞」8・13附録、15附録、16附録。

【備　考】○「実物大蛇身長三間半廻り二尺五寸、目方三十貫の物を使用し、大好評。」(「名古屋新聞」8・15附録)

○八月十三日～二十二日　午後四時開場　湊座

中村吉十郎・巴左衛門・眼笑・慶女一座　芸題替り

【一番目】お岩稲荷《いはいなり》四ツ谷怪談《やくわいだん》　全部幕なし

【　切】銘《めい》作《さく》切子《きりこ》燈籠《とうろう》

【配　役】お岩　中村　吉十郎
小平
お花
卓悦　巴左衛門
伊右衛門　眼　笑
下女おまき　慶　女
直助　滝　蔵
喜太八　梅三郎
四ツ谷左門　寛十郎

【典　拠】「名古屋新聞」8・13附録、17附録、22附録。

【備　考】○「夏季特別興行(中略)大好評。」(「名古屋新聞」8・14附録)　○「一座得意の出し物。」(同紙8・15附録)　○「新盆興行。」(同紙8・16附録)　○「『四ツ谷怪談』は吉十郎の三役早替りは初日以来満員つゞき。尚ほ二日間の日延べ。」(同紙8・19附録)　○「三日間日延べの当り狂言。」(同紙8・20附録)

○八月十四日～(十七)日　六時より　京枡座

連続活動大写真　中京商会

【内　容】活劇女ロロー　旧劇相馬大作　悲劇一村雨　新派娘探偵

【典　拠】「名古屋新聞」8・14附録、16附録、17附録、18広告。

【備　考】○「好評」(「名古屋新聞」8・15広告)

○八月十四日～(二十一)日　新守座

《連鎖劇》天活専属団松尾志乃武一派　芸題替

渡辺汀雨氏脚色

大悲劇　蔭《かげ》の女《をんな》　月村　池田　加藤　山本　末広　宮城野　松尾

【幕間余興】琉球人芝居・舞踊

【演　目】芝居　銘苅子　引抜き　舞踊　松竹梅　鶴亀

【典　拠】「名古屋新聞」8・14附録、16附録、16附録評、21広告、22附録。

【備　考】○「天活直営」(「名古屋新聞」8・14附録広告)　○「例の天活式の舞台装置にて上場する由。」(同紙8・12附録)　○「大詰数寄橋大雷雨は本水使用の壮烈なる大立廻り。尚余興に出演の琉球人の舞踊も珍らしく、観客は大喜び。」(同紙8・16附録)　○「本日は社員総出にて築港中川附近にて、次狂言用連鎖写真の大撮影を興行（ママ）する由。」（同紙8・19附録）〇「連日大盛況。」（同紙8・20附録）〇評「新守座『蔭の女』」雅光（「名古屋新聞」8・16附録）

〇八月十四日～（十七）日　四時より　蓬座

《旧劇実写連鎖劇》

天《てん》竺《じく》徳《とく》兵《べ》衛《ゑ》

市川芳三郎
尾上扇三郎
一座

【典　拠】「名古屋新聞」8・14附録、15附録、17広告、18広告。

【備　考】〇「『天竺徳兵衛』は名古屋と岐阜犬山等にて名所全部を撮影、実写大連鎖にて大好評。」（「名古屋新聞」8・15附録）〇「『忍術天竺徳兵衛』。」（同紙8・16附録）

〇八月　商品陳列館の夜間開館延期

「愛知県商品陳列館に於て開催中である夜間開館は頗る好成績を示し、毎夜納涼を兼ねて観客多く、即売部の売行きも少くないので、来十八日迄の開館であつたのを、来二十九日迄継続延期するに決したが、今後は浄瑠璃・生花其他の余興を催すと共に、噴水を継続して涼味を添ふる筈である。」

（「名古屋新聞」8・14附録）

〇八月　女義太夫の客席のようす

「寄席で女義太夫の出る時位景気の好いものはない。昔は堂摺連《だうするれん》といふのが馬鹿に幅を利かせたものだが、当今では余りないが、それでも少しはある。そしてそのタイプと云ふのが略《ほゞ》一定だから面白い。『そりや聞えませぬ伝兵衛さん………』と云つた様な名文句の所へ来ると『まつてましたア』と声をかける。そして一段語り終つて御簾が下りて、太夫の顔が消えかゝる時分になると、『御苦労御苦労』と怒鳴る。そしてその間と云ふものは、南京豆や、塩昆布、アタリメなどをかじつて居る。つまり買ひ喰ひをのべつにして、『まつてました』と『御苦労々々』を云ひ度いために高い木戸を払つて来ると云ふ篤志家に外ならぬが、これあるために寄席の女義は少からず色彩が鮮かであるのだ。」

（「名古屋新聞」8・14附録）

〇八月十五日～（十九）日　寿座

【前狂言】勢《せい》力《りき》富《とみ》五郎《らう》

【切　】嫗《こもち》山《やま》姥《うば》

市川市猿次
一座

【典　拠】「名古屋新聞」8・16附録、16広告、19広告、20広告。

【備　考】〇「好評」（「名古屋新聞」8・19広告）

〇八月（十五）日～（十七）日　大黒座

《新派連鎖劇》

演目不詳

立花薫
一行

【典　拠】「名古屋新聞」8・14広告、15附録、17広告、18広告。

○八月十五日～(二十一)日　千歳劇場

《喜劇》天女・時三郎・蝶五郎一派

【第 一】笑劇 妙《めう》な願《ねが》ひ　二場

【第 二】喜劇 午《ご》砲《ほう》　二場

【第 三】旧喜劇 初《はつ》籠《かご》　三場

【第 四】新喜劇 涼《すゞ》み船《ふね》　三場

キネ応用大道具大仕掛

天女　時三郎　千鳥　蝶五郎　高綱　幸夫

【典 拠】「名古屋新聞」8・15附録、15附録広告、16附録、17附録評、20附録、21広告、22附録。

【備 考】○「千歳劇場筋書」(「名古屋新聞」8・14附録)　○「連日連夜満員。」(同紙8・20附録)　○評「『初駕』と『涼み船』」川(「名古屋新聞」8・17附録)

○八月十六日～二十二日　末広座

昼十二時　夜六時　より二回開演

成美団小織一派　三の替はり

大平野虹君作

新悲劇 求《もと》むる平和《へいわ》　五幕七場

池見　末吉　宮田　松浪　喜多

左久良　桃井　木下　川田　小織

【典 拠】「名古屋新聞」8・16附録、18評、22附録。

【備 考】○「『求むる平和』筋書」(上)(下)(「名古屋新聞」8・16附録、17附録)　○「昨初日は果して人気の焦点となり…。」(同紙8・17附録)　○「総見亦総見に日夜満員。」(同紙8・20附録)　○評「成美団劇評」雅光(「名古屋新聞」8・18)

○八月十六・(十七)日　高砂座

日本一大蛇劇一行　二の替り

大悲劇 寒《かん》梅《ばい》　七場

【典 拠】「名古屋新聞」8・16附録、17広告、18広告。

【備 考】○「実物使用の大蛇長さ三間半廻り二尺五寸、目方三十貫なりと。」(「名古屋新聞」8・16附録)

○八月中旬～(二十三)日　宝生座

怪談月笠森

【観劇料】場代なし

【典 拠】「新愛知」8・17広告、23広告、24広告。

○八月十八日～(二十)日　京枡座

《新派連鎖劇》

悲劇 又《また》意《い》外《ぐわい》　幕無し　楠　愛之助一座

【大 切】喜劇 快《くわい》男《だん》児《じ》

【典 拠】「名古屋新聞」8・19附録、20附録、21広告。

【備 考】○「好評」(「名古屋新聞」8・20広告)

○八月十八日～(二十)日　三栄座

《旧劇実写連鎖劇》

忍術《にんじゆつ》天竺《てんぢく》徳兵衛《とくべゑ》　通し四十七場　市川芳三郎　尾上扇三郎　一座

【典　拠】「新愛知」8・18、「名古屋新聞」8・18、20附録、21広告。

【備　考】○「好評」(「名古屋新聞」8・19広告)

○八月(十八)日～(二十)日　大黒座

浪花節　早川燕朝

【典　拠】「名古屋新聞」8・17広告、18広告、20広告、21広告。

○八月(十八)日～(二十一)日　高砂座

浪花節劇　毎日芸題続き　成田家猿十郎一行

【演　目】鼠小僧次郎吉　義士伝

【典　拠】「名古屋新聞」8・17広告、18、20附録、21広告、22附録。

【備　考】○「大高評」(「新愛知」8・19広告)

○八月十八日～　枇杷島劇場

大蛇劇

【典　拠】「新愛知」8・18広告。

【備　考】○「大盛況　日本一大蛇劇」(「新愛知」8・19広告)

○八月十八日～(二十)日　六時より　蓬座

特別連続活動大写真　中京商会

【内　容】大活劇女ロロー　旧劇相馬大作　新派一村雨

【典　拠】「名古屋新聞」8・18広告、19附録、20附録、21広告。

【備　考】○「好評」(「名古屋新聞」8・19広告)

○八月十八・十九日　林貞院縁日の余興

「西区新道林貞院にては例月通り昨今両日祈禱会修行奉納。余興は睦会浄瑠璃並に嵯峨流生花会等。」(「名古屋新聞」8・19附録)

○八月二十日～(二十三)日　寿座

【一番目】越前《えちぜん》葵《あふひ》金《きん》の鯱《しやち》

【切　】千本《ほん》桜《さくら》　中村紅雀一座

【典　拠】「名古屋新聞」8・20附録、23広告、24附録。

【備　考】○「満員大好評。」(「名古屋新聞」8・22附録)

○八月二十一日～(二十七)日　五時より　京枡座

万歳芝居　ていれこ幕なし　芸題毎日替り　元祖鈴木源十郎　石川貫一　合同一座

【演　目】両面鏡　幕合　万歳　オイワケ節(源十郎)　大切　東京万歳

【典　拠】「名古屋新聞」8・21広告、22附録、24附録、27附録、28附録。

【備　考】○「源十郎の十八番オイワケ節は大喝采なり。」(「名古屋新聞」

8・22附録）〇「大好評」（同日同紙広告）

〇八月二十一日〜（二十三）日　**三栄座**

《実写旧劇》

雪《ゆき》の弁天利生記《べんてんりしやうき》

【切】江戸《えど》土産《みやげ》花桜《はなさくら》　市川市猿次／市川福寿郎　一座

【典拠】「名古屋新聞」8・21広告、22附録、23広告、24附録。

【備考】〇「好評。」（「名古屋新聞」8・22附録）

〇八月（二十一）日〜（二十三）日　午後七時より　**大黒座**

《実写旧劇連鎖劇》

演目不詳　市川芳三郎　一座

【典拠】「名古屋新聞」8・20広告、21広告、22附録、24附録。

【備考】〇「大好評」（「名古屋新聞」8・22附録）

〇八月二十一日〜　**帝国座**

東西歌舞伎一座　替狂言

【一番目】文覚上人　五幕

【中幕】中将姫　一幕　市川右升

引抜き　弥次喜多道中　二幕　加入

【配役】中将姫　段枝　岩根御前　梅長

弥次郎兵衛　　喜多八

【観劇料】初日二十五銭均一

【典拠】「新愛知」8・21広告、「名古屋新聞」8・21広告、22附録。

【備考】〇「大納涼劇」（「新愛知」8・21広告）〇「『文覚上人』は当地久し振とて、大詰那智の滝は水道使用にて巾一間半の大滝大道具中幕『中将姫』に引抜き『弥次喜多』は段枝の十八番、中将姫より弥次郎兵衛段枝の早替り、又岩根御前より喜多八梅長の早替り。因に市川右升は当狂言より加入の筈。」（「名古屋新聞」8・22附録）〇「一番目那智の滝の場面は此座独特の大道具にて、舞台一面本水滝の大仕掛に見物は大喜びの大盛況。」（同紙8・23附録）〇「段枝・梅長の早替りにて、常盤津美人連の出語り。」（同紙8・24附録）〇「名古屋新聞」8・24附録によると、二十四日は読心術実験の後午後三時から歌舞伎を開幕した。185頁上段参照。〇「中幕『中将姫』より引抜き『弥次喜多』は四場居所替りにて大受。」（「名古屋新聞」8・25）〇「残暑に拘らず大入つゞき。」（同紙8・27附録）

〇八月二十一日〜（二十四）日　**蓬座**

《新派連鎖劇》

又《また》意《い》外《ぐわい》　幕無し

大道具仕掛　楠愛之助　一座

【二番目】喜劇

【典拠】「名古屋新聞」8・21広告、22附録、23附録、24広告、25。

【備考】〇「好評」（「名古屋新聞」8・22広告）〇「本日は在郷軍人の慰安会招待あり。芸題引続き、本日は余興写真数番。」（同紙8・24附録）

○八月二十二日～二十九日　新守座

《連鎖劇》天活専属松尾志乃武一派　芸題かへ

【第　一】喜劇　海《かい》水《すゐ》浴《よく》

【第　二】連鎖人情劇　恋《こひ》ゆづり　全四場
渡辺汀雨氏新作

【第　三】悲劇　祇《ぎ》園《をん》芸《げい》妓《ぎ》　連鎖五場

月村　池田　加藤　佐山　武本　末広　山本　宮城野　松尾

【典　拠】「名古屋新聞」8・22附録、24附録評、26附録、29附録。

【備　考】○「『恋ゆづり』（中略）は旧劇の『お染久松』を現代の人情に当て、山崎宗平住家は『野崎村』其儘なる舞台を京都近郊に取り、嵯峨野のローカルカラーを漂はせ場毎大喝采。」（「名古屋新聞」8・26附録）○『祇園芸妓』（中略）大詰祇園井筒屋の場は頗る大仕掛の大道具。」（同紙8・27附録）○「連日満員続き。」（同紙8・29附録）○評「新守座を観て」雅光（「名古屋新聞」8・24附録）

○八月二十二日　高砂座

東京若手 市川河蔵・沢村訥紀和・市川八百助・市川荒之助一座

十二時《どき》義《ぎ》士《し》の打入《うちいり》　大詰まで

【典　拠】「名古屋新聞」8・22附録、23広告。

○八月二十二日～二十八日　千歳劇場

《喜　劇》天女・時三郎・蝶五郎一派

【第　一】喜劇　長《なが》襦《じゆ》袢《ばん》

【第　二】旧喜劇　命《いのち》の安《やす》売《うり》

【第　三】喜劇　親《おや》の売《うり》物《もの》

【第　四】喜劇　貞女《ていぢよ》のモデル

蝶五郎　天女　十郎丸　高綱　時三郎　重次郎　満笑　喜峰

【典　拠】「名古屋新聞」8・22附録、23附録、25附録～28附録。

【備　考】○「千歳劇場筋書」（「名古屋新聞」8・22附録、23附録）○「今週は特選の新進狂言許りを上場し大々的盛況なるが、就中第三の喜劇（中略）場毎大喝采なり。」（同紙8・23附録）○「観客より劇評を募集して居るが、随分玄人も及ばぬ評にて、其評に基いて訂正又は差加へて各優及座員一同が努力して居る。」（同紙8・27附録）

○八月二十三日～二十七日　国技館

東京・大阪合併大相撲

東京 大錦　栃木山　鳳　　大阪 大錦

【典　拠】「名古屋新聞」8・22、24、28。

○八月二十三日～二十九日　十二時 六時 二回開演　末広座

成美団小織桂一郎一派　芸題替へお名残り狂言
瀬戸閣太郎氏脚色

江《え》戸《ど》紫《むらさき》　五幕八場

【出　演】小織・末吉・池見・宮田・松浪・喜多・高橋・実川延之丞・
近松・左久良・桃井・木下八百子・川田
【典　拠】「名古屋新聞」8・23附録、25評、26附録、28附録、29附録。
【備　考】○「京阪にての当り狂言。」（「名古屋新聞」8・23附録）○「『江戸紫』の略筋」（同紙8・23附録、24附録）○「連日昼夜非常の大盛況（中略）本水使用の大雷雨中の立廻りは尤も好評。」（同紙8・26附録）○評「お名残の成美団」雅光（「名古屋新聞」8・25）

○八月二十三日～　午後七時より　高砂座
【前】荒木又右衛門《あらきまたゑもん》　大序より大詰まで
【切】碁盤太平記《ごばんたいへいき》　大石別れの場
加賀家玉七
中村歌之助
沢村萩之丞
市川眼十郎
一座
【典　拠】「名古屋新聞」8・23附録、24附録。
【備　考】○「大好評。」（「名古屋新聞」8・24附録）

○八月二十三日　午後六時半　御園座
現内閣打破　各派聯合政談大演説会　主催 国民義会
【典　拠】「名古屋新聞」8・23広告。

○八月二十三日～（二十八）日　湊座
中村吉十郎一派　狂言替り
【一番目】岡山騒動《をかやまさうどう》
【中　幕】本蔵下屋敷《ほんざうしもやしき》
【切】極彩色娘扇《ごくさいしきむすめあふぎ》（盲兵助）
阪東巴左衛門
市川眼笑
中村慶女
合同
【典　拠】「名古屋新聞」8・23附録、24附録、26附録、28附録、29附録。
【備　考】○「暑気にも怯げぬ大人気。」（「名古屋新聞」8・28附録）

○八月二十四日～　愛知座
《新派》
演目不詳　東京若手新派一行
【典　拠】「名古屋新聞」8・24附録。

○八月二十四日～（二十六）日　寿座
《キネオラマ応用活動旧劇連鎖劇》
天竺徳兵衛《てんぢくとくべゑ》　市川芳三郎　尾上扇三郎　坂東利之助　一座
【典　拠】「名古屋新聞」8・24附録、26附録、27広告。
【備　考】○「特別大写真『天竺徳兵衛』。」（「名古屋新聞」8・24附録）

○八月二十四日　三栄座

小奴《こやつこ》長吉《ちやうきち》

江戸《えと》の花廓《はなくるわ》の達引《たてひき》

市川市猿次
市川福寿郎
一座

【典　拠】「名古屋新聞」8・24附録、25。

○八月二十四日～　大黒座

万歳芝居

花房清十郎
一座

【典　拠】「名古屋新聞」8・24附録。
【備　考】○「大好評」(「名古屋新聞」8・27広告)

○八月二十四日　正十二時より　帝国座

読心術実験

読心術家 佐藤恭史

【典　拠】「名古屋新聞」8・24附録。
【備　考】○「去る二十一日保安課にて各新聞記者立会にて実験し驚嘆せしめたる読心術家佐藤恭史氏に後援し、一般公衆の為に(中略)入場無料にて実験を行ひ、尚三時よりは開演中の歌舞伎劇を開幕。」(典拠)

○八月(二十四)日～　宝生座

伊勢音頭恋寝刃

【観劇料】場代なし
【典　拠】「新愛知」8・23広告、24広告。

○八月二十五日～二十七日　午後五時より　歌舞伎座

二葉会　睦廓中巻　各連芸妓浄瑠璃大会

【語り物】二十六日　鈴が森(中村屋しづゑ　寿美勇)　太功記十(鶴喜廼恵照香　宮子)　三荘太夫(新吉野三五　清子)　日吉丸三(末中村喜作　喜代)　柳(比田　清子　二葉)　紙治の内(末中村宮子　寿美勇)　鳴戸(新末広その　二葉)　大喜利　野崎村(掛合)
二十七日　日吉丸(茂登正枕静子)　太功記十(松島屋千代松　鎌倉三代記(末中村喜作)　中将姫(比田　清子)　合邦(茂登正枕寿美勇)　壺坂(ちくわ屋千恵子)　□屋(末中村宮子)　先代萩(新末広その)　大喜利　阿古屋琴責(惣掛合)

【典　拠】「名古屋新聞」8・24附録、25、26附録、27附録。
【備　考】○「竹本二葉太夫主催(中略)太棹芸妓百余名惣出演にて、毎日木戸無料。語り物沢山に付き午後四時半より開場。」(「名古屋新聞」8・24附録)　○「連夜大好評。」(同紙8・27附録)

○八月二十五日～(二十七)日　三栄座

浪花節真打大会

【出　演】桃中軒富士入道・京山伯馬・浪花亭若奴・早川燕朝・入道坊一心・玉川勝太郎・京山若好　外十数名
【典　拠】「名古屋新聞」8・25、26附録、27広告、28附録。
【備　考】○「大好評」(「名古屋新聞」8・26広告)

○**八月二十五・(二十六)日**　六時より　**蓬座**

万歳大会

【余　興】手踊り　喜劇

【典　拠】「名古屋新聞」8・25、26附録、27附録。

【備　考】○「若手揃ひにて五十余名の大連。」(「名古屋新聞」8・26附録)

○**八月二十七日〜**　午後七時より　**寿座**

《新　派》新派合同

演目不詳

【典　拠】「名古屋新聞」8・27広告、28附録。

【備　考】○「満員。」(「名古屋新聞」8・31附録)

○**八月二十七日〜(三十一)日**　午後五時より　**蓬座**

《女優歌舞伎》

伊賀越道中双六《いがごえだうちうすご》　幕無し

芸題毎日替り

市岡若吉
尾上いろは一座

【大　切】滑稽《こっけい》鰌《どぜう》すくひ

【典　拠】「名古屋新聞」8・27附録〜29附録、31附録、9・2附録。

【備　考】○「好評」(「名古屋新聞」8・28広告)　○「若吉外数名。」(同紙8・30附録)　○「大切喜劇と手踊り。」(同紙8・31附録)

○**八月二十八日**　午後六時より　**京枡座**

藤八拳大会

東部若手連

【典　拠】「名古屋新聞」8・28附録。

【備　考】○「木戸無料、飛び入り勝手次第、景品種々。」(典拠)

○**八月二十八日〜九月(六)日**　午後七時より　**三栄座**

万歳新演劇　万歳と芝居　テーレコ幕なし

鈴木源十郎
石川貫一
池田一雄

【演　目】月夜に電燈　大和錦　義理の柵　東菊　追分(源十郎)

【典　拠】「名古屋新聞」8・28附録、30附録、31附録、9・2附録、4附録、6附録、7附録。

【備　考】○「『義理の柵』、源十郎追分、共に好評。」(「名古屋新聞」9・2附録)

○**八月二十八日〜(三十)日**　午後七時より　**高砂座**

《新派連鎖劇》中京成美団

金《こん》色《しき》夜《や》叉《しゃ》

キネヲラマ応用大仕掛

藤川岩之助一行

【典　拠】「名古屋新聞」8・28附録、30附録、31附録、「新愛知」8・29広告。

【備　考】○「満員大好評。」(「名古屋新聞」8・29附録)

○**八月二十八日　万福院不動縁日の余興**

「市内中区南鍛冶屋町万福院にては、二十八日成田山不動明王縁日に付、大般若及大護摩供修行。余興、福引、真野真清軒社中の八代流生花会、竹本小綱連中の浄るり大会ある由。」

（「名古屋新聞」8・28附録）

○八月下旬　愛知座

神風団

航海日誌《かうかいにつし》乃《の》木将軍《ぎしやうぐん》　静間清一行

【典　拠】「名古屋新聞」8・28附録。

【備　考】○「武士道鼓吹の為め小学生徒は下足料にて観覧せしむる由。」（典拠）

○八月二十九・三十日　六時より　京枡座

浪花節大会

【典　拠】「名古屋新聞」8・29附録、30附録、31広告。

【備　考】○「真打揃ひ。読物は昨夜のつゞき、何れも大車輪。」（「名古屋新聞」8・30附録）○「好評」（同日同紙広告）

○八月二十九日～　大黒座

浪花節　玉川勝太郎

【典　拠】「名古屋新聞」8・28附録、29広告。

【備　考】○「好評」（「名古屋新聞」8・31広告）

○八月二十九日～九月(四)日　千歳劇場

《喜劇》替り狂言

【第　一】喜劇　信《しん》号《がう》旗《き》

【第　二】喜劇　やもめの出産《しゆつさん》　西鶴五人女の内

【第　三】旧喜劇　染《そめ》直《なほ》し

【第　四】喜劇　豆《まめ》の粉《こ》

蝶五郎　満笑　天女　時三郎　十郎丸　喜峰　富士雄　五九道

【典　拠】「名古屋新聞」8・28附録～31附録、31附録評、9・2附録、3附録、4広告、5附録。

【備　考】○「千歳劇場略筋」（「名古屋新聞」8・28附録）○「日日大好評。（中略）就中旧喜劇の『染直し』は最も面白く西鶴『五人女』の内を脚色せる者にて、場毎に急霰の拍手を持つて迎へられつつあり。」（同紙9・3附録）○評「千歳劇場替新狂言」川（「名古屋新聞」8・31附録）

○八月二十九日～九月(四)日　湊座

中村吉十郎一派　狂言替り

【一番目】大久《おほく》保《ぼ》彦左《ひこさ》衛門《ゑもん》と一心太助《しんたすけ》

【大喜利】五大《だい》力《りき》恋緘《こひおどし》（ママ）

【配　役】
勝間源吾平　眼笑
番頭長九郎
女房つゆ　慶女
芸妓菊の

一心太助　中村吉十郎
大久保彦左衛門　巴左衛門
笹野三吾平

【典　拠】「名古屋新聞」８・29附録、９・４附録、５附録。
【備　考】○「当り狂言。」（「名古屋新聞」８・31附録）○「連日好人気。」（同紙９・２附録）

○八月三十日～九月(五)日　新守座
《連鎖劇》天活松尾志乃武一派　芸題替へ
渡辺汀雨氏脚色
大悲劇　俠《けう》妓《ぎ》の涙《なみだ》　連鎖八場
【出　演】月村・池田・加藤・末広・山本・宮城野・森・松尾
【典　拠】「名古屋新聞」８・30附録、９・２附録評、５広告、６附録。
【備　考】○「大仕掛な舞台装置で上場する由。」（「名古屋新聞」８・29附録）○「連鎖十場。」（同紙８・31附録）○「巧妙なる連鎖写真と独特の舞台装置に大好評。」（同紙９・３附録）○「次狂言の連鎖ヒルムを座員惣出にて、鶴舞公園に撮影せり。」（同紙９・５附録）○評「新守座劇評」雅光（「名古屋新聞」９・２附録）

○八月三十一日～九月(二)日　京枡座
日本一大蛇劇　月《つき》の夜《よ》大蛇《おろち》の仇討《あだうち》
大道具大仕掛
大阪若手俳優
林　五郎
桂　愛之助
立花　良輔
一行
【典　拠】「名古屋新聞」８・31附録、９・２附録、３附録。
【備　考】○「四十余名大一行。」（「名古屋新聞」８・31附録）○「実物大蛇劇大阪若手林五郎・楠（ママ）愛之助等大一座（中略）本物大蛇が舞台をあれ廻る。」（同紙９・２附録）○「好評」（同日同紙広告）

○八月三十一日～九月(六)日　午後七時より　高砂座
《新　派》
大悲劇　常《とき》盤《は》松《まつ》　八冊
藤井　二郎
中村　翠娥
一行
【典　拠】「名古屋新聞」８・31附録、９・６附録、７附録。
【備　考】○「本日午後五時より。」（「名古屋新聞」８・31附録）○「満員。」（同紙９・４附録）

○八月三十一日～九月九日　午後三時開幕　帝国座
東西名代歌舞伎　片岡我十・市川段枝一座　四の替り
【一番目】伊《い》賀《が》越道中双六《ごえだうちうすご》　三幕
【中　幕】恋女房染分手綱《こひにようばうそめわけたづな》　五幕
市川寿三郎
尾上多喜三郎
一座合同
【大喜利】白《しら》浪《なみ》五人男《にんをとこ》　一幕
【配　役】本田大内記　市川　寿三郎
絹屋重兵衛
乳人重の井
忠信利平
渡辺靫負　尾上多喜三郎
唐木政右衛門
池添孫八
赤星重三
娘お米　市川　段　枝
弁天小僧菊之助
百姓平作　片　岡　我　十
日本駄右衛門
【観劇料】初日二十五銭均一
【典　拠】「名古屋新聞」８・30附録、31附録、31広告、９・２附録、９附録。
【備　考】○「名古屋新聞」８・27附録には「次回替り狂言は一番目『敷島物語り』と決定」とある。○「九月興行として大阪名代市川寿三郎に当地初御目見得の名代尾上多喜三郎外数名の若手揃ひにて（中略）小道具・背景・衣裳全部大阪の新調物を持参す。」（「名古屋新聞」8・28附録）○「寿三郎・段枝等（各花柳界より贈物多し）。」（同紙8・31附録）○「大納涼劇」（同紙8・31広告）○「初日満員。」（同紙9・2附録）○「二日目は六時四十分木戸締切となる大盛況にて、寿三郎・多喜三郎共に好人気。」（同紙9・3附録）○「市川寿三郎は八年振の事とて各方面よりの贈物沢山あり。（中略）梅長等の人気□揃ひ日々木戸締切。沼津の腹切は五時、中幕の重の井は八時なり。」（同紙9・4附録）○「一座大車輪にて此の残暑にも拘らず日々大入続きの盛況なり。」（同紙9・5附録）○「好人気にて九日迄日延の大盛況なり。」（同紙9・7附録）

○八月下旬～九月(五)日　宝生座

越前葵黄金鯱鉾

【観劇料】場代なし
【典　拠】「新愛知」8・31広告、9・5広告、6広告。

○八月　周辺地区の興行

・挙母の大正座は、一日より荒木清一派にて開場。（「新愛知」7・30広告）
・（豊橋の）豊橋座は、東洋軒雷洲・中川伊勢吉一行による浪花節を興行中。（「新愛知」8・1附録）
・（豊橋の）弥生座は、二日より連鎖合同劇一座にて悲劇『清水越美人』を上演。（「新愛知」8・2附録）
・信州（辰野の）辰野座は、末広座巡業部第二団中村信濃一座にて興行中。（「名古屋新聞」8・3広告）
・（豊橋の）寿座は、三名会吉川清之助一行による浪花節を興行中。（「新愛知」8・3附録）
・信州上田の上田劇場は、六日より末広座巡業部第二団中村信濃一座にて開場。（「名古屋新聞」8・6広告）
・末広座巡業部第一団沢村宗十郎・沢村宗之助・沢村長十郎等の一行は、伊勢地方を巡業中。（「名古屋新聞」8・6広告）
・（豊橋の）東雲座は、九日より十二日まで、坂東秀調・市川八百蔵・市川中車ほか百余名の一座にて、『お目見得だんまり』『太功記桔梗旗上』『安宅関』『錣引』『越後獅子』を上演。（「新愛知」7・30附録、8・10附録、12附録）
・（豊橋の）弥生座は、九日より十一日まで、旧盆特別興行として、市内各所にて新撮影した連鎖劇『女夫星』を上演。（「新愛知」8・9附録広告）
・挙母の大正座は、九日より文明館活動写真を上映。（「新愛知」8・5広告）
・福江町の正福座は、九日より旧盆興行として、片岡島之助・片岡島太郎・中村梅童・片岡我蔵ほか五十名の一座にて、『御目見得だんまり』、『箱根霊験記仇討』、『伊勢音頭恋刃』油屋十人切を上演。（「新愛知」8・9附録広告）
・（豊橋の）豊橋座は、市川眼昇・岩井扇枝等の若手一座にて、『成田の仇討』、『小野道風青柳硯』、『義士横川勘平』を上演中。（「新愛知」8・9附録、13附録）
・挙母の大正座は、十三日より桃中軒青雲にて開場。（「新愛知」8・13広告）
・（豊橋の）東雲座は、荒木清一派にて『憂き身』を上演中。（「新愛知」8・14附録）
・（豊橋の）寿座は、摂津弁天一行による女流浪花節を興行中。（「新愛知」8・14附録）
・（豊橋の）寿座は、吉田虎右衛門一行による浪花節を興行中。（「新愛知」8・16附録）
・新城の富貴座は、嵐麟十郎一座による『実録忠臣蔵』を上演中。

（「新愛知」8・16附録）

・（豊橋の）豊橋座は、「静岡在住の紳士並に芸妓連による豊□義太夫会」を開演中。（「新愛知」8・17附録）

・豊川の豊川座は、十八日より荒木清一行による『月の都』を、キネマ応用にて上演。（「新愛知」8・16附録）

・（豊橋の）弥生座は、敷島倶楽部連鎖合同劇一座にて、喜劇『新つぼ坂』、連鎖悲劇『涙の芸妓』を上演中。（「新愛知」8・19附録、23附録）

・桑名の中橋座は、二十日より末広座巡業部第一団沢村宗十郎・沢村宗之助・沢村長十郎にて開場。（「名古屋新聞」8・14広告）

・（豊橋の）東雲座は、二十日より「浪花節を転曲せる大和軍歌の創始者」ちぬの浦孤舟一行にて開場。（「新愛知」8・19附録広告）

・（豊橋の）豊橋座は、尾上松鶴一座による『四谷怪談』を「大道具大仕掛にて」上演中。（「新愛知」8・21附録）

・伊勢山田の帝国座は、二十三日より末広座巡業部特別団沢村宗十郎一行にて開場。（「名古屋新聞」8・24広告）

・新城の富貴座は、片岡登茂恵一座にて『菅原伝授』、『太閤記』尼ケ崎等を上演中。（「新愛知」8・23附録）

・（豊橋の）東雲座は、二十四日より中京成美団藤川岩之助一座にて『金色夜叉』を上演。（「新愛知」8・24附録）

・（豊橋の）弥生座は、連鎖劇男女合同一座の芸題替えにて、家庭劇『当り的』、活劇『心の花』を上演中。（「新愛知」8・26附録）

・挙母の大正座は、二十七日より『大蛇』を上演。（「新愛知」8・25広告）

・（豊橋の）豊橋座は、二十八日より大阪文楽座豊竹古靱太夫・竹本錣太夫・竹本静太夫・鶴沢清六・鶴沢徳太郎等の一座による義太夫を開演。（「新愛知」8・28附録）

・（豊橋の）東雲座は、富士入道一行による浪花節を興行中。（「新愛知」8・28附録）

・（豊橋の）東雲座は、日比愛三郎一行による万歳芝居を上演中。（「新愛知」8・31附録）

・（豊橋の）寿座は、京山若鳳一行による浪花節を興行中。（「新愛知」8・31附録）

○九月一日～（七）日　歌舞伎座

大阪歌舞伎三河家市川荒太郎・市川荒五郎一座　昼の部正午十二時より 夜の部午後五時より　開場

【一番目】史劇　二葉《ば》葵《あふひ》　四幕　嵐吉太郎 市川荒市郎 尾上卯多三郎 中村扇成
三河家十二集の内

【切】神《しん》霊《れい》矢《や》口《くち》渡《わたし》　頓兵衛内

【配　役】浪士笹部正光　市川　荒太郎　／　鳥居の娘宮路　中村　扇　成
娘お船　／　安藤重信　市川　荒五郎
鳥居三十郎　嵐　吉太郎　／　渡守頓兵衛
遊女うてな

【観劇料】五日　特等八十銭　平場五十銭早い勝

【典　拠】「名古屋新聞」8・29附録、31附録、9・2附録、5附録～7附録、8。

【備　考】○「『二葉葵』四幕、即ち駿河大納言異状と正光の義憤、鳥居三十郎の娘宮路の恋など。」（「名古屋新聞」8・30附録）○「卯多三郎（中略）吉太郎等の新進若手幕毎場毎大好評。（中略）共に三河家父子が最大得意の物。」（同紙9・3附録）○「五十余名の大一座。」（同紙9・4附録）○「初日以来大盛況。中にも切狂言は客受けよく…。」（同紙9・5附録）

○九月(六)日～　昼夜通し一回興行　**演目追加**

【一番目】義士銘々伝の内　弥《や》作《さく》の鎌《かま》腹《ばら》　二幕五場
北国街道《ほっこくかいだう》蜂《はち》の巣《す》

【観劇料】入場料　平場金五十銭　二等金二十銭

【典　拠】「名古屋新聞」9・5附録～7附録。

【備　考】○「名古屋新聞」9・5附録、7附録にも「本日より」とある。

○九月一日～七日　午后三時半開場　**末広座**

《新派劇》伊井・河合一派

亭々生作
陸《みち》奥《のく》もの語《がたり》　六幕

【出　演】河合武雄・河合明石・松本要次郎・東辰夫・村田式部・武村新・梅嶋昇・松葉文雄・石川幸三郎・磯野平二郎・藤井六輔・福嶋清・伊井蓉峰

【典　拠】番付。作者名は「名古屋新聞」9・2広告、千秋楽は同紙9・8による。

【備　考】○「松竹経営　座主中村」（典拠番付）○「初日直段表　各等御一名　四等金三十銭　三等金五十五銭　二等金九十銭　一等金一円五十銭　特等金二円　二日目より　四等金三十五銭　三等金七十銭　二等金一円十銭　一等金一円八十銭　特等金二円四十銭」（典拠番付）○「河合明石（子役）も出演し（中略）芸題は伊井・河合の女夫《めうと》劇に嵌め込みて、真山青果（編注、亭々生）氏が両優の意見に基き脚色（中略）先日東京歌舞伎座に上演し、大好評を博せし当り狂言。」（「名古屋新聞」8・28附録）○「『陸奥もの語』略筋」（同紙8・28附録～31附録、9・2附録）○「久々の新派大合同に（中略）一座が斯界の幹部を網羅せし事とて前人気頗る旺盛。」（同紙8・29附録）○「昨初日は前評判以上の大人気を呈し忽ち木戸締切の盛況。」（同紙9・2附録）○「未曾有の大好評（中略）開演は毎日午後四時。」（同紙9・7附録）○「一行は神戸聚楽館に乗込。」（同紙9・8）○評「伊井・河合劇」雅光（「名古屋新聞」9・3附録）

○九月一日～(三)日　五時より　**蓬座**

《新　派》招き会一座

新《しん》ほとゝぎす　幕無し　木村国寿

【大　切】喜劇　池《いけ》田《だ》屋《や》

【典　拠】「名古屋新聞」9・2附録～4附録。

【備　考】○「好評」（「名古屋新聞」9・2広告）

○九月一日　**無鑑札役者の発覚**

「目下市内末広座にて開演中の伊井・河合一座の大久保泉之助（二五）・白川青峯（一八）・高島松太郎（一八）・吉川芳雄（二〇）・佐藤昇吾（二七）・春日井保太郎（二二）・宮沢郡次（二四）・竹島芳雄（二三）・永田勇（二三）の九名は、無鑑札にて初日に出勤したる事発覚し、何れも科料一円に処せらる。」（「名古屋新聞」9・4附録）

○九月二日～(四)日　**寿座**

《女優劇》

加《か》賀《が》騒《さう》動《どう》　全幕通し　坂東美佐治一座

【典　拠】「名古屋新聞」9・2附録、4広告、5附録。

○九月二日～(四)日　午後七時より　大黒座

演目不詳　　中村仙昇一座

【典　拠】「名古屋新聞」9・2附録、3附録、4広告、5附録。

○九月三日　京枡座

林五郎・桂愛之助　芸題替へ

大蛇劇　演目不詳

【大　切】喜劇

【典　拠】「名古屋新聞」9・3附録、4附録。

【備　考】○「林五郎・桂愛之助外数名(中略)本物大蛇を使用。」(「名古屋新聞」9・3附録)

○九月四・(五)日　五時より　京枡座

《新派劇》

【一番目】血《ち》の叫《さけ》び(新ほと、ぎす)

【二番目】絲《いと》のもつれ

喜劇

木村国司
伊沢正夫
平村新治
河合信一
山口定太郎
松尾新一行

【典　拠】「名古屋新聞」9・4附録～6附録。

【備　考】○「好評　東京新派」(「名古屋新聞」9・5広告)

○九月四日～(六)日　六時より　蓬座

特別連続活動大写真　　中京商会

【内　容】特別連続写真女ロロー　旧劇俠客国定忠治　新派悲劇漁師の娘　其他

【典　拠】「名古屋新聞」9・4附録、5附録、6広告、8附録。

【備　考】○「好評」(「名古屋新聞」9・5広告)

○九月五日～(七)日　午後七時より　寿座

《新　派》

演目不詳　　川上貞二郎一派

狂言毎日替り

【典　拠】「名古屋新聞」9・5附録、7附録、7広告、8広告。

【備　考】○「狂言替り満員。」(「名古屋新聞」9・7附録)

○九月五日～(七)日　午後七時より　大黒座

《新派連鎖劇》

演目不詳　　立花薫一行

【典　拠】「名古屋新聞」9・5附録、6附録、7広告、8広告。

○九月五・(六)日　高砂座

獅子芝居

【典　拠】「名古屋新聞」9・5広告～7広告。

【備　考】○「好評」（「名古屋新聞」9・6広告）

○九月五日～（十一）日　千歳劇場

《喜　劇》天女・時三郎・蝶五郎　芸題替

【第　一】喜劇　無《む》言《ごん》の悔《くわい》悟《ご》　二場

【第　二】喜劇　女《をんな》車《しや》夫《ふ》　三場

【第　三】旧喜劇　団《う》扇《ちわ》太《たい》鼓《こ》　三場

【第　四】喜劇　アラビヤ物語《ものがたり》

蝶五郎　天女　時三郎　十郎丸　千鳥　五九道　喜峰　満笑

重次郎　高綱　幸夫　小磯　富士雄　天笑　新蝶

【典　拠】「名古屋新聞」9・5附録　6附録、11附録、12附録。主な出演者は簡易筋書にもよる。

【備　考】○簡易筋書には「二番目旧劇『団扇太鼓』、四番目喜劇『女車夫』」とある。○「本日より特に座主及作者の苦心選出に成り四大喜劇。」（「名古屋新聞」9・5附録）○「千歳劇場筋書」（同日同紙附録）○「大盛況。」（同紙9・8）

○九月五日～（十一）日　湊座

中村吉十郎一派　替はり狂言

箱根霊験記躄の仇討《はこねれいけんきいざりのあだうち》

三勝《かつ》半《はん》七　酒屋

無宿団七時雨傘《むしゆくだんしちしぐれがさ》

多摩之丞　鯉玉　眼笑　巴左衛門　三国屋国三

【典　拠】「名古屋新聞」9・5附録、9附録、11附録、12附録。

【備　考】○「予て休演中の多摩之丞・鯉玉等愈帰名再勤の事となり、尚東京の若手俳優三国家国三をも差加へ…。」（「名古屋新聞」9・5附録）○「女形として人気ある多摩之丞等を差加へ（中略）一同大車輪。」（同紙9・9附録）

○九月五日　広小路納涼会の余興

「住吉町角の納涼会は、本日より余興全部取替、支那人曲芸、浅草梅田屋一行の所作事及び大相撲等其他種々連日大好評、亦々大賑ひを呈す可し。」（「名古屋新聞」9・5附録）

「広小路住吉町角納涼会は、愈昨日限り。本日夜より彼岸中五百名限り入場者へ景品を呈する由。余興は、支那人奇術、角力、東京梅の家一行の所作事、其他。」（「名古屋新聞」9・21附録）

○九月上旬　愛知座

日の丸劇団芸術座幹部女優　菊園澄江　一行

磯《いそ》打《う》つ浪《なみ》

喜劇　尋《たづ》ね人《ひと》

【典　拠】「名古屋新聞」9・5附録。

○九月六・(七)日　京枡座

《新派劇》日丸会

悲劇　お蝶《てふ》

喜劇　医《い》学《がく》生《せい》

石上一郎
菊園澄江
井上正夫
一行

【典　拠】「名古屋新聞」9・6附録、7附録、8。

【備　考】○『磯うつ浪』、喜劇等。」(「名古屋新聞」9・6附録) ○「大好評」(同紙9・7広告)

○九月六日〜十三日　新守座

《連鎖劇》天活専属松尾志乃武一派　芸題替へ

大悲劇　女郎花《をみなへし》　連鎖十一場

【出　演】月村・池田・福井・末広・山本・宮城野・松尾

【典　拠】「名古屋新聞」9・6附録、13附録。

【備　考】○「天活直営」(「名古屋新聞」9・6附録広告) ○「当り狂言(中略)は残酷なる夫や不義の女に苦められ女郎になりたるお清(松尾)が、怨みの極白刃を揮つて悪人達を殺す暗黒の舞台は、放光器を使用して大喝采。因に本日築港・南洋館附近一帯を、次狂言用連鎖写真の大撮影を行ふ筈。」(同紙9・11附録) ○「尻晴れ盛況。」(同紙9・13附録)

○九月(六)日〜(十二)日　宝生座

根岸御行松

【観劇料】場代なし

【典　拠】「新愛知」9・5広告、6広告、12広告、13広告。

○九月六日〜(八)日　午後七時開演　御園座

大魔法

米国人 マリニー氏

【典　拠】「名古屋新聞」9・6附録、6附録広告。

【備　考】○「先頃来朝して徳川公及び大隈侯を始め上流名士に其得意にする指先早業を見せて驚かしたる波瀾《ポーラン》生れの米国人マリーニー氏は、奇術界のナポレオンと迄称せられ、英国皇帝を始め各国元首より賞賛の辞を賜り、先月中旬帝国ホテルに、何等の道具を用ひず人に欲するものを出没させて、帽子中の銅貨を石に替、指輪をイステツキ(ママ)に変へ、他人に押へさせた片手に握つた銅貨を消す等人々を驚嘆させ、有楽座・浪花座に大喝采を博したるが…。」(「名古屋新聞」9・3附録) ○「五日昼来名して名古屋ホテルに投じ、各新聞記者を招いて試演会を開いた。」(同紙9・6附録) ○「入場料は特等二円五十銭、一等一円五十銭、二等八十銭。」(同日同紙附録) ○「マ氏が手に載せたる五十銭銀貨をとりたる観客には、賞金として金五円を出し居れるが、弘法にも筆の過り、偶には取られて愛嬌を撒き居れり。」(同紙9・7附録) ○「初日・二日共大盛況。」(同紙9・8)

○九月七日〜(十)日　三栄座

大蛇劇　月《つき》の夜《よ》大蛇《だいじや》の仇討《あだうち》

林五郎
桂愛之助
一行

【典　拠】「名古屋新聞」9・7附録、8、11附録、「新愛知」9・10広告。

【備　考】○「大阪若手俳優(中略)四十余名大一行。」(「名古屋新聞」9・7附録) ○「本物の大蛇が舞台をあれ廻る。」(同紙9・8) ○「満員」(「新愛知」9・10広告)

○九月七日～　高砂座

曽《そ》我《が》生《おひ》立《たち》　大序より由井ケ浜迄

【　切　】伊《い》勢《せ》音《おん》頭《どう》　油屋

大阪名題中村仙昇
市川延次
一座

【典　拠】「名古屋新聞」9・7附録。

【備　考】○「大好評。」（「名古屋新聞」9・8）○「市川左莚次・中村仙昇」（同日同紙広告）

○九月七日～（十四）日　五時より　蓬座

万歳新演劇　芝居と万歳ていれこ

元祖鈴木源十郎
石川貫一
合同一座

【演　目】大切 源十郎十八番 御殿舞（楽屋惣出）　喜劇

【典　拠】「名古屋新聞」9・8、9附録、11附録、14広告、15。

【備　考】○「連日満員。」（「名古屋新聞」9・13附録）

○九月八日～（十）日　正三時開幕一回興行　歌舞伎座

荒五郎・荒太郎一座　二の替り

【一番目】長門守《□□と□かみ》堪忍袋《くはんにんふくろ》

【中　幕】俊《しゆん》寛《くはん》　鬼界が島

【二番目】あつま与五郎 寿《ねびきの》門《かど》松《まつ》

【観劇料】平場五十銭　三等二十銭の早い勝

【典　拠】「名古屋新聞」9・8、9附録、「新愛知」9・10広告、11広告。

【備　考】○「一番目（中略）の重成は荒太郎の活躍。中幕の俊寛は荒五郎の適り物。（中略）三階席二十銭の破格。」（「名古屋新聞」9・9附録）

○九月八日～（十）日　京枡座

市川百十郎・大谷友十郎一座

【一番目】荒《あら》川《かは》武《ぶ》勇《ゆう》伝《でん》

【二番目】小《こ》町奴《まちやつこ》長吉《ちやうきち》

大阪若手中村知鶴
尾上松蝶
加入

【典　拠】「名古屋新聞」9・8、9附録、11附録、「新愛知」9・10広告。

【備　考】○「好評」（「新愛知」9・10広告）

○九月（八）日～（十一）日　寿座

獅子芝居・万歳二輪加合同

【典　拠】「名古屋新聞」9・7広告、8広告、11広告、12広告。

○九月（八）日～（十二）日　大黒座

演目不詳

市村羽十郎

【典　拠】「名古屋新聞」9・7広告、8広告、12広告、13附録。

○九月九日～十三日　午后五時開場　御園座

大阪女義二代目故竹本長広追善

大阪女浄瑠璃

三蝶
一座

【出　演】当地初御目見得 竹本三蝶・竹本老寿・豊竹呂雪・竹本久国・竹本団昇・豊沢 三味線 広駒

【語り物】九日　玉藻前　三段目（長一）　宗五郎内（大年）　酒屋（老寿）　三十三間堂（呂雪）　合邦　下の巻（久国）　梅忠　封印切（団昇）　先代萩　御殿（三蝶）

十一日　忠臣蔵　三段目（播駒）　八陣　八ツ目（久玉）　聚楽町（長一）　忠臣蔵　六段目（大年）　御所桜　三段目（老寿）　小春治兵衛（呂雪）　盛衰記　三段目（久国）　白木屋（団昇）　太功記　十段目（三蝶）

十二日　朝顔　浜松小屋（播駒）　鈴ケ森（久玉）　鏡山　五ツ目（長一）　又助住家（長久）　□達　三（大年）　袖萩祭文（年八）　阿漕ケ浦（老寿）　平治住家（大年）　酒屋（呂雪）　伊賀越　六ツ目（久国）　沼津里（広駒）　蝶花形八ツ目（団昇）　壺坂（三蝶）　大切　千両幟（曲引　広駒）

十三日　一の谷　組打（播駒）　朝顔日記　宿屋（久玉）　弁慶上使（長一）　新口村（大年）　合邦ケ辻（老寿）　先代萩御殿（呂雪）　三十三間堂（久国）　鰻谷（団昇）　菅原寺小屋（三蝶）

【典　拠】「名古屋新聞」9・9附録、9附録広告、11附録～13附録。

【備　考】○十日の語り物詳細不明だが、所見日未記載「名古屋新聞」9・12附録劇評が三蝶の『堀川』評であり、十一日以前同人語り物にそれを挙げぬことより、『堀川』は十日の語り物か。○「先年東都出演中不帰の数に入れる故竹本長広の追善興行。」（「名古屋新聞」9・6附録）○「大阪・東京・中京女義太夫の名手を網羅。」（同紙9・7附録）○「初日以来大盛況。」（同紙9・13附録）○評「初見参の三蝶」川（「名古屋新聞」9・12附録）

○九月十日～　長栄座

《新派連鎖劇》名古屋帝国座志知興行部巡業　中京成美団

故紅葉山人原作

金色夜叉　連鎖十二場

キネオラマ応用

小山秀夫
藤川岩之助

【典　拠】「新愛知」9・10広告。

○九月十一日～（十三）日　午後五時より　歌舞伎座

東京浪花節名人大会

関東派 浪花亭愛造　菅原千鳥
伊藤作楽　末広亭清風
鼈甲斎虎堂

【読み物】十二日　新物　雨後の曲（作楽）　国定忠次（愛造）　新造兄弟（虎堂）　三勝半七（千鳥）　槍の権三（清風）

【典　拠】「名古屋新聞」9・11附録、12附録。

【備　考】○「毎日演題の順序は抽籤にて定め、入場料は金三十銭均一。」（「名古屋新聞」9・11附録）○「五大名家競演会は何れも天下唯一にて、好浪家を熱狂せしめつゝあり。」（同紙9・13附録）

○九月十一日　京枡座

市川百十郎・大谷友十郎一座　二の替り

島《しま》千鳥《どり》淡路《あはぢ》の騒動《さうどう》　幕無し

松蝶
知鶴

【典　拠】「名古屋新聞」9・11附録、11広告、12附録。

【備　考】○「好評」（「名古屋新聞」9・11広告）

○九月十一日〜(十三)日　三栄座

【前狂言】嵐山《あらしやま》花《はな》五郎《らう》　東京名代 中村翫五郎 市川三蔵 一座

【二番目】蝶《てふ》千鳥曽《どりそ》我実録《がのじつろく》

【典　拠】「名古屋新聞」9・11附録、13附録、14広告。

【備　考】○「二番目『十二時曽我夜討』。」(「名古屋新聞」9・12附録)○「好評」(同紙9・13広告)

○九月十一・(十二)日　午後七時より　高砂座

活動大写真

【内　容】イントレランス　サスライ

【典　拠】「名古屋新聞」9・12附録、13附録。

【備　考】○「入場料大特別三十銭、小人半額。」(「名古屋新聞」9・12附録)

○「好評」(同日同紙広告)

○九月十一日〜十三日　午後五時より　帝国座

野沢連秋期浄瑠璃温習会　主催 野沢吉次

【語り物】十一日　日吉丸(勇)　寺子屋(磯香)　合邦(金波楼扇昇)　阿波鳴門(志口)　先代萩(末中村宮子)　矢口渡(幸玉)　鎌倉三代記(可香)　四ツ谷怪談(鯱おこし)　赤垣出立(小叶)　野崎村(惣掛合)

十三日　三代記(勇)　朝顔(弥生)　柳(志口)　白石(ぴら新)　酒屋(幸玉)　弁慶(叶香)　阿漕(鯱おこし)　太十(小叶)

【典　拠】「名古屋新聞」9・11附録、13附録。

【備　考】○「廓・睦連妓取持ち。」(「名古屋新聞」9・11附録)○「頗る大盛況。」(同紙9・12附録)

○九月十二日〜(十四)日　京枡座

《新派連鎖劇》新派特別大興行

義《ぎ》理《り》の柵《しがら》み　連鎖幕無し　立花薫一行

【余　興】写　真

【内　容】東京大角力

【典　拠】「名古屋新聞」9・12附録、12広告、14広告、15広告。

【備　考】○「東京フイルム商会特別大連鎖劇。」(「名古屋新聞」9・13附録)

○九月(十二)・(十三)日　寿座

演目不詳　旧劇いろは会

【典　拠】「名古屋新聞」9・11広告〜14広告。

○九月十二日～十八日　千歳劇場

《喜　劇》天女・時三郎・蝶五郎一派　芸題替

【一番目】喜劇　今様ヴヱニス　三場

【二番目】旧劇　辻　斬　一場

【三番目】喜劇　乱れ咲　二場

【四番目】喜劇　蕾の花　二場

蝶五郎　天女　時三郎　十郎丸　千鳥　五九道　喜峰　満笑

重次郎　高綱　幸夫　小磯　富士雄　天笑　新蝶

【典　拠】プログラム。芸題替は「名古屋新聞」9・12附録、団体名は同紙9・13附録、千秋楽は同紙9・18附録による。

【備　考】○「名古屋新聞」9・12附録には「第二『蕾の花』、第三旧喜劇『辻斬』」とある。○「連日大好評。」（「名古屋新聞」9・17附録）

○九月十二日～（十八）日　湊座

多摩之丞・眼笑・巴左衛門一行　狂言替り

【一番目】両《りやう》面《めん》藤《とう》三

【中　幕】弁《べん》慶《けい》上《じやう》使《し》

【　切　】恋《こひ》娘《むすめ》昔《むかし》八丈《じやう》

鯉玉　国三郎

【典　拠】「名古屋新聞」9・12附録、13附録、17附録、18広告、19広告。

【備　考】○「孰も見物の気うけよく連日満員。」（「名古屋新聞」9・17附録）

○九月十三日　夜　国技館

講演会　憲政会総裁　加藤高明

【典　拠】「新愛知」9・14、「名古屋新聞」9・14。

○九月十三日～十七日　午後五時より開演　末広座

大阪文楽座大浄瑠璃　竹本伊達太夫一座

【出　演】竹本伊達太夫・野沢吉三郎　竹本弥太夫・野沢吉弥　豊竹駒太夫・野沢吉五郎　竹本八十太夫・鶴沢友之助　竹本鶴尾太夫・鶴沢友造　豊竹富栄太夫・野沢喜代之助

【語り物】十三日　桔梗ケ原（弥太夫）　一の谷 組打（富栄太夫）　浜松小家（越雲太夫）　勘平切腹（鶴尾太夫）　松王下屋敷（八十太夫）　明烏 山名屋（駒太夫　吉五郎）　沼津平作住家（弥太夫　吉弥　ツレ 八造　胡弓 喜代之助）　合邦（伊達太夫　吉三郎）

十五日　妙心寺（弥須太夫）　杉酒屋（富栄太夫）　草履打（越登太夫）　本蔵下敷（マヽ）（鶴尾太夫）　鰻谷（八十太夫）　岸姫（駒太夫）　帯屋（弥太夫）　先代萩（伊達太夫　吉三郎）

十六日　殿中（弥須太夫）　竹の間（富栄太夫）　楼門（越雲太夫）　白木屋（鶴尾太夫）　すしや（八十太夫）　新口村（駒太夫）　寺子屋（弥太夫　吉弥）　酒屋（伊達太夫　吉三郎）

十七日　一ノ谷 組打（弥須太夫）　金閣寺（富栄太夫）　昔八丈鈴ケ森（越登太夫）　沓掛村（鶴尾太夫）　引窓（八十太夫）　十種香（駒太夫）　八百屋（弥太夫）　紙治（伊達太夫　三味線 野沢吉三郎）

【典　拠】「名古屋新聞」9・11附録、13附録、15、16附録、17附録。
【備　考】○「久々出勤に前人気旺盛。」(「名古屋新聞」9・11附録)　○「開場以来満員の盛況。」(同紙9・17附録)　○評「『沼津』と『合邦』」川(「名古屋新聞」9・15)

○九月十三・(十四)日　午後七時より　大黒座
《新　派》
演目不詳　日の丸劇壇(ママ)
【典　拠】「名古屋新聞」9・13附録、14広告、15広告、16附録。
【備　考】○「大好評。」(「名古屋新聞」9・16附録)

○九月十三日～(十五)日　午後五時より　高砂座
《新　派》
大悲劇　秋《あき》草《くさ》物《もの》語《がたり》　七場　荒木清一派
【典　拠】「名古屋新聞」9・13附録、15広告、16広告。
【備　考】○「大仕掛にて開演。」(「名古屋新聞」9・13附録)　○「好評」(同紙9・14広告)

○九月(十三)日～　宝生座
網模様小猿物語
【観劇料】場代なし
【典　拠】「新愛知」9・12広告、13広告。

○九月　国技館売却交渉の行方
「名古屋国技館は収支相償はずして、遂に売却する事となり、東京相撲協会と売買契約も既に成立したれば、出羽の海・友綱・春日野の三名は、二十五日東京駅発列車にて当市に来り、所有主たる大正土地株式会社側と協定の上、愈々買取る事に決定した。価格は八万五千円なりと。尚買収の上は、毎年春夏の大相撲打上げ後、名古屋で京阪合併の大相撲を興行し、夫れより今回大阪に新築せられし国技館に於ても東西大合併相撲を興行する事に決定した。(中略)尚合併相撲の外に夏は納涼会、秋は菊花園を催す筈だと出羽の海は語つた。(後略)」(「名古屋新聞」8・26)
右のように八月下旬に一旦まとまったかに見えた国技館売却交渉であったが、九月に入って事態は一転し、東京相撲協会側が「維持困難にして到底収支の償はざる」との理由により、再び交渉は暗礁に乗り上げた。(「名古屋新聞」9・13)
大正土地株式会社側は、「交渉は尚ほ考慮中で決して打ち切りとはなつて居りませぬ」と説明している。(「新愛知」9・13)
117頁上段参照。

○九月(十四)日　寿座
(浪花節芝居)　松島市十郎(ママ)　市川派(ママ)六一座
【典　拠】「名古屋新聞」9・13広告～15広告。
【備　考】○九月十五日初日の次興行と同一の興行である可能性あり。

○九月十四日～(十六)日　三栄座

《旧劇実写連鎖劇》

武士《ぶし》と俠客《けふかく》

【大喜利】雪《せつ》月《げつ》花《くわ》

【典　拠】「名古屋新聞」9・14広告、16附録、17附録。

【備　考】○「好評」(「名古屋新聞」9・15広告)

○九月(十四)日～二十一日　新守座

《連鎖劇》天活専属松尾志乃武一派　替り狂言

小《こ》桜《さくら》御《ご》殿《でん》　連鎖十一場

【出　演】松尾志乃武・月村専一郎・宮城野紫翠・池田憲三・山本耕水

【典　拠】「名古屋新聞」9・13附録、16附録、16附録評、21附録。

【備　考】○「連鎖写真は殊に今回は二重焼のみを用ひたる工夫を凝らしたるもの。」(「名古屋新聞」9・15)○「大詰小桜御殿の場は、数百金を投じたる無比の大道具。」(同紙9・16附録)○「満員続き。」(同紙9・18附録)○「第九別邸岩屋の場は巧妙なる舞台装置に、逆光線を応用して観客大受け。」(同紙9・20附録)○評「新守座『小桜御殿』」川(「名古屋新聞」9・16附録)

○九月十四日～(二十三)日　午後二時開場　帝国座

東西歌舞伎 尾上多喜三郎一派・片岡我十一派合同

仮《か》名《な》手《て》本《ほん》忠《ちう》臣《しん》蔵《くら》　鶴ケ岡より討入り迄　居所返し幕なし

配役毎日かはり

キネオラマ応用舞台装置

【出　演】市川寿三郎・尾上多喜升・市川亀寿・実川八百昇・市川亀十郎・尾上多喜松・尾上多喜三郎・市川段枝・嵐徳二郎・市川巴・片岡梅長・中村竹之丞・市川右升・片岡我十

【配　役】十七日

師直　片岡　我十
石堂
平右衛門
判官　市川　寿三郎
勘平
となせ
若狭之助　市川　段枝
おかる
清水一角
由良之助　尾上多喜三郎
定九郎

十九日

判官　市川　寿三郎
平右衛門
となせ
若狭之助　片岡　我十

弥次兵衛
平八郎
由良之助　市川　段枝
勘平
薬師寺　尾上多喜三郎
定九郎
一角
本蔵　市川　右升
善六
伴内
師直　片岡　梅長
おかや
おかる　嵐　徳二郎
矢間
顔世　中村　竹之丞
おいし
お才

【典　拠】「名古屋新聞」9・11附録、12附録、17附録、19附録、23広告、「新愛知」9・12広告、24広告。

【備　考】○「新愛知」9・19広告は十九日の配役を、本蔵＝段枝、石堂＝

多喜三郎、小浪＝徳二郎とする。○「返り初日。」（「名古屋新聞」9・11附録）○「各配役の投書を募りつつあるが、既に多数投票着最高点に依つて毎日役替りにて演じる事なれば定めし劇通を熱狂せしめん。」（同紙9・13附録）○「尾上多喜三郎（中略）他五十余名（中略）の車輪に初日・二日目も満員締切。因に毎日好劇家の投書に依つて役割決し日々役替りにて演ず。」（同紙9・16附録）○「満員御礼申上候（中略）何分意外の混雑にて種々不行届の段幾重にも御詫申上候。本日は各配役を替へ一層奮励、大序より大詰まで幕なし出揃ひにて…。」（同紙9・17附録広告）○「当り狂言『忠臣蔵』は初日以来満員。幕無し居所返しに大喝采。毎日の役替り。」（「名古屋新聞」9・23附録）

○九月十四日　午後一時半より　**御園座**

憲政会東海十一州大会

【典　拠】「名古屋新聞」9・15。

○九月（十四）日～　市川左喜太郎の改名披露

「豊橋座営業係植村は、之まで市川光之丞と名乗り、劇壇を賑はせ居たるが、今回東京市川左団次の門下米津左喜子の紹介にて高島家の門下に入り、市川左喜太郎と改名し、十四・十五の花田八幡宮奉納演劇に改名披露を行ふ由。」（「新愛知」9・6附録）

213頁下段参照。

○九月十五日～　午後五時より　**歌舞伎座**

軍事思想普及浪花節

前常盤艦乗組員海軍士官　大橋八造
一行

【読み物】世界大戦乱　西伯利亜・東清・東露の混乱

【典　拠】「名古屋新聞」9・15、16附録。

【備　考】○「時事演出に頗る大好評。入場料は毎日金二十五銭均一の大勉強。」（「名古屋新聞」9・16附録）○「昨夜も満場締切の大盛況。」（同紙9・17附録）

○九月十五日～（二十）日　**京枡座**

《旧劇実写連鎖劇》

鬼《き》島《しま》三勇士《ゆうし》誉《ほまれ》の仇討《あだうち》　幕無し

市川百十郎　大谷友十郎　知鶴　松蝶

【典　拠】「名古屋新聞」9・15、16附録、18附録、20附録、21附録。

【備　考】○「『鬼崎《ママ》三勇士』は名古屋附近全部撮影、若手揃ひ。」（「名古屋新聞」9・16附録）○「好評」（同日同紙広告）○「本日狂言出揃ひ。」（同紙9・19附録）

○九月十五日～十月（一）日　**寿座**

浪花節芝居

【典　拠】「名古屋新聞」9・15広告、10・1広告、2広告。

【備　考】○九月十四日初日の前興行と同一の興行である可能性あり。○「大好評」（「名古屋新聞」10・1広告）

○九月十五日～（十九）日　午後六時半より　**大黒座**

万歳芝居

鈴木源十郎　石川貫一
一行

【典　拠】「名古屋新聞」9・15広告、17附録、19広告、20附録。

【備　考】○「大好評」(「名古屋新聞」9・16広告)

○九月十五日～二十一日　午後五時より　御園座

《新喜劇》楽天会一派　第一回

【第　一】青《あを》葉《ば》蔭《かげ》

【第　二】影《かげ》法《ほふ》師《し》

【第　三】心《こゝろ》得《え》違《ちが》い

【第　四】命《いのち》の借《しやく》用《よう》

天華　通天　楽太　弁天　天勝　天靖　三楽　一雄

【典　拠】「名古屋新聞」9・15、「新愛知」9・22。

【備　考】○「楽天会略筋」(「名古屋新聞」9・13附録)　○「今初日は特等七十銭、一等より四十銭均一。」(同紙9・15)　○「初日(中略)頗る盛況にて(中略)何れも一派の当り狂言(中略)本日より特等一円、二等二十五銭。」(同紙9・16附録)　○「昨二日目も初日にまさる盛況(中略)『影法師』(中略)『心得違ひ』は格別の好評に満場腹を抱へての大喝采。」(同紙9・17附録)　○評「楽天会を見る」雅光(「名古屋新聞」9・17附録)

○九月十五・(十六)日　五時より　蓬座

《新派連鎖劇》

義《ぎ》理《り》の柵《しがらみ》　立花薫一行

【余　興】写真

【内　容】東京大相撲

【典　拠】「名古屋新聞」9・15、16附録、17附録。

【備　考】○「好評」(「名古屋新聞」9・16広告)

○九月十六日～(十八)日　午後六時より　高砂座

(浪花節)　桃中軒青雲一行

【読み物】吉田御殿(伊勢広)　探偵美談(明水)　元禄快挙天草騒乱(青雲)

【典　拠】「名古屋新聞」9・16附録～19附録。

【備　考】○「未来の雲右衛門桃中軒青雲一行(中略)大好評。」(「名古屋新聞」9・17附録)

○九月十六日　活動弁士に訓示

十六日午前九時から、愛知県警の巡査教習所道場において、三月に活動弁士によって組織された活動写真刷新期成同盟会の臨時総会が開かれ、参集した県内の全活動弁士に対して警察部長から訓示があった。

(「名古屋新聞」9・16附録、17附録)

「活動写真も近時漸く一般的に認めらるゝに至つた。例年夏時は活動写真に限らず総ての興行物が不振な時季にも拘らず、今夏の如きは、常設館は日々夥しい入場者で、経営□は何れもしこたま懐中を肥した。引続いてこの秋口に際して、活動写真の好季に入り、競争的に見物の吸集策に努め、此時に際し、その説明に当る弁士が、従来一部不品行な者もあつて、活弁といへば色魔の代名詞の如く見られて居たが、先頃市内十ケ所の

常設館の舞台に立つ弁士間に人格の修養及び向上を目的とする期成同盟会なるものが組織されたが、何分毎日午後から夜遅く迄従事する職業柄、会合して意志の疎通を計るといふ事も困難な為め、其儘にな

つて居たが、県保安課及所轄警察署でも、同盟会の趣意に賛し、来る十六日午前八時半、本県下の弁士全部を県警察部に集合し、新開警察部長・松本保安課長から夫々訓示ある筈であるが、世界平和と共に各国の名篇傑作相次で現はるる矢先、斯うして説明者が自覚し、人格向上に努めるのは喜ぶべき事である。因に県下に於る常設館は、目下名古屋十ケ所、豊橋に三ケ所、岡崎に二ケ所の十五ケ所で、之れに従事する弁士は百七十七名であると。」（「新愛知」9・12附録）

○九月十七日　三栄座

活動大写真

【内　容】イントレランス　サスライ
【典　拠】「名古屋新聞」9・17附録、18附録。
【備　考】○「東京・大阪・神戸にて入場料金十円をとりたる『イントレランス』（中略）入場大特別三十銭、小人半額。」（「名古屋新聞」9・17附録）

○九月十七日～（二十）日　五時より　蓬座

東西歌舞伎女優　中山寿吉　中村妻一座

《女優劇》

加賀見《かがみ》山故郷《やまこきやう》の錦《にしき》

【中　幕】実《じつ》録《ろく》千両幟《りやうのぼり》

俠客牛若長吉《けふかくうしわかちやうきち》

【典　拠】「名古屋新聞」7・17附録～21附録。
【備　考】○「好評」（「名古屋新聞」9・18広告）

○九月十七～（十九）日　三輪神社大祭の余興

「予て改築中なりし中区小林町三輪神社は、今回愈竣工を告げたるを以て、来る十七日午後より盛大なる竣工奉告祭を執行し、続いて十八・十九両日は例祭挙行。十七日は余興、喜劇・嫁獅子・俄芝居等数番あり。十八日は雅楽・相撲の奉納あり。十九日は奉幣使参向、午後より舞踊二十数番ある筈なりと。」（「名古屋新聞」9・17附録）

○九月　大向会の結成

「名古屋劇壇の進歩向上を期する為め、劇に対する同情、真の理解及厳正なる批判等を為すを目的として、大阪毎日記者伊藤夢具、新愛知記者高井トチ念、同宮川白夜等の発企にて、大向会なる演劇研究会を組織し、近く具体的事項を発表して、一般希望者の入会を歓迎すと。」（「名古屋新聞」9・17附録）

○九月十八日～（二十）日　三栄座

浪花節

浪花大掾一行

【典　拠】「名古屋新聞」9・18附録、20広告、21附録。
【備　考】○「各宮殿下御前講演の栄を賜ひし浪界の大関浪花大掾一行は、各太夫得意の読物にて大好評。」（「名古屋新聞」9・19附録）

○九月十八日　谷汲山縁日の余興

「十八日東区萱屋町谷汲山観音縁日につき、例月の通り奉読大乗妙典一声会屋外伝道、お伽講演並に余興として竹本館長主催浄瑠璃大会其他八代流・袁正流・松月堂古流等の生花会あり。」（「名古屋新聞」9・18）

○九月(十八)・(十九)日　林貞院縁日の余興

「来る十八日馬頭尊縁日に付、例月の通り祈禱会挙行。余興は十八・十九両日、睦連浄瑠璃会又生け花会等あり。」

(「名古屋新聞」9・17附録)

○九月十九・二十日　午後六時半より　高砂座

女流名人歓迎　筑前琵琶大会　主催 旭春会

前田　旭　龍
長崎旭洲会支部長 中西　旭　鳳

【番　組】十九日　備後三郎　台湾入　常陸丸　勧進帳　石童丸　芳流閣　高田の馬場　お伽琵琶　兎と亀　義士の本懐　桶挟間　本能寺

二十日　城山　赤垣源蔵　鉢の木　扇の的　桜田曙　大高源吾　四条畷　お伽琵琶　舌切雀　霊馬漣　斎藤実盛　丸橋忠弥

【典　拠】「名古屋新聞」9・19附録、20附録。

【備　考】○「大好評」(「新愛知」9・20広告)

○九月十九日～(二十五)日　千歳劇場

《喜　劇》天女・時三郎・蝶五郎一派　芸題かへ　特別興行

【第　一】早《はや》合《がつ》点《てん》　二場

【第　二】新喜劇　嫁《よめ》と嫁《よめ》　三場

【第　三】旧喜劇第一回　五週間連続上場新作喜劇　水《み》戸《と》黄《くわう》門《もん》慢《まん》遊《いう》記《き》

【第　四】根《ね》無《な》し草《くさ》　二場

蝶五郎　満　笑
天　女　重次郎
時三郎　高　綱
十郎丸　幸　夫
千　鳥　小　磯
五九道　富士雄
喜　峰　天　笑
新加入 曽我廼家四蝶
曽我廼家初子

【典　拠】「名古屋新聞」9・19附録、19附録広告、20附録、21附録、26附録、「新愛知」9・25広告。上演順、第三の演目情報一部、主な出演者名はプログラムによる。

【備　考】○「『根無し草』は例の曽我廼家五郎畑の物で、『大火の跡』と云ってやったもの、複写に外ならない。」(「名古屋新聞」9・21附録評)　○「初日は大入満員。」(同日同紙附録)　○評「新喜劇四種」雅光(「名古屋新聞」9・21附録)

○九月十九日～　湊座

【一番目】大岡政談の内　豊《とよ》川《かは》利《り》生《しやう》記《き》

【二番目】新作　女《をんな》壺《つぼ》坂《さか》　多摩之丞脚色

【配　役】母この
芸妓里路　多摩之丞 | 後家お松
伊勢の守松枝
沢田屋後家お琴　慶　女 | 番頭久助
巴左衛門

捻金九郎　—

【典　拠】「名古屋新聞」9・19附録～21附録。
【備　考】○「彼岸興行(中略)『女壺坂』当狂言は今回初めての試演なりと。」(「名古屋新聞」9・19附録) ○「『女壺坂』は多摩之丞が苦心脚色にて満員の盛況なり。」(同紙9・20附録)

○九月十九日　珍動物大会

「来る十九日より、市内中区門前町元浪越《なごや》公園帝国座跡空地に於て、帝国教育参考冷血動物大会を開き、大蛇・大蝮・金蛇・四ツ目鹿・大鼠・大花龍・マングース等其他珍動物許り数十種を集め、一百円の懸賞もありて却々《なか〳〵》の人気なり。」(「名古屋新聞」9・19附録)

○九月　「新愛知」記者から千歳劇場演芸部への転職

「新愛知新聞社にあつて永らく社会部記者を勤めて居られた中川雨之助氏は、今回同社を辞し、佐藤興行部の演芸部長として就職され、同時に当千歳劇場の演芸部にあつて事務を執らる、事となりました。」(千歳劇場プログラム「千歳週報」9・19)

○九月二十日～　大黒座

浪花節　大阪親友派 吉田久春 一行

【典　拠】「名古屋新聞」9・20附録。

○九月(二十)日　旭老会筑前琵琶会

「旭老会主催にて、来る二十日午後六時より中区白川町大運寺に於て、筑前琵琶の月次《つきなみ》演奏会を催す。」(「名古屋新聞」9・19附録)

○九月二十一日～二十七日　昼正午十二時 夜午後五時三十分より　**歌舞伎座**

《男女優合同劇》　東京新派劇一新会一行

【一番目】滝《たき》の水《みづ》　五場
【二番目】維新史劇　慶《けい》応《おう》と明《めい》治《ぢ》　四場
【喜　利】喜劇　悍《かん》婦《ふ》ならし　全三場

佐藤誠
原重雄
西田友栄
吉野静江
中村秋孝
女優 井深玉枝
千歳婦美子
野村美代子

【典　拠】「名古屋新聞」9・18附録、21附録、23附録、24附録、27附録。
【備　考】○「久々出演の中村秋孝・原重雄・西田友栄外数名(中略)新作狂言『慶応と明治』。」(「名古屋新聞」9・18附録) ○「前景気旺盛。一行は本日花々敷く乗込み。」(同紙9・19附録) ○「三十余名の男優と女優(中略)二十余名の大合同。」(同紙9・20附録) ○「本日午後四時より(中略)平場金二十五銭均一、三等金十銭、特等金五十銭。」(同紙9・21附録) ○「開場以来連日満場〆切の盛況。因に本三日目(二十三日)よりは昼夜二回興行。」(同紙9・23附録) ○「夜の部は午後五時より。」(同紙9・24附録) ○「次興行の都合に依り、今明日限り値段大割引二十五銭均一の一回興行、二時開場。」(同紙9・26附録) ○「女優の活躍と相俟つて好評大喝采、正三時開幕。」(同紙9・27附録)

○九月二十一日～(二十三)日　六時より　**京枡座**

特別活動大写真　中京商会

【内　容】連続大活劇女ロロー　旧劇国定忠治　新派漁師の娘
【典　拠】「名古屋新聞」9・21附録、23附録、24附録。

【備　考】○「好評」（「新愛知」9・22広告）

○九月二十一日〜　三栄座

《新派実写連鎖劇》

義理《ぎり》の柵《しがらみ》　立花薫一行

【幕間余興】写　真

【内　容】東京大相撲

【典　拠】「名古屋新聞」9・21附録。

【備　考】○「好評」（「名古屋新聞」9・23広告）

○九月二十一日〜二十七日　午後三時開場　末広座

《新　派》新派大合同劇

大阪毎日新聞所載

故柳川春葉氏原作　真山青果氏脚色

新補　生《な》さぬ仲《なか》　六幕

亭々生氏脚色

【二番目】一本《ぽん》杉《すぎ》　二幕

井上正夫
木下吉之助
花柳章太郎
松永猛
川村桂一
橘緑坡
吉田豊作
柳永二郎
藤村秀夫
久保田久雄
武田正憲
木村操
深沢恒造

【典　拠】番付。千秋楽は「名古屋新聞」9・27附録による。

【備　考】○「松竹合名社経営　座主中村」（典拠番付）○「初日直段表　各等御一名　四等金二十銭　三等金四十銭　二等金六十五銭　一等金九十銭　特等金一円二十銭　二日目より　四等金三十銭　三等金五十銭　二等金八十銭　一等金一円二十銭　特等金一円五十銭」（典拠番付）○「花形花柳章太郎を加へたる大一座。」（「名古屋新聞」9・18附録）○「舞台装置・大道具の改善に多忙を極めつゝある。」（同紙9・19附録）○「『生さぬ仲』略筋」㊤（同紙9・21附録）○「『一本杉』略筋」（同紙9・23附録）○「盛況続きの井上一派（中略）次興行の都合に依り、今二十七日限り。」（同紙9・27附録）○評「末広座を見る」雅光（「名古屋新聞」9・23附録）

○九月二十一日〜（二十三）日　午後六時より　高砂座

浪　花　節　天洋軒雲大掾
桃中軒甲右衛門
一行

【読み物】二十二日　探偵苦心談（小若□）　義烈百傑（甲右衛門）　近古角力実伝（雲大掾）

【典　拠】「新愛知」9・21広告、22、「名古屋新聞」9・23附録、24附録。

【備　考】○「浪界少年の天才（中略）一行にて開演。」（「新愛知」9・22）○「毎日大好評。」（「名古屋新聞」9・23附録）

○九月二十一日〜（二十三）日　四時より　蓬座

市川百十郎・大谷友十郎・知鶴・守十郎一座

島《しま》千鳥淡路《どりあはぢ》騒動《さうどう》　二十八段返し　幕無し

【典　拠】「名古屋新聞」9・21附録、21広告、23附録、24附録。

【備　考】○「好評」（「名古屋新聞」9・23広告）

○九月二十二日　午後七時　三栄座

市部県会議員候補者　浦辺章三政見発表大演説会

【典　拠】「新愛知」9・22広告。

○九月二十二日〜二十九日　新守座

《新派連鎖劇》松尾志乃武一派　お名残り狂言

喜劇　流れる石　全三場

渡辺汀雨氏脚色

新派連鎖劇　舞扇　全十二場

【出　演】瀬川次郎・森陽・佐藤道雄　月村専一郎・池田憲三・末広進太郎・山本耕水・宮城野紫翠・松尾志乃武

【典　拠】プログラム。団体名及びお名残り狂言は「名古屋新聞」9・21附録、千秋楽は同紙9・29による。

【備　考】○「天活直営」（プログラム）○「連鎖十二場（中略）昨初日は満員の大盛況。」（「名古屋新聞」9・23附録）○「二十六日より三日間松尾志乃武後援会として二千余名の総見あり、各前茶屋は場所の注文に追はれつつある。」（同紙9・26附録）○「連鎖写真又日先変りて大喝采。」（同紙9・27附録）○「初日以来満員続き。」（同紙9・29）○評「御園座と新守座」雅光（「名古屋新聞」9・24附録）

○九月二十二日〜二十七日　五時開演　御園座

《新喜劇》楽天会一派　二の替り

【第　一】虚《きょ》飾《しょく》家《か》

【第　二】嘘《うそ》が誠《まこと》

【第　三】時《と》計《けい》の針《はり》　天通楽天

【第　四】苦《く》学《がく》生《せい》　晴天太華

【典　拠】「名古屋新聞」9・23附録、24附録、24附録評、27附録。

【備　考】○「初日は頗る盛況、開場間も無く満員〆切（中略）同一派が秘蔵の狂言揃ひ。」（「名古屋新聞」9・23附録）○「楽天会の略筋」（同紙9・24附録）○「連日盛況（中略）『時計の針』（中略）『苦学生』は格別の大好評。」（同紙9・27附録）○評「御園座と新守座」雅光（「名古屋新聞」9・24附録）

○九月下旬〜（二十六）日　宝生座

滝　夜　叉

【観劇料】場代なし

【典　拠】「新愛知」9・22広告、26広告、27広告。

○九月二十三日　午後七時　寿座

市部県会議員候補者　浦部章三政見発表　大演説会

【典　拠】「名古屋新聞」9・23広告。

○九月二十三日　午後七時　三栄座

市部県会議員候補者　佐藤義彦政見発表大演説会

【典　拠】「名古屋新聞」9・23広告。

○九月二十三日～(二十九)日　午後七時より　大黒座
《女優劇》
演目不詳　　市川鯉昇一行
【典　拠】「名古屋新聞」9・23附録、24附録、29広告、30広告。

○九月二十三日～(二十九)日　湊座
多摩之丞一座　芸題替へ
【一番目】平《ひら》井《ゐ》権《ごん》八　二幕
【中】鬼《き》一法眼《ほふがん》三略《りやく》の巻《まき》
【二番目】鈴《すゞ》木《き》主《もん》人《ど》(ママ)
【典　拠】「名古屋新聞」9・23附録、23広告、24附録、29広告、30附録。
【備　考】○「彼岸興行(中略)多摩之丞一座十八番狂言。」(「名古屋新聞」9・23附録)○「俳優の奮闘振りは大喝采。」(同紙9・24附録)○「連日満員の盛況。」(同紙9・26附録)

○九月二十四日～(二十七)日　四時開演　京枡座
《旧劇実写連鎖劇》
観《くわん》音《おん》丹《たん》治《ぢ》　連鎖幕無し　座附俳優 市川百十郎一座
キネオラマ応用大仕掛
【典　拠】「名古屋新聞」9・24附録、26附録、27附録、28広告。
【備　考】○「今回は東部附近熱田名所を撮影。」(「名古屋新聞」9・24附録)
○「好評」(同紙9・26広告)

○九月二十四日～(二十七)日　午後四時より　高砂座
【一番目】女《をんな》塩《しほ》原《はら》　東京名代 中村翫蔵一座
【二番目】野《の》晒《ざら》し悟《ご》助《すけ》
【典　拠】「名古屋新聞」9・24附録、26附録、「新愛知」9・27広告、28広告。
【備　考】○「好評」(「名古屋新聞」9・26広告)

○九月二十四日～(三十)日　正一時開場　帝国座
替り狂言
仮名手本忠臣蔵　大序より四ツ目まで
赤垣源蔵徳利別　塩山邸 一幕
忠臣読切講釈　杢右衛門内
響太鼓雪曙　笹売より松浦邸迄
寿三郎　多喜三郎　段枝　徳二郎　巴　梅長　竹之丞　右升　我十
【典　拠】「新愛知」9・24広告、26広告、30広告、「名古屋新聞」9・24附録広告、10・1。
【備　考】○「引続き本日より好劇家諸彦のお勧めにより同狂言は四段目まで相演じ義士を因んで左の新狂言を取揃へ(中略)開幕は正二時一回興行」(「名古屋新聞」9・24附録広告)○「切狂言は我十の出し物『松浦の太鼓』にて満場の大盛況。」(同紙9・26附録)○「合同歌舞伎の『仮名手本忠臣蔵』は一息もつけぬ面白さで満場をうならせ、昨日も満員の盛況。」(同紙9・27附録)

○九月二十四日～(二十六)日　六時より　**蓬座**

活動大写真

【内　容】旧劇怪談乳房の榎　大活劇平和の後　喜劇　等
【典　拠】「名古屋新聞」9・24附録、26附録、27附録。
【備　考】○「好評」(「名古屋新聞」9・26広告)

○九月(二十四)日　保能会の能会

「名古屋保能会にては、来る二十四日午前九時より、市内東区呉服町能楽堂に於て第一期第四回を催すと。」(「名古屋新聞」9・23附録)

○九月二十六日～十月二日　千歳劇場

《喜　劇》天女・時三郎・蝶五郎一派　芸題替
【第　一】笑劇　親《おや》子《こ》の花《はな》　三場
【第　二】旧派喜劇第二回　水戸黄門慢遊記《みとくわうもんまんいうき》　三場
【第　三】悲劇　名《な》残《ごり》の鐘《かね》　三場
【第　四】喜劇　風《かざ》車《ぐるま》　満笑　四朝
【典　拠】「名古屋新聞」9・26附録、26附録広告、27附録、30附録、10・2附録。
【備　考】○「昨初日は開場間もなく大入満員。」(「名古屋新聞」9・27附録)
○「新なる試みの悲劇『名残の鐘』等大喝采。」(同紙9・30附録)

○九月二十六日　弘法堂の浄瑠璃会

「市内東区二葉町弘法堂に於て、二十六日午後六時より、都昇連の浄瑠璃温習会を開催すと。」(「名古屋新聞」9・26附録)

○九月　新守座の新食堂

「新守座には元から二階西側に食堂があつたが、今度同座の増井氏が主任となつて、全部改良を行ひ、食品の吟味に留意し、今の所では、しるこ・ざうに・和菓子、位のもので何品《なにしな》に拘らず十銭均一の大勉強だが、来月中旬頃からは大阪式の幕の内弁当・茶碗むし等が出来る筈になつて居る。堂内は松尾一座からの繻珍の紅白幔幕を張り、紅葉をあしらひ、御殿風のボーゲンランプをさげ、頗る体裁の好いものだ。」(「名古屋新聞」9・26附録)

○九月下旬～(二十七)日　三栄座

《新派実写連鎖劇》
藤《ふぢ》紫《むらさき》　立花薫一行
【幕間余興】写真
【内　容】東京大相撲
【典　拠】「名古屋新聞」9・26附録、27附録、28広告。
【備　考】○「好評」(「名古屋新聞」9・27広告)

○九月　芝居屋の開店

「市内東区蒲焼町の劇狂児江崎浮山氏は、今回芝居屋と云ふ屋号で、劇に関する袋物・小間物・富久紗・半襟・大小玩具・芝居人形・

納札その他色々芝居趣味の物を売る店を開き、末広座・御園座へ出張店を作つて、格安に顧客の人気を引いて居る。」

（「名古屋新聞」9・26附録）

○九月(二十七)日～十月(四)日　宝生座

志満津写書

【観劇料】場代なし
【備　考】「新愛知」9・26広告、27広告、10・4広告、5広告。

○九月二十七日～(三十)日　五時より　**蓬座**

《新　派》蝶々会

演目不詳　　山田一行

芸題毎日替へ

【大　切】喜劇　幕無し
【典　拠】「名古屋新聞」9・27附録、30附録、10・1。
【備　考】○「大好評」(「名古屋新聞」9・28広告)

○九月　「芝居と名古屋」発刊

「劇趣味中心の小間物・袋物その他色々の小綺麗な店を出した芝居屋の主人江崎浮山氏は、自らもつて劇狂児と称して居る位だが、その十数年間に亘つて研究した劇方面に関する造詣を集めて一巻とし、『芝居と名古屋』と銘を打つて愈発刊する事となつた。体裁も頗る美しく、内容の点も非常に豊富で、一読すれば依つて来る名の如く芝居と名古屋の関係が瞭然と判る。又巻頭には東西諸名優の書画、当市の美裙連の写真が花の如く月の如く飾られてある。定価は一円五十銭、発売所は富沢町中京堂書店である。」

（「名古屋新聞」9・27附録）

○九月二十八日～(三十)日　五時より　**京枡座**

獅子芝居　　嵐酒徳一座

【演　目】忠臣蔵　三段目　阿波の鳴戸　矢口渡し
【典　拠】「名古屋新聞」9・28広告、30附録、10・1広告。
【備　考】○「好評」(「名古屋新聞」9・29広告)

○九月(二十八)日～(三十)日　三栄座

関西親友派浪花節競演大会

【出　演】吉田久菊・神田伯龍・日吉川秋平・天光軒満月・正木一平・吉田久春
【典　拠】「名古屋新聞」9・27広告、28広告、30附録、10・1。

○九月二十八日～(三十)日　午後七時より　**高砂座**

東京浪花節五大名人会

【典　拠】「名古屋新聞」9・28広告、30附録、10・1広告。
【備　考】○「好評」(「名古屋新聞」9・29広告)

○九月(二十八)日　観世流素謡舞囃子会

「来る二十八日午後一時より、呉服町能楽倶楽部に於て、当市能楽家青山社中の素謡舞囃子会を開催す。傍聴随意。」

（「名古屋新聞」9・26）

○九月三十日～十月七日　新守座

正午十二時／午后五時半　二回開演　初日限り午後四時より夜間一回

《連鎖劇》　天活専属　新旧大合同連鎖劇

新派連鎖劇

西脇静雨氏脚色

【一番目】一《いち》樹《じゅ》の蔭《かげ》　全五場

【場　割】第一　上野両大師附近　ひとのなさけ(連鎖)　第二　雨中の清水堂　第三　杉浦家茶室　放逐と追跡(写真)　第四　湯島天神の雪中　第五　芝浦館大広間

義士外伝

【二番目】村《むら》雨《さめ》金《きん》五《ご》郎《らう》　全十六場

【場　割】第一(実演)根岸石稲荷　第二(写真)赤穂華岳寺門前　第三(写真)箕輪在金五郎内　第四(写真)三河島の狼藉　第五(写真)元の金五郎内　第六(実演)矢部三十郎の内　第七(写真)赤穂城中広間　第八(写真)御行の松の欺討　第九(写真)又金五郎内　第十(実演)又三十郎の内　第十一(写真)子分等の追跡　第十二(連鎖)品川地蔵堂前　第十三(実演)又々三十郎の内　第十四(実演)大川端の復仇　第十五(写真)義士の討入　第十六(実演)義士の引揚

【配　役】一番目

苦学生　伊村　義　雄――后ニ鉱山主正木譲

悪漢小桜銀次

実ハ雪子ノ兄町岡銀次

杉浦家令嬢雪子　花浦　咲　子

后ニ芸妓小花

松本　泰　輔

貿易会社常務柴田剛三

杉浦利右衛門　西村　秀　雄

無頼漢森田三郎　水村　富美雄

杉浦家女中お米　田中　信　敏

牛乳配達吉田仙造

芸妓若奴　中村　芝　京

杉浦家令息一夫　嵐　徳太郎

実業家原沢専造　浅尾　奥　山

柴田錠之助　実川　延　松

芸妓島吉　嵐　笑　三

会社員津田粂信　中村　芝十郎

女髪結お元　中村　翫　暁

高利貸原口重作　嵐　徳　若

無頼漢山口進　市川　好之助

紳商林鶴衛門　実川　福三郎

同県人成子

執達吏高木作蔵　嵐　橘左衛門

同県人平田

刑事仁村正　岩井　竹　緑

刑事飯尾省三　嵐　巌太郎

田舎婆おかね　実川　延　暁

箱屋長吉　中村　仙三郎

在郷軍人池永　中村　獅歌平

酒造家加藤国造　嵐　橘太郎

市川　好　太

高等学校生徒村瀬

旅館番頭清介　実川　延四郎

阪東　昇　三

高等学校生徒川崎

芸妓若奴（ママ）　嵐　徳　次

芸妓金時　実川　正　円

芸妓月代　嵐　璃運児

芸妓三すじ　嵐　徳之助

芸妓柳子　嵐　璃　京

女中お花　中村　芝太郎

紳商武島光興　中村　仙　松

嵐　璃　徳

海軍中尉尾形忠夫

義士外伝村雨金五郎　全十六場　実演六場

侠客村雨金五郎　嵐　璃　徳

実川　延　松

弟分佐倉の三代次

みよしのお花　中村　芝太郎

念仏の□お絹　嵐　璃　京

大高源吾

下女おきく　嵐　徳之助

小姓金弥

前原伊助

茶屋娘お才　実川　正　円

子分喜八

村松三太夫

大野郡右衛門　中村　翫　暁

子分市蔵

小鳥音吉　市川　好之助

堀部安兵衛	
矢部三十郎	嵐　笑三
赤垣源蔵	
参詣人伊助	中村　芝京
中村勘助	
参詣人佐兵衛	嵐　璃運児
小姓紋弥	
貝賀弥左衛門	
参詣人三助	中村　仙三郎
子分十蔵	
潮田又之丞	
富森小太夫	実川　延暁
子分九平	
下女お孝	
小野寺十内	
子分七蔵	中村　獅歌平
奥田孫太夫	
仲間作造	阪東　昇三
子分五作	
吉田沢右衛門	
念仏次郎兵衛	中村　芝十郎
大石内蔵之助	
子分勝蔵	嵐　徳若
神崎与五郎	
子分福蔵	実川　福三郎
勝田新左衛門	
子分政吉	岩井　竹緑
杉野十平次	
蛇の目の五郎蔵	阪東　豊昇
磯貝十郎左衛門	西村　秀雄
三村次郎左衛門	田中　信敏
岡野金右衛門	水村　富美雄
目明甚五郎	嵐　徳次
子分徳次	
大石主税	
目明八兵衛	実川　延四郎
子分弥吉	
間新六	
目明大五郎	嵐　巌太郎
子分権次	
千葉三郎兵衛	
浅野内匠頭	嵐　橘太郎
間重次郎	嵐　橘右衛門
萱野三平	中村　仙松
速水藤左衛門	伊村　義雄
富森助右衛門	浅尾　奥山

【経　営】天活直営
【典　拠】番付。初日時間は「名古屋新聞」9・30附録、千秋楽は同紙10・7附録による。
【備　考】○「名古屋新聞」9・30附録には「不破数右衛門（松本）」とあるが、典拠番付には見えない。また「三村次郎左衛門（西村）」とあり、典拠番付と相違する。○「百十余名の大一座（中略）衣裳・大道具・背景は総て新調。」（「名古屋新聞」9・30附録）○「新守座略筋」（同日同紙附録）○「昨一日の如き昼夜共売切れの盛況。」（同紙10・2附録）○「昨日新旧共次狂言用連鎖写真を西築港附近及市内料亭五月に於て、座員総出の大撮影をなしたりと。」（同紙10・5附録）○「各優の熱心と巧妙な大仕掛けに盛況。」（同紙10・7附録）○評「新守座劇評」雅光（「名古屋新聞」10・2附録）

○九月三十日　午後七時より　**大黒座**

浪花節　　桃中軒半右衛門一行

【典　拠】「名古屋新聞」9・30附録、30広告、10・1広告。
【備　考】○「名古屋新聞」9・29には「毎日午後七時より浪花節桃中軒甲右衛門一行大好評」とある。なお、同紙9・30広告も「桃中軒甲右衛門」とする。

○九月三十日～　湊座

尾上多摩之丞一座

【一番目】伽羅《きゃら》先代《せんだい》萩《はぎ》
【二番目】俠客梅野《けうかくうめの》由兵衛《よしべゑ》
【典　拠】「名古屋新聞」9・30附録、10・2附録。
【備　考】○「大道具大仕掛にて開演。」（「名古屋新聞」9・30附録）○「連日満員。」（同紙10・2附録）

○九月　周辺地区の興行

・犬山の相生座は、一日より末広座巡業部第一団市川九団次・市川団

之助の一座にて開場。（「名古屋新聞」9・3広告）

・（豊橋の）豊橋座は、久保田美登利・後藤□之助の一行にて、連鎖劇『金色夜叉』を上演中。（「新愛知」9・2附録）

・（豊橋の）寿座は、湊家扇蝶一座による浪花節を興行中。（「新愛知」9・2附録）

・（豊橋の）弥生座は、男女合同一座の芸題替えにて、連鎖活劇『舞小袖』を上演中。（「新愛知」9・2附録）

・（豊橋の）東雲座は、日比愛三郎一行による万歳芝居『奥山美人』を上演中。（「新愛知」9・3附録）

・挙母の大正座は、四日より文明館活動写真を上映。（「新愛知」9・4広告）

・瀬戸の栄座は、四日より末広座巡業部第一団市川九団次・市川団之助の一座にて開演。（「名古屋新聞」9・5広告）

・新城の富貴座は、片岡一行の新派劇団にて『尽きぬ縁』を上演中。（「新愛知」9・4附録）

・（豊橋の）東雲座は、五日より白雲閣五郎蔵・鼈甲斎虎堂・浪花亭愛造・熊谷利幸・末広亭清風等にて浪花節名人大会を開演。（「新愛知」9・4附録、6附録広告）

・（豊橋の）寿座は、三升家大俵・高橋旭美の一行による浪花節を開演中。（「新愛知」9・7附録）

・（豊橋の）豊橋座は、八日より名古屋末広座巡業部東京大名題市川九団次・市川団之助、大阪名題片岡我左衛門・嵐立花の一座にて、だんまり『鞍馬山』、『義経千本桜』渡海屋、『壺坂』、『盛綱陣屋』、『丸橋忠弥』を上演。（「新愛知」9・7附録、9附録）

・新城の富貴座は、中村翠娥一行による□井劇『新比翼塚』十二場を上演。（「新愛知」9・9附録）

・（豊橋の）弥生座は、男女合同劇一座の芸題替えにて、悲劇『野にさく花』、『新しき女』を上演中。（「新愛知」9・9附録）

・挙母の大正座は、十日より中京商会活動写真を上映。（「新愛知」9・11広告）

・岡崎の宝来座は、十日より名古屋帝国座志知興行部の巡業にて、市川寿三郎・尾上多喜三郎・市川段枝・片岡我十等の東西歌舞伎二座合同による『仮名手本忠臣蔵』を上演。（「新愛知」9・10広告）

・鳴海の長栄座は、十日より名古屋帝国座志知興行部の巡業にて、中京成美団小山秀夫・藤川岩之助等によるキネオラマ応用新派連鎖劇『金色夜叉』を上演。（「新愛知」9・10広告）

・（豊川の）豊川座は、荒木清一行による新派劇を上演中。（「新愛知」9・11附録）

・（豊橋の）東雲座は、坂東次郎・成駒屋太郎等による浪花節芝居にて、『地雷也』『大江山』を上演中。（「新愛知」9・11附録、12附録）

・（豊橋の）豊橋座にて、十二日午後六時より、豊橋市在郷軍人西分会聯隊母妻会が開催され、講演に続いて、三曲合奏・講談・義太夫・琵琶・万歳・浪花節・剣舞・落語などの余興が上演された。（「新愛知」9・13附録）

・（豊橋の）豊橋座は、十四日より三日間、八幡宮祭礼奉納芝居を兼ね、光之丞改め市川左喜太郎改名披露興行として、『博多三勇士』大詰まで、改名劇『実盛』一幕、『初音旅写俤』上下を上演。（「新愛知」9・13附録）

201頁上段参照。

・浜松市の歌舞伎座は、末広座巡業部第一団市川九団次・市川団之助の一座にて興行中。（「名古屋新聞」9・15広告）

・丸子の丸子劇場は、末広座巡業部第二団中村信濃一座にて興行中。（「新愛知」9・15広告、「名古屋新聞」9・15広告）

・桑名の中橋座は、十七日より末広座巡業部嵐枝昇一座にて興行中。（「新愛知」9・15広告、「名古屋新聞」9・19広告）

・岡崎の金升座は、十六日より三日間、岡崎幼声会義太夫大会を開会。（「新愛知」9・17附録）

・（豊橋の）東雲座は、十八日より井上正夫・木下吉之助・花柳章太郎・武田正憲・木村操・深澤恒造等の新派一座にて、一番目『生さぬ仲』、二番目『一本杉』を上演。（「新愛知」9・17附録広告、18附録）

・挙母の大正座は、十八日より関東関西浪花節を興行。（「新愛知」9・18広告）

・信州の佐久楽座は、十八日より末広座巡業部第二団中村信濃一座にて開場。（「名古屋新聞」9・18広告）

・（豊橋の）豊橋座は、岡本美根松一座による説教源氏節を興行中。（「新愛知」9・18附録）

・（豊橋の）豊橋座は、十九・二十の両日、メナード嬢一行による名馬と怪力の催しを興行。（「新愛知」9・18附録）

・西尾の歌舞伎座は、二十一日より末広座巡業部第一団市川九団次・市川団之助の一座にて開場。（「名古屋新聞」9・21広告）

・海部郡津島町の巴座は、二十一日午後七時より政談演説会を開催。（「名古屋新聞」9・23）

・静岡市の若竹座は、（中村）鴈次郎・中村魁車・市川新升・中村林若・中村成三郎・林長三郎・中村林左衛門・市川箱登羅・市川莚女・市川市蔵・中村雀右衛門等百余名の一座にて興行中。（「新愛知」9・21附録）

・（豊橋の）弥生座は、合同連鎖劇にて『大和錦』を上演中。（「新愛知」9・21附録）

・挙母の大正座は、二十四日より玉垣活動写真を上映。（「新愛知」9・24広告）

・豊橋の西八町小学校にて、二十四日午後一時より、峰田一鉾・桃中軒雲洋・桃中軒雲鳳等の一行による節米奨励に関する講談と浪花節の会を無料にて開催。（「新愛知」9・24附録）

・豊橋市の東雲座は、二十五日より五日間、中村鴈治郎・中村魁車・市川新升・中村林若・中村成三郎・林長三郎・中村林左衛門・市川箱登羅・市川莚女・市川市蔵・中村雀右衛門等百余名の一座にて、第一『お目見得だんまり』、第二『彦山権現誓助剣』、第三『近江源氏先陣館』、第四『国訛嫩笈摺』、第五『椀久末松山』、第六所作『吉野山』を上演。（「新愛知」9・21附録、23附録広告）

二十八・二十九の両日は、『椀久』の代りに『義士余談土屋主税』を上演。（「新愛知」9・28附録）

・岡崎の公会堂にて、二十五日午後七時より、峰田一鉾・桃中軒雲洋・桃中軒雲鳳等の一行による節米奨励に関する講談と浪花節の会を無料にて開催。（「新愛知」9・24附録、28）

・安城の安城座にて、二十六日午後六時より、峰田一鉾・桃中軒雲洋・桃中軒雲鳳等の一行による節米奨励に関する講談と浪花節の会を無料にて開催。（「新愛知」9・24附録、28）

・（豊橋の）弥生座は、連鎖男女合同一座にて『新松風村雨』、悲劇『友千鳥』を上演中。（「新愛知」9・26附録）

・中津の中央座は、末広座巡業部第一団九団次にて興行中。（「名古屋新聞」9・27広告、「新愛知」9・30広告）

・信州の別所劇場は、末広座巡業部第二団信濃一座にて興行中。（「名古屋新聞」9・27広告、「新愛知」9・30広告）

・古知野の古知野座は、末広座巡業部嵐枝昇一座にて興行中。（「名古屋新聞」9・27広告、「新愛知」9・30広告）

・東春瀬戸町の陶元座は、二十八日に節米講演・節米浪花節を上演。（「新愛知」9・28）

・船町豊川西の豊橋館は、二十八日豊橋鳳鳴会による薩摩琵琶演奏会を開催。（「新愛知」9・28附録）

・（豊橋の）寿座は、岡本美根松一座による源氏節を興行。（「新愛知」9・28附録）

○十月一日～(九)日　五時より　**京枡座**

万歳芝居

芸題毎日替り　芝居・万歳ていれこ幕なし　元祖鈴木源十郎　石川貫一　合同

【演　目】(一)日～　両面鏡　幕あひ 万歳　大切 御殿舞
八日～　芸題替へ　中幕 オイワケ節(源十郎)

【典　拠】「名古屋新聞」10・1、1広告、2附録、3附録、7附録、8附録、9広告、10広告。

【備　考】○「万歳新派劇。」(「名古屋新聞」10・4附録)　○「引続き大好評。」(同紙10・6)　○「幕合万歳、大切東京万歳。」(同紙10・7附録)

○十月一日　午前十時　**国技館**

名古屋市制施行三十年記念祝賀式

【余　興】名古屋踊　勢獅子　花紅葉

【典　拠】「新愛知」10・2。

【備　考】○「閉会直に開宴となつて(中略)間もなく舞台は華やかな舞踊の場面と変り『勢獅子』『花紅葉』が(中略)盛栄や中券の美妓達に依つて美しく踊られて、午後一時市歌の奏楽で芽出度く解散した。」(典拠)

○十月(一)日　午後三時より　**国技館**

名古屋市聯合青年団発会式

【典　拠】「名古屋新聞」9・16附録、18附録。

○十月一日～(七)日　午後六時半より　**三栄座**

(万歳新演劇)

花房清十郎一座

【演　目】子供物語　復の世

【典　拠】「名古屋新聞」10・1、2附録、7附録、8附録。

【備　考】○「名古屋新聞」10・1は演目名を「小依物語《さよものがたり》」とする。○「『子供物語』満員。」(「名古屋新聞」10・2附録)　○「『復《また》の世』劇、清十郎十八番の馬鹿忠義にて大人気。」(同紙10・6)

○十月(一)日～(五)日　**大黒座**

《新　派》

演目不詳

川上貞二郎

【典　拠】「名古屋新聞」9・30広告、10・1広告、5広告、6。

○十月一日～(四)日　午後五時より　**高砂座**

【一番目】魁難波《さきがけなんは》戦《せん》記《き》

【中　】源《げん》平《へい》布《ぬの》引《ひき》滝《たき》

【切　】日《ひ》高《たか》川《がは》

阪東秀蔵　沢村村右衛門

【典　拠】「名古屋新聞」10・1広告、2附録、4附録、5附録。

【備　考】○「坂東彦蔵」(「名古屋新聞」10・1広告)　○「毎日午後七時より。」(同紙10・2附録)　○「毎日午後六時半より阪東秀蔵一行にて満員。」(同紙10・5附録)

○十月一日～(四)日　四時より　**帝国座**

新進浪花節

元海軍常盤乗組員　大橋八造

【読み物】日本海快挙事実談

【典　拠】「名古屋新聞」10・1、2附録、4広告、5広告。

【備　考】○「初日は二十五銭均一。」(「名古屋新聞」10・1) ○「先般当地に好評を博したる常盤艦乗組大橋八造昨一日より口演にて『日本海快挙事実談』は真に迫り大喝采。」(同紙10・2附録) ○「軍人浪花節」(同紙10・4広告)

○十月一日～　午後五時より　**御園座**

浪花節

天中軒雲月　吉右衛門　雲奴　清月　雲鶴

【読み物】一日　伊賀水月(清月)　左甚五郎(吉右衛門)　俠芸者(雲鶴)　太閤記(奴)　孝子迷印籠(雲月)　安兵衛婿入(雲月)　長講二席

二日　伊賀水月　つゞき(清月)　左甚五郎　つゞき(吉右衛門)　俠芸者　つゞき(雲鶴)　太閤記　つゞき(奴)　山科妻子別れ(雲月)　稲川次郎吉東下り(雲月)

三日　伊賀水月　つゞき(清月)　左甚五郎　つゞき(吉右衛門)　俠芸者(雲鶴)　太閤記(奴)　村上喜剣(雲月)　孝子万兵衛(雲月)　長講二席

四日　伊賀水月　つゞき(清月)　左り甚五郎　つゞき(吉右衛門)　俠芸者　つゞき(雲鶴)　太閤記　つゞき(奴)　前席　忠僕直助(雲月)　後席　丸津田越前守(雲月)

五日　大石江戸探(雲月)　岡野金右衛門(雲月)　長講二席

【典　拠】「名古屋新聞」9・30附録、10・1、2附録～5附録。

【備　考】○「明初日は三十五銭(敷物・下足共)均一の由。」(「名古屋新聞」9・30附録) ○「昨一日(中略)定刻前より聴客犇々と押寄せ満員〆切の大盛況。」(同紙10・2附録) ○「毎夜好況を持続し満場大喝采。」(同紙10・5附録)

○十月一日～(三)日　四時より　**蓬座**

《旧劇実写連鎖》

俠客《けうかく》観《くわん》音《おん》丹治《たんぢ》

幕なし　市川百十郎　大谷友十郎　一座

【典　拠】「名古屋新聞」10・1、2附録～4附録。

【備　考】「名古屋新聞」10・1には「本日より(中略)『鬼島三勇士』」とある。○「好評」(「名古屋新聞」10・2広告)

○十月(二)日～(五)日　午後六時半より　**寿座**

《新　派》

旭《あさひ》　影《かげ》

マメキ会一行

【典　拠】「名古屋新聞」10・1広告、2広告、4附録、5広告、6。

○十月三日～九日　**千歳劇場**

《喜　劇》芸題替

活動連鎖 喜劇 市《し》制《せい》三十年《ねん》　全四場

喜劇 初《しょ》対《たい》面《めん》　二場

喜劇 紙《かみ》屑《くづ》買《かひ》　四場

琵琶正劇 第三回 水《み》戸《と》黄《くわう》門《もん》記《き》　大和橋の巻

小亀錦湖　薩摩琵琶弾奏

蝶五郎　時三郎　十郎丸　幸夫　五七郎

【典　拠】「名古屋新聞」10・3附録、3附録広告、6、8附録評、9附録。

【備　考】○「『市政三十年』は全市の祝賀光景を背景に製作したる連鎖喜劇。」（「名古屋新聞」10・4附録）○「連日大入。」（同紙10・9附録）○評「千歳劇場評判記」（「名古屋新聞」10・8附録）

○十月四日～(六)日　午後五時より　**蓬座**

特別活動大写真

【内　容】旧劇大久保彦左衛門漫遊記　新派船長の妻　馬上活劇幽霊鉱山

【典　拠】「名古屋新聞」10・4附録、5附録、6、7広告。

【備　考】○「本日六時より（中略）新派『船長妻□別れ』『幽霊金鉱山』。」（「名古屋新聞」10・4附録）「大活劇『幽霊船』。」（同紙10・6）

○十月五日～(八)日　午後六時半より　**高砂座**

《新派連鎖劇》東京一新会

いその浪《なみ》　其他　　中村秋幸一行

【典　拠】「名古屋新聞」10・5附録、7附録～9附録。

【備　考】○「四日には熱田各名所を撮影、其他『いその浪』劇。」（「名古屋新聞」10・5附録）○「毎日午後七時より。」（同紙10・6）○「中村秋平一行大人気。」（同紙10・7附録）

○十月六・(七)日　午後六時半より　**寿座**

浪花節芝居

【典　拠】「名古屋新聞」10・6、7附録、8附録。

【備　考】○「大好評。」（「名古屋新聞」10・7附録）

○十月六・(七)日　午後六時半より　**大黒座**

《新派活動連鎖》

演目不詳　　羽衣天女一行

【典　拠】「名古屋新聞」10・6、7附録、8附録。

○十月(六)日～(十一)日　**宝生座**

佐野武勇伝

【観劇料】場代なし

【典　拠】「新愛知」10・5広告、6広告、11広告、12広告。

愛友美団一行

○十月七日〜(十一)日　五時より　**蓬座**

三曲万歳劇

芸題毎夜替り

花井一男

【演　目】大正正喜劇　東京御殿舞　七福踊り　等

【典　拠】「名古屋新聞」10・7附録〜9附録、11広告、12広告。

【備　考】○「本日午後六時より。」(「名古屋新聞」10・7附録) ○「好評」(同紙10・8広告)

○十月八日〜(十四)日　午後六時半より　**寿座**

《新　派》

演目不詳

中京新派 金城成美団一行

【典　拠】「名古屋新聞」10・8附録、9附録、14広告、15広告。

【備　考】○「大好評。」(「名古屋新聞」10・13)

○十月八日〜(十一)日　**三栄座**

笑福会

新旧喜劇合同劇

毎日芸題替り

曽我廼家辰五郎
佐藤緑之助
一行

【演　目】喜劇　宝の入船　湖東の美人　玉手箱　山と川

【典　拠】「名古屋新聞」10・8附録〜12附録。

【備　考】○「佐藤銀之助。」(「名古屋新聞」10・8附録)

○十月八日〜十五日　昼夜　**新守座**

《新旧合同連鎖劇》　嵐璃徳・伊村義雄　二の替り

西脇静雨氏新作

【一】新派　悲劇　空《くう》中《ちう》飛《ひ》行《かう》船《せん》　連鎖七場

【二】旧派　お美代新吉　八幡祭宵賑《まんまつりよみやのにぎはひ》　上中下

【配　役】

芸者美代吉	仙松
令嬢時子	延松
旗本赤間源十郎	
岩淵哲郎	豊昇
幇間三吉	
山川景太郎	笑三
美代吉母およし	
橋田久作	奥山
魚屋十兵衛	
縮屋新助	嵐璃徳
橋田順吉	
乳母お霜	西村
休職軍人三好俊介	松本
大沢長兵衛	
小間使お君	咲子
富岡伯妾腹の子忠夫	伊村
船頭新次	

【経　営】天活直営

【典　拠】「名古屋新聞」10・8附録、8広告、8附録広告、9附録、15附録。

【備　考】○「昼夜共満員。」(「名古屋新聞」10・9附録) ○「本日次狂言用連鎖写真の撮影を行ふ由。」(同紙10・13) ○「尻晴れ(ママ)の盛況(中略)各工場の団体見物申込多数昼夜各等売切。」(同紙10・14附録) ○評「新守座劇評」雅光(「名古屋新聞」10・10附録)

○十月八日〜(十)日　**大黒座**

《新　派》

演目不詳

魁一行会

【典　拠】「名古屋新聞」10・8附録、10広告、11広告。
【備　考】○「好評」(「名古屋新聞」10・10広告)

○十月(八)・(九)日　御園座

大阪近松座付初お目見得豊沢力造小松襲名

後援　大阪素人浄瑠璃　愛知因社

浄瑠璃大会

【出　演】竹本角太夫・竹本弥国太夫・竹本萬太夫・竹本栄太夫
【典　拠】「名古屋新聞」10・5附録。
【備　考】○「名古屋出身(中略)豊沢力造は師匠小松の襲名をし披露　旁《かたぐ》初お目見得。」(典拠)

○十月八日～(十七)日　物価調節品即売会における余興

「名古屋勧業協会主催の物価調節品即売会は、愈々今八日より十七日迄、伊藤・十一屋両呉服店に於いて開催す。(中略)
　余興の数々
▲(八日)午前琵琶(名古屋旭洲会門人出演)▲(九日)講談・落語・曲芸▲(十日)筑前琵琶(法凰山安田旭老氏出演)▲(十一日)講談・浪花節▲(十二日)娘手踊・長唄・大正琴・常盤津▲(十三日)筑前琵琶(中京旭寅会門人出演)▲(十四日)箏曲(箏・三弦・尺八合奏)(寺島検校社中)▲(十五日)義太夫▲(十六日)箏曲(箏・三弦・尺八合奏)(佐藤正和社中)▲(十七日)義太夫」
(「名古屋新聞」10・8附録)

○十月　鳳鳴会素謡会

「鳳鳴会主催の下に観世宗家一行を招き、□日午後五時より呉服町能楽倶楽部に於て一大素謡会を開く。」(「名古屋新聞」10・8附録)

○十月九日～　午後六時半より　高砂座

大島活動大写真

【内　容】旧劇八百屋お七　新派電信隊　悲劇片割月
【典　拠】「名古屋新聞」10・9附録、11附録。
【備　考】○「好評」(「名古屋新聞」10・12広告)

○十月十日～　午後五時より　歌舞伎座

万歳劇

鈴木源十郎　石川貫一　合同

【典　拠】「名古屋新聞」10・10附録。

○十月十日～十二日　午後五時より　京枡座

雀連浄瑠璃秋季大会

豊沢作助門人

【語り物】十日　鈴ヶ森(みさ子)　太十(亀城)　弁慶上使の段(喜久司)　三十三間堂(松竹花奴)　日吉　三(勇)　玉藻前　三(喜雀)　廿四孝(信濃)　新吉原揚屋(若□家高丸)　鳴戸　七ツ目(三ツ枝)　太十(さつき)　大切　堀川猿廻し段(惣掛合)
【典　拠】「名古屋新聞」10・10附録、12附録。
【備　考】○「木戸無料。」(「名古屋新聞」10・11附録)　○「吾妻連芸妓惣出演、愛知因社取持。」(同紙10・12附録)

○十月十日〜十六日　千歳劇場

蝶五郎・天女・時三郎・十郎丸一座　狂言取替へ

【第　一】連続喜劇　水戸《みと》黄門《くわうもん》記《き》

喜劇　晴《は》れ衣《ぎ》

悲劇　島《しま》の女《をんな》

【第　四】喜劇　つむじ曲《まが》り

【典　拠】「名古屋新聞」10・10附録、12附録評、13、16附録。

【備　考】○「『島の女』は新脚色と専属俳優の熱技に由り大好評。（中略）昨初日は大入満員の大盛況。」（「名古屋新聞」10・11附録）○「第二回目の新しき試みの悲劇『島の女』。」（同紙10・12附録）○評「千歳劇評」雅光（「名古屋新聞」10・12附録）

○十月十日〜(十二)日　午後四時より　帝国座

浪花節　桃中軒青雲一行

【読み物】十日　義士伝　一席　天草動乱　一席

【典　拠】「名古屋新聞」10・10附録、12広告、13広告。

【備　考】○「浪界花形帝大出身なる桃中軒青雲一行にて、二十五銭均一。」（「名古屋新聞」10・10附録）○「好評」（同紙10・12広告）

○十月(十)日　午前十時より　御園座

工藤倉鍵社中舞踊大会

【典　拠】「名古屋新聞」10・7附録。

【備　考】○「取持は岸沢寿重名取連中・杵屋六満佐名取連中。鳴物は牧田歌女門下盛栄連妓・廓連妓の総取持。」（典拠）

○十月(十一)・(十二)日　大黒座

家庭講談　雲谷外史

【典　拠】「名古屋新聞」10・10広告〜13広告。

○十月(十一)日　午後五時より　御園座

旭調会筑前琵琶大演奏会　主催 名古屋旭調会　後援 中京旭宙会

【番　組】序曲　合奏　琵琶歌　松の廓下　宇治川　下段　弓張月　広瀬中佐　湊川　木村長門守　橘中佐　湖水渡り　大高源吾　壇の浦　広徳寺　合奏　橋弁慶　斎藤実盛　筑後川　合奏　旭の光

【典　拠】「名古屋新聞」10・10附録。

○十月十二日～　三栄座
《新喜劇》笑楽会
【第　一】親《おや》違《ちが》い
【第　二】大《たい》祭《さい》日《じつ》
【第　三】長《なが》茶《ちゃ》屋《や》
六歌《か》仙《せん》
曽我廼家春蝶一座
【典　拠】「名古屋新聞」10・12附録、14附録。
【備　考】○「名古屋新聞」10・15附録は『長茶屋』を『峠茶屋』とする。○「大好評。」（「名古屋新聞」10・13）○十月中旬よりの同団体による次興行は「毎日芸題替り」とあるが、当該興行に関しては不明。

○十月（十二）日～　宝生座
接木根岸礎
【観劇料】場代なし
【典　拠】「新愛知」10・11広告、12広告。

○十月十二日～（十四）日　午後五時より　蓬座
浪花節
花村菊円
吉川円朝
一行
【典　拠】「名古屋新聞」10・12附録、14附録、15附録。
【備　考】○「浪界一武士道の鼓吹花村菊円・吉川円朝等一行。」（「名古屋新聞」10・12附録）○「好評」（同紙10・13広告）

○十月（十二）日　五雲会囃子会
「十二日午前九時より松山町含笑寺に於て囃子会を催す。」

（「名古屋新聞」10・8附録）

○十月十二日　箏曲温習会
「十二日正午より、市内西区桑名町国風音楽講習所に於て、山田初枝嬢主催箏曲温習会あり。当日は、斯界の大家佐藤正和・木村弦二両師応援。生田流箏曲の奥許を受けたる竹内富美子外十数名出演の筈。」

（「名古屋新聞」10・12附録）

○十月十二日　旭風会筑前琵琶温習会
「市内宇佐美旭風会にては、本日午後正四時より八百屋町三ツ角妙行寺にて秋期温習会を開き、市内の婦人・令嬢の応援多く…。」

（「名古屋新聞」10・12附録）

○十月十三・（十四）日　六時より　京枡座
特別活動連続大写真
中京商会
【内　容】旧劇女侠客桜木お蝶　連続大活劇女ロロー　新派大悲劇浮世の浪　等
【典　拠】「名古屋新聞」10・13、14附録、15附録。
【備　考】○「好評」（「名古屋新聞」10・14広告）

○十月十三・(十四)日　午後六時半より　**大黒座**

浪花節　　桃中軒青雲一行

【典　拠】「名古屋新聞」10・13、14附録、15附録。
【備　考】○「好評」(「名古屋新聞」10・14広告)

○十月十四日～　午後六時半より　**高砂座**

《新派連鎖劇》

悲劇　涙《なみだ》の家《いへ》　十一場　キネオラマ応用　　荒木清一派

【典　拠】「名古屋新聞」10・14附録、16附録。
【備　考】○「毎日午後六時より。」(「名古屋新聞」10・17附録)　○「好評」(同日同紙広告)

○十月十四日　**活動写真館への注意**

「益々繁盛に向ふ活動写真に対し、本県警察部では之れが取締に鋭意努力して居るが、衛生方面に注意が欠けて居るのを気付いて、

県下十五の活動写真常設館の代表者を呼び出し、十四日午前九時から十一時迄、松本保安課長から注意を促す所があつた。其の要領は、

総て現在の常設館は内部の設備が不完全で、観覧者の娯楽場として適切でない。其処で各館共第一設備を完全にすべく、次には内部の畳・敷物・腰掛等を時々外□持ち出して日光消毒をする事。又、衛生上空気の入れ換へを怠つてはならぬ事。夫れから無免許の弁士は今後絶対に雇入れてはならぬ事。

右の注意に接したる各館代表者は一々御受けに及び、名古屋市の各館代表者は協議の結果、毎月最終の木曜日一日を公休と定め、此の□は各館全部休業して、館内の大掃除を為し、

日光消毒を励行する事を誓ひ(但し今月から実行)、他の各館代表者は、公休日を定めない代りに毎月時々館内の掃除や日光消毒を励行する事を決議して、何れも辞去した。当日参集した代表者は左記十一名である。

■名古屋市　大雲劇場　鵜飼花麿　△太陽館　岩上彪　△文明館　青木作兵衛　△芦辺館　渡辺鉄三　△電気館　二宮助三郎　△ニコニコ館　吉野丈太郎　△第二世界館　河西源右衛門

■豊橋市　豊明館　加藤源太郎　△河原座　河原一郎　△有楽館　金田寅吉

■岡崎市　常磐館　岡崎常太郎」

(「名古屋新聞」10・15附録)

○十月(十四)・(十五)日　**日出神社祭礼の余興**

「来る十四・十五両日、中区日ノ出町の日出神社の祭礼に付、余興として矢場町坂東ちよ門下の踊あり。但し雨天順延なりと。」

(「名古屋新聞」10・11附録)

○十月十五日～(二十)日　五時より　**京枡座**

万歳芝居　ていれこ幕無し　芸題毎日替り　　元祖鈴木源十郎　石川貫一　合同

【演　目】蝉時雨　万歳　大切　ヲイワケ節(源十郎)
【典　拠】「名古屋新聞」10・15附録～17附録、20、21附録。
【備　考】○「本日四時より(中略)大切御殿舞。」(「名古屋新聞」10・15附録)
○「昨初日満員。」(同紙10・16附録)　○「芸題毎夜続き大好評。」(同紙10・20)

○十月十五・(十六)日　午後六時より　**寿座**

万歳芝居　加藤勇一行

【典　拠】「名古屋新聞」10・15附録、16附録、17広告。
【備　考】○「好評」(「名古屋新聞」10・16広告)

○十月十五日～(十九)日　午後六時半より　**大黒座**

《新　派》

演目不詳　川上二郎一行

【典　拠】「名古屋新聞」10・15附録、16附録、20。
【備　考】○「大好評。」(「名古屋新聞」10・19附録)

○十月十五日～(十七)日　昼夜□回開演　**帝国座**

中京名物　神楽獅子

【出　演】尾上松寿・花川山円・鶴野琴枝一座　酒徳一座
【典　拠】「名古屋新聞」10・15附録。
【備　考】○「北海道巡業中なりし松寿一行の顔揃ひにて、毎夕五時より開演。外に酒徳一座との大合同劇にて特に女優花川礼子は歌曲に出演。」(「名古屋新聞」10・14附録)

○十月十五日～十七日　午後五時より開演　**御園座**

浪花節　鼈甲斎虎丸

【読み物】十五日　伊達大評定(虎丸)　柳橋五人斬(虎丸)　長講二席
十六日　赤穂義士の討入(虎丸)　吉原奇談重浦心中(虎丸)　長座(ママ)二席
十七日　赤穂義士討入　本所五つ雁

【典　拠】「名古屋新聞」10・15附録～17附録、17広告。
【備　考】○「門下の優秀者のみ引卒し(中略)初日は三十銭均一。虎丸の読物は『義烈百傑』と『伊達大評定』。」(「名古屋新聞」10・14附録)　○「初日(中略)満員の札を掲たるが(中略)日延べなし。」(同紙10・16附録)

○十月十五日～　午後五時より　**蓬座**

特別連続活動大写真　中京商会巡業部

【内　容】女ロロー　旧劇桜木お蝶　新派うき世の浪　其他
【典　拠】「名古屋新聞」10・15附録、16附録。
【備　考】○「満員」(「名古屋新聞」10・16広告)

○十月十六日～(二十三)日　**新守座**

《新旧合同連鎖劇》嵐璃徳・伊村義雄合同　三の替り

【一番目】旧劇　新《しん》皿《さら》屋《や》敷《しき》　連鎖十場
西脇静雨氏作
【二番目】新派　木《き》遣《やり》唄《うた》　連鎖六場

【配　役】愛妾お蔦　仙松
物五郎女房おはま
は組纏持竹次郎
魚売物五郎　嵐璃徳
は組々頭源次
直造　松本
おかなの連娘お菊　花浦
三太　奥山
家老浦戸十左衛門　伊村
塩山の伜

後には組小頭惣之助　―

【典　拠】「名古屋新聞」10・16附録、16附録広告、19附録、19附録評、23広告、24附録。

【備　考】○「新派の『火事息子』は一座惣出の大活躍。」（「名古屋新聞」10・16附録）○「今回連鎖に力を注ぎ、東陽館・広小路・市内各所の新撮影をなし、場毎喝采。」（同紙10・17附録）○「何れも十八番物。」（同紙10・19附録）○「本日座員総出にて郊外覚王山に次狂言用写真の大撮影を行ふ筈。」（同紙10・21附録）○評「新守座と千歳劇場」雅光（「名古屋新聞」10・19附録）

○十月十七・(十八)日　六時より開演　**愛知座**

皇国元祖　三曲万歳劇　愛友団

【典　拠】「名古屋新聞」10・17附録。

○十月十七日～(二十)日　寿座

【前狂言】百人《にん》義《ぎ》賊《ぞく》　片岡我蔵一行

【切】阿《あ》波《はの》鳴《なる》戸《と》

【典　拠】「名古屋新聞」10・17附録、17広告、20広告、21附録。

【備　考】○「好評」（「名古屋新聞」10・20広告）

○十月十七日～十九日　午後六時より　**武田座**

【前狂言】安《あん》政《せい》東《あづま》白《しら》浪《なみ》　市川市猿治

【切狂言】源平魁《げんへいさきがけ》つゝじ　一座

【典　拠】「名古屋新聞」10・16附録、17附録、19広告。

【備　考】○「蜘蛛名人市川市猿治」（「名古屋新聞」10・16広告）○「人気俳優市川市猿治。」（同日同紙附録）

○十月十七日～二十三日　千歳劇場

蝶五郎・千鳥　芸題替り

社会劇　靴《くつ》の音《おと》

喜劇　極端《きよくたん》の和《わ》合《がふ》　二場

喜劇　弱《じやく》点《てん》　三場

連続喜劇　水《み》戸黄門記《とくわうもんき》命《いのち》の衝立《つひたて》　三場

【典　拠】「名古屋新聞」10・17附録、17広告、17附録広告、21附録、23附録。

【備　考】○「満員続き。」（「名古屋新聞」10・21附録）○評「新守座と千歳劇場」雅光（「名古屋新聞」10・19附録）

○十月(十七)日　石川社中箏曲大会

「十七日午前十時より、名古屋市内桑名町三丁目国風音楽講習所に於て、石川重子社中の秋季箏曲大会が催されます。出演者は同社中の他に、寺島検校門下の人々も混りて、総員百余名。番組も五十に上り、当日の盛会が思ひやられます。」（「名古屋新聞」10・16附録）

○十月(十八)日　午後六時より　**帝国座**

南部衛生講話会　名古屋市南部衛生聯合会

【典　拠】「名古屋新聞」10・17附録。
【備　考】○「医師の講話並に余興の活動写真ありと。」（典拠）

○十月十八日　西尾座の焼失と再建

「十八日午前三時頃、県下幡豆郡西尾町大字吾妻町の劇場西尾座内より出火し、同座並に楽屋等附属建物一切を焼失し、隣家自転車商鈴木末吉方を半焼し、同六時鎮火せしが、此損害約一万五千円にして、同座は前夜、酒井政俊・西萬兵衛一座の新派にて開演し、打出後、番人が楽屋にて宿泊せしが、原因は最初発火せし箇所が劇場内上部なりし点より、或は漏電にあらざるか、目下取調べ中なるが、同座は昨年夏漸く竣工開場せしに、一年余にして焼失したり。」
（「名古屋新聞」10・20）

「過般焼失せし西尾座は、資本金四千円の株式会社経営なるが、株主中には町の娯楽場を失□□遺憾とし、再興につき協議中なりしが、会社重役其他有志発起し、資本金五万円又は一万五千円の株式会社にて焼跡へ劇場を建設せんと、昨今奔走中にして、岡崎の金升座を買収し、移転・改築の予定にして、発起人と同座主間に交渉中なり。」
（「新愛知」10・26附録）

○十月十九日～(二十五)日　午後一時開幕　**末広座**

松竹合名社専属俳優
岡本綺堂氏作

【第一番目】室《むろ》町《まち》御《ご》所《しよ》　三幕

【語　り】処《ところ》も都三条《みやこさんでう》の名《な》に大橋《おほはし》の濁《にご》り水花《みづはな》を投入《なげい》れ彩《いろど》りし義輝公《よしてるかう》の風《ふう》流《りう》を嘲《あざ》ける伊賀《いが》の七郎《らう》に笹《さゝ》でうたれし岩千代《いはちよ》は無念《むねん》を忍《しの》び囲《かこ》ひ内娘《うちむすめ》の手前《てまへ》に松永《まつなが》は謀叛《むほん》を企《くはだ》つ結構《けつかう》の武将《ぶしやう》をうたば恩賞《おんしやう》にかへて多門《たもん》を与《あた》へんと誓《ちか》ひし言葉《ことば》に池田《いけだ》丹後恋《たんごこひ》の邪魔《じやま》なる主《もん》水助《どのすけ》うちとる夜討《ようち》のくらまぎれ両眼盲《りよがんしひ》て淀川《よどかは》の堤《つゝみ》に非人《ひにん》となりはてし片葉《かたば》の蘆《あし》の昔語《むかしがたり》丁度《てうど》ゆかりの都《みやこ》の舞台《ぶたい》
たどるも
父《ちゝ》のかたきうち　望《もち》月《づき》　長唄連中
其面影《そのおもかげ》を
獅《しゝ》子之曲《きよく》

【中　幕】古《ふる》き五行《ぎやう》も新《あた》らしく　箱根霊験躄仇討《はこねれいげんいざりのあだうち》　非人施行より滝まで
左《さ》右出《いうで》逢《あ》ひの
お目見得《めみゑ》に

松莚戯曲十種の内　岡本綺堂氏作

【第二ばん目】番《ばん》町《てう》皿《さら》屋《や》敷《しき》　二場

【大喜利】上の巻　伯《はく》蔵《ぞう》主《す》　竹本連中
下の巻　越《ゑち》後《ご》獅《じ》子《ゝ》　長唄連中

【配　役】**第一番目**
序　幕　洛中三条大橋の場
松永弾正屋敷の場

足利義輝　市川寿美蔵

松永弾正久秀　中村鶴蔵
池田丹後将武　市川左団次
大館岩千代　市川莚升
岩槻主水助　市川右団治

高木左近　河原崎長十郎
畠山次郎　市川団次郎
伊賀七郎　市川荒次郎
森伝助　市川左喜之助
和田右京　市川米左衛門
津川源八郎　市川鶴松
生駒甚作　市川莚八
落合弥市　市川蔦之助
中村吾郎兵衛　市川寿太郎
魚住虎松　市川登喜助
犬塚新吾　市川左喜松
足利の臣弘次　市川左八助
同　新平　中村鳶蔵
同　市川莚一
同　市川莚二郎
同　市川莚吉
同　市川左吉
同　市川紅千蔵
松永の家来　市川蔦三郎
同　市川蔦五郎
同　中村かもめ
同　中村目次郎
人足　市川蔦蔵
同　市川九目蔵
僧良念　市川莚八
小坊主良山　市川桔梗
松永娘多門　市川松蔦
同　侍女　市川登茂恵
花売女おそよ　市川莚蔦
同　おなつ　中村亀松

二幕目　室町屋形の場
同　門外の場

足利義輝　市川寿美蔵
松永弾正　中村鶴蔵
一色淡路　市川左升
池田丹後　市川左団次
大館岩千代　市川莚升
岩槻主水助　市川右団治
高木左近　河原崎長十郎
畠山次郎　市川団次郎
伊賀七郎　市川荒次郎
森伝助　市川左喜之助
和田右京　市川米左衛門
松永の士卒　中村鶴次
同　市川右田平
同　市川右田六
妾小侍従　市川莚蔦
侍女楓　市川鶴松
同　夕顔　市川桔梗
同　卯の花　市川米三
同　皐月　市川左八助
小姓　市川左市
同　市川河太郎

大詰　淀川堤非人小屋の場

池田丹後　市川左団次
大館岩千代　市川莚升
伊賀七郎　市川荒次郎
松永の家来　市川莚八
同　市川蔦之助
同　市川左喜蔵
同　市川登喜助
同　市川左喜松
同　市川左八助
乞食頭与兵衛　市川左升
笛吹く男　市川米左衛門
松永娘多門　市川松蔦
同　侍　市川登美丸
同　市川小蔦
蛇遣の女　市川莚蔦

中幕上
守山宿旅宿の場

望月左衛門秋長　市川寿美蔵
小沢刑部友房　市川右団治
太郎冠者　中村鶴蔵
安田の御台花園　市川松蔦
安田の一子花若　中村芝芸雀

中幕下
箱根施行の場
同　白滝の場

滝口上野　市川左団次
飯沼勝五郎　市川右団治
刎川久馬　市川米左衛門
侍　市川登喜助
同　中村鳶蔵
奴筆助　市川寿美蔵
非人八五郎　市川左升
同　次郎　中村鶴蔵
同　市川小半次
同　市川莚八
同　市川若枝
同　山崎崎弥
母早蕨　市川紅若
勝五郎妻初花　市川松蔦

第二番目
序幕　麹町山王下の場
同返し　青山家座敷の場

青山播磨　市川左団次
用人柴田十太夫　市川左升
奴権次　市川荒次郎
同権六　市川米左衛門
若党　市川登喜助
同　市川（ママ）鳶蔵
同　市川寿美蔵
侠客放駒四郎兵衛
長兵衛子分長吉　市川左喜之助
同　仁助　河原崎長十郎
放駒の子分万蔵　市川小半次
同　弥作　市川莚八
渋川の後室真弓　市川紅若
青山の腰元お菊　市川松蔦
同　お仙　市川莚升
茶店の娘お春　中村亀松

大喜利
上の巻　嵯峨芒原の場

伯蔵主　市川右団治
猟師蔦作

下の巻　洛中祭礼布晒の場

越後獅子鶴蔵	中村　鶴　蔵	
同　寅七	河原崎長十郎	
同　三吉	中村　亀　松	
同　東八	市川　団治郎	
同　保蔵	市川　蔦　丸	
同　勘太	市川　寿太郎	
同　吉六	市川　登喜助	
同　弥吉	市川　左喜松	
同　由松	中村　かもめ	

【長　唄】富士田音蔵　〔三味線〕杵屋勝四郎
【座　主】松竹合名社
【典　拠】番付（松竹合名社印刷部印行）。千秋楽は「新愛知」10・25広告、26広告による。
【備　考】○「左団次の一派が自由劇場の打上後、京都の南座へ乗込み右団次加入で目下一芝居を打つて居るが、之がすむと東京への帰りに名古屋へ寄つて、何か開演との噂がある。」（「名古屋新聞」10・3附録）○「前人気高く惣見・団見の附け込み亦盛んなり。」（同紙10・17附録）○「『室町御所』略筋」（同日同紙附録）○「『番町皿屋敷』梗概」（同紙10・19附録）○「昨十九日（中略）開幕せしが、観客早朝より同座前に押寄せ未曾有の大盛況にて、木戸〆切。」（同紙10・20）○「何れも十八番物。」（同紙10・21附録）○「打出しは九時五十分。」（同紙10・23附録）○評「末広座劇感」㊤㊦雅光（「名古屋新聞」10・21附録、22附録）

○十月十九日　高砂座

天活活動大写真　世界館巡業部一行

【内　容】□劇鎮西八郎為朝　新派悲劇影ひなた　等
【典　拠】「名古屋新聞」10・19附録、19広告、20附録。

○十月十九日　午後四時から　帝国座

第十一回　松籟会温習会　主宰洋楽家　太田　汀　波

【番　組】歌劇マクタナ（抜萃）　歌劇トラビアータ（抜萃）　番外　箏曲数番
【典　拠】「名古屋新聞」10・19附録。
【備　考】○「今回は重に洋楽を主とし、歌劇『マクタナ』の抜萃（中略）などはその呼物となつて居る。その他会員沢田氏寄贈として箏曲数番の番外もある筈である。」（典拠）

○十月中旬～（二十三）日　三栄座

笑楽会
新　喜　劇　毎日芸題替り　曽我の家笑楽一行

【演　目】（十九）日　月の夜　主と主　浮雲　美しい心
（二十）日　朝日の門松　死神　渡舟　鬼仏
（二十一）日　第一　風車　第二　行先花　第三　をやをや　第四　海中飛行機
（二十二）日　第一　渡し舟　第二　籠の鳥　第三　暗夜の燈火　第四　おはよう
（二十三）日　第一　夢の夜明け　第二　暮れた年　第三　夜明けの□　第四　飛鳥
【典　拠】「名古屋新聞」10・19附録、20、21附録～24附録。
【備　考】○「好評」（「名古屋新聞」10・19広告）

○十月中旬～(二十五)日　宝生座

双蝶々回輪(ママ)日記

【観劇料】場代なし
【典　拠】「新愛知」10・19広告、25広告、26広告。

○十月中旬～(十九)日　蓬座

《新演劇》
伊達《だて》芸者《げいしや》消防夫《せうばうふ》へ達引《たてひき》　みどり会一行

【典　拠】「名古屋新聞」10・19附録、20広告。
【備　考】○「好評」(「名古屋新聞」10・19広告)

○十月二十日～　午後六時半より　大黒座

浪　花　節　吉川清之助一行

【典　拠】「名古屋新聞」10・20、21附録。
【備　考】○「好評」(「名古屋新聞」10・25広告)

○十月二十・(二十一)日　午後六時半より　高砂座

浪　花　節　大槻八造一行

【読み物】日本海々戦実戦談
【典　拠】「名古屋新聞」10・20、21附録、22附録。
【備　考】○「常磐艦乗込の鬼勇士大槻八造一行。」(「名古屋新聞」10・20)
○「好評」(同紙10・21広告)

○十月二十・(二十一)日　午後五時より　蓬座

東西合併
敵討《かたきうち》青《あを》砥礎《とのいしずゑ》
累《かさね》物《もの》語《かたり》　身売より土橋迄
東《あづま》俠客《けうかく》梅野《うめの》由兵衛《よしべゑ》
阪東太郎　嵐獅山一座

【典　拠】「名古屋新聞」10・20、20広告、21附録～23附録。
【備　考】○「名古屋新聞」10・20には「十九日(中略)より」、21附録には「明日より」とある。○『俠客廓達引梅野由兵衛』。」(「名古屋新聞」10・20)○「三十余名大一座。」(同紙10・21附録)○「好評」(同日同紙広告)

○十月(二十一)日～十一月(十一)日　午後五時より　歌舞伎座

新派劇・万歳　ていれこ幕なし　鈴木源十郎　石川貫一一座

【演　目】(二十一)日～　新派 袖時雨 七幕(石川一行) 万歳・追分節(源十郎) 大切 御殿舞
十月下旬～　悲活劇 人の影
十一月上旬～　四の替り 新野崎
(六)日～　替狂言 活劇 小桜お玉 追分・カラクリ(源十郎)
【典　拠】「名古屋新聞」10・16附録、22附録、24附録、30附録、11・2附録、5広告、6広告、7附録、11広告、12広告。
【備　考】○「木戸十五銭。」(「名古屋新聞」10・22附録) ○「二の替」(「新愛知」10・26広告)

○十月二十一・(二十二)日　四時より　**京枡座**

《新派劇》東京新派　東京名題 下山明・岩崎新・中村一行

悲劇 月《つき》夜《よ》の花《はな》

片《かた》瀬《せ》の娘《むすめ》　女優 山本浜子

【典　拠】「名古屋新聞」10・21附録、21広告、22附録、22広告、23附録。

【備　考】○「四十余名。」(「名古屋新聞」10・21附録)　○「好評」(同紙10・22広告)

○十月二十一日～　午後六時より　**寿座**

鏡《かゝみ》山《やま》

鬼《き》神《しん》のお松《まつ》

三勝《かつ》半《はん》七　酒屋　中村歌女一座

【典　拠】「名古屋新聞」10・21附録、22附録。

○十月二十二日～(二十四)日　午後六時半より　**高砂座**

大阪歌舞伎

演目不詳　大阪名代 市川寿三郎　尾上多喜三郎　市川右升　荒木徳三郎一座

【典　拠】「名古屋新聞」10・22附録、23附録、23広告～25広告。

【備　考】○「好評」(「名古屋新聞」10・23広告)

○十月二十二日～　午后五時開演　**御園座**

琵琶・新講談二人会　時事新講談 邑井吉瓶　錦心派 田村滔水

【番　組】二十二日　トランク事件(吉瓶)　幕末史談(吉瓶)　乃木将軍(滔水)　常盤丸(滔水)　石童丸(滔水)

【典　拠】「名古屋新聞」10・22附録、22附録広告。

【備　考】○「永田錦心高弟田村滔水。」(「名古屋新聞」10・21附録)　○「東都名人会員(中略)邑井吉瓶。」(同紙10・22附録)　○「時事新講談(中略)問題の鈴弁殺し『山田憲とツキ子談』」(同日同紙附録広告)

○十月二十二・(二十三)日　**蓬座**

阪東太郎一座　二の替り

平《ひら》仮《か》名《な》盛《せい》衰《すゐ》記《き》

松《まつ》王《わう》下《しも》屋《や》敷《しき》

江戸《えど》紫《むらさき》廓《くるわ》達《たて》引《ひき》

【典　拠】「名古屋新聞」10・23附録、23広告、24附録。

【備　考】○「好評」(「新愛知」10・23広告)

○十月(二十二)日　**岸照子追善太鼓会**

「来る二十二日、東郊台観寺に於て、野崎社中主催となり、追善囃子会を催す由。」(「名古屋新聞」10・21附録)

○十月(二十二)日　宝生流研究会
「来る二十二日午後三時より、呉服町能楽倶楽部に素謡会を開く。」

（「名古屋新聞」10・21附録）

○十月二十三・(二十四)日　四時三十分より　京枡座
《新派劇》下山明・岩崎新一行　芸題替り
悲劇　月《つき》夜《よ》の花《はな》
喜劇
【典　拠】「名古屋新聞」10・23附録、23広告、24附録、25附録。
【備　考】○「好評」(「名古屋新聞」10・24広告)

○十月二十四日～　午後五時より　三栄座
浪花節　元常盤艦乗組 大橋八造一行
【典　拠】「名古屋新聞」10・24附録、27附録。

○十月二十四日～三十日　新守座
《連鎖劇》伊村・葉村家合同　狂言取替へ
【第　一】新派　悲劇　悲《かな》しき縁《えん》
【第　二】旧劇　赤穂義士　倉《くら》橋《はし》伝《でん》助《すけ》
【配　役】長谷川金次郎 後に倉橋伝助　璃徳 ―― 俊作倅園田欽弥　伊村

【典　拠】「名古屋新聞」10・24附録、24附録広告、30附録。
【備　考】○「(編注、旧劇の)連続写真は桃中軒福右衛門の浪花節応用」(「名古屋新聞」10・24附録広告)　○「頗る喝采。因に当地に於て病死したる中村翫升の為めに一座俳優寄進し、本日午前覚王山本堂に於て盛大なる仏事相営む由なりと。」(同紙10・27)

○十月二十四日～(三十)日　千歳劇場
《喜　劇》天女・時三郎・蝶五郎　芸題替へ
俄《には》か妻《つま》　三場
社会劇　危《き》機《き》一発《はつ》　二場
旧喜劇　家《か》伝《でん》の一針《しん》　三場
新喜劇　蟹《かに》文《も》字《じ》　三場
【典　拠】「名古屋新聞」10・24附録、24附録広告、25附録、28附録、30広告、31附録広告。
【備　考】○「新作喜劇『危機一発』『俄か妻』」(「名古屋新聞」10・25広告)
○「好評」(同紙10・27広告)

○十月二十四日　午後五時より　帝国座
筑前・薩摩琵琶大会
【典　拠】「名古屋新聞」10・24附録。
【備　考】○「当日は琵琶芸者の応援ある筈。」(典拠)　○「好評」(「新愛知」10・25広告)

○十月二十四日～(二十六)日　**蓬座**

《新旧合同》

新派喜劇　隣《とな》り同士《どうし》　蝶々一行会

旧劇　阿波《あは》の鳴戸《なると》

梅川《うめかは》忠兵衛《ちゆうへゑ》

【典　拠】「名古屋新聞」10・24附録、25附録、27、「新愛知」10・26広告。

【備　考】○「満員好評」(「名古屋新聞」10・25広告)

○十月二十五日～(二十七)日　五時より　**京枡座**

靭連秋季浄瑠璃大会　豊竹花靭門人

【語り物】二十五日　新吉原(高子)　弁慶(初登)　先代萩(花蝶)　加賀見山(久司)　野崎村(文花)　忠三(桂)　日吉丸(三名登)　寺子屋(加長)　宗五郎(巴声)　新口村(湊)　伊勢音頭(錦昇)　おしゆん伝兵衛　堀川(勝光)　千両幟(物掛合)

【典　拠】「名古屋新聞」10・25附録、27広告、28広告。

【備　考】○「取持愛知因社、和合連芸妓全部。」(「名古屋新聞」10・25附録)

○十月二十五日～(二十七)日　午後四時より　**高砂座**

《新　派》

悲劇　命《いのち》の的《まと》　酒井政俊　小神民雄　西萬兵衛一派

【典　拠】「名古屋新聞」10・25附録、27広告、28附録。

○十月二十五・二十六日　五時より　**御園座**

凱旋記念演芸大会　主催 コスモス会　後援 シキシマ自働車商会　中京川柳社

【番　組】二十五日　三曲合奏　茶音頭　三曲合奏　越後獅子　長唄　五条舞踊　釣狐

二十六日　三曲合奏　ま丶の川　三曲合奏　花の縁し　長唄　春風秋雨　舞踊　夫婦さらし

【典　拠】「名古屋新聞」10・22附録、25広告、「新愛知」10・26広告。

【備　考】○「会費は甲種一円、乙種五十銭、小人券五十銭。」(「名古屋新聞」10・22附録)　○「浪越連・中券番両連妓出演。」(同紙10・25附録)

○十月二十六日　午前九時より　**末広座**

秋季舞踊温習会　主催 西川ひさな

【番　組】お染久松　倉　千本　道行　紅葉狩　松島　日高川　扇獅子　橋弁慶　等三十四余番

【典　拠】「名古屋新聞」10・25附録、「新愛知」10・26広告。

○十月(二十六)日～　**宝生座**

大岡政談天一坊

【観劇料】場代なし

【典　拠】「新愛知」10・25広告、26広告。

○十月(二十六)日　**観世流素謡舞囃子会**

「来る二十六日午後正一時より、東区呉服町能楽倶楽部に於て、市内能楽師青山社中の素謡舞囃子会を開催する由。傍聴随意。」
（「名古屋新聞」10・22附録）

○十月二十七日〜　寿座

浪花節芝居

高島屋団蔵
市川波六
一座

【典　拠】「名古屋新聞」10・27。
【備　考】○「好評」（「名古屋新聞」10・31広告）

○十月二十七日　午後五時半より　三栄座

執《し□》念《ねん》の大《だい》蛇《ぢや》

【典　拠】「名古屋新聞」10・27、28附録。

○十月二十七日　午後五時より　大黒座

浪花節臨時大会

【典　拠】「名古屋新聞」10・27、28広告。

○十月（二十七）日　午前十時より　御園座

秋季常盤津温習会

会主　岸沢式寿重

【典　拠】「名古屋新聞」10・25附録。
【備　考】○「中券番・常盤会・巴会など総取持にて（中略）四十余番の番組ありと。」（典拠）

○十月二十七・（二十八）日　午後五時より　蓬座

白《しら》浪《なみ》五人男《にんをとこ》
義《よし》経《つね》千本桜《ほんさくら》
弓《ゆみ》張《はり》月《づき》

市川市猿治
市川哥右衛門
帝劇女優　深谷春子
一座

【典　拠】「名古屋新聞」10・27、28附録、「新愛知」10・29広告。
【備　考】○「好評」（「名古屋新聞」10・28広告）

○十月二十八日〜（三十）日　午後六時より　京枡座

特別活動大写真

大島巡業部

【内　容】旧劇八百屋お七　新派片破月　其他
【典　拠】「名古屋新聞」10・28附録、28広告、30附録、31附録。
【備　考】○「好評」（「名古屋新聞」10・30広告）

○十月二十八日〜（三十）日　三栄座

浪花節

二代目春日亭清吉改め
春日亭清鶴
一行

【典　拠】「名古屋新聞」10・28附録、30広告、31広告。

○十月二十八日〜（三十）日　午後五時より開場　末広座

大須文明館主任弁士藤井天来氏表彰隠退興行活動写真会

獅子吼大会

後援
説明者刷新期成同盟会
活動常設館主会

【内　容】二十八日　一　風景実写奏楽　二　社会劇悲惨なる結婚（弁士 南鷗洲・渡辺二郎・大川歌仙・田中礼文・飛雷天叫）　三　喜劇チヤプリンのカルメン（弁士 後藤好生・児玉史郎・本田楽水・玉井誠章）　四　現代劇ダークネス（弁士 渡辺凡骨・木村高峯・神奈川式部・千代田鶴城・白井雅村）
【典　拠】「名古屋新聞」10・27、28附録、30附録。
【備　考】○「西洋物写真専門の活動写真会を開催（中略）各館弁士総出演。」（「名古屋新聞」10・27）　○「本日は観覧料大勉強にて最低三十銭。」（同紙10・30附録）

○十月（二十八）日～　大黒座

演目不詳　増田広一派

【典　拠】「名古屋新聞」10・27、28広告。

○十月二十八日～（三十）日　高砂座

文明館弁士 藤井天来隠退興行活動大写真

中京弁士獅子吼大会

【内　容】新派悲劇雁のたより　大戦劇国難　旧劇高野山女人堂仇討（松之助・扇太郎一派）
【典　拠】「名古屋新聞」10・28附録、28附録広告、30広告、31広告。
【備　考】○「各館弁士数十名」（「名古屋新聞」10・28附録広告）

○十月二十八日～三十一日　午後五時より開幕　帝国座

東京歌劇協会・日本歌劇団

合同歌劇　主催 名古屋芸術倶楽部

【出　演】衣笠みどり・正国広・志水石之介・沢田卓郎　日本歌劇協会 糸井繁代・歌川るり子・笹本光広・久世亮
【典　拠】「名古屋新聞」10・27、28附録、31附録。
【備　考】○「錚々たるもの、みにて五十余名の出演。」（「名古屋新聞」10・27）　○「今回の出し物は一行が十八番の物計り。」（同紙10・28附録）　○「大好評」（「新愛知」10・29広告）　○「明三十一日天長節祝日は昼夜二回開演の由。」（「名古屋新聞」10・30附録）　○「本日（中略）昼の部は正午十二時、夜の部は午後五時より。」（同紙10・31附録）　○「劇場ノ都合ニ依リ本日限リ」（同日同紙附録広告）

○十月二十九日　蓬座

市川市猿治　二の替

演目不詳

【典　拠】「新愛知」10・29広告、30広告。

○十月三十日～　蓬座

浪花節　鼈甲斎虎丸一行

【典　拠】「新愛知」10・30広告、「名古屋新聞」10・30附録。
【備　考】○「虎丸は二席の長講。」（「名古屋新聞」10・30附録）　○「長講二席の続き。」（同紙10・31附録）　○「満員」（同日同紙広告）

〇十月三十一日～十一月(三)日　京枡座
《新旧合同劇》
旧劇　吾妻俠客安政白浪《あづまきやうかくあんせいしらなみ》
弓張月源家鏑矢《ゆみはりづきげんけかぶらや》
新派　謎《なぞ》の少女《せうぢよ》
悲劇　旭影《あさひかげ》
市川市猿治
河村義夫
深谷春子
石上
合同
【典　拠】「名古屋新聞」10・31附録、11・2附録、3、4附録。
【備　考】〇「ていれこ幕無し。」(「名古屋新聞」10・31附録)　〇「好評」(同紙11・3広告)

〇十月三十一日～十一月(三)日　午後五時より　三栄座
鏡山古郷《かゝみやまこきやう》の錦絵《にしきゑ》
【　中　】信州《しんしう》川中島《かはなかしま》　輝虎の配膳
女舞衣《をんなまひぎぬ》　酒屋の場
中村歌女
嵐雷三郎
一座
【典　拠】「名古屋新聞」10・31附録、11・2附録、3広告、4広告。
【備　考】〇「好評」(「名古屋新聞」11・2広告)

〇十月三十一日～十一月八日　新守座
《新旧合同連鎖》　嵐璃徳・伊村義雄　芸題替
【第　一】旧劇　赤穂義士　横川勘平《よこかはかんぺい》　写真五十場　実演五場
桃中軒福右衛門浪花節応用
【第　二】新派活劇　菊の薤《はなのにほい》　連鎖五場
静雨氏脚色
【経　営】天活直営
【典　拠】「名古屋新聞」10・31附録、31附録広告、11・2附録、3広告、8附録。
【備　考】〇「新派『菊の薤《きくのしへ》』。」(「名古屋新聞」10・31附録)　〇「『菊の薤』は舞台装置にて壮烈なる演技を見せ、大好評。」(同紙11・3)　〇「本日は座員総出市内各所に次狂言用連鎖写真の撮影を行ふ。」(同紙11・5附録)　〇「満員御礼(中略)連日大好評に付、来る八日迄ひのべ」(同紙11・7附録広告)

〇十月三十一日～十一月(三)日　午後三時より　高砂座
《旧劇実写連鎖劇》
演目不詳
坂東彦蔵
沢村村右衛門
市川左目蔵
【典　拠】「名古屋新聞」10・31広告、11・3、4附録。
【備　考】〇「旧劇実写歌舞伎連鎖。」(「名古屋新聞」10・31附録)　〇「好評」(同紙11・3広告)

○十月三十一日～十一月(六)日　千歳劇場

《喜劇》芸題替

喜劇　恋《こひ》の競《きやう》争《さう》
旧喜劇　時《し》雨《ぐれ》駕《かご》
社会劇　阿《あ》房《ばう》宮《きう》　三場
社会劇　入《にふ》営《へい》

蝶五郎　天女　時三郎　千鳥　十郎丸　喜峰　満笑　幸夫　高綱　五九道　一座

【典拠】「名古屋新聞」10・31附録、31附録広告、11・2附録、6広告、7附録広告。

○十月三十一日～十一月七日　午後二時三十分開幕　御園座

松竹合名社専属俳優

田村西男氏作
【第一】木《き》曽《そ》川《かは》治《ち》水《すい》記《き》　三幕
【第二】武《ぶ》士《し》と馬《ま》士《ご》　三嶋駅より講談まで
実川延若　襲名口上
【第三】恋女房染分手綱《こひにやうぼうそめわけたづな》　重の井子別れの場
【第四】敵討《かたきうち》襤《つゞ》褸《れの》錦《にしき》　大晏寺堤の場
【第五】封《ふう》印《いん》切《きり》　一幕

【配役】第一番目

序満来　美濃大籔村木曽川堤
同返し　同村伊勢屋座敷

実川延若（延二郎改）
薩摩方総奉行平田靫負
実川正朝（榻駒改(ママ)）
同　目附浜島紋右衛門
浅尾関三郎
同　武士山元八兵衛
実川延枝
同　家村源左衛門
若徒八助　阪東寿三郎
同　父門蔵　尾上卯三郎
水車船老爺勘六　浅尾大吉
同　娘おしづ　片岡愛之助
実川鴈蔵
大阪銀師天満屋太兵衛
同　番頭忠七　実川延十郎
嵐冠十郎
大籔村庄屋彦三郎
隠密和久金三　実川若蔵
同　馬渡重吉　市川右十郎
仲間岩次　嵐璃橘蔵
藁草履屋太吉　浅尾関二郎
饅頭屋安兵衛　中村円十郎
若徒良平　実川鴈童
実川延五郎
堤方目附横井軍蔵
実川延郎

江戸人夫神田の長次
同　吾妻の業三　実川正寿
同　厩喜三次　実川芦三郎
同　芝の権二　浅尾関兵衛
尾上昇鶴
薩摩人夫八代の平助
同　田原酒六　嵐寛右衛門
同　大村半次　阪東豊蔵
同　諫早隼太　片岡愛枝
同　宇土大六　実川延八
同　川尻由松　嵐冠吉郎
薩摩武士　大ぜい
阪東豊之助
伊勢屋女房おみの
長島の遊女七里　嵐璃童
同　白子　嵐璃若
同　富野　浅尾関松郎
同　於桑　阪東豊太郎
同　佐登　実川正好
同　若松　実川若三郎
同　雛妓小茂野　実川延宝
同　千代崎　実川延幸
同　小いち　実川みのる
同　八重路　尾上鶴太郎
嵐璃寛
島津家横目役伊集院武兵衛

二幕目　木曽川畔水車船

大詰　油島千本松

平田靫負正輔　実川延若

浜島紋右衛門　実川　正朝
山元八兵衛　浅尾　関三郎
家村源右衛門　実川　延枝
鮫島甚五右衛門　実川　若蔵
吐田軍七　実川　鴈蔵
石塚仁助　実川　延郎
河野清左衛門　実川　延十郎
永田伴右衛門　嵐　璃童
永山孫市　嵐　璃若
本田甚兵衛　嵐　璃橘蔵
若徒八助　阪東　寿三郎
同　良平　実川　鴈童
水車船勘六　浅尾　大吉
横井軍蔵　実川　延五郎
漁夫仙太　嵐　寛右衛門
同　七蔵　中村　円十郎
和久金三　実川　若蔵
馬渡重吉　市川　右十郎
娘おしづ　片岡　愛之助
老僕門蔵　尾上　卯三郎
江戸家老牧野織部　浅尾　大吉
薩摩武士　大ぜい

中幕

上の巻　三島駅の茶店
同　本陣の講談

神崎与五郎則休　阪東　寿三郎
茶店藤屋仁助　実川　延郎
同　女房おなつ　浅尾　関三郎
旅商人平吉　浅尾　関兵衛
同　山次郎　阪東　豊蔵
飛脚早平　市川　右十郎
按摩こぶ市　嵐　寛右衛門
瞽女おくめ　阪東　豊之助
伊勢参り三太　阪東　豊太郎
下女おたけ　浅尾　関二郎
雇婆おとら　実川　延五郎
本陣三郎兵衛　実川　若蔵
隠居八右衛門　中村　円十郎
番頭伝兵衛　嵐　寛右衛門
若い者清吉　市川　右十郎
同　五八　実川　延十郎
同　長次　実川　芦三郎
聴人　惣出
講談師日龍斎盛山　浅尾　大吉
同　弟子盛水　嵐　璃橘蔵
馬子丑五郎　尾上　卯三郎

中幕

中の巻　由留木館の発駕

由留木息女調姫　実川　延幸
本田弥惣左衛門　嵐　冠十郎
宰領源吾左　浅尾　関三郎
同　文吾左　実川　延枝
侍女蓬生　嵐　璃童
同　道芝　実川　芦三郎
同　春野　嵐　璃若
腰元弥生　実川　正好
同　撫子　浅尾　関二郎
同　桔梗　片岡　愛枝
同　早蕨　実川　若三郎
同　松代　阪東　豊太郎
同　浮草　嵐　冠吉郎
同　千歳　浅尾　関松郎
同　小菊　阪東　豊之助
小間使若菜　実川　正朝
供廻り　大ぜい
馬士自然生三吉　尾上　鶴太郎
乳人重の井　嵐　璃寛

中幕

下の巻　郡山大安寺堤

春藤治良右衛門　実川　延若
同苗新七　片岡　愛之助
須藤六良右衛門　実川　延郎
彦坂甚六　実川　鴈蔵
寒念仏了念　実川　延五郎
供可助　市川　右十郎
同八内　尾上　昇鶴
同三平　実川　延十郎
同郷六　嵐　璃橘蔵
高市一子庄之助　実川　延宝
加村宇田右衛門　阪東　寿三郎
高市武右衛門　嵐　璃寛

第二番目

新町井筒屋

亀屋忠兵衛　実川　延若
丹波屋八右衛門　尾上　卯三郎
大尽猪山　実川　延十郎
槌屋治右衛門　阪東　寿三郎
肝煎由兵衛　実川　延五郎
やり手おくま　嵐　寛右衛門
井筒屋おゑん　実川　正朝
太鼓持　実川　若蔵
同　実川　延郎
同　実川　鴈蔵
同　実川　正寿
同　実川　芦三郎
同　嵐　璃橘蔵
同　嵐　寛右衛門
同　市川　右十郎
同　中村　円十郎
同　阪東　豊之助
同　浅尾　関兵衛
仲居　浅尾　関二郎
同　実川　若三郎
同　浅尾　関松郎
同　阪東　豊太郎
同　片岡　愛枝
同　大ぜい
槌屋梅川　片岡　愛之助

【観劇料】初日　特等御一名二円六十銭　一等同二円　二等同一円三十銭　三等同九十五銭　四等同六十五銭　五等同三十銭　二日目より　特等御一名三円三十銭　一等同二円五十銭　二等同一円八十銭　三等同一円二十銭

四等同八十銭　五等同四十五銭　初日に限り大割引

【典　拠】番付（松竹合名社印刷部印行）。「実川延若襲名口上」及び観劇料はチラシ、千秋楽は「名古屋新聞」11・7附録による。

【備　考】○チラシには「御待ち兼の実川延若、八年振り御目見得襲名披露劇」とある。○チラシでは第二の演目が「馬士《まご》と武士《ぶし》」になっている。○「目下北国地方巡業中の実川延若・嵐璃寛・尾上卯三郎等の一座は、長野市の興行を打上次第名古屋に乗り込み（中略）延若改名以来初めての来演とて、其口上の一幕をも加へると。」（「名古屋新聞」10・23附録）○「三十日乗込（中略）今回は延若・正朝の襲名に依り、一層の好人気を呼ぶ事ならん。」（同紙10・27）○「当興行は当市福田吉五郎氏主催の由。」（同紙10・28附録）○「百余名の大一座。」（「新愛知」10・30）○「初日以来連日満員の大盛況（中略）福田吉五郎・実川延若・松竹合名社・御園座」（「名古屋新聞」11・7広告）

○十月三十一日　名古屋宝生会番囃子会

「名古屋宝生会にては第七回番囃子会を十月三十一日正午より能楽《（ママ）》部に於て催す。」（「名古屋新聞」10・31附録）

○十月　周辺地区の興行

・挙母の大正座は、一日より世界館活動写真を上映。（「新愛知」10・1広告）

・関の千歳座は、一日より志知興行部による東西歌舞伎二座合同一座市川寿三郎・尾上多喜三郎・市川段枝・嵐徳二郎・市川巴・片岡梅長・中村竹之丞・市川右升・片岡我十等の出演にて、『御目見得暗闘』『伊賀越道中双六』『恋女房染分手綱』『妹背山婦女庭訓』を上演。（「新愛知」9・29広告）

・信州飯田の曙座は、末広座巡業部第一団九団次にて興行中。（「新愛知」10・2広告、「名古屋新聞」10・2広告）

・信州中野の東座は、末広座巡業部第二団枝昇一座にて興行中。（「新愛知」10・2広告、「名古屋新聞」10・2広告）

・（豊橋の）弥生座は、連鎖合同劇一座の芸題替えにて、家庭劇『紫海苔』、悲劇『空吹く風』を上演中。（「新愛知」10・2附録）

・（豊橋の）寿座は、原華六・浪花美之助一座による浪花節を興行中。（「新愛知」10・2附録）

・津市の八千代座は、末広座巡業部嵐枝昇一座にて興行中。（「新愛知」10・4広告、「名古屋新聞」10・4広告）

・中津の旭座は、五日より志知興行部による東西歌舞伎二座合同一座市川寿三郎・尾上多喜三郎・市川段枝・嵐徳二郎・市川巴・片岡梅長・中村竹之丞・市川右升・片岡我十等の出演にて、『御目見得暗闘』『伊賀越道中双六』『恋女房染分手綱』『妹背山婦女庭訓』を上演。（「新愛知」9・29広告）

・長野市の三光座（三幸座）は、末広座巡業部第二団信濃一座にて興行中。（「新愛知」10・6広告、「名古屋新聞」10・6広告）

・（豊橋の）寿座は、高橋旭華・港家完龍・京山入道等の男女合同一座による浪花節を興行中。（「新愛知」10・7附録）

・（豊橋の）豊橋座は、天光軒満月一座による浪花節を興行中。（「新愛知」10・8附録）

・豊川の豊川座は、荒木清一派によるキネマ応用劇『涙の家』を上演中。（「新愛知」10・9附録）

・（豊橋の）弥生座は、芸題替えして、家庭劇『深山の美人』、悲劇『流れ星』を上演中。（「新愛知」10・9附録）

・豊橋市の東雲座は、十・十一の両日午後一時より、同市の清元師匠延玉枝の門人なる札木芸妓連の温習会を開催。師匠連、登喜和・豊盛両連、玉振会杵屋金之助等の応援にて、余興舞踊の上演もあり。（「新愛知」9・26附録、10・10附録）

・挙母の大正座は、十一日より新派連鎖劇にて開場。

（「新愛知」10・11広告）

・（豊橋の）豊橋座は、十一日より旭穣・旭声・旭稔・旭鶴等の一座による女流筑前琵琶を開演。（「新愛知」10・10附録、11附録）

・（新川の）新川公徳館は、十二日午後五時より、薩摩琵琶清橋武蔵野会創立一周年記念秋季演奏会を開催。（「新愛知」10・11附録）

・（豊橋の）東雲座は、十三日午後五時より、大阪中西興行部による教育参考大蛇劇『月の夜大蛇の仇討』を俳優主任桂愛之助一行にて上演。「大蛇の実物 身の丈三間半 胴の廻り二尺五寸 重量三十貫」が登場。（「新愛知」10・12附録広告、14附録広告）

・八王子の関谷座は、末広座巡業部第一団の九団次にて興行中。（「新愛知」10・13広告、「名古屋新聞」10・14広告）

・国府の霞座は、末広座巡業部の枝昇一座にて興行中。（「新愛知」10・13広告）

・（豊橋の）寿座は、女雲月一座による浪花節を興行中。（「新愛知」10・14附録）

・（豊橋の）豊橋座は、尾上菊三郎・尾上幸雀・市川萬昇・岩井扇枝・市川左喜太郎等の若手俳優一行にて、『菅原伝授手習鑑』、『大蔵卿』、『籠釣瓶』百人斬まで、を上演中。（「新愛知」10・15附録）

・稲沢の大正座は、末広座巡業部の枝昇一座にて興行中。（「新愛知」10・16広告）

・信州下諏訪の御田座は、末広座巡業部第二団信濃一座にて興行中。（「新愛知」10・16広告、「名古屋新聞」10・17広告）

・（豊橋の）弥生座は、芸題替えして、悲劇『朝顔日記』、連鎖活劇『花の曇り』を上演中。（「新愛知」10・16附録）

・（豊橋の）東雲座は、十七日午前十一時より、喨和会による三曲合奏家庭音楽大会を開催し、平野芳園・加藤渓水・田中湖舟・安部旭芳が出演。（「新愛知」10・16附録）

・挙母の大正座は、十八日より新国劇三井一行にて開場。（「新愛知」10・17広告）

・新城の富貴座は、二十日より三日間、教育参考大蛇劇『月の夜大蛇の仇討』を上演。（「新愛知」10・19附録広告）

・岡谷の岡谷座は、末広座巡業部信濃一座にて興行中。（「新愛知」10・21広告）

・四日市の港座は、志知興行部我十・段枝にて興行中。（「新愛知」10・21広告）

・信州岡谷の宝座は、末広座巡業部第二団信濃一座にて興行中。（「新愛知」10・23広告、「名古屋新聞」10・23広告）

・豊橋の豊橋座は、末広座巡業部嵐枝昇・実川正三郎の一座にて『佐賀夜桜怪猫』『嫗山姥』『うしろ面』を上演中。（「新愛知」10・23広告、23附録）

・松阪の松阪座は、志知興行部我十・段枝にて興行中。（「新愛知」10・23広告）

・（豊橋の）東雲座は、「大蛇劇一行」の芸題替えにて、『寒梅』を上演中。（「新愛知」10・23附録）

・東春の勝川劇場は、二十四日より市川市猿治一座にて、一番目『江戸達引小町奴□吉』、二番目『博多小女郎「　　」』を上演。（「名古屋新聞」10・24広告、「新愛知」10・24広告）

・（豊橋の）弥生座は、連鎖合同劇『姉と妹』、活劇『夜叉の面』を上演中。余興として「大招魂祭の実況」を映写。（「新愛知」10・24附録）

・常滑の晋明座は、志知興行部寿三郎・多喜三郎にて興行中。（「新愛知」10・25広告）

・一宮の満寿美座は、二十六日より井上正夫・木下吉之助・木村操・深沢恒造ほか九十余名の一座にて、第一『愛国者』、第二『新補生さぬ仲』を上演。（「新愛知」10・25広告）

・（豊橋の）寿座は、岡本美根松一座にて源氏節芝居を興行中。（「新愛知」10・25附録）

・（国府の）霞座は、二十七日より大阪中西興行部桂愛之助ほかによる教育参考日本一大蛇劇『月の夜大蛇の仇討』を上演。口上に「我一行の大蛇は決して偽物でなく本物で、大蛇の身の丈け三間半、胴の廻り二尺五寸、重量三十貫目で、二度と見られぬ大蛇を舞台上に使用致す可く…」とある。なお、開場月日は典拠の版面に記載されているが、興行年は書き入れによる。（チラシ）

・信州茅野の中央座は、末広座巡業部の信濃一座にて興行中。（「新愛知」10・27広告、「名古屋新聞」10・27広告）

・三州福江の笑福座は、末広座巡業部の枝昇一座にて興行中。（「名古屋新聞」10・27広告）

・（豊橋の）豊橋座は、二十八・二十九の両日、「東都生粋の落語若手顔揃」の柳家つばめ一座にて興行。（「新愛知」10・28附録）

・山田市の神明座は、志知興行部我十・段枝にて興行中。（「新愛知」10・28広告）

・島田の大正座は、二十九日より中村吉右衛門・坂東三津五郎・中村東蔵・市川米蔵・中村時蔵等の一座にて、『御目見得だんまり』、第一番目『菅原伝授手習鑑』、中満来『源平魁躑躅』、第二番目『幡随長兵衛』、大喜利所作事『奴道成寺』を上演。（島田市博物館分館所蔵の大正座興行看板）

＊御園座十一月十四日初日の一座。

・（豊橋の）東雲座は、三十日より三日間、市川花三郎一世一代の引退興行として、中村時之丞・松本亀蔵等の一座にて、『彦根騒動湖水曙』『義経千本桜』『神霊矢口渡し』を上演。（「新愛知」10・30附録）

・西尾の歌舞伎座は、志知興行部寿三郎・多喜三郎にて興行中。（「新愛知」10・30広告）

・津市の曙座は、志知興行部中京成美団にて興行中。（「新愛知」10・30広告）

・（豊橋の）弥生座は、新派連鎖劇『姉と妹』、活劇『夜叉の面』、余興写真「招魂祭実況」にて興行中。（「新愛知」10・30附録）

・挙母の大正座は、三十一日より中京活動写真団にて興行。

・（豊橋の）豊橋座は、三十一日より駒田好洋の活動写真を上映。（「新愛知」10・31広告）

・（豊橋の）弥生座は、芸題替えして、一番目『鐘が鳴る頃』、二番目『秋草物語』、「招魂祭実況」にて興行中。（「新愛知」10・31附録）（「新愛知」10・31附録、11・2附録）

○十一月一日～三日　帝国座

（浪　花　節）　天中軒雲月

【読み物】二日　馬場三郎兵衛　稲川東舞台　長講二席
三日　村上喜剣　大石の東下り　長講□席

【典　拠】「名古屋新聞」11・2附録、3。

【備　考】○「雲月独得の『村上喜剣』と『大石の東下り』。」（「名古屋新聞」11・3）

○十一月二・（三）日　寿座

敵討《かたきうち》高《たか》砂松《さごのまつ》

松《まつ》王《わう》下《しも》屋《や》敷《しき》

（荒木マ守二郎マ　坂東友太郎一座）

【典　拠】「名古屋新聞」11・2附録、2広告～4広告。

【備　考】○「好評」（「名古屋新聞」11・3広告）

○十一月二日～　午後三時より開場　**末広座**

松扇合同
中村扇太郎十八番

【一番目】赤穂誠忠義《ぎ》士《し》伝《でん》　全八場
【中　幕】どんどろ　お弓子別れの場
【二番目】心《しん》中《ちう》天網《てんのあみ》島《しま》　河庄の場

中村扇太郎
嵐巌右衛門
実川延次
中村高三郎
中村香若
中村扇緑
中村梅蔵
嵐猪三郎
嵐三喜蔵
坂東艶之助
嵐花橘
片岡我左衛門

【観劇料】平場敷物・下足共金三十五銭均一
【典　拠】「名古屋新聞」10・30附録、31附録、31附録広告、11・2附録、2附録広告、3。
【備　考】○「活動写真にてお馴染の成駒屋高弟中村扇太郎。」（「名古屋新聞」10・30附録）○「『義士伝』七場」（同紙11・2附録広告）○「昨初日は満員。」（同紙11・3）○「本日は織丸会社工女慰安会を催すべく総見売切。」（同紙11・7附録）

○十一月二日～（五）日　午後五時より　**大黒座**

獅子芝居・三曲万歳

【典　拠】「名古屋新聞」11・2附録、5広告、6広告。
【備　考】○「好評」（「名古屋新聞」11・3広告）

○十一月二日～（四）日　午後五時より　**蓬座**

《新派連鎖劇》
蛤売《しゞみうり》義理《ぎり》の柵《しがら》み　等

立花　薫一行

【典　拠】「名古屋新聞」11・2附録、3、4附録、5附録。
【備　考】○「大仕掛け。」（「名古屋新聞」11・3）○「好評」（同日同紙広告）

○十一月（二）日　田鍋社中の霞会

「田鍋社中の同会にては、来月二日午前十一時より東区呉服町能楽倶楽部に開催。」

（「名古屋新聞」10・28附録）

○十一月　豊川の新劇場

「宝飯郡豊川町にては、予て有志者等相図り、一大劇場を建設せんとて、現に同町小坂井村なる豊盛座を買収し、敷地を同町素盞雄《すさのを》神社西隣と選定し、其の筋へ認可を申請中なりしが、猫額大の同町に二ケ所の劇場はとて、同町有力者間に一問題となり、今日まで認可の指令に接せざりしが、此の程に至り、町有志者間に妥協成立し、株式組織として本県へ出願したるを以て、係官来町して、敷地其の他に就いて実地検査あり、近く認可さるゝ筈□れば、本年中には落成すべく、座名は豊川歌舞伎座と命名せらるゝならんと。」（「新愛知」11・2附録）

「宝飯郡小坂井村大字小坂井の劇場豊盛座は、既報の如く豊川町の有力者等に買収せられて、同町へ移築せらるゝ事となり、目下取毀ち中にて、諸材料は続々豊川へ運搬せられつゝあるが、一方豊川町に於ては既に敷地も決定し、其筋の建設認可の一日も早からん事を待ちつゝあるを以て、近く認可の上は即日工事に着工し、旧暦来年の正月頃に□□場開キを行はれる予定であると。」

（「新愛知」12・4附録）

○十一月上旬～(八)日　宝生座

実録梅川忠兵衛

【観劇料】場代なし
【典　拠】「新愛知」11・3広告、8広告、9広告。

○十一月(三)・(四)日　遍照院縁日にて奉納浄瑠璃

「七小町遍照院にては、三日は例月の毘沙門天の縁日に付、午後六時より大般若転読、並に三・四の両日は、大阪豊竹呂昇の門人豊竹都昇連中の奉納浄瑠璃ある由。」（「名古屋新聞」11・2附録）

○十一月四日～(六)日　京枡座

東京・大阪合併

【一番目】敵討《かたきうち》青《あを》砥礎《とのいしずゑ》
【中　幕】累《かさね》物《もの》語《がたり》
【二番目】梅《うめ》の由《よし》兵《べ》衛《ゑ》

坂東太郎
嵐獅山
嵐吉二郎
坂東寿太郎
一座

【典　拠】「名古屋新聞」11・4附録～7附録。
【備　考】○「名古屋新聞」11・6附録には「『堀部安兵衛』と『累物語』」とある。○「好評」（「名古屋新聞」11・5広告）

○十一月四日　国技館

鉄道殉職者祭典

【典　拠】「名古屋新聞」11・2附録、「新愛知」11・5。

○十一月四日～(七)日　午後五時より　寿座

嵐守太郎・阪東友太郎一座　二の替り

義《ぎ》士《し》銘《めい》々伝《でん》
二人《にん》合《がつ》邦《はう》
質《しち》屋《や》

【典　拠】「名古屋新聞」11・4附録、5附録、7広告、8広告。
【備　考】○『二人合邦』『質屋』は「名古屋新聞」11・5附録にあらわれる演目。○「好評」（「名古屋新聞」11・7広告）

○十一月四日～八日　三栄座

新派劇

芸題毎日替り

川上貞次郎一座

【演　目】四日　文子夫人　喜劇
五日　明治天一坊　喜劇　門違ひ
六日　大和錦　喜劇　美しい心
七日　新ホト、ギス　喜劇　前の幕
八日　新八百屋八五郎　喜劇　山遊び

【典　拠】「名古屋新聞」11・4附録、4広告、5附録～8附録。
【備　考】○「好評」（「名古屋新聞」11・5広告）

○十一月四日～(六)日　午後五時より　**高砂座**

《女優歌舞伎》

御目見《おめみ》(ママ)だんまり

三話《は》(ママ)高座《たかざ》新作《しんさく》

鬼《き》一法《はふ》眼《げん》　歌舞伎女優 葉村家一座

【典　拠】「名古屋新聞」11・4附録、5附録、6広告、7広告。

【備　考】○「好評」(「名古屋新聞」11・5広告)

○十一月五日～　午後五時より　**帝国座**

大魔術　大魔法師 キムラ・マリニー氏

【典　拠】「名古屋新聞」10・31附録、11・4附録、5附録。

【備　考】○「徳川公をして『汝が行為は科学を超越したる一大疑問なり』と叫ばしめ、大隈侯をして『彼れは危険人物なり』と云はしめ、床次《とこなみ》内相は『実に不思議である』と評したる大魔術師。」(「名古屋新聞」10・31附録)○「道具等の用意をせず演ずる由。」(同紙11・2附録)○「五日午前乗込み、直に市内重なる官公衙初め会社・新聞社等を歴訪し妙術を試演する由。」(同紙11・4附録)○「魔法師の指定せる十品を目前にて確に握収せられし方へは金三百円を進呈するといふ。」(同紙11・5附録)○「大々好評」(同紙11・10広告)

○十一月五・(六)日　**蓬座**

《新派連鎖劇》　立花薫一行　二の替り

恋《こひ》の罪《つみ》

【典　拠】「名古屋新聞」11・5附録～7附録。

【備　考】○「好評」(「名古屋新聞」11・6広告)

○十一月五日　**活動写真フィルムの窃盗**

「渥美郡田原町大字田原字柳町活動写真興行師杉田国太郎(五十三)は、去月五日午後十時頃豊橋市石塚豊橋座に於て活動写真フィルム『金色夜叉』一巻、長さ六百九十尺を窃取した事が発覚し、豊橋署で取調べの上、三日書類を送局された。」(「新愛知」12・4附録)

○十一月(六)日～(九)日　**大黒座**

浪花節　本多燕左衛門一行

【典　拠】「名古屋新聞」11・5広告、6広告、9広告、10広告。

○十一月七日～(九)日　四時半より　**京枡座**

《新派連鎖》

悲劇 恋《こひ》の罪《つみ》

義理《ぎり》づくめ　立花薫一行

【余　興】東京大角力

【典　拠】「名古屋新聞」11・7附録〜9附録、10。
【備　考】○「幕なし。」(「名古屋新聞」11・7附録)　○「好評」(同紙11・8広告)　○「四時より。」(同紙11・9附録)

○十一月七日〜(九)日　午後五時より　高砂座
末広座巡業部
【一番目】佐《さ》賀《が》の夜《よ》桜《さくら》
【中　幕】二度目《どめ》の清書《きよかき》
【印】壺《つぼ》阪《さか》寺《てら》
早替名人 嵐　枝昇　一座
【典　拠】「名古屋新聞」11・7附録、7広告、9附録、10。
【備　考】○「好評」(「名古屋新聞」11・8広告)

○十一月七日〜(十三)日　千歳劇場
《喜　劇》天女・時三郎・蝶五郎一派　芸題替り
旧喜劇　浮《うき》世《よ》床《どこ》　三場
社会劇　昔《むかし》かたり　四場
喜劇　縁《えん》結《むす》び　三場
喜劇　意《い》外《ぐわい》の折《をり》箱《はこ》　四場
【典　拠】「名古屋新聞」11・7附録広告、8附録、9附録、13広告、14附録広告。

【備　考】○「大好評。」(「名古屋新聞」11・10)

○十一月七日〜(十一)日　午後五時より　蓬座
鏡《かゝみ》山《やま》
三勝《かつ》半《はん》七
信《しん》州《しう》川《かは》中《なか》島《しま》
中村歌女　嵐雷三郎　中村歌玉　加賀家玉吉
【典　拠】「名古屋新聞」11・7附録、8広告、9附録、11附録、12附録。
【備　考】○「名古屋新聞」11・8附録には『鬼人お松』『信州川中島』とある。○「好評」(「名古屋新聞」11・9広告)

○十一月八日　夜間の部　国技館
新愛知一万号発刊記念
新愛知デー
【番　組】お伽噺　奇術　活動写真　琵琶歌
【典　拠】「名古屋新聞」11・4附録、「新愛知」11・8。

○十一月八日〜(二十)日　寿座
俠客牛若長吉伝《けうかくうしわかちやうきちでん》
市川莚昇　市川団之丞　大谷柴友　片岡我蔵　市川眼雀　一座
【典　拠】「名古屋新聞」11・8附録、20広告、21広告。
【備　考】○「好評」(「名古屋新聞」11・20広告)

○十一月八日　午後六時半開演　**末広座**
新愛知一万号発刊記念新愛知デー

諸　芸　大　会

【番　組】奇術　落語　長唄　尺八　琵琶歌
【典　拠】「名古屋新聞」11・4附録、「新愛知」11・8。

○十一月八日　午前十一時より　**御園座**

新愛知一万号発刊記念祝賀会

【余　興】箏曲　さむしろ（加藤渓水社中）　長唄　紀文大尽（杵屋三太郎門下・研声会員合同）　舞踊　紅葉狩（西川鶴吉門下）
【典　拠】「新愛知」11・8、9。
【備　考】○「午後零時三十分（中略）余興が始まる。（中略）『紅葉狩』は立方（中略）孰れも少年少女揃ひで、見事な舞ひ振り（中略）午後二時十分盛会裡に閉会。」（「新愛知」11・9）

○十一月八日　**「新愛知」一万号記念の祝賀事業**

新聞「新愛知」は、一万号発刊を記念し、御園座において祝賀式を行うとともに、劇場無料開放の「新愛知デー」、お伽話講演、食パン試食引換券配付の「三大催し」を行った。
劇場の無料開放は左記のとおり。

名古屋市
○帝国座　マリニー大魔術　○京枡座　立花薫新派劇　○蓬座　嵐雷三郎・中村歌女合同劇　○千歳劇場　天女・蝶五郎合同喜劇　○寿座　市川莚昇・市川眼雀合同劇（以上、八日午前十時開演）
○御園座　大演芸会　○国技館　お伽噺・お伽琵琶・活動写真　○末広座　諸芸大会　○新守座　嵐璃徳・伊村義雄合同劇（以上、八日午後六時半開演）

愛知県
○豊橋　東雲座（八日）浪花節（鼈甲斎虎丸）　○同　弥生座（八日）連鎖劇　○同　豊明館（八日）活動写真　○同　有楽座（八日）活動写真　○同　河原座（八日）活動写真　○岡崎　金枡座（八日）活動写真　○挙母　大正座（九日）活動写真　○半田　葉住座（八日）活動写真　○瀬戸　陶元座（八日）浪花節（京山恭平）　○一宮　満寿美座（八日）活動写真　○新川　新盛座（十一日）活動写真　○西尾　歌舞伎座（十三日）活動写真　○安城　安城座（二十日）活動写真　○知立　東雲座（二十一日）活動写真　○棚尾　三栄座（二十二日）活動写真　○新城町　富貴座（十二月十一日）活動写真　○豊川町　豊川座（十三日）活動写真　○蒲郡　宝盛座（十九日）活動写真　○国府町　霞座（二十四日）活動写真　○田原町　田原座（二十五日）活動写真

静岡県
○浜松　敷島館（十日）活動写真

長野県
○松本　演技座（八日）活動写真

岐阜県
○岐阜　旭座（八日）節劇（元祖国丸）　○大垣　宝福座（九日）連鎖劇　○同　曲馬館（六・七日）曲馬　○多治見　榎元座（未定）　○大井　大栄座（未定）　○中津　東栄座（未定）

三重県
○山田　帝国座（八日）活動写真　○四日市（未定）　○津　世界館（九・十日）活動写真

滋賀県
○大津　稲荷座（十一日）活動写真

福井県
○福井　加賀屋座（九日）未定　○同　世界館（九日）活動写真

石川県

○金沢　尾山座（八日）喜劇（蝶島会）

　お伽噺講談は、東京から天野雉彦・小柴博の両氏を招聘し、以下の日程で行われる。

◇浜松市（十日）◇豊橋市（十一日）◇岡崎市（十二日）◇名古屋市（十三日）◇四日市市（十四日）◇津市（十五日）◇山田市（十六日）◇岐阜市（十七日）◇大垣市（十八日）◇大津市（十九日）◇福井市（二十日）◇金沢市（二十一日）◇松本市（二十三日）

また、「食麺麭試食日《しょくぱんししょくデー》」は、八日から十五日までの八日間にわたって催され、一万個分の食パンと引き換えられる食券が、市内七ヶ所の寺院において、警察の協力を得て、日替わりで配付された。

（「新愛知」11・8広告、11附録広告、20附録、22附録、12・10附録、19附録、23附録）

○十一月九・（十）日　三栄座

（浪花節）　鼈甲斎虎丸一行

【読み物】九日　安中草三郎　後席　孝子伝塩原実記　長講二席

　十日　安中草三郎　後席　十八番物

【典　拠】「名古屋新聞」11・9附録、10、11附録。

【備　考】○「大好評。」（「名古屋新聞」11・10）

○十一月九日〜十六日　昼夜　新守座

《新旧合同連鎖》嵐璃徳・伊村義雄合同　狂言取替

【第　一】新派悲劇　新愛知連載講談　呼《よび》子《こ》鳥《どり》　四場

【第　二】旧劇　薬師《やくし》の梅吉《うめきち》

【経　営】天活直営

【典　拠】「名古屋新聞」11・9附録、9附録広告、16附録、「新愛知」11・10。

【備　考】○「本社劇の盛況（中略）九日好人気の裡に蓋を明けたが、日本陶器会社玩具部の千名近き団体にて、昼夜共立錐の余地なき満員。」（「新愛知」11・10）　○「本日は座員総出にて、覚王山及旭廓豊本・子の日等に於て、次狂言に《（ママ）》大撮影。」（「名古屋新聞」11・15附録）

○十一月（九）日〜（十五）日　宝生座

長田の礎山谷の助六

【観劇料】場代なし

【典　拠】「新愛知」11・8広告。9広告、15広告、16広告。

○十一月九日　午後二時から　御園座

少女の友読者大会　主催　実業之日本社

【余　興】活動写真　喜劇　実写

【典　拠】「新愛知」11・10。

【備　考】○「実業之日本社発行雑誌『少女の友』の読者大会（中略）午後五

時会は閉ぢられた。」(典拠)

○十一月(九)日　**五雲会囃子会**

「十一月九日午前九時より、松山町含笑寺に囃子会を催す。」

(「名古屋新聞」10・31附録)

○十一月(九)日　**第三回芽立会**

九日正午から、中区榎町の神谷杉南氏邸にて同会の第三回例会として、長唄箏曲演奏会が開催された。

(「名古屋新聞」10・28附録、11・11附録)

○十一月九日　**田中社中箏曲温習会**

「田中社中主催にて、九日午後一時より中区万松寺に於て、秋季箏曲温習会を開く。」

(「名古屋新聞」11・9附録)

○十一月(九)日　**旭老会筑前琵琶月次演奏会**

「名古屋旭老会にては、九日午後五時より中区白川町大運寺に於て、筑前琵琶月次演奏会を催す。」

(「名古屋新聞」11・8附録)

○十一月十日～(十二)日　**愛知座**

《連鎖劇》

知《ち》恵《ゑ》子《こ》　佐藤緑川一行

【典拠】「名古屋新聞」11・10。

【備考】○「愛知町附近撮影の連鎖劇にて開演す。」(典拠)

○十一月十・十一日　四時より　**京枡座**

越広門下　糸遊連秋季浄瑠璃大会　竹本越広　竹本森太夫

【語り物】十一日　先代萩(木昇)　新口村(友花)　日吉丸(幸司)　酒屋の段(澄子)　鈴ケ森(寿)　安達三(松枝)　佐倉曙(綱丸)　太功記(桂)　天網島(玉渡)　御所桜(□五三)　菅原伝授(金昇)　合邦下の巻(綱登)　三人上戸(森太夫)　野崎村(総掛合)

【典拠】「名古屋新聞」11・10、11附録、12附録。

【備考】○「竹本森太夫・愛知因社取持ちにて開催、木戸無料。」(「名古屋新聞」11・11附録)

○十一月(十)日～(十二)日　**大黒座**

《新派連鎖劇》

演目不詳　立花薫

【典拠】「名古屋新聞」11・9広告、10広告、12広告、13広告。

○十一月十日～(十三)日　午後五時より　**高砂座**

《男女合同連鎖劇》帝劇団

新派連鎖　牡《ぼ》丹《たん》燈《どう》籠《ろう》　美月四郎

旧劇　義《よし》経《つね》千本桜《ぼんざくら》　其他　羽衣天女

【典　拠】「名古屋新聞」11・10、11附録、13附録、14広告。
【備　考】○「好評」(「名古屋新聞」11・11広告)

○十一月十日　午後四時頃から　御園座

故哥沢芝太夫・芝喜〆両師追善

哥 沢 大 会

主催《しゅさい》 故芝喜浦事芝太夫門下

【番　組】高砂(男子《名取》)　木遣り　五番(女子《哥沢名取》)　嵯峨の秋(唄　ふき子　琴　つた子　絃　哥沢芝茂代)　お前と一生(唄　哥沢芝〆田　絃　哥沢芝浦)　わしが国(芝豊)　宇治茶(芝花子)　今朝の雨(芝喜都)　ほと、ぎす今一声(芝金《哥沢家元》　絃　芝勢以)　新曲　小夜更寝室兼言(芝金《哥沢家元》・芝〆田・芝喜駒・芝銀　絃　芝勢以・芝喜吉)
【典　拠】「名古屋新聞」11・6附録、9附録、12附録評。
【備　考】○「記念建碑の目的をも兼ね(中略)会員入場券(一円)は、入江町五月及同町哥沢稽古場(富士菊)の両所へ申込むべし。」(「名古屋新聞」11・9附録)　○「六十番の番組を終つたのは夜の十一時過ぎ。」(同紙11・12附録評)　○評「追善の哥沢会」紫生(「名古屋新聞」11・12附録)

○十一月十日　棚瀬栗堂の三曲合奏

「中区新栄町三丁目善昌寺にて、棚瀬式精神療法を行ひつ、ある棚瀬栗堂氏は、尺八の名手なるが、十日夜、寺島検校・木村鉉次・佐藤正和・相原いと子等を始め箏曲の大家が参集し、三曲合奏を行ひたり。」(「名古屋新聞」11・11附録)

○十一月十一日～(十四)日　午後五時より　三栄座

浪 花 節 芝 居

成駒家太郎
井筒家咲之助
一座

【演　目】地雷也物語　筒井怪(ママ)談野狐三次　忠僕直助　葛の葉　浪花俠客男女の立引　幕間　源氏節(惣掛合)
【典　拠】「名古屋新聞」11・11附録～15附録。

○十一月十二日～(十四)日　歌舞伎座

二葉会秋季浄瑠璃大会

【語り物】(十二日)　大切　橋弁慶(総掛合)
十四日　夕顔棚(当昇)　紙治(入山)　日吉丸(前玉)　廿四孝(信登)　梅由(兼子)　忠六(巴)　五郎助(ママ)(七々子)　弁慶(信路)　鰻谷(大和)　先代萩(寿美勇)　新の口村(花好)　野崎村(勝光)　阿古屋琴責(惣掛合)
【典　拠】「名古屋新聞」11・12附録、14附録。
【備　考】○「木戸無料。」(「名古屋新聞」11・12附録)

○十一月十二日～(十四)日　四時より　京枡座

鏡《かゝ》山《みやま》古郷《こきやう》の錦絵《にしきゑ》

三勝《かつ》半《はん》七　酒屋
信《しん》州《しう》川《かは》中《なか》島《しま》　輝虎配膳

加賀屋玉七
中村歌女
中村玉之助
嵐雷三郎

【典　拠】「名古屋新聞」11・12附録～15附録。

【備　考】○「好評」(「名古屋新聞」11・13広告)

○十一月十二日～　午後三時開場　**帝国座**

【一番目】有職《いうしよく》鎌倉山《かまくらやま》
【中　幕】松王《まつわう》下屋敷《しもやしき》
【次狂言】傾城反魂香　吃又平
【二番目】恋飛脚大和往来《こひびきやくやまとわうらい》(梅川忠兵衛)

市川寿三郎
市川右升
中村琴弥
尾上多喜松
市川巴
実川八百昇
嵐璃喜之助
中村雀蔵
市川枡右衛門
嵐徳次郎
尾上多喜三郎

【興　行】志知興行部
【典　拠】「名古屋新聞」11・11附録、15附録、「新愛知」11・12広告。
【備　考】○「若手一座。」(「名古屋新聞」11・13附録)

○十一月十二日～(十四)日　夜五時より　**蓬座**

菅原伝授手習ひ鑑《すがはらでんじゆてならひかゞみ》
武士《ぶし》と馬子《まご》神崎与五郎《かんざきよらう》
雁《かり》金《がね》文《ぶん》七

岩井松之助
河村萩之丞
市川左衛門
市川左延次

【典　拠】「名古屋新聞」11・12附録～15附録。
【備　考】○「好評　大歌舞伎　市川左衛門一座」(「名古屋新聞」11・13広告)

○十一月十三日～(十九)日　昼の部正一時 夜の部六時 二回開演　**末広座**

新国劇沢田正二郎一派　お目見得狂言

日《ひ》暮《くら》し物語《ものがたり》　五幕七場

【出　演】金井・小川・野村・南・伊川・小笠原・高松・中田・田中・倉橋・沢田・東愛子・沢井光子・園紅子・池田照子・和歌浦糸子・久松喜世子
【典　拠】「名古屋新聞」11・12附録、12附録広告、13附録、19附録、20附録広告。
【備　考】○「平場は座席にて金三十銭均一。」(「名古屋新聞」11・12附録)
○「入場料は並等二十五銭、二等四十銭、一等七十銭、特等一円十銭。」(同紙11・13附録)　○「本日道具調の為休演」(同紙11・20附録広告)

○十一月十三・(十四)日　午後五時より　**大黒座**

浪花節大会

浪花家美之助
原華六一行

【典　拠】「名古屋新聞」11・13附録、14附録、15広告。
【備　考】○「好評」(「名古屋新聞」11・14広告)　○広告は同紙15日より次興行の新派になったものの、当該興行記事は16日まで続いている。

○十一月十四日～　午後六時より　**愛知座**

古代模様天神の森《こだいもやうてんじんのもり》
本《ほん》蔵《ざう》下《しも》屋《や》敷《しき》

市村羽十郎
市川勇次郎
中村芝蔵
坂東七百蔵

【典　拠】「名古屋新聞」11・14附録。

○十一月十四日～(十六)日　午後五時より　**高砂座**

演目不詳　市川鱗華一座

【典　拠】「名古屋新聞」11・14広告、16附録、17。

【備　考】○「好評」(「名古屋新聞」11・15広告)

○十一月十四日～(二十)日　**千歳劇場**

《喜　劇》蝶五郎・天女一派　芸題替り

【第　一】喜劇　嘘《うそ》の世《せ》界《かい》　一幕

【第　二】旧喜劇　なげ羽《は》織《おり》　三場

【第　三】社会劇　一粒《つぶ》(ママ)万《まん》倍《ばい》　三場

【余　興】活動写真

【内　容】活劇大突進　喜劇サテ諸君

【典　拠】「名古屋新聞」11・14附録、14附録広告、20広告、21広告。

【備　考】○「従来の興行法を一新して蝶五郎・天女一派の喜劇にユニバーサル社と特約の活動写真を余興として上演(中略)革新興行第一回」(「名古屋新聞」11・15附録広告)　○「今週より喜劇と活動写真を交互に見せ…。」(同日同紙附録)　○「『大突進』と(中略)実演喜劇共に好評。」(同紙11・17)

○十一月十四日～二十日　午后三時開場　**御園座**

市村座附東京大歌舞伎劇

御目見得　暗争　一幕

【第一番目】菅原伝授手習鑑《すがわらでんじゅてならいかゞみ》　二幕

【中満来】源《けん》平《ぺい》魁《さきがけ》躑躅《つゝじ》　一幕

【第二番目】幡《ばん》随《ずい》長兵《ちょうべ》衛《い》　二幕

【大喜利】所作事　奴道成寺　一幕　長うたはやし連中

【配　役】**序　幕　駒ケ嶽暗争の場**

盗賊夜叉五郎　吉右衛門
大友左衛門義ずみ　三津五郎
富山弾正宗重　東　蔵
女盗賊お梶　米　蔵
結城七郎貞高　時　蔵
大橋主膳　菊三郎
香川喜平太　翫　助
召使お七　玉之助
奴伊達平　吉之丞
田舎娘おいね　三津太郎
花垣求女之丞　おもちや
山賊　吉五郎
同　吉　次
同　東次郎
□　「　」

序まく　吉田社頭の場

藤原時平公　翫　助
舎人松王丸　東　蔵
同　梅王丸　三津五郎
同　桜丸　米　蔵
同　杉王丸　吉之丞
雑式　吉五郎
仕丁　八　作
同　播　蔵
同　三　平
同　歌广蔵
同　駒　吉
同　東　八
同　朝　代
同　関　弥
同　播　次
同　三佐次

第一番目

同　大ぜい

二幕目　芹生里寺子屋の場

若君菅秀才　時太郎
武部源蔵　三津五郎
舎人松王丸　東蔵
春藤玄蕃　翫助
下男三助　吉兵衛
涎くり与太郎　東次郎
寺子岩松　東久丸
同　長松　吉次郎
同　三太郎　かん丸
同　稲吉　もみじ
同　八十松　く九
同　草太　米丸
同　伊三松　□久丸
百性□木年次　吉五郎
同　麦六　時平
同　栗作　四花五郎
同　鎌七　東五郎
同　□八　吉次
同　□戸平　寿当
同　□□　竜之助
同　稲八　八翁
御台園生の前　玉之助
源蔵女房戸浪　菊三郎
松王女房千代　米蔵
同　一子小太郎　きく丸
捕手　大せい

中幕

五条通り扇屋の場

同　橋詰の場

熊谷次郎直実　吉右衛門
扇折小萩　時蔵
じつは無官敦盛
扇屋上総　菊三郎
姉輪平次　東蔵
木鼠忠太　翫助
堤軍次　東五郎
庄屋辰五郎　時平
五人組太郎べヱ　竜之助
扇屋下女お□　四花五郎
四天王　東次郎
同　寿当
同　播蔵
同　八蔵
軍兵　大ぜい
扇屋女房お繁　玉之助
同　娘桂子　おもちや
扇折おのぶ　かしわ
同　おやま　朝代
同　おこま　時松
同　おすゞ　関□
同　おしん　播次
同　おはな　三佐次
仕出し　大ぜい

第二番目

序まく　鈴ケ森の場

白井権八　三津五郎
飛脚早太　吉之丞
雲助の七　東五郎
同　の八　竜之助
同　御坊の市　四花五郎
同　どぶ六　吉五郎
同　野州の□　吉次
同　与太　時平
同　日谷の□　東次郎
同　川さきの六　八蔵
同　仁三　寿当
雲助　八作
同　播蔵
同　三平
同　高三郎
同　米松
同　朝吉
同　歌广蔵
駕舁　福蔵
同　東八
同　大ぜい
幡随長兵衛　吉右衛門

二幕目　花川戸長兵衛の場

幡随長兵衛　吉右衛門
寺西閑心　東蔵
若徒八内　菊三郎
うづらの権兵衛　翫助
家主茂兵へ　吉兵衛
子分極楽十三　吉之丞
同　雷十五郎　東五郎
同　おたふく弁次　東次郎
同　ゑんまの大六　播蔵
同　廓の千次　竜之助
判人善六　四花五郎
若イ者長助　吉五郎
中間土手助　吉次
寺西若徒伴吾　八蔵
中間　朝吉
同　東八
手□　三平
白井権八　三津五郎
三浦屋小紫　時蔵
長兵へ女房お時　米蔵
同　一子長松　時太郎

大喜利上るり

鐘供養の場

白拍子花子　三津五郎
実ハ狂言師左近
所化雲念坊　玉之助
同　頓念坊　吉之丞
同　阿面坊　三津太郎
同　栃面坊　おもちや
同　かん念坊　東五郎
同　陸尺坊　東次郎
同　余念坊　米松
同　□□坊　かしわ
花四天　大ぜい

【観劇料】直段表　初日　特等御一名金二円二十銭　一等同金一円六十銭

二等同金一円　三等同金七十銭　四等同金五十銭　五等同金二十銭　二日目より　特等御一名金二円八十銭　一等同金二円　二等同金一円三十銭　三等同金九十五銭　四等同金七十銭　五等同金三十五銭

【典　拠】番付。千秋楽は「名古屋新聞」11・20附録による。

【備　考】○「百余名の一座。」（「名古屋新聞」11・9附録）○「十六日は中幕（ママ）、十七日は廓連・浪越連も総見あり。」（同紙11・15附録）○「初日以来頗る盛況。」（同紙11・17）○評「御園座評」一記者（「名古屋新聞」11・16附録）

○十一月十五日～　歌舞伎座

東京浪花節名人五人会

三好　重治
正宗
清風
初御目見得 桃中軒小入道

【典　拠】「名古屋新聞」11・15附録、16附録、17。

【備　考】○「故雲入道師の最高弟桃中軒小入道一行。」（「名古屋新聞」11・13附録）○「好評」（同紙11・21広告）

○十一月十五日～（十八）日　四時より　京枡座

菅《すが》原《はら》伝《でん》授《じゅ》

武《ぶ》士《し》と馬《ま》士《ご》

お染《そめ》久《ひさ》松《まつ》　蔵

俠《けう》客《かく》雁《かり》金《がね》文《ぶん》七

東京名題 市川左衛門
市川左莚治
岩井松之助
市川芳五郎

【典　拠】「名古屋新聞」11・15附録、16附録、18附録、19附録。

【備　考】○「三十余名。」（「名古屋新聞」11・15附録）○「満員」（同紙11・16広告）○「『寺子屋』『神崎与五郎』『お染久松』蔵。」（同紙11・18附録）

○十一月十五日～二十一日　午後一時より五時迄 午後六時より十時迄　国技館

ローヤル・イタリアン・サーカス

【出　演】伊太利大曲馬演芸団（団長 ボストック　支配人 トレファーン）

【番　組】十五日～　空中ロップ（ママ）（ロ嬢）等
十八日～　番組取替　世界一の大象　離業（ロ嬢・ス氏等）

【典　拠】「名古屋新聞」11・14附録、14附録広告、15附録、16附録、18附録、19附録、21附録。

【備　考】○「一行は外人七十余名、動物六十余頭よりなる大団にて、花の如きロ嬢と道化役のス氏はチヤプリン式。入場料は三円、二円、一円にて座席の注文は国技館事務所にて取扱ふ筈。」（「名古屋新聞」11・14附録）○「日本代理店　東京 谷村組」（同日同紙附録広告）○「昨初日開演、ロ嬢の空中ロップ（ママ）の危険なる演出等あり。」（同紙11・16附録）○「今日は二時より始演（中略）日々雑沓致し候に付入場券は前以て（中略）谷村組へ御申込願上候　今晩は七時より始演」（同日同紙附録広告）○「一行は東京で七宮殿下の台臨を賜はりたるもの、由にて、放れ業数番観客の胆を冷やさしめるものありと。」（同紙11・17）○「本日より新番組と取替、世界一の大象を出演せしむる由。尚従来の三種観覧席に新に五十銭席を設けたり。」（同紙11・18附録）○「五十銭席増設　陸海軍兵士・正帽学生及小供及一・二・三席限り半額（中略）団体申込は割引仕候」（同紙11・20附録広告）

○十一月十五日～(十七)日　午後五時より　**三栄座**

塩原《しほはら》孝子《かうし》伝《でん》多助《たすけ》一代記《だいき》　東京歌舞伎 阪東太郎　阪東三寿之丞　三枡竹五郎　一座

【切】二（マ マ）葉《ば》軍《ぐん》記《き》

【典拠】「名古屋新聞」11・15附録、16附録、17、18附録。

【備考】○「『ケイザイ鏡』『塩原実記』。」（「名古屋新聞」11・15附録）

○十一月(十五)日～(十九)日　**大黒座**

《新派》

演目不詳　川上貞二郎

【典拠】「名古屋新聞」11・14広告、15広告、19広告、20附録。

【備考】○当該興行の広告は十五日から始まっているが、興行記事は十六日まで前興行の浪花節となっている。

○十一月十五日～(十八)日　午後五時より　**蓬座**

万歳新演劇　鈴木源十郎　石川貫一　一座

【演目】書生の赤心

【典拠】「名古屋新聞」11・15附録、17、18附録、19附録。

【備考】○「好評」（「名古屋新聞」11・16広告）

○十一月十五日　**錦心流琵琶秋季温習会**

「琵水会主催錦心流琵琶秋季温習会を、今十五日午後六時より、蒲焼町善導寺に開会の筈なるが、八木恕秋・小林盛水・大伊達・不朽諸氏応援すべし。」（「名古屋新聞」11・15附録）

○十一月(十六)日～(二十二)日　**宝生座**

大岡政談恋畦倉

【観劇料】場代なし

【典拠】「新愛知」11・15広告、16広告、22広告、23広告。

○十一月(十六)日　**西村翁追善能**

「昨冬あたりから噂の高く期待されてゐた珍曲揃ひの追善能は、愈々十一月十六日能楽倶楽部で催される事となつた。何がさて、翁は当地能楽界の生んだ、天才にて、其の非凡の芸は、同好者の多く渇仰する所となつてゐたが、其の追善能とて、出し物も翁が明治十六年に小春の舞台で演じた秘曲中の秘曲たる『壇風』を始め、『咸陽宮』『鳥追』『土蜘蛛』は総て脇方に取つての習ひ物であり、此んな折でなければワキ師の得意とする物、或は働きなぞを見せる機会が無いとて、門弟連は却々《なか〳〵》に緊張して居る。（後略）」（「名古屋新聞」10・30附録）

○十一月十七日～二十三日　**新守座**

《新旧合同連鎖》　葉村家・伊村合同　芸題がへ

【一番目】旧劇　義《よし》経《つね》千本桜《ぼんざくら》　椎の木茶屋より　鮨屋迄

【第　二】新派　西比利亜土産　月《つき》の影《かげ》　連鎖十二場

弦月弾奏薩摩琵琶入り

【配　役】弥助　一　実は三位中将維盛

情婦お
野兼夫　延松
小野寺曹長　豊昇
鮨屋弥左衛門　奥山
岩野義則
いがみの権太　璃徳

大場将軍
鶴巻伝造　西村
亭主順七　大（マ）味（マ）
刑事守山護　松本
妹富美子　咲子
向山芳之　伊村

【経　営】天活直営
【典　拠】「新愛知」11・17、「名古屋新聞」11・17、17広告、20附録、23附録、23附録広告。

○十一月十七・(十八)日　午後五時より　高砂座

浪　花　節　天中軒雲月一行

【語り物】十七日　赤穂快挙録(雲月)　義烈百傑(雲月)　長講二席
　十八日　前　馬場三郎兵衛　後　神崎与五郎東下り
【典　拠】「新愛知」11・17、「名古屋新聞」11・17、18附録、19附録。
【備　考】○「好評」(「名古屋新聞」11・18広告)

○十一月十七日　愛知県活動写真組合発会式

「愛知県活動写真組合発会式は、十七日正午より七ツ寺宮房にて開会。県下常設館主十五名、市内各館主任弁士組合顧問加藤重三郎・伊藤光彦両氏出席。来賓として市内各警察署長、松本保安課長の臨席あり。組合長佐藤太郎氏一場の挨拶を陳べ、亜《つ》いで松本保安課長・鈴木新栄町署長の祝辞的訓示あり、午後五時散会したるが、活動写真向上の上に非常に有利なる会合なりき。」

(「名古屋新聞」11・18附録)

○十一月十七日　二音楽家演奏会

「今十七日午後七時半より、市内東区白壁町金城女学校にて、既報のウイン・ヴイナ音楽学校教授フランク・スミツト氏(ヴアイオリン)、ラードゲーグル氏(ピアノ)の演奏会を開催。曲目左の如し。
△第二十六ジー・モール　エムヴラウチ氏作　△プレリユード(第六ソナタ)　ワイ・エス・バツハ氏作　△ガボツト　ラメーユー氏作　△ワルツ　ウエーバー氏作　△チエツク・ラプソデー　スメタナ氏作　△ゼー・ブリユー・アイド・ガール(チエツク・ソング)スエヴイツク氏作」
(「新愛知」11・17)

○十一月十八・(十九)日　三栄座

《女優歌舞伎》

三代話高座新作《だいばなしかうざのしんさく》(ママ)
御目見得《おめみえ》だんまり
実録毛谷村六助《じつろくけやむらろくすけ》

市川寿三八
嵐寿々八
尾上梅菊
一座

【典　拠】「名古屋新聞」11・18附録～20附録。

○十一月十八日～　正午十二時　午後五時半　昼夜二回　帝国座

鏡見山古郷錦絵　幕なしていれこ
佐倉義民伝

市川段枝
中村竹之丞
片岡梅長
市川福十郎
片岡我十
一座

【興　行】志知興行部
【典　拠】「新愛知」11・18広告。

【備　考】○「大好評」（「新愛知」11・23広告）

○十一月十八日　**谷汲山観世音縁日の余興**

「十八日東区萱屋町観世院室寺例月の通り観世音縁日につき、午後六時より大乗妙典奉読並に余興として、竹本館長主催浄瑠璃及び八代流・松月堂古流其他諸流生花会等あり。」（「名古屋新聞」11・18）

○十一月十九日～（二十一）日　五時より　**京枡座**

万歳新演劇　芝居と万歳 ていれこ幕無し　元祖 鈴木源十郎　石川貫一

【演　目】迷ひの夢　大切 御殿舞

【典　拠】「名古屋新聞」11・19附録、20附録、21広告、22附録。

【備　考】○「大好評」（「名古屋新聞」11・20広告）

○十一月十九日～（二十一）日　午後五時より　**高砂座**

日活活動大写真

【内　容】旧劇八犬伝　新派秋草物語

【典　拠】「名古屋新聞」11・19附録、19広告、21附録、22附録。

【備　考】○「満員好評」（「名古屋新聞」11・20広告）

○十一月十九日～（二十一）日　午後五時より　**蓬座**

特別活動大写真　中京商会

【内　容】女ロロー　旧劇永禄曽我　新派女優髷　西洋活劇赤弾薬　等

【典　拠】「名古屋新聞」11・19附録、19広告、21附録、22附録。

【備　考】○「満員大好評」（「名古屋新聞」11・21広告）

○十一月二十・（二十一）日　**三栄座**

浪花節　春日亭清吉改め 春日亭清鶴一行

【典　拠】「名古屋新聞」11・20附録～22附録。

○十一月二十日～（二十二）日　**大黒座**

浪花節芝居　市川お月一行

【典　拠】「名古屋新聞」11・20附録、22広告、23附録。

【備　考】○「音羽家一行」（「名古屋新聞」11・20広告）

○十一月二十一日～（二十九）日　**寿座**

《新派》

演目不詳　幕なし 毎日段続き（ママ）　川上貞次郎一行

【幕間余興】曲芸　鏡一丸

【典　拠】「名古屋新聞」11・21附録、29広告、30広告。

【備　考】○「好評」（「名古屋新聞」11・22広告）

○十一月二十一日〜二十八日　昼十二時半 夜六時 二回開演　末広座

新国劇沢正一派　二の替り

国《くに》定《さだ》忠《ちう》次《じ》　五幕

【出　演】金井・小川・高嶋・南・伊川・小笠原・野村・中田・田中・久松・和歌浦・沢田

【典　拠】「名古屋新聞」11・21附録、26附録、30。

【備　考】○「昼は十二時、夜は六時。」（「名古屋新聞」11・21附録）○「目先を変じ髷物にて、一派独特の大立廻りを見せ大好評。」（同紙11・23附録）○「日延（中略）本月中続演する由。」（同紙・11・26附録）○「本日昼の部は東京砲兵工廠・兵器製造所・名古屋機器製造所へ売切れ。夜の部は普通の通りにて五時半より開演。」（同紙11・28附録）○「本日大道具調の為休演」（同紙11・29附録広告）

○十一月（二十一）日〜（二十七）日　千歳劇場

《喜　劇》蝶五郎・時三郎・天女一座　芸題替り

喜劇　障《しやう》子《し》の影《かげ》　一場

社会劇　記《き》念《ねん》の古《ふる》服《ふく》　二場

旧喜劇　櫓《やぐら》太《たい》鼓《こ》　二場

【幕間余興】活　動　写　真

【内　容】人情劇握手か反目か　喜劇秘密の奉公人

【典　拠】「名古屋新聞」11・20広告、21附録、21附録広告、27広告、28広告。

○十一月二十一日〜二十七日　午後一時 午後六時 二回開演　音羽座改中央劇場

第一回興行

東　都　歌　劇

【出　演】大浜格・水野譲次・黒木富次・笹本光広・水口小一郎・清水石之助・沢卓郎・女優神山仙子・林はつ子・千草百合子・歌川るり子・衣笠深雪・川田三奷・最上千枝子・月岡千草・衣笠みどり

【演　目】第一　歌劇　クレオパトラ　第二　喜歌劇　ナイトオブカフエー　第三　活劇　創痕　第四　舞踊　スフインクスの謎　第五　悲歌劇　ジプシーの女

【典　拠】「名古屋新聞」11・16附録、19附録、21附録、23附録、23附録評、27附録。

【備　考】○「旧音羽座改め中央劇場は先日来内外の改築を急ぎつつありしが（中略）一行中の音楽部はオーケストラ組織にて総員十余名の由。」（「名古屋新聞」11・17）○「着々準備を進め、出演歌劇俳優は日夜舞台装置・衣裳等に心酔しつつあり。」（同紙11・18附録）○「出演俳優（中略）五十余名。」（同紙11・19附録）○「入場料　番外十銭　三等二十銭　二等四十銭　一等六十銭　特等八十銭」（同紙11・20附録広告）○「昨初日の筈なりし歌劇常設中央劇場は、舞台装置の都合上今二十一日開場と決定したり。」（同紙11・21附録）○「今回大阪斯界の泰斗坂藤芳隆氏の門下高弟中村隆一氏及び森芳忠氏の高弟森川忠元氏を招聘しバックを嘱託し、道具の如きも全部取揃へたり。」（同紙11・22附録）○「オペラは大浜格を初め一座の努力にて、就中活劇『創痕』の最後の場面は実に緊張せる劇を見せ連日学生団の見物あり。」（同紙11・23附録）○「意外の大好評　初日・二日目共大盛況を呈し候段深く御礼申上候　本日より内外の準備遺憾なく　完成仕り候間賑々敷御光来奉待上候」（同日同紙附録広告）○「オーケストラ・背景等完成し…。」（同紙11・25附録）○「男女優見習生募集　舞踊・声楽に趣味を有す年齢十五歳より二十歳迄　写真携帯父兄同伴午前中に来談あれ　歌劇

常設　中央劇場演芸部《音羽座改称》」（同日同紙広告）　○「俳優を目下盛んに募集中にて、すでに数名は東西歌劇団より迎ふべく定まりたり。」（同紙11・27附録）
○評「中央劇場の歌劇」よの字（「名古屋新聞」11・23附録）

○十一月二十二日～　歌舞伎座

野沢吉次秋季浄瑠璃大会

【語り物】二十二日　浜松（初ト）　太十（勇）　合邦（弥生）　日吉（呂々）　嫁おどし（磯香）　寺子屋（菊枝）　酒屋（幸玉）　忠六（芳ト）　弁慶（知代）　柳（司）　三代記　四ツ谷（小叶）　大切　野崎（総掛合）
二十三日　本蔵（光国）　朝顔（志口）　弁慶（可香）　赤垣（小可）　大切　忠臣蔵　五

【典　拠】「名古屋新聞」11・22附録、23附録。
【備　考】○「大好評」（「名古屋新聞」11・23広告）

○十一月二十二日～（二十六）日　五時より　京枡座
《新旧合同》

新派社会劇
浪花節応用連鎖喜劇

川村義夫 / 石上愛楽 / 浪花家武雄　一行

【演　目】（二十二）日～　紀の国屋文左衛門　謎の女
（二十五）日　芸題替へ　喜劇　三人の友人（浪花節入り）　旧劇　紀の国屋
（二十六）日　芸題替へ　紀の国屋文左衛門

【典　拠】「名古屋新聞」11・22附録、23附録、25附録～27附録。

【備　考】○「好評」（「名古屋新聞」11・23広告）

○十一月二十二日～（三十）日　午後五時より　三栄座

浪花節芝居　芸題毎日続き

成駒家太郎 / 井筒家延雀 / 桃中軒雲月

【演　目】鼠小僧次郎吉　義士銘々伝　東俠客《マ》雷也《マ》昇吉　関口弥太郎伝　笹野権三郎伝　剣の伝治　東俠客観音丹次　大切　源氏節（惣掛合）

【典　拠】「名古屋新聞」11・22附録、23附録、26附録、27附録、27広告、28附録、29附録、30、12・1。
【備　考】○井筒家延雀について「名古屋新聞」11・23附録には「実川延若」、同紙11・26附録には「井筒屋延童」とある。○「好評満員」（「名古屋新聞」11・23広告）　○「浪花節・源氏節合同劇。」（同日同紙附録）

○十一月二十二日～　午後五時より　高砂座
《新　派》

悲劇　己《おの》が罪《つみ》　荒木清一派

【典　拠】「名古屋新聞」11・22附録、23附録。
【備　考】○「本日午後四時より。」（「名古屋新聞」11・22附録）　○「好評」（同紙11・23広告）

○十一月二十二日〜　午後五時より　蓬座
《新派》成田一馬入営興行　蝶々会一行
義《ぎ》賊《ぞく》
【典　拠】「名古屋新聞」11・22附録、22広告、23附録。
【備　考】○「好評」（「名古屋新聞」11・23広告）

○十一月二十三日〜（二十七）日　大黒座
万歳芝居　日比愛三郎一行
【典　拠】「名古屋新聞」11・23附録、27広告、28広告。

○十一月（二十三）日〜（二十九）日　宝生座
長柄長者泣鶯塚
【観劇料】場代なし
【典　拠】「新愛知」11・22広告、23広告、29広告、30広告。

○十一月（二十三）日　名古屋保能会
「来る二十三日午前九時より、東区呉服町能楽堂に開催。」（「名古屋新聞」11・18附録）

○十一月（二十四）日〜三十日　新守座
《新旧合同連鎖》璃徳・伊村合同　芸題替
【第　一】新派　金《こん》色《しき》夜《や》叉《しや》
【第　二】旧劇　佐《さ》賀《か》の怪猫《くわいべう》（鍋島猫騒動）
【配　役】鍋島直政　仙松　小森半兵衛　璃徳
妻お条　荒尾譲介
重蔵寺又七郎　延松　富山唯□　大味
愛妾お照　蒲田　松本
赤樫満枝　欽弥
左官重吉　豊昇　鴫沢村宮　咲子
若徒弥平次　奥山　左官弥太郎　伊村
怪猫　間誠一
鼠の精　岩井竹緑
【経　営】天活直営
【典　拠】「名古屋新聞」11・23附録、23附録広告、25附録〜27附録、30。
【備　考】○「新旧共新規撮影のヒルムを使用すと。」（「名古屋新聞」11・23附録）○「好人気にて、奥山化猫と岩井竹緑の鼠の精は軽妙な□軽業を見せ呼び物となり居れり。」（同紙11・27附録）○「本日は座員総出次狂言連鎖フイルムの大撮影。」（同紙11・29附録）

○十一月二十四日〜（二十九）日　午前十時 午後五時 二回　御園座
鉄道従業員慰安会
【余　興】国の礎　五幕（荒木清一派）　喜劇　一幕
【典　拠】「名古屋新聞」11・22附録、25附録。
【備　考】○「名古屋鉄道管理局並に名古屋運輸・保線両事務所・名古屋本

倉庫所属の鉄道職員に対する慰安会。」(「名古屋新聞」11・14附録) ○「昼の部(中略)午後三時盛会裡に散会し、引続き午後五時より(中略)開催、十時散会。」(同紙11・25附録)

○十一月二十五・(二十六)日　午後四時半より　**高砂座**

《新派連鎖劇》立志団

演目不詳　一志好美一行

【典　拠】「名古屋新聞」11・25広告、26附録、27附録。

【備　考】○「好評」(「名古屋新聞」11・26広告)

○十一月二十五日〜十二月(四)日　午後三時開場　**帝国座**

替り狂言

【一番目】敵討湖水曙《かたきうちこすゐのあけぼの》　大序ヨリ仇討マデ

【二番目】源平布引滝　実盛物語ノ場

市川段枝　中村竹之丞　中村琴弥　片岡梅長　片岡松幸　市川蝠十郎　片岡我十

【配　役】専助　市川段枝─岡平　片岡我十

三作　片岡梅長─

【観劇料】一等五十銭　二等三十銭　三等二十銭　木戸半額　下足・敷物付

【興　行】志知興行部

【典　拠】「名古屋新聞」11・25附録、25附録広告、26附録、27附録広告、29附録、12・3附録。

【備　考】○「本年中ハ何興行ニ不係大破額半値段ニテ御覧ニ入レ候(中略)二等席ハ平場御案内申上候」(「名古屋新聞」11・27附録広告) ○「名古屋新聞」12・2附録には「明日より二の替り、一番目『実録先代萩』、切狂言待呉にて、今回は東濃巡業中なりし多喜三郎一行を加入」とあるが、「本興行は四日迄日延」(同紙12・3附録)となる。

○十一月二十五日〜(二十七)日　午後五時より　**蓬座**

《新派劇》

新《しん》生《しやう》涯《がい》　日乃丸劇団

【典　拠】「名古屋新聞」11・25広告、26附録〜28附録。

【備　考】○「好評」(「名古屋新聞」11・26広告)

○十一月二十七日〜(三十)日　五時より　**京枡座**

特別連続活動大写真　中央商会滝口巡業部

【内　容】二十七日〜　連続活劇女ロロー　旧劇永禄曽我　新派女優髷

二十九日〜　写真替へ　旧劇白狐八郎　新派儚なき親子　連続活劇女ロロー

【典　拠】「名古屋新聞」11・27附録〜29附録、30広告、12・1広告。

【備　考】○「好評」(「名古屋新聞」11・28広告) ○「毎日六時より。」(同紙11・30)

○十一月二十七日〜(三十)日　午後五時より　**高砂座**

万歳新演劇　花房清十郎一行

【典　拠】「名古屋新聞」11・27附録、30、12・1。

【備　考】○「満員好評」(「名古屋新聞」11・29広告)

○十一月二十七日　**乾徳寺明王縁日の余興**

「二十七日中区東田町乾徳寺明王縁日に付、弥生流家元武藤弥生斎社中の月並奉納生花会並に浄瑠璃等の余興あり。」（「名古屋新聞」11・27附録）

○十一月二十八日　午後一時から　**歌舞伎座**

東京 大阪 名古屋　結髪技交換大会　主催 東海婦人美髪会

【典　拠】「名古屋新聞」11・29附録。

○十一月(二十八)日～(三十)日　**大黒座**

演目不詳　中村津多七一行

【典　拠】「名古屋新聞」11・27広告、28広告、30広告、12・1広告。

○十一月(二十八)日～十二月(四)日　**千歳劇場**

《喜　劇》芸題替

喜劇　入《い》れ智《ち》恵《ゑ》　一場

旧喜劇　奴《やつこ》さん　二場

社会劇　女房《にようばう》の笑《ゑ》顔《かほ》　三場

【幕間余興】活動写真

【内　容】活劇不滅の烙印　喜劇ノツポのお手柄　等

【典　拠】「名古屋新聞」11・27広告、28附録、28附録広告、30、12・4広告、5附録。

【備　考】○「好人気。」（「名古屋新聞」12・4附録）

○十一月二十八日～十二月(六)日　午后一時 午後六時開幕　**中央劇場**

第二回公演

歌劇

【出　演】大浜格・笹本光広・衣笠みどり・林はつ子・清水石之介・岡本三郎・中村曙光・声楽師若松営光　声楽家森本照子・女優浦辺松子加入

【演　目】1 喜歌劇 ラ・カエワール 一幕　2 悲歌劇 蕃界の花 一幕　3 オペレット サイノロジー 一場（脚本部作）　4 ダンス パニッシユ 一場　5 諷刺楽劇 世間智 二幕　6 喜歌劇 女軍出征 一幕

【典　拠】「名古屋新聞」11・28附録、28附録広告、30、12・2附録、4附録、6広告、7広告。

【備　考】○「新加入として東京音楽学校出身森本照子嬢及び女優浦辺松子嬢出演の筈。」（「名古屋新聞」11・28附録）○「独唱家（中略）森本照（ママ）」（同日同紙附録広告）○「プログラムは何づれも面白きもののみなるが、就中『世間智』は皮肉な諷刺劇にて評判よし。」（同紙12・1）○「青壮有志の俳優が力ある芸術を見せつゝあり。」（同紙12・2附録）○「連日満員」（同紙12・6広告）

○十一月二十八日～(三十)日　夕四時半より　**蓬座**

新派喜劇・節劇合同　芸題毎夜続き

石川 上村 浪花家武雄

【典　拠】「名古屋新聞」11・28附録、29附録、30、12・1。
【備　考】○「毎夜五時より。」（「名古屋新聞」11・29附録）○「好評　新派社会劇」（同日同紙広告）

○十一月三十日～　午後五時より　**寿座**

浪花節芝居　高島屋団蔵　市川浪六　一行

【典　拠】「名古屋新聞」11・30。
【備　考】○「好評（中略）音羽家一行」（「名古屋新聞」大正9・1・1広告）

○十一月三十日～十二月(七)日　昼十二時　夜六時　二回開演　**末広座**

新国劇沢田正二郎一派　三の替
瀬戸閣太郎氏作

時《しぐ》雨《れ》小《こ》唄《うた》　五幕

【出　演】金井・小川・高島・南・伊川・小笠原・野村・中田・田中・東・沢井・久松・和歌浦・沢田
【典　拠】「名古屋新聞」11・30、30広告、12・7附録広告、8広告。
【備　考】○「昨初日満員御礼」（「名古屋新聞」12・1広告）○「高評につき八日迄続演」（同紙12・5広告）○「本日大道具調の為め休演」（同紙12・8広告）○沢田正二郎の専制的処置に反感を抱いた俳優一同が前興行終了後の十一月二十八日に脱退し、大阪の楽天地に出演する動きを見せた。（同紙11・30）

○十一月(三十)日～十二月(六)日　**宝生座**

登鯉達男松竹梅

【観劇料】場代なし
【典　拠】「新愛知」11・29広告、30広告、12・6広告、7広告。

○十一月　**周辺地区の興行**

・新城町の富貴座は、一日より東京大名題尾上松鶴の一座にて、『御目見得だんまり』一ケ原、一番目『かさね物語り』序幕より土橋迄、中幕『梅川忠兵衛』、切幕『日高川入間桜』清姫人形場を上演。（「新愛知」10・29附録）
・（豊橋の）豊橋座は、一日午後二時より午後八時半まで、市内製糸工場員慰安のための「工女慰安演劇」を開催し、市川眼昇・市川十郎・市川□喜太郎・尾上花仙・嵐松若・中村伝之助ほかにより、『阿波鳴戸』『寺子屋』『実盛』『弁慶上使』『夜討曽我』を上演。（「新愛知」11・1附録）
・蒲郡の宝盛座は、末広座巡業部枝昇一座にて興行中。（「新愛知」11・2広告）
・上諏訪の都座は、末広座巡業部信濃一座にて興行中。（「新愛知」11・2広告）
・津市の曙座は、志知興行部我十・段枝にて興行中。（「新愛知」11・2広告）
・三河新川の新盛座は、志知興行部寿三郎・多喜三郎にて興行中。（「新愛知」11・2広告）
・浜松市の□舞□座は、四日から六日まで、鉄道従業員の慰安会として曽我廼家五郎の喜劇を上演。（「新愛知」10・24）
・伊勢二本木の共栄座は、志知興行部段枝・我十にて興行中。（「新愛知」11・4広告）

・(豊橋の)東雲座は、大阪名題尾上多摩之丞・阪東巴左衛門・市川眼笑等の一座にて、『お目見得だんまり』『伽羅先代萩』『三十三間堂』を上演中。（「新愛知」11・4附録、5附録）

・(豊橋の)寿座は、小紅家花香一座による浪花節を興行中。（「新愛知」11・4附録）

・信州辰野の辰野座は、末広座巡業部信濃一座にて興行中。（「新愛知」11・5広告）

・小坂井の宝盛座は、末広座巡業部枝昇一座にて興行中。（「新愛知」11・5広告）

・挙母の大正座は、六日より三井武次郎一行にて開場。（「新愛知」11・5広告）

・大垣城下の曲馬館は、六・七日に「新愛知」一万号記念祝賀事業の一環として女大曲馬を無料開放上演。（「新愛知」11・6広告、8広告）

・豊橋の東雲座は、七日より鼈甲斎虎丸一行の浪花節を興行。（「新愛知」11・8附録広告）

・豊橋の豊橋座は、八日より曽我廼家五郎一座にて開場。（「新愛知」11・8附録）

・瀬戸の陶元座は、八日に「新愛知」一万号記念祝賀事業の一環として京山恭平による浪花節を無料開放上演。（「新愛知」11・8広告）

・岡崎の金枡座は、八日に「新愛知」一万号記念祝賀事業の一環として活動写真を無料開放上映。（「新愛知」11・8広告）

・半田の葉住座は、八日に「新愛知」一万号記念祝賀事業の一環として活動写真を無料開放上映。（「新愛知」11・8広告）

・一宮の満寿美座は、八日に「新愛知」一万号記念祝賀事業の一環として活動写真を無料開放上映。（「新愛知」11・8広告）

・松本の演技座は、八日に「新愛知」一万号記念祝賀事業の一環として活動写真を無料開放上映。（「新愛知」11・8広告）

・岐阜の旭座は、八日に「新愛知」一万号記念祝賀事業の一環として元祖国丸による節劇を無料開放上演。（「新愛知」11・8広告）

・山田の帝国座は、八日に「新愛知」一万号記念祝賀事業の一環として活動写真を無料開放上映。（「新愛知」11・8広告）

・金沢の尾山座は、八日に「新愛知」一万号記念祝賀事業の一環として蝶島会による喜劇を無料開放上演。（「新愛知」11・8広告）

・伊勢神戸の寿座は、志知興行部段枝・我十にて興行中。（「新愛知」11・8広告）

・高岡市の恵比寿座は、志知興行部中京成美団にて興行中。（「新愛知」11・8広告）

・(豊橋の)弥生座は、新派連鎖劇団による芸題替えにて、悲劇『夢の跡』を上演中。（「新愛知」11・8附録）

・挙母の大正座は、九日に「新愛知」一万号記念祝賀事業の一環として活動写真を無料開放上映。（「新愛知」11・8広告）

・大垣の宝福座は、九日に「新愛知」一万号記念祝賀事業の一環として連鎖劇を無料開放上演。（「新愛知」11・8広告）

・福井の世界館は、九日に「新愛知」一万号記念祝賀事業の一環として活動写真を無料開放上映。（「新愛知」11・8広告）

・福井の加賀屋座は、九日に「新愛知」一万号記念祝賀事業の一環として劇場を無料開放。(興行内容不詳)（「新愛知」11・8広告）

・津の世界館は、九・十の両日、「新愛知」一万号記念祝賀事業の一環として活動写真を無料開放上映。（「新愛知」11・8広告）

・浜松の敷島館は、十日に「新愛知」一万号記念祝賀事業の一環として活動写真を無料開放上映。（「新愛知」11・8広告）

・大津の稲荷座は、十一日に「新愛知」一万号記念祝賀事業の一環として活動写真を無料開放上映。（「新愛知」11・8広告）

・新川の新盛座は、十一日に「新愛知」一万号記念祝賀事業の一環として活動写真を無料開放上映。（「新愛知」11・11附録広告）

・一宮の歌舞伎座は、末広座巡業部扇太郎一座にて興行中。（「名古屋新聞」11・11広告）

・北陸線井波の八乙女座は、末広座巡業部枝昇一座にて興行中。（「新愛知」11・11広告）

・（豊橋の）東雲座は、東京歌劇協会七星歌劇座・同衣笠みどり等の一行にて、喜歌劇『女□殿下』、歌劇『カルメン』、『ゴリヤツク物語』、『ジプシイの娘』、『鬼の居ない中に』を上演中。（「新愛知」11・11附録）

・（豊橋の）寿座は、千里庵八千代による浪花節を興行中。（「新愛知」11・11附録）

・桑名の中橋座は、志知興行部段枝・我十にて興行中。（「新愛知」11・12広告）

・西尾の歌舞伎座は、十三日に「新愛知」一万号記念祝賀事業の一環として活動写真を無料開放上映。（「新愛知」11・11附録広告）

・挙母の大正座は、十四日より日活直営活動写真を上映。（「新愛知」11・14広告）

・（豊橋の）豊橋座は、十四日より「中京劇界の人気花形」市川芳三郎等の一座にて連鎖劇『天竺徳兵衛一代記』を上演。（「新愛知」11・15附録）

・（豊橋の）弥生座は、十四日より芸題替えして柳川春葉作の悲劇『望』を上演。（「新愛知」11・15附録広告）

・一宮町の満寿美座は、十五日より三日間、関西魁新聞支局開設三周年記念として同新聞一宮支局主催による一宮芸妓舞踊会を開催。（「新愛知」11・16広告）

・信州大町の大町座は、末広座巡業部扇太郎一座にて興行中。（「名古屋新聞」11・15広告）

・中越線戸出の蓬来座は、末広座巡業部枝昇一座にて興行中。（「新愛知」11・15広告）

・東濃福岡の福岡座は、志知興行部寿三郎・多喜三郎にて興行中。（「新愛知」11・17広告）

・（豊橋の）東雲座は、十八日より五日間、毎日二時より、実川延若・嵐璃寛・阪東寿三郎・尾上卯三郎・片岡愛之助・浅尾大吉・浅尾関三郎・嵐冠十郎・実川鴈童・実川延五郎ほか座員総計百十四名の「松竹合名社専属大歌舞伎一座」にて、第一『木曽川治水記』、第二『馬士と武士』（神崎東下り）、第三『重の井子別れ』、第四『義経千本桜』寿司屋、第五『梅川忠兵衛』封印切を上演。（「新愛知」11・16附録広告、18附録）

・北陸線滑川の中吉座は、末広座巡業部枝昇一座にて興行中。（「新愛知」11・18広告）

・新城の富貴座は、十九日より津守正一一行による新派連鎖劇にて、悲劇『陸奥物語』、悲劇『想馬の別れ』大団円までを上演。（主催者山口屋旅館）（「新愛知」11・19附録広告）

・安城の安城座は、二十日午後六時より「新愛知」一万号記念祝賀事業の一環として、活動写真を「入場無料下足料金三銭」にて上映。（「新愛知」11・20附録、20附録広告）

・信州池田町の池田座は、末広座巡業部扇太郎一座にて興行中。（「名古屋新聞」11・20広告）

・北陸線美川町の三升座は、末広座巡業部枝昇一座にて興行中。（「名古屋新聞」11・20広告）

・（豊橋の）豊橋座は、花房清十郎一行による万歳芝居を興行中。（「新愛知」11・20附録）

・知立の東雲座は、二十一日午後六時より「新愛知」一万号記念祝賀事業の一環として活動写真を無料開放上映。（「新愛知」11・20附録）

・碧海郡棚尾町の三栄座は、二十二日午後六時より「新愛知」一万号記念祝賀事業の一環として活動写真を「入場無料下足料金三銭」にて上映。（「新愛知」11・22附録、22附録広告）

・（豊橋）上伝馬の弥生座は、二十二日より新派連鎖悲劇『女塩原』を上演。（「新愛知」11・22附録広告）

・（豊橋の）寿座は、吉田奈良女（吉田奈良丸妹）一行にて浪花節を興行。（「新愛知」11・22附録）

・挙母の大正館は、二十三日より三河屋円車にて開場。（「新愛知」11・23広告）
・（豊橋の）東雲座は、二十三日より天中軒雲月一行にて浪花節を興行。（「新愛知」11・22附録広告）
・信州松本の松本座は、末広座巡業部扇太郎一座にて興行中。（「新愛知」11・23広告、「名古屋新聞」11・25広告）
・東濃土岐津の長久座は、志知興行部寿三郎・多喜三郎にて興行中。（「新愛知」11・26広告）
・豊橋市の東雲座は、二十七・二十八の両日、国際演芸協会大魔法キムラマリニー一行による大魔術を開演。（「新愛知」11・27附録）
・中津の旭座は、末広座巡業部扇太郎一座にて興行中。（「名古屋新聞」11・28広告）
・丸岡の丸岡座は、末広座巡業部枝昇一座にて興行中。（「名古屋新聞」11・28広告）
・（豊橋の）豊橋座は、東京初下りの女優中村又八・同又七・大谷友栄等の一行にて『有職鎌倉山』『お園六三』を上演中。（「新愛知」11・29附録）
・（豊橋の）弥生座は、新派悲劇『七色珊瑚』を上演中。（「新愛知」11・29附録）
・（豊橋の）東雲座は、津守正一一行にて、『紅涙日記』、二番目『出征軍人』を上演中。（「新愛知」11・30附録、12・2附録）

○十二月一日～(四)日　歌舞伎座

浪花節

大阪親友派総取締
岡本鶴治
吉田一若
二座合同

【典　拠】「名古屋新聞」11・30、12・1、2附録、4広告、5広告。
【備　考】○「吉田派の花形吉田一若。」（「名古屋新聞」11・30）○「好評」（同紙12・2広告）

○十二月一日～(三)日　五時より　京枡座

鬼《き》一法《ほふ》眼《げん》
芦屋《あしや》道満《だうまん》大内鑑《おほうちかゞみ》　葛の葉子別れ
俠客《けうかく》腕《うで》の喜《き》三郎《らう》

大阪名題
中村鴈笑
市川八百治
尾上三菊
一座

【典　拠】「名古屋新聞」12・1、2附録、3附録、5附録。
【備　考】○「本日三時より。」（「名古屋新聞」12・1）○「好評」（同紙12・2広告）

○十二月一日　午後五時より　国技館

改造問題政談演説会

主催
東京青年改造聯盟

【典　拠】「名古屋新聞」12・1。

○十二月一日～(四)日　三栄座
《旧劇・新派・浪花節応用連鎖劇》

紀《き》の国屋《くにや》文左《ぶんさ》衛門《ゑもん》
毎日続き

実川松鶴
藤間日出子
浪花家武雄
一行

【大　切】喜劇
【典　拠】「名古屋新聞」12・1、1広告、3附録～5附録。

○十二月一日〜七日　新守座

《連鎖劇》　葉村家・伊村合同　芸題替へ

【一番目】旧劇　双蝶々曲輪日記《ふたつてう〳〵くるわにつき》　角力場より引窓迄

【二番目】新派　官《くわん》員《ゐん》小《こ》僧《ぞう》　連鎖十四場

【配　役】山崎与五郎　仙　松　｜岩淵義正
十次兵衛　｜実は官員小僧
女房お早　｜山崎与次兵衛　西　村
放駒長吉　延　松　｜婆お順
今市玄意　豊　昇　｜若旦那新之助　松　本
濡髪長五郎　奥　山　｜妾小梅　花　浦
南与兵衛　璃　徳　｜佐沼の源太　伊　村

【経　営】天活直営

【典　拠】「新愛知」12・1、「名古屋新聞」12・1、1広告、3附録、7附録。

【備　考】○「新脚色『官員小僧』。」（「名古屋新聞」12・1）○「大喝采を博し、璃徳の官員小僧と伊村の佐沼の源太は最も適り役。」（同紙12・4附録）○「連日団体見物の申込み多し。」（同紙12・5附録）○「本日早朝より犬山地方に次狂言の大撮影。」（同紙12・6附録）

○十二月一日〜（四）日　大黒座

《旧劇連鎖劇》

演　目　不　詳　市川　芳三郎一行

【典　拠】「名古屋新聞」12・1、4広告、5附録。

【備　考】○「好評」（「名古屋新聞」12・2広告）

○十二月一日〜（三）日　夜五時より　高砂座

《旧劇連鎖劇》

薬《やく》師《し》梅《うめ》吉《きち》　市川　福円
中村　仙昇
市川　小伝次一座

【典　拠】「名古屋新聞」12・1、1広告、3附録、4附録。

【備　考】○「市川円福。」（「名古屋新聞」12・2附録）○「好評」（同紙12・3広告）

○十二月一日〜三日　午後五時より開演　御園座

東都名人会　東京有楽座名人会員

【番　組】琵琶 石童丸（永田錦心） 外面（永田錦心） 講談 芸妓と書生（邑井貞吉） 新内 明烏（鶴賀鶴吉） 哥沢 花も実（芝〆田《芝金社中》 芝浦） 夜桜（芝〆田《芝金社中》 芝浦） 義太夫 先代萩（竹本大吉） 踊り（ぽんた《新橋名妓初代》・娘きよ子・みち子 地方 芸妓《当地》）

【典　拠】「名古屋新聞」11・25附録、30、30広告、12・1、2附録、3附録。

【備　考】○「後援総聴の準備中。」（「名古屋新聞」11・26附録）○「ぽんたの踊りの地方は当地師匠が応援する由。」（同紙11・30）○「錦心の『石童丸』、当地一流芸妓の地方を勤むるぽんたの踊りは、見物《みもの》聴物なり。」（同紙12・2附録）

○十二月一日〜（三）日　夜五時より　蓬座

連続特別活動大写真

【内　容】女ロロー　忍術白狐八郎　はかなき親子　其他

【典　拠】「名古屋新聞」12・1広告、3附録、4附録。

【備　考】○「名古屋新聞」12・1には「本日午後五時より浪花節吉川小辰王一行にて開演」とある。○「好評」（「名古屋新聞」12・3広告）

○十二月一日　歌劇俳優の暴行

市内中区南伏見町の中央劇場に出演中の声楽師若松営光（二八）は、一日夜、同劇場の舞台にて胃痙攣を発症して卒倒した歌劇俳優中村曙光に付き添って、同座歌劇俳優岡本三郎とともに、同夜十二時頃、南桑名町四丁目の医師坂正夫方へ赴いたが、同医師が病気を理由に診察を拒んだため、若松営光が同医師宅にて乱暴に及んだ。それにより、新栄町署は、三日同人を建造物毀棄罪として書類送検した。

（「名古屋新聞」12・4附録）

○十二月　三河万歳、大阪へ出張

「三河名物として昔から知られた『三河万歳』は、碧海郡安城町別所に□家元があるが、此の目出度い由緒正しい一行を、来月早々大阪に於ける本社主催の一万号祝賀会に招いて大阪人士の観覧に供せんとしてゐる。徳川時代には土地を賜つて別所村と命名した程勢力を有し、将軍家・大谷邸へ年始を寿ぐ為め参向し、国家万歳御家繁栄を祝福したもので、万歳開門式などは新年重要なものであつた。明治維新後一時衰へたが、二十年頃から回復し、目下徳川一門・旧大名華族の屋敷へ出入してゐる。世間を歩く芸人風の万歳と大に異り、高尚なものである。本社の会へは旧新両風一番宛を舞ふべく、最初祝詞を奏すなど正式に行ふべく、一行は笠原秀次郎・沢井要太郎・若杉義信・若杉松次郎・近藤豊の諸氏である。」

（「新愛知」11・29附録）

十二月二日に大阪へ向かった三河万歳家元一行五人は、三日夕方、祝賀会場である大阪ホテルにおける上演を無事にすませ、四日に京都に立寄って帰郷した。

（「新愛知」12・6附録）

○十二月三日　新国劇俳優の暴行

市内末広座に出演中の新国劇沢田正二郎一派の俳優である鳥居正こと松永平次郎（二四）、郁雄こと加藤郁蔵（二四）、鬼頭善一郎（二六）、吉田定雄（二〇）の四名は、三日午前二時頃、泥酔して合宿所へ戻る途中、南桑名町にて自動車の通行を妨害し、乗員等に暴行を働いたため、駆けつけた巡査によって四名ともに新栄町署に引致され、取調べを受けた。

（「名古屋新聞」12・4附録）

○十二月三・(四)日　遍照院縁日の余興

「市内東区七小町遍照院にては、三日開運毘沙門天の縁日に付、午後六時より大般若転読。余興は三日・四日両夜都昇連の浄瑠璃あり。」

（「名古屋新聞」12・3附録）

○十二月四日～(六)日　五時より　京枡座

《実写連鎖劇》二の替り

肥《ひ》後《ご》の駒《こま》下《げ》駄《た》　三十八段返し　幕無し

中村鴈笑　市川八百二郎　一座

【典　拠】「名古屋新聞」12・5附録～7附録。

【備　考】○「好評」（「名古屋新聞」12・6広告）

○十二月四・(五)日　五時より　高砂座

薩摩琵琶・筑前琵琶名人合同会

【典　拠】「名古屋新聞」12・4附録、5附録、6広告。

○十二月四日～(十)日　四時開演　御園座

青年劇

大阪毎日新聞連載

【第一番目】怪猫奇譚　鍋《なべ》嶋《しま》騒《そう》動《どう》　四幕

【中　幕】鎌倉三代記《かまくらさんだいき》　絹川村閑居の場

【第二番目】其折紙《そのおりかみ》を　父《ちゝ》の当《あた》りの　青江下坂《あをえしもさか》　型《かた》もそのまゝ　ゆづりうけ　伊《い》勢《せ》音《おん》頭《ど》　上下

【配　役】一番目

序　幕　鍋島家囲碁の場
同　邸内土蔵普請の場

鍋島丹後守光茂　中村扇雀
関伝六郎　市川右田三郎
大島源右衛門　尾上喜十郎
山内善九郎　中村駒蔵
近藤金弥　嵐小珏
井上元四郎　嵐寛平
近習今宮左司馬　片岡喜久之助
同　猪飼伝蔵　中村扇平
同　大川忠内　中村福衛門
同　武田伊兵衛　嵐豊松
同　戸田重吾　片岡丹蔵
小性銀之丞　中村荒玉
同　鉄弥　中村扇吾
左官の太左衛門　嵐吉郎
小方の仙吉　片岡喜美三
同　伝七　中村福次郎
同　久太　市川右一
龍造寺又七郎　嵐珏蔵

二幕目　天祐寺門前の場
鍋島下邸夜桜の場

鍋島丹後守光茂　中村扇雀
奥方翠の前　中村福太郎
愛妾お梅の方　中村小福
関伝六郎　市川右田三郎
大島源右衛門　尾上喜十郎
山内善九郎　中村駒蔵
近藤金弥　嵐小珏
井上元四郎　嵐寛平
小森半左衛門　片岡秀郎
女小性菖　中村扇枝
こし元弥生　実川美鴈
同　菖蒲　片岡喜久之助
同　菊路　市川莚太郎
同　雪江　実川若昇
龍造寺後室藤浪　市川莚蔵
用人石田頼助　市川播广蔵
左官太左衛門　嵐吉郎
里の童　大ぜい

三幕目　東海道三島駅の場

小森半左衛門　片岡秀郎
関伝六郎　市川右田三郎
仲間鉄平　中村駒蔵
吉浪藤兵衛　嵐小珏
佐田重五郎　嵐亀六
松川権十郎　片岡喜美三
香取求女　中村太一郎
島本良吉　中村福次郎
供廻り　大ぜい
雲助三河万　市川莚蔵
人足甲州の亀　尾上喜十郎
同　越後の覚　嵐寛平
宿役人の幸次　中村雀次郎
猩々の三五郎
　実は高木三平　中村扇雀

大　詰　本国鍋島奥殿の場
同　お豊の方居間の場

愛妾お豊の方
　実は怪猫の化身　中村扇雀
奥方翠の前　中村福太郎
愛妾お梅の方　中村小福
奥女中浮船　嵐吉郎
同　紅梅　尾上卯之助
妣初香　林長次
同弥生　実川美鴈
同菖蒲　片岡喜久之助
同菊路　実川若昇
同雪江　市川莚太郎
同千鳥　嵐豊松
同錦木　市川荒玉
小森半左衛門　片岡秀郎
大島源右衛門　尾上喜十郎
山内善九郎　中村駒蔵
近藤金弥　嵐小珏
井上元四郎　嵐寛平
高木三平常道　中村扇雀

中　幕
絹川村閑居の場

三浦之助義村　嵐珏蔵
北条の息女時姫　中村福太郎
三浦の母　嵐璃之助
富田六郎　市川右田三郎
阿波の局　実川美鴈
讃岐の局　中村扇枝
近所のおはた　中村小雀
女房おくる　尾上卯之助
安達藤三郎
　実は佐々木四郎高綱　片岡秀郎

二番目
上の巻　勢州相の山の場

同　宿放れの場

同　二見ケ浦の場

福岡貢　中村扇雀
今田万次郎　中村小福
奴林平　嵐玨蔵
黒上主鈴　中村駒蔵
　実は按摩の宅悦
杉山大蔵　嵐吉郎
桑原丈四郎　中村雀次郎
徳島岩次　市川播广蔵
家来源内　中村福次郎
女郎おきし　中村扇枝
仲居千野　実川美鴈
同　つたの　片岡喜久之助
同　花の　市川荒玉
相の山のおすぎ　実川若昇
同　おたま　市川莚太郎
参宮人　大ぜい

下の巻　古市油屋座敷の場

福岡貢　中村扇雀
今田万次郎　中村小福
徳島岩次　尾上喜十郎
　実は藍玉屋北六
藍玉屋北六　市川播广蔵
　実は徳島岩次
粋の次郎助　嵐小玨
客の丈八　嵐寛平
同　定七　片岡喜美三
遊女おこん　中村福太郎
同　おきし　中村扇枝
同　おしか　尾上卯之助
仲居万野　市川莚蔵
同　千野　実川美鴈
同　つたの　片岡喜久之助
同　梅の　実川若昇
同　花の　市川荒玉
同　咲の　中村小雀
料理人喜助　片岡秀郎

【長　唄】玉村伊太郎　玉村源次郎　富士田長三郎　〔三味線〕中村伊三郎　玉村富之助　西村富二郎　〔笛〕小川滝三郎　〔小　鼓〕若林久次郎　〔大鼓〕玉村富作　【長　唄】玉村富五郎
【観劇料】初日観劇料　特等一円二十銭　一等八十銭　二等六十銭　三等四十銭　四等二十五銭
【典　拠】番付。観劇料は「名古屋新聞」12・3附録、開演時間は同紙12・5広告、千秋楽は同紙12・10広告、11附録広告による。番付面は「午後三時半開幕」。
【備　考】○当初大切に『新作所作鞘当』を上演予定であったが次興行へ延期。（「名古屋新聞」12・2広告）○「頗る大盛況。」（同紙12・10附録）○評「扇雀一座の劇」一記者（「名古屋新聞」12・7附録）

○十二月四日～(六)日　午後四時半より　蓬座

《新　派》

報知新聞連載小説

悲劇　落《らく》髯《ぜん》美《び》　小泉一郎一派

【典　拠】「名古屋新聞」12・4附録、6広告、7広告。
【備　考】○「好評」（「名古屋新聞」12・5広告）

○十二月五日～　歌舞伎座

丸浜氏開店七週年

獅子芝居・万歳演劇合同

【出　演】獅子芝居　嵐酒徳・新徳丸・悦丸一座　東京一流万歳演劇一座
【典　拠】「名古屋新聞」12・5附録、6広告、8附録。
【備　考】○「獅子万歳劇酒徳・悦丸外、新派喜劇・三曲万歳。」（「名古屋新聞」12・8）

○十二月五日～(七)日　三栄座

日活活動写真

【内　容】新派金色夜叉　活劇伊太利の愛国者　旧劇首変り大名　実写夏のモスコー
【典　拠】「名古屋新聞」12・5附録～7附録、8。
【備　考】○「好評」（「名古屋新聞」12・6広告）

○十二月五日〜(八)日　午後五時より　大黒座

浪花節　桃中軒白雲　一行

【典　拠】「名古屋新聞」12・5附録、8、9広告。
【備　考】○「大好評。」(「名古屋新聞」12・8)

○十二月五日〜(十一)日　千歳劇場

《喜　劇》芸題替へ

喜劇　文《ぶん》士《し》劇《げき》　四場
旧喜劇　葵《あをい》の香《こう》炉《ろう》　二場
社会劇　禁《きん》酒《しゅ》　二場

【幕間余興】活動写真
【内　容】活劇鉄橋の上　実写パテー週報　喜劇着物の取替
【典　拠】「名古屋新聞」12・5附録、5附録広告、11広告、12附録。

○十二月(六)・七日　午後五時より　高砂座

(浪花節)　岡本鶴治　吉田一若　合同一座

【典　拠】「名古屋新聞」12・6広告、7附録、8。
【備　考】○「大阪親友派大将岡本鶴治、少年の横綱吉田一若。」(「名古屋新聞」12・7附録)○「好評」(同日同紙広告)

○十二月六日〜　帝国座

浪花節名人会　京山円十郎　浪花吉右衛門　一行

【読み物】
義士伝(京山円正)　寛政力士伝(雲龍軒辰丸)　天保五人男(吉田虎昇)　伊達大評定(京山米若)　百集美談(浪花吉右衛門)　義士快挙録・佐倉義民伝・乃木将軍・桜川五郎蔵(京山円十郎)(二代目小円となる)　長講二席
六日　義士快挙録(京山円十郎)　佐倉義民伝(京山円十郎)　長講

【典　拠】「名古屋新聞」12・5附録、6附録、6附録広告。

○十二月七日〜(九)日　五時より　京枡座

《新派劇》報知新聞連載小説

悲劇　落《らく》髯《ぜん》美《び》　小泉一郎　大久保春浪　松影　岩田　一行

【典　拠】「名古屋新聞」12・7附録、8、9広告、10附録。
【備　考】○「『蓄髯美』。」(「名古屋新聞」12・8)○「好評」(同日同紙広告)

○十二月七日〜(十三)日　中央劇場

第三回
歌劇　大浜格　清水石之介　衣笠みどり　月岡千草　林初子

【演　目】喜歌劇 啞の旅行 三幕(益田太郎新作)　喜歌劇 若いニナさん 一場　悲歌劇 放浪児 一幕
【典　拠】「名古屋新聞」12・7附録、7附録広告、13広告、14附録。
【備　考】○「喜歌劇『若い二十さん』と社会劇『放浪児』と…。」(「名古屋新聞」12・7附録）○「『唖の旅行』三幕は俳優の努力と相俟って大喝采続き。」（同紙12・8）○「連日満員の大盛況。」（同紙12・10附録）

○十二月(七)日～(十三)日　宝生座

奴小万孝女仇討

【観劇料】場代なし
【典　拠】「新愛知」12・6広告、7広告、13広告、14広告。

○十二月七日～(九)日　午後五時より　蓬座

鬼《き》一法《ほふ》眼《げん》
【中　幕】葛《くづ》の葉《は》子《こ》別《わか》れ　大阪名題 中村鴈笑 一座
俠客腕《けうかくうで》の喜《き》三郎《らう》

【典　拠】「名古屋新聞」12・7附録、8、9広告、10広告。
【備　考】○「好評」（「名古屋新聞」12・8広告）

○十二月(七)日　観世流素謡舞囃子会

「七日午後正一時より、呉服町能楽倶楽部に青山社中素謡舞囃子会を開催す。」（「名古屋新聞」12・5附録）

○十二月七日　宙友会凱旋琵琶会

「宙友会主催にて、七日午後六時より、西区桑名町三丁目音楽講習所に旭宰・旭岬凱旋祝賀筑前琵琶会を開催。」（「名古屋新聞」12・7附録）

○十二月八日～(十)日　三栄座

浪花節演劇　成駒家太郎 桃中軒雲月　中村島吉 京山円勝 一座

【演　目】業平小僧伝　鼠小僧次郎吉　大切　源氏節(惣掛合)
【典　拠】「名古屋新聞」12・8、10附録、11附録。

○十二月八日～(十四)日　新守座

《新旧連鎖》　葉村家・伊村合同　芸題替へ

【第　一】新派悲劇　友《とも》　連鎖六場
【第　二】旧劇　小《こ》三金《きん》五郎《らう》　連鎖八場
【配　役】法学士山田議一　伊村
娘お君　花浦
お駒
大村猛　松本
夫人仲子　西村
ぶつたりお虎
芸者小三　仙村（ママ）

木津屋大二郎　延松
奈良屋権右衛門　豊昇
非職少佐大村義臣
母堂吟子　奥山
友吉のお鶴
髪結金五郎　璃徳

【経　営】天活直営
【典　拠】「名古屋新聞」12・8、8広告、10附録、11附録、14広告、15広告。
【備　考】○「『小三金五郎』連鎖七場」（「名古屋新聞」12・8広告）○「大喝采。」（同紙12・10附録）○「本日座員総出にて市内各所に、次狂言の連

鎖写真の撮影を行ふ。」(同紙12・13附録)

○十二月八日〜十日　午後五時より　**高砂座**

仮名手本忠臣蔵《かなてほんちうしんくら》

東京名代 沢村鉄之助
市川市蔵
一座

【典　拠】「名古屋新聞」12・8、10附録。

【備　考】○「本日午後三時より。」(「名古屋新聞」12・8)○「好評」(同紙12・9広告)

○十二月九日〜(十五)日　**末広座**

新国劇沢田正二郎一派　昼十二時 夜六時 二回開演　第四回目替り狂言

悲壮劇　星《ほし》月《つき》夜《よ》　五幕

【典　拠】「新愛知」12・9広告、「名古屋新聞」12・10附録、11附録、15、16附録広告。

【備　考】○「連夜好人気にて『星月夜』は殊の外大受。」(「名古屋新聞」12・15)○「本日大道具調の為休演」(同紙12・16附録広告)

○十二月九・十日　**大黒座**

演目不詳

市川段枝
片岡我十
一行

【典　拠】「名古屋新聞」12・9広告、10広告。

○十二月十・(十一)日　五時より　**京枡座**

《新派》小泉一郎一座　二の替り

悲劇　秋《あき》草《くさ》物《もの》語《がたり》

【大　切】喜　劇

【典　拠】「名古屋新聞」12・10附録〜12附録。

【備　考】○「好評」(「新愛知」12・11広告)

○十二月十・(十一)日　五時より　**蓬座**

万松寺黄花園特別活動大写真

【内　容】新派葛もみじ　旧劇東侠客嵐山花五郎　黄花園内全部実写
喜劇

【典　拠】「名古屋新聞」12・10附録〜12附録。

【備　考】○「好評」(「名古屋新聞」12・11広告)

○十二月十・(十一)日　**長昇連忘年浄瑠璃会**

「十・十一の二日間、松山町含笑寺に於て忘年浄瑠璃会を開く。」(「名古屋新聞」12・10附録)

十二月十一日〜(十三)日　**三栄座**

浪花節

桃中軒白雲
雲井不如帰
合同

【典　拠】「名古屋新聞」12・11附録、12附録、13広告、14附録。

【備　考】○「新物読雲井不如帰。」(「名古屋新聞」12・12附録)

○十二月(十一)日~(十四)日　**大黒座**

浄瑠璃大会

【典　拠】「名古屋新聞」12・10広告、11広告、14広告、15広告。

○十二月十一・(十二)日　**高砂座**

(浪花節)　吉田奈良丸一行

【読み物】美久仁の花(今若)　恋のローマンス(好丸)　俠客行脚(奈良春)　本朝武術鑑(百合子)　相馬誠忠録(吾一)　大和桜義士の面影(奈良丸 長講二席)

【典　拠】「名古屋新聞」12・10附録、11附録。

【備　考】○「本月下旬東京に開催の労働者慰安会出演上京途次なる吉田奈良丸にて二日間限り興行。因に今回は地方巡業をせずと。」(「名古屋新聞」12・10附録)　○「好評」(同紙12・12広告)

○十二月十一日~(十七)日　午後三時半開幕　**御園座**

青年劇　替り狂言

【第一番目】ひらかな盛衰記《せいすいき》　源太勘当の場

【中　幕】赤穂誠忠義士　赤《あか》垣《がき》源《げん》蔵《ぞう》　一幕

大阪朝日新聞所載小説

緑園先生原作

【第二番目】『荒木《あらき》又《また》右衛門《ゑもん》』その一節《ひとふし》の大《だい》黒《こく》屋《や》長《ちやう》次《じ》郎《らう》　四幕

【大喜利】所作事　鞘《さや》当《あて》　一幕

【配　役】**一番目**

梶原屋敷の場

同　白書院の場

同　景季勘当の場

梶原源太景季　嵐　珏蔵
母延寿　嵐　璃之助
茶道珍斎　嵐　吉郎
妐千鳥　中村小福
横須賀軍内　市川播广蔵
こし元紅葉　片岡喜久之助
同　冬野　市川莚太郎
同　黄昏　実川若昇
同　初霜　嵐　豊松
同　朝路　市川荒玉
同　松枝　中村仙次郎
梶原平次景高　市川莚蔵

中　幕

塩山与左衛門長家

赤垣源蔵重賢　片岡秀郎
塩山与左衛門　市川莚蔵
妻磯菜　尾上卯之助
下僕軍助　中村駒蔵
下婢おまつ　実川美鴈
神崎与五郎　中村小福

二番目

序　幕　生玉境内夜桜

新町九軒瓢屋

大黒屋長次郎　中村扇雀
木村屋抱へ皐月　中村福太郎
桜井林左衛門　市川右田三郎
白賀勇八　嵐　小珏
山西大蔵　中村駒蔵
大川剛助　嵐　寛平
桜井半兵衛　中村雀次郎

鬼塚左源太　尾上喜十郎
荒木又右衛門　嵐　珏蔵
若党武右衛門　中村小福
仲居およね　実川美鴈
同　おさき　市川荒玉
同　おいく　中村扇枝
茶店の女お今　市川莚太郎
同　お花　実川若昇
若イ者与八　中村扇平
唐木屋瓢助　片岡喜美三
職人の重吉　中村福次郎
長家の嬶お定　片岡喜久之助

二幕目　天満熱四郎兵衛内
福島堤の掛茶屋

熱の四郎兵衛　市川莚蔵
木津の杢蔵　片岡秀郎
一子由松　中村扇吾
乾児江子島庄八　市川右田三郎
同　天狗の金次　嵐　吉郎
同　為八　中村駒蔵
同　三太　片岡喜美三
同　五七　嵐　小珏
同　利吉　中村太一郎
同　佐太郎　嵐　亀六
茶店の金兵衛　中村雀次郎
乾児　大ぜい
荒木又右衛門　嵐　珏蔵
大黒屋長次郎　中村扇雀

三幕目　新町瓢屋座敷

木津の杢蔵　片岡秀郎
遊女皐月　中村福太郎
大黒屋長次郎　中村扇雀
鬼塚左源太　尾上喜十郎
仲居万野　尾上卯之助
遊女ともえ　中村小雀
仲居およね　実川美鴈

大　詰　曽根崎露天神社内

大黒屋長次郎　中村扇雀
遊女皐月　中村福太郎
木津の杢蔵　片岡秀郎
乾児幸八　片岡喜久之助
同　伝六　中村扇平
同　藤七　中村福次郎
同　甚助　中村福衛門
熱の四郎兵衛　市川莚蔵
非人丹波　嵐　小珏
同　大和　嵐　寛平
同　紀州　片岡喜美三
渡辺数馬　中村扇枝
荒木又右衛門　嵐　珏蔵

大喜利
仲之町の場

稲妻組の伴作　嵐　珏蔵
実は不破伴左衛門
鶺鴒組山三郎　中村福太郎
実は名古屋元春
禿文弥　中村小福
金棒引吉松　市川右一

同　芳造　中村扇吾一太鼓持扇八　中村扇雀

【長　唄】玉村伊太郎　玉村源次郎　富士田長三郎　〔三味線〕中村伊三郎　玉村富之助　西村富次郎　〔　笛　〕小川滝三郎　〔小　鼓〕若林久次郎　〔大鼓〕玉村富作　【長　唄】玉村富五郎

【典　拠】番付（松竹合名社印刷部印行）。千秋楽は「名古屋新聞」12・15による。

【備　考】○「毎日午後三時開演。」（「名古屋新聞」12・13附録）○「毎日午後四時より（中略）十六・十七の両日は日本車輌会社慰安会の為め、売切れの由。」（同紙12・14附録）○「各優が嵌り役に扮して車輪の活躍に依り場毎に大喝采（中略）慰安会の為め公開は本日限り。」（同紙12・15）

○十二月　豊橋市の観覧税

「曩に豊橋市より特別市税として観覧税を申告中の処、今回内務・大蔵両大臣より許可ありたるを以て左の如く賦課すべし。

観覧税は当市内に於る劇場・寄席・活動写真館及び其他の興行を観覧する者に対し、之を賦課す。但し慈善救済等営利の性質に属せざるものは此限りに非ず。

観覧税は左の税率に由り賦課す。

木戸・下足料を合せて金二十銭未満は本税を免除す

木戸・場代・下足料を合せて三十銭以下　一銭
五十銭同　二銭
一円同　五銭
一円を超ゆるもの　十銭
二円同　二十銭
三円同　三十銭

納税管理人には手数料として納税金額の百分の四を交付す。」

（「新愛知」12・11附録）

「豊橋市より去月二十一日稟請に係る遊興税及び観覧税に関する条

例の件は、去る五日附を以て既報の如く内務・大蔵両大臣より昨記の如くに更正の上許可せられ、十一日本県の手を経て指令が到着した。而して遊興税は市より提出した更正箇所は、数人共同で遊興した場合一人当りの費消金額金二円以下には賦課徴収せざる如くに更正せられたもので、尚右条例の実施に就ては、細谷市長は近日中に一般当業者を市役所へ招致して、細則・徴収方法等を充分に徹底せしめた上、本月中には告示と同時に愈々実施せられる事となる筈である。」（「新愛知」12・12附録）

「豊橋市役所に於ては、曩に其の筋より認可せられたる特別市税遊興税・観覧税の実施に関し、目下徴収方法其他に就て当業者と種々打ち合せを為し、講究中なるが、明年一月一日より課税徴収の運びに至るべしと。」（「新愛知」12・16附録）

309頁上段参照。

○十二月十二日～(十八)日　**歌舞伎座**

《男女合同連鎖劇》

喜　劇

旧　劇

福寿会一座

【幕　間】活動写真

【典　拠】「名古屋新聞」12・12附録、12広告、18広告、19附録。

○十二月十二日～(十四)日　六時より　**京枡座**

万松寺内黄花園特別活動大写真

【内　容】新派蔦紅葉　旧劇嵐山花五郎　黄花園菊人形の実写

【典　拠】「名古屋新聞」12・12附録、12広告、13附録、14附録、15。

【備　考】○「好評」(「名古屋新聞」12・13広告)○「黄花園菊人形全部撮影。」(同紙12・14附録)

○十二月十二日～(十八)日　**千歳劇場**

《喜　劇》蝶五郎・天女・時三郎一派　芸題替

【第　一】喜劇　虚《きょ》飾《しょく》家《か》　二場

【第　二】旧喜劇　文《ぶん》七元《もと》結《ゆひ》　三場

【第　三】諷刺劇　汽《き》車《しゃ》に注《ちう》意《い》　三場

【幕間余興】写　真

【内　容】喜劇早呑込み　活劇ノナの働き　実写マガジン

【典　拠】「名古屋新聞」12・12附録、12附録広告、14附録、18広告、19附録。

○十二月十二日～(十四)日　夜五時より　**蓬座**

《三曲劇》

鈴《すゞ》木《き》主《もん》水《ど》

喜劇　日《ひ》向《ふ》が島《しま》等

市岡若吉一座

【典　拠】「名古屋新聞」12・12附録、14附録、15広告。

○十二月(十二)日　**追善清元大会**

「市内清元延斎路主催の下に、来る十二日午後一時より市内竪三ツ蔵東海楼に於て、追善清元会を開催。」（「名古屋新聞」12・11附録）

○十二月(十三)日　午後六時より　**帝国座**

筑前琵琶大会　主催 日本琵琶新聞社

【番　組】大高源吾（鳳花）　扇の的（鳳麗）　伊賀の曙（旭松）　橘中佐（旭悠）　餅酒合戦（旭園）　本能寺（旭香）　実盛（旭鳳）　未定（旭老）　山崎合戦（旭花）　屋島（旭総）

【典　拠】「名古屋新聞」12・12附録、14附録、「新愛知」12・13広告。

【備　考】○「名古屋新聞」12・12附録には「十三、四両日」とあるが、同紙12・14附録によると、十四日には別の興行が始まっている。

○十二月十四日～(十七)日　**三栄座**

万歳新演劇　花房清十郎一派

【演　目】小夜物語　幕間　万歳

【典　拠】「名古屋新聞」12・14附録、17広告、18附録。

○十二月十四日～(十六)日　午後五時より　**高砂座**

御《ご》三家《け》三勇《ゆう》士《し》

義《よし》賢《□た》館《やかた》　東京名代 市川左半次一座

【典　拠】○「名古屋新聞」12・14附録、16附録、17附録。

【備　考】○「好評」（「名古屋新聞」12・16広告）

○十二月十四日～(十八)日　**中央劇場**

第四回 歌劇　清水石之介　衣笠みどり　笹木

【演　目】第一 喜歌劇 勇者 一幕　第二 喜歌劇 森の娘 一幕　第三 カチユーシヤ 四幕（トルストイ翁原作）

【典　拠】「名古屋新聞」12・14附録、14附録広告、17附録、18広告、19広告。

【備　考】○「第三『復活』にて、『復活』は露国の文豪杜翁の原作を同劇場脚本部が改作してキネオラマ応用にて演出。」（「名古屋新聞」12・14附録）　○「『勇者』は面白味あり、『森の娘』は最も歌劇気分あり、『復活』は最も芸術気分ある劇。」（同紙12・16附録）　○「『復活』劇は最も原作に近づくべく脚本部の改作せし者であつて、序幕に於けるカチユーシヤ放逐の場面は衣笠のカチユーシヤと笹木の老僕チボインとに呼吸がひつたり合つ、あり。」（同紙12・17附録）

○十二月十四・(十五)日　帝国座

《新演劇》太陽座

スガナレル

曲馬《きょくば》団《だん》の娘《むすめ》

蛇《へび》酒《さけ》

スヒータの結婚《けっこん》

北御門華子

一座

【典　拠】「名古屋新聞」12・14附録、15広告、16附録。

○十二月(十四)日〜(二十)日　宝生座

弁天利生記猫奇談

【観劇料】場代なし

【典　拠】「新愛知」12・13広告、14広告、20広告、21広告。

○十二月(十四)日　旭老会義士追悼琵琶会

「名古屋旭老会主催にて、来る十四日午後三時より、市内中区七ツ寺宮房にて、筑前琵琶義士追悼演奏会を催し、雪洲画伯の掛軸を抽籤する由。」

（「名古屋新聞」12・11附録）

○十二月　御園座株の暴騰

「御園座の株が四十七、八円でずうつと保合《たもちあ》はれて来たのが、一躍九十三円にまで暴騰して、今でも九十円搦みを唱へられて居るので、世間の噂は実に頻頻たるものがある。曰く御園幹線道路の為め地価の昇騰とか、大阪の松竹と提携して神戸の某が劇場のトラストを行ふ為め之れに買はれるのであらうとか、兎に角人様の

ボロ口に飛んだ疝気を頭痛に病んで、兎や角云はれて居るもの、、一体御園座に限つた事ではないが、劇場株と云ふものが株主には例へ配当が少くつても替り狂言毎に大きな顔で見に行けると云ふ余禄、まあ云へば一種の

道楽株で、真実経済上算盤を弾いてと云ふ真面目な産業株ぢやないのである。名古屋劇場株式会社が創立当時あの名古屋の中心とも云はれた御園座の土地は、坪当り十七円五十銭の均《なら》しで買はれて、

二十円株四千八百九万六千円と云ふ小規模な劇場であつた。処がまあ順次何の彼のと好景気が続いて今に至ると、九十円とまで騰《あが》り詰めるのであるから恐ろしい。それの材料として此麼《こんな》話がある。

御園筋の葛原眼科院の前に後藤と云ふ医者があつたが、此の家の持主が長者町の某と云ふ人で、或人に最近売つたのが坪当り二百八十五円、土一升金一升で買はれて行つたので、

此辺の人は、今更のやうに驚いた。して見ると、千八百坪からある御園座は、四十九万三千円。之れが驚く勿れ十七円五十銭坪で買つた三万千五百円だ。てんで桁が異つて居る。六十万円でも諾《うん》と云ふのが間違つてるとまで云はうとする

株主連のひどい鼻息。それも其筈、東京の明治座は既に其トラストとかに買収されたとも云はれて居る今日、土地熱で、市区改正、遊廓移転、飛んだ人の儲けが流行する年の暮である。」

（「名古屋新聞」12・14附録）

282頁上段参照。

○十二月十五日～(十七)日　四時より　京枡座

神《しん》霊《れい》稚《おさな》文《ぶん》談《だん》

老《らう》後《ご》政《まさ》岡《をか》　綱村別れの場

嫗《こもち》山《やま》姥《うば》

東西若手名題　市川眼雀　松本団升　坂東寿三郎　一座

【典　拠】「名古屋新聞」12・15、16附録～18附録。

【備　考】○「好評」(「名古屋新聞」12・16広告)

○十二月十五日～二十一日　新守座

《新旧合同連鎖》伊村・葉村家合同劇　芸題替

【一】妹背《いもせ》山《やま》婦女《おんな》庭訓《ていきん》　道行より御殿迄

【中　幕】浪花節応用連鎖劇　赤《あか》垣《がき》源《げん》蔵《ざう》　桃中軒福右衛門講演

新幹部　伏見善市　岩尾幸一郎　加入

【二】新派悲劇　二《に》人《にん》孤《みなし》児《ご》　全七場

【配　役】漁師鱵七郎(ママ)　璃徳―求女　延松
金輪五郎　入鹿大臣　豊昇
赤垣源蔵　母お豊　西村
豆腐の御用　奥山―金津輝子　松本
仲間市助　娘お舟　咲子
娘おみわ　仙松―美術家宮本富春　伊村

【典　拠】「新愛知」12・15、「名古屋新聞」12・15、15広告、17附録、21附録。

【備　考】○「各狂言共一座の当り狂言。」(「名古屋新聞」12・16附録)○「当狂言は(中略)数名の新幹部加入。」(同紙12・17附録)

○十二月十五日～(十七)日　大黒座

浪花節忘年大会

【典　拠】「名古屋新聞」12・15、17広告、18広告。

【備　考】○「好評」(「名古屋新聞」12・16広告)

○十二月十五日～(十七)日　夜五時より　蓬座

《新派連鎖》

悲劇　紅《こう》涙《るゐ》日《にっ》記《き》(女屑屋)　津守正一一行

【典　拠】「名古屋新聞」12・15広告、16附録、17広告、18広告。

【備　考】○「好評」(「名古屋新聞」12・16広告)

○十二月十六日～十八日　午後五時開演　帝国座

東京各流名人会

【番　組】十六日　浪花節 安兵衛聟入(春日亭清吉)　新内 此糸蘭蝶(富士松島之助)　落語 お見立(三遊亭正右)　新講談 仁侠船長(村山鳥逕)　落語 富久(三遊亭円窓)　新講談 松平伯耆守(野口復堂)　講談 寛永馬術の誉(田辺小南龍)　講談 長短槍仕合(田辺南龍)　落語 首提灯(三遊亭円右)

十八日　落語(三遊亭正右)　講談(田辺小南龍)　新内(富士松島之助)　新講談(野口復堂)　浪花節(春日亭清吉)

講談（田辺南龍）　落語　雪とん　人情噺　宗悦　つゞき
（三遊亭円右）

【典　拠】「名古屋新聞」12・16附録、18附録。

【備　考】○「臨時特別興行。」（「名古屋新聞」12・14附録）○「今日限りお名残りの事とて、島之助は浮世節・博多節・吹寄せ等の番を、村山鳥逕は声楽『レ・ドリーム』及び歌劇抜萃曲『ファスト』を独唱。」（同紙12・18附録）

○十二月十七日～二十三日　昼の部十二時 夜の部六時　末広座

新国劇沢正一派　五の替りお名残り狂言

復《ふく》讐《しう》　五幕九場

劇中劇　サロメ

小笠原茂夫
中田正造

【典　拠】「名古屋新聞」12・16附録、18附録、23附録。

【備　考】○「『サロメ』の舞台に火事場の大からくり。」（「名古屋新聞」12・16附録）○「休養中の幹部小笠原茂夫・中田正造は病気全快し、当狂言より出勤。」（同紙12・18附録）○「連日非常なる好評。」（同紙12・22附録）

○十二月十七日～（十九）日　午後五時より　高砂座

万歳芝居・獅子演劇合同

荒木喜丸

【演　目】三曲芝居　獅子芝居　喜劇　万歳　等

【典　拠】「名古屋新聞」12・17附録、18附録、19広告、20広告。

【備　考】○「好評」（「名古屋新聞」12・18広告）

○十二月十八日～（二十一）日　五時より　京枡座

忘年浪花節大会

雲井雷太郎
京山伯馬

桃中軒富士入道
玉川勝次郎

読物毎夜つゞき

【典　拠】「名古屋新聞」12・18附録、19附録、21附録、22広告。

【備　考】○「本日午後四時半より（中略）名古屋座長総揃ひ。」（「名古屋新聞」12・18附録）○「浪花節各真打連大会。」（同紙12・19附録）○「好評」（同日同紙広告）

○十二月十八・（十九）日　三栄座

浪花節

吉田一若
岡本鶴治

【読み物】幡随院長兵衛（鶴治）　長講二席　義士銘々伝（一若）　源平盛衰記（一若）　長講二席

【典　拠】「名古屋新聞」12・18附録、18広告、19附録、20附録。

○十二月（十八）日～（二十）日　大黒座

《男女合同連鎖劇》

演目不詳

福寿会一行

【典　拠】「名古屋新聞」12・17広告、18広告、20広告、21広告。

○十二月十八日～二十四日　午後三時より開演　御園座

大阪文楽人形入り浄瑠璃

竹本越路太夫一座

【出　演】竹本源路太夫　竹本常子太夫・糸 鶴沢友平　竹本八十太夫・糸 鶴

沢友之助　竹本鶴太夫・鶴沢友次郎※　竹本南部太夫・鶴沢寛次郎※　竹本越路太夫・野沢吉兵衛

【語り物】　十八日　朝顔日記（津花太夫）　鏡山　鶴ヶ岡（源路太夫）　是れより人形入り　政清本城（常子太夫　友年）　引窓の段（八十太夫　友三郎）　本蔵下屋敷（源太夫　勝市）　吃又平（津太夫　友治郎）　先代萩　御殿（南部太夫　寛次郎）　三勝半七（越路太夫　吉兵衛）

人形つかひ　八汐・宗岸＝玉蔵　三千歳姫・沖の井＝玉七　本蔵・おとく＝玉五郎　半兵衛・伊左衛門＝紋三　若狭之助・栄御前＝政亀　おその・美之介＝栄三　政岡＝文五郎　又平＝文三

十九日　千本桜（津花）　信長記（源路）　是れより人形入り　伊賀越（常子太夫）　日蓮記（八十太夫）　弁慶上使（沢太夫）《ママ》　帯屋（津太夫）　新口村（南部太夫）　太十（越路太夫）

二十日　加賀見山（津花太夫）　梅の由兵衛（源路太夫）　玉藻前（常子太夫）　伊勢音頭（源太夫）　弥作鎌腹（津太夫）　朝顔日記（南部太夫）　寺子屋（越路太夫）　安達原（八十太夫）

二十一日　上かんや（津花太夫）　妙心寺（源路太夫）　是れより人形入り　白石噺（常子太夫）　赤垣源蔵（源太夫）　白木屋（津太夫）　中将姫（南部太夫）　堀川（越路太夫）

二十二日　夕顔棚（津花太夫）　鈴ヶ森（常子太夫）　いざり（源太夫）　伊賀越（津太夫）　明烏（南部太夫）　合邦（越路太夫）　かるかや（八十太夫）

二十三日　朝顔日記（津花太夫）　梅の由兵衛（源路太夫）　日吉丸（常子太夫）　古手屋八郎兵衛（八十太夫）　伊賀越（津太夫）　さか櫓（津太夫）　紙治（越路太夫）

二十四日　廿四孝　狐火（南部太夫）　新吉原（津花太夫）　一の谷（源路太夫）　三代記（常子太夫）　阿漕平次（源太夫）　布引（津太夫）　吉田屋（南部太夫）　野崎村（越路太夫）　壺阪（八十太夫）

【典　拠】「名古屋新聞」12・16附録、21附録、22、23附録、24附録。

【備　考】○「本日乗込み。」（「名古屋新聞」12・17附録）○「本日午後二時より開演。独得の人形を加へ振事師全部を引具し、今初日特等一円五十銭、一等一円二十銭、二等八十銭、三等五十銭、四等二十五銭と言ふ割引。」（同紙12・18附録）○「日延なし。」（同紙12・23附録）○「初日以来連日満員御礼申上候」（同紙12・24広告）○評「人形を見て」仙松（「名古屋新聞」12・20附録）

○十二月十八日　夜五時より　蓬座

《新派連鎖劇》津守正一一行　二の替り

薩摩琵琶　名《めい》馬《ば》の別《わか》れ　キネオラマ応用

【典　拠】「名古屋新聞」12・18附録、18広告、19附録。

○十二月十八・（十九）日　林貞院縁日の余興

「林貞院にては、十八日縁日に付き、例月通り祈禱会修行。余興は十八・十九両日、共睦会浄るり、又生花会等あり。」

（「名古屋新聞」12・18附録）

○十二月十八日　活動弁士の暴行

豊橋市西八町の活動写真常設館有楽館の弁士斎藤子葉ほか計五名は、十八日夜、同市内の飲食店にて飲酒中、居合せた客と口論になり、客に重傷を負わせたため、豊橋署にて厳重に取調べを受けるところとなった。（「新愛知」12・21附録）

○十二月十九日～　午後五時より　歌舞伎座

忘年特別興行　東武蔵一座

東京浪花節　伊藤作楽改め 熊谷利幸

【典拠】「名古屋新聞」12・19附録、20附録。

【備考】○「金二十銭均一。」（「名古屋新聞」12・20附録）○「浪界唯一名人東武蔵」（同紙12・23広告）

○十二月十九日～（二十四）日　千歳劇場

《喜劇》蝶五郎一座　忘年興行

【第一】喜劇　お歳《せい》暮《ぼ》　二場

【第二】旧劇　義《ぎ》理《り》の柵《しがらみ》　四場

【第三】諷刺喜劇　暁《あかつき》の鐘《かね》　一場

【第四】社会劇　心《こゝろ》変《かは》り　四場

活動写真

【内容】第一回 大冒険活劇獅子の爪

【典拠】「名古屋新聞」12・19附録、19附録広告、21附録、22、24広告、26附録。

【備考】○「年中休みなし」（「名古屋新聞」12・19附録広告）○「初日以来大好評。」（同紙12・22）

○十二月（十九）日～（二十四）日　中央劇場

忘年喜歌劇大会　声楽家 奥村直二　福島古峰　中村吉子　最上千枝子　加入

【演目】喜劇 森の娘 一幕　喜劇 命の洗濯 一幕　喜劇 求婚倶楽部 二幕　喜劇 クリスマスの夜 二幕

【典拠】「名古屋新聞」12・18広告、19附録、19広告、25附録、「新愛知」12・24広告。

○十二月十九・二十日　帝国座

浄瑠璃大会　野沢吉次連青年部

【語り物】十九日　鳴戸（知代）　太十（勇）　又助（清）　三代記（光る）　柳（浮月）　嫁おどし（磯香）　日吉丸（弥生）　酒屋（華玉）　先代萩（松葉）　寺子屋（菊枝）　油屋（一光）　弁慶上使（叶香）　大切 野崎村（掛合）

二十日　鈴ヶ森（松葉）　弁慶（菊枝）　寺子屋（磯香）　沼津（清）　新口村（浮月）　本蔵（光る）　先代萩（弥生）　矢口（幸玉）　日吉丸（知代）　合邦（勇）　帯屋（一光）　三代記（叶香）　大切 千両幟（掛合）

【典拠】「名古屋新聞」12・20附録。

【備考】○「新愛知」12・20広告には「野沢、吉政連浄瑠璃大会」とある。○「野沢吉次連は今回青年部を組織し毎月浄瑠璃大会を催す事に決し、其

の一回として…。」(「名古屋新聞」12・20附録)

○十二月十九日〜(二十二)日　午後五時より　**蓬座**

甲《か》斐《ひ》源氏《げんじ》女武勇伝《をんなぶゆうでん》

青山騒動麻布《あをやまさうどうあざふ》七不思議《ふしぎ》　化物退治之場

十役早替り

三枡　竹五郎
坂東三津之丞
片岡　当九治

【典　拠】「名古屋新聞」12・19附録、21附録〜23附録。

【備　考】○「坂東美津之丞。」(「名古屋新聞」12・19附録)○「好評」(同紙12・20広告)

○十二月(二十)日　**国技館**

名古屋電燈会社三十年祝賀宴

【余　興】芸者手踊　大神楽　活動写真

【典　拠】「名古屋新聞」12・6附録。

【備　考】○「当日はお手のもの、電燈を以て飾れる丈け飾り立て、昼をも欺く如く夜の園遊会といふ奇抜な趣向を凝らすさうだ。(中略)全体を木曽名所に見立て木曽義仲に縁《ちな》めるものを配置し、模擬店、寝覚の蕎麦とか焼鳥といふが如く木曽名物に当て込み、余興は芸者の手踊、大神楽などの外、当地にてはまだ映写せざる封切の活動写真を東京より取寄せる筈である。」(典拠)

○十二月二十日〜　夜四時より　**三栄座**

新派合同　川上　貞次郎一座

新　派　劇

芸題毎日替り

【読み物】二十日〜　暗夜の燈火
(二十二)日　親心
(二十四)日　袖時雨
(二十五)日　小夜嵐
(二十六)日　悲劇　親の心
(二十七)日　浮雲
(二十八)日　主と主

【典　拠】「名古屋新聞」12・20附録、21附録、22、22広告、24附録〜28附録。

○十二月二十日〜(二十三)日　午後五時より　**高砂座**

河隅活動写真

【典　拠】「名古屋新聞」12・20附録、23広告、24広告。

【備　考】○「好評」(「名古屋新聞」12・21広告)

○十二月二十一日〜(二十五)日　午後四時半より　**大黒座**

浪　花　節　京山　円十郎一行

【典　拠】「名古屋新聞」12・21附録、22、25広告、26広告。

【備　考】○「好評」(「名古屋新聞」12・22広告)

○十二月二十一日〜　夜五時開演　**帝国座**

新帰朝　松旭斎天歌・天外合同一行

大歌劇・大魔術

【番　組】歌劇の部　若いニナさに魔女の狂ひ　悔悟　ルツクキンゲグラス　等

魔術の部　平和の国旗　魔法袋　伏魔殿　五大洲　魔のルーム　貨物箱　美人ダンス　外数番

【典　拠】「名古屋新聞」12・21附録、21附録広告、23附録〜25附録。

【備　考】○「三十余名一座にて（中略）本日は半額。」（「名古屋新聞」12・21附録）○「特等金八十銭（中略）一等金六十銭（中略）二等金五十銭（中略）三等金二十五銭」（同日同紙附録広告）○「十数名の女優出演にて舞台濃艶なり。」（同紙12・24附録）○「連日大好評」「歌劇全部差替」（同紙12・26附録広告）

○十二月（二十一）日〜大正九年一月九日　**宝生座**

二階笠柳生実記

【観劇料】場代なし

【典　拠】「新愛知」12・20広告、21広告、大正9・1・9広告、10広告。

○十二月二十一日　**名古屋盲人会忘年会**

「名古屋盲人会鍼按部にては、二十一日正午より同会事務所に於て、会員の忘年会を開催。余興には、筑前琵琶・新内・浪花節等の外、会員の五分間演説ありと。」（「名古屋新聞」12・21附録）

○十二月二十二日〜（二十五）日　五時より　**京枡座**

《新派連鎖劇》

もつれ髪《かみ》

幕なし　立志団巡業部

【大　切】喜　劇

【典　拠】「名古屋新聞」12・22、23附録、24附録、25広告、26広告。

【備　考】○「好評」（「名古屋新聞」12・23広告）

○十二月二十二日〜（二十五）日　**新守座**

嵐璃徳一派　お名残り狂言

仮名《かな》手《て》本忠臣蔵《ほんちうしんくら》

大序より七段目迄　幕なし

【配　役】由良之助・勘平　嵐璃徳　高野師直・寺岡平右衛門　奥山

【典　拠】「名古屋新聞」12・22、23附録、24附録、25広告、26附録。

【備　考】○「各自得意の役を引受けて大活躍する由。」（「名古屋新聞」12・22）

○十二月二十二日　**俘虜収容所にて慰問演奏会**

名古屋市東区新出来町の収容所に五年間俘虜の身としてあった四百九十名がクリスマスを機に帰国することとなったのを受けて、名古屋婦人会では、帰国の土産とするべく、二十二日午後一時より慰問のための邦楽演奏会を催し、女流邦楽家の出演にて三曲合奏・筑前琵琶・長唄などが上演された。（「名古屋新聞」12・24）

○十二月二十三日〜　**蓬座**

日活活動写真

【内　容】旧劇四ッ谷怪談　人情活劇呪の額　新派艶物語　軍国美談新召集令　実写三弘法（高野山・新井大師・河崎大師の実景）
【典　拠】「名古屋新聞」12・23附録、24附録。
【備　考】○「好評」（「名古屋新聞」12・24広告）

○十二月　御園座の売却話

「劇場御園座が他の経営者の手に移されると伝へられたのは一再ならずで、其の都度一片の風説に過ぎなかつたが、予て名古屋市内の劇場を買収しやうと企図してゐた大阪千日土地株式会社は、今回御園座重役との間に或条件を付して、合併の商談を進めてゐたが、一両日前具体的の成案を得たので、此処数日中に両会社の合併を発表し、明春から千日土地株式会社の手で興行の蓋を明けることになつたと。

買収価格六十五万円

右に就き、御園座側は語る。

『満更影のないことでもありません。しかし御説のやうに話は進んでは居りませぬ。仮りに年内に商談が進んだとしても、御承知の通り株式会社のことですから、売却又は合併の形式を採るとしても、臨時総会を開催して株主の承認を経ねばなりません。何れにしても話の具体的になるのは来春のことでしやう。現に一月興行は曽我廼家十郎一派で蓋を明けることに契約が成立つてゐる許りか、二月の興行も此の二十四日に確定する事になつてゐます。会社所有の土地の総坪数は千七百十二坪で、モシ売却するものとすれば、四百坪の建物等も一緒ですが、直段の所は一坪当り三百円になるか四百円になるのか、売つた後ちでないと判りません。何れにしても、来春の二月が定時総会ですから、其の前後までには売却するか合併するか何かは知れやうと思つてゐます。何に株の時価ですか、それも買手次第であらうと思ひます。左様最近の高値は九十七円内外でしたが、目下の所では買手があるとしても売手とては恐らくありますまいと信じて居ます。云々』

而《しか》して此の買収価格は、最初千日土地側より提示せるは四十七万円なりしが、数次の交渉中次第に買上げ、最後の手打ちとなりし価格は、現在関係者及び使用人の慰労金をも加へ、六十五万円以上なりと云ふ。」

（「名古屋新聞」12・23）

275頁上段参照。

○十二月二十四・(二十五)日　午後四時半より　**高砂座**

ドンドン節

元祖三河屋円車一行

【典　拠】「名古屋新聞」12・24附録〜26附録。
【備　考】○「好評」（「名古屋新聞」12・25広告）

○十二月二十五日〜二十九日　午後三時開場　**末広座**

末広座巡業興行　忘年興行

第一団 中村扇太郎
第二団 中村信濃
第三団 嵐枝昇
三座合併

【一番目】裏《うら》表忠《おもてちう》臣《しん》蔵《くら》　十二段返し　幕なし
【中　幕】安宅松　勧《くわん》進《しん》帳《ちやう》　長唄連中
【配　役】

寺岡平右衛門	中村信濃	塩谷判官	半助
竹林唯七		富樫左衛門	
武蔵坊弁慶		高野師直	翫蔵
女房おかる	緑	平藤内	
九太夫	梅蔵	若狭之助	嵐枝昇
沢藤内		薬師寺	卯多五郎

堀部弥兵衛　　　　　　百姓与一兵衛
顔世御前　　　藤之助　早野勘平
大星由良之助　中村　扇太郎　源義経
斧定九郎

【観劇料】平場全部金四十銭均一
【典　拠】「名古屋新聞」12・22、23附録、25附録、25附録広告、29。
【備　考】○「三座合併百七十余名にて（中略）『裏表忠臣蔵』三十段返し幕なし。」（「名古屋新聞」12・22）○「連日大盛況。」（同紙12・29）

○十二月二十五日～　午後二時開演　**千歳劇場**

《喜　劇》忘年興行ゲラ〳〵大会
【第　一】喜劇　民《みん》間《かん》飛《ひ》行《かう》　二場
【第　二】喜劇　車《しや》夫《ふ》の代《だい》診《しん》　三場
　俳優腕比　茶《ちや》目《め》漫《まん》画《ぐわ》　滑稽百出
【最　後】珍劇　四十七分《ふん》間《かん》忠《ちう》臣《しん》蔵《くら》
【幕　間】活　動　写　真
　【内　容】冒険活劇獅子の爪
【典　拠】「名古屋新聞」12・26附録、26附録広告。
【備　考】○「午後三時より一回興行。」（「名古屋新聞」12・28附録）○「大受け。」（同紙12・30）

○十二月二十五・（二十六）日　五時より　**中央劇場**

忘年演芸会

【番　組】ハプトマンのハレラナルの昇天（中京芸術倶楽部出演）喜歌劇□鏡（素人連）尺八（加藤渓水）藤間の手踊（助六一派・当劇場花形ダンサー衣笠みどり）
【典　拠】「名古屋新聞」12・25附録。

○十二月二十五日　**興行手附金の横領**

「本籍東京市深川区古石場町十五番地富松甥目下住所不詳無職松山物作（二五）は、市内南区熱田町太夫元豊島吉太郎方に興行売込事務員として雇はれ中、大正八年十月一日午後二時頃、宝飯郡片ノ原劇場音羽座主加藤政二郎方に至り、

羽衣天女一行の売込をなし、手付金として二円八十銭を横領費消したる外、同様手段にて十一月二日、幡豆郡西尾町歌舞伎座主杉浦勇八方にて、前記天女興行中、手附金十円其他七円二十銭を横領し、太夫元

豊島には五円を渡したるのみ。其他西加茂郡鈴木源治郎方にて正月興行手付二十円を横領し、其外にも同様手段にて二、三ケ所横領費消したる事、笹島警察署員に探知され、二十五日同署にて取調べの上、身柄局送り。」

（「名古屋新聞」12・26附録）

○十二月二十六日～　五時より　**京枡座**

浪　花　節　京山円十郎一行

読み物毎夜続き

【読み物】二十六日　忠孝美談（桃中軒福鳳）二人書生（虎昇）佐倉義

民伝(円十郎)　柳川新十郎(円十郎)　あそび馬士
(円十郎)

二十七日　忠孝美談(福鳳)　演目不詳(寅昇)　佐倉義民伝(円十郎)　柳川新十郎(円十郎)

【典　拠】「名古屋新聞」12・26附録～28附録。

【備　考】○「京山小円の門人、京山円十郎外一行。」(「名古屋新聞」12・26附録)　○「好評」(同紙12・27広告)

○十二月二十六日～二十八日　午后三時開演(一回興行)　**新守座**

嵐璃徳一座と各連妓出演の忘年芸妓劇

仮名手本忠《ちゅう》臣《しん》蔵《ぐら》　大序より六ツ目迄

【場　割】第一　鶴陵の社頭　第二　殿中の刃傷　第三　判官の切腹　第四　明渡の苦心　第五　道中の奇遇　第六　因果の銃殺　第七　勘平の横死

絵《ゑ》本《ほん》太《たい》功《こう》記《き》　十段目

梅《うめ》川《がは》忠《ちゆう》兵《べ》衛《い》　封印切の場

鎌《かま》倉《くら》三《さん》代《だい》記《き》　三浦之助別れ

所作事　娘《むすめ》獅《じ》子《し》

【配　役】**通し狂言仮名手本忠臣蔵**
実演七場

塩谷判官　中村　仙松
女房后ニ女郎かる
足利直義　中村　芝太郎
大星力弥
一文字屋お才
顔世御前　嵐　璃京
めつぽを弥八
大鷲文吾　嵐　徳之助
大名仁木右京太夫　嵐　璃運児
大名・侍女・諸士
同　実川　正円
同・仲居　嵐　徳次
同・仲居　阪東　昇三
仕丁・諸士　市川　好太
阪東　豊昇
薬師寺次郎左衛門
斧定九郎
石堂右馬之允　嵐　橘太郎
母おかや
奴豆助　中村　仙幸
大名・諸士　中村　仙三郎
同　中村　獅歌平
同　実川　延暁
同　嵐　巌太郎
同　岩井　竹緑
雑式　実川　福三郎
大名細川
潮田又之丞
百姓鍬作
雑式　市川　好之助
原郷右衛門
種ケ島の六
雑式　嵐　徳若
富森助右衛門
百性与一兵衛
大名六角
雑式　中村　翫暁
鷺阪伴内
狸の角兵衛
斧九太夫　嵐　笑三
ぜげんの源六
桃井若狭之助　実川　延松
千崎弥五郎
高師直　浅尾　奥山
堀部弥兵衛
大星由良之助　嵐　璃徳
早野勘平

名古屋毎日新聞主催芸妓
忘年芸妓劇　順序毎日替り
絵《ゑ》本《ほん》大《たい》功《こう》記《き》

真柴筑前守久吉　稲本　伴内
武智十次郎光義　寿々勝　代
嫁初菊　喜久家小喜久
母さつき　実川　正円
加藤正清　平井　咲二
女房みさを　喜久家喜久丸
武智十兵衛光秀　喜久家喜久和

恋飛脚大和往来　封印切

亀屋忠兵衛　か　わ　津
槌屋抱梅川　寿々勝　代
阿波の大尽　中村　獅歌平
やりてお政　岩井　竹緑
判人由兵衛　中村　勝太郎
井筒屋おゑん　中村家扇　糸

槌屋治右衛門　稲本　琴　枝
丹波屋八右衛門　嵐　徳之助

鎌倉三代記　三浦の別れ

三浦之助義村　か　わ　津
北条時姫　稲本　琴　枝
女房おくる　中村　勝太郎
富田六郎　鈴村　遊　昇
阿波の局　稲本　伴　内
讃岐の局　寿々勝勝　代
三浦の母　実川　延　暁

安達藤三
実ハ佐々木高綱　中村家扇　糸
此処出語
太夫　嵐　璃　徳
三味線　中村家柳之助
同　花沢　柳　子

大切　娘獅子　所作事

立方　浪越連米鶴　寿満子
高砂　糸　勇
末広家百々子

【唄】西池田富貴子　栄楽百々枝　山田家小長〔三味線〕加藤家小六　竹の家萬龍　八重咲豊子〔　笛　〕山竹福江〔大小鼓〕立花家豆子　花沢千代　玉川鈴江〔太　鼓〕和泉家小重　玉木秀奴〔振　附〕中村仙松　嵐橘太郎　阪東豊昇　嵐笑三　浅尾奥山　嵐璃徳
【経　営】天活直営
【典　拠】番付。
【備　考】○「当興行に限り毎日午後三時より昼夜通しにて一回開演。」(「名古屋新聞」12・26附録)　○「素人劇とは思はぬ演活振は、殊に大切所作事『娘獅子』は流石商売柄。」(同紙12・27附録)

○十二月(二十六)日～　大黒座

浪花節芝居

音羽屋一行

【典　拠】「名古屋新聞」12・25広告、26広告。

○十二月二十六日～　午後五時より　高砂座

《新派連鎖劇》

悲劇　操《みさほ》
旧劇　隅《すみ》田《だ》川《がは》
喜劇　兄《けい》妹《まい》

【典　拠】「名古屋新聞」12・26附録、28附録。
【備　考】○「好評」(「名古屋新聞」12・27広告)　○「午後四時より。」(同紙12・29)

○十二月(二十六)日～(二十八)日　午後五時より　蓬座

忘年興行

浪花節各座長競演大会

【典　拠】「名古屋新聞」12・25附録、28附録、「新愛知」12・29広告。
【備　考】○「名古屋新聞」12・27広告には「本日より」とある。○「好評」(「名古屋新聞」12・28広告)

○十二月二十九日～　蓬座

世界館巡業部活動大写真

【典　拠】「新愛知」12・29広告、「名古屋新聞」12・29広告。

○十二月三十一日　熱田に大宮館開場

三十一日、「熱田神宮裏電車通」に活動写真常設館の大宮館が、「熱田唯一の常設館」として新築開館し、松之助・扇太郎合同の「霧隠才三」五巻などが上映された。（「新愛知」大正9・1・1広告）

○十二月　周辺地区の興行

・挙母の大正座は、一日より都家三勝にて開場。（「新愛知」11・29附録）

・（豊橋の）豊橋座は、四日より、加賀太夫・宮古太夫・高峰筑風・桃川如燕・柳家三語楼・海老一海老蔵・竹本綾之助一行による東都各流名人会を開催。（「新愛知」12・2附録、4附録）

・安城の安城座は、末広座巡業部扇太郎一座にて興行中。（「名古屋新聞」12・3広告）

・三国の港座は、末広座巡業部枝昇一座にて興行中。（「名古屋新聞」12・3広告）

・（豊橋の）東雲座は、津守正一一座にて『紅涙日記』『国の光』を上演中。（「新愛知」12・4附録）

・（豊橋の）寿座は、湊家光龍・高橋旭華による浪花節を興行中。（「新愛知」12・4附録）

・（豊橋の）豊橋座は、七日より十一日まで、関西大歌舞伎嵐巌笑・吉三郎・中村嘉七・市川滝十郎・実川八百蔵等の一座にて、『お目見得だんまり』『堀部安兵衛』『伽羅先代萩』『石井常右衛門』を上演。（「新愛知」12・6附録、11附録）

・岡崎の金升座は、六・七の両日、天中軒雲月一行の浪花節を興行。（「新愛知」12・6附録）

・瑞浪の常盤座は、末広座巡業部勘弥一座にて興行中。（「名古屋新聞」12・7広告）

・犬山の相生座は、末広座巡業部枝昇一座にて興行中。（「名古屋新聞」12・7広告）

・岐阜市伊奈波の明治座は、六日から九日まで、福円一行にて、講談に活動写真を配した『薬師の梅吉』を上演。（「新愛知」12・8）

・高浜町の千歳座は、末広座巡業部扇太郎にて興行中。（「名古屋新聞」12・9広告）

・上伝馬の弥生座は、九日より大阪若手沢村村右衛門・嵐巌猿・市川左目蔵ほか三十余名の一座による旧劇連鎖劇にて『嫁入姿小桜万次』を上演。（「新愛知」12・9附録、9附録広告）

・挙母の大正座は、十日より文明館活動写真を上映。（「新愛知」12・9広告）

・（豊橋の）東雲座は、十・十一の両日、岡本鶴治・吉田一若の二座合同にて浪花節を興行。（「新愛知」12・10附録、10附録広告）

・挙母の大正座は、十一日より京山円十郎にて興行。（「新愛知」12・10広告）

・（豊橋の）東雲座は、十二日より松竹合名会社専属家庭教訓的喜劇志賀廼家淡海一行にて、一『潮の来る迄』、二『脳味噌』、三『愛の傷み』、四『白黒』を上演。（「新愛知」12・11附録広告）

・国府の霞座は、十四日より三日間、帝国座巡業部片岡我十・市川段枝ほか五十余名の一座にて開演。（「新愛知」12・10附録）

・熊野の中橋座は、末広座巡業部勘弥一座にて興行中。（「名古屋新聞」12・14広告）

・常滑の晋明座は、末広座巡業部扇太郎にて興行中。（「名古屋新聞」12・14広告）

・挙母の大正座は、十五日より浪花節大会を興行。（「新愛知」12・16広告）

・尾張東春日井郡瀬戸町の陶元座は、十六日より、土木請負業中島勇五郎の経営披露興行として、嵐吉三郎・中村嘉七・嵐巌笑ほか八十余名の一座にて開場。（「新愛知」12・9広告）

・（豊橋の）東雲座は、十六日より松旭斎天歌・松旭斎天外合同一行に

よる大歌劇と大魔術を開演。（「新愛知」12・16附録広告）

・（豊橋の）弥生座は、新派合同連鎖劇『琵琶歌』を上演中。（「新愛知」12・16附録）

・伊勢山田の帝国座は、末広座巡業部勘弥一座にて興行中。（「新愛知」12・16広告）

・豊川の豊川座は、十七日に豊川芸妓による義太夫温習会を開催。（「新愛知」12・16附録）

・新城の富貴座は、十八日より阪東秀調・河原崎権十郎の一座にて開場。（「新愛知」12・18附録）

・豊川の豊川座は、十九日より坂東藤之助一座による『女塩原一代記』を上演。（「新愛知」12・16附録）

・安城町の明治座は、十九・二十の両日、『薬師の梅吉』を上演。（「新愛知」12・19附録）

・挙母の大正座は、二十日より世界館活動写真を上映。（「新愛知」12・20広告）

・（豊橋の）東雲座は、二十一・二十二の両日、吉田奈良丸・今若・姉川好丸・奈良春・春野百合子・京山吾一等の一行による浪花節を興行。（「新愛知」12・20附録、21附録）

・（豊橋の）弥生座は、新派合同連鎖劇一座の芸題替えにて、悲劇『羽衣草』、情劇『新野崎』を上演中。（「新愛知」12・23附録）

・（豊橋の）豊橋座は、市川十郎・市川左喜太郎の一座にて、忘年劇として、『桐一葉』『難波戦記』『釈迦八相記』『鎌倉三代記』『太閤記』『合邦辻』『先代萩』等を上演中。（「新愛知」12・24附録）

・（豊橋の）東雲座は、道具方・表方連一同による忘年会芝居として、『お目見得』、『鎌倉三代記』、『菅原伝授』車場、『源平布引滝』、『扇曽我』を上演中。（「新愛知」12・25附録）

・挙母の大正座は、名古屋黄花園大写真を上映中。（「新愛知」12・29広告）

・豊橋の豊橋座は、末広座巡業部扇太郎一座にて興行中。（「新愛知」12・30広告）

・津市の曙座は、末広座巡業部信濃一座にて興行中。（「新愛知」12・30広告）

○大正八年の主な諸芸

興行月日	興行名	寄席・劇場等	出演者等
一月（一）日～（七）日	浪花節	開慶座	広沢菊水・晴海
一月（一）日～	女浪花節	正福座	浪花梅蝶・京中軒雪子・梅女・千代子
	浪花節	波留貴座	広沢菊水・清梅・若駒
	浪花節	大和座	伊藤高麗右衛門・姉川好丸
一月一日～三月（十八）日	落語・人情話	富本席	雷門助六一行・春風亭柳窓・三遊亭門左衛門
一月六・（七）日	錦心流琵琶大会	中央バザー	雨宮薫水・露川蛍雪・吉田蔦水ほか
一月七日～	落語	波留貴座	雷門助六一行。「大改革を加へ第一次興行として…。」（「名古屋新聞」1・7附録）
一月八日～（十六）日	女流浪花節	開慶座	桃中軒雪子・岡田千代子・梅蝶・京山福太郎
一月上旬～（三十一）日	浪花節	大和座	広沢晴海・京山若駒・広沢菊水一行
一月十三日	貯金奨励活動写真試写会	商品陳列館	
一月十五・（十六）日	第二回錦心流琵琶蛍雪会温習会	中央バザー内栄ホール	露川蛍雪・吉田蔦水・一柳蛍水ほか
一月（十七）日～（二十三）日	浪花節	開慶座	京山若駒・広沢菊水・広沢晴海合同一座

一月十七日～	猩々太郎	宝座	羽子板乱杭渡り・布晒・一枚歯の下駄・俵曲持・音曲手踊
一月二十三日	仏国飛行将校歓迎会	商品陳列館	余興 名古屋踊（浪越連）
一月（二十四）日	浪花節	開慶座	早川扇生一座
一月二十五日～（三十一）日	浪花節	開慶座	篠田実・徳川巴城・勢開軒清之助
二月一日～（八）日	浪花節	開慶座	浪花亭愛馬・敷島大蔵合同一行
二月（一）日	川瀬派琴古流尺八演奏会	東陽館	中島利之
二月一日～	浪花節	大和座	敷島大蔵一行
二月三・（四）日	第三回錦心流琵琶蛍雪会温習会	中央バザー内栄ホール	露川蛍雪・大関幽雪・山本嶺湖ほか
二月（四）日	第十三回目中京音楽会	商品陳列館	佐藤謙三・節子
二月八日～	浪花節	正福座	敷島雷蔵・浪花亭愛馬一行
二月（九）日～（十四）日	浪花節	開慶座	浪花亭愛造・大阪亭三玉・早川扇生一座
二月十五日～（二十一）日	浪花節	開慶座	改心女雲・春日亭清吉・雲井雷太郎合同一座
二月十五・十六日	盲唖学校改築後援国風音楽会	商品陳列館	大津旭洸・寺島検校・円兎
二月十五日～（二十八）日	浪花節	大和座	港家扇蝶一行
二月十六日	夢中連例会	東陽館	
二月二十二日～	浪花節	開慶座	港家扇蝶・藤川友遊・入道坊一心

二月二十五日	第八回二葉会常盤津研究会	中央バザー	
三月一日～（八）日	女浪花節	開慶座	広沢夏菊・摂津弁天・浪花八重子合同一座
三月一日～（三）日	浪花節大会	正福座	摂津弁天・広沢夏菊・浪花八重子
三月一日～（三十一）日	女浪花節	大和座	広沢夏菊一行・摂津弁天合同
三月四・（五）日	第四回錦心流琵琶蛍雪温習会	中央バザー内栄ホール	
三月八・（九）日	慈善琵琶大会	商品陳列館	帝国救助院主催。森田金泉・岩屋東湖・檜山広容・児島紘雨
三月八日～十四日	大阪女義太夫	大正館	竹本末虎一座
三月九日～（十五）日	浪花節	開慶座	武蔵大掾・宝中軒鈴右衛門
三月九日	住吉踊	東陽館庭	助六一派。愛知新聞二十週年祝賀会
三月十五日～	浪花節	正福座	伊藤高麗右衛門
三月十六日～	浪花節	開慶座	京山円太夫・京山恭平一行
三月十六日	第一回倶楽部デー	八層閣六階広間	名古屋実業倶楽部主催。お伽噺・薩摩琵琶・曲芸・落語
三月十九日～	大阪女義太夫	富本席	竹本末虎一座
三月下旬	浪花節	正福座	武蔵大掾・改心軒女雲
三月（二十二）日	第三回ハーモニカ演奏会	中央バザー内栄ホール	秋渓倶楽部
三月（二十三）日	マンドリン演奏会	商品陳列館	東京マンドリンオーケストラ団
三月下旬～	浪花節	開慶座	武蔵大掾

(三十一)日			
三月(二十七)日	鳥居実全快祝賀浄瑠璃会	中央バザー内栄ホール	
三月二十九日	第三回春季舞踊研究会	中央バザー内栄ホール	工藤倉鍵会主
四月一日～(七)日	浪花節	開慶座	吉川清之助一座
四月一日～(三)日	浪花節	正福座	京山円十郎・北都斎謙遊合同一座
四月一日～(三十)日	大阪・東京落語	富本席	雷門助六一行
四月一日～(二十一)日	浪花節	大和座	京山円十郎・北都斎謙遊一行
四月(六)日	筑前琵琶演奏会	美術倶楽部	名古屋旭風会主催。大阪旭会西川旭楓門下
四月八日～(十四)日	浪花節	開慶座	日本亭○勝・北都斎謙遊・京山円十郎一座
四月十一日～十四日	源連春季浄瑠璃大会	大正館	
四月十三・十四日	蛍雪会七週年春季大演奏会	商品陳列館	露川蛍雪・永田錦心・雨宮薫水ほか
四月(十三)日	奏楽	鶴舞公園	第三師団軍楽隊
四月十五日～	浪花節	開慶座	早川燕緑一座
四月中旬	浪花節	正福座	港家小柳丸・玉川勝太郎
四月十七日～十九日	長昇連浄瑠璃春季大会	中央バザー内栄ホール	
四月二十一日	名古屋哥沢春季大会	美術倶楽部	松寿会主催
四月下旬～(三十)日	浪花節名人会	開慶座	
四月二十二日	好楽会第一回音楽会	商品陳列館	井上つたえ
四月(二十二)日～(三十)日	浪花節	大和座	島津三蔵・早川燕緑・日本亭○勝
四月二十六日	長唄研究例会	美術倶楽部	中券番二葉会
四月二十七日	西園流尺八大会	中央バザー内栄ホール	紫園社中寄竹会主催
	中村耳鼻咽喉科新築落成式披露会	美術倶楽部	余興　舞踊(芸妓)・落語(助六一行)・筑前琵琶
五月(一)日～(五)日	女浪花節	開慶座	山本松子・市川月子・立花光子・三井君子
五月(一)日～(三十一)日	落語	富本席	助六一座・柳亭左鶴・マストン
五月一日～(二十)日	女流浪花節	大和座	山本松子・橘光子・三井君子・市川月子
五月上旬	浪花節	正福座	姉川好丸・吉田若春
五月二日～	愛知因社春季義太夫大会	美術倶楽部	
五月三日	皇太子殿下御成年奉祝音楽会	商品陳列館	四声会主催
五月六日～(十五)日	浪花節	開慶座	吉田若春・姉川好丸・武蔵家紋左衛門一行
五月六日	都山流尺八葵会演奏会	中央バザー内栄ホール	
五月七日	皇太子殿下御成年式祝賀会	鶴舞公園グラウンド	奏楽
五月(八)日	常盤津喜老会温習会	中央バザー内栄ホール	岸沢力和・岸沢連中・中券番芸妓連・門下
五月(十一)日	奏楽	鶴舞公園奏楽堂	第三師団軍楽隊
五月十五日～	浪花節真打連腕比べ懸賞競	福寿亭	玉川次郎・雲井雷太郎・東海金城・宝中軒鈴右衛門・

	演会		武田萬兵衛
五月(十六)日～(二十)日	真打合同車読	開慶座	雲井雷太郎・玉川次郎・東海金城・宝中軒鈴右衛門・武田萬兵衛
五月十六日	夢中連浄瑠璃大会	東陽館	
五月十七日	内外人大音楽会	商品陳列館	アウタブリッジ夫人・仏国飛行機発動器指導将校・マンドリン倶楽部ほか。名古屋基督教青年会・家庭倶楽部主催
五月(十八)日	春季尺八大会	大正館	杉本雪山社中主催
五月二十一日～(二十五)日	女流浪花節	開慶座	広沢夏菊・日本亭○勝一座
五月二十一日～(三十一)日	浪花節	大和座	鼈甲斎虎丸一行
五月二十四・(二十五)日	故吉川辰翁斎追善浪花節	大正館	鼈甲斎辰丸一行
五月(二十五)日	琴古流尺八春季演奏会	商品陳列館	一風会主催
五月二十六日～(三十一)日	真打連大合同浪花節競演会	開慶座	早川扇生・吉川虎丸一座
五月(二十七)日	俘虜音楽運動会	鶴舞公園グラウンド及び音楽堂	
五月(三十一)日	中京音楽会演奏会	商品陳列館	ザルスマン
六月一日～	浪花節	開慶座	吉川清之助一座
六月一日	通俗講演会	商品陳列館	筑前琵琶(入江岳洲)
六月(一)日～七月(十四)日	落語	富本席	雷門助六一座
六月(一)日～	浪花節座長競	波留貴座	

	演会		
六月一日～(十九)日	浪花節	大和座	日吉川秋斎・日吉川小秋水・芙蓉軒東天
六月上旬	浪花節	正福座	大阪親友派一座
	手品	波留貴座	清国人一座
六月(七)日	奏楽	鶴舞公園奏楽堂	第三師団軍楽隊
六月八日～(十四)日	浪花節	開慶座	芙蓉軒東天・日吉川小秋水一行
六月八日	愛知高等女子工芸学校第十四回創立記念学芸会	商品陳列館	
六月十日	旭班出征者歓迎慰労会	東陽館	余興 筑前琵琶・落語
六月上旬～(十四)日	浪花節	波留貴座	姉川仲造
六月十五日～(十九)日	女流浪花節	開慶座	吉田奈良女一座
	浪花節	波留貴座	雲井雷太郎・玉川次郎・武田萬兵衛・宝中軒鈴右衛門・雲井奴
六月(十六)日	凱旋祝賀筑前琵琶演奏大会	美術倶楽部	旭調会後援。矢野旭宙ほか
六月十八日	名古屋逓信局披露宴	商品陳列館	余興 琵琶・講談
六月(十八)・(十九)日	夢中連浄瑠璃例会	東陽館	
六月二十日～(二十四)日	浪花節	開慶座	早川扇生・吉田勝美一座
六月(二十)日～(二十二)日	浪花節	波留貴座	吉川清之助一行

六月二十日～	女流浪花節	大和座	吉田奈良女一行
六月（二十一）日	一徳会第九十七回講演	県教育会	余興　講談（桜井円林）
六月二十一日	同志社音楽会	商品陳列館	
六月二十三日～（三十）日	女流浪花節	波留貴座	小紅家花香・広沢鷹峰一行
六月二十五日～七月（三）日	浪花節	開慶座	吉川清之助・浪花亭辰造・三升家大俵・浪花家武雄合同
六月（二十五）日	奏楽	鶴舞公園音楽堂	第三師団軍楽隊
六月（二十六）日	出征軍人凱旋兵慰労会	富貴座	余興　薩摩琵琶（森田金泉）
六月下旬	落語	文長座	雷門助六一座
六月二十八日～（三十）日	浪花節	正福座	原華六・徳川譲・五十錐軒麗風
七月一日	講和条約成立記念祝賀大夜会	商品陳列館	踊り（西川石松門下名取り連）
	講和条約調印記念祝賀奏楽	鶴舞公園音楽堂	第三師団軍楽隊
七月一日～	浪花節	商品陳列館	京山若丸一行
七月一日～（五）日	女流浪花節	波留貴座	京山夏菊・京山格安一行
七月一日～（十）日	浪花節	大和座	京山若丸・京山恭之助・京山嘉一
七月四日～（六）日	浪花節	開慶座	京山若丸・京山恭之助・京山嘉一・京山龍勢
七月六日～（十）日	浪花節	波留貴座	原華六一行
七月（七）日～	女流浪花節	開慶座	小紅家花香一座
七月八日	講和条約調印記念祝賀奏楽	鶴舞公園音楽堂	第三師団軍楽隊
七月十一日～（十四）日	浪花節	波留貴座	木村正加里一行
七月（十一）日～	浪花節	大和座	芙蓉軒一鶴・雲井雷太郎
七月（十二）・（十三）日	慈善琵琶会第三回演奏会	商品陳列館	森田・堀田・安藤ほか
七月十二日	創立第三週年・平和記念第十一回ハーモニカ演奏会	中央バザー内栄ホール	ホワイトローズハーモニカ研究会
七月中旬	浪花節	開慶座	早川扇生
七月十五日～	浪花節	商品陳列館	浪花家辰蔵・三枡家大掾
	落語	富本席	桂小南一座・助六一座
	納涼大演芸会	文長座	雷門助六一行・桂小南一座
七月十五日～（二十一）日	浪花節	開慶座	末広亭団朝一座
七月（十五）日	菊花学会講演	商品陳列館	余興　講談（竹下）・琵琶（高木）
七月十五日～（十九）日	浪花節	波留貴座	京山国丸一行
七月（十八）日	慶応義塾ワグネルソサイエティー大音楽会	商品陳列館	名古屋三田会主催
七月二十日～（二十四）日	浪花節	波留貴座	桃中軒富士入道一行
七月二十二日～（二十八）日	浪花節	開慶座	桃中軒白雲一行
七月二十五日～	浪花節	波留貴座	小紅家花香・広沢鷹峰一行。余興　蓑仙人
七月二十六・（二十七）日	錦心流慈善琵琶大会	中央バザー内栄ホール	露川蛍雪・小林盛水ほか

七月二十六日	奏楽	鶴舞公園奏楽堂	第三師団軍楽隊
七月(二十八)・(二十九)日	演奏会	鶴舞公園音楽堂	いとう呉服店少年音楽隊
七月(二十九)日～	講談・浪花節合同	開慶座	旭堂麟生
八月一日～(八)日	浪花節	開慶座	港家扇蝶・藤川友丸一座
八月一日～(十四)日	浪花節	大和座	港家扇蝶一行
八月上旬～九月(十五)日	落語	富本席	雷門助六ほか
八月二日	奏楽	鶴舞公園音楽堂	第三師団軍楽隊
八月二・(三)日	浪花節	波留貴座	玉川兄弟会一行
八月四日～(七)日	浪花節	波留貴座	浪花亭若奴・桃中軒風奴・入道坊一心・富士入道一行
八月五日	奏楽会	鶴舞公園動物園内	いとう呉服店少年音楽隊
八月七日	奏楽	鶴舞公園動物園	第三師団軍楽隊
八月八日～(十四)日	浪花節大合同	波留貴座	
八月八日～	浪花節	福寿亭	玉川勝太郎・京山伯馬・田代峰月・玉川勝次郎
八月(九)日～(十三)日	浪花節	開慶座	浪花大掾一座
八月(十四)・(十五)日	浪花節	開慶座	京山若広・徳川譲合同一座
八月十五日	裏門前青年会夜相撲	商品陳列館	
八月十五日～	浪花節	波留貴座	港家小柳枝・広沢鶴之助一座
	浪花節	大和座	摂津弁天一行
八月(十六)日～(二十一)日	女流浪花節	開慶座	摂津弁天・京山龍勢一座
八月二十一日～(二十四)日	浪花節	波留貴座	玉川勝太郎・京山伯馬・田代峰月一行
八月二十二日～(二十四)日	講談	開慶座	旭堂麟生
八月二十三日	演奏会	鶴舞公園音楽堂	第三師団軍楽隊
八月(二十五)日～(二十八)日	浪花節	開慶座	玉川勝太郎・京山伯馬一座
八月二十五日～	浪花節	波留貴座	姉川仲造一行
八月二十七日	薩摩琵琶会	中央バザー内栄ホール	秋声会主催
八月二十八日	俘虜楽隊大演奏会	商品陳列館	
八月二十九日～	浪花節	開慶座	吉田虎右衛門一行
八月三十・三十一日	虎の子会浄瑠璃秋季大会	富本席	大阪文楽座附竹本越名太夫・豊沢新吉・鶴沢友右衛門取持
九月一・二日	錦心流慈善琵琶大会	中央バザー内栄ホール	露川蛍雪一派
九月(一)日～(六)日	浪花節	波留貴座	春日亭清吉一行
九月二日～	浪花節	大和座	吉田久菊一行
九月上旬～七日	浪花節・講談	開慶座	吉田久菊・日吉川秋平・神田伯龍合同一座
九月(七)日～	浪花節	波留貴座	吉田久春・正木一平・天光軒満月合同
九月中旬	早川扇生・吉	開慶座	

	川辰丸二人会		
九月(十五)日	菊花学会講演会	商品陳列館	余興 筑前琵琶(高木旭調)
九月十五日～十九日	大阪女義太夫	大正館	三蝶・久国・広駒ほか
九月(十五)日～(十八)日	浪花節	波留貴座	吉田久菊・日吉川秋平
九月十六・(十七)日	浪花節	開慶座	吉田久春一座
	夢中連浄瑠璃例会	東陽館	
九月(十六)日～(二十九)日	落語	富本席	柳家さくら・助六ほか
九月十八・十九日	吉田奈良国追善大阪親友派真打大会	開慶座	吉田久菊・吉田久春・神田伯龍・正木一平・日吉川秋平・天光軒満月ほか
九月(十九)日～	浪花節	波留貴座	桃中軒甲右衛門・天洋軒雲大掾二座合同
九月二十日～二十四日	大阪女義太夫	米本座	竹本三蝶一行
九月二十一日～	浪花節	開慶座	吉川清之助一座
九月(二十一)日	慈善お伽琵琶大会	中央バザー内栄ホール	森田金泉及門下
九月下旬～(三十)日	浪花節	波留貴座	小島亭徳昇・京山若春一行
九月二十七日～	大橋八造軍事思想普及浪花節大会	大正館	
九月二十七日	節米講演	富貴座	余興 浪花節(桃中軒雲鳳・桃中軒雲洋・芳之助)
九月(三十)日～	落語	富本席	正福亭福円一行
九月三十日	新講談	文長座	松林松凮
十月(一)日	名古屋市制三十年記念衛生・自治資料教育品展覧会	商品陳列館	
十月一日～	天下一品珍動物	宝座	文明館主玉垣主催
十月(一)日～(七)日	浪花節	波留貴座	
十月一日～(三十)日	浪花節	大和座	桃中軒甲右衛門・広沢当春・吉田奈良女合同
十月上旬～(十四)日	浪花節	開慶座	桃中軒甲右衛門・○勝・広沢当春・奈良女合同一座
十月二日	国風音楽会	商品陳列館	寺島花野ほか
十月三日	盲唖生学芸会	商品陳列館	
十月五日	盲唖生学芸会(午前)	商品陳列館	
	市制三十年記念音楽会(夜)	商品陳列館	市教育会主催。同声会同人
十月六日	第一回長唄絃弄会	商品陳列館龍影閣	杵屋三太郎門下師匠連・女将連
十月七日	市制記念小学児童第一回学芸会(午前)	商品陳列館楼上	
	市内六高等女学校聯合音楽会(午後)	商品陳列館楼上	市制祝賀
十月八日～(十四)日	浪花節	波留貴座	吉川清之助一行
十月十一日	鬼頭氏初老祝莚	東陽館	余興 法楽舞
十月十二日	お伽講話会	商品陳列館講	児童衛生□覧会主催

		堂	
十月(十二)日	好楽会秋季音楽会	商品陳列館	
十月十三日～(十五)日	長昇連浄瑠璃大会	東陽館	
十月十四・(十五)日	錦心流琵琶慈善大会	中央バザー内栄ホール	露川蛍雪一派
十月十五日～(二十一)日	浪花節	開慶座	寿々木米造・武蔵大掾一座
十月十五日～	浪花節	正福座	吉川清之助一行
十月十五日～(二十)日	浪花節	波留貴座	桃中軒甲右衛門・吉田奈良女・広沢春富合同
十月(十六)・(十七)日	夢中連浄瑠璃会	東陽館	
十月十八日	音楽演奏会	商品陳列館	名古屋市中京音楽会主催。クロウン
十月十九日	第五回慈善琵琶演奏会	中央バザー内栄ホール	名古屋市帝国救助院主催。森田金泉及門下
十月二十一日～(二十三)日	浪花節	波留貴座	余興 都々逸・米山節
十月二十二日～	浪花節	開慶座	日本亭○勝・桃中軒甲右衛門・吉田奈良女一行
十月二十四日～	浪花節	波留貴座	武蔵大掾・寿々喜亭米造一行
十月二十七日～(三十)日	浪花節	波留貴座	竹川馬生
十月下旬	浪花節	開慶座	広沢当春
十月三十一日	三河人会	東陽館	余興 落語・新講談
十月(三十一)日～	浪花節	波留貴座	広沢一右衛門・京山鳳・京山千雀一行
十月(三十一)日～十一月(十六)日	浪花節	大和座	京山小円女・浪花梅蝶・岡本梅女一行
十一月一日～	浪花節	福寿亭	原華六・三世浪花美之助合同
十一月上旬～(六)日	浪花節	開慶座	京山秀鳳・京山千雀・広沢一右衛門一座
十一月上旬～(三十)日	落語	富本席	雷門助六一行
十一月(三)日	名古屋市尚武会凱旋歓迎祝賀会	鶴舞公園	奏楽ほか
十一月七日～(十三)日	女浪花節	開慶座	京山小円嬢・岡本梅嬢・浪花梅蝶一座
十一月(七)日	都山流尺八葵会演奏会	中央バザー内栄ホール	
十一月十一日～十四日	秋季浄瑠璃大会	大正館	野沢源平主催。各連妓取持
十一月十一・(十二)日	錦心流琵琶慈善大会	中央バザー内栄ホール	露川蛍雪一派
十一月十一日～(十四)日	女流浪花節	波留貴座	京山小円女・岡本梅女・梅蝶一行
十一月十二日	称号披露筑前琵琶大演奏会	美術倶楽部	宇佐美旭風ほか
十一月(十四)日～(二十一)日	浪花節	開慶座	原華六・浪花家美之助師弟合同
十一月(十四)・(十五)日	盲唖学校改築後援第二回和洋音楽大会	商品陳列館楼上	尺八・ピアノ・琵琶・箏曲・長唄ほか
十一月十五日～(二十二)日	浪花節	波留貴座	京山恭平・藤川友丸一行
十一月十七・十八日	慈善琵琶秘曲大演奏会	商品陳列館	絃風・絃雨・絃太郎・輝山
十一月(十七)・	夢中連浄瑠璃	東陽館	

（十八）日	会		
十一月（十七）日～十二月（四）日	浪花節	大和座	京山泰平
十一月二十二日～（三十）日	浪花節	開慶座	京山恭平・藤川友丸・京山秀鳳一座
十一月（二十二）日	秋季大音楽会	商品陳列館	東海音楽会主催
十一月二十三日～（二十七）日	浪花節	波留貴座	原華六・浪花美之助一座
十一月（二十四）日	ハーモニカ研究会第一回演奏会	中央バザー内栄ホール	
十一月二十八日～十二月（三）日	浪花節	波留貴座	雲井雷太郎一行
十二月一日～（六）日	浪花節	開慶座	二代目吉川小辰王一座
十二月一日～	関西流琵琶大会	中央バザー内栄ホール	帝国救助院主催。金泉ほか
	落語	富本席	初代林家正蔵・助六ほか
	落語	文長座	林家正蔵・都楽
十二月四日～（九）日	浪花節	波留貴座	都家三勝・都家新勝一行
十二月（五）日～（十四）日	浪花節	大和座	篠田実一行
十二月（七）日～（十）日	浪花節	開慶座	篠田実
十二月（八）日	第二回絃弄会長唄演奏会	商品陳列館内龍影閣	

十二月十・（十一）日	浪花節	波留貴座	京山円左衛門ほか真打連合同
十二月十一日～（二十五）日	浪花節	開慶座	吉川小辰王・早川扇生合同
十二月（十一）日～（十三）日	文連浄瑠璃忘年会	中央バザー内栄ホール	中券・浪越連妓
十二月十二日～（十四）日	浪花節	波留貴座	松本天海一行
十二月十三日	四声会第二回音楽会	商品陳列館	杉山長谷夫・鋤柄文子・高折宮治
十二月（十四）日	義士記念琵琶会	商品陳列館本館階上	名古屋旭洲会
	盲唖学校改築寄附音楽会	米本座	熱田盲唖教育後援会主催
十二月十五日～（十八）日	浪花節真打連競演会	波留貴座	
十二月十五日～	忘年浪花節大会	大和座	雲井雷太郎・富士入道一行
十二月十六日	夢中連浄瑠璃会	東陽館	
十二月十九日	筑前琵琶忘年演奏会	中央バザー内栄ホール階上	旭香・旭凰ほか
十二月十九日～	浪花節大会	波留貴座	京山伯馬・雲井雷太郎・富士入道
十二月二十五日～	浪花節	波留貴座	桃中軒白雲・雲井不如帰一行
十二月（二十六）日～	浪花節	開慶座	桃中軒富士入道・京山伯馬・雲井雷太郎一行

○大正八年の活動写真常設館における実演を含む活動写真および余興一覧表

日程	実演を含む内容	劇場	実演の分野・演者	その他の内容	備考
十二月二十九日～一月四日	新派悲劇「不知火」	太陽館	琵琶入り	大活劇「国威」、大滑稽「捕鯨船」、実写「仏国ベルサイユ宮殿」	
一月五日～十一日	新派「噫伊藤公」（「大功臣伊藤侯爵実伝」）	太陽館	琵琶入り	連続活劇「七真珠」、滑稽活劇「大騒ぎ物」	
一月十二日～（十八）日	新派悲劇「潮」	太陽館	琵琶入り	牧童劇「名弾」、喜劇「凸坊漫画電話の巻」	
一月十八日～（二十三）日	旧劇「鎌倉三代記」	世界館	義太夫出語り	「モルガンの娘」、喜劇「裏長屋は」	「鎌倉三代記」は市川市女蔵出演
一月十九日～二十三日	人情活劇「愛の柵」	太陽館	琵琶入り	悲劇「海の彼方へ」、滑稽活劇「社交界」	
一月二十四日～三十日	新派悲劇「春の焔」	太陽館	琵琶入り	活悲劇「死の輝き」、滑稽活劇「幽霊画工」	
一月三十一日～二月（六）日	新派悲劇「響」	太陽館	琵琶入り	恋愛活劇「異郷の人」、滑稽活劇「大真珠」	
二月六日～（十三）日	新派悲劇「新野崎村」 神秘劇「ローレライ」	ニコニコ館	琵琶入り 歌唱入り	滑稽活劇「大真珠」	「『ローレライ』は東京より態々声楽家を呼び『神話の歌』をうたはせ居る。」（「名古屋新聞」2・9附録）
二月七日～十三日	事実悲劇「大和魂」	太陽館	琵琶入り	人情悲劇「露の命」、滑稽活劇「ガッスルの慾」	
二月十五日～（二十一）日	新派悲劇「不知火」	金輝館	義太夫出語り・筑前琵琶弾奏	人情活劇「復活の焔」、滑稽活劇「アンブローズの渇望」	
二月二十一日～（二十七）日	新派琵琶劇「女兵士」	ニコニコ館	筑前琵琶弾奏（田中師）	人情活劇「馬蹄の響」、喜劇「殿様源次」	「女兵士」は花柳はるみ・尾上秀三郎、「殿様源次」は四郎五郎・莚十郎出演
二月（二十二）日～二十八日	新派「天の恵」	大須電気館	琵琶入り	旧劇「日本観音霊験記悪七兵衛景清と阿古屋」、「奈良了弁杉の由来」、滑稽劇「氷盤」、喜劇「若返り」	

二月二十二日～三月七日	余興〈義太夫　浪花節　ダンス　ヴァイオリン　都々逸　流行唄〉 新派「春の雲」※三月一日より	文明館	英国人バレー 声色・鳴物入り	二十二日～(二十八)日 旧劇「多賀兄弟大仇討」、新派「雪枝夫人」、活劇「プロテア」 三月一日～七日 旧劇「真田の郎党大力角兵衛」	「英国人バレーは巧に浪花節、浄瑠璃を演じ、殊に流行唄の巧妙さは看客を呆然たらしむ。」(「名古屋新聞」2・25附録)／「多賀兄弟大仇討」「大力角兵衛」は尾上松之助出演
二月二十七日～三月六日	新派悲劇「千鳥の唄」	太陽館	琵琶入り	冒険活劇「運命の指輪」	
三月一日～(七)日	余興〈浪花節　上るり　其他諸芸〉	大雲劇場	英国人バレー	旧劇「忍術破り後藤又一郎」、新派悲劇「結婚の夜」、「アンブローズ」、活劇「人の橋」、実写「仏国角力」	「後藤又一郎」は尾上松之助・扇太郎出演
三月十四日～(二十)日	史劇「西郷南洲」	太陽館	琵琶入り(小亀錦湖)	連続写真「運命の指輪」	
三月十五日～(二十)日	余興〈独唱　カンツリーダンス〉	大雲劇場	英国人ル嬢	悲劇「夕刊売」、旧劇「首変り大名」、実写「善光寺御開帳」、活劇「女探偵ラス」	「首変り大名」は尾上松之助出演
三月十五日～(二十八)日	余興〈電気応用ダンス〉	文明館	白耳義人ヘルボーフ嬢	十五日～(二十一)日 旧劇「田宮坊太郎」、新派「新忠臣蔵」、泰西活劇「乙女フイリッパ」、喜劇「チヤプリンのスケート」 二十二日～(二十八)日 新派悲劇「さんさ時雨」、泰西活劇「名猿」、旧劇「横綱明石志賀之助」	「ル嬢は花の如き姿に電気を用してのダンスが大受け。」(「名古屋新聞」3・19附録)／「田宮坊太郎」は尾上松之助・扇太郎、「明石志賀之助」は尾上松之助出演
三月(二十一)日～(二十七)日	新派悲劇「女くづ屋」	太陽館	琵琶入り	連続写真「運命の指輪」	
三月二十八日～四月三日	新派悲劇「白露」	太陽館	琵琶入り	連続写真「運命の指輪」	
四月五日～(十)日	新派悲劇「女の生命」	太陽館	琵琶入り	連続写真「運命の指輪」	

四月五日～（十八）日	余興〈実弾曲射撃術　カウボーイ投縄　タンバリンダンス　喜劇〉	文明館	英国デビリアース夫妻	五日～十一日 「水戸黄門全国漫遊記」、新派悲劇「尽きぬ恋（恨）」 十二日～（十八）日 「侠客勢力富五郎」、新派悲劇「過去の罪」、喜劇「おばけの酒呑み」、西洋喜劇「当違ひ」	「英国芸術家フランク氏・フローレンス嬢出演」（「名古屋新聞」4・6附録広告）「電気光線応用のフ嬢ダンスは恰も花の如し。」（同紙4・8附録）／「水戸黄門漫遊記」「勢力富五郎」は尾上松之助出演
四月十一日～（十七）日	新派悲活劇「白萩草紙」	太陽館	琵琶入り	連続写真「運命の指輪」、喜劇「幽霊服」	
四月（十二）日～（十八）日	旧劇「白石噺」 新派悲劇「残れる親子」	大須電気館	義太夫入り 琵琶入り	軍事活劇「親と子」	
四月十二日～十八日	新派悲劇「新召集令」	金輝館	管絃楽 琵琶弾奏	旧劇「幽霊半之丞」、軍事活劇「士官の子」、滑稽活劇「チャプリンの大酔」	「幽霊半之丞」は松之助・扇太郎出演
四月（十九）日～（二十五）日	余興〈実弾射撃〉	大雲劇場	英国デ氏夫妻	新派悲劇「子煩悩」、旧劇「雷風太郎」、泰西活劇「赤自動車」、滑稽「跳上競争」、「印度の風俗」	「雷風太郎」は松之助・扇太郎出演
四月二十五日～五月（一）日	新派悲劇「子守唄」	太陽館	琵琶入り	海上活劇「ドーグラスの飛行」、滑稽活劇「チヤツプリンの番頭」	
四月（二十六）日～五月（二）日	悲劇「明け行く路」	大須電気館	琵琶入り	旧劇「左甚五郎」、鉄道活劇「駅の猛犬」	
五月二日～（八）日	新派悲劇「片思ひ」	太陽館	琵琶入り	活劇「パークローの姫君」、冒険喜劇「困ったズボン」	
五月九日～（十四）日	新派悲劇「片思ひ」後篇	太陽館	（琵琶入り）	軍事活劇「絶対の偉力」、滑稽活劇「ビリーウエストの金持」	九日より一部写真替え。「二週間連続上場」（「名古屋新聞」5・2附録広告）とあるが、後篇上映時の紙面には琵琶入りとの記述なし
五月十日～（十五）日	余興〈喜歌劇合奏〉	大雲劇場	少女歌劇団	「曽呂利新左衛門」、新派悲劇「暁」、正劇「ダイヤモンド組」、滑稽「民間探偵」	「東京神田独立音楽学会」（「名古屋新聞」5・10附録）

五月十日～（十六）日	余興〈喜歌劇和洋音楽合奏〉	文明館	少女歌劇団	「水戸黄門漫遊記」、「チヤツプリンの滑稽」、泰西悲劇「出獄人」	「東京帝国独立音楽学校」（「名古屋新聞」5・10附録広告）／「水戸黄門漫遊記」は尾上松之助出演
五月二十三日～（二十九）日	教訓琵琶劇「乃木大将」	世界館	琵琶劇	「覆面の呪（飽かれし妻）」、旧劇「水戸虎松丸」	「覆面の呪」の弁士は石井ライオン
五月二十三日～（二十九）日	新派悲劇「オセロ」	太陽館	琵琶入り	連続活劇「戦闘の跡」、滑稽「二人手品師」、「東京四大祝典の実況」	
五月三十日～六月（五）日	「軍神広瀬中佐」	太陽館	琵琶悲曲弾奏	連続活劇「戦闘の跡」	
五月三十一日～六月（六）日	「道中膝栗毛弥次喜太」	中央電気館	新内出語り		「弥次喜太」は松之助出演
六月（七）日～（十三）日	新派悲劇「月魄」	金輝館	琵琶弾奏	連続写真「鉄の爪」、旧劇「天狗騒動」	「天狗騒動」は松之助・扇太郎出演
六月（十四）日～（十九）日	琵琶劇「石童丸」	世界館	琵琶劇	「的の黒星」、「覆面の呪」、新派悲劇「血の叫び」	
六月（十四）日～（十九）日	新派悲劇「尽きぬ涙」	太陽館	琵琶歌入り	連続活劇「戦闘の跡」、実写「時代の服装」	
六月二十日～（二十六）日	悲劇「忍び泣き」	太陽館	琵琶入り	「毒蜂」、「夢の自動車」	
六月二十一日～（二十七）日	余興〈浪花節　博多節　米国甚句　追分〉	中央電気館	日吉川宇の子嬢	探偵活劇「記念の指輪」、旧劇「五変化菊松」、滑稽「チヤプリンの失恋」	「五変化菊松」は松之助出演
六月二十七日～七月三日	新派悲劇「ホトトギス」	太陽館	琵琶悲曲弾奏	探偵活劇「牧師の弟」、実写「欧洲大戦」	
七月四日～（十）日	旧劇「忠臣蔵九段目」	世界館	義太夫出語り	人情活劇「外敵」、新派悲劇「子守唄」	「外敵」の説明は石井ライオン
七月四日～（十）日	「生さぬ仲」前篇	太陽館	薩摩琵琶悲曲弾奏（小亀錦湖）	人情劇「救はれた女」	「二週間連続写真。」（「名古屋新聞」7・8附録）

七月十一日～(十七)日	新派悲劇「生さぬ仲」後篇	太陽館	琵琶悲曲弾奏(小亀錦湖)	社会劇「事件の女」、滑稽「コンクリンの大慾」、実写「鰐魚」	「専属琵琶師、小亀錦湖。」(「名古屋新聞」7・15附録)「児玉以下、各弁士の説明にて大好評。」(同紙7・16附録)
七月十五日～	余興〈人言・音楽・数学を解す名馬　怪力　舞踏　声楽〉	世界館	米人チャーレスマーガレット芸術団 怪力家ウイリアムベルン・ヘンリーベルン兄弟	十一日～(十八)日 旧劇「実録曽我物語」、活劇「処女の誇」	
七月(十八)日～(二十四)日	事実悲劇「質屋の娘」	太陽館	薩摩琵琶入り	人情悲劇「雪頬白」、滑稽活劇「愛の騒動」	「此館が率先して此頃中から弁士の前説明を廃止。」(「名古屋新聞」7・24附録)
八月一日～(七)日	教訓琵琶劇「孝女白菊」	世界館	琵琶劇	連続活劇「伯林の狼」、喜劇「ポークスの集金掛」	
八月一日～(七)日	南欧情史「王家の虎」	ニコニコ館	オーケストラ	新派悲劇「花まくら」、喜劇「花婿狂言」	「王家の虎」の弁士は田中礼文・飛雷・志水／「説明と新設のオーケストラと相俟つて連日の大人気。」(「名古屋新聞」8・7附録)
八月二十一日～(二十七)日	新派悲劇「観音岩」	太陽館	琵琶歌入り	「ジヤガーの爪」、実写「蟷螂」、漫画「凸坊潜航艇」	
八月二十八日～九月(三)日	新派悲劇「芸妓の操」	太陽館	琵琶入り	「ドーグラスの出たり這入たり」、「ビリーウエストの友愛」	
八月三十日～九月(五)日	新派「桜咲く国」	大須電気館	琵琶歌入り	「実録堀部安兵衛」、騎馬活劇「深山の怪」、喜劇「お先へ失礼」	「堀部安兵衛」は沢村四郎五郎・市川莚十郎出演
九月五日～(十二)日	旧劇「お染久松野崎村」	芦辺館	義太夫出語り	探偵活劇「魔人」、新派悲劇「潮」	
九月十八日～(二十四)日	戦劇「忘れぬ為めに」	太陽館	オーケストラ組織		
	新派悲劇「新野崎村」		琵琶入り		
九月二十日～二十六日	旧劇「矢口渡」	金輝館	義太夫出語り		「矢口渡」は松之助・扇太郎出演
	新派悲劇「千鳥の唄」		筑前琵琶弾奏		

十月十六日～二十二日	新派悲劇「俠芸者」	太陽館	琵琶入り	連続写真「呪の家」	「呪の家」の弁士は南鷗洲（十九日より出演）／「外国活動名優原画大展覧会　愈々本日限り」（「名古屋新聞」10・19附録広告）
十月三十一日～十一月（五）日	新派悲劇「琵琶歌」	太陽館	琵琶（小亀錦湖）	連続写真「呪の家」	
十一月上旬～（七）日	新派琵琶劇「心の光」	大須電気館	琵琶劇	旧劇「三家三勇士」、連続活劇「大秘密」	
十一月六日～（十二）日	新派悲劇「紅つばき」	太陽館	琵琶入り	連続写真「呪の家」	
十一月十三日～（十九）日	新派活悲劇「奇想天外三ケ月お鹿」	太陽館	琵琶入り	連続写真「呪の家」	
十一月二十日～（二十六）日	新派悲劇「新橋情話」	太陽館	琵琶入	連続写真「呪の家」、滑稽活劇「玉手箱」、「陸軍大演習実況」	
十一月（三十）日～十二月（五）日	新派悲劇「涙の家」	芦辺館	琵琶入り	活劇「獅子と健児」	
十二月四日～（十）日	家庭悲劇「己が罪」	太陽館	琵琶入り	冒険活劇「快漢キップ」	
十二月十一日～（十七）日	新派悲劇「破れ筏」	太陽館	琵琶入り	カチユーシヤ劇「復活」	「復活」の説明は千代田鶴城
十二月十三日～（十九）日	新派悲劇「新野崎村」	金輝館	義太夫出語り 琵琶弾奏	旧劇「龍神灘右衛門」	「龍神灘右衛門」は尾上松之助出演
十二月十八日～（二十四）日	新派活悲劇「牡丹のお蝶」	太陽館	琵琶入り	冒険活劇「飽迄で闘ふ」	
十二月二十六日～	事実悲劇「恋の須磨子」	太陽館	琵琶入り	人情悲劇「妹の計ひ」	

大 正 九 年（1920・庚申）

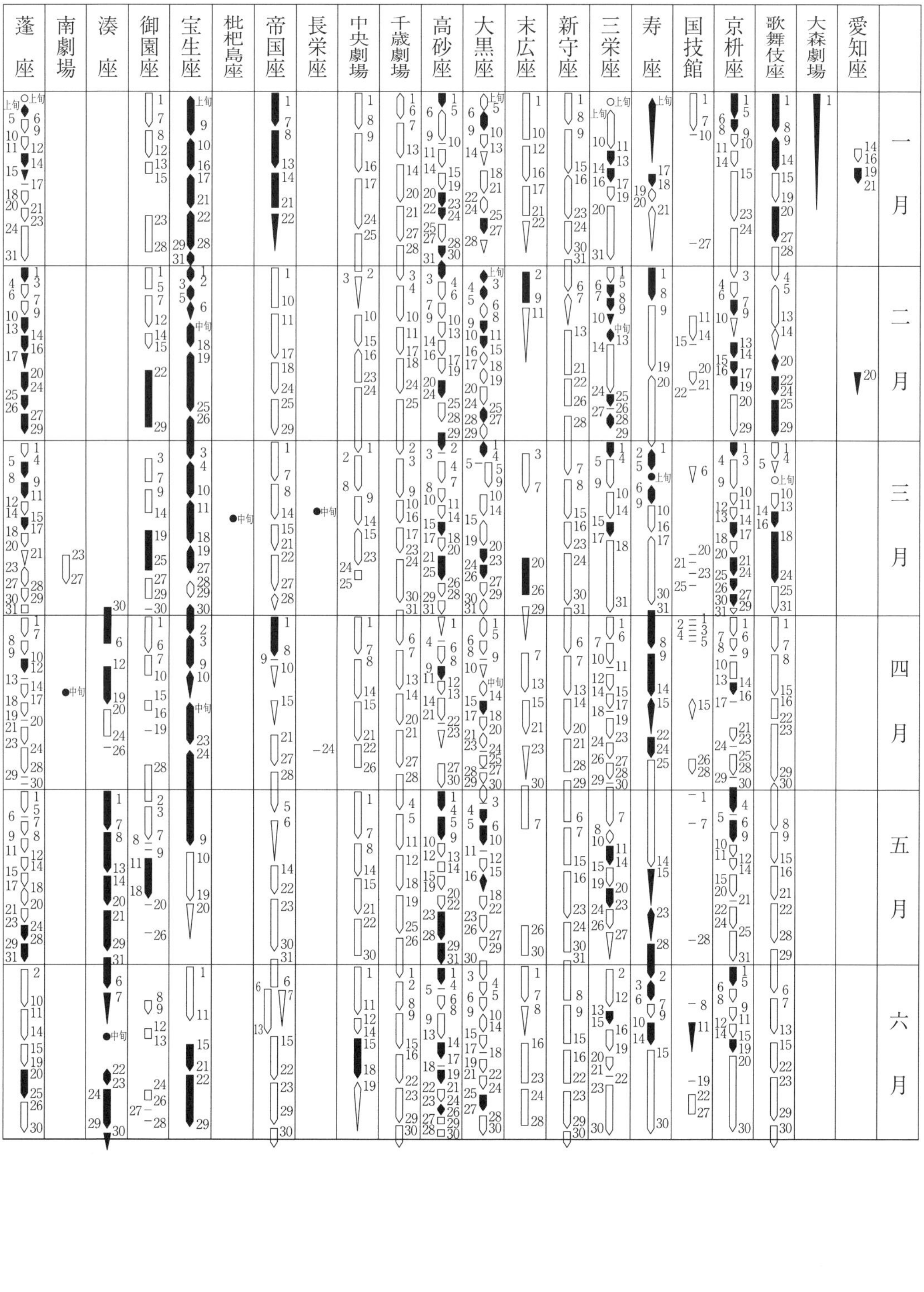

蓬座
南劇場
湊座
御園座
宝生座
枇杷島座
帝国座
長栄座
中央劇場
千歳劇場
高砂座
大黒座
末広座
新守座
三栄座
寿座
国技館
京枡座
歌舞伎座
大森劇場
愛知座
一月
二月
三月
四月
五月
六月

大　正　九　年（1920・庚申）

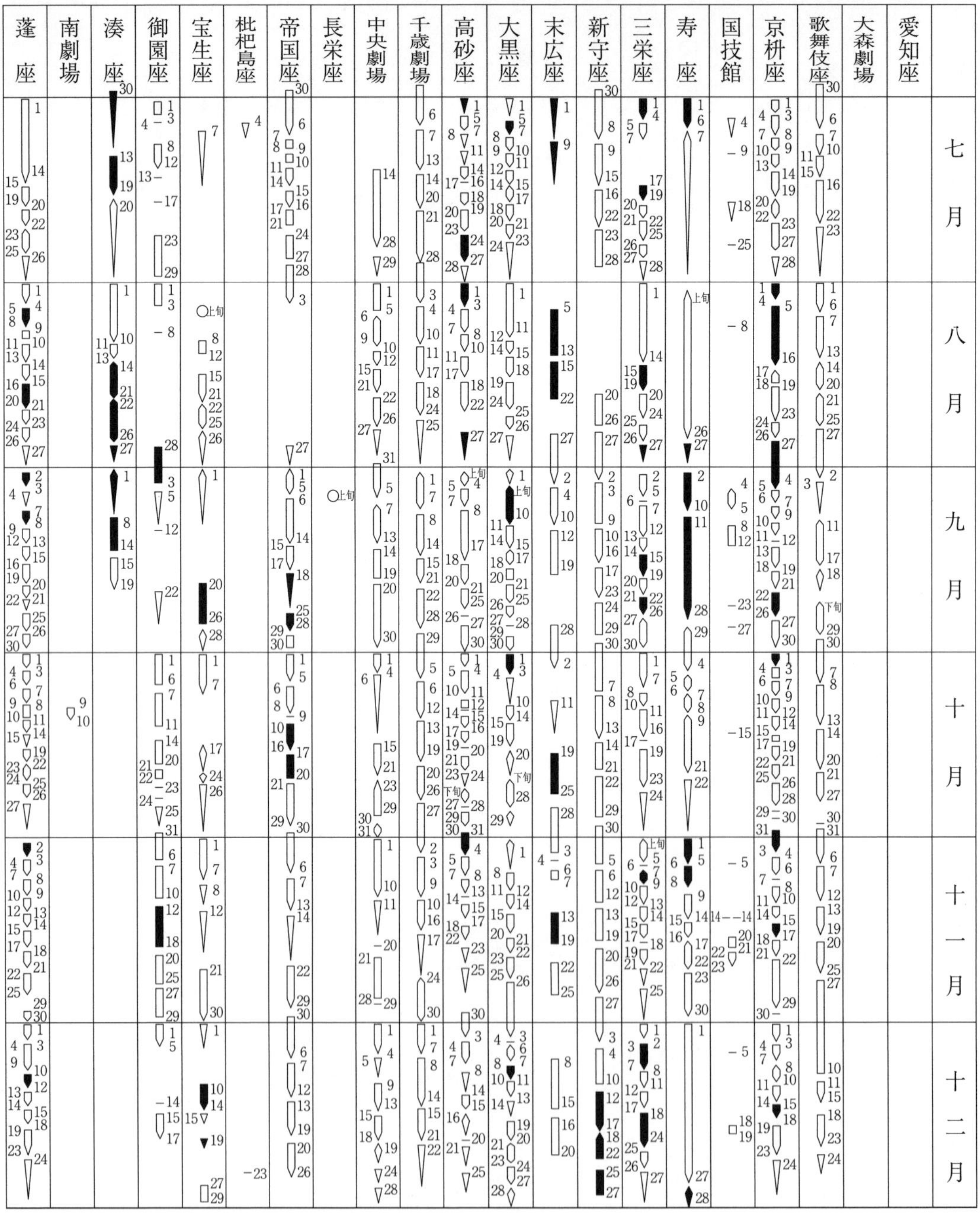

蓬座
南劇場
湊座
御園座
宝生座
枇杷島座
帝国座
長栄座
中央劇場
千歳劇場
高砂座
大黒座
末広座
新守座
三栄座
寿座
国技館
京枡座
歌舞伎座
大森劇場
愛知座
七月
八月
九月
十月
十一月
十二月

○一月一日～　大森劇場

演目不詳

末広座巡業部第三団　嵐　枝昇　一座

【典　拠】「新愛知」1・1広告、「名古屋新聞」1・1広告。

○一月一日～(八)日　午後二時開場　歌舞伎座

末広座中村巡業部第四団　旗挙興行

三浦
佐野　有《いう》職《しよく》鎌《かま》倉《くら》山《やま》　五冊

初御目見得　大阪歌舞伎若手名題

片岡　緑之助
嵐　伊三郎
中村　新駒
市川　市雀
大谷吉左衛門
大谷　馬寿
中村　歌三郎
中村　翫二郎
嵐　百三郎

【中　幕】高根《たかね》雪伊達《ゆきだて》実録《じつろく》　御殿

【喜劇（ママ）狂言】廓《くるわ》文《ぶん》章《しやう》　吉田屋

【座　主】中村

【典　拠】「名古屋新聞」大正8・12・28附録、30、1・1広告、8広告。

【備　考】○「四十余名の一座。」（「名古屋新聞」大正8・12・28附録）○「入場料は大々的大勉強」（同紙1・1広告）○「頗る好評」（同紙1・8広告）

○一月一日～(五)日　午後五時半より　京枡座

《連鎖劇》

忠《ちう》臣《しん》蔵《くら》

市川　芳三郎
尾上　扇三郎
浅尾工女之助
阪東　利之助
市川　市紅

【典　拠】「名古屋新聞」大正8・12・30、1・1広告、5、6。

【備　考】○「好評」（「名古屋新聞」1・3広告）○「市川芳三郎（中略）外数十名。」（同紙1・5）

○一月一日～(七)日　昼夜二回開場　国技館

露国ダンス歌劇団

【典　拠】「名古屋新聞」1・5、10附録。

【備　考】○「一月一日から七日迄の予定で（中略）興行が開始され、出演者三十三名全部外国人で（中略）此の興行は人気が無く不入りで失敗し、四日目に藤江・小幡両興行人は金策と称して、何処かへ姿を晦ましてしまつた。」（「名古屋新聞」1・10附録）

○一月一日～(八)日　新守座

《新派連鎖劇》第三週年記念興行　天活第一劇団大井新太郎一派

小柴烟波氏作

家庭悲劇　雪《ゆき》の朝《あさ》　連鎖十三場

ユニバース

【出　演】大井新太郎・関真佐男・吉田健一・村尾一華・田島椎明・三好康雄・波多譲・金子新八（立女形）

【典　拠】「名古屋新聞」大正8・12・27附録、1・1、5評、6、8附録、9附録広告。

【備　考】○「天活直営」（「名古屋新聞」1・1広告）○「三週年記念興行として（中略）場内外に大修繕を施し…。」（同紙大正8・12・25附録）○「五十余名の一座。」（同紙大正8・12・27附録）○「年頭三日間に限り午前九時ヨリ三回開演　第一回目午前九時ヨリ午後一時迄　第二回目同一時半ヨリ同五時半迄　第三回目同六時ヨリ同十時迄」（同紙大正8・12・30広告）○「満員の大盛況。」（同紙1・5）○「本日は午前十時ヨリ（三回開演）午前十時迄に御入場のお方に限り記念品呈上」（同紙1・7広告）○評「初芝居巡り」㈠草疲生（「名古屋新聞」1・5）

○一月一日〜十日　昼十二時 夜六時 二回開演　**末広座**

欧米最新式 大魔奇術　松旭斎天勝 一行

【出　演】天勝・林木きぬ子・野呂かめ子・小天勝・石神タカ衣・山本仙三郎・南部邦彦・日活劇俳優 ポニー

【内　容】魔奇術　滑稽ダンス　長唄　松竹梅　チヤツプリンの巡査　チヤプリンの写真劇　お伽歌劇　羊の天下（巌谷小波氏作）　純歌劇　まぼろし（南部邦彦作）　少女歌劇　人形の森（南部氏脚色）
喜歌劇　おてくさん

【典　拠】「名古屋新聞」大正8・12・27附録、28附録、1・1、1広告、5評、6、10附録。

【備　考】○「今回は悉く家庭向のものを選び…。」（「名古屋新聞」大正8・12・27附録）○「三十一日正午より十数台の自動車に分乗し、天勝初め花の如き少女連・女優等悉く盛装して華々しく町廻りを為し、同座に乗込む事となれり。尚元旦一日に限り午後五時開場。」（同紙大正8・12・30）○「日活劇俳優ポニー氏は活動写真そのまゝのチヤツプリン風姿にて…。」（同紙1・1）○「『羊の天下』は大好評にて、其他の奇術・歌劇等と共に一日・二日は満員の大盛況。」（同紙1・5）○「十日迄日のべ。大小魔奇術及び歌劇十数番を加へ、八日よりは午後五時開演の一回興行。」（同紙1・8附録）○評「初芝居巡り」㈠草疲生（「名古屋新聞」1・5）

○一月一日〜㈤日　午後五時より　**高砂座**

演目不詳　大阪名題 市川団右衛門 片岡島之助 一座

【典　拠】「名古屋新聞」大正8・12・30、1・1、5広告、6広告。

【備　考】○「好評」（「名古屋新聞」1・3広告）

○一月㈠日〜㈥日　**千歳劇場**

《喜劇・活動》

喜劇勅題 田《でん》家《かの》早《さう》梅《ばい》　三場　蝶五郎 天女 時三郎 十郎丸 一派

旧喜劇 壺《つぼ》坂《さか》　二場

所作喜劇 二人《にん》袴《はかま》 引抜 千歳《ざい》おどり

活動写真

【内　容】連続大活劇獅子の爪

【典　拠】「名古屋新聞」大正8・12・30広告、1・1、5〜7、7評。

【備　考】○「三ヶ日三回興行　開場は午前九時より入替なし」「『田家早梅』二場」（「名古屋新聞」1・1広告）○評「初芝居巡り」㈡草疲生（「名古屋新聞」1・7）

○一月一日〜㈧日　昼夜二回開演　**中央劇場**

《新派連鎖・歌劇》大阪楽天地福井茂兵衛一派・中央劇場附中央歌劇団合同

服部秀氏作
新派大悲劇 光《ひか》る山《やま》路《ぢ》　全二十場 内実演六場

【出　演】福井茂兵衛・葛城文子・栗島狭衣・山田好良・山田巳之助・芳野静霞・佐藤芳樹・末吉春人・春岡茂・山口俊雄・磯川元春・吉岡啓太郎・月岡一樹

歌劇

【番　組】歌劇　ラーマスコツテ（福の神）二幕　喜歌劇　御代の春　一幕

【出　演】林はつ子・月岡千草・大浜格・奥村通二・笹本光広・水口小

一郎・清水石之介・関清・衣笠みどり

【典　拠】「名古屋新聞」大正8・12・26附録、1・1、1広告、3広告、5、8広告、9附録広告。

【備　考】○「新派元老福井茂兵衛を始め（中略）一行は、今回地方興行第一歩として中央劇場と契約纏り…。」（「名古屋新聞」大正8・12・24附録）○「前茶屋設置、客席改善を行ひ（中略）三十一日は披露の為め各等半額。」（同紙大正8・12・26附録）○評「初芝居巡り」㈡草疲生（「名古屋新聞」1・7）

○一月一日～（七）日　正午より昼夜二回　帝国座

大阪歌舞伎　片岡我十・市川寿三郎一行

【第一番目】徳川家康 木村長門守　勘《かん》忍《にん》袋《ぶくろ》　四幕六場

【中　幕】関《せき》取《とり》千《せん》両《りやう》幟《のぼり》　稲川内の場

【二番目】待暮《まつてくれ》無《む》間鐘《げんのかね》　梅ケ枝座敷一まく

市川鶴五郎・片岡梅長・市川右升・尾上多喜三郎・銀杏・璃喜之助・松助・門三郎

【典　拠】「名古屋新聞」大正8・12・30、30広告、1・1、1広告、7広告、8附録広告。

【備　考】○「待呉無間鐘」（「新愛知」1・3広告）○「中京唯一の大歌舞伎（中略）切狂言『梅ケ枝の手洗鉢』にて各幕毎に総出の大車輪に演じ大向ふの大受を博し、昼夜二回共大入満員。」（同紙1・5）○「大阪名題片岡我十其他五十余名。」（「名古屋新聞」1・5）

○一月一日～（七）日　四時開演　御園座

《新喜劇》　曽我廼家十郎一派

【第　一】出《で》船《ふね》入《いり》船《ふね》

【第　二】帯《おび》止《どめ》

【第　三】傘《かさ》と提《ちやう》灯《ちん》

【第　四】不得止《やむをえず》

【第　五】投《な》げ島《しま》田《だ》

【典　拠】「名古屋新聞」大正8・12・30、1・1、3広告、7広告、8広告。

【備　考】○「毎日午後五時開場」（「名古屋新聞」1・1広告）○「連日満員」（同紙1・7広告）○評「初芝居巡り」㈡草疲生（「名古屋新聞」1・7）

○一月一日　大須電気館の小火《ぼや》

「一日午後四時四十分頃、名古屋市中区門前町四丁目四十三番地第一電気館フヰルム室より発火。映画二巻（五百円）を焼失」し、五名が二週間から三ケ月間の負傷をした。（「新愛知」1・3）

○一月上旬　三栄座

《新派》

演目不詳　川上貞次郎

【典拠】「名古屋新聞」1・1広告。

○一月上旬～(五)日　大黒座

（昼）

（浪花節）　吉川清之助

（夜）

（万歳新演劇）　花房清十郎

【典拠】「名古屋新聞」1・1広告、5広告、6広告。

○一月上旬　蓬座

世界館巡業部活動大写真

【典拠】「名古屋新聞」1・1広告。

○一月上旬～　寿座

演目不詳　嵐巌二郎一座

【典拠】「名古屋新聞」1・3広告、14広告。

○一月上旬～(十)日　午後四時半開場　三栄座

万歳新演劇　鈴木源十郎
石川貫一一座

【演目】(五)日　朝日門松
(九)日　紅葉立　幕間　万歳と御殿舞
(十)日　悲劇　親の心　幕間　万歳と御殿舞

【典拠】「名古屋新聞」1・3広告、5、6、9附録～11附録。

【備考】○「好評」(「名古屋新聞」1・3広告)

○一月上旬～(九)日　宝生座

二階笠柳生実記

【観劇料】場代なし

【典拠】「新愛知」1・3広告、9広告、10広告。

○一月上旬～(五)日　蓬座

塚《つか》原《はら》卜《ぼく》伝《でん》
一の谷《たに》嫩《ふたば》軍記《ぐんき》
東土産《あづまみやげ》廓廼《くるわの》達引《たてひき》

大阪大名題　市川左門次
東京大名題　市川駒右衛門

【典拠】「名古屋新聞」1・3広告、5、6広告。

【備考】○「満員」(「名古屋新聞」1・3広告)

○一月　正月三が日の観客数

「(前略)一家団欒して観劇に赴いた人々も少く無いらしいが、今試みに世間の景気を一目して判断せらる、遊廓及演芸界を通じて、去年及今年の景気の如何を比較して見るに、門前署管内の劇場及び活動常設館で、太陽外十三ケ所で、正月三日間の入場者数は、昨年の九万七千五百二十四人に対し、本年の八万一千五百八十三人で、一万五千八百四十一人の減少を示してゐる。(後略)」
(「名古屋新聞」1・5)

○一月　名古屋市の観覧税

名古屋市は、四日、大正九年度予算案を発表し、新税として設けられる遊興税・観覧税に関る収入概算額を左記のように示した。

特別税遊興税　収入概算三十五万円
特別税観覧税　収入概算一万五千円
(「名古屋新聞」1・5、7)

右について制定が予定された市条例の条文によると、徴収対象と徴収税率の案は以下のとおり。

「第二条　観覧税は本市内に於ける演劇其他の興行を観覧又は聴聞する者に対し之を賦課す
但慈善・救済等営利を目的とせざるものは此限りにあらず
第三条　観覧税は左の税率に依り之を賦課す

木戸場代下足料を合せて	金二十銭以上	一人に付金	一銭
同	金三十銭以上	同	金　三銭
同	金五十銭以上	同	金　五銭
同	金一　円以上	同	金　十銭
同	金二　円以上	同	金二十銭
同	金三　円以上	同	金三十銭」

(「名古屋新聞」1・11)

しかしながら、この後、観覧税の導入については撤回されることになった。

「継続審議中の名古屋市財源調査会は、引続き二十二日午後二時より開会。遊興税は原案賛成と決し、観覧税は研究の末、撤回することとなし、更に形式を改めて提案の筈にて、四時散会せり。」
(「新愛知」1・23)

「名古屋市九年度予算に計上された特別観覧税は先頃から名古屋市財源調査会に於いて考究中であつたが、今回委員会の意見に従ひ、理事者は該税を撤回する事になつた。その理由は、観覧税が、税額の少い割合にその徴税方法が頗る面倒であるからであるが、市では観覧税から得る見積財源三《ママ》万五千円を興行税に依つて得る筈だそうだから、現在県税一円に付八十銭である興行税は、九年度から約五割の増率を為される結果、一円に付一円二十銭位になるであらうといふ事である。」
(「名古屋新聞」1・24附録)

なお、周辺の自治体においては、豊橋市が四月から、碧海郡刈谷町が五月二十六日から、岡崎市が六月から、観覧税が遊興税とともに導入された。
(「名古屋新聞」5・11、「新愛知」5・23、6・3)

272頁下段参照。

○一月六日～(八)日　午後四時より　京枡座

【一番目】塚原卜伝《つかはらぼくでん》誉《ほまれ》の仇討《あだうち》
【中　幕】一の谷《たに》嫩《ふたば》軍記《ぐんき》
【切狂言】東土産《あづまみやげ》廓《くるわ》の達引《たてひき》

市川　左門治
市川駒右衛門
市川　眼雀
岩井松右衛門

【典　拠】「名古屋新聞」1・6、8附録、9附録。
【備　考】○「満員」(「名古屋新聞」1・7広告)　○「市川左門次。」(同紙1・8附録)

○一月(六)日～(九)日　**大黒座**

演目不詳　中山喜楽　市川三蔵

【典　拠】「名古屋新聞」1・5広告、6広告、9広告、10附録。

○一月(六)日～(九)日　午後四時半より　**高砂座**

《新派連鎖劇》

演目不詳　大阪 桂愛之助　佐久良千代之助一行

【典　拠】「名古屋新聞」1・6広告、7、9附録、10附録。

【備　考】○「名古屋新聞」1・7には高砂座の興行記事が二つあり、それぞれ「毎日午後四時より」と「本日午後四時半より」とある。○「好評」(「名古屋新聞」1・7広告)

○一月六日～(九)日　午後五時より　**蓬座**

特別活動大写真

【内　容】忍術慶安太平記　新派罪と罪　其他喜劇数種

【典　拠】「名古屋新聞」1・6広告、8附録、9広告、10広告。

【備　考】○「好評」(「名古屋新聞」1・7広告)

○一月七日～(十三)日　**千歳劇場**

《喜　劇》第二回目

新喜劇　知《し》らぬ同士《どうし》　三場

新喜劇　人《ひと》の妻《つま》　三場

旧喜劇　短《たん》慮《りよ》の刃《やいば》　三場

【幕間余興】活動写真

【内　容】連続写真獅子の爪

【典　拠】「名古屋新聞」1・7、7広告、13広告、14附録広告。

【備　考】○「本日昼夜三回興行　午前十時開演」(「名古屋新聞」1・7広告)○「本日は午前九時より三回興行。」(同日同紙)

○一月八日～(十三)日　正午より昼夜二回　**帝国座**

大阪歌舞伎　市川寿三郎・片岡梅長・片岡我十一座　二の替り

【第　一】石井《いしゐ》常《つね》右衛《ゑ》門《もん》　六場

【第　二】菅原伝授手習鑑《すがはらでんじゆてならいかゞみ》　車曳より寺小屋迄　尾上多喜三郎　市川鶴五郎　市川右升

【興　行】名古屋志知興行部

【典　拠】「新愛知」1・8広告、「名古屋新聞」1・8附録、8附録広告、13附録、14附録。

【備　考】○「和泉家の狂言替り十八番」(「名古屋新聞」1・8広告)

○一月八日～(十二)日　夕四時より開演　御園座

《新喜劇》曽我廼家十郎一派　替り狂言

【第　一】旅《りよ》行《かう》鞄《かばん》

【第　二】桑《くは》の弓《ゆみ》

【第　三】古《ふる》び行《ゆ》く女《をんな》

【第　四】赤《あか》い家《いへ》青《あお》い家《いへ》

【第　五】遊《いう》女《ぢよ》小《こ》町《まち》

【典　拠】「名古屋新聞」1・9附録、「新愛知」1・12広告、13広告。

○一月(九)日～(十四)日　三時開場　歌舞伎座

末広座中村巡業興行第四団　二の替り

赤穂《あかほ》誠忠《せいちう》義士《ぎし》劇《げき》　四十八段 幕なし

片岡源吾右衛門

初御目見得 大阪歌舞伎若手名題 片岡緑之助 嵐伊三郎 一座

【観劇料】入場料　一名三十銭

【典　拠】「名古屋新聞」1・8附録広告、10附録、11附録、14広告、15附録広告。

【備　考】○『片岡源吾右衛門』については「当市中区東田町乾徳寺境内に義士の遺蹟として芳名末世に輝ける」「伝記併演」(「名古屋新聞」1・8附録広告)と付記されている。○「好評」(「名古屋新聞」1・14広告)

○一月九・(十)日　午後六時より　京枡座

中京商会活動写真

【内　容】旧劇慶安太平記　新派罪と罪　探偵活劇ブラウン

【典　拠】「名古屋新聞」1・9附録、10広告、11広告。

【備　考】○「満員御礼」(「名古屋新聞」1・10広告)

○一月九日～(十五)日　新守座

《連鎖劇》三週年記念興行　天活第一劇団大井新太郎一派　二の替り

【第　一】喜劇　梅《うめ》一輪《りん》

小柴烟波氏新作

【第　二】大悲劇　情《なさけ》の炎《ほのほ》　連鎖十二場

【出　演】関・村尾・三好・金子・波多・田島・寺田・大井　大阪喜劇 池永馬鹿八加入

【典　拠】「名古屋新聞」1・9附録、9附録広告、13附録、14附録、15広告、「新愛知」1・16広告。

【備　考】○『情の焔』連鎖十場。」(「名古屋新聞」1・13附録)○「同座は大当り祝ひを兼ね過日、小扇楼と中宮房にて新年会を催す。」(同紙1・14附録)

○一月九日〜(十六)日　昼夜二回　**中央劇場**

《新派・歌劇》大阪楽天地福井一派・中央劇場専属歌劇団　二の替り

【一番目】新派大悲劇　二つの蕾《つぼみ》

故紅葉山人　服部秀作氏作

上州長脇差劇

【二番目】関《くわん》東《とう》五郎《らう》

歌劇

【番　組】喜歌劇 戦争と恋愛 一幕　歌劇 ベニスの夕 一幕

【典　拠】「名古屋新聞」1・9附録、9附録広告、13附録、15附録、15附録広告、17附録、「新愛知」1・16広告。

【備　考】○「『関東五郎』福井茂兵衛が得意の大立廻り」(「名古屋新聞」1・9附録広告)　○「歌劇は『戦争に恋愛』及び『ビューオブベニス』。」(同日同紙附録)　○「歌劇『ブム大将』『水のベニス』等。」(同紙1・13附録)　○「次興行の連鎖写真撮影の為め十六日八事及び大須方面を撮影し、其折招待券三百余枚を各風船玉に附して飛ばす由。」(同紙1・15附録)

○一月九日　**活動常設館主の陳情**

「太陽館主佐藤太郎氏初め市内活動常設館主七名は、九日午後二時半頃警察部に松本保安課長を訪ひ、取締上の寛大ならん事を縷々陳情して、三時半頃辞去せり。松本課長は語る。

『陳情の趣旨は、第一、毎月一回の常設館公休日を今後廃止したきより、之れが許可ありたしとの事、第二、弁士の許可制度を廃止されたき事、大略此の二つであつた。公休日の廃止は絶対に許されないが、弁士の許可制度に就ては一考し置く旨、返事を与へて置いた。彼等館主の言ふ所に依ると、近頃各館共弁士が払底し、新に他府県から抱入れやうにも、愛知県は資格が八釜しいから煩《うるさ》いとて、却々《なかなか》招きに応じて来ないとの事である。其処で弁士の許可制度を廃して、従来の如く免状無しで弁士が稼げるやうにありたいと言ふのである。容易に聴き容れられないが、兎に角一考して置く事にした』云々。」(「名古屋新聞」1・10附録)

○一月十日　**国技館**

普通選挙促進講演会

【典　拠】「名古屋新聞」1・12。

○一月十日〜(十三)日　午後四時より　**大黒座**

《新派連鎖劇》　川上貞次郎一行

演目不詳

【典　拠】「名古屋新聞」1・10附録、13広告、14附録。

○一月十日　**高砂座**

《新派連鎖劇》大阪桂愛之助一行　二の替り

【一番目】連鎖劇　新《しん》不如帰《ほとゝぎす》

【二番目】喜劇　かくし妻《つま》

【幕余興(ママ)】写真

【内　容】おそろしき一夜

【典　拠】「名古屋新聞」1・10附録、10広告、11附録。

○一月(十)日～(十六)日　宝生座

若緑二葉松

【観劇料】場代なし
【典　拠】「新愛知」1・9広告、10広告、16広告、17広告。

○一月十・(十一)日　蓬座

日活活動写真

【内　容】旧劇野狐三次　悲活劇女飛行家　其他
【典　拠】「名古屋新聞」1・10附録、11広告、12広告。
【備　考】○「好評」(「名古屋新聞」1・11広告)

○一月十日　子供の会

十日午前十時より、伊藤呉服店三階の演舞場において、子供の会が開かれ、名古屋市内の幼稚園児六百名を集めて、久保田金仙の絵噺、中央劇場男女俳優によるお伽歌劇『猿キヤツキヤ』などが上演された。

(「名古屋新聞」1・11)

○一月十日～(十二)日　三曲合奏大会

「当市栄町十一屋呉服店にては、今十日より三日間、冬物見切大売出を為し、(中略)因に余興として各師合同三曲合奏を楼上に開催。」

(「名古屋新聞」1・10附録)


「各師匠聯合して、十日は午後一時より、十一日は午前九時より、十二日は午後一時より、三日間市内栄町十一屋呉服店内に於て開催。」

(「名古屋新聞」1・10)

○一月十一日～(十四)日　五時より　京枡座

ドンドン節

読物毎日続き

元祖三河家円車　小円治
木村八重松嬢　小辰丸
光車

【典　拠】「名古屋新聞」1・11広告、12、13附録～15附録。
【備　考】○「満員。」(「名古屋新聞」1・12)

○一月十一日～(十三)日　午後四時より　三栄座

菅原伝授手習鑑《すがはらでんじゆてなら□かゞみ》

【二番目】陸奥《むつ》の白萩老後政岡《しらはぎらうごのまさをか》

東京市川市蔵
中村（ママ）喜楽
市川三蔵
一行

【典　拠】「名古屋新聞」1・11附録、12、13広告、14附録。
【備　考】○「人気」(「名古屋新聞」1・13広告)

○一月十一日～(十四)日　午後四時より　高砂座

(浪花節)

二代目京山小円
京山円十郎
一行

【典　拠】「名古屋新聞」1・11附録、14附録、15附録。
【備　考】○「本日午後四時半より、二代目小円を襲名する京山小円一行。」(「名古屋新聞」1・11附録)　○「満員好評。」(同紙1・12)

○一月十二日～(十六)日　昼十二時 夜六時より二回開演　末広座
《歌　劇》
歌　舞　劇　　新星歌舞劇団
【出　演】清水金太郎《バリトン》・高田雅夫《ダンサー》・田谷力三《テノール》・原せい子《ダンサー》・水野譲治《バス》・中山歌子《ドラマティックソプラノ》・葉山・武田
【番　組】第一　喜歌劇　ラマスコッテ　三幕(オードランド作曲)　第二　新古典楽劇　第七の后　二幕(伊庭孝作)　第三　新舞踊　デアナと半獣神　一場(高田)　第四　歌劇　甘き人々の群　一場
【舞台監督】伊庭孝　【音楽指揮】竹内平吉・沢田柳吉
【典　拠】「名古屋新聞」1・9附録、11附録、12、14附録評、「新愛知」1・16広告、17広告。
【備　考】○「七十有余名の一座。」(「名古屋新聞」1・9附録)　○「大好評大盛況」(同紙1・17附録広告)　○評「末広座の歌劇」ゲオ生(「名古屋新聞」1・14附録)

○一月十二日～(十四)日　午後四時より　蓬座
《女優三曲劇》
山《やま》中《なか》鹿《しか》之《の》助《すけ》　　市岡若吉一座
【典　拠】「名古屋新聞」1・12、14附録、15附録。
【備　考】○「好評」(「名古屋新聞」1・13広告)

○一月十三日～十五日　御園座
曽我廼家十郎一派　三の替り
【第　一】軸《じく》筈《はず》
【第　二】孝《かう》行《かう》娘《むすめ》
【第　三】通《かよ》ふ千鳥《とり》
【第　四】三世《(ママ)せい》相《そう》
【第　五】天《てん》気《き》予《よ》報《はう》
【典　拠】「名古屋新聞」1・13附録、15附録。
【備　考】○「名古屋新聞」1・13附録には「第一『軸管』」とある。

○一月十四日～(十六)日　愛知座
小松商会　日活活動写真
【内　容】旧劇野狐三次　新派女飛行家　其他
【典　拠】「名古屋新聞」1・14附録。

○一月十四日～(十六)日　三栄座
《女優歌舞伎》
【一番目】妹脊《いもせ》山女庭訓《やまをんなていくん》
【二番目】白《しら》浪《なみ》五人男《にんをとこ》
歌舞伎女優　市川寿三八　嵐寿々八一座

【典　拠】「名古屋新聞」1・14附録、15附録、「新愛知」1・16広告、17広告。
【備　考】○「好評」(「新愛知」1・15広告)

○一月十四日〜　午後四時より　**大黒座**

《新派連鎖劇》

演目不詳　立松　薫一行

【典　拠】「名古屋新聞」1・14附録、14広告。

○一月十四日〜(二十)日　**千歳劇場**

《喜劇・写真》

喜劇　一時《じ》のがれ　二場　蝶五郎　時三郎　天女　一派

旧喜劇　堀《ほり》川《かは》　一場

新喜劇　若《わか》女《にょう》房《はう》　二場

【余　興】活動写真
【内　容】連続活動写真獅子の爪
【典　拠】「名古屋新聞」1・14附録、14附録広告、18附録、20広告、21附録広告。

○一月十四日〜二十一日　午後二時より　**帝国座**

大阪歌舞伎　片岡我十・市川寿三郎一座　三の替り

【第　一】伽《めい》羅《ぼく》先《せん》代《だい》萩《はぎ》　大序より刃傷まで　市川鶴五郎　市川右升　片岡梅長　中村松寿

【中　幕】三　勝《かつ》　半《はん》　七　酒屋一幕

【切狂言】俠《けう》客《かく》牛《うし》若《わか》源《げん》太《た》郎《らう》　三場

【興　行】名古屋志知興行部
【典　拠】「新愛知」1・14広告、「名古屋新聞」1・14附録、14附録広告、15附録、17附録、21附録。
【備　考】○「一座は更に中村松寿を加へ本日より…。」(「名古屋新聞」1・14附録)　○「今回は左の好狂言を撰びまして一回興行として各優得意の出し物に腕を揮つてたつぷり御覧に入れます」(同日同紙附録広告)　○『俠客牛若源太』。」(同紙1・15附録)

○一月十五日〜(十九)日　午後正五時開場　**歌舞伎座**

浪花節　東京　木村友衛

【読み物】慶安太平記(木村友盛)　天保六歌仙（ママ）(木村友遊)　播随（ママ）院長兵衛(津田清城)　業平金五郎（ママ）(吉川松雀)　熊野霊現（ママ）記(浪花亭若奴)　前段　塩原(木村友衛)　後段　寛政力士伝(木村友衛)
【典　拠】「名古屋新聞」1・15附録、15附録広告、19広告、20附録。
【備　考】○「木村派の実権を握れる木村友衛は…。」(「名古屋新聞」1・15附録)　○「好評」(同紙1・19広告)

○一月十五日～(二十三)日　午後四時より　**京枡座**

万歳新演劇　鈴木源十郎　石川貫一　合同

【演　目】十五日～　悲劇　新野崎村　喜劇　子はカスガヒ　幕合　万歳
十九日～　芸題替り　万歳と芝居　ていれこ幕なし
二十三日　三の替り　万歳と芝居　ていれこ

【典　拠】「名古屋新聞」1・15附録、17附録、18附録、19、23附録、24附録。

【備　考】○「満員」(「新愛知」1・16広告)

○一月十五日～(十九)日　午後四時より　**高砂座**

《新派劇》　三井武次郎一派

【一番目】念《ねん》力《りき》

【二番目】喜劇　田《でん》家《か》早《さう》梅《ばい》

【典　拠】「名古屋新聞」1・15附録、17附録、19広告、20広告。

【備　考】○「好評」(「名古屋新聞」1・17広告)

○一月十五日～　**蓬座**

《三曲劇》市岡若吉一座　二の替り

天《てん》竺《ぢく》徳《とく》兵《べ》衛《ゑ》

弥《や》次《し》郎《ろ》兵《へ》衛《ゑ》喜《き》多《た》八

【典　拠】「名古屋新聞」1・15附録。

【備　考】○「満員」(「新愛知」1・16広告)

○一月(十六)日～(二十三)日　**新守座**

《連　鎖》三週年記念　天活第一劇団大井新太郎一派

新派悲劇　船《せん》長《ちやう》の妻《つま》　連鎖十二場
キネオラマ
筑前琵琶　鹿子旭江嬢弾奏

喜劇　イエスオーライ

【典　拠】「名古屋新聞」1・15広告、17附録、17広告、18附録、19、23広告、24広告、「新愛知」1・16広告。

【備　考】○「『船長の妻』(中略)は扇丸撃破のキネオラマに全力を注ぎつつあり。」(「名古屋新聞」1・17附録)　○「鹿子旭江嬢の弾奏にて大喝采。」(同紙1・19)　○「益々好評(中略)連日満員に付日のべ」(同紙1・23広告)

○一月十六日　**劇場内での喫煙禁止(県内劇場数、劇場内の飲食)**

「全国劇場・興行娯楽場等にて、公衆衛生上、場内にて喫煙を禁止すべく、内務省警保局長は、警視庁及地方長官に、去る十六日附を以て、夫れ〴〵通牒を発せるが、之が為め旧劇場・興行場、新設劇場等は、喫煙室の設備を要すべく、警視庁にては之が違反者処罰方法其他を考究中なり。」

(「名古屋新聞」1・24)

「内務省河村警保局長より今回各府県へ通牒を発し、各地の劇場・寄席・活動写真館・見世物小舎《こや》等総ての興行場に於て、衛生・火災其他危険事故予防の為め、喫煙室以外に於ける喫煙を禁じ、同時に喫煙室の設備無き興行場には之を設備せしむる事とし、本県へも一両日前此の訓令が到達した。之が実行の晩は、各興行場内が丁度市内電車の中と同様になつて、煙草が喫へない事になる。右に就て松本本県保安課長は語る。

◆『至極好い訓令だと思ふ。衛生上からも火災予防上からも、又道徳上からも、総て好い事だ。従来の如く場内が煙草の煙で立て籠《こ》むやうでは、女子供が第一困り、衛生上宜しくも無い。巻煙草の尖《さ》きでウツカリ人の袂を焼くなどの事が今回の喫煙禁止で無くなるとすれば、道徳上喜ばしい。

◆本県に於ては、訓令に基いて早速県令の改正をしても可《い》いと思ふが、差当り劇場の許可条件に喫煙室を設くる事を追加し、一定期間内に之れを設けさせる方針で、二、三日後先づ活動常設館主を呼んで、成るべく至急に実行させ、次いで他の興行場主を招致して、成るべく全体に実行させる方針である』云々。」　（「名古屋新聞」1・25）

右に関連して、通達すべき愛知県内の施設数が新聞に掲載された。

「本県保安課にては興行場内に於ける禁煙励行と同時に喫煙室を設けしむべく、先づ市内の活動常設館主を呼び出して、通達する筈なる事既報の如くなるが、未だ其の運びに至らざる中に、保安課長の更迭を見たる所、近日太田新保安課長より右の手順を為すべし。之れに就て同課が調査せし県下興行場の総数は百三十三にして、此の内劇場九十五、諸芸場二十二、活動写真常設館十六なり。前記百三十三箇所の興行場中、一千人以上を容れ得る物三十七箇所なり。各警察署管内中に最も多く興行場を有するは、市内門前署にして、其の数十四、次は新栄署の十二、熱田・半田両署の各々九、岡崎署の八、豊橋・江川両署の各七等なり。」　（「名古屋新聞」2・7）

また、喫煙の禁止に関連して、劇場内における飲食の状況についても、「市井評論　劇場と飲食」と題する意見が掲載された。

「▼本県保安課では、警視庁の例に倣つて、県下の興行場に禁煙励行と喫煙室設備の命令を発することになつたが、吾輩は今一歩進んで、観覧場に於ける飲食の問題を考へて見たいと思ふ。

▼試みに各興行物閉場後の場内を一瞥して見るがよい。蜜柑の皮、豆の袋、殆ど吾々の家の大掃除以上の掃溜が山と積れて、其の不潔さ加減はお話にならない。寧ろ今まで其の場内にあつて平気で見物して居たことを不思議とするほどである。

▼塵芥の町に吹かれ、裾廻りに夥たゞしき不潔物を所有する後からの入場者が、設備の完全ならざるが上に、鼻口の前を遠慮会釈もなく跨ぎ越ゆる時、重詰に弁当箱《うりこ》に、乃至は酒を汲み交して太平楽を並べて居る杯の中に、お裾分けに不潔物を蒔いて行くのを、少しも不思議に考へて居ない。余りといへば情けないことでは無いか。

▼而も升割の狭いアノ座席に、煙草盆に茶に、重詰に正宗の罎を並べて、千種行でも知れたもの、窮屈千万な押合ひごんぼで平気である。喫煙《すゐ》殻《から》から焼穴が出来る。土瓶が転覆《ひつくりかへ》つて灰神楽が立ち昇り、大切な一張羅に煮物の浸《し》点《み》が出来る。而も前茶屋なるもの、高価な関税を取られて太平楽である。

▼濛々と立ち罩《こ》める煙草の煙の中の人混み。電車の乗降によつて馬糞をも裾廻りに忍ばせる不潔な眼前の跨ぎ越え。眼にも鼻にも口にも非衛生な空気を吸ひに行く為に、高い観覧料を支払つて少しも怪しまないのは、厳格な意味から云つて理由が少しも成立しない。

▼夫れは設備によつて幾分の□良が出来るとしても、アノ中で飲食することは、何の点から考へても道理が立たぬ。観覧しつゝ喫煙することを禁ずるならば、衛生上の立脚点から見て、飲食の点もも（マヽ）考慮を払ひたいと思ふ。之は寧ろ今日の如く衛生を喧しく云ふ時代には、各人が夫々自覚すれば訳の無い事であるが、娯楽とか趣味とかいふことに、飲食を伴はせなくては成し得ない習慣に馴れて居る多数者には、厄介千万であるが、所謂『其の筋』の手数を煩はせなくては徹底することが出来ないことを悲しむ。

▼若し成し能ふならば、一切の観覧物は椅子席に改めさせるがよい。そうして喫煙室なり飲食室なりを別に設けて、夫等の必要な人は夫々の室に於てする様にすれば、比較的衛生にも叶ひ、且他人に迷惑を掛けるやうな事も減ぜられる訳である。殊に出入の如きも整理が出来て、下足場の短時間に於ける争ひも除かれ、折角の興味や観賞意識を打ち毀さずに其のまゝ場外に出ることも出来やう。

▼要するに煎じ詰めると、興行場の設備が不完全と云ふ事に帰着す

る。吾輩は県当局に進言して、今後の改造又は新築する興行ものは、県令を以て『観覧場は必ず椅子席に限る』と云ふやうにしたら、夫等の凡てが一と通り解決せられて、入場者の衛生上に利する所が在らしめたいと思ふ。」

（「名古屋新聞」2・8附録）

○一月十七・（十八）日　寿座

演目不詳　市川勇次郎

【典　拠】「名古屋新聞」1・17広告〜19広告。
【備　考】○「好評」（「名古屋新聞」1・18広告）

○一月十七日〜（十九）日　三栄座

活動写真

【内　容】活劇女司令官　喜劇夫の失敗　旧劇野狐三治　新派女飛行家
【典　拠】「名古屋新聞」1・17附録、19、20附録。
【備　考】○「好評」（「名古屋新聞」1・18広告）

○一月十七日〜二十一日　午後五時開演　末広座

新星歌舞劇団　二の替り

歌舞劇

【出　演】清水金太郎・高田雅夫・原せい子・中山歌子・田谷力三・竹内平吉・伊庭孝・水野・岡本・神山・葉山・吉川・小野・美根子
【番　組】第一　喜歌劇　コルネビユールの鐘　四幕　第二　活劇　無頼漢二幕　第三　新舞踊　ロシヤンダンス　一場　第四　歌舞劇　戦争の始終　二場
【典　拠】「名古屋新聞」1・17附録、17附録広告、21附録。

○一月十七日〜（二十四）日　中央劇場

《連鎖・歌劇》

新派悲劇　雪《ゆき》巴《どもゑ》　全二十場　福井茂兵衛一派

歌劇

【番　組】北米寄談《（ママ）》　コリヤック物語　一場　ハンガリヤダンス　一幕（大浜格振付）
【典　拠】「名古屋新聞」1・17附録、17附録広告、20附録、24広告、25附録。
【備　考】○「連鎖写真は市内目抜の場所を撰び撮影せし事とて、初日満員。」（「名古屋新聞」1・19）

○一月（十七）日〜（二十一）日　宝生座

白狐助太刀

金森大助

【観劇料】場代なし
【典　拠】「新愛知」1・16広告、17広告、21広告、22広告。

○一月十七日　蓬座

南部美髪組合発会式

【典　拠】「名古屋新聞」1・18附録。

○一月十七日　名古屋市公会堂の建設計画

名古屋市の佐藤市長は、十七日、市役所に市内の富豪十二名を集め、名古屋市公会堂建設資金の寄附を求めた。市長の考えでは、建設資金百万円は、大正九年度の市の予算のほか、銀行・企業・篤志家の三者からの寄附を仰いで準備することとし、鶴舞《つるま》公園内の噴水塔の北側に大中小三つの集会場を擁する施設を建設する予定であった。

（「名古屋新聞」1・18附録）

この後、建築費は総額百五十万円と修正され、二百万円とも言われるようになった。（「名古屋新聞」2・21附録、「新愛知」2・23）

大正九年度、市は予算百五十万円のうち五十万円を市、百万円を寄附によって調達する計画で、公会堂建設に乗り出したが、寄附金が六十万円までしか集まらず、秋には工事中止のやむなきに至った。

（「新愛知」11・19附録）

編注、名古屋市公会堂は昭和五年に右記の建設予定地に開場。

○一月十八日～(二十一)日　大黒座

ドン〳〵節　元祖三河家円車一座

【典　拠】「名古屋新聞」1・19、21広告、22広告。

【備　考】○「昨日より開場せし処、非常に人気よし。」（「名古屋新聞」1・19）

○一月十八日～(二十)日　午後四時半より　蓬座

大須世界館出張活動写真

【内　容】旧劇文珠九助　新派二つ蛇の目　其他

【典　拠】「名古屋新聞」1・18附録、20附録、21附録。

【備　考】○「好評」（「名古屋新聞」1・19広告）

○一月(十八)日　観世流素謡舞囃子会

「十八日正午より、東区呉服町能楽倶楽部に於て、青山社中の素謡舞囃子会を開催。傍聴随意。」

（「名古屋新聞」1・17附録）

○一月十八日　初縁日の余興

十八日は、市内東区萱屋町谷汲山観世音の初縁日につき、余興として「竹本館長主催浄瑠璃」と生花会等が催され、また同日、東区松山町林貞院の初縁日につき、十八・十九の両日、余興として「睦会浄瑠璃」と生花会等が催された。（「名古屋新聞」1・18附録）

また二十・二十一の両日は、市内西区新道町の林貞院における身代り弘法大師の初縁日につき、余興として「竹本長昇連浄瑠璃会」が催された。（「名古屋新聞」1・20附録）

○一月十九日〜(二十一)日　愛知座

【一番目】越前葵黄金鯱鉾《えちぜんあふひこがねのしやちほこ》　山村紅雀一座

【中　幕】義《よし》経《つね》千本《ほん》桜《さくら》

【　切　】壺《つぼ》坂《さか》寺《てら》

【典　拠】「名古屋新聞」1・20附録。

○一月(十九)・(二十)日　午後五時より　寿座

浪花節芝居　音羽家一行

【典　拠】「名古屋新聞」1・18広告、19広告、20附録、21附録。

○一月二十日〜(二十七)日　午後三時より　歌舞伎座

末広座中村巡業部第四団

第二回　赤穂《あかほ》誠忠義《せいちうぎ》士《し》劇《げき》　四十八冊　幕なし　大阪歌舞伎若手名題　片岡緑之助　嵐伊三郎一座

【大喜利】御所桜堀川夜《ごしよさくらほりかはよ》討《うち》　弁慶上使

【典　拠】「名古屋新聞」1・20附録、22附録、23附録、28附録、「新愛知」1・27広告。

【備　考】○「大好評」(「新愛知」1・27広告)

○一月二十日〜(三十一)日　三栄座

万歳新演劇　花房清十郎一行

【内　容】(二十)日〜　水車番人　幕間　万歳
(二十二)日　悲劇 親心　幕間 万歳　幕なし
(二十三)日　月の光　幕間 万歳
(二十四)日　同じ思ひ　幕間 万歳
(二十五)日　薄雲の色　幕間 万歳
(二十六)日　悲劇 親心
(二十七)日　月の蔭　幕間 万歳
(二十八)日　恋の近道　幕間 万歳
(二十九)日　山と川　幕間 万歳

【典　拠】「名古屋新聞」1・20附録〜25附録、26、27附録〜29附録、2・1附録、「新愛知」1・31広告。

【備　考】○「大好評」(「新愛知」1・31広告)

○一月二十日〜(二十二)日　午後四時半より　高砂座

演目不詳　市川米寿　市川広次　市川琴次一座

【典　拠】「名古屋新聞」1・20附録、22広告、「新愛知」1・23広告。

【備　考】○「好評」(「名古屋新聞」1・21広告)

○一月(二十一)日〜　午後四時半より　寿座

世界館出張活動写真

【典　拠】「名古屋新聞」1・20附録、21附録。

○一月二十一日～(二十七)日　**千歳劇場**

《喜　劇》蝶五郎・天女一派　芸題替へ

【第　一】喜劇 白《しろ》木《も》綿《めん》　二場

【第　二】旧喜劇 抜《ぬ》け雀《すゞめ》　二場

【第　三】喜劇 越《えち》後《ご》獅《し》子《し》　二場

【余　興】(活動写真)

【内　容】連続冒険活劇獅子の爪

【典　拠】「名古屋新聞」1・21附録、21附録広告、25附録、27広告、28附録広告。

【備　考】○「第三は長唄の『越後獅子』を巧に喜劇化したもの。」(「名古屋新聞」1・25附録)　○「相変らず好人気。」(同紙1・26)

○一月二十一日～(二十三)日　午後五時より　**蓬座**

《新派実写連鎖劇》

演目不詳　川上貞次郎一行

【典　拠】「名古屋新聞」1・21附録、23附録、24附録。

【備　考】○「好評」(「名古屋新聞」1・22広告)

○一月二十二日～　午後五時より開演　**末広座**

《新喜劇》志賀廼家淡海一行　当地初御目見得

【第　一】脳《なう》味《み》噌《そ》

【第　二】白《しろ》黒《くろ》

【第　三】愛《あい》の傷《いた》み

【第　四】茶《ちゃ》屋《や》違《ちが》ひ

亀鶴　弁慶　老松　唐橋　晩鐘　晴嵐　落雁　都　秋月　淡海

【典　拠】「名古屋新聞」1・20附録～22附録。

【備　考】○「斯界の若手新進。」(「名古屋新聞」1・20附録)　○「入場料一等九十銭、二等六十銭、三等四十銭、四等二十銭。」(同紙1・22附録)　○「連日大好評。」(同紙1・26)　○評「志賀廼家の喜劇」涙(「名古屋新聞」1・24附録)

○一月(二十二)日～(二十四)日　**大黒座**

(浪花節)　天龍軒霧島一行

【典　拠】「名古屋新聞」1・21広告、22広告、24広告、25広告。

○一月二十二日～　午後二時開場　**帝国座**

大阪歌舞伎　片岡我十一派　第四の替り

【一番目】小《を》笠《がさ》原《はら》諸《しよ》礼《れいの》忠《ちう》孝《かう》　狩倉より大評定まで

【二番目】小春治兵衛 心《しん》中《ぢう》天《てんの》網《あみ》嶋《じま》　河庄一幕

寿三郎　鶴五郎　梅長　右升　多喜三郎

【興　行】名古屋志知興行部
【典　拠】「新愛知」1・22広告、「名古屋新聞」1・22附録、22附録広告、23附録。
【備　考】○「好評」（「名古屋新聞」1・23広告）

○一月(二十二)日～(二十八)日　**宝生座**

櫓太鼓成田仇討

【観劇料】場代なし
【典　拠】「新愛知」1・21広告、22広告、28広告、29広告。

○一月二十三・(二十四)日　午後四時より　**高砂座**

市川米寿・市川慶次・市川琴次一座　二の替り

演目不詳

【典　拠】「新愛知」1・23広告、「名古屋新聞」1・23附録～25附録。
【備　考】○「毎日午後五時より。」（「名古屋新聞」1・24附録）○「好評」（「新愛知」1・24広告）

○一月二十三日～二十八日　午後五時より開演　**御園座**

松竹合名社専属　新星歌舞劇団

歌劇

【出　演】高田雅夫・原せい子・水野譲治・黒田達人・岡本春経・宇津美済・内田敏雄・溝口末之助・神山仙子・葉山百合子・竹内鶴子・吉川澄子・小野喜美子・富士美根子・中山歌子・田谷力三・清水金太郎
【番　組】第一　喜歌劇　ボツカチオ　三場　第二　現代劇　カチユーシヤ（復活）二場（故島村抱月氏訳）第三　舞踊　ラ・カーニバル　一場　第四　歌舞劇　女軍出征　一場
【舞台監督】伊庭孝　【音楽監督】竹内平吉
【典　拠】「名古屋新聞」1・21附録、22附録広告、23附録、26、28附録。
【備　考】○「入場料　特等金一円二十銭　一等金八十銭　二等金五十銭　三等金二十五銭」（「名古屋新聞」1・22附録広告）○「初日以来好況。」（同紙1・26）

○一月二十四日～二月(三)日　四時より　**京枡座**

浪花節芝居

元祖桃中軒桃太郎　吉田松葉　中村歌扇　中村円之助　中村品鶴

芸題毎夜続き

【演　目】(二十四)日～　弁天小僧吉之（ママ）助　大切　義士銘銘伝　幕無し
二十八日～　芸題替へ　小桜仙太　大切　義士銘々伝
二月一日～　芸題替へ
【典　拠】「名古屋新聞」1・24附録、25附録、27附録～29附録、2・1附録、3、4附録。
【備　考】○「名古屋新聞」1・24附録には「本日五時より」、同紙2・1附録には「本日三時より」とある。○「好評」（「新愛知」1・25広告）

○一月二十四日～(三十)日　**新守座**

《連　鎖》天活第一劇団大井新太郎一派　芸題替へ

新派家庭悲劇　月《つき》魄《しろ》　連鎖六場

【出　演】関・村尾・三好・金子・波多・田島・寺田・大井
【典　拠】「名古屋新聞」1・24附録、24広告、25附録、2・1附録、「新愛知」1・30広告。
【備　考】○「大々高評」(「新愛知」1・30広告)

○一月二十四日〜(三十一)日　午後五時より　蓬座

万歳新演劇　芝居と万歳 テイレコ　鈴木源十郎 石川貫一 合同

【演　目】新野崎村
【典　拠】「名古屋新聞」1・24附録、24広告、「新愛知」1・31広告、2・1広告。
【備　考】○「好評」(「名古屋新聞」1・25広告)　○「午後四時より。」(「同紙」1・28附録)

○一月二十五日〜(二十七)日　大黒座

《旧劇連鎖》

新愛知新聞社劇
薬《や》師《くし》の梅《うめ》吉《きち》　市川福円 市川小伝次 中村次昇　市川莚次 阪東三津二郎 合同一座

【典　拠】「名古屋新聞」1・25附録、27広告、28附録、「新愛知」1・26。
【備　考】○「昨日より開演せる(中略)『薬師の梅吉』は弥《いよ〳〵》洗練されたる各優の演技と巧妙なる連鎖フキルムとにて場毎に大好評。」(「新愛知」1・26)
○「中村仙昇・市川福円一座」(「名古屋新聞」1・26広告)

○一月二十五日〜(二十七)日　高砂座

東京常盤商会封切　活動大写真

【内　容】仮名手本忠臣蔵
【典　拠】「名古屋新聞」1・25附録、27附録、28附録。
【備　考】○「好評　忠臣蔵活動大写真」(「名古屋新聞」1・26広告)

○一月二十五日〜二月二日　中央劇場

《連鎖劇》

連鎖劇 鳶物語　都《みやこ》の曙《あけぼの》　序幕より大詰まで実演七場通し　大阪楽天地 福井茂兵衛一派
スツワケン氏原作　栗島狭衣脚色
新劇悲劇　飛《ひ》行《かう》機《き》　二場

【出　演】福井茂兵衛・文子・栗島狭衣・山田好郎・山田巳之助・芳野・佐藤・末吉・春岡・山口・磯川元春・吉岡・月岡
【典　拠】「名古屋新聞」1・25附録、25附録広告、27附録、27附録評、28附録、2・2。
【備　考】○「『都の曙』(中略)は楽天地に三週間打続けたるもの。因に本日より歌劇は打止めにて、実演のみ。」(「名古屋新聞」1・25附録)　○「連日大盛況。」(同紙1・26)　○評「中央劇場を観る」涙(「名古屋新聞」1・27附録)

○一月(二十五)日　保能会の能会

「名古屋保能会にては、来る二十五日午前九時より、東区呉服町能楽堂にて(中略)第一期第六回の能会を開催。」

(「名古屋新聞」1・10附録)

○一月　俳優の不祥事二件

「豊橋市上伝馬野田屋事夏目京一方の二階奥座敷で、二十三日午後

四時頃、弥生座出勤俳優井上かほる外数名が、車座となつて賭博を開帳中、豊橋署員が踏み込み、一網打尽に取押へ本署へ連行。目下厳重取調中である。」
（「新愛知」1・25附録）

右の俳優は、重の井喜公事松本頭次郎(二七)、橋本忠夫事佐藤秋太郎(三六)、葉山翠事山口省(三二)、富山幸夫事室賀午郎(二七)、永瀬信哉事永瀬金次(三二)、西川清事西尾廉一(三八)、伊井蕉事矢島亀夫(四二)の七名。取調べの上、二十六日書類送局された。
（「新愛知」1・27附録）

「二十五日午後七時頃、市内中区南伏見町の某旅館へ、一見女優らしき男女の一組が、自分等は軽業師なりと称して投宿したはよかつたが、翌朝に成り、宿料十八円三十銭が支払へず、男女が金を集めて見た所、僅に五円しか持合せが無く、結局一人の女を人質に残して引下つた。其後の消息は如何《どう》なつたか不明であるが、軽業師とは偽名で、元中央劇場に居た衣笠みどりの一行だつたさうな。」
（「名古屋新聞」1・27附録）

○一月二十七日　午後六時から　国技館

立憲青年自由党名古屋支部発会記念

普選労働演説会

【典　拠】「名古屋新聞」1・27附録、28。

○一月二十八日～二月(四)日　歌舞伎座

特別公開

支那魔奇術　韓鳳山一行

【番　組】支那歌舞劇　真剣仕合　少女曲芸　スミス式飛行皿　木の葉落し　逆転旋回　魔か風か　不思議の底無桶　三人運動

【典　拠】「名古屋新聞」1・27附録広告、28附録、2・4広告、5広告。

【備　考】○「賜各宮殿下台覧光栄数十回」（「名古屋新聞」1・27附録広告）

○「一日より芸題を全部取かへたり。」（同紙2・3）

○一月二十八日～　大黒座

浪花節　原　雷右衛門一行

【典　拠】「名古屋新聞」1・28附録。

○一月二十八日～(三十)日　高砂座

演目不詳　大阪名題 尾上多寿(ママ)三郎 市川右升　片岡我十一座

【典　拠】「名古屋新聞」1・28附録、「新愛知」1・30広告、31広告。

【備　考】○「高評」（「新愛知」1・29広告）

○一月二十八日～二月(三)日　昼夜　千歳劇場

《悲喜劇》喜楽会千葉萬楽一行

【第　一】喜劇　午《ご》前《ぜん》一時《じ》　二場

【第　二】悲喜劇　兄《あに》の心《こゝろ》　二場

【第　三】社会劇　桜《さくら》ひさご　一場

【幕間余興】写真

千崎楽陽　島津小満　森田信楽　久松茶目楽　姫路楽城　山本豊楽　松井極楽　藤原清楽　田中弁楽　八島蝶楽　河村義楽　大村楽峰

【内　容】連続活劇獅子の爪
【典　拠】「名古屋新聞」1・27附録、28附録広告、29附録広告、2・1附録、3広告、4附録広告。
【備　考】○「一座の特色は普通新派と喜劇との間を探りし悲喜劇にて、萬楽は女形なり。」(「名古屋新聞」1・27附録)　○「第三『梅ひさご』、因に本日は夜間一回興行。」(同紙1・28附録)　○「昼夜開演　入替なし」(同日同紙附録広告)　○「『午後(ママ)一時』は大好評(中略)『獅子の爪』(中略)好評。」(同紙2・2)

○一月二十八日　万福院縁日の余興

「中区南鍛冶屋町万福院にては、二十八日成田山不動明王縁日に付、大般若及大護摩修行余興は、福引、八代流生花会、源平連中の浄るり等。」

(「名古屋新聞」1・28附録)

○一月(二十九)日～(三十一)日　宝生座

箱根霊験躄仇討

【観劇料】場代なし
【典　拠】「新愛知」1・28広告、29広告、31広告、2・1広告。

○一月三十一日～二月(六)日　新守座

《連　鎖》第一劇団大井新太郎一派　替り狂言

新派悲劇　忍《しの》び駒《こま》　連鎖十一場

【典　拠】「名古屋新聞」2・1附録、3広告、4附録、6附録。
【備　考】○「一座懸命の大努力は大好評。」(「名古屋新聞」2・2)　○「次狂言用として舞台に於て夜間撮影を行ひ、更に本日市内各所にて撮影する由。」(同紙2・4附録)

○一月(三十一)日～二月(三)日　高砂座

大阪名題　片岡我十・尾上多喜三郎一座　二の替り

吉《よし》田《だ》御《ご》殿《でん》
源《げん》平《へい》布《ぬの》引《びき》滝《たき》
敦《あつ》(ママ)盛《もり》物《もの》語《がた》り

【典　拠】「新愛知」1・30広告、31広告、「名古屋新聞」2・3、4附録。
【備　考】○「好評」(「名古屋新聞」2・1広告)　○『敦盛物語り』は、「名古屋新聞」2・3において、他の二演目と同様に「　」に括られて記載されているため、演目名として扱ったが、『源平布引滝』の通称『実盛物語』の誤記の可能性もある。

○一月　周辺地区の興行

・豊橋市の東雲座は、一日より三日まで昼夜二回、新守座巡業市川福円・市川左莚治・市川小伝治・市川百々太郎等の一座にて、『赤垣源蔵』『釜ケ淵二つ巴』『鬼一法眼』を上演。
(「新愛知」大正8・12・27附録、28附録)
・豊橋の豊橋座は、一日より末広座巡業部第一団中村扇太郎一座にて『黒田大評定』『近江源氏先陣館』等を上演。
(「名古屋新聞」1・1広告、「新愛知」1・9附録)
・津市の曙座は、一日より末広座巡業部第二団中村信濃一座にて開場。
(「名古屋新聞」1・1広告、「新愛知」1・3広告)

・豊橋市の東雲座は、四日より新守座巡業中村福円一座にて活動連鎖『薬師の梅吉』を上演。
（「新愛知」大正8・12・27附録、28附録）

・（岡崎の）金升座は、六日より京山豊太夫・中川晴□《せいうん》太夫の二座合同による豊晴団一座にて浪花節を興行。
（「新愛知」1・8附録）

・岡崎の宝来座は、志知興行部多摩ノ丞・巴左衛門にて興行中。
（「新愛知」1・6広告）

・飯田の曙座は、志知興行部中京成美団にて興行中。
（「新愛知」1・6広告）

・（豊橋の）弥生座は、武田梧楼・清川輝二等の合同連鎖劇にて『大尉の娘』を上演中。
（「新愛知」1・7附録）

・岡崎の金升座は、八日より『薬師の梅吉』を上演。
（「新愛知」1・8附録）

・蒲郡三谷の恵比寿座は、志知興行部多摩ノ丞にて興行中。
（「新愛知」1・9広告）

・（豊橋の）寿座は、京山円十郎一座による浪花節を興行中。
（「新愛知」1・9附録）

・（豊橋の）弥生座は、十日より新派合同連鎖劇の芸題替りにて、一番目活劇『娘火消』、二番目喜劇『縁結株式会社』を上演。
（「新愛知」1・11附録広告）

・尾張中島郡一宮町の満寿美座は、十一日より三日間、松旭斎天勝一行による魔奇術歌劇を上演。
（「新愛知」1・11）

・金沢の北国劇場は、末広座巡業部第二団中村信濃一座にて興行中。
（「新愛知」1・11広告、「名古屋新聞」1・11広告）

・南設楽郡新城町の富貴座は、市川福円一座にて活動連鎖劇『薬師の梅吉』を上演予定。
（「新愛知」1・11附録）

・（豊橋の）東雲座は、名古屋黄花園巡業活動写真隊一行による活動写真を上映中。
（「新愛知」1・11附録）

・（豊橋の）豊橋座は、東武蔵・菅原太郎一座による浪花節を興行中。
（「新愛知」1・11附録）

・蒲郡（劇場名不詳）にて、十二日から四日間、『薬師の梅吉』を上演。
（「新愛知」1・13附録）

・浜松の歌舞伎座は、志知興行部多喜三郎にて興行中。
（「新愛知」1・14広告）

・（豊橋の）豊橋座は、三国太夫・野沢雁□・鶴沢歌玉の補助にて寿連浄瑠璃温習大会を開催中。
（「新愛知」1・14附録）

・津島の巴座は、末広座巡業部緑之助一座にて興行中。
（「新愛知」1・15広告）

・（豊橋の）豊橋座は、十六日より曽我廼家十郎・月小夜・十次郎・蝶六等の一座にて、『出舟入舟』『帯止め』『赤い家青い家』『不得止』『遊女小町』を上演。
（「新愛知」1・14附録、17附録）

・（豊橋の）東雲座は、十七日より四日間、津田清美一行による浪花節を上演。
（「新愛知」1・16附録広告）

・（豊橋の）弥生座は、従来の合同一座へ東京より若手俳優重□《しげのゐ》井喜公・原田良男・□《とみ》山幸夫・□《なが》瀬信哉が新加入にて、連鎖悲劇『霜の夜』、悲劇『八瀬の里』を上演中。
（「新愛知」1・18附録）

＊「新愛知」1・20附録は「悲劇『八瀬の里』」を「社会劇『初瀬の里』」とする。

・東春瀬戸町の陶元座は、木村重勝・木村友衛の一行にて浪花節を興行中。
（「新愛知」1・19）

・挙母の大正館は、二十日より世界館活動写真を上映。
（「新愛知」1・17広告）

・一宮の満寿美座は、志知興行部多喜三郎にて興行中。
（「新愛知」1・20広告）

・阪下の万歳座は、志知興行部中京成美団にて興行中。
（「新愛知」1・20広告）

・北陸魚津の恵比寿座（蛭子座）は、末広座巡業部第二団中村信濃一座にて興行中。
（「新愛知」1・21広告、「名古屋新聞」1・21広告）

・(豊橋の)東雲座は、二十二・二十三の両日、白川玉吉・吉田八千代・雲井式部・京山綾菊・春日野小夜子・桃中軒武乃井・京山みどり等の女流団浪花節初音会一行にて興行。
（「新愛知」1・22附録広告）

・大井の大栄座は、志知興行部中京成美団にて興行中。
（「新愛知」1・22広告）

・(豊橋の)東雲座は、二十四・二十五の両日、安部旭州一門による琵琶大会を開催。前田旭龍・旭栄・旭豊・旭生・旭芳・旭桃出演。
（「新愛知」1・22附録、24附録）

・富山の大正座は、末広座巡業部第二団中村信濃一座にて興行中。
（「新愛知」1・24広告、「名古屋新聞」1・24広告）

・(豊橋の)東雲座は、二十六日より松旭斎天勝一行にて、最新大小魔奇術・劇古典劇冒険曲技・各国ダンス・流行小唄等を上演。
（「新愛知」1・24附録）

・(豊橋)上伝馬の弥生座は、二十六日より新派合同連鎖劇の芸題替りにて、一番目連鎖悲劇『良人の仇』、二番目喜劇『柳橋』を上演。
（「新愛知」1・28附録広告）

・三河田原の田原座は、末広座中村巡業興行部第四団片岡緑之助一座にて興行中。
（「名古屋新聞」1・28広告）

・小松の福助座は、末広座中村巡業興行部第二団中村信濃一座にて興行中。
（「名古屋新聞」1・28広告）

・土岐津の長久座は、志知興行部中京成美団にて興行中。
（「新愛知」1・28広告）

・(豊橋の)寿座は、中川晴雲・京山豊太夫合同の浪花節を興行中。
（「新愛知」1・28附録）

・(豊橋の)豊橋座は、素人劇一行にて興行中。
（「新愛知」1・29附録）

・挙母の大正館は、桂愛之助による新派連鎖劇を興行中。
（「新愛知」1・29広告）

・(豊橋の)豊橋座は、市川米寿一座にて一番目『曽我実録』大序より敷皮まで、『だんまり』、『吉原揚屋の場』を上演中。
（「新愛知」1・30附録）

・(豊橋の)東雲座は、若手俳優尾上猿昇・嵐光雀・弘一郎・光三郎等の一座にて、一番目『宇和島騒動』、二番目『三葵勇士強弓』、切狂言『阿波の鳴戸』を上演中。
（「新愛知」1・31附録）

○二月一日～(八)日　寿座

演目不詳　播摩《ママ》家市蔵

【典拠】「名古屋新聞」2・1広告、8広告、9広告。
【備考】○「好評」（「名古屋新聞」2・6広告）

○二月一日～(五)日　三栄座

《新派実写連鎖劇》

愛《あい》児《じ》　キネオラマ応用　川上貞次郎一行

【典拠】「名古屋新聞」2・1附録、2、5広告、6附録。
【備考】○「当座附近を影写。」（「名古屋新聞」2・1附録）

○二月一日～十日　正午より昼夜二回　帝国座

《新派連鎖劇》中京成美団藤川岩之助一派

岡本霊華氏原作　新愛知新聞社劇

琴《こと》唄《うた》　連鎖十二場

【出　演】松枝緑之助・江川信吾・松影・本田正美・静間柴三郎・中山房雄・新国劇花形明石潮・女優北御門華子・日高十九江　関西立女形梅田蘭芳・大沢憲・菊月良之助加入
【典　拠】「名古屋新聞」１・28附録、29附録、２・１附録広告、２、10附録、「新愛知」２・１広告、４広告。
【備　考】○「名古屋志知興行部」（「新愛知」２・４広告）○「本日市内の要所に撮写をなす由。」（「名古屋新聞」１・29附録）○「昨二日も初日に劣らぬ大盛況。」（「新愛知」２・３）○「一等六十銭（中略）二等五十銭（中略）三等三十銭」（同紙２・７広告）○「各優の努力に舞台面各場共活気横溢し、依然として妙源裡に大入を占めて居るが…。」（同紙２・９）○「来る十日迄日延べ。」（「名古屋新聞」２・９）○「当興行連日の満員厚く御礼申上候」（「新愛知」２・10広告）○「連鎖十三場。」（「名古屋新聞」２・10附録）○評「帝国座の本社劇『琴唄』」（「新愛知」２・２）

○二月（一）・（二）日　宝生座

金森大助

【観劇料】場代なし
【典　拠】「新愛知」１・31広告〜２・３広告。

○二月一日〜五日　午後五時開演　御園座

東都娘演芸会

【番　組】一日　義太夫（竹本組春）各地流行踊（尾上多賀代）剣舞（菊池浪子・尾上小千代）琵琶（高峯筑蓉・尾上羽根子）浪花節（桃中軒雲奴・常盤家軍次・三枡家重時）
二日　義太夫（竹本組春）剣舞（菊地浪子）琵琶（高峰筑蓉）琵琶（藤本蓉子）浪花節（桃中軒雲奴）浪花節（三枡屋重時）各地流行踊り（尾上多賀代・尾上小千代・尾上羽根子・尾上多賀子・常磐家小兼・常磐家安次）
三日　義太夫（竹本組春）琵琶（高峯筑蓉・藤本蓉子）浪花節（桃中軒雲奴・三升家重時）剣舞（菊池浪子）舞踊（尾上多賀代・尾上小千代・尾上羽根子・尾上多賀子）
四日　浪花節（三升屋重時・桃中軒雲奴）琵琶（高峯筑蓉・藤本蓉子）剣舞（菊池浪子）義太夫（竹本組春）各地流行踊（尾上多賀代・尾上小千代・尾上羽根子・尾上多賀子）
五日　義太夫（竹本組春）剣舞（菊地浪子）琵琶（高峰筑蓉）浪花節（桃中軒雲奴）各地流行踊り（尾上多賀代）各地流行踊り（尾上小千代）各地流行踊り（尾上羽根子）各地流行踊り（尾上多賀子）
【典　拠】「名古屋新聞」２・１附録、２、３、４附録、５附録、「新愛知」２・２。
【備　考】○「本日は五十銭均一。」（「名古屋新聞」２・１附録）○「頗る大盛況（中略）東都に於て、各演芸界にて敏腕の聞えある者を網羅せし一座にて大喝采を博しけり。」（「新愛知」２・２）

○二月一日〜（三）日　五時より　蓬座
《旧劇活動連鎖劇》

武《ぶ》勇《ゆう》の誉《ほまれ》　仇討迄幕無し

【出　演】大谷馬十・嵐守十郎・尾上松朝・阪東小鶴・中村松之助
【典　拠】「名古屋新聞」２・１附録、２、３、４附録。
【備　考】○「若手一座。」（「名古屋新聞」２・２）○「好評」（同紙２・３広告）

○二月一日　高山の劇場高山座の倒壊

「一日午前六時、劇場高山座、大雪の為め倒壊。幸に人畜に死傷はなかつた。」（「新愛知」2・2）

○二月一日　名古屋少女歌劇団の誕生

名古屋市東区高岳町二丁目にて洋楽を教授している井上伝枝《つたえ》を主宰者として、「教育的お伽歌劇のみを上演」することを目指す名古屋少女歌劇団が結成され、同女史の自宅を仮稽古場にして、一日から稽古が始められた。団員は学校帰りの三時から声楽、四時から長唄を各一時間稽古し、さらに日本舞踊も修得していく予定であり、十一月頃には第一回公演を実現する予定としている。（「新愛知」2・3）

なお、同歌劇団初の試演が、八日夜に商品陳列館において開催された第一回中京婦人音楽会の演目の一つとして上演された。演目は歌劇『二つの胡蝶』。（「新愛知」2・9）

○二月（一）日　霞会新年囃子会

「田鍋社中の霞会にては、来る二月一日午前十一時より、市内東区呉服町能楽倶楽部に於て、九十九回の新年囃子会を催し、三十余番の番組ありと。」（「名古屋新聞」1・17）

○二月上旬～（三）日　大黒座

《女優劇》

演目不詳　市川鯉昇

【典拠】「名古屋新聞」2・1広告、3広告、4広告。

○二月二日～九日　午後二時開場　末広座

高助・田之助・襲名披露興行

襲名披露に吉例の序開　根《こん》元《げん》草《くさ》摺《ずり》引《びき》　長うたはやし連中

【第一番目】三浦義澄 佐野常世　有《いう》職《しよく》鎌《かま》倉《くら》山《やま》

襲名口上　紀の国家一門

【中まく】所作事　釣女　常盤津連中

【二番目】高《たか》田《た》の《の》馬《ば》場《ば》

【配役】吉例序開 根元草摺引　長うた囃子連中

曽我五郎時致	由次郎改 沢村田之助
小林朝比奈	高丸改 助高屋高助

第一番目

序幕　鶴ケ岡小鳥狩場

源実朝	高丸改 助高屋高助
二階堂刑部	中村助五郎
細川民部太夫	沢村鉄之助
加藤十郎常俊	助高屋助三
遠山十郎左衛門	尾上多見昇
土屋三郎義武	坂東大蔵
陶図書之助	沢村四郎蔵
須山大炊之助	市川滝三郎
佐野源左衛門	沢村宗十郎
三浦荒次郎	沢村長十郎
結城七郎友光	由次郎改 沢村田之助
	沢村宇十郎
三浦の臣轟弥藤太	
近習	大ぜい
勢子	大ぜい

二幕目　建長寺仏参の場

真嶺長光	沢村い十郎
所化	沢村鈨葉
所化	沢村小槌
所化	沢村鉄丸
所化	坂東蔵一
三浦荒次郎	沢村長十郎
結城七郎友光	由次郎改 沢村田之助
二階堂刑部	中村助五郎
加藤十郎	助高屋高三
遠山十郎左衛門	尾上多見昇
土屋三郎	阪東大蔵
陶図書之助	沢村四郎蔵
須山大炊之助	市川滝三郎

真柄舎人之助　沢村　連　舎
芝山修理之助　坂東　薪　車
(ママ)大浦左京　沢村　宇十郎
織越数馬　沢村　遮　莫
和田主計之助　沢村　宗　六
徳村右近　沢村　有　平
相沢監物　沢村　長　次
神保内記　中村　鶴　尾
細川民部太夫　沢村　鉄之助
小性　沢村　宇紀丸
佐野源左衛門　沢村　宗十郎

三幕目　佐野邸袂別の場

魚屋新吉　沢村　四郎蔵
酒屋升八　沢村　宗　六
召使おまき　沢村　遮　莫
若徒五百平　沢村　連　舎
源左衛門妻玉笹　坂東　薪　車
小間物屋久七　市川　滝三郎
轟弥藤太　沢村　宇十郎
衣笠兵馬　沢村　鉄之助
佐野兵衛　中村　嘉　七
若徒勇助　沢村　長十郎
佐野源左衛門　沢村　宗十郎
刀屋伝兵衛　助高屋助　三

大津目　殿中松廊下の場
曲輪外水門の場

(ママ)大浦左京亮　沢村　宇十郎
細川民部太夫　沢村　鉄之助
結城七郎友光　由次郎改 沢村　田之助

佐野源左衛門　沢村　宗十郎
三浦荒次郎　沢村　長十郎
茶道　沢村　小　槌
同　沢村　長　次
轟弥藤太　沢村　宇十郎
若徒勇助　沢村　長十郎
佐野兵衛　中村　嘉　七
捕手　大　ぜ　い

中まく
所作事　釣女　常磐津連中

大名某　由次郎改 沢村　田之助
太郎冠者　沢村　宗十郎
嫁御寮　坂東　薪　車
醜女　高丸改メ 助高屋高　助

第二番目
菅野六郎右衛門邸場
八丁堀安兵衛内場
高田馬場仇討の場

八百屋太郎兵衛　沢村　四郎蔵
下女お丸　沢村　宇十郎
中津川祐範　沢村　い十郎
中川伴蔵　尾上　多見昇
横田軍平　坂東　大　蔵
菅野六郎右衛門　沢村　鉄之助
若徒惣平　高丸改メ 助高屋高　助
鰻屋出前持　坂東　薪　一
酒屋御用　沢村　鉄　丸
中山安兵衛　沢村　長十郎
大工吉五郎　市川　滝三郎

左官八蔵　助高屋助　三
長家婆およく　沢村　連　舎
家主嘉兵衛　中村　助五郎
中津川門弟　大　ぜ　い
見物人　大　ぜ　い
堀部弥兵衛　沢村　い十郎
同　妻お秋　坂東　薪　車
同　娘お妙　沢村　小　槌

【座　主】中村

【口　上】一陽の春の風、春の水、結ひて清く軒端の梅も一輪二輪薫り床しく綻び候折から　御贔負様各位益々御繁栄のだん奉大賀候此度私二人の倅に祖父親の芸名継がせ候□嗚呼かましくも長男高丸に助高屋高助を、次男由次郎に沢村田之助を襲名致させ帝劇にて名披露仕り候処是大の御高評を賜り候事偏に御贔負様の御余光と有難く御礼奉申上候　御錦地は親代々より第二故郷の思ひして飾る錦の袖袂つらねて当る二月二日より我子の生先幾久しく御贔負あふぐ末広座の舞台に襲名興行として御目見得もまだ枝なれぬ子飼の鶯只だ御ひゐきを力一杯ひく□前と草摺りの兄にも勝たせ弟にも勝たせて見たき二夕親の二つの心を御同情御引立の程を偏に奉願上候
頓首百拝　沢村宗十郎敬白

【観劇料】初日直段表　特等金一円八十銭　一等金一円四十銭　二等金九十銭　三等金六十銭　四等金十五銭　五等金二十五銭　二日目より、特等金二円二十銭　一等金一円七十銭　二等金一円二十銭　三等金八十銭　四等金六十銭　五等金三十銭

【典　拠】番付。襲名口上は「名古屋新聞」2・2、同紙2・5附録、千秋楽は同紙2・9による。

【備　考】○「当地出身にて東都にて名代に昇進せし坂東薪車も一行と共に来名。」(「名古屋新聞」1・24附録)　○「八十余名」(同紙2・1広告)　○「大入に付九日まで日延」(同紙2・7広告)　○評「若宮の紀国家《きのくに》」(「名古屋新聞」2・5附録)

○二月三日～　昼夜二回　**中央劇場**
大阪楽天地福井茂兵衛一派　芸題替へ
伊原青々園作
新派悲劇　新比翼塚《しんひよくつか》　七幕八場
無名氏作
社会劇　最後《さいご》の罪《つみ》　三場
福井　葛城　栗島　山田好　芳野　佐藤　末吉　春岡　磯川　吉岡　月岡
【典　拠】「名古屋新聞」2・3、3広告、4附録。
【備　考】○「『最後の罪』六場。」（「名古屋新聞」2・3）○「本日正午十二時迄の入場者に招待券を呈する。」（同紙2・4附録）○評「中央劇場」川（「名古屋新聞」2・8附録）

○二月（三）日～（五）日　**宝生座**
箱根霊現（ママ）躄仇討
【観劇料】場代なし
【典　拠】「新愛知」2・2広告、3広告、5広告、6広告。

○二月四日～（六）日　午後四時より　**京枡座**
支那魔奇術　韓鳳山一行
【番　組】スミス式大皿の空中飛行　大井出し　真剣試合　不思議のソコ無し桶
【典　拠】「名古屋新聞」2・4附録～7附録。
【備　考】○「好評」（「新愛知」2・5広告）

○二月（四）・（五）日　**大黒座**
演目不詳　嵐守太郎一座
【典　拠】「名古屋新聞」2・3広告～6広告。

○二月四日～（六）日　**高砂座**
《喜劇》
演目不詳　曽我廼家蝶五郎一行
【典　拠】「名古屋新聞」2・4附録、6広告、7附録。
【備　考】○「好評　現代喜劇」（「名古屋新聞」2・5広告）

○二月四日～（十）日　**千歳劇場**
《悲喜劇》　喜楽会千葉萬楽一行　二の替り
【第　一】悲喜劇　浪《なみ》枕《まくら》　四場
【第　二】喜劇　鯉《こひ》ごろも　二場
【第　三】喜劇　宮《みや》詣《まゐ》り　三場
【典　拠】「名古屋新聞」2・4附録、4附録広告、9、10広告、11附録。
【備　考】○「『浪枕』は萬楽得意の腕を見せて大好評。」（「名古屋新聞」2・9）

○二月四日〜(六)日　五時より　**蓬座**

労働慰安劇大会

新派悲劇　高《たか》調《てう》子《し》　山本義彦一行

【余　興】大江山土蜘蛛実記(市内各芸妓連)　千本桜　忠信道行(市内各芸妓連)

【典　拠】「名古屋新聞」2・4附録、6附録、7附録。

【備　考】○「好評」(「名古屋新聞」2・5広告)

○二月四日　**谷汲山節分会の余興**

「市内東区萱屋町谷汲山観音院にて今四日午後五時節分会豆撒修行。余興浄瑠璃、作助連・うつぼ連・腰広連・寛十連合同。」(「名古屋新聞」2・4附録)

○二月(五)日〜(十三)日　夜　**歌舞伎座**

浪花節劇　桃中軒桃太郎一行

毎夜つづき

【演　目】(五)日　十八番野狐三次　小町奴長吉
(六)日　弁天小僧　切　関取千両幟
(八)日　いかるが平次　切　千両幟
(九)日　いかるが平次　野狐三次
(十)日　弁天小僧　関取千両幟
(十一)日　小桜仙太　切狂言　五郎孝子伝
(十三)日　小桜仙太　切狂言　五郎正宗孝子伝

【典　拠】「名古屋新聞」2・4広告、5附録、6附録、8附録、9、10附録、11附録、13附録、14附録。

【備　考】○「節劇元祖桃中軒桃太郎若手一行。」(「名古屋新聞」2・5附録)

○二月(五)・(六)日　**長昇連浄瑠璃会**

「五・六両日午後六時より、禅寺町含笑寺にて、長昇連浄瑠璃会を催す。」(「名古屋新聞」2・4附録)

○二月五日　**末広座楽屋にて窃盗**

五日午後、末広座に芝居見物に来ていた平松梅十郎(二七)は、隙を窺って同座楽屋に忍び入り、俳優浅野金之助所有のマント・羽織・首巻・現金の合計七十円を窃取したが、発覚。新栄町署で取調べを受けた後、七日身柄は局送りとなった。犯人は静岡県浜名郡飯田村出身の新三河新聞印刷職工。前年に同新聞の活字や古新聞など三十五円相当を窃取していたことも露見した。(「名古屋新聞」2・8附録)

○二月六・(七)日　**三栄座**

《旧劇実写連鎖劇》

東侠客観音丹次伝《あづまけふかくくわんおんたんじでん》　大阪名代　嵐守十郎　大谷馬十一座

【典　拠】「名古屋新聞」2・6附録〜8附録。

○二月(六)日〜(八)日　**大黒座**

《新派連鎖劇》

演目不詳　一志好美

【典　拠】「名古屋新聞」2・5広告、6広告、8広告、9広告。

○二月(六)日～　宝生座

【一番目】名高き誉国定

【観劇料】場代なし

【典　拠】「新愛知」２・５広告、６広告、11広告。

○二月七日～(九)日　五時より　京枡座

《女優劇》葉村家一座

時鳥《ほと、ぎ□》曽我《そが》御《ご》所染《しよそめ》

鬼《き》一法眼《ほふげん》三略《りやく》の巻《まき》

東京女優 市川 寿三八

嵐 寿々八

【典　拠】「名古屋新聞」２・７附録、８附録、９、10附録。

【備　考】○「好評」(「新愛知」２・８広告)

○二月(七)日～　新守座

《連鎖劇》第一劇団大井新太郎一派　替り狂言

大悲劇 その暁《あかつき》　連鎖十場

【出　演】関・村尾・三好・金子・波多・田島・寺田・大井

【典　拠】「名古屋新聞」２・６附録～８附録、９。

【備　考】○「大詰(中略)火事場は頗る大仕掛にて大喝采。」(「名古屋新聞」２・９)　○評「新守座」(「名古屋新聞」２・11附録)

○二月七日～(九)日　高砂座

《喜　劇》曽我廼家蝶五郎一派　二の替り

【第　一】新喜劇 花《はな》婿《むこ》花《はな》嫁《よめ》

【第　二】旧喜劇 かたみの印《いん》籠《ろう》

【第　三】新喜劇 二夕昔《むかし》

【典　拠】「名古屋新聞」２・７附録、９、10附録。

○二月七日～(十二)日　昼夜二回開演　御園座

浪花節　京山愛子一行

【読み物】昼の部　慈善興行　俵星玄蕃　堀部安兵衛　一席　夜の部　普通興行　義士銘々伝　朝顔日記　長講二席

【典　拠】「名古屋新聞」２・７附録、11附録。

【備　考】○「昨年七月米国帰朝後、引続き帰朝興行に九州・朝鮮・満洲巡業中なりしが…。」(「名古屋新聞」２・５附録)　○「地方巡業中恩謝として、昼間聴覧料を三十銭均一とし全金額を慈善寄附として、市立名古屋盲唖学校維持費に寄贈する事となり、尚盲唖学校生徒全員及名古屋盲人会・針灸会員等無料聴覧さすると。」(同紙２・６附録)　○「夜間(中略)入場料三等三十銭、二等五十銭、一等八十銭。」(同紙２・７附録)　○「京山愛子は何分久し振の御目見得にて(中略)因に其の昼間慈善興行の入場券を(中略)市内各所で発売する由。」(同紙２・８附録)　○「昼夜二回特別興行連日満員　大成功の為め明十二日迄で日延」(同紙２・11広告)

○二月七日～(九)日　**蓬座**

支那魔奇術　韓鳳山一行

【番　組】スミス飛行皿　大井出し　真剣試合　不思議のそこ無し桶　等

【典　拠】「名古屋新聞」2・7附録、9、10附録。

【備　考】○「好評」(「名古屋新聞」2・9広告)

○二月七日　**筑前琵琶旭調会**

「七日午後五時より東区蒲焼町善導寺に於て、筑前琵琶名古屋旭調会月次《つきなみ》温習会を開催。曲目十九番あり。」(「名古屋新聞」2・7附録)

○二月八・(九)日　**三栄座**

《旧劇実写連鎖劇》嵐守十郎・大谷馬十一座　二の替り

木《き》島《しま》三勇《ゆう》士《し》

【典　拠】「名古屋新聞」2・8附録、8広告、9、10附録。

○二月　**富本席・福寿亭・春木座の建築上の危険性**

市内富沢町の寄席富本席は、二月初めから休業に入った。経営者桂文福こと星野藤兵衛の語るところによると、休業の理由は、寄席の二階での営業を禁止する命令が保安課から出ていたこと、家主との賃貸契約が前年末で終了し、一ヶ月の契約延長も過ぎたこと、などであり、現在、土地ぐるみ買い取って改築の上、営業を再開すべく家主と交渉中であるとのことである。(「名古屋新聞」2・7附録)

これに対し、愛知県保安課では左記のように説明している。

保安課では、大正七年十二月に県下の各興行場を検査したが、その折、富本席・福寿亭・春木座については、老朽化が進んでいて危険と認め、一ヶ年の猶予期間中に改築することを命じた。その後、春木座のみは改築し、波留喜座と改称して営業を継続しているが、富本席と福寿亭については未だ改築されず、願い出によって本年一月末までの営業を許可したところであるが、その期限もきたので休業しているしだいであり、二階で営業しているから危険としているわけではない。(「名古屋新聞」2・8附録)

○二月九日～(十九)日　午後五時より　**寿座**

浪花節芝居　富田内一行

【典　拠】「名古屋新聞」2・9、19広告、20広告。

【備　考】○「好評」(「名古屋新聞」2・11広告)

○二月九・(十)日　午後四時半より　**大黒座**

演目不詳　中京青年歌舞伎

【典　拠】「名古屋新聞」2・9、10広告、11広告。

【備　考】○「好評」(「名古屋新聞」2・10広告)

○二月十日～　五時より　**京枡座**

《新　派》労働慰安会

高《たか》　調《てう》　子□

喜　劇

山本義彦
鈴木信一郎
村田美喜男
女優 佐藤はる子
山内峰子

【典　拠】「名古屋新聞」2・10附録、11附録。

【備　考】○「労働慰安正劇と喜劇。」（「名古屋新聞」2・10附録）

○二月十日～　**三栄座**

《女優歌舞伎》

鬼《き》一法眼《はふげん》三略之巻《りやくのまき》

【二番目】蝶《てふ》　吉《きち》　長《ちやう》　五　郎《らう》

市川寿三八
嵐寿々一座

【典　拠】「名古屋新聞」2・10附録、11附録。

【備　考】○「『長吉長五郎』。」（「名古屋新聞」2・11附録）

○二月十日～(十二)日　午後五時より　**高砂座**

河隅活動大写真

【典　拠】「名古屋新聞」2・10附録、14広告、「新愛知」2・13広告。

【備　考】○「毎日午後四時半より東京河住《ママ》活動大写真、週演好評。」（「名古屋新聞」2・13附録）

○二月十日～(十五)日　昼夜二回　**中央劇場**

《新　派》福井一派　芸題替へ　名残り狂言

田村西男原作

新派悲劇　春《はる》　雨《さめ》　傘《かさ》　四幕五場

栗島狭衣氏作

史劇　城《しろ》山《やま》の西《さい》郷《がう》　三場

【出　演】福井・山田巳・葛城・芳野・春岡・磯川・末吉・月岡・栗島・山田好・佐藤・山口

【典　拠】「名古屋新聞」2・9、9広告、11附録、13附録。

【備　考】○「名残り狂言なれば幹部初め大車輪にて大立廻り居れり。」（「名古屋新聞」2・13附録）

○二月十日～(十三)日　四時より　**蓬座**

自《じ》雷《らい》也《や》物《もの》語《かた》り　二十八段返し　幕なし

東京名題 市川鰕五郎
中村駒之助一座

【典　拠】「名古屋新聞」2・10附録・11附録、13附録、14広告。

【備　考】○「好評」（「名古屋新聞」2・13広告）

○二月十一日～(十四)日　**国技館**

大阪・東京合併大相撲

大阪 大錦
東京 鳳

【典　拠】「名古屋新聞」2・10、11。

○二月十一日～　昼十二時 夜五時 開場　**末広座**

写　真

【内　容】日本物　琵琶劇石童丸　西洋物　大悲劇小公爵
【典　拠】「名古屋新聞」2・10附録広告、11附録。
【備　考】○「名古屋新聞」2・13附録広告ほかには「毎日五時開場」とある。○「世界的涙の二大映写（中略）入場料は二階全部三十銭均一、二等五十銭、一等八十銭、小人各半額。」（「名古屋新聞」2・11附録）○「大好評満員続」（同紙2・14広告）○「本日曜は昼夜二回、昼の部十一時より夜の部五時より。」（同紙2・15附録）

○二月十一日～（十五）日　午後五時より　**大黒座**

《活動連鎖劇》

忠《ちう》臣《しん》蔵《ぐら》　市川芳三郎 尾上扇三郎 一座

【典　拠】「名古屋新聞」2・11附録、15広告、16広告。
【備　考】○「好評」（「名古屋新聞」2・13広告）

○二月十一日～（十七）日　**千歳劇場**

《悲喜劇》喜楽会千葉萬楽一座　芸題かへ

悲喜劇　埋《うも》れ木《ぎ》　二場
喜劇　のぞみ　三場
喜劇　聖《せう》天《てん》さま　三場

【幕間余興】活動写真
【内　容】獅子の爪
【典　拠】「名古屋新聞」2・11附録、11附録広告、15附録、17附録、18附録。
【備　考】○「『埋れ木』は現社会を諷刺したる物にて、頗る皮肉に劇中変化多く盛況。」（「名古屋新聞」2・16）

○二月十一日～（十七）日　昼夜二回　**帝国座**

《新派連鎖劇》中京成美団 藤川岩之助・客員 原沢新三一派　第二回目狂言

筑波白也氏作
悲活劇　春《はる》告《つげ》鳥《どり》　連鎖十五場

【出　演】明石潮・梅田蘭芳・江川・大沢・北御門華六（ママ）・藍川・松井昇太郎
【典　拠】「新愛知」2・11広告、「名古屋新聞」2・11附録、13附録広告、14附録、17広告、18附録。
【備　考】○「十五年振りに新派大物原沢新三加入出演」（「新愛知」2・10広告）○「筑波日也氏作」（同紙2・11広告）○「原沢新三始め松井昇太郎を招き…。」（「名古屋新聞」2・11附録）○「一等金六十銭（中略）二等金五

十銭（中略）三等金三十銭」（同紙2・13附録広告）○「前回に劣らぬ人気なり。」（同紙2・14附録）

○二月（十一）日　**豊橋市の演奏大会**

「豊橋市鹿鳴会主催にて来る十一日午後一時より新停車場通り真宗会館に於て、琴・三絃の演奏大会を開催し、昼夜に亘り数十番の曲目を演奏する筈。」（「新愛知」2・6附録）

○二月（十二）日～（十四）日　**浄瑠璃志呂根初会**

「来る十二・十三・十四、三日間午後六時より、中区大津町通り東別院横盲人会事務所に於て、会員の初会を開催す。出席者左の如し。梶田力・山中晴枝・田島呂班・山口志好・永田□根・長尾和洋・佐藤志呂根・服部呂・渡辺根茂登・義干志賓・加藤青薬・森田千歳」（「名古屋新聞」2・11附録）

○二月十三・（十四）日　五時より　**京枡座**

東西若手俳優
嵐守十郎・大谷馬十・尾松之助（ママ）一座

吾妻《あつま》俠客大工《けうかくだいく》の血達磨《ちたるま》　幕無し

【典　拠】「名古屋新聞」2・13附録～15附録。
【備　考】○「好評」（「名古屋新聞」2・14広告）

○二月十三日～二十一日　**新守座**

《連　鎖》天活第一劇団大井新太郎一派　芸題替へ

羽様荷香氏作
命《いのち》の的《まと》　連鎖十四場

関　村尾　三好　金子
田島　寺田　大井

【典　拠】「名古屋新聞」2・13附録、13附録広告、21附録。
【備　考】○「一昨年上演して大好評の（中略）一派の代表的狂言。」（「名古屋新聞」2・13附録）○「当狂言より入場料改正　特等金一円　一等金七十銭　二等金五十銭　三等金三十銭」（同日同紙附録広告）○「凄壮なる舞台装置に緊張せる舞台面を見せて大好評（中略）連日連夜大人気。」（同紙2・16）

○二月十三日　**商業実務学校文芸会における琵琶弾奏**

十三日午前九時より、東陽町商友倶楽部において、名古屋商業実務学校の文芸会が開かれ、学生による弁論や新聞社員による講演などが行われた後、森田金泉による薩摩琵琶の弾奏があった。（「名古屋新聞」2・14附録）

○二月十三日　**第二豊川座舞台開き**

「宝飯郡豊川町大字豊川に新築中の劇場第二豊川座は、此程落成を告げたるを以て、来月十日中村信濃一座にて花々しく舞台開きを挙行する筈にて、道具方等総出にて目下舞台の装置に忙殺され居れりと。」（「新愛知」1・30附録）

同座は十三日午前十時より各方面の有力者を招いて成工式を挙行。（「新愛知」2・13附録）

また同座は、十五日には中村信濃一座にて興行中。（「名古屋新聞」2・15広告）

240頁下段参照。

○二月中旬～(十三)日　三栄座

《女優歌舞伎》　市川寿三八・嵐寿々八一座　二の替り

不如帰《ほととぎす》曽我《そが》廼《の》御所《ごしょ》染《そめ》

【典　拠】「名古屋新聞」2・13附録、14附録。

○二月(十四)日～　歌舞伎座

浪花節若手聯合一座　特別興行

浪　花　節　　篠田　実　一行

【典　拠】「名古屋新聞」2・13附録～15附録。

○二月十四日～(二十四)日　午後五時より　三栄座

浪　花　節　劇　　元祖桃中軒桃太郎　吉田松葉　中村円之助　一座

芸題毎日替り

【演　目】(十六)日　弁天利生記　義士伝
(十七)日　関取千両幟　切　義士銘々伝
(十八)日　東侠客小桜仙太郎伝　切　義士銘々伝
(十九)日　侠客小桜仙太　切　義士銘々伝
(二十)日　荒川三勇士　長吉長五郎伝　切　義士銘々伝
(二十一)日　荒川三勇士　切　義士銘々伝
(二十二)日　長吉長五郎　義士銘々伝

【典　拠】「名古屋新聞」2・14附録、16、17附録～22附録、24附録、25附録。

○二月十四日～(十六)日　午後五時より　高砂座

《新派連鎖劇》

演　目　不　詳　　津守　正一一行

【典　拠】「名古屋新聞」2・14附録、14広告、15附録、16、17附録。

【備　考】○「好評」(「名古屋新聞」2・15広告)

○二月十四・(十五)日　午後三時より　御園座

旭洲会創立七週年記念

筑前琵琶全国名人大会　　阿部　旭洲

【番　組】十四日　桜田の泡雪(旭生)　常陸丸(照代)　橘中佐(旭香女史)　霊馬漣(旭勇嬢)　丸橋忠弥(旭真嬢)　壇の浦(旭水)　舌切雀(旭豊・旭栄嬢)　星島(ママ)(旭浜師)　那須与市(旭常女史)　衣川(旭芳嬢)　小栗栖(旭桃女史)　舟上山の朝露(神戸旭岡師)　湖水渡(旭楠女史)　廐(ママ)徳寺(博多旭鷹師)　舟弁慶(東京旭嬢女史)　米一丸(旭洲師)
五絃合奏　七福神

【典　拠】「名古屋新聞」2・11附録、13附録、14附録。

【備　考】○「在名七週年記念。」(「名古屋新聞」2・7附録)　○「熊本より旭洗師其他当市女流名人十数名、琵琶芸妓全部出演。」(同紙2・11附録)
○「今回は知名紳士及び福岡県人会の応援盛ん(中略)会費は一等八十銭、二等四十銭。」(同紙2・13附録)

○二月十四日～(十六)日　五時より　蓬座
《女優劇》
御目見得《おめみゑ》だんまり
時鳥《ほとゝぎす》御所染《ごしよぞめ》
桜川《さくらかは》五郎《ろ》蔵《ざう》
東京歌舞伎女優 市川寿三八 嵐寿々八一座
【典　拠】「名古屋新聞」2・14附録、14広告、15附録、16、17附録。
【備　考】○「好評」(「名古屋新聞」2・15広告)

○二月中旬～(十八)日　宝生座
義兄弟三家葵勇
【観劇料】場代なし
【典　拠】「新愛知」2・14広告、18広告、19広告。
【備　考】○「新愛知」2・13広告には『御三家□勇□』とある。

○二月十五・(十六)日　三時半より　京枡座
《旧劇実写連鎖劇》
俠客《けふかく》国定《くにさだ》忠次《ちうじ》　通し幕なし
市川芳三郎 尾上扇三郎 阪東利之助 市川市紅
【典　拠】「名古屋新聞」2・15附録、16、17附録。
【備　考】○「好評」(「名古屋新聞」2・16広告)

○二月十五日　一時三十分開会　国技館
普通選挙要求大会　主催 名古屋新聞社
午後六時より
労働問題大講演会　主催 名古屋労工会
【典　拠】「名古屋新聞」2・15広告、16。

○二月(十六)・(十七)日　大黒座
《新派劇》
演目不詳
【典　拠】「名古屋新聞」2・15広告～18広告。
【備　考】○「好評」(「名古屋新聞」2・17広告)

○二月(十六)日～二十三日　昼の部十二時 夜の部六時 二回開幕　中央劇場
東京駒形劇場東京少女歌劇団
歌劇
白川澄子 葉山百合子 貴島田鶴子
【番　組】第一 史歌劇 楠公 三場　第二 フラツダンス　第三 ライトオペラ 軍艦ピナフオア
【典　拠】「名古屋新聞」2・14附録、16、16広告、18附録、19附録、19附録評、23。
【備　考】○「名古屋新聞」2・18附録には「十七日初日」とある。○「初日には市名誉職員、新聞記者及各学校職員・生徒を招待。」(「名古屋新聞」2・15附録)○「四十余名。」(同紙2・16)○『楠公』は教育的歌劇として小学・女学・中学生其他教育家間に定評あり。」（同紙2・18附録） ○「初日満員御礼」（同日同紙附録広告） ○「毎日午後一時・六時二回 開幕時間励行」（同紙2・20広告） ○「第二『バレー青春』。」（同紙2・21附録）
○評「中央劇場」（「名古屋新聞」2・19附録）

○二月十七日～（十九）日　午後四時より　**京枡座**
《旧劇活動連鎖》市川芳三郎・尾上扇三郎一座　芸題替り

仮《か》名《な》手《て》本《ほん》忠《ちう》臣《しん》蔵《くら》　大序より敵討迄 幕無し　市紅

【典　拠】「名古屋新聞」2・17附録～20附録。
【備　考】○「大道具、幕無し。」（「名古屋新聞」2・19附録）

○二月十七日～（十九）日　**高砂座**
《新派連鎖》津守正一一派　二の替り

マツミドリ　十五場

【典　拠】「名古屋新聞」2・17附録、19附録、20附録。

○二月十七日～　五時より　**蓬座**
《女優劇》市川寿三八・嵐寿々八一座　芸題替り

演目不詳

【典　拠】「名古屋新聞」2・17附録、17広告、18附録。
【備　考】○「芸題引続き。」（「名古屋新聞」2・18附録） ○「好評」（同日同紙広告）

○二月（十八）・（十九）日　**大黒座**

女流浪花節　前田八重子一行

【典　拠】「名古屋新聞」2・17広告～19広告、20附録。

○二月十八日～（二十四）日　昼夜　**千歳劇場**
喜楽会千葉萬楽一座　第四回目芸題がへ

悲劇　筑《つく》波《ば》の女《をんな》
社会劇　神《しん》港《かう》情《じやう》話《わ》
喜劇　金《かな》棒《ぼう》曳《ひ》き

【幕　間】活動写真
【内　容】活劇蜘蛛の巣　喜劇オランダ踊
【典　拠】「名古屋新聞」2・18附録、18附録広告、20広告、23、24広告、25附録。
【備　考】○「悲喜劇団喜楽会」（「名古屋新聞」2・20広告） ○「大好評。」（同紙2・23）

○二月十八日～(二十四)日　昼夜二回　**帝国座**

原沢新三・藤川岩之助一派　第三回目狂言

故紅葉山人作

【一番目】金色夜叉《こんじきやしや》　連鎖十三場

【二番目】俠劇　勢《いきほひ》　三場

明石　松枝
大沢　中山
北御門　梅田
松影　江川
三ケ島

【典　拠】「新愛知」2・18広告、「名古屋新聞」2・18附録、24附録、25附録広告。

【備　考】○「趣きをかへて新らしく脚色した藤川岩之助一派独得の(中略)『金色夜叉』(中略)義理と情に浜町河岸に組とろ組の大争闘原沢新三得意の出し物『勢』(中略)一等金六十銭(中略)二等金五十銭(中略)三等金三十銭」(「名古屋新聞」2・18附録広告)

○二月十八・(十九)日　**林貞院縁日の余興**

「十八日例日の通り馬頭観世音縁日に付、祈禱例会執行。十八・十九、睦会浄瑠璃余興。」(「名古屋新聞」2・18附録)

○二月(十九)日～(二十五)日　**宝生座**

三人吉三廓初買

【観劇料】場代なし

【典　拠】「新愛知」2・18広告、19広告、25広告、26広告。

○二月二十日～　午後四時より　**愛知座**

大岡政談豊川利生記《おほをかせいだんとよかはりしやうき》

寿曽我工藤対面《ことぶきそがくどうたいめん》　三場

源平布引滝《げんぺいぬのびきたき》　実盛物語

市川福円
浅尾吉右衛門
阪東鶴五郎
一座

【典　拠】「名古屋新聞」2・20附録。

○二月(二十)日～　午後二時開演　**歌舞伎座**

特別興行

天神記《てんしんき》

所作事　もどりかご

【切　】新作　三ツ面椀久《めんわんきう》

大阪歌舞伎
市川国太郎
山下梅之助
尾上鶴三郎
実川延十郎
中村円太郎　加入

【典　拠】「名古屋新聞」2・18附録、19附録。

【備　考】○「常盤津出語り。」(「名古屋新聞」2・18附録)

○二月二十日～(二十九)日　五時より　**京枡座**

万歳新演劇　芝居・万歳　ていれこ幕無し

元祖 花房清十郎一行

【演　目】二十日～　怪光　万歳

二十四日～　芸題替へ　同座十八番物　東京万歳

【典　拠】「名古屋新聞」2・20附録、21附録、24附録、29附録、3・1。

【備　考】○「名古屋新聞」2・20附録には「午前十一時より、午後十二時(ママ)

と昼夜二回」、同紙2・25附録には「毎日五時より昼夜通し」とある。○「芸題毎夜替り。」(「名古屋新聞」2・26附録)

○二月二十・(二十一)日　午後三時より開演　**国技館**

諸　芸　東京美人連一行

【番　組】喜劇　アラビヤ夜話　喜劇　花より団子　喜劇　福娘　東都浅草名物　忠臣義士　継子太郎　桜川五郎蔵　扇子踊り　日傘踊　幕間余興　東京浅草名物　八木節　大正踊

【典　拠】「名古屋新聞」2・19附録〜21附録、22広告。

【備　考】○「大日本労働慰安会矢納《(ママ)》興行部主催。」(「名古屋新聞」2・19附録)○「初日に限り二十五銭均一。」(同紙2・20附録)

○二月(二十)日〜三月(一)日　**寿座**

浪　花　節　音羽家一行

【典　拠】「名古屋新聞」2・19広告、20広告、3・1広告、2広告。

【備　考】○「好評」(「名古屋新聞」2・21広告)

○二月二十日〜(二十四)日　**大黒座**

(昼)

(浪　花　節)　前田　八重子

(夜)

(万　歳　芝　居)　鈴木　源十郎

【典　拠】「名古屋新聞」2・20附録、24広告、25広告。

○二月二十日〜(二十四)日　午後四時より　**高砂座**

御目見得《おめみえ》だんまり

仙《せん》　台《たい》　萩《はぎ》

嵐　立　花　東京名代
沢村　訥　美三郎
市川　猿十郎一座

【典　拠】「名古屋新聞」2・20附録、24附録、25広告。

【備　考】○「名古屋新聞」2・24附録には「午後四時半より」、同紙2・25附録には「午後六時より」とある。○「好評」(「名古屋新聞」2・21広告)

○二月二十日〜(二十四)日　午後四時より　**蓬座**

《旧劇実写連鎖劇》

仮名手本忠臣蔵《かなてほんちゆうしんくら》　敵討迄幕無し

市川　芳三郎
尾上　扇三郎
市川　市　紅
市川　利之助

【典　拠】「名古屋新聞」2・20附録〜22附録、24附録、25附録。

【備　考】○「市内名所撮影。」(「名古屋新聞」2・20附録)

○二月二十一日　**御園座売却案の否決**

御園座を経営する名古屋劇場会社は、二十一日午後、定時株主総会を開き、各種報告の承認、利益金処分案の可決などを行った後、閉会して引続き臨時株主総会を開会し、既に重役会において内定されていた大阪千日土地会社への同座売却と会社解散の件について、重役側から経緯の説明があった。

ここで総会を一旦中断とし、協議会を開いての討議に移ったが、坪当り三百円という売却金額について安過ぎとする意見が多く出され、再開された臨時株主総会において、同日を以て会社を解散とする案は否決された。

なお、今回の否決の背後には、名古屋電燈会社系の有力者たちの中に、その中心人物が所有する市外東郊覚王山附近の土地を売却して得る予定の三百万円を資本金に新たな土地会社を設立し、その新会社の副業として御園座を経営していこうとする計画があるものと推測されている。

（「名古屋新聞」2・22、22附録）

282頁上段参照。

○二月二十二日～(二十四)日　午后二時開場　**歌舞伎座**
大阪歌舞伎若手揃一座　春季特別大興行
【一番目】金《こん》比《ひ》羅《ら》利《り》生《しやう》記《き》　大序より敵討迄
【二番目】苅《かる》萱《かや》石《いし》童《どう》丸《まる》　狐川より高野山迄
【切狂言】おそめ久松 妹脊門松　野崎村之段

尾上松山
中村吉備団子
嵐寛之助
実川延蔵
実川延枝
新加入 中村紫琴
嵐栄三郎
一座

【典　拠】「名古屋新聞」2・20附録、20附録広告、22附録、24附録、25附録。

○二月二十二日　午後一時　**国技館**
普通選挙大演説会
主催 普通選挙期成同盟会
【典　拠】「新愛知」2・22広告。

○二月二十二日～二十六日　**新守座**
第一劇団大井新太郎一派　芸題替　お名残り狂言
【第　一】喜劇　破《やぶ》れ太《だい》鼓《こ》
【第　二】悲劇　鐘《かね》の響《ひゞき》
【第　三】大《たい》正《しやう》忠《ちう》臣《しん》蔵《くら》　七段目
【典　拠】「名古屋新聞」2・22、26附録。
【備　考】○「各優懸命の努力にて最後の舞台を勤め大喝采。」（「名古屋新聞」2・23）

○二月二十二日～二十九日　午後三時開場　**御園座**

《新旧合同劇》少年劇・旧劇三河家一派・新派川上一派合同

【第　一】子供芝居　摂《せっ》州《しゅう》合《かっ》邦辻《ぽうがつぢ》　一幕

【第　二】新派悲劇　八瀬《せ》の里《さと》　二場

【第　三】旧劇　大石《おほいし》内蔵《くら》之《の》助《すけ》　二場

筑前琵琶・浪花節応用

浪花亭奴出演

【第　四】旧劇　三勝《かつ》半《はん》七　酒屋一幕

新内・義太夫掛合ひ

新内富士松浪太夫・吉兵衛連中出語り

【第　五】新派正劇　マダムお蝶《てう》　二場

【第　六】旧劇　黒《くろ》手《て》組《くみ》助《すけ》六　三場

【配　役】

大石内蔵助　　市川　荒二郎
舅宗岸
黒手組助六　　尾上　紋十郎
嫁おその　　家　昇
三浦屋揚巻
茜屋半七　　勇次郎
紀国屋文左衛門
岡島八十右衛門　　猿右衛門
宇都宮重兵衛
鳥居新左衛門
馬子丑蔵　　松　助

茜屋半兵衛
白酒売新兵衛　　清二郎
新造白玉
美濃屋三勝
博造　　近　江
村長田村畔平　　故川上音二郎実弟　川上　磯二郎
米国海軍士官ピンカートン
領事　　遠　山
芸妓お浜　　川上真奴義妹　川上　喜代子
お蝶夫人
玉手御前　　尾上多見右衛門

合邦道心　　坂東　定丸
女房おとく　　小　紋
奴八平　　荒　丸

浅香姫　　橋　子
俊徳丸　　坂東　音　葉

【観劇料】一等より金三十五銭均一　特等五十銭　千秋楽　お名残御礼二階全部三十銭均一

【典　拠】「名古屋新聞」2・18附録～21附録、22附録広告、24附録、24附録評、29附録。

【備　考】○「市川荒二郎・尾上紋十郎を首脳とし…。」（「名古屋新聞」2・18附録）○評「御園座」雁公（「名古屋新聞」2・24附録）

○二月（二十二）日　**名古屋能楽会催能**

「関戸守彦氏を幹事長とせる名古屋能楽会にては、事務所を西区袋町田鍋方に置き、年三回各流を順次開催し、春秋を卜し、臨時大会を催す由なるが、来る二十二日午前九時より、第十二期の初回を東区呉服町能楽堂に於て開く。」

（「名古屋新聞」2・17附録）

○二月二十三日　**豊橋の活動写真館が子供デー実施を決定**

「豊橋市に於ける活動写真常設館は、河原座・有楽館・豊明館の三ケ所で、之れ等常設館に於て毎日興行して居る写真は、従来何れも西洋の活劇物とか、又は旧劇・新派の御芝居物などで、若い学生や児童が之へ盛に出入りして随喜渇仰する様になるのは甚だ憂ふべき映画ばかりであつたので、二十三日、松田豊橋警察署長は、同署楼上へ前記三館の座主を招致して、右に関し種々懇談の結果、児童に適切な優秀写真のみを選定して、名目を『子供デー』とか又は『学生デー』と呼んで、来月一日から月に一回宛、三館が巡番に開館して専ら児童学生に観覧せしめ、映画を以て却つて教訓的に裨益せしむると云ふ事に決定した。」

（「新愛知」2・24附録）

○二月二十四日〜三月(一)日　昼夜午後一時六時二回開幕　**中央劇場**

狂言変り

東京少女歌劇

【番　組】第一　喜歌劇　立像の手柄　二場　第二　唱歌劇　金星探険　二場　第三　喜歌劇　群雀　三場　番外　ロシアダンス　独唱(葉山百合子)

【典　拠】「名古屋新聞」２・24附録、24附録広告、25附録〜27附録、３・１広告、２広告。

【備　考】○「名古屋新聞」２・24附録には「唱歌劇『群星』二幕三場」、同紙２・25附録には「第一喜歌劇『金星探険』、第二唱歌劇『群雀』」、同紙２・26附録には「第二『立像の手柄』」、同紙２・29附録には「第二歌舞劇『群雀』、第三お伽歌劇『金星探険』」とある。○「何れの狂言も極めて高尚」(「名古屋新聞」２・24附録広告)

○二月　**劇場専門の窃盗犯捕まる**

県下東加茂郡旭村出身の鈴木嘉市(三七)は、一月三日以降、新守座・宝生座その他において総額百円余に上る窃取を続け、笹島署巡査に探知されるところとなった。取調べの上、二十四日局送り。

(「名古屋新聞」２・26附録)

○二月二十五日〜(二十九)日　午後二時より　**歌舞伎座**

大阪歌舞伎一座特別興行　二の替り

【一番目】加《か》賀《が》見《み》山《やま》　通し　中村吉備団子

【中　幕】吃《ども》又《また》　尾上松山

【切狂言】太《たい》功《こう》記《き》　十段目　一座

【典　拠】「名古屋新聞」２・25附録、26附録、29附録、29広告、３・１広告。

○二月二十五・(二十六)日　**三栄座**

《女歌舞伎》

【一番目】根《ね》岸《ぎし》御《ご》行《ぎやう》の松《まつ》　市川寿三八

【二番目】嫗《こもち》山《やま》姥《うば》　嵐寿々八一座

【典　拠】「名古屋新聞」２・25附録〜27附録。

【備　考】○二月二十八日初日の次々興行にもこの興行と同一の演目が並んでおり、「二の替り」と記載されているため、この興行と次興行(二月二十七日初日)と次々興行の関係は不明。

○二月(二十五)日〜(二十七)日　**大黒座**

演目不詳　市川左莚治一行

【典　拠】「名古屋新聞」２・24広告、25広告、27広告、28広告。

○二月二十五日〜(二十八)日　午後五時より　**高砂座**

桃中軒桃太郎一行

節　劇

【典　拠】「名古屋新聞」2・25広告、26附録、28広告、29広告。

【備　考】○「好評」(「名古屋新聞」2・26広告)

○二月二十五日〜三月(一)日　**千歳劇場**

千葉萬楽一派　芸題がへ

【第　一】大悲劇　愛《あい》のもつれ　四場

【第　二】喜劇　南地《なんち》だより　二場

【第　三】喜劇　海《うみ》辺《べ》の松《まつ》　三場

【幕間余興】活　動　写　真

【内　容】活劇真一文字　偶然の優勝

【典　拠】「名古屋新聞」2・25附録、25附録広告、29附録、3・2広告、3広告。

【備　考】○「一派独得の喜劇大好評。」(「名古屋新聞」3・1)

○二月二十五日〜(二十九)日　昼夜二回　**帝国座**

藤川岩之助・原沢新三一派　第四回目替り狂言

小島桜村氏作

新派　桜《さくら》さく家《いへ》　連鎖十三場

喜劇　心《こゝろ》ちがひ

【典　拠】「名古屋新聞」2・25附録広告、26附録、29広告、3・1広告。

【備　考】○「『桜さく家』連鎖十一場(中略)一等金六十銭(中略)二等金五十銭(中略)三等金三十銭」(「名古屋新聞」2・25附録広告)

○二月二十五・(二十六)日　四時より　**蓬座**

東京名代　市川左半次・市川家若・嵐吉三郎・嵐獅山一座

知《ち》恵大岡誉《ゑおほをかほまれの》百日《にち》(実録おとわ大岡政談)

【典　拠】「名古屋新聞」2・25附録、26附録、28附録。

○二月(二十六)日〜三月(三)日　**宝生座**

大岡仁政録

【観劇料】場代なし

【典　拠】「新愛知」2・25広告、26広告、3・3広告、4広告。

○二月(二十七)日　三栄座

《女優歌舞伎》　佐賀騒動　佐賀《さが》の夜桜《よざくら》　市川寿三八／嵐寿々八一座

【切】白《しら》木《き》屋《や》

【典拠】「名古屋新聞」2・26附録～28附録。

○二月二十七日～(二十九)日　四時より　蓬座

東京名代　市川左半次・市川家若　二の替り

演目不詳

【典拠】「名古屋新聞」2・28附録、29附録、3・1。

【備考】○「好評」(「新愛知」2・29広告)　○「芸題引続き。」(「名古屋新聞」2・29附録)

○二月(二十七)日　活動写真館定休日の臨時変更

「市内活動写真組合は、決議の結果、従来毎月最終の木曜日を以て定休日となしつゝ、ありしが、本月に限り特に最終金曜日(二十七日)を公休日となす由。」(「名古屋新聞」2・26附録)

○二月二十七日　徴兵検査を受けていなかった俳優捕わる

「市内西区明道町十八番地控三郎弟水野馨(三二)(マヽ)は、十八歳の頃実家を飛び出して、徴兵検査を受けず、俳名を市川福三郎と名乗り、全国各地を彷徨中、二十七日市内中区万松寺帝国座へ来る所を、予て注意中であつた名古屋憲兵隊の手に捕へられ、目下同隊で取調べ中。」

(「名古屋新聞」2・27附録)

○二月(二十八)・(二十九)日　三栄座

《女優歌舞伎》　市川寿三八・嵐寿々八一座　二の替り

根《ね》岸《ぎし》御《ご》行松《ぎやうのまつ》

【切】嫗《こもち》山《やま》姥《うば》

【典拠】「名古屋新聞」2・27附録～29附録、「新愛知」3・1広告。

○二月二十八日～三月(七)日　正午／午後五時半　昼夜二回開演　新守座

《連鎖劇》　久保田清一派　お目見得狂言

【第一】喜劇　京《きやう》人《にん》形《ぎやう》　久保田／木下

【第二】人情悲劇　波《なみ》に咲《さ》く花《はな》

【典拠】「名古屋新聞」2・27附録～29附録、3・4評、7広告、8広告。

【備考】○「明二十七日乗込み(中略)当り狂言『波に咲く花』。」(「名古屋新聞」2・26附録)　○「初日に限り午後四時より一回開演。」(同紙2・28附録)　○「好評」(同紙2・29広告)　○「大仕掛。」(同紙3・1)　○評「新守座」(「名古屋新聞」3・4)

○二月(二十八)・(二十九)日　大黒座

浪花節　浪花亭綾太郎一行

【典拠】「名古屋新聞」2・27広告～3・1広告。

○二月二十八日　**岡崎市の観覧税**

　二十八日午前十時より岡崎市通常市会の本会議が開かれるが、大正九年度予算案その他がほぼ原案通り承認される見通しとされており、一部に反対もあった遊興税・観覧税の新設についても、「市財政の都合と時代の趨勢とに止むなきもの」として実施に至るものと見られている。（「新愛知」２・28附録）

○二月二十九日～三月（二）日　午後五時より　**高砂座**

演目不詳　女優 市川牡丹一行

【典拠】「名古屋新聞」２・29附録、３・２広告、「新愛知」３・３広告。

【備考】○「好評」（「新愛知」３・１広告）

○二月（二十九）日　**観世流素謡会**

「二十九日午後正一時より、呉服町能楽倶楽部に於て、青山社中の素謡会を開催。」（「名古屋新聞」２・25）

○二月　**周辺地区の興行**

・（豊橋の）弥生座は、連鎖劇合同一座に数名の新加入を得て、『不如帰』を琵琶入りの連鎖にて上演中。（「新愛知」２・３附録）

・福井市の加賀屋座は、末広座中村巡業興行部第二団中村信濃一座にて興行中。（「名古屋新聞」２・４広告）

・伊勢神戸の寿座は、志知興行部多喜三郎一座にて興行中。（「新愛知」２・４広告）

・敦賀の敦賀座は、末広座巡業部信濃一座にて興行中。（「新愛知」２・７広告）

・（豊橋の）寿座は、都家□勝・同新勝の一座による浪花節を興行中。（「新愛知」２・７附録）

・（豊橋の）東雲座は、三曲合奏歌劇丸八一行にて、『小役掛□《あひ》』、喜劇『お有□《がた》う』、悲劇『血涙』、珍劇『神霊矢口渡』等を上演中。（「新愛知」２・８附録）

・（豊橋の）豊橋座は、豊盛会津守正一一派にて、実写連鎖悲劇『春の村』、喜劇『お父さん』を上演中。（「新愛知」２・８附録）

・挙母の大正座は、九日より新派桂愛之助にて開場。（「新愛知」２・５広告）

・一宮の歌舞伎座は、末広座中村巡業興行部第四団沢村宗十郎一座にて興行中。（「名古屋新聞」２・10広告）

・（豊橋の）東雲座は、三曲合奏丸八一行の芸題替えにて、『両手に花』『矢口の渡し』『玉の光』『千本桜』等を上演中。（「新愛知」２・13附録）

・（豊橋の）豊橋座は、駒田好洋一座による活動写真を上映中。（「新愛知」２・13附録、14附録、15附録）

・挙母の大正座は、日活直営活動写真にて興行中。（「新愛知」２・15広告）

・三州豊川の第二豊川座は、末広座中村巡業興行部第二団中村信濃一座にて興行中。（「名古屋新聞」２・15広告）

・東濃明知の常盤座は、末広座中村巡業興行部沢村宗十郎一座にて興行中。（「名古屋新聞」２・15広告）

・（豊橋の）弥生座は、合同一座にて『心の花』『吉原心中』を上演中。（「新愛知」２・15附録）

・二俣の大正座は、末広座巡業部宗十郎一座にて興行中。（「新愛知」２・16広告）

・（豊橋の）寿座は、朝日儀幸一座による浪花節を興行中。（「新愛知」２・18附録）

・（豊橋の）東雲座は、二十日より三日間、沢村宗十郎・沢村長十郎・

助高屋高助・沢村田之助・坂東薪車・沢村鉄之助・中村嘉七・沢村宇十郎・沢村連舎等の帝劇幹部俳優一座にて、『根元草摺引』、一番目『有職鎌倉山』、中幕『釣女』、二番目『高田の馬場』を上演。

（「新愛知」２・20附録、20附録広告）

・岡崎の金升座は、二十日より嵐□猿・右衛門・左目蔵の一座にて興行中。
（「新愛知」２・28附録広告）

・挙母の宝集座は、二十日より活動写真にて「忠臣蔵」を上映中。
（「新愛知」２・28附録広告）

・一宮の満寿美座は、志知興行部松童・十蔵一座にて興行中。
（「新愛知」２・20広告）

・刈谷の大黒座は、末広座中村巡業興行部第二団中村信濃一座にて興行中。
（「名古屋新聞」２・21広告）

・国府の霞座は、末広座中村巡業興行部第三団嵐枝昇一座にて興行中。
（「名古屋新聞」２・21広告）

・（豊橋の）豊橋座は、大阪名題市川鯉三郎・片岡市之丞・阪東乙女等の一座にて、『天下知桔梗の旗揚』『伊賀越道中双六』『茶臼山血判取』を上演中。
（「新愛知」２・21附録）

・（豊橋の）弥生座は、合同一座にて、連鎖悲劇『黄金窟』、情劇『山ほと〻ぎす』を上演中。
（「新愛知」２・21附録）

・島田の大正座は、末広座巡業部宗十郎一座にて興行中。
（「新愛知」２・24広告）

・（豊橋の）寿座は、浪花美之助・原華六一行による浪花節を上演中。
（「新愛知」２・24附録）

・挙母の大正座は、東巳三夫による浪花節を興行中。
（「新愛知」２・24広告）

・新川の新盛座は、二十五日より中村曙猿にて開場。
（「新愛知」２・28附録広告）

・西尾の歌舞伎座は、二十五日より三日間、活動写真を上映。
（「新愛知」２・28附録広告）

・安城の明治座は、末広座巡業部枝昇一座にて興行中。
（「新愛知」２・25広告）

・伊勢神戸の寿座は、志知興行部松童・十蔵一座にて興行中。
（「新愛知」２・25広告）

・（豊橋の）豊橋座は、中村信濃・岩井半之助・尾上卯多五郎の一座にて、『お目見得だんまり』、『石川五右衛門』大序より釜うでまで、『勧進帳』、切狂言『三勝酒屋』を上演中。
（「新愛知」２・25附録）

・高浜の千歳座は、二十六日より新派連鎖劇を上演中。
（「新愛知」２・28附録広告）

・（豊橋の）弥生座は、二十七日より芸題替りにて、一番目『母の心』、二番目喜劇『現代的』を上演。「東京一流の薩摩琵琶青木翠紅氏を聘し、余興として差加へる由。」
（「新愛知」２・27附録）

・大浜の寿々喜座は、二十七日より丸八清一一行にて開場。
（「新愛知」２・28附録広告）

・刈谷の大黒座は、二十八日より座長揃入浪花節大会を開場。
（「新愛知」２・28附録広告）

・高浜町（会場不詳）において、二十八日より東京大相撲桜山追善興行を興行中。
（「新愛知」２・28附録広告）

・関町の千歳座は、末広座中村巡業興行片岡緑之助一座にて興行中。
（「名古屋新聞」２・28広告）

・岡崎の大正館は、新派吉村寅太郎にて『金糸銀糸』を上演中。
（「新愛知」２・28附録広告）

・岡崎の常磐館は、『新蔵兄弟』『火焰の舞』を上演中。
（「新愛知」２・28附録広告）

・福江の笑福座は、末広座中村巡業興行第二団中村信濃一座にて興行中。
（「名古屋新聞」２・29広告）

・豊橋の豊橋座は、末広座中村巡業興行第三団嵐枝昇一座にて興行中。
（「名古屋新聞」２・29広告）

○三月一日～(四)日　歌舞伎座

女流浪花節　前田八重子一座

【典　拠】「名古屋新聞」3・1、4広告、5。

【備　考】○「好評」(「名古屋新聞」3・4広告)

○三月一日～(三)日　京枡座

大岡政談《おほをかせいだん》おとわ丹《たん》七　東京名題　市川左半次一座

【典　拠】「名古屋新聞」3・1、3広告、4広告。

○三月一日～(四)日　三栄座

《実写連鎖劇》

仮名手本忠臣蔵《かなでほんちうしんくら》　市川芳三郎　尾上扇三郎　一座

【典　拠】「新愛知」3・1広告、「名古屋新聞」3・1、2広告、4広告、5広告。

【備　考】○「好評」(「新愛知」3・2広告)

○三月(一)日～(四)日　大黒座

大阪歌舞伎

演目不詳　市川右左衛門

【典　拠】「名古屋新聞」2・29広告、3・1広告、4広告、5広告。

○三月一日～(七)日　昼夜二回　帝国座

《連鎖劇》中京成美団革新劇原沢新三一座

村井梅雨氏作

【一番目】人《ひと》の児《こ》　連鎖七場

薫風氏作

【二番目】侠劇　達《たて》引《ひき》の恋《こひ》　六場

東京 堀田肇　稲葉喜峰　早川正夫　田中信徹　高浪貞次　玉村式部　滝川冷水　中野芳美

【典　拠】「名古屋新聞」2・28附録、29附録、「新愛知」3・1、1広告、7広告、8広告。

【備　考】○「原沢新三一座に東京より堀田等を招き、尚稲葉喜峰等新加入にて開演。」(「名古屋新聞」2・28附録)○「東京・大阪より新進俳優を招き開演。」(「新愛知」3・1)○「一等六十銭(中略)二等五十銭(中略)三等三十銭」(同日同紙広告)

○三月一日～(四)日　蓬座

新派劇・万歳　ていれこ　花房清十郎

【典　拠】「名古屋新聞」3・1、4広告、5広告。

【備　考】○「高評　万歳劇」(「新愛知」3・2広告)

○三月一日　旭老会筑前琵琶会

「名古屋旭老会にては、一日午後六時より、中区白川町大運寺に於て、橘流筑前琵琶演奏を開く。」(「名古屋新聞」3・1)

○三月一日～(三十)日　いとう呉服店百貨共進会の余興

いとう呉服店は開店十年記念として百貨共進会を催し、三階の特別出品部に常設余興場を設けて、「各連妓の新曲舞踊」として新曲長唄「御贔屓松の十返」大道具大仕掛四季四段返し居所替り、「神楽」として東京神楽元締め間宮派社中の「天の返し矢」「老養」（ママ）「小鍛治」「敬神愛国」等、その他「狂言」「奇術」「百面相」等を上演する。

（「名古屋新聞」2・26広告、27附録、3・1広告）

四日より余興の差替えがあり、松旭斎天右・同絹子一行の奇術等が追加。

（「名古屋新聞」3・4広告）

余興は、お伽丸柳一・松井源女による「奇術と曲ゴマ」が二十四日で差替えとなり、二十五日より各連妓による「新曲舞踊」が始まる。

（「名古屋新聞」3・24広告）

○三月(二)日～(五)日　寿座

演目不詳　市川左莚次一行

【典　拠】「名古屋新聞」3・1広告、2広告、5広告、6広告。

○三月二日～(八)日　中央劇場

三の替り

オペラ

【番　組】第一 歴史教訓歌劇 仏法僧(石童丸) 全三場　第二 お伽歌劇 桃節句 一幕　バレー 春の朝　バレーラ・カーニバル 二場　バレー 若き漁夫のなやみ　喜歌劇 人形造り 一幕　独唱

【典　拠】「名古屋新聞」3・2、2広告、8広告、9広告。

○三月三日～(七)日　午後五時より開演　末広座

魔奇術　二代目松旭斎天一一座　喜歌劇女優団

【番　組】洋布《ハンカチ》使分(天忠)　ダイス出没(天宗)　時計飛行(天龍)　チヤツプリン滑稽(天秀・天右)　三本槍振分(清国人李桂林)　サイクリンアツクル自転車曲乗(神谷)　桜木上曲技(天金・天玉)　運行術(天絹嬢)　ダンス(天重嬢)　水行術(天鶴嬢)　抱桂術(天歌嬢)　水煙洋布(天房嬢)　ダンス(天文嬢)　不思議の金庫(天栄嬢)　空中雲間美人打消(天栄嬢)　ゲルジーム美人変転(天一)　不思議のレテイルーム(天一)　ダブルケージス美女変転(天一)　懸賞附奇妙の鉄箱(天一)　天一十八番世界的大仕掛大魔奇術百鬼夜行術(天一)　電気応用 平和の女神(美人総出)　サロメダンス(美人総出)

【典　拠】「名古屋新聞」3・3、4広告、7広告、8広告。

【備　考】○「目下横浜に興行中の松旭斎天一師一行は、今回上阪の途次(中略)開演する由。(中略)一行五十余名。」(「名古屋新聞」2・26附録)　○「初日を明三日に変更。」(同紙3・2)　○「三月二日より六日間」(同紙3・4広告)　○「本日昼十二時・夜五時二回開演」(同紙3・7広告)　○評「天一の奇術」(「名古屋新聞」3・7)

○三月三日　高砂座

演目不詳　女優市川牡丹　二の替り

【典　拠】「新愛知」3・3広告、「名古屋新聞」3・3広告、4。

○三月三日～(九)日　千歳劇場
喜楽会千葉萬楽一行　芸題替
悲劇　日《ひ》和《より》雲《くも》　四場
喜劇　電《でん》話《わ》の手《て》打《うち》　三場
喜劇　後《うしろ》姿《すがた》　三場
四貞楽
夢楽
加入
【幕間】活動写真
【内容】ユ社特選物
【典拠】「名古屋新聞」3・3、3広告、9広告、10。

○三月三日～七日　五時　御園座
駒田好洋活動写真
【内容】開幕前　泰西の名曲　愛国劇国なき人　喜劇一食二十五仙(ママ)　邦楽合奏　努力の賜
【典拠】「名古屋新聞」3・2、3、3広告、7広告。
【備考】○「『努力の報酬』。」(「名古屋新聞」3・2)

○三月四日～(九)日　京枡座
浪花節芝居　高島家団十郎　音羽家団蔵
【演目】自雷也物語　義士銘銘伝
【典拠】「名古屋新聞」3・4、4広告、9広告、10広告。
【備考】○「好評」(「名古屋新聞」3・5広告)

○三月四日～(七)日　高砂座
東京娘玉乗芝居
【典拠】「名古屋新聞」3・4、7広告、8広告。
【備考】○「大好評」(「名古屋新聞」3・5広告)

○三月(四)日～(十)日　宝生座
新皿屋敷月雨傘
【観劇料】場代なし
【典拠】「新愛知」3・3広告、4広告、10広告、11広告。

○三月上旬　寿座
忠《ちう》臣《しん》蔵《くら》　浅尾関十郎一派
【典拠】「名古屋新聞」3・4。

○三月五日～　歌舞伎座
獅子芝居　嵐酒徳一座
【典拠】「名古屋新聞」3・5。
【備考】○「好評」(「新愛知」3・8広告)

○三月五日～(九)日　三栄座

活動大写真

【内　容】旧劇村上喜剣　新派母に別れて　人情劇子供の愛　活劇側戦の事故　新派鉄道大活劇

【典　拠】「名古屋新聞」3・5、5広告、6、9広告、10。

【備　考】○「人気」(「名古屋新聞」3・6広告)

○三月五日～(九)日　大黒座

演目不詳　　岩崎新一行

【典　拠】「名古屋新聞」3・5広告、9広告、10広告。

【備　考】○「大好評」(「名古屋新聞」3・6広告)

○三月(五)日　午後六時より　大黒座

同志会家族総会

【典　拠】「名古屋新聞」3・4。

【備　考】○「講話其他種々なる余興を催す。」(典拠)

○三月五日～(八)日　蓬座

御《ご》所《しょ》の五郎《ろ》蔵《ぞう》

酒《さか》屋《や》

大《おほ》蔵《くら》卿《きやう》

東京名題 市川紫鳥
市川照蔵

【典　拠】「名古屋新聞」3・5、5広告、8広告、9広告。

【備　考】○「好評」(「名古屋新聞」3・6広告)

○三月五日　活動弁士斬られる

五日午前八時十分頃、市内東区東新道町二丁目一番地菓子商浅野勘作方にて、勘作の留守中、同人の妻きん(四八)、長女きみ(一四)、きみの内縁の夫千代田鶴城事千代田菊雄(二五)の三名が、市内中区西川端町七丁目の大工酒井金次郎(二七)によって手斧で斬りつけられた。千代田鶴城は、太陽館や千歳劇場で活躍する弁士。犯人は勘作の次女ゆきの元内縁の夫で、復縁を迫るもゆきの家族に阻まれていたことを根に持って凶行に及んだものとされている。鶴城は軽傷。きん・きみの母娘は重傷。犯人はその場で割腹自殺を図るも、病院に運ばれ重態。

(「名古屋新聞」3・6、9)

○三月五日　浪花節語り京山入道等を逮捕

五日午後二時頃、豊橋市清水町の寿座の楽屋において、同座出演中の浪花節語り伊藤巻太郎(五五)・神屋浅吉(三二)・松崎三松(三〇)・伊藤(ママ)友吉(四三)等が賭博開帳中、取り押えられた。

(「名古屋新聞」3・7)

前年十月に豊橋市の寿座に出演していた浪花節語り京山入道事前科

六犯伊藤留吉（四三）は、同市の製糸業森下浦助の妻ちよ（四七）と謀り、二月下旬、浦助名義の小切手を偽造して大金を詐取した上で、ちよを置き去りに逃走していたが、三月五日、同座に再び出演中のところ、賭博開帳中に検挙され、目下豊橋署にて取調べ中。

（「新愛知」3・8）

四月六日、豊橋区裁判所は、京山入道事伊藤留吉に対して、懲役一年四ヶ月に処した。騙取した金額は千六百円。

（「新愛知」4・7）

○三月六日～　午后一時／六時　昼夜二回　**国技館**

大力技公開　怪力士 ジョン・ケンテル氏一行

【内　容】強力技十数番　金一千円懸賞力競　余興　露国曲芸数番

【典　拠】「名古屋新聞」2・26附録、3・6、6広告。

【備　考】○「一行中には東京帝劇出勤中の外人数十名が、奇抜なる演芸を余興となす由。」（「名古屋新聞」2・26附録）○「東京・大阪にて称讃を博せし、超人間的の妙技を揮ふ。」（同紙3・3）○「盛況に付日延べ　御礼として金五十銭均一　軍人・学生半額」（同紙3・8広告）○「ケンテル氏の力技好評。」（同紙3・9）

○三月（六）日～（九）日　寿座

演目不詳　尾上幸四郎一座

【典　拠】「名古屋新聞」3・5広告、6広告、9広告、10広告。

○三月（七）日　名古屋保能会

「名古屋保能会にては、来る三月七日午前九時より東区呉服町能楽堂に於て、第二期初会の能会を催し、仕舞・狂言あり。」

（「名古屋新聞」2・27附録）

○三月　宝生座買収の噂

「市内大須境内に在る劇場宝生座が、今回大阪松竹合名会社に買収せられ、今後は同座の手に依つて経営せらるると云ふので、同座を訪へば、『さう云ふ噂も聞いてゐますが、而し今は何事も秘密にされて多く語ることが出来ません』と座員は語つた。而し若し宝生座が松竹の経営となれば、第一に同座が改築せられ、面目を一新の上、松竹特有の経営法に依つて市内有数の劇場となるであらう。」

（「名古屋新聞」3・7）

○三月八日～（十五）日　新守座

《連鎖劇》久保田清一派　二の替り

事実大悲劇　鶏《とりの》一《ひと》声《こえ》　全十一場

【典　拠】「名古屋新聞」3・8、8広告、15広告、16広告。

【備　考】○「『鶏の一声』。」（「名古屋新聞」3・8）○「好評」（同紙3・15広告）

○三月八日～（十）日　高砂座

《新喜劇》

演目不詳　デコボコ会

【典　拠】「新愛知」3・8広告、10広告、11広告。

【備　考】○「好評」（「新愛知」3・9広告）

○三月八日～(十四)日　昼夜二回　帝国座
《新派連鎖劇》中京成美団　芸題替
小島桜村氏作
悲劇　闇になく声　連鎖十三場　原沢　新三　堀田　肇
【典　拠】「新愛知」3・8、8広告、「名古屋新聞」3・14広告、15。
【備　考】○「一等金六十銭(中略)二□金五十銭(中略)三等金三十銭」(「新愛知」3・8広告)

○三月九日～(十四)日　昼夜二回　中央劇場
第四回　三大名狂言提供
東京少女歌劇
【番　組】会津戦争悲史　史歌劇　鐘の響　三幕　喜歌劇　弥次郎兵衛喜多八道中日記　二場　お伽歌劇　狐の裁判　二場(鈴木康義氏作)
番外　バレー　春の朝
【典　拠】「名古屋新聞」3・9広告、14広告、15広告。
【備　考】○評「中央劇場」(「名古屋新聞」3・15)

○三月九日～十四日　御園座
浪花節　雲洋改め　桃中軒峰右衛門一座
【読み物】九日　義士外伝　村上喜剣　安兵衛婿入り　長講二席
(十一)日　南部坂　岡野金右衛門
十四日　五郎正宗　三席
【典　拠】「名古屋新聞」3・8、8広告、9広告、11、14広告。
【備　考】○「連日大好評に付、本一日日のべ」(「名古屋新聞」3・14広告)

○三月九日～(十一)日　蓬座
《女優劇》
柳生《やぎふ》実記《じつき》
中《ちう》将《しやう》姫《ひめ》　東京女優　市川若之助一座
【典　拠】「名古屋新聞」3・9、11広告、12広告。
【備　考】○「好評」(「名古屋新聞」3・10広告)

○三月上旬　歌舞伎座
(浪花節)　大阪親友派若手　広沢当雀一行
【典　拠】「名古屋新聞」3・9。
【備　考】○「名古屋新聞」3・9広告には「広沢当春一行」とある。

○三月十日～(十三)日　午後五時開演　歌舞伎座
教訓劇活動大写真
【内　容】天理教祖伝
【典　拠】「名古屋新聞」3・10広告、13広告、「新愛知」3・14広告。
【備　考】○「好評」(「名古屋新聞」3・13広告)

○三月十・(十一)日　京枡座
女流浪花節　前田八重子一行
【典　拠】「名古屋新聞」3・10、11広告、12広告。

【備　考】○「好評」(「名古屋新聞」3・11広告)

○三月十日～(十六)日　寿座

浪花節芝居　坂島(ママ)家団十郎

【典　拠】「名古屋新聞」3・10広告、16広告、17広告。

【備　考】○「好評」(「名古屋新聞」3・12広告)

○三月十日～(十四)日　三栄座

《新派》愛《あい》の炎《ほのほ》　新派名題 岩崎新之助一座

【典　拠】「名古屋新聞」3・10、14広告、15。

○三月十日～(十四)日　大黒座

浪花節　港儀蝶

【典　拠】「名古屋新聞」3・10広告、14広告、15広告。

【備　考】○「好評」(「名古屋新聞」3・14広告)

○三月十日～(十六)日　千歳劇場

満一週年記念興行　喜楽会一行

通し狂言 大悲劇 二また桜《さくら》　五幕十一場　千葉萬楽

活動写真

【内　容】連続名写真深夜の人

【典　拠】「名古屋新聞」3・10広告、12、14評、16広告、17附録。

【備　考】○「十日から向ふ一週間(中略)『深夜の人』封切毎週四巻宛上演記念エハガキ一袋一週間の観客諸君に漏れなく進呈」(「名古屋新聞」3・10広告)○「千葉萬楽後援者にて今回名古屋月星会なるものを組織し、来る二十日第一回総会を催す由。会費一円に菓子・土産附。申込は名古屋通信社・千歳劇場・同前茶屋。」(同紙3・12)○「満員御礼　悲劇『二また桜』八場」(同紙3・14広告)○評「千歳劇場」(「名古屋新聞」3・14)

○三月十三日～　演目追加

【大　切】喜劇 古狸　三場

【典　拠】「名古屋新聞」3・14評、14広告。

○三月十一日～(十四)日　高砂座

節劇連鎖　港家朝顔

【典　拠】「新愛知」3・11広告、「名古屋新聞」3・14広告、15広告。

【備　考】○「好評」(「名古屋新聞」3・12広告)

○三月(十一)日～(十八)日　宝生座

男達出入港

【観劇料】場代なし

【典　拠】「新愛知」3・10広告、11広告、18広告、19広告。

○三月十一日　日本演劇株式会社の敗訴

「市内東区西魚町二丁目日本演劇株式会社が数日前没落したことが、十一日名古屋地方裁判所の訟廷で暴露した。其の起因は、同区呉服町一丁目内藤六兵衛は大正六年七月中、同区京町三丁目所在の家屋を一ケ月三十円づゝで同会社の重役であつた岡本茂登《もと》に貸与した。然るに会社を代表してゐた岡本重役は、合計二百二十五円の家賃を停滞させたまゝで宇都宮□方へ移住したので、貸主の六兵衛は、茂登に代つて会社の代表者となつた清住勝平を被告として、停滞家賃支払の請求訴訟を提起したが、昨年十月四日開廷の第一回口頭弁論に被告勝平は出廷しなかつたので、会社敗訴の判決言ひ渡しを受けたから、其判決を確定させては大変と許りに一時のがれの策として、故障の申立てをしたもの、、会社に当然支払の義務のある事とて、弁論終結の十一日前に夜逃げをして、支払の義務を免れるより他に道なしと、備付の器具等を窃かに搬出して、重役等も行方不明となつたので、更に会社は欠席判決の言ひ渡しを受けたが、(後略)。」　(「名古屋新聞」3・12)

○三月十二・(十三)日　京枡座

活動大写真

【内　容】忠臣蔵

【典　拠】「名古屋新聞」3・12広告、14広告、「新愛知」3・13広告。

【備　考】○「好評　忠臣蔵活動大写真」(「新愛知」3・13広告)

○三月十二日～(十四)日　蓬座

浪花節　前田　八重子

【典　拠】「名古屋新聞」3・12広告、14広告、15広告。

○三月十四日～(十六)日　午後二時開幕　歌舞伎座

実川遊昇改名披露

演目不詳

中村　雁雀

大阪大歌舞伎　片岡　嶋之助一座　加入

【典　拠】「新愛知」3・14広告。

○三月十四日～(十七)日　京枡座

演目不詳

東京名題　市川　紫鳥

市川　照蔵

【典　拠】「名古屋新聞」3・14広告、17広告、18広告。

【備　考】○「好評」(「名古屋新聞」3・15広告)

○三月十五日〜(十七)日　三栄座

女《をんな》武《ぶ》勇《ゆう》伝《でん》

お俊伝《しゆんでん》兵衛《べゑ》

正《まさ》行《つら》の閑《かん》居《きよ》

大阪名代
中村　菊三郎
坂東三寿之丞
沢村　紀三郎

【典　拠】「名古屋新聞」3・15、15広告〜17広告、18。
【備　考】○「坂東三寿之丞・中村蘭三郎」(「名古屋新聞」3・15広告)

○三月(十五)日〜(十九)日　大黒座

《新派連鎖劇》

演目不詳　川上　貞二郎

【典　拠】「名古屋新聞」3・14広告、15広告、19広告、20広告。

○三月十五日〜(十七)日　高砂座

演目不詳　大阪名題 市川右左衛門一行

【典　拠】「新愛知」3・15広告、18広告、「名古屋新聞」3・15広告、17広告。
【備　考】○「好評　市川右左(マヽ)門一行」(「名古屋新聞」3・16広告)

○三月(十五)日〜(二十三)日　昼夜二回　中央劇場

お名残り
東京少女大歌劇

【番　組】第一　史歌劇　源頼光の武勇滝夜叉の恋羅生門　全二場　第二　喜歌劇　Aデツキゴース　一幕　第三　悲歌劇　羊飼ひの娘　一幕
【典　拠】「名古屋新聞」3・14広告、15、16広告、23広告、24広告。

○三月十五日〜(二十一)日　昼夜二回　帝国座

《新　派》原沢新三一派　替り狂言

村井梅雨氏作
【一番目】悲劇　誠《せい》意《い》　十三場

薫風氏作
【二番目】俠劇　吾《あ》妻《づま》嵐《あらし》　二幕

【典　拠】「名古屋新聞」3・15、15広告、21広告、23。
【備　考】○「東都新内の名人　富士松登美太夫・三味線同時之助・富士松松浪太夫・上調子同吉兵衛　出語りにて御覧に入れ候(中略)一等金六十銭(中略)二等金五十銭(中略)三等金三十銭」(「名古屋新聞」3・15広告)　○前掲典拠には「富士松松浪太夫」とあるが、「新愛知」3・15広告では「浪太夫」、「名古屋新聞」3・15では「新内名人富士松浪太郎加入」としている。　○「連鎖『吾妻嵐』七場」(「新愛知」3・21広告)

○三月十五日～(十七)日　**蓬座**

《旧劇連鎖劇》

豊《とよ》川《かは》利《り》生《しやう》記《き》　幕なし　市川百十郎一座

【典　拠】「名古屋新聞」3・15、15広告、17広告、18。

【備　考】○「好評」(「名古屋新聞」3・16広告)

○三月十六日～(二十三)日　昼夜　**新守座**

《新　派》久保田清一派　第三の替り狂言

あけぼの染《そめ》　全十三場　久保田　朝霧　木下　楠本　青木　生駒

【典　拠】「名古屋新聞」3・16、16広告、17広告、21評、23広告、24広告。

【備　考】○「本日昼の部売切(編注、原製糸工場による貸切)　夜の部五時開場」(「名古屋新聞」3・17広告)　○評「新守と御園」(「名古屋新聞」3・21)

○三月　**活動弁士の免許取消し**

「豊橋市豊明館弁士紫風事田中清(二九)は、平素博徒の群に入り居り、一月二十一日夜、同市夏目京吉方に於て、俳優赤松正夫外数名と賭博中検挙せられ、又、同市有楽館弁士花村春京事市川藤治(二三)は、平素酒色に耽り、窃盗・横領の罪を犯し、弁士免許を取消さる。」(「名古屋新聞」3・16)

○三月(十七)日～(三十)日　**寿座**

節　劇　音羽家高島家合同

【典　拠】「名古屋新聞」3・16広告、17広告、30広告、31広告。

○三月十七日～(二十三)日　昼夜　**千歳劇場**

喜劇　紅《べに》筆《ふで》　三場

悲劇　破れ徳利　三場　千葉萬楽一座

喜劇　三つ巴《どもゑ》　三場

写　真

【内　容】連続活劇深夜の人

【典　拠】「名古屋新聞」3・17、17広告、18、23広告、24広告。

【備　考】○「名古屋新聞」3・17には「悲劇『夢に見る人』、喜劇『紅筆』、悲劇『三巴』」とある。○「名古屋月星会(中略)千葉萬楽一座後援の為めに組織されたる同会は、来る二十日昼夜二回何れも会員の総見をなし、萬楽に引幕を贈る由。」(「名古屋新聞」3・18)

○三月中旬　**枇杷島座**

京阪歌舞伎

演目不詳　市川団衛門

【典　拠】「新愛知」3・17広告。

○三月　**活動常設館の炭酸瓦斯量検査**

「本県警察部では、市内活動常設館の衛生上に関する構造如何を確める為め、過日来技術員を派遣して、館内の空気中より炭酸瓦斯を採取して検査しつゝあるが、右終了後若し余りに炭酸瓦斯の多量である常設館に対しては、構造の改良を命ずる筈である。山方県衛生課長は曰く、

常設館の炭酸瓦斯の分量検査は、一ケ所に就て少くとも二、三回は之を行ふ。即ち窓の開け放つて有る時、閉め切つてある時、或は非常に沢山の観客が入場して居る時、開館前の一人も入場して居らぬ時、等に区別して反覆し、其の結果を審査して適当の措置を採る筈である。市内が済んだら県下全体の活動常設館に及ぼす方針で、何れは各興行場にも之を行ひたい希望である。云々。」

（「名古屋新聞」3・17）

○三月十八日～(二十四)日　午後二時開演　**歌舞伎座**

東京大歌舞伎　彼岸特別興行

鬼一法眼三略之巻　檜垣ヨリ御殿迄

五所（ママ）染廓之達引　達引より土衛門殺

朝顔日記　宿屋ヨリ大井川迄

菅原伝授手習鑑

名作左小刀　甚五郎内廓（ママ）迄

市川紫蔦（ママ）
沢村萩之丞
中山喜楽
市川照蔵
一座

【典　拠】「名古屋新聞」3・19広告、24広告、25広告。

○三月十八日～(二十)日　**京枡座**

帝国一等　獅子芝居　嵐悦丸　一座

【演　目】忠臣蔵　矢口

【典　拠】「名古屋新聞」3・18、20広告、21広告。

【備　考】○「好評」(「名古屋新聞」3・19広告)

○三月十八日～(三十一)日　**三栄座**

万歳芝居　鈴木源十郎　石川貫一　一座

【演　目】生さぬ仲

【典　拠】「名古屋新聞」3・18、31広告、4・1。

○三月十八日～(二十)日　**高砂座**

浪花節　吉田奈良女　正友軒遊楽

【典　拠】「新愛知」3・18広告、「名古屋新聞」3・18広告、20広告、21広告。

【備　考】○「高評」(「新愛知」3・20広告)

○三月十八日～(二十)日　**蓬座**

女義太夫　呂雪　広駒　一行

【語り物】十八日　弁慶(大年)　沼津(播玉)　野崎(呂雪)

【典　拠】「新愛知」3・18広告、「名古屋新聞」3・18、20広告、21広告。

【備　考】○「好評」(「新愛知」3・19広告)

○三月十八日　瀬戸の栄座の火事

「十八日午前二時頃、県下東春日井郡瀬戸町劇場栄座より発火。建坪五坪の小部分を焼きたるのみにて消止めたり。原因・損害取調べ中。」（「名古屋新聞」3・19）

「十八日午前三時半（ママ）頃、県下東春日井郡瀬戸町南新街栄座より出火し、大騒ぎとなつたが、必死の消防に依り、僅に天井の一部を焼いたのみで三時頃鎮火したが、原因は火鉢の残火と。」（「新愛知」3・19）

○三月（十九）日～（二十七）日　宝生座

水戸黄門記

【観劇料】場代なし

【典　拠】「新愛知」3・18広告、19広告、27広告、28広告。

○三月十九日～二十五日　御園座

正午 午後五時 昼夜二回開演

大阪大歌舞伎　中村信濃・岩井幾（ママ）之助一座

（昼）

実録《じつろく》石川《いしかは》五右衛《ゑ》門《もん》　十二場

嫗《こもち》山《やま》姥《うば》　八重桐の廓噺し

（夜）

花《はな》川《かわ》戸《ど》助《すけ》六　八幕十二場

十八番 勧《くわん》進《じん》帳《ちやう》　安宅の松

岩井半之助
中村藤之助
中村芝鳥
中村福三郎
中村高三郎
尾上卯多五郎
中村信濃

【大　切】野《の》崎《ざき》村《むら》

【観劇料】初日　特等五十銭　平場三十五銭

【典　拠】「名古屋新聞」3・18、19広告、20、21、21評、25。

【備　考】○「初日ニ限リ四時開場（中略）初日の芸題『花川戸助六』十二場、『勧進帳』安宅松、『野崎村』（中略）昼間一回興行」（「名古屋新聞」3・19広告）　○「信濃は矢張弁慶に腕を充分見せた。富樫（米（ママ）之助）との…。」（同紙3・21評）　○「連日満員御礼の為め本日ひのべ」（同紙3・25広告）

○評「新守と御園」（「名古屋新聞」3・21）

○三月十九日　東京少女歌劇団支配人の暴行

市内中央劇場に公演中の東京少女歌劇団の支配人岩瀬利之助（三四）は、十九日午後六時頃、南伏見町の鍵前旅館において、同歌劇団楽長鈴木正一（二八）と興行日延べについて口論となり、火箸にて鈴木の頭部と頸部に数ヶ所の傷を負わせたため、新栄署に訴えられ、二十日局送りとなった。なお、岩瀬はかつて曽我廼家五九郎一座の手代を勤めていた折に二百円相当の品（鬼の面の彫刻）を横領した前科があり、この件についても、数日前に同署にて取調べを受けていた。

（「名古屋新聞」3・21）

○三月中旬　長栄座

演目不詳　島之助 団右衛門 一座

【典　拠】「新愛知」3・19広告。

○三月　**県税の引上げ**

愛知県は大正九年度予算の編成にあたり、約十七万円の歳入財源確保のため、全面的な税率引上げの方針を示した。それによると、興行関係では左記のように税率が変更されることとなる。

郡部				
遊芸稼人	一等	年税	税率	一・〇〇→一・六〇
	二等	同	同	〇・五〇→〇・八〇
演劇興行	最高木戸銭	日税		一二人分→一八人分
人寄席	同	同		五人分→一〇人分
市部				
遊芸稼人	一等	年税	税率	〇・八〇→一・六〇
	二等	同	同	〇・四〇→〇・八〇
俳優		同	同	〇・八〇→二・〇〇
演劇興行	最高木戸銭	日税		一二人分→一八人分
人寄席	同	同		一〇人分→一五人分

（「新愛知」3・19）

○三月二十日　国技館

教育会活動写真　名古屋市教育会

【内　容】欧洲戦争実戦の状況　飛行機の争闘

【典　拠】「名古屋新聞」3・20。

【備　考】○「二十三日（中略）仏国大使館所蔵（中略）活動写真会を開会（中略）小学校児童のために特に六年生以上に限り二十日開会すと。」（典拠）

○三月二十日～二十六日　午後一時開幕　**末広座**

榎本虎彦氏作

【一番目】桜みだれ　二幕

河竹黙阿弥作

【次狂言】増《ぞう》補《ほ》桃《もゝ》山譚《やまものがたり》　二幕

瀬川如皐氏作

【中　幕】上の巻　梶原平三誉石切《かじはらへいぞうほまれのいしきり》　一幕

琵琶劇　高《たか》山《やま》彦《ひこ》九《く》郎《らう》

高峰筑風出演

【中　幕】下の巻　おしゅん伝兵衛　近《ちか》頃《ごろ》河《かは》原《らの》達《たて》引《ひき》　堀川の段

河竹黙阿弥作

【二番目】弁天娘男女白浪《べんてんむすめおめのしらなみ》　二幕

【配　役】**一番目**

序幕　江州漣村助兼内の場

刀鍛冶不動助兼　沢村宗五郎

沢村源十郎

絹商人三上屋弥八
藤屋与之助　片岡卯左衛門
伯父権右衛門　市川米五郎
馬士七蔵　中村播次郎
猿廻し　尾上紋五郎
旅人幸助　沢村紀三郎
助兼養女おうら　尾上梅女
村の娘お幸　沢村紀美代
同　およし　尾上紋之助
同　おきぬ　市川粂吉

二幕目　刀鍛冶細工場の場
漣里湖水辺の場

不動助兼　沢村宗五郎
三上屋弥八　沢村源十郎
藤屋与之助　片岡卯左衛門
伯父権右衛門　市川米五郎
刀屋利兵衛　市川高六
馬士七蔵　中村播次郎
助兼養女おうら　尾上梅女
弥七妹おたね　沢村清之助
藤屋下女おせい　市川蔦次郎

次狂言
加藤邸玄関先の場
伏見城奥庭の場
中門警固の場

太閤殿下秀吉　沢村宗五郎
徳川家康　尾上紋三郎
前田利家　沢村其答
石田三成　片岡松十郎

加藤清正　沢村訥子
　中村播次郎
同　臣加藤清兵衛
同　木村又蔵　市川高次郎
同　森本機（ママ）太夫　尾上紋五郎
同　斎藤龍本　中村嶋次郎
同　貴田孫兵衛　尾上梅六
同　井上大九郎　沢村紀三郎
同　宮井小太郎　市川高六
石田臣運平　尾上楽太郎
足軽可内　片岡松次
淀の方　沢村清之助
大政所　尾上梅女
侍女綾葉　市川蔦次郎
老女幸蔵主　沢村源十郎
近臣腰元　大ぜい

中まく
上の巻　星合寺石切場

梶原景時　尾上紋三郎
大庭三郎景親　沢村宗五郎
股（ママ）羅五郎景高　市川米五郎
水口九八　中村播次郎
浜名八郎　市川高次郎
大島早太　沢村五郎
石垣堅蔵　沢村紀三郎
飛脚早助　市川米之助
青貝師六郎太夫　片岡松十郎
科人呑助　片岡卯左衛門
娘梢　尾上梅女

大名侍　大ぜい

琵琶劇
三条橋上の場

高山彦九郎　沢村訥子
幕吏大川伴五郎　市川高次郎
同　水野伴吾　尾上楽太郎
大原女こうめ　片岡卯左衛門
同　ゑん　尾上梅女

中まく
下の巻　与次郎住家の場

猿曳き与次郎　沢村訥子
井筒屋伝兵衛　沢村源十郎
老母おもよ　嵐みんし
丹波屋おしゅん　沢村清之助
稽古娘おつう　片岡千代駒
猿　市川小高

二番目
上の巻　浜松屋店先の場

日本駄右衛門　片岡松十郎
浜松屋幸兵衛　嵐みんし
同　悴宗之助　沢村其答
鳶の者八五郎　市川米五郎
番頭与九郎　中村播次郎
あんまでく市　市川玉蔵
南郷力丸　沢村宗五郎
弁天小僧菊之助　尾上紋三郎
手代丁稚　大ぜい

同
下の巻　稲瀬川勢揃場

日本駄右衛門　片岡松十郎
弁天小僧　尾上紋三郎
南郷力丸　沢村宗五郎
忠信利平　片岡卯左衛門
赤星十三　沢村清之助
捕人　大ぜい

【座　主】中村常三郎【経　営】松竹合名社
【観劇料】初日直段表　特等金一円八十銭　一等金一円四十銭　二等金八十銭　三等金五十銭　四等金二十五銭　二日目より　特等金二円三十銭　一等金一円七十銭　二等金一円　三等金六十銭　四等金三十銭
【典　拠】番付。観劇料、中幕上の巻の幕数、「高山彦九郎」の作者はチラシ、千秋楽は「名古屋新聞」3・26による。
【備　考】○「満員好評」（「名古屋新聞」3・25広告）○評「末広座」（「名古屋新聞」3・23）

○三月二十日～(二十三)日　**大黒座**

演　目　不　詳

中京若手女優 市川　団之助

【典　拠】「名古屋新聞」３・20広告、23広告、24広告。

【備　考】○「好評」(「名古屋新聞」３・21広告)

○三月二十一日～(二十四)日　**京枡座**

《旧劇実写連鎖》

演　目　不　詳

市川　百十郎一座

【典　拠】「名古屋新聞」３・21広告、24広告、25広告。

【備　考】○「好評」(「新愛知」３・23広告)

○三月二十一日　午後一時より　**国技館**

第四十二帝国　議会報告・立候補声明演説会

【弁　士】主催磯貝浩・主催小山松寿・加藤政之助・島田三郎

【典　拠】「名古屋新聞」３・20広告、23。

○三月二十一日～(二十五)日　**高砂座**

《歌舞伎実写連鎖劇》

演　目　不　詳

【典　拠】「名古屋新聞」３・21広告、25広告、26広告。

【備　考】○「好評　旧劇歌舞伎大連鎖」(「新愛知」３・23広告)

○三月二十一日～　**蓬座**

帝国一等　獅　子　芝　居

嵐　悦　丸一座

【典　拠】「名古屋新聞」３・21広告、「新愛知」３・23広告。

○三月二十一日　**呼続町併合十五周年記念事業の余興**

市外呼続町《よびつぎちょう》(編注、現名古屋市南区)では、附近の町村を併合して十五周年を迎えたことを記念して、三月二十一日から二十七日までの一週間、物産展覧会と教育衛生展覧会を開催した。これら記念事業の余興として、西川石松門下の名古屋五連妓による舞踊が二十三日から五日間、南劇場のこけら落としを兼ねて行われたほか、花火大会、盆栽生花大会、武術及相撲大会、通俗教育講演会、音楽会、お伽講演会、運動会等が行われた。

(「名古屋新聞」２・４附録、３・12、24)

365頁下段参照。

○三月二十二日～(二十七)日　昼夜二回　**帝国座**

《連　鎖》原沢新三一派　芸題替

【一番目】連鎖悲劇　百々代御殿《もゝよごてん》　八場

小笠原白也氏作

【二番目】新内所作事　弥次喜多《やじきた》　赤阪並木一幕二場

富士松浪太夫出語り

【典　拠】○「新愛知」３・23広告、「名古屋新聞」３・23、23広告、27広告、28広告。

【備　考】○「一等金六十銭(中略)二等金五十銭(中略)三等金三十銭」(「名古屋新聞」３・23広告)

○三月（二十三）日　午後六時半より　**国技館**

教育会活動写真　名古屋市教育会

【内　容】欧洲戦争実戦の状況　飛行機の争闘

【典　拠】「名古屋新聞」3・20。

【備　考】○「名古屋市内中学校以上の学生、青年団員、在郷軍人会員に無料にて観覧せしむる由。」（典拠）

○三月二十三日～（二十七）日　**南劇場**

南劇場こけら落し・合併十五周年記念呼続物産展覧会

余興　名古屋踊り　西川名取り連　名古屋各連妓

【番　組】二十三日　式三番（小光・小稲・たま）《西川名取連》　懸想文（文売＝小玉　喜久和・すま子）　総踊り　浜千鳥（名古屋各連妓若手）

【典　拠】「名古屋新聞」3・20、24。

【備　考】○「此展覧会は旧呼続町が大字瑞穂と大字弥富の一部を合併して、大呼続をなした十五年の記念に相当すると…。」（「名古屋新聞」3・20）○「二十一日から開会された市外呼続町主催の呼続物産・教育衛生展覧会は（中略）余興中の呼物名古屋踊りを加へて愈々盛況。」（同紙3・24）

○三月（二十三）日～（二十七）日　**蓬座**

《新派連鎖》

飛行家の□　蝶々会一行

【典　拠】「名古屋新聞」3・23、24、27広告、28広告。

【備　考】○「名古屋新聞」3・24には「本日より」とある。○「好評」（「名古屋新聞」3・26広告）

○三月二十三日　**呼続町に南劇場開場**

市外呼続町《よびつぎちょう》（編注、現名古屋市南区）は、附近町村併合十五周年の記念事業として、物産展覧会・教育衛生展覧会などを開催し、併せて新たに南劇場と称する劇場を開場した。

「同町には舞踊饗宴等に使用する適切な会場がないので、急に二万余円の株式会社を起し、同町電車停留所西に南劇場を建築すること、なり、五日その上棟を上る筈である。」（「名古屋新聞」2・4附録）

新築劇場は愛電線呼続駅前に新築され、三月二十三日、前記記念事業の余興として、名古屋各連妓による名古屋踊りによってこけら落としを行った。（「名古屋新聞」3・24）

364頁下段参照。

○三月二十四日～（三十）日　**新守座**

《連　鎖》久保田清一派　芸題替へ

喜劇　林《りん》檎《ご》

悲劇　松《まつ》葉《ば》巴《ともへ》　連鎖八場

木下　朝霧　吉富　生駒　青木　久保田

【典　拠】「名古屋新聞」3・24、24広告、25、30広告、31広告。

【備　考】○評「新守座」（「名古屋新聞」3・28）

○三月二十四日～（二十六）日　**大黒座**

旧劇・大奇術

【典　拠】「名古屋新聞」3・24広告、26広告、27広告。

【備　考】○「好評」（「名古屋新聞」3・25広告）

○三月二十四日～(三十)日　千歳劇場
喜楽会千葉萬楽一行　芸題替
悲劇　お浜《はま》の家《いへ》　二場
喜劇　松《まつ》吹《ふ》く風《かぜ》　三場
【切】喜劇　池《いけ》田《だ》屋《や》　三場
萬楽
萬両
四貞楽
(活動写真)
【内　容】大連続大活劇深夜の人
【典　拠】「名古屋新聞」3・24、24広告、29評、30広告、31広告。
【備　考】○「『松に吹く風』。」(「名古屋新聞」3・24)　○「悲喜劇『お浜の家』」(同日同紙広告)　○評「千歳劇場」(「名古屋新聞」3・29)

○三月二十四・二十五日　中央劇場
大琵琶会　阿部旭宙
【典　拠】「名古屋新聞」3・24、「新愛知」3・25広告。

○三月二十五日～(三十一)日　歌舞伎座
原一門　特別興行
浪花節
【典　拠】「名古屋新聞」3・25広告、31広告、4・1広告。
【備　考】○「好評」(「名古屋新聞」3・31広告)

○三月二十五・(二十六)日　京枡座
松竹梅《しょうちくばい》三女《ぢょ》の仇討《あだうち》
寺《てら》子《こ》屋《や》
大阪名題　実川正三郎一座
【典　拠】「名古屋新聞」3・25、26広告、27広告。
【備　考】○「好評」(「名古屋新聞」3・26広告)

○三月二十五日　午後一時から　国技館
大日本国粋会愛知支部発会式
【典　拠】「新愛知」3・26。

○三月二十五日　八雲琴演奏
「二十五日午後一時より、桑名町国風音楽講習所に開く。」

(「名古屋新聞」3・25)

○三月　西尾町で劇場賃貸料を取り決め
総選挙が近づいてきたことに伴い、西尾町においては、劇場の賃貸料を、時間の長短にかかわらず一回百円と決定した。

(「新愛知」3・25)

○三月二十六日～(二十八)日　高砂座
(浪花節)

桃中軒雲右衛門武力

【典　拠】「名古屋新聞」3・26広告、29広告、「新愛知」3・28広告。
【備　考】○「好評」（「新愛知」3・27広告）

○三月二十六日　皇華高女音楽会

「名古屋市中区不二見町皇華高等女学校音楽部主催と□り、二十六日午後六時より、校内に於て和洋音楽会を催し、ピアノ・バイオリン・箏曲・尺八等の演奏あり。尚、関西筑前琵琶宗家高峰筑風氏の筑前琵琶（扇の的・小楠公・川中島）の弾奏もあり。一般の来場を歓迎する由。」（「名古屋新聞」3・26）

○三月二十七日～（二十九）日　京枡座

《歌舞伎連鎖》

演目不詳　沢村村右衛門

【典　拠】「名古屋新聞」3・27広告、29広告、30広告。
【備　考】○「好評」（「名古屋新聞」3・28広告）

○三月二十七日～（二十九）日　大黒座

浪花節　原華六

【典　拠】「名古屋新聞」3・27広告、29広告、30広告。
【備　考】○「好評」（「名古屋新聞」3・29広告）

○三月二十七日～二十九日　午後五時より開演　御園座

浪花節　津田清美一行

【読み物】二十七日　巡査と車夫　安兵衛婿入り　余興　都都逸　大正節　追分　等

【典　拠】「名古屋新聞」3・26、27、29広告。

○三月（二十八）日～　帝国座

二葉会上るり大会

【典　拠】「名古屋新聞」3・27広告、28広告。

○三月（二十八）・（二十九）日　宝生座

二葉会上るり大会

【典　拠】「新愛知」3・27広告～30広告。

○三月二十八・（二十九）日　蓬座

（浪花節）　桃中軒峰右衛門一行

【典　拠】「名古屋新聞」3・28、「新愛知」3・29広告、30広告。

○三月二十九日～　午後二時開場　**末広座**

大阪毎日新聞所載
長田幹彦氏原作　玄文社発行

白《はく》鳥《てう》の歌《うた》　六幕九場

【出　演】河合武雄・高田亘・松本要次郎・東辰夫・村田式部・武村新・梅島昇・鈴木清隆・下田猛・南一郎・若井信雄・田宮米峰・河合明石・水口薇陽・池内清峰・浅野長・雪岡光次郎・名越仙左衛門・川島柳峯・岩田祐吉・松葉文雄・石川幸三郎・磯野平二郎・藤井六輔・福島清・喜多村緑郎

【典　拠】筋書（編輯兼級（ママ）行人　東政次郎　印刷者　佐藤保太郎　印刷所　文祥堂印刷所　定価金十五銭）。初日及び開場時間は「名古屋新聞」3・29広告による。

【備　考】○脚色は「真山君（編注、真山青果）」（「名古屋新聞」3・31評）○「初日好評。」（同紙3・30）○「連日満員大評判」（同紙4・3広告）○評「末広座」（「名古屋新聞」3・31）

○三月二十九日～（三十一）日　**高砂座**

東京大島商会活動大写真

【内　容】旧劇松竹梅誉の仇討　新派流水

【典　拠】「新愛知」3・29、「名古屋新聞」3・29、29広告、31広告、4・1広告。

【備　考】○「好評」（「新愛知」3・30広告）

○三月三十・（三十一）日　**京枡座**

《新派劇》

国《こく》妻《さい》菊《きく》

武田五郎
小泉一郎

【典　拠】「名古屋新聞」3・30、31広告、4・1広告。

【備　考】○「好評」（「名古屋新聞」3・31広告）

○三月（三十）・（三十一）日　**大黒座**

浪花節

正木一平

【典　拠】「名古屋新聞」3・30広告～4・1広告。

【備　考】「好評」（「名古屋新聞」3・31広告）

○三月（三十）日～四月（二）日　**宝生座**

迷子札黄金由来

【観劇料】場代なし

【典　拠】「新愛知」3・29広告、30広告、4・2広告、3広告。

○三月三十日　午後六時より　**御園座**

名電燈値上反対演説会

主催　在名新聞・通信記者

【典　拠】「名古屋新聞」3・31。

○三月三十日～四月六日　午後二時開幕　初日に限十二時開場　湊座

松竹合名社専属俳優

寿式《ことぶきしき》三番《ば》叟《そう》

【一番目】彦山権現誓助剣《ひこさんごんげんちかひのすけだち》　須磨浦辺より六助住家迄

恋《こひ》のあやめの黒出《くろで》立《たち》
心《こゝろ》二《ふた》つに別《わか》るゝ道《みち》

【中　幕】摂《せつ》州《しう》合《がつ》邦《ぽう》辻《がつぢ》　一満来

義理《ぎり》といふ字《じ》に
あわびの盃《さかづき》

【第二番目】薩《さつ》摩《ま》訛情諷《なまりなさけのひとふし》　上下

恋《こひ》のほのふの
朱鞘《しゆさや》さへ
もつるゝ色《いろ》の
十文字《じふもんじ》
源五兵衛《げんごべゑ》が
うらみの白刃《しらは》

【大喜利】鎌《かま》倉《くら》三《さん》代《だい》記《き》　絹川村閑居

【配　役】寿式三番叟

千歳　中村芝太郎
三番叟　実川延枝
翁　浅尾関三郎
三番叟　実川鴈童

第一番目
発端　津の国須磨より舞子浜辺
結局　毛谷村六助住家の場

吉岡娘おその　中村雀右衛門
同　後室お幸　尾上卯十郎
同　孫八十松　実川みのる
同　おきく　林女長
同　弥三郎　実川八百蔵
奴友平　片岡愛之助
微塵弾正　実ハ京極内匠　浅尾大吉
鳴川曽平次　中村円十郎
家来段内　浅尾関兵衛
同　平吾　阪東豊蔵
杣斧右衛門　実川八百蔵
同柾助　実川芦三郎
同樫蔵　嵐寛右衛門
同才六　実川正寿
同樵八　中村雀太郎
毛谷村六助　実川延若

中満来
合邦庵室の場

合邦道心　実川延若
高安俊徳丸　片岡愛之助
奴入平　実川延五郎
坪井平馬　中村雀太郎
鍵屋塔六　浅尾関兵衛
福屋又平　実川延八
沈香屋庄吉　阪東豊蔵
はせや妙香　実川美鴈
息女浅香姫　中村芝太郎
母おとく　浅尾大吉
高安室玉手御前　実名お辻　中村雀右衛門

二番目
上の巻　住吉三文字屋の場
同　離座敷の場

勝間源五兵衛　実川延若
笹野三五兵衛　実川延五郎
絵屋久左衛門　尾上卯十郎
同　倅伊三郎　片岡愛之助
番頭長七　実川正寿
丁稚佐吉　実川延幸
阿波武士古荘八右衛門　実川延郎
同　池辺武兵衛　実川鴈蔵
同　鬼塚善太兵衛　中村円十郎
勝間僕伴助　浅尾大吉
下男権助　中村雀兵衛
参詣人　大ぜい
芸者小万　中村雀右衛門
同　政代　実川若三郎
同　梅野　実川八百枝
女中お玉　中村雀
仲居およし　浅尾関松郎
同　おため　実川美鴈
伊三郎女房お沢　林女長
三文字屋娘お松　実川鴈童
同　女中　大ぜい

下の巻　曽根崎新地大重の場

勝間源五兵衛　実川延若
同　僕伴助　浅尾大吉
絵屋伊三郎　片岡愛之助
笹野三五兵衛　実川延五郎
幇間〆八　実川延枝
同　長助　市川鶴獅
客与太郎　浅尾関兵衛
番頭忠七　実川延郎
女房おさわ　林女長
女中お玉　中村雀
大重女房お富　浅尾関三郎
同　おゝ小よし　実川みのる
同　おゝ小きく　実川延幸

芸者小金　浅尾　関松郎
同　千代鶴　浅尾　よしの
仲居　大　ぜ　い
芸者小万　中村雀右衛門

大　切

絹川村三浦閑居の場

三浦之助義村　中村雀右衛門
北条息女時姫　片岡　愛之助

局阿波　浅尾　関三郎
同讃岐　実川　鴈　童
母宮路　嵐　寛右衛門
藤三女房おくる　実川　八百蔵
富田六郎　尾上　卯十郎
安達藤三郎　実川　延　若
実ハ佐々木高綱

【長　唄】吉村伊十次郎　吉村政一郎　中村庄平　〔三味線〕玉村秀三郎　玉村富之助　中村才次郎　〔笛　〕坂東重作　〔小　鼓〕小川源次　〔大　鼓〕小川伊三郎　〔太　鼓〕坂東秀次郎　〔長　唄〕玉村富五郎

【口　上】乍憚口上　桜花爛熳として百鳥囀り遊楽の好期節と相成候処四方御看客様には愈々御機嫌麗はしく奉大賀候、偖而工事中の当劇場も此度改築落成仕り吉例として大阪表より関西俳優中屈指の中村雀右衛門、実川延若を始め幹部連数十名顔揃ひの大歌舞伎を以て花々敷開演仕候処狂言の儀も一粒撰りのものを選択仕り御意に入る可く候まゝ何卒初日匆々より賑々敷御来観の程伏而御願申上候　吉祥日　港座々主敬白

【典　拠】番付（松竹合名社印刷部印行）。千秋楽は「名古屋新聞」4・6、初日開場時間は同紙3・30広告、演目名『寿式三番叟』は同紙3・28による。

【備　考】○「名古屋新聞」3・28広告にはこの他「雀延郎」「延宝」「延芝」の名が記載されている。○「実川延若・中村雀右衛門一座大阪を打揚げ、本月下旬開場式に引続き開演の筈。」（「名古屋新聞」3・23）○「予て改築中なりし浪越《なごや》公園内の湊座は愈々工事竣工したるを以て近日より（中略）関西歌舞伎大一座により花々しく柿葺《こけら》落し興行を為す筈。」（同紙3・26）○「百数十名の大一座。」（同紙3・28）○「座主玉垣氏の為に初日廓連の大物見ある筈。」（同紙3・30）○「木戸〆切りの大盛況。」（同紙3・31）○「大須の湊座は、改築の工なつて三十日から柿葺落しの蓋を開けた。小ヂンマリと気の利いた小屋になつたが、舞台が今一間広くあれば申分なし。」（同紙4・1評）○「連日満員御礼　場取御申込沢山に付明六日迄日延べ」（同紙4・5広告）○「一座本日限りにて伊勢松坂に赴く。因に本日は大入御礼として大割引。」（同紙4・6）○評「湊座の柿葺し」（「名古屋新聞」4・1）

○三月三十・三十一日　蓬座

世界館巡業活動写真

【典　拠】「新愛知」3・30広告、「名古屋新聞」3・31広告、4・1広告。

【備　考】○「好評」（「新愛知」3・31広告）

○三月三十一日～四月(八)日　寿座

演目不詳　市川　左団次

【典　拠】「名古屋新聞」3・31広告、4・8広告、9広告。

【備　考】○「好評」（「名古屋新聞」4・2広告）

○三月三十一日～四月(六)日　新守座

《連鎖劇》久保田清一派　芸題がへ

喜劇　宝《たから》船《ふね》

羽様荷香氏作

悲劇　女《をんな》と生《うま》れて　連鎖十二場

【典　拠】「名古屋新聞」3・30、31広告、4・6広告、7広告。

○三月三十一日～四月(六)日　千歳劇場

《悲喜劇》喜楽会千葉萬楽一行　芸題替へ

喜劇　築《ちく》港《かう》まで　二場　大沢　萬両
悲喜劇　朧《おぼろ》月《つき》夜《よ》　三場　村田　四貞楽
喜劇　諫《いさめ》の刃《やいば》　二場　千葉　萬楽

写　真

【内　容】連続活劇深夜の人　喜劇二人と二人
【典　拠】「名古屋新聞」3・31、31広告、4・6評、6広告、7広告。
【備　考】○評「千歳劇場」(「名古屋新聞」4・6)

○三月　周辺地区の興行

・岐阜市の旭座は、志知興行部藤川一派にて一日より『琴唄』を上演。(「新愛知」3・1、1広告)
・四日市の湊座は、志知興行部松童・十蔵一座にて興行中。(「新愛知」3・1広告)
・挙母の大正座は、三日より大阪の片岡島之助にて開場。(「新愛知」3・3広告)
・安城町の明治座は、志知興行部藤川岩之助ほかにて連鎖劇『琴唄』を上演中。(「新愛知」3・4)
・挙母の大正座は、五日より花房清十郎にて開場。(「新愛知」3・5広告)
・岡崎市の宝来座は、同座改築記念として、六日より四日間、沢村宗十郎・片岡我童・助高屋高助・沢村田之助・大吉・愛之助等の東西合同一座にて、『瓦礶寺』『有職鎌倉山』『苅萱堂』『近頃河原の達引』『嫗山姥』『越後獅子』等を上演。(「新愛知」3・5、「名古屋新聞」3・6広告)
・刈谷の大黒座は、志知興行部松童・十蔵一座にて興行中。(「新愛知」3・6広告)
・鷲津駅の大国座は、末広座中村巡業興行部第二団中村信濃一座にて興行中。(「名古屋新聞」3・7広告)
・播州社町の社劇場は、末広座中村巡業興行部第五団中村嘉七一座にて興行中。(「名古屋新聞」3・7広告)
・富田の豊富座は、志知興行部松童・十蔵にて興行中。(「新愛知」3・9広告)
・浜松の歌舞伎座は、志知興行部藤川岩之助にて興行中。(「新愛知」3・9広告)
・挙母の大正座は、十日より沢村大悦による獅子芝居を開場。(「新愛知」3・10広告)
・遠州金指の演伎座は、末広座中村巡業興行部第二団中村信濃一座にて興行中。(「名古屋新聞」3・10広告)
・三州豊川の豊川座は、末広座中村巡業興行部第三団嵐枝昇一座にて興行中。(「名古屋新聞」3・10広告)
・金沢並木町の尾山座は、宗十郎・我童の一座にて、十一日以前より興行中。(「新愛知」3・13、「名古屋新聞」3・14)
・遠州見付の磐田座は、末広座中村巡業興行部第二団中村信濃一座にて興行中。(「名古屋新聞」3・12広告)
・犬山の相生座は、末広座中村巡業興行部第四団片岡緑之助一座にて興行中。(「名古屋新聞」3・12広告)
・播州の三木劇場は、末広座中村巡業興行部第五団中村嘉七一座にて興行中。(「名古屋新聞」3・12広告)
・岐阜の朝(ママ)日座は、志知興行部松童・十蔵にて興行中。(「新愛知」3・13広告)
・静岡市の若竹座は、末広座中村巡業興行部第一団中村扇太郎一座に

て興行中。（「名古屋新聞」3・14広告）
・浜松の歌舞伎座は、末広座中村巡業興行部第三団嵐枝昇一座にて興行中。（「名古屋新聞」3・14広告）
・田原の田原座は、末広座中村巡業興行部第二団中村信濃一座にて興行中。（「名古屋新聞」3・15広告）
・桑名の中橋座は、志知興行部藤川一派による『琴唄』を上演中。（「新愛知」3・15広告）
・古知野の古知野座は、十六日より片岡緑之助にて開場。（「新愛知」3・15広告）
・挙母の大正座は、十七日より津田清美による浪花節を興行。（「新愛知」3・17広告）
・犬山町の真栄座は、名古屋新聞尾北分局による温習大会を開催中。（「名古屋新聞」3・18）
*但し「名古屋新聞」は「本社に毫も関係なし」としている。
・東濃坂下の万歳座は、末広座中村巡業興行部第五団中村嘉七一座にて興行中。（「名古屋新聞」3・18広告）
・挙母の大正座は、二十日より日活活動写真を上映中。（「新愛知」3・20広告）
・浜松の歌舞伎座は、末広座中村巡業興行部第一団中村扇太郎一座にて興行中。（「名古屋新聞」3・20広告）
・岐阜の明治座は、末広座中村巡業興行部第四団片岡緑之助一座にて興行中。（「名古屋新聞」3・20広告）
・宝飯の宝蔵劇場は、末広座中村巡業興行部第三団嵐枝昇一座にて興行中。（「名古屋新聞」3・20広告）
*「新愛知」は「宝草劇場」とする。
・大井の大栄座は、末広座中村巡業興行部第五団中村嘉七一座にて興行中。（「名古屋新聞」3・21広告）
・津の曙座は、志知興行部松童・十蔵にて興行中。（「新愛知」3・21広告）

・四日市の港座は、志知興行部藤川一派による『琴唄』を上演中。（「新愛知」3・21広告）
・瀬戸の栄座は、末広座中村巡業興行部第五団中村嘉七一座にて興行中。（「名古屋新聞」3・23広告）
・豊川の豊川座は、末広座中村巡業興行部第三団嵐枝昇一座にて興行中。（「名古屋新聞」3・25広告）
・四日市の湊座は、末広座中村巡業興行部第四団片岡緑之助一座にて興行中。（「名古屋新聞」3・25広告）
・挙母の大正座は、津守正一の新派を上演中。（「新愛知」3・25広告）
・草井の永楽座は、志知興行部松童・十蔵にて興行中。（「新愛知」3・25広告）
・武豊の武豊座は、志知興行部藤川一派による『琴唄』を上演中。（「新愛知」3・25広告）
・蒲郡町の宝盛座は、末広座中村巡業興行部第二団中村信濃一座にて興行中。（「名古屋新聞」3・27広告）
・挙母の大正座は、二十八日より河原崎権之助の旧劇を上演。（「新愛知」3・28広告）
・豊橋の東雲座は、二十八日午前九時から、豊橋電気株式会社の社員・職工家族慰安会が開催され、万歳・喜劇・義太夫等の余興が上演された。（「新愛知」3・29）
・松坂の松坂座は、志知興行部松童・十蔵にて興行中。（「新愛知」3・29広告）
・高山町の喜多座は、末広座中村巡業興行部第二団中村信濃一座にて興行中。（「名古屋新聞」3・30広告）
・荒井の住吉座は、末広座中村巡業興行部第三団嵐枝昇一座にて興行中。（「名古屋新聞」3・30広告）
・横須賀の海光座は、末広座中村巡業興行部第四団片岡緑之助一座にて興行中。（「名古屋新聞」3・30広告）
・静岡の若竹座は、末広座中村巡業興行部第五団中村嘉七一座にて興

行中。（「名古屋新聞」3・30広告）

・刈谷の大生座は、志知興行部藤川一派による『琴唄』を上演中。（「新愛知」3・30広告）

・津の曙座は、志知興行部藤川一派による『琴唄』を上演中。（「新愛知」3・31広告）

○四月一日～(七)日　**歌舞伎座**

《新派連鎖》一心劇一派　第一回正午 第二回午後五時 開演

開幕　喜　劇　デコボコ会

名古屋新聞連載　小島孤舟君作

あさ汐《しほ》の歌《うた》　全三十場　写真二十一場 連鎖三場 実演六場

キネオラマ応用

名古屋毎日

【切狂言】旭廓 事実譚　廓《くるわ》の影《かげ》

【出　演】中村かなめ・生駒九二夫・川上登・杉浦市郎・田中愛之助・西脇静雨・国吉・西村・北原・小山秀夫

【舞台監督】天活 西脇静雨

【典　拠】「名古屋新聞」3・27、30、4・1、1広告、2、3評、5、5広告、7広告、8広告。

【備　考】○「興行主任は当地の奥村黄花園主にして、東西の若手新進の大一座を招き、大道具は未だ当地にて使用したる事なき菊花（ママ）当時以上の者を使用し命がけの大連鎖。」（「名古屋新聞」3・27）○「前人気旺盛なり。因に本日大津町の伊藤呉服店前にて命がけの連鎖の撮影をなす筈。」（同紙3・30）○「本日に限り午後三時開場（中略）『あさ汐の歌』大道具幕なし回転（中略）『廓の影』（ママ）（中略）黄花園改造連鎖一心劇」（同紙4・1広告）○「俳優の努力と劇の面白きとに依り二日目も素晴らしき好人気なり。」（同紙4・3）○「二番目狂言時事問題『廓の影』に付ては（中略）名古屋毎日新聞社及同記者沢田雅月氏は何等関係無之事を謹告仕候　歌舞伎座」（同日同紙広告）○「連日大入り（中略）昨日より全部出揃ひ。」（同紙4・5）○「特等六十銭（中略）一等四十銭（中略）二等三十銭（中略）三等二十銭」（同日同紙広告）○評「『あさ汐の歌』劇」（「名古屋新聞」4・3）

○四月一日～(六)日　**京枡座**

《新派連鎖劇》

演目不詳　楠　下山 愛之助

【典　拠】「名古屋新聞」4・1広告、3、6広告、7広告。

【備　考】○「好評」（「名古屋新聞」4・2広告）

○四月一日　午後六時より　**国技館**

清趣会第六回音楽会　主催 名古屋基督教青年会

【出　演】東京音楽学校教授 ビオロン・ツエロ ウエルクマイスタア氏・ピアノ・ソプラノソロー ベツオルド夫人・バリトン 舟橋栄吉・アリト 鈴木のぶ子

【番　組】第一部　一　セロ・ピアノ合奏　ゾナーテ（ペ夫人　ウ氏）　二　アルトフロー　イ　永久の愛について（鈴木女史）　ロ　君の歌に眠らしめよ（鈴木女史）　三　バリトンフロー　イ　ファウストのアリエ（舟橋氏）　ロ　カルメン闘牛の歌（舟橋氏）　四　セロ独奏　コンツエルト　エー短調（ウ氏）　第二部　一　女声二部合唱　ペネディクトとベアトリスの夜の歌　二　バリトンフロー　道化師中の序歌（舟橋氏）　三　セロ独奏　イ　夜曲　ロ　ガボット（ウ氏）　四　ソプラノフロー　イ　我真心の君（ペ夫人）　ロ　揺

籠（ペ夫人） ハ 小夜楽（ペ夫人） 五 ピアノ独奏 イ 夜の曲（ペ夫人） ロ 地の神の踊（ペ夫人） ハ セントフランシスコ波上行（ペ夫人）

【典 拠】「名古屋新聞」3・20、29、4・1。

○四月一日～(六)日 **三栄座**

《新派実写連鎖劇》 立志団

纏《もつ》れ髪《かみ》 一志好美一行

【典 拠】「名古屋新聞」4・1、1広告、6広告、7。

○四月(一)日～(五)日 **大黒座**

獅子芝居 嵐悦丸

【典 拠】「名古屋新聞」3・31広告、4・1広告、5広告、6広告。

○四月一日～ **高砂座**

演目不詳 荒木清

【典 拠】「名古屋新聞」4・1広告。

【備 考】○「好評」（「名古屋新聞」4・3広告）

○四月一日～(七)日 昼夜二回 **中央劇場**

東京喜歌劇団名村春操一派

歌劇 名村春操 川田貴美子 出雲久栄 倉地森子 三井好子 岸辺浪子

【番 組】お金は天下の廻り物 平和祭り 社会喜劇 朝飯前 喜歌劇 三ツの林檎 コックさん

【典 拠】「名古屋新聞」3・31、4・1、1広告、7広告、8広告。

【備 考】○「名村春操の『コックの唄』。」（「名古屋新聞」4・7）○「好評」（同日同紙広告）

○四月一日～(八)日 正午より昼夜二回 **帝国座**

《歌舞伎連鎖劇》 中村十蔵一派

新愛知講談

桂《かつら》市《いち》兵《べ》衛《ゑ》 連鎖二十七場 河升 松葉 松助 多喜松 巴左衛門 慶丈 門三郎 喜幸 鯉玉 松童

【興 行】名古屋志知興行部

【観劇料】一等金六十銭 二等金五十銭 三等金三十銭

【典 拠】「新愛知」4・1広告、5広告、「名古屋新聞」4・1、1広告、8広告、9広告。

○四月一日～(六)日　夕五時開演　御園座

《新喜劇》

【第　一】女《めう》夫《と》鯛《たい》

【第　二】唖《おし》の恋《こひ》

【第　三】偽《にせ》親《おや》　楽天会一派

【第　四】長《なが》襦《じゅ》袢《ばん》

【典　拠】「名古屋新聞」3・31、4・1、2広告、6広告、7広告。

【備　考】○「従来の一座へ新進の青年俳優十数名を加へ…。」(「名古屋新聞」3・31)　○「本日初日入場料は特等一円二十銭、一等八十銭、二等五十銭、三等二十五銭。」(同紙4・1)　○「初日(中略)開場前より観客押寄せ、開幕忽ち満員。」(同紙4・2)　○「好評。」(同紙4・3)

○四月一日～(七)日　蓬座

万歳新演劇　鈴木源十郎　石川貫一一行

【典　拠】「名古屋新聞」4・1、7広告、8広告。

【備　考】○「好評」(「名古屋新聞」4・2広告)

○四月二日　午後六時　国技館

自慶会発会式

思想問題大講演会　主催 自慶会名古屋支部

【典　拠】「名古屋新聞」4・2広告、3。

○四月三日　午後一時より　国技館

婦人世界大講演会　主催 実業之日本社

【典　拠】「名古屋新聞」4・2広告、3。

○四月(三)日～(九)日　宝生座

霜夜鐘十字辻占

【観劇料】場代なし

【典　拠】「新愛知」4・2広告、3広告、9広告、10広告。

○四月四日　午後一時より　国技館

小出釥政見発表演説会

【典　拠】「名古屋新聞」4・3広告、5。

○四月(四)日　午後六時より　高砂座

小出釥政見発表演説会

【典　拠】「名古屋新聞」4・3広告。

○四月(四)日　青山社中の素謡舞囃子会

「四日午後一時より、呉服町能楽倶楽部に於て、青山社中の素謡舞囃子会あり。」(「名古屋新聞」4・2)

○四月（四）日　**寺島検校追弔邦楽大演奏会**

「故寺島検校門弟小林ゆき子・木村鉉治・吉田ぎん子・服部寛弥・石川重子・伊藤光夫・水野はな子・相原いと子等発起となり、故師匠の追弔邦楽大演奏会を、来る四日午前十時より名古屋市西区桑名町三丁目音楽講習所に於て開催すること、なつた。当日の演奏番組三十。市内一流の邦楽家を網羅する外、故人と関係最も深き大阪市より、菊濤大検校を始め、菊富・菊照、家門の各大勾当、菊時・菊宗・菊篠・菊俊の各大教授等も参加し、箏曲『桜狩』、箏三絃合奏『新青柳』、箏曲『五段きぬた』等演奏すべく、尚神戸市の菊仲大検校、徳島市の福島うの子女史も出演し、秘曲『紅葉合』『初音の曲』を奏で、その他当市の師匠連も総て秘曲を演奏するとの事なれば、近来珍らしき邦楽演奏会なりといふ。」

（「名古屋新聞」4・2）

○四月五日　午後二時二十分より　**国技館**

主催　名古屋任俠団

仁俠会時局演説会

【典　拠】「名古屋新聞」4・5、6。

○四月六日～（八）日　**大黒座**

記念特別興行　中京素人若手一座

曽《そ》我《が》対《たい》面《めん》

だんまり

本《ほん》朝《てう》（ママ）四《し》考《かう》（ママ）

絵《ゑ》本《ほん》太《たい》功《こう》記《き》

【典　拠】「名古屋新聞」4・6、8広告、9広告。

【備　考】○「好評」（「名古屋新聞」4・7広告）

○四月六日～（八）日　**高砂座**

《新派連鎖劇》　原沢新三一派

演目不詳

【典　拠】「名古屋新聞」4・6広告、8広告、9広告。

【備　考】○「好評」（「新愛知」4・8広告）

○四月七・（八）日　**京枡座**

活動写真

【内　容】悲劇生さぬ仲　喜劇

【典　拠】「名古屋新聞」4・7、8広告、9広告。

【備　考】○「好評」（「名古屋新聞」4・8広告）

○四月七日～(十)日　三栄座

特別活動大写真

【内　容】新派磯打浪
【典　拠】「名古屋新聞」4・7、10広告、「新愛知」4・11広告。
【備　考】○「好評」(「名古屋新聞」4・8広告)

○四月七日～(十三)日　新守座

久保田一派　二の替り

喜劇　人《ひと》の妻《つま》
情活悲劇　鹿《か》の子《こ》絞《しぼ》り

木下　朝霧　生駒　藤村　青木　久保田

【典　拠】「名古屋新聞」4・7、8広告、「新愛知」4・13広告、14広告。
【備　考】○「久保田の美しい女形に相応しい『鹿の子絞り』。」(「新愛知」4・12)

○四月七日～(十三)日　昼夜十二時六時二回開演　末広座

新声劇　初御目見得狂言
佐藤紅緑氏作
新派悲劇　潮《うしを》　五幕

【出　演】高部幸次郎・伊東好郎・千坂順一・筒井徳二郎・村尾碌児・桃木吉之助・玉村歌路・村瀬蔦子
【舞台監督】日疋重亮
【典　拠】番付。千秋楽は「新愛知」4・13広告、14広告による。
【備　考】○「松竹合名社経営(中略)座主中村」(典拠番付)　○「入場料　特等金一円二十銭　一等金八十銭　二等金四十銭　三等金二十五銭」(典拠番付)　○「八十余名の大一座。」(「新愛知」4・5)　○「『潮』六幕」(「名古屋新聞」4・7広告)　○「本日は道具調べの為休演」(「新愛知」4・14広告)　○評「末広座」(「名古屋新聞」4・10)

○四月七日～(十三)日　千歳劇場

喜楽会　芸題替り

喜劇　狩《かり》時《し》雨《ぐれ》　三場
喜劇　神《かん》田《だ》ツ児《こ》　三場
悲劇　路《みち》芝《しば》　四場

千葉萬楽

活動大写真

【内　容】連続冒険大活劇深夜の人
【典　拠】「名古屋新聞」4・7、7広告、14、「新愛知」4・13広告。
【備　考】○「団体歓迎　本日は日本陶器会社昼之部御買切　夜の部午後四時より平常の通り開幕」(「名古屋新聞」4・11広告)

○四月七日〜十日　午後五時開場　**御園座**
《喜　劇》楽天会一派　二の替り狂言
【第　一】偶然の成功　二場
【第　二】高嶺の月　二場
【第　三】雇われ情夫　二場
【第　四】狂い咲き　三場

粂田通天　宮島弁天　二宮天照　舞鶴昇楽　戸田三楽　上田天靖　田村楽太　徳川天華

【作　者】中西羊鬚　神保平楽
【典　拠】番付。千秋楽は「名古屋新聞」4・10による。
【備　考】○「無断禁興行版権所有松竹合名社」（典拠番付）○「御観劇料初日直段　特等御一名金一円二十銭　一等同金八十銭　二等同金五十銭　三等同金二十五銭　二日目ヨリ直段　特等御一名金一円五十銭　一等同金一円　二等同金六十五銭　三等同金三十五銭」（典拠番付）○「初日以来連日大盛況。」（「名古屋新聞」4・9）

○四月七日　**豊橋寿座で賭博**
豊橋神明町の寄席寿座において賭博を開帳中に検挙された四名は、七日豊橋区裁判所にて各罰金五十円の判決を受けた。

（「新愛知」4・8）

○四月八日〜（十五）日　ひる十二時　夜六時　二回開演　**歌舞伎座**
《連　鎖》一心劇　特別興行二の替り
鹿《か》の子《こ》絞《しぼ》り

【典　拠】「名古屋新聞」4・8、9広告、11広告、15広告、16広告。
【備　考】○「観覧料低廉。」（「名古屋新聞」4・8）○「改造連鎖　一心劇」（同紙4・11広告）

○四月八日〜（十四）日　夕五時開演　**中央劇場**
東京喜歌劇団一派　二の替り
歌　劇　名村春操
【番　組】喜歌劇　恋の人形　喜歌劇　海水浴　喜歌劇　講和会議　喜歌劇　メリーカンパニイ　舞踊　木の兵隊
【典　拠】「名古屋新聞」4・8、8広告、14広告、15広告。

○四月八・（九）日　**蓬座**
世界館巡業部活動大写真
【典　拠】「名古屋新聞」4・8広告〜10広告。
【備　考】○「好評」（「名古屋新聞」4・9広告）

○四月九日　午後六時より　**京枡座**
国粋会分旗式　国粋会愛知支部な組
【余　興】いとう呉服店少年音楽隊　剣舞　ハーモニカ　ヴァイオリン　マンドリン
【典　拠】「名古屋新聞」4・9。
【備　考】○「分旗式を挙行し、続いて（中略）諸氏の講演あり（中略）一般の入場を歓迎すと。」（典拠）○「東部国粋会の慰安会」（「新愛知」4・9広

告）

○四月九日～(十四)日　寿座

高《たか》田《だの》馬《ば》場《ば》　市川福升一行

【切】奥《おう》州《しゅう》安《あ》達《だち》ケ原《はら》

【典　拠】「名古屋新聞」4・9、14広告、15広告。

【備　考】○「好評」(「名古屋新聞」4・10広告)

○四月九日　午後七時より　大黒座

第一回 小山松寿政見演説会

【典　拠】「名古屋新聞」4・9広告、10。

○四月九日～(十一)日　高砂座

《旧劇連鎖劇》

桂市兵衛

【典　拠】「新愛知」4・9広告、「名古屋新聞」4・9広告、11広告、12広告。

【備　考】○「好評」(「名古屋新聞」4・10広告)

○四月九日　帝国座

舞踊温習会　横井幾国門人

【典　拠】「名古屋新聞」4・9広告。

○四月十日～十三日　京枡座

靱連春季浄瑠璃温習会　取持 愛知因社 吾妻連妓

【典　拠】「名古屋新聞」4・10、10広告、14。

【備　考】○「好評」(「名古屋新聞」4・11広告)

○四月十日～　大黒座

中京商会活動大写真

【典　拠】「名古屋新聞」4・10広告。

【備　考】○「好評」(「名古屋新聞」4・12広告)

○四月十日～　午後三時より　帝国座

花連春季浄瑠璃温習会　主催 花沢柳子

【典　拠】「名古屋新聞」4・10。

○四月(十)日～　宝生座

敵討噂高松

【観劇料】場代なし
【典　拠】「新愛知」4・9広告、10広告。

○四月十日〜(十二)日　蓬座

演目不詳

尾上扇十郎一行

【典　拠】「名古屋新聞」4・10、12広告、「新愛知」4・13広告。
【備　考】○「好評」(「名古屋新聞」4・11広告)

○四月十一日　三栄座

舞踊大温習会

【典　拠】「新愛知」4・11広告、「名古屋新聞」4・11広告。

○四月十二日〜(十四)日　三栄座

春季浄瑠璃大会

豊仙連

【典　拠】「名古屋新聞」4・12、14広告、15広告。
【備　考】○「好評」(「名古屋新聞」4・14広告)

○四月十二・(十三)日　高砂座

(浪花節)

津田清美一行

【典　拠】「名古屋新聞」4・12広告、14、「新愛知」4・13広告。
【備　考】○「大好評」(「新愛知」4・13広告)

○四月十二日〜(十九)日　午後二時より　湊座

東京大歌舞伎劇　中村福円・中村嘉七一行　第二回目興行

【一番目】天下知桔梗旗揚《あめがしたしるききやうのはたあげ》　四幕
【中　幕】艶《あで》姿女舞《すがたをんなまひ》衣《ぎぬ》　酒屋の場
【切狂言】鐘諸共恨鮫鞘《かねもろともうらみのさめさや》　三幕

市川姉蔵
中村時鶴
中村円蔵
中村多喜蔵
中村嘉昇
中村琴高
中村桔梗

【配　役】春長　中村時鶴
光秀　中村嘉七
宗岸
妻みさを　市川姉蔵
安田作兵衛　中村多喜蔵
十次郎　中村福円

半七
お園
初菊　中村嘉昇
五月　中村円蔵
三勝　中村桔梗

【観劇料】初日入場料　一、三〇　一、〇〇　六〇　四〇　二〇
【典　拠】「新愛知」4・9広告、11広告、12、12広告、「名古屋新聞」4・9、12、19広告、20広告。
【備　考】○「新愛知」4・11広告には「初日入場料　特、一三〇　一、一〇〇　二、六〇　三、三〇」とある。○「太閤記(十段目)、三勝半七(酒屋の段)、おつま八郎兵衛(上中下)」(「新愛知」4・12広告)　○「連日満員」(同紙4・14広告)　○「末広座中村巡業興行部(中略)第五団中村嘉七一座」(「名古屋新聞」4・14広告)

○四月十三日　蓬座

藤八拳大会

鶴声流一派

【典　拠】「新愛知」4・13広告。

○四月十四日～(十六)日　京枡座
《旧劇実写連鎖劇》
三葉葵紀州の誉《ばあふひきしうのほまれ》　市川百十郎一座
【典　拠】「名古屋新聞」４・14、16広告、17広告。
【備　考】○「好評」(「新愛知」４・15広告)

○四月十四日～(二十)日　新守座
芸題替へ
若月南柯氏作
大悲劇　えにしの袖《そで》　全九場　木下藤村　朝霧青木　生駒久保田
【典　拠】「名古屋新聞」４・14、14広告、20広告、21広告。

○四月十四日～(二十一)日　高砂座
浪花節応用大連鎖劇　港家朝顔一行
【典　拠】「名古屋新聞」４・14、21広告、22広告。
【備　考】○「好評」(「新愛知」４・15広告)

○四月十四日～(二十)日　千歳劇場
《悲喜劇》　喜楽会一派　芸題替へ
喜劇　国《くに》なまり　三場
喜劇　胸《むね》三寸《すん》　二場　千葉萬楽
悲劇　蛇《へび》いちご　四場
(活動写真)
【内　容】連続大活劇深夜の人
【典　拠】「名古屋新聞」４・14、14広告、20広告、21広告、「新愛知」４・14広告。

○四月十四日～(十七)日　蓬座
《新派連鎖劇》
演目不詳　楠山下合同
【典　拠】「新愛知」４・14広告、「名古屋新聞」４・14広告、17広告、18広告。
【備　考】○「好評」(「名古屋新聞」４・15広告)

○四月十四日　劇場・活動写真常設館へ注意
「市内門前町署にては、十四日午前中に管内各劇場・活動写真常設館主を召集し、飲食物・売子に関する件、下足取扱の件、火鉢の処置、案内人の客に対する態度、喫煙室設置の件、その他風紀・衛生上に関する諸件に就き、勝田署長より改善向上さすべく詳細訓示を与へ

たり。」（「名古屋新聞」4・15）

○四月中旬～(十四)日　大黒座

演目不詳　西　萬兵衛一行

【典拠】「名古屋新聞」4・14広告、15広告。

【備考】○「好評」(「名古屋新聞」4・14広告)

○四月中旬　南劇場

演目不詳　末広座中村巡業興行部第三団　嵐　枝昇一座

【典拠】「名古屋新聞」4・14広告。

○四月(十五)日～　国技館

大雲劇場引越

活動写真

【典拠】「名古屋新聞」4・14広告。

【備考】○「日活会社経営」(典拠)

○四月(十五)日～　寿座

演目不詳　坂東三寿之丞　中村　菊三郎

【典拠】「名古屋新聞」4・14広告、15広告。

【備考】○「好評」(「名古屋新聞」4・20広告)

○四月十五日～(十七)日　午後六時より　三栄座

《現代喜劇》

演目不詳　曽我廼家一派

【典拠】「名古屋新聞」4・15、17広告、18広告。

【備考】○「好評　現代劇曽我廼(ママ)一派」(「名古屋新聞」4・16広告)

○四月十五日～(二十一)日　昼十二時　夜六時　二回開演　末広座

新声劇一派　第二回目狂言

其《その》面《おも》影《かげ》　五幕八場　高部三好　筒井玉村　千阪音地

【典拠】「名古屋新聞」4・15広告、18評、21広告、22広告。

【備考】○「本日昼の部熱田兵器製造所従業員慰安会へ売切り　夜の部は従前通り午後六時より開演(中略)大好評」(「名古屋新聞」4・18広告)　○「本日道具調に付休演」(同紙4・22広告)　○評「末広座」(「名古屋新聞」4・18)

○四月十五日～(十七)日　午後六時より　大黒座

演目不詳　嵐　仲丸一行

【典拠】「名古屋新聞」4・15、17広告、18広告。

【備考】○「好評」(「名古屋新聞」4・16広告)

○四月十五日～(二十一)日 昼夜 **中央劇場**

東京喜歌劇団 第三回替り

歌 劇 名村春操 一派

【番 組】歌劇 パンの為に 一幕 食客ヂエムス 一幕 家庭の平和 一幕 ウラとヘレナ 二幕 番外 コミツクダンス

【典 拠】「名古屋新聞」4・15、15広告、21、21広告、22広告。

○四月十五日～ 夕五時より **帝国座**

(浪 花 節) 武士道鼓吹 桃中軒峰右衛門

【読み物】 十五日 天下無敵の定評ある 南部坂雪の別れ 金右衛門絵図面取り

十六日～ 村上喜剣 安兵衛婿入り

【典 拠】「新愛知」4・15広告、「名古屋新聞」4・16。

【備 考】○「大勉強 平場全部金五十銭・二階全部金三十銭均一」(「新愛知」4・15広告)

○四月十五・十六日 午後四時より **御園座**

筑前琵琶聯合大演奏会 主催 名古屋教師会

【番 組】十五日 台湾入(小出調雪) 川中島(竹田旭菘) 高山彦九郎(山内旭幸) 義士本懐(滝旭豊《滝とよ子》) 本能寺(桐山旭鵬)

十六日 常陸丸(中村総秀) 橘中佐(梶原旭立) 高田の馬場(村上旭勇) 虎狩(安部旭芳)

【典 拠】「名古屋新聞」4・14、16、「新愛知」4・17。

【備 考】○「名古屋在住の筑前琵琶教師連で名古屋教師会といふのが出来ました。その発会式ともいふべき琵琶大会(中略)三十余名の出演者中、旭豊□滝とよ子(十一)は(中略)すゞな家すゞなの秘蔵子です。名古屋四絃界の麒麟児です。」(「新愛知」4・17)

○四月十六日～二十二日 **歌舞伎座**

《連 鎖》 一心劇 三の替り

千 鳥 丸

【典 拠】「名古屋新聞」4・16広告、22広告、23広告。

【備 考】○「従業員慰安の為本日昼間興行は臨時休演。夜間は午後六時より開演」(「名古屋新聞」4・22広告)

○四月(十六)日 **東照宮にて舞楽**

「上茶屋町の東照宮雅楽部にては、十六日祭礼当日舞楽を行ふ。」(「名古屋新聞」4・15)

○四月十七日 午後七時より **京枡座**

小山松寿政見発表演説会

【典 拠】「名古屋新聞」4・17広告。

○四月十八日 午後七時より **三栄座**

小山松寿政見発表演説会

【典 拠】「名古屋新聞」4・18広告。

○四月十八日～(二十)日　午後六時より　大黒座

浪　花　節　桃中軒雲太夫一行

【典　拠】「名古屋新聞」4・18、20広告、21広告。
【備　考】○「好評」(「名古屋新聞」4・20広告)

○四月十八・(十九)日　午後五時より　蓬座

特別活動大写真

【内　容】名金
【典　拠】「名古屋新聞」4・18、19広告、20広告。
【備　考】○「好評」(「名古屋新聞」4・19広告)

○四月十八日　熱田の蔵福寺にて薩摩琵琶の温習会

「愛琵会南熱田支部の薩摩琵琶第三回温習会演奏を、十八日午前九時より、南区熱田市場町蔵福寺にて催す。」(「名古屋新聞」4・18)

○四月十九日～(二十三)日　三栄座

《現代喜劇》

演　目　不　詳　曽我廼家一行

【典　拠】「名古屋新聞」4・19広告、23広告、24。
【備　考】○「好評」(「名古屋新聞」4・20広告)

○四月十九日　午後六時より　御園座

第十二回　小出釥立候補大演説会

【典　拠】「名古屋新聞」4・19広告。

○四月中旬～(二十三)日　宝生座

実録毛谷村六助

【観劇料】場代なし
【典　拠】「新愛知」4・19広告、23広告、24広告。

○四月二十日～二十四日　午後五時ヨリ　湊座

大阪文楽浄瑠璃　語物毎日替り　錣太夫一座

【出　演】竹本常子太夫・鶴沢友平　竹本静太夫・鶴沢芳之助　竹本錣太夫・鶴沢徳太郎　竹本津太夫・鶴沢友次郎
【語り物】二十日　鈴ケ森(常子太夫)　増補忠臣蔵(静太夫)　柳(錣太夫)　寺子屋(津太夫)
二十三日　柳(常子太夫)　赤垣(静太夫)　十段目(錣太夫)　鰻谷(津太夫)
二十四日　鎌倉　三浦別れ(常子太夫)　日吉丸(静太夫)　明烏(錣太夫)　逆櫓(津太夫)
【典　拠】「名古屋新聞」4・20、20広告、23、24。
【備　考】○「五十余名。」(「名古屋新聞」4・18)

○四月二十日　午後七時より　蓬座

第六回　電燈値上反対大演説会

【典　拠】「名古屋新聞」4・20、20広告。

○四月二十一日～(二十三)日　午後五時より　京枡座

《新派実写連鎖》

空《そら》飛《とぶ》迄《まで》　花井薫一行

【典　拠】「名古屋新聞」4・21、23広告、24広告。

【備　考】○「好評」(「名古屋新聞」4・22広告)

○四月二十一日～二十八日　昼夜二回開演　新守座

《連鎖劇》久保田清一派

喜劇　人《ひと》魂《だま》　一幕

人情劇　血《けつ》統《とう》　二場

新派　思《おも》ひ出《で》の園《その》　全九場

吉富重夫
楠本隆一
朝霧実
生駒英□
青木芳美
木下録三郎
久保田清

【典　拠】番付。千秋楽は「名古屋新聞」4・28による。

【備　考】○「名古屋祭を連鎖に入れた『思ひ出の園』十場。」(「名古屋新聞」4・21)　○「台湾観光団十七名(中略)二十三日(中略)山田から来名(中略)夕食を喫して後、新守座へ招待。」(同紙4・24)　○評「末広と新守」(「名古屋新聞」4・27)

○四月(二十一)日～(二十三)日　大黒座

豊竹楠香隠退浄瑠璃大会

【語り物】平治(楠香)　酒屋(越名太夫)　炬燵(和泉太夫)

【典　拠】「名古屋新聞」4・20広告、21、23広告、「新愛知」4・24広告。

【備　考】○「好評」(「名古屋新聞」4・23広告)

○四月二十一日～(二十七)日　千歳劇場

《悲喜劇》千葉萬楽一座　芸題替え

喜劇　扇《あふぎ》橋《ばし》　三場

喜劇　偽《にせ》狂《きやう》人《じん》　二場

悲劇　片《かた》羽《は》鳥《どり》　三場

萬楽
四貞楽

活動写真

【内　容】連続冒険活劇深夜の人

【典　拠】「名古屋新聞」4・21広告、22、22評、27広告、28広告。

【備　考】○評「千歳劇場」(「名古屋新聞」4・22)

○四月二十一日～(二十七)日　正午より昼夜二回　帝国座

《新派連鎖劇》藤川岩之助一派

篠原嶺葉氏作　新愛知新聞社劇

大悲劇　尽《つ》きぬ涙《なみだ》　連鎖十五場

新加入　近江四郎
岡田隆男
松浪進次

【典　拠】「名古屋新聞」4・18、20、20広告、27広告、28広告、「新愛知」

4・20広告、21広告。

【備　考】○「名古屋志知興行部」(「新愛知」4・21広告) ○『尽ぬ涙』十二場。」(「名古屋新聞」4・18) ○「一等金六十銭(中略)二等金五十銭(中略)三等金三十銭」(「新愛知」4・20広告) ○「新派藤川岩之助一派の大連鎖劇団」(「名古屋新聞」4・20広告) ○「大好評」(「新愛知」4・22広告)

○四月二十一日～(二十三)日　蓬座

中京商会大写真会

【内　容】新派なさぬ仲

【典　拠】「名古屋新聞」4・21、23広告、24広告。

【備　考】○「好評」(「名古屋新聞」4・23広告)

○四月二十二日～(二十四)日　寿座

演目不詳　　市川眼雀一座

【典　拠】「名古屋新聞」4・22広告、24広告、25広告。

【備　考】○「好評」(「名古屋新聞」4・23広告)

○四月二十二日　午後七時　**高砂座**

磯貝浩政見発表演説会

【典　拠】「名古屋新聞」4・22広告。

○四月二十二日～二十六日　中央劇場

東京喜歌劇団　四の替り

歌劇

【番　組】喜歌劇 犬(ママ)(チエホフ)一場　歌劇 残るけむり 一場　喜歌劇 宝石 一場　愛好家の希望に依り オペレット カフエーの夜

【典　拠】「名古屋新聞」4・22、22広告、26。

【備　考】○「好評」(「名古屋新聞」4・23広告)

○四月　寄席の今昔

「◇東京などのやうに昼席はなくとも、未だ明治四十三年の共進会の開かれた当時には、名古屋の寄席は今程凋落はして居なかつた。

◇と云つた処で、元来定席と云つては、富沢町の富本や大須の文長座や福寿亭位に過ぎないのだが、時々若宮辺りへ来る『名人会』とか何会とかいつて当地へ来る東西落語家《はなしか》の一流どこの顔を見られることも、以前は、そんなに数少くなかつたやうだ。夫れだのに近頃の名古屋の寄席のみじめさはどうだ。音羽座の助六もヨタ〳〵で、一体名古屋に居るのか居ないのか、夫れさへも分らない始末。

◇時々私達若い者の仲間が寄つて、『什《ど》うだい、一つ寄席行きの月並会てなものを俺たちで組織しやうぢやないか』といふやうな話が持ち上らないでもなかつたが、扨、肝腎の聴きに行く寄席《ところ》がなければ、さうした組《サークル》を、こしらへて見たつて仕方がないので、いつも結局『什《ど》うかする人はないか』で流れてしまふ。

◇名古屋といふ処は、由来名所旧蹟がないところだけに、割合に劇場は多く、東京・大阪の中央にもあるところから、比較的、可《い》い芝居を見る機会も多い。だから『名古屋人の批評眼』は芸人仲間の関所として多少権威を持つて居たものであつたが、近頃のやうに、ステーションの改札口のやうな白煉瓦の札売場や、赤や青やの毒々しい旗や招

きに、当て込みたつぷり盛沢山の、セイゼイお安いところの連鎖劇のイカものが全盛といふに到つては、お話にも何にもならず、

◇薄暗い小路の宵を……トントンと溝板を、ふみながら懐手をして、『エー、ラシヤイツ』と呼ばれて、あの、ほのぐらい寄席の木戸をくゞる気分は、もう名古屋では得られる時がないだらうか？　太文字で黒々と書かれた『三遊亭何々』てな行燈、『お一人』木戸番のガチヤリと木戸札を箱に落す音、トン〳〵と階段を上る心持。

◇私たちの小さい頃からシンミリとした人情噺などは、テンデお客が沸いてしまつて聞かなかつたあの頃、名古屋は今では、女がカバーを穿いて、ペラゴロが浅草まがひの女優の足揚げダンスに随喜の涙を流す事ばかりが発達したのか。

◇失はれ行く名古屋の、ふるきもの、一つ、夫れは『寄席』だ。小さんあたりの巧い処ならとにかく、地方巡業の真打も、人を喰つた『夢金』や『野ざらし』の古いところを又明晩〳〵で、くりかへしでもあるまいぢやないか。名古屋にだつてチツタア話を聞かうといふ者もある事を記憶すべし、寄席経営者！」加藤英一　（「新愛知」4・22）

○四月二十三日～(二十九)日　歌舞伎座

《連　鎖》一心劇　狂言替

喜劇　妙な証文

【二番目】維新情話　連鎖　松の一枝

雪　月　花　三段かへし

【典　拠】「名古屋新聞」4・23広告、29広告、30広告。

○四月二十三日～　昼十二時 夜六時　二回開演　末広座

新声劇　第三回目狂言

蔭《かげ》行《ゆ》く人《ひと》　五幕

高部　村尾
桃木　筒井

【典　拠】「名古屋新聞」4・23広告、27評。

【備　考】○評「末広と新守」（「名古屋新聞」4・27）

○四月二十三日～　高砂座

雨宮活動大写真

【典　拠】「新愛知」4・22広告、23広告。

【備　考】○「好評　涙の二大写真」（「新愛知」4・24広告）

○四月二十四日　午後七時　京枡座

磯貝浩政見発表演説会

【典　拠】「名古屋新聞」4・24広告。

○四月二十四日～(二十六)日　三栄座

特別活動大写真　中京商会

【内　容】家庭悲劇生さぬ仲

【典　拠】「名古屋新聞」4・24、24広告、26広告、27。

○四月二十四日　午後七時より　大黒座

衆議院議員候補者　加藤鐐五郎立候補大演説会

【典　拠】「新愛知」4・24広告。

○四月二十四日　午後六時　長栄座

下出民義政見発表演説会

【典　拠】「新愛知」4・24広告。

○四月（二十四）日〜五月（九）日　宝生座

伊賀越道中双六

【観劇料】場代なし

【典　拠】「新愛知」4・23広告、24広告、5・9広告、10広告。

○四月二十四日〜（二十八）日　蓬座

《新派連鎖劇》

空《そら》とぶ迄《まで》　花井薫一行

【典　拠】「名古屋新聞」4・24、28広告、29広告。

【備　考】○「好評」（「名古屋新聞」4・27広告）

○四月二十五日〜（二十八）日　四時より　京枡座

浪花節芝居大連鎖劇　港家朝顔一行

【演　目】檜山相馬大作　高野山女人堂

【典　拠】「名古屋新聞」4・25、28広告、29広告。

【備　考】○「好評」（「新愛知」4・26広告）

○四月二十五日〜五月（十四）日　午後六時より　寿座

万歳芝居　鈴木源十郎　石川貫一

【典　拠】「名古屋新聞」4・25、5・14広告、15広告。

【備　考】○「好評」（「名古屋新聞」4・26広告）

○四月二十五日〜（二十七）日　午後六時より　大黒座

浪花節　広沢鶴之助一行

【典　拠】「名古屋新聞」4・25、27広告、28広告。

【備　考】○「好評」（「名古屋新聞」4・27広告）

○四月二十六日〜（二十八）日　国技館

市内柔道家・英米伊露四ケ国拳闘家試合

【典　拠】「名古屋新聞」4・22、26、「新愛知」4・26。

【備　考】○「拳闘家六名中、柔道□二、三段に対抗すべき剛者は、□国人ミリーネルソン、□国人マツカレツチ。何れも飛入申込歓迎すと。」（「名古屋新聞」4・22）

○四月二十六日　午後七時　**湊座**

小山松寿政見発表演説会

【典　拠】「名古屋新聞」4・26広告。

○四月二十七・(二十八)日　**三栄座**

浪　花　節　　桃中軒雲太夫
桃中軒雲大掾合同

【典　拠】「名古屋新聞」4・27、28広告、29広告。

○四月二十七日　午後七時　**大黒座**

磯貝浩政見発表演説会

【典　拠】「名古屋新聞」4・27広告。

○四月二十七日～(三十)日　**高砂座**

《現代劇》

演　目　不　詳　　蝶々会一行

【典　拠】「名古屋新聞」4・27広告、30広告、5・1広告。
【備　考】○「好評」(「名古屋新聞」4・29広告)

○四月二十八・(二十九)日　**大黒座**

浪　花　節　　津田清美一行

【典　拠】「名古屋新聞」4・28広告～30広告。
【備　考】○「好評」(「名古屋新聞」4・29広告)

○四月二十八日～五月(四)日　**千歳劇場**

喜楽会千葉萬楽一行　芸題替

喜劇　友《とも》の情《なさけ》　三場　　千葉萬楽
喜劇　五十年《ねん》　三場　　大沢萬両
悲劇　袖《そで》時雨《しぐれ》　五場　　村田四貞楽

活　動　写　真

【内　容】連続活劇深夜の人
【典　拠】「名古屋新聞」4・28、28広告、5・1評、1広告、4広告、5広告。
【備　考】○「本日午前十時開幕　三回興行」(「名古屋新聞」5・1広告)
○評「千歳劇場」(「名古屋新聞」5・1)

○四月二十八日～五月(五)日　昼夜二回　**帝国座**

《新派連鎖劇》藤川岩之助一派　芸題替

松陰舎主人作

【一番目】悲劇　互《たがひ》の心《こゝろ》　連鎖六場

三井白星先生新作

【二番目】悲劇　鍵《かき》　一幕

南陽街史作

【喜　利】喜劇　魂《たましい》の入《い》れかわり

【典　拠】「新愛知」4・28広告、「名古屋新聞」4・28、28広告、5・5広告、6広告。

【備　考】○「名古屋志知興行部」(「新愛知」4・28広告)　○「一等金六十銭(中略)二等金五十銭(中略)三等金三十銭」(「名古屋新聞」4・28広告)　○「好評」(同紙4・29広告)

○四月二十八日～五月二日　夕五時半開演　**御園座**

浪　花　節　東家楽遊一座

【読み物】二十八日　大塩平八郎(風谷)　中山安兵衛と粟田口(楽遊)　霑笛竹(楽遊)　長講二席

二十九日　忠僕直助(楽遊)　滝夜叉お仙(楽遊)

三十日　天野屋利平(楽遊)　水上美人(楽遊)

五月一日　藤堂高虎(風谷)　水戸黄門記(楽道)　横川勘平(楽遊)　潮田主水(楽遊)

二日　不破数右衛門(小雀)　三代目中村歌右衛門(風谷)　水戸黄門記(楽道)　前席　大石東下り(楽遊)　後席　潮田主水(楽遊)　大石良雄と垣見佐内(楽遊)

【典　拠】「名古屋新聞」4・28、28広告、29～5・2。

【備　考】○「楽遊は(中略)得意の長講二席を読む。」(「名古屋新聞」4・27)　○「初日四十五銭均一」(同紙4・28広告)

○四月二十九日　午後六時より　**京枡座**

小出釥政見発表演説会

【典　拠】「名古屋新聞」4・29広告。

○四月二十九日　午後七時　**三栄座**

磯貝浩政見発表演説会

【典　拠】「名古屋新聞」4・29広告。

○四月二十九日～五月六日　**新守座**

久保田清一派　芸題替り

喜劇　シーズン

家庭悲劇　憂《う》き身《み》　写真数場

木下　青木　吉富　朝霧　玉城　久保田

【典　拠】「名古屋新聞」4・29、5・2評、6。

【備　考】○「満員御礼」(「新愛知」4・30広告)　○「当三日より八日まで(昼の部に限り)毎日四百余名様づゝ名電鉄従業員御連中の慰安御観劇の為め平場は満員に御座候」(同紙5・3広告)　○評「新守座」(「名古屋新聞」5・2)

○四月二十九日　午後六時より　蓬座

小出釙政見発表演説会

【典　拠】「名古屋新聞」4・29広告。

○四月二十九日　宝生流研究会

「宝生流研究会にては、二十九日午後二時より呉服町能楽堂にて素謡会を催す。」（「名古屋新聞」4・29）

○四月（三十）日～五月（八）日　歌舞伎座

《連　鎖》一心劇　五の替り

連鎖劇　色たづな

喜劇　三途の川

【典　拠】「新愛知」4・29広告、30広告、5・8広告、9広告。

【備　考】○「黄花園式大道具」（「新愛知」4・30広告）

○四月三十日～五月（四）日　京枡座

《旧劇実写連鎖》

小《こ》町《まち》奴《やつこ》の達《たて》引《ひき》　大谷友十郎　市川百十郎

【典　拠】「名古屋新聞」4・30、5・4広告、5広告。

【備　考】○「好評」（「名古屋新聞」5・2広告）

○四月三十日～五月（七）日　三栄座

浪花節応用連鎖　港家朝顔

【演　目】檜山相馬大作

【典　拠】「名古屋新聞」4・29、30、5・7広告、8広告。

○四月三十日～五月七日　昼十二時　夜六時　二回開演　末広座

新声劇一派　福井茂兵衛　栗島狭衣　加入

佐藤紅緑氏作

【第　一】春《はる》の目《め》覚《ざめ》　二幕

無名氏作

【第　二】温《をん》泉《せん》の村《むら》　三幕

【典　拠】「名古屋新聞」4・29、29広告、30広告、5・7。

【備　考】○「三十日より福井茂兵衛が暫らく新声劇団に加入。」（「名古屋新聞」4・27）○「従来の一派に福井茂兵衛・栗島狭衣外十数名を新加入とす。」（同紙4・29）○「連日大好況」（同紙5・4広告）

○四月（三十）日～五月（三）日　大黒座

万歳芝居　花房清十郎一行

【典　拠】「名古屋新聞」4・29広告、30広告、5・3広告、4広告。

○四月三十日　蓬座

加藤鐐五郎大演説会

【典　拠】「名古屋新聞」4・30広告。

○四月　周辺地区の興行

・神戸町の寿座は、志知興行部藤川一派による『琴唄』を上演中。（「新愛知」4・9広告）
・多治見の榎元座は、志知興行部原沢新三一派にて興行中。（「新愛知」4・9広告）
・挙母の大正座は、十日より二代目敷島大蔵にて開場。（「新愛知」4・10広告）
・坂下の坂下座は、志知興行部藤川一派による『琴唄』を上演中。（「新愛知」4・10広告）
・四日市の湊座は、十二日より中村雀右衛門・実川延若等の松竹合名社専属大阪大歌舞伎を開演。（「新愛知」4・12広告）
・一宮の満寿美座は、志知興行部藤川一派による『琴唄』を上演中。（「新愛知」4・13広告）
・土岐津の長久座は、志知興行部原沢新三一派にて興行中。（「新愛知」4・13広告）
・新川の新盛座は、志知興行部による『桂市兵衛』を上演中。（「新愛知」4・13広告）
・瑞浪の常盤座は、志知興行部原沢新三一派にて興行中。（「新愛知」4・14広告）
・岐阜の旭座は、志知興行部藤川一派にて『金色夜叉』を上演中。（「新愛知」4・15広告）
・岡崎の宝来座は、志知興行部による『桂市兵衛』を上演中。（「新愛知」4・15広告）
・挙母の宝集座は、十六日より三日間、挙母芸妓による西川流舞踊大温習会を開催。（「名古屋新聞」4・16）
・美濃金山の東座は、末広座中村巡業興行部第二団中村信濃一座にて興行中。（「新愛知」4・16広告、「名古屋新聞」4・16広告）
・島田の大正座は、末広座中村巡業興行部第四団片岡緑之助一座にて興行中。（「名古屋新聞」4・16広告）
・碧海郡安城町の明治座は、十八・十九の両日、同町三業組合による芸妓温習会である安城温和会を開催。（「名古屋新聞」4・12）
・一宮の歌舞伎座は、志知興行部原沢新三一派にて興行中。（「新愛知」4・18広告）
・国府町の霞座は、志知興行部による『桂市兵衛』を上演中。（「新愛知」4・19広告）
・挙母の大正座は、二十日より大写真名金大会を興行。（「新愛知」4・20広告）
・美濃町の小倉座は、末広座中村巡業興行部第二団中村信濃一座にて興行中。（「名古屋新聞」4・20広告）
・越後長岡の長生座は、末広座中村巡業興行部第五団中村嘉七一座にて興行中。（「名古屋新聞」4・20広告）
・岐阜の旭座は、志知興行部原沢新三一派にて興行中。（「新愛知」4・20広告）
・挙母の大正座は、雲右衛門武力による浪花節を興行中。（「新愛知」4・22広告）
・西尾の歌舞伎座は、志知興行部による『桂市兵衛』を上演中。（「新愛知」4・23広告）
・挙母の大正座は、二十五日より東京女優中村又八にて開場。（「新愛知」4・25広告）
・富山の大正座は、末広座中村巡業興行部第五団中村嘉七一座にて興行中。（「名古屋新聞」4・26広告）
・安城の明治座は、志知興行部原沢新三一派にて興行中。

（「新愛知」４・26広告）

○五月一日　午後一時より　**国技館**

憲政会東海十一州大会　憲政会愛知県支部

【典　拠】「名古屋新聞」４・30広告、５・２。

○五月一日～(四)日　**高砂座**

演目不詳　中村翠娥一行

【典　拠】「名古屋新聞」５・１広告、４広告、５広告。

【備　考】○「好評　藤井演劇」（「新愛知」５・２広告）

○五月一日～(七)日　昼夜二回　**中央劇場**

東京少女歌劇　貴島田鶴子　葉山百合子　白川澄子一行

【番　組】悲歌劇 ラ・ギタナ 二幕　歌劇 七夕音頭 一幕　ダンス 独唱

【典　拠】「名古屋新聞」５・１、１広告、７広告、８広告。

【備　考】○「定期回数券発売　御観覧料　一円　八十銭　六十銭　四十銭　二十五銭」（「名古屋新聞」５・１広告）○「好評」（同紙５・７広告）

○五月一日～(七)日　正二時より　**湊座**

東西大歌舞伎　中村吉十郎一座

【第　一】実録先代萩　大序より対決迄　鉄之助　璃升　幸十郎　紀三郎　河昇　梅長　彦蔵

【第　二】一ノ谷嫩軍記　熊谷陣屋

【第　三】春の色梅暦　千代本より殺しまで

【配　役】

浅岡	鉄之助	安芸	梅長
弥太六		政次	
丹二郎		原田	中村吉十郎
板倉	璃升	義経	
相模		米八	
芸者仇吉		神並	彦蔵
片倉	幸十郎	熊谷	
和助	紀三郎	本田近常	
藤兵衛			

【典　拠】「名古屋新聞」４・29、30広告、５・１、７広告、８広告、「新愛知」５・１広告、３広告。

【備　考】○「五十余名の大一座。」（「名古屋新聞」４・29）○「大好評」（「新愛知」５・３広告）

○五月一日～(五)日　午後五時より　**蓬座**

義士劇の段　芸題毎日かわり　悲劇元祖荒木鱗十郎一行

【典　拠】「名古屋新聞」５・１、５広告、６広告。

○五月(二)日　名古屋保能会

「名古屋保能会は、五月二日午前八時より呉服町能楽倶楽部にて能□開始。」（「名古屋新聞」4・25）

○五月二日　生花大会と琵琶会

「松月堂古流家元鈴木是心軒社中主催にて、二日午前九時より矢場町電車停留所前法光寺に於て生花大会を開き、余興として旭洲会熱田支部旭春会の筑前琵琶弾奏あり。」（「名古屋新聞」5・2）

○五月三日　午後七時より　大黒座

第二十六回　小出釙政見発表演説会

【典　拠】「名古屋新聞」5・3広告。

○五月三日～(七)日　昼十二時　夜六時　二回開演　御園座

特別興行

浪　花　節　京山　愛　子

【読み物】三日　昼の部　大岡政談　夜の部　前席　元禄快挙　後席　朝顔日記

四日　前席　元禄快挙　後席　朝顔日記

【典　拠】「新愛知」5・3、3広告、「名古屋新聞」5・4、7広告、8広告。

【備　考】○「東北巡業中到る処に於て大高評を博し（中略）今回久々帰名」（「名古屋新聞」5・1広告）○「入場料　一等九十五銭　二等七十銭　三等五十銭」（同紙5・3広告）○「午後六時開演一回興行」（同紙5・4広告）○「初日以来大入満員」（同紙5・7広告）

○五月四・(五)日　午後五時より　大黒座

演　目　不　詳　市川　鯉　昇一行

【典　拠】「名古屋新聞」5・4、5広告、6広告。

【備　考】○「好評」（「名古屋新聞」5・5広告）

○五月五日　午後七時より　京枡座

衆議院議員候補者　加藤鐐五郎立候補大演説会

【典　拠】「新愛知」5・5広告。

○五月五日～(九)日　午後五時より　高砂座

演　目　不　詳　東京大名題　市川　蝠寿郎一行

【典　拠】「名古屋新聞」5・5広告、9広告、10広告。

【備　考】○「好評」（「新愛知」5・6広告）

○五月五日～(十一)日　千歳劇場

喜楽会千葉萬楽一派　芸題替

喜劇　球突《たまつ》き　四場

喜劇　額《がく》　三場

悲劇　可憐《かれん》の少女《せうぢよ》　四場

(活動写真)

【内容】連続活劇最終篇深夜の人

【典拠】「名古屋新聞」5・5、5広告、11広告、12。

【備考】○「過日来大須公園太陽館裏に同館の手に依りて竣工を急ぎつつありし理想的洋食店太陽閣は、漸く其工を告げ愈五日より開業し、開店記念として当日より十日間五十銭以上の来客に対し、千歳・太陽・大宮三館共通の入場券を一枚づつ贈呈する由。」(「名古屋新聞」5・4)

○五月六日～(九)日　午後四時より　京枡座

義士劇

芸題毎日替り

鱗十郎一座

【切□】阿古屋《こや》琴責《ことせめ》

【典拠】「名古屋新聞」5・6、9広告、10広告。

【備考】○「好評」(「名古屋新聞」5・7広告)

○五月六日～(十)日　大黒座

演目不詳

阪東寿三之助
中村菊三郎

【典拠】「名古屋新聞」5・6広告、10広告、11広告。

【備考】○「好評」(「名古屋新聞」5・7広告)

○五月六日～　昼夜二回　帝国座

《連鎖劇》志知興行部経営一周年記念興行

【第一】喜劇　悲劇　心《こゝろ》の操《みさを》の的《まと》　一幕　連鎖十一場

藤川岩之助
原沢新三
二座合同

【典拠】「新愛知」5・6広告、「名古屋新聞」5・6。

【備考】○「名古屋志知興行部」(「新愛知」5・6広告)

○五月六日　午後七時　蓬座

小山松寿政見発表大演説会

【典拠】「名古屋新聞」5・6広告。

○五月七日　午後二時より　国技館

議会解散報告　政談大演説会

主催　立憲政友会愛知県支部

【典拠】「新愛知」5・7広告。

○五月七日～十五日　昼夜二回開演　新守座

《連鎖劇》久保田清一派

喜劇　女《をんな》天《てん》下《か》　木下録三郎　朝霧　玉城　加納　楠本　小久

新愛知連載小説劇　有松氏脚色・監督

【第二】連鎖劇　妖《えう》魔《ま》伝《でん》　実演九場　写真数場　武田　生駒　吉富　青木　久保田

【典拠】「新愛知」5・7、7広告、9、10、15広告、「名古屋新聞」5・7。

【備考】○「今七日正午より（中略）特等一円（中略）一等七十銭（中略）二等五十銭（中略）三等三十銭。」（「新愛知」5・7）○「昨七日（中略）押すな〳〵の素晴しい人気。」（同紙5・8）○「連日来昼の部平場買取の名電鉄従業員慰安観劇は昨日限りなれば、本日よりは一般観客も悠に平場へ入れる筈。」（同紙5・9）○「出演俳優が努力奮闘の結果、引続き昼夜満員の大盛況。」（同紙5・10）○「病気の為欠勤して居た千鶴子に扮する吉富重美は全快、一昨夜より出勤（中略）好劇家の勧めに依り当狂言は明十五日迄日延べする由。」（同紙5・14）

○五月七・（八）日　蓬座

浪花節原華六一門大会

【典拠】「新愛知」5・7広告、「名古屋新聞」5・8広告、9広告。

【備考】○「好評」（「新愛知」5・8広告）

○五月（八）日～（十）日　三栄座

浪花節原一門名人大会　原華六

【典拠】「名古屋新聞」5・7広告、8広告、10広告、11。

○五月八日～（十四）日　中央劇場

替狂言

東京少女歌劇

【番組】楽劇　ラ・ギタナ　三幕四場　歌舞劇　萩の玉川　一幕二場　余興　映画

【典拠】「名古屋新聞」5・8広告、14広告、15。

○五月八日　午後七時　御園座

磯貝浩政見発表演説会

【典拠】「名古屋新聞」5・8広告。

○五月八日～（十三）日　午後二時開場　湊座

新組織大歌舞伎　第二回目興行

桃《もゝ》山《やま》譚《ものがたり》

紙《かみ》屋《や》治《ぢ》兵《へ》衛《ゑ》

奥州安《あ》達《だち》ケ原《はら》　三段目

丸《まる》橋《はし》忠《ちう》弥《や》

【配役】秀吉　梅長一　孫右衛門

家康　璃昇
紙治
伊豆守
利家　鉄之助
袖萩

清正　彦蔵
浜夕
小春　吉十郎
貞任
丸橋

【典　拠】「新愛知」５・８広告、「名古屋新聞」５・８、13広告、14広告。
【備　考】○「好評」(「名古屋新聞」５・９広告)

○五月九日〜(十五)日　歌舞伎座

《連　鎖》一心劇　狂言替り

悲劇　薄命の娘　六場
活劇　男一疋　四場

【典　拠】「名古屋新聞」５・９広告、11広告、15広告、16広告。
【備　考】○「黄花園式背景大道具(中略)改造連鎖劇」(「名古屋新聞」５・９広告)

○五月九日　午後七時　御園座

小山松寿政見発表演説会

【典　拠】「名古屋新聞」５・９広告。

○五月九日〜(十一)日　午後五時より　蓬座

大浄瑠璃　竹本広勝
一行

【典　拠】「名古屋新聞」５・９、11広告、12広告。
【備　考】○「好評」(「名古屋新聞」５・10広告)

○五月九日〜二十三日　八事半僧坊開帳の余興

市の東郊八事山にある奥山半僧坊出張所において、五月九日から二十三日にかけて半僧坊大権現の開帳が行われ、余興として「滝沢興行部の落語・奇術・手踊・剣舞・二〇加」が毎日演じられるほか、十六日には「浄瑠璃、下方佐郎の弟子手踊奉納」、十七・十八日には「喜劇大会」が催される。

(「名古屋新聞」４・９、５・15広告、24、「新愛知」５・14広告)

○五月十・(十一)日　午後六時より　京枡座

(浪花節)　桃中軒雲平改め
桃中軒雲入道
早川扇生
一行

【典　拠】「名古屋新聞」５・10、11広告、12広告。
【典　拠】○「雲入道の読物は長講二席。」(「名古屋新聞」５・10)○「好評」(「新愛知」５・11広告)

○五月十日〜(十二)日　高砂座

特別活動大写真

【典　拠】「新愛知」５・10広告、12広告、13広告。
【備　考】○「大好評」(「新愛知」５・11広告)

○五月十日～（十九）日　午後五時開場　宝生座

改革第一回興行

大阪女大浄瑠璃

東広　呂之助　燕之助
喜昇　は昇　昇女
右昇　金昇　寿美昇

【語り物】十日　新口村（呂之助）　太功記　十段目（右昇）　朝顔　宿屋（喜昇）　銘々伝　赤垣出立（東広）　八陣（寿美昇　金昇）

十一日　岸姫（呂之助）　酒屋（右昇）　日吉丸（喜昇）　帯屋（東広）　鈴ケ森（寿美昇　金昇）

十二日　白石　揚屋（呂之助）　柳（右昇）　壺坂（喜昇）　千本　寿司屋（東広）　弁慶上使（寿美昇　金昇）

十三日　太十（呂之助）　新口村（右昇）　寺子屋（喜昇）　沼津（東広）　浜松小家（寿美昇　金昇）

十四日　鈴ケ森（呂之助）　日吉丸（右昇）　宗五郎子別れ（喜昇）　躄　三人上戸（東広）　松王屋敷（寿美昇　金昇）

十五日　八陣（金昇）　岩井風呂（は昇）　柳（呂之助）　野崎村（右昇）　忠臣　一力（喜昇）　油屋（東広）　新口村（寿美昇　金昇）

十六日　みのや《（ママ）》（呂之助）　弁慶上使（右昇）　明烏（喜昇）　布引　琵琶（東広）　松玉《（ママ）》宝靫（寿美昇　金昇）

十七日　日吉丸（呂之助）　鳴戸（右昇）　安達　三（喜昇）　お駒　才三（東広）　白石（寿三昇《（ママ）》　金昇）

【典　拠】「名古屋新聞」５・９、９広告、10広告、11～16、19広告、20広告、「新愛知」５、17。

【備　考】○「呂昇一座の重鎮東広・喜昇・右昇・呂之助。」（「名古屋新聞」５・７）

○五月十一日～（十四）日　三栄座

【一番目】怪談《くわいだん》小幡《をばた》小平次《こへいじ》

名題　市川左衛門
中村菊三郎　一座

【切】玉織姫庵室

【典　拠】「新愛知」５・11、「名古屋新聞」５・11、14広告、15広告。

【備　考】○「『源平玉織庵室の場』。」（「名古屋新聞」５・11）

○五月十一日　大黒座

若遊連常盤津大会

【典　拠】「名古屋新聞」５・11広告、12広告。

○五月十一日～（十八）日　午後二時開場　午後三時開演　御園座

時代劇　一条大蔵卿　三満来

文学士落合浪雄氏作

牛盗人　一幕三場

文芸座上演　菊池寛氏作

恩讐の彼方に　三幕六場

【大喜利】所作事　六歌仙容彩　清元連中　竹本連中　長唄連中

【配　役】序幕　檜垣茶屋場

一条大蔵卿長成　勘弥
吉岡鬼次郎　介十郎
檜垣の亭主与市　守蔵
鬼次郎妻お京　三吉
勘解由妻鳴瀬　弥好

腰元一重　佳根松
同　双葉　守弥
同　弥生　佳根三郎
同　卯月　喜の字
仕丁五郎又　三津之助
同　次郎又　弥五郎
同　三郎次　喜蔵
同　四郎吉　喜美蔵
仕丁　大ぜい

二幕目　殿中の曲舞

一条大蔵卿長成　勘弥
播磨大掾広盛　柳蔵
八剣勘解由　弥左衛門
勘解由妻鳴瀬　弥好
奥女中若菜　田三郎
こし元一重　佳根松
同　双葉　守弥
同　弥生　佳根三郎
同　卯月　喜の字
鬼次郎女房お京　門之助
こし元　大勢

三幕目　奥御殿物語

吉岡鬼次郎幸胤　介十郎
同　女房お京　門之助
常盤御前　三吉
八剣勘解由　弥左衛門
同　妻鳴瀬　弥好
一条大蔵卿　勘弥

牛盗人　三場

鳥羽御所の門前
竹田道刑部の内
鳥羽御所の詮議

刑部三郎　勘弥
三郎妻雪江　三吉
同　一子竹王　玉三郎
関白頼通卿　門之助
五位蔵人家長　弥好
紀友春　守弥
主殿介家政　介十郎
滝口建部八郎　田三郎
同　八坂季熊　守蔵
同　白河武成　弥左衛門
滝口の武士　大勢
舎人大友弟彦　三津之助
牛飼太郎吾　喜の字
同　次郎吾　玉子
同　三郎吾　玉枝
使の者源内　票蔵
雑式平作　門枝
百性佐吾八　三之助
旅侍嘉仲太　弥二郎
町の人仙十　喜助
酒売り枡六　清助
愛媛の与市　弥五郎
村長庄司平六　枡蔵
舎人　二人
童小性　二人

恩讐の彼方に　三まく六場

中川三郎兵衛の内
木曽街道の茶屋
同　奥座敷
耶馬渓青の洞門
同　内部
同　奥の場

中川三郎兵衛　介十郎
愛妾お万　門之助
後ニ市九郎女房お万
馬士権作　柳蔵
若き旅人夫　弥好
若き旅人妻　佳根松
老いたる人　介十郎
物売りの女　三津之助
百性作造　守蔵
中川実之助　三吉
石工の頭　柳蔵
石工　弥五郎
同　弥助
同　紅笑
同　喜蔵
同　喜美蔵
同　喜の字
百性　弥左衛門
同　田三郎
同　佳根三郎
同　介之助
同　守弥
小者市九郎　勘弥
後ニ僧了海

大喜利所作事六歌仙容彩

僧正遍照　勘弥
文屋康秀
在原業平
喜撰法師
大伴黒主
小野小町　門之助
祇園のお梶　三吉
官女椙の局　三津之助
同　槙の局　弥好
同　竹の局　田三郎
同　松の局　弥五郎
同　梅の局　弥助
同　柳の局　佳根松
同　楓の局　守弥
同　桃の局　佳根三郎
同　桜の局　喜の字
同　藤の局　介之助
所化安楽坊　玉三郎
同　豊年坊　三津之助
同　円道坊　弥好
同　栃面坊　田三郎
同　遠山坊　弥左衛門
同　阿面坊　守蔵
同　家琳坊　弥五郎
同　緑尺坊　弥助
同　浅子坊　紅笑
同　杭辛坊　佳根松

仕丁　大勢一
【清元三弦家元】清元太兵衛　【清　元】清元小菊太夫　清元春寿太夫　清元登喜太夫　〔上調子〕清元市之助　〔上てうし〕清元太輔　【太　夫】竹本三越太夫　〔三味線〕野沢吉右衛門　【長　唄】岡安重吉　岡安喜千蔵　〔三味線〕岡安喜太郎　杵屋巳代蔵　杵屋松次郎　〔　笛　〕柏弥兵衛　〔鳴　物〕六郷寿之助　望月正次郎
【頭　取】坂東大和平　坂東喜蔵　【作　者】竹柴顕三　【文芸座事務員】今井格郎　【文芸座主任】守田勘弥
【観劇料】初日　特等一等御一名金一円均一　二等三等御一名金四十五銭均一　二日目より　特等御一名金一円八十銭　一等同金一円二十銭　二等同金八十銭　三等同金五十銭
【典　拠】プログラム。千秋楽は「名古屋新聞」5・18広告、19広告による。
【備　考】○「末広座中村巡業興行部」（典拠プログラム）○「本日午後三時開場、午後四時開演」（「名古屋新聞」5・11広告）○「呼び物は菊地寛《ママ》の『恩讐の彼方に』。」（同紙5・12）○「初日（中略）大好評。」（同日同紙）○「頗る大好評」（「新愛知」5・18広告）○評「御園座」（「名古屋新聞」5・13）「文芸座を観る」（「新愛知」5・14）

○五月十一日　港座の小火《ぼや》

「十一日午前三時二十分頃、市内中区門前町四丁目劇場港座東側二階から発火し、座蒲団十一枚を焼失して、間も無く鎮火したが、原因は煙草の吸殻ならんと。」（「名古屋新聞」5・12）

○五月十二日～（十四）日　午後五時より　**京枡座**

《新派実写連鎖劇》

演目不詳　川上一派

【典　拠】「名古屋新聞」5・12、14広告、15広告。
【備　考】○「好評」（「名古屋新聞」5・13広告）

○五月十二日～（十五）日　大黒座

演目不詳　元和美団一行

【典　拠】「名古屋新聞」5・12、15広告、16広告。
【備　考】○「好評」（「名古屋新聞」5・15広告）

○五月十二日～（十八）日　千歳劇場

萬楽一派　芸題替り

喜劇　当《たう》世《せい》式《しき》　三場
悲劇　情《なさけ》火《び》　五場
喜劇　藤《ふじ》の茶《ちや》屋《や》　一幕

【幕　間】高級活劇映画
【内　容】虚栄の戒　喜劇犬捜し
【典　拠】「名古屋新聞」5・12、12広告、18広告、19広告。
【備　考】○「写真は（中略）『急行列車の救助』（中略）『犬捜し』。」（「名古屋新聞」5・12）

○五月十二日～(十四)日　午後六時より　蓬座

世界館活動大写真

【典　拠】「名古屋新聞」5・12、14広告、15広告。
【備　考】○「好評」(「名古屋新聞」5・14広告)

○五月十三・十四日　高砂座

浪花節　津田清美

【典　拠】「新愛知」5・13広告～15広告。

○五月十四日～(二十二)日　昼夜二回　帝国座

《連鎖劇》原沢新三・藤川岩之助合同　四の替り

泉鏡花氏作
悲劇　迷《まよ》ひ路《ぢ》　連鎖十二場
旧喜劇　めぐり合《あひ》　三場

中岡高稲松
山田浪葉枝

【典　拠】「名古屋新聞」5・14、14広告、22広告、23広告。
【備　考】○「名古屋志知興行部」(「新愛知」5・17広告)○「満員御礼　連日の大入につき二十二日まで日延べ」(同紙5・19広告)

○五月十四日～(二十)日　湊座

専属歌舞伎劇　芸題替り

【一番目】野《の》狐《きつね》三次《じ》
【中　幕】御所桜堀川夜《ごしよさくらほりかはよ》討《うち》
【二番目】藤《とう》弥《や》太物語《ものかたり》
【余　興】活動
【内　容】新派悲劇愛の渦巻
【典　拠】「新愛知」5・14広告、「名古屋新聞」5・14、20広告、21。
【備　考】○「日活新派写真ノ封切ト専属歌舞伎劇」(「新愛知」5・14広告)

○五月十五日～(二十)日　京枡座

万歳芝居

元祖鈴木源十郎
石川貫一　合同

【演　目】孤子　万歳
【典　拠】「名古屋新聞」5・15、20広告、21広告。
【備　考】○「好評」(「名古屋新聞」5・18広告)

○五月十五日～　寿座

演目不詳

中村菊三郎
市川左衛門一座

【典　拠】「名古屋新聞」5・15。
【備　考】○「好評」(「名古屋新聞」5・18広告)

○五月十五日～(十九)日　三栄座
《新派実演連鎖劇》

演目不詳　川上貞次郎一座

【典　拠】「名古屋新聞」5・15、19広告、20広告。
【備　考】○「好評」(「名古屋新聞」5・18広告)

○五月十五日～(十九)日　高砂座

(新派劇)　西　萬兵衛一行

【典　拠】「名古屋新聞」5・15、19広告、20広告。
【備　考】○「大好評」(「新愛知」5・17広告)

○五月十五日～(二十一)日　昼夜二回　中央劇場
東京少女歌劇団　三回目狂言

歌劇

【出　演】白川澄子・松山浪子・上野一枝・田中寿々子・貴島田鶴子・高井千代子・葉山百合子
【番　組】お伽史歌劇　牛若丸　三幕四場　史歌劇　クレオパトラ　余興舞踏　独唱
【典　拠】「名古屋新聞」5・15、15広告、21広告、22、「新愛知」5・17広告。
【備　考】○「本日より五日間、懸賞付にて変装競技大会を催す。」(「新愛知」5・17)

○五月十五日～(十七)日　蓬座
《新派実写連鎖劇》

演目不詳

【典　拠】「名古屋新聞」5・15、「新愛知」5・17広告、18広告。
【備　考】○「好評」(「新愛知」5・17広告)

○五月(十五)日　竹友会尺八演奏会
「竹友会主催の下に、十五日午後一時より西区南桑名町国風音楽講習所に於て、かつら枝流春季尺八演奏会を催す由。」

(「名古屋新聞」5・13)

○五月(十五)・(十六)日　旭老会琵琶会
「名古屋旭老会月並(ママ)に琵琶会は、十五・十六両日、白川町大運寺にて開催。」

(「名古屋新聞」5・14)

○五月十六日～(二十一)日　歌舞伎座
《連　鎖》一心劇　狂言替

連鎖悲劇　心の絲　十二場
喜劇　こは意見　二場

【典　拠】「名古屋新聞」5・16広告、21広告、22広告。
【備　考】○「黄花園式背景大道具」(「名古屋新聞」5・16広告)

○五月十六日～(二十三)日　新守座

《連鎖劇》久保田清一派　芸題替

【第　一】喜劇　二人《にん》嫁《よめ》

【第　二】史劇　雪《せつ》月《げつ》花《くわ》　三場

【第　三】連鎖悲劇　絲のもつれ　連鎖八場

三段返し大道具

木下　朝霧　玉城　楠本　生駒　吉富　青木　久保田

【典　拠】「名古屋新聞」5・16、16広告、19評、23広告、24広告。

【備　考】○評「新守座」(「名古屋新聞」5・19)

○五月(十六)日～　午後六時より　大黒座

二の替り

柳生《やぎふ》二蓋笠実記《かいかさじつき》

市川照蔵　中山喜楽

【典　拠】「名古屋新聞」5・15広告、16、16広告。

【備　考】○「好評」(「名古屋新聞」5・16広告)

○五月十八日～(二十二)日　大黒座

浪花節　桃中軒雲入道

【典　拠】「名古屋新聞」5・18広告、22広告、23広告。

【備　考】○「好評」(「名古屋新聞」5・22広告)

○五月(十八)日～(二十)日　蓬座

浪花節芝居

芸題毎日続き

【典　拠】「新愛知」5・17広告、18広告、20広告、21広告。

【備　考】○「好評」(「名古屋新聞」5・19広告)

○五月十九日～(二十五)日　昼夜　千歳劇場

千葉万楽一派　芸題替え

喜劇　袋《ふくろ》の中《なか》　二場

喜劇　穿《は》き違《ちが》ひ　二場

悲劇　縁《えん》不《ふ》縁《えん》　三場

【幕　間】写真

【内　容】大活劇十号列車　喜劇キヤベツ娘

【典　拠】「名古屋新聞」5・19広告、20、23広告、25広告、26広告。

【備　考】○「今明両日午前十時より名古屋電燈会社御買切に付普通興行午後三時開幕昼夜入替なし」(「新愛知」5・22広告)

○五月二十日～(二十三)日　三栄座

二蓋笠《かいがさ》柳生《やぎふ》実記《じつき》

東京名代　市川照蔵　中山喜楽

【典　拠】「名古屋新聞」5・20、23広告、24広告。

【備　考】○「好評」(「新愛知」5・21広告)

○五月二十日～(二十二)日　高砂座

特別活動大写真

【典　拠】「名古屋新聞」5・20広告、22広告、23広告。
【備　考】○「好評」(「名古屋新聞」5・22広告)

○五月二十日～　五時開幕　宝生座

古今亭今輔一行

東京一流 **落語・音曲・人情噺** 秋月 雛太郎 今之助 ビリケン 真打連

【番　組】二十日　芝居噺 七段目(今之助)　手踊(今之助)　音曲浮世節(雛太郎)　軍人の妻(秋月)　十題噺(秋月)　奇術タンバリ(ビリケン)　三人片輪(今輔)　音曲(今輔)　其他余興
二十一日　芝居風呂(今之助)　手踊(今之助)　音曲浮世節(雛太郎)　苦学生(秋月)　西洋奇術 不思議のハット(ビリケン)　提灯屋(今輔)　角力音曲(今輔)　外余興
二十四日　寿限無(弥輔)　ひつこ投げ(玉之助)　辻うらや(今咲)　軍隊はなし(鶴輔)　こんにやくや問答(今之助)　音曲浮世節(雛太郎)　祭りの次郎吉(今輔)　音曲(今輔)
二十五日　三府浮世節(雛太郎)　今様磯《(ママ)》(秋月)　十題噺(秋月)　西洋奇術(ビリケン)　鱗茶屋(今之輔《(ママ)》)　音曲(今之輔《(ママ)》)　余興

【典　拠】「名古屋新聞」5・20、20広告、21、24、25。
【備　考】○評「宝生座」(「名古屋新聞」5・25)

○五月二十日　午後六時より　御園座

大　演　芸　会

【番　組】清元 神田祭(清元太兵衛《家元》 小菊太夫)　新内 身代り座禅(富士松春太夫)　哥沢 夕ぐれ(哥沢芝〆田)　淀川(哥沢芝〆田)　長唄 春風(二葉会《杵屋喜多六門下》)　尺八・琴合奏(加藤渓水　森つる子)　筑前琵琶 本能寺(前田旭龍《法虎山》)　琵琶 寺阪吉右衛門(滝旭豊)

【典　拠】「新愛知」5・18広告、「名古屋新聞」5・20。

○五月　**太陽閣の開店と余興**

「太陽館主佐藤太郎氏は、今回太陽館裏に太陽閣なる和洋料理店を開いた。四階は舞台、三階は大食堂で、舞台の設けがありて、食事をとりつつ余興が見られる設備。二階は幾つかの小間に仕切られ、球突が備へあり、下はバーと日本室となつてゐる。そして浴場には絶えず新しい湯が沸かされてある。(後略)」(「名古屋新聞」5・20)
「大須公園太陽閣は本日より余興として筑前琵琶の名妓新金波貞雄嬢毎日午後六時半と十時の二回出演する由。」(「名古屋新聞」5・27)

○五月二十一日　京枡座

舞踊温習会

花柳　寿々吉

【典　拠】「新愛知」5・21広告。

○五月二十一日〜(二十九)日　**湊座**

吉十郎一派　芸題がへ

有馬騒動　怪《くわい》猫《べう》伝《でん》

梅《うめ》川《がは》忠《ちう》兵《べ》衛《ゑ》　封印切

【余　興】活動写真

【内　容】火中の美人

【典　拠】「名古屋新聞」5・20、21、「新愛知」5・21広告、29広告、30広告。

○五月二十一日〜(二十三)日　**蓬座**

浪花節　桃中軒雲入道一行

【典　拠】「新愛知」5・21広告、「名古屋新聞」5・21広告、23広告、24。

【備　考】○「好評」(「新愛知」5・22広告)

○五月二十二日〜(二十八)日　**歌舞伎座**

《連　鎖》一心劇　狂言替

改造連鎖大悲活劇　五ひき龍

【二番目】社会劇　故郷へ錦

【典　拠】「名古屋新聞」5・22広告、28広告、29広告。

【備　考】○「黄花園式背景大道具」(「名古屋新聞」5・22広告)　○「好評」(同紙5・28広告)

○五月二十二日〜(二十四)日　午後五時より　**京枡座**

《新派劇》

月《つき》の都《みやこ》　荒木清　藤田金吾　梅原一行

【典　拠】「名古屋新聞」5・21、22、24広告、25広告。

【備　考】○「四十有余名大一座。」(「名古屋新聞」5・22)　○「好評」(「新愛知」5・23広告)

○五月二十二日〜三十日　昼夜二回　**中央劇場**

東京少女歌劇団　狂言替　お名残り

東京少女歌劇

【番　組】1 石工像　2 歌舞劇 業平卿　3 日蓮上人

【典　拠】「名古屋新聞」5・22、22広告、30。

【備　考】○「日延　三十日限」(「名古屋新聞」5・28広告)

○五月二十二日〜(二十四)日　**国技館前にて娘曲馬**

二十二日より国技館前にて、大竹娘曲馬が午前十一時・午後六時の昼夜二回開催される。

(「新愛知」5・22広告、24広告)

○五月(二十二)日　**傷病兵慰問の余興**

名古屋婦人会は、衛戍病院に傷病兵を慰問することとなり、二十二日午後一時より余興として「剣舞・落語・浪花節・筑前琵琶等」を行う。

(「名古屋新聞」5・21)

○五月(二十三)日～　寿座

【前】奥《おう》州《しゅう》安《あ》達《だち》ケ原《はら》

【切】お千代《よ》半《はん》兵《べ》衛《ゑ》

中村　飛雀一座

【典　拠】「名古屋新聞」5・22。

【備　考】○前興行の広告が二十七日まで続いており、前後の出演者から当該興行が実際に行われたか疑問がある。

○五月二十三日～(二十六)日　大黒座

浪　花　節　　吉田伊左衛門一行

【典　拠】「名古屋新聞」5・23広告、24、26広告、27広告。

【備　考】○「好評」(「名古屋新聞」5・26広告)

○五月二十三日～(二十八)日　高砂座

演　目　不　詳　　東京名代 市川　猿三郎

【典　拠】「名古屋新聞」5・23広告、28広告、29広告。

【備　考】○「好評」(「名古屋新聞」5・24広告)

○五月二十三日～(三十)日　昼夜二回　帝国座

《連鎖劇》藤川・原沢合同　狂言替

悲劇　心《こゝろ》　の　影《かげ》　連鎖九場

旧喜劇　四十七分忠臣蔵《ちうしんぐら》

【典　拠】「新愛知」5・23広告、「名古屋新聞」5・30広告、31広告。

【備　考】○「名古屋志知興行部」(「新愛知」5・23広告)○「大好評」(同紙5・24広告)

○五月(二十三)日　寺田翁嘉寿嘉能

「寺田翁、嘉寿嘉能は、来る二十三日呉服町能楽倶楽部に催す。」寺田左門治・塚本喜代彦・桜間金太郎・金剛巌・観世元滋・観世喜之・金剛右京・武田宗次郎等が出演。(「名古屋新聞」5・7)

○五月二十四日～(二十六)日　三栄座

《新派実写連鎖劇》

演　目　不　詳

【典　拠】「名古屋新聞」5・24広告、26広告、27広告。

【備　考】○「好評」(「名古屋新聞」5・26広告)

○五月二十四日〜三十日　新守座
《新派連鎖》久保田清一派　お名残狂言
有松暁衣氏新作
暖《の》簾《れん》娘《むすめ》　連鎖十場
木下　青木
朝霧　久保田
玉城
【典　拠】「名古屋新聞」5・24、24広告、28、30。
【備　考】○「総督府特派の朝鮮各道郡守内地視察団一行四十名は、二十七日午後一時四十三分名古屋駅着列車で来名（中略）夕食後、招待の新守座観劇に一夕の興を催した。」（「名古屋新聞」5・28）○「好評」（同紙5・30広告）

○五月二十四日〜（二十八）日　午後五時より　蓬座
《旧劇連鎖劇》
演目不詳
友十郎
百十郎
一行
【典　拠】「名古屋新聞」5・24、28広告、29広告。

○五月二十五日〜（三十一）日　京枡座
浪花節芝居　毎日続き
市川市童
一行
【典　拠】「新愛知」5・25広告、31広告、6・1広告、「名古屋新聞」5・25。
【備　考】○「好評」（「新愛知」5・26広告）

○五月二十六日〜三十日　午後三時開演　末広座
新文芸協会　東儀鉄笛一行
久米正雄氏作
【第一】三《み》浦《うら》製《せい》糸《し》場《じやう》主《しゆ》　四幕
坪内逍遥博士作
【第二】日蓮聖人法《ほう》難《なん》　五幕
東儀鉄笛
加藤精一
横川唯治
森英治郎
林幹
秋元千代子
前田筆子
今村静子
【典　拠】「名古屋新聞」5・20、26広告、27広告、30。
【備　考】○「『法難』四幕八場」（「名古屋新聞」5・24広告）○「午後二時開演（中略）男女優数十名」（同紙5・26広告）○「早稲田大学名古屋校友は今回後援会を組織し、二十九・三十の両日見物をなすべしと。右会費は特等金二円、一等一円七十銭。」（同紙5・29）○「知識階級から多大の歓迎を受けて初日以来盛況を呈したが、昨夜の楽日は本社文芸部の観劇会と早稲田の後援会の総見等があつて、非常の大成功を以て名古屋の公演を終つた。」（「新愛知」5・31）○評「『法難』と『三浦製糸場主』」（上）（下）安藤恭（「新愛知」5・28、29）「末広の『法難』劇」（「名古屋新聞」5・28）「『法難』劇を見て」雲生（同紙5・30）

○五月二十六日～六月(一)日　**千歳劇場**

喜楽会千葉万楽一派　芸題替

喜劇　夜《よ》店《みせ》もの　二場

喜劇　水《みづ》調《ちよう》子《し》　二場

新作悲劇　浮《うき》草《くさ》　三場

写　真

【内　容】連続大活劇荒馬　喜劇向ふ見ず

【典　拠】「新愛知」5・26広告、6・1広告、「名古屋新聞」5・26、6・2。

○五月二十六日　午後四時より　**御園座**

尚史会三週年記念筑前琵琶大会

【応援出演】大阪 西田旭染嬢・蛭子旭鶯嬢・光田旭蟬嬢　神戸 松下旭邦・小沢旭棟　東京 旭扇女史

【番　組】壇の浦(石巻秀山)　南部坂(梅村旭鶯)　伊賀の曙(杉本旭凰)　応援 高田馬場(高田旭邦)　村上喜剣(高田旭広)　茶臼山(高田旭□)　旭の光(会員一同)　教師 横井旭耕

【典　拠】「名古屋新聞」5・26。

【備　考】○「入場料無料。」(典拠)

○五月二十七日～　**三栄座**

万歳新演劇　花房清十郎一行

【典　拠】「名古屋新聞」5・27、27広告。

【備　考】○「好評」(「名古屋新聞」5・28広告)

《新派連鎖劇》

○五月二十七日～(二十九)日　午後五時半より　**大黒座**

演目不詳　キネオラマ電気応用　山田一郎一行

【典　拠】「名古屋新聞」5・27、29広告、30広告。

【備　考】○「好評」(「名古屋新聞」5・29広告)

○五月二十八日　午後五時開場 七時から映写　**国技館**

朝鮮総督府撮影

大活動写真　主催 愛知県庁 名古屋市役所 商業会議所　後援 名古屋新聞社

【内　容】朝鮮見物

【余　興】和洋名曲演奏(いとう呉服店少年音楽隊)

【典　拠】「名古屋新聞」5・26広告、28広告。

【備　考】○「観覧無料(中略)十二歳以下の子供諸君は父兄同伴の事。尚此機会に於て総督府より朝鮮絵葉書一千枚、朝鮮案内記一千部を本社に提供して領布方を委託せられましたから、当日入場者に適宜分配します」(「名古屋新聞」5・27広告)

○五月二十八日～六月(二)日　午後五時より　寿座

伊《い》賀《が》越道中双六《ごえだうちうすご》

三勝《かつ》半《はん》七　酒屋の段　　中村飛雀・市川彦三郎一座

【典　拠】「名古屋新聞」5・28、6・2広告、3広告。

【備　考】○「好評」(「名古屋新聞」5・29広告)

○五月二十九日～六月(六)日　歌舞伎座

《連　鎖》

連鎖冒険悲活劇　旭光の唄

喜劇　心機一転

【典　拠】「名古屋新聞」5・29広告、30広告、6・6広告、7広告。

【備　考】○「黄花園式背景大道具」(「名古屋新聞」5・29広告)　○「連日満員に付六日まで延期」(同紙6・5広告)

○五月二十九日～(三十一)日　午後五時半より　高砂座

演目不詳　　東京名題市川福寿郎一行

【典　拠】「名古屋新聞」5・29、「新愛知」5・31広告、6・1広告。

【備　考】○「好評」(「新愛知」5・30広告)

○五月二十九日～(三十一)日　午後五時半より　蓬座

《女優劇》　中京若手女優劇

演目不詳

【典　拠】「名古屋新聞」5・29、31広告、「新愛知」6・1広告。

【備　考】○「好評」(「名古屋新聞」5・31広告)

○五月(二十九)日　中京音楽院演奏会

「公園前中京音楽院に於て、二十九日午後六時より、ピアノ・マンドリン・ヴァイオリン等の第二回演奏会を開く由。」

(「名古屋新聞」5・28)

○五月三十日～六月(三)日　大黒座

《新派連鎖劇》

演目不詳　　立花薫一行

【典　拠】「名古屋新聞」5・30広告、6・3広告、4広告。

【備　考】○「好評」(「名古屋新聞」6・2広告)

○五月三十一日～六月八日　昼夜二回　新守座

《連鎖劇》　関西新派合同劇団　お目見得狂言

悲劇　情《なさけ》の露《つゆ》　連鎖十一場

【出　演】代表者熊谷武雄・原田好太郎・桜井武夫・秋山十郎・村島歳郎・小東金哉・高田篤二・三浦輝雄・清誠次郎・天川吉弥・藤浪浅男・田原靖二・桃井文夫・南郷広文

【典　拠】「名古屋新聞」5・27、30広告、31、31広告、6・8、「新愛知」6・1広告。
【備　考】○「関西新派劇の粋を集めたる大一座にて、当り狂言を選定し上場する。」（「名古屋新聞」5・27）○「初日に限り午後四時より夜間一回。」（同紙5・31）○「初日大盛況」（「新愛知」6・1広告）○「本日迄日延べ。」（「名古屋新聞」6・8）○評「新守座」（「名古屋新聞」6・2）

○五月三十一日～六月六日　昼夜二回　帝国座
《新派連鎖劇》藤川・原沢一派　芸題替
小山集川氏作
連鎖悲劇　柵《しがらみ》　連鎖十二場
喜劇　あわてもの
【典　拠】「新愛知」5・31広告、6・6広告、「名古屋新聞」5・31広告、6・3。
【備　考】○「名古屋志知興行部」（「新愛知」6・1広告）○「曾て本紙連載万都の士女を泣かせた（中略）『柵』」（同紙5・31広告）○「大好評」（同紙6・1広告）○「『柵』連鎖十場」（同紙6・6広告）○「『柵』は本日より昼間織物大廉売会を催すにつき午後五時より一回興行。」（「名古屋新聞」6・6）

○五月三十一日～六月（六）日　午后二時開場　湊座
座付 吉十郎一座　芸題替り　新加入東京名題 中村歌蔵
市川栄升
璃キ升
【第一番目】菅《すが》原《はら》伝《でん》授《しゅ》　三幕
【中　幕】吾妻与五郎 根《ね》引□《き》の松《まつ》　一幕
【大喜利】八犬伝　対牛楼一幕
【余　興】活動写真
【内　容】新派迷の果
【典　拠】「名古屋新聞」5・30、31、6・6広告、7広告、「新愛知」5・31広告。
【備　考】○「活動新派『運の果』。」（「名古屋新聞」5・31）

○五月　周辺地区の興行
・浜松の浜松座は、志知興行部原沢新三一派にて興行中。（「新愛知」5・3広告）
・浜松の歌舞伎座は、志知興行部による『桂市兵衛』を上演中。（「新愛知」5・3広告）
・挙母の大正座は、四日より西萬兵衛による新派劇を興行。（「新愛知」5・4広告）
・岡崎の宝来座は、志知興行部原沢新三一派にて興行中。（「新愛知」5・5広告）
・豊橋の豊橋座は、志知興行部による『桂市兵衛』を上演中。（「新愛知」5・5広告）
・挙母の大正座は、九日より文明館活動写真を上映。（「新愛知」5・9広告）

郵 便 は が き

料金受取人払郵便

神田局
承認

3067

差出有効期間
平成30年5月
25日まで

（切手不要）

101-8791

514

東京都千代田区神田小川町 3-8

八木書店 古書出版部

出版部 行

ご住所 〒 TEL	
お名前（ふりがな）	年齢
E メールアドレス	
ご職業・ご所属	お買上書店名 都 市 府 区 県 郡 書

お願い このハガキは、皆様のご意見を今後の出版の参考にさせていただくことを
としております。また新刊案内などを随時お送りいたしますので、小社からのDM
希望の方は、連絡先をご記入のうえご投函賜りたく願いあげます。ご記入頂いた個
報は上記目的以外では使用いたしません。

買上げ書名

＊以下のアンケートに是非ご協力ください＊

ご購入の動機

書店で見て　□書評を読んで（新聞・雑誌名：　　　　　　　　　　　　　　　　　　）
広告を見て（新聞・雑誌名：　　　　　　　　　　　　　　　　　　　　　　　　　　）
（　　　　　　　　　）さんの推せん　　□ダイレクトメール
その他（　　　　　　　　　　　　　　　　　　　　　　　　　　　　　　　　　　　）

ご意見・ご感想をご自由にお聞かせください。

機会があれば、ご意見・ご感想を新聞・雑誌・広告・小社ホームページなどに掲載してもよろしいでしょうか？

□はい　□匿名掲載　□いいえ

ありがとうございました。

・常滑の晋明座は、末広座巡業部守田勘弥一行にて興行中。
（「新愛知」5・19広告）
・挙母の大正座は、二十五日より港家光龍にて浪花節を興行中。
（「新愛知」5・25広告）

○六月一日～(五)日　京枡座
《旧劇実写連鎖》
演目不詳　市川芳三郎　扇三郎
【典　拠】「新愛知」6・1広告、「名古屋新聞」6・5広告、6広告。
【備　考】○「好評」（「新愛知」6・2広告）

○六月一日～(七)日　午後五時開演　末広座
《新喜劇》曽我廼家五郎一派
【第　一】鴨《かも》川《がは》千《ち》鳥《どり》
【第　二】香《か》椎《しい》の馬《うま》方《かた》
【第　三】縁《えにし》
【第　四】二軒《けん》長《なが》屋《や》

五郎　蝶六
大磯　蝶太郎
蝶七　致雄
笑将　林蝶
三郎　蝶八
胡蝶　一郎
五楽　小次郎
蝶の丸　太郎

【典　拠】「新愛知」5・31広告、6・1広告、7、7広告、8広告。
【備　考】○「久々に御目見得仕候」（「新愛知」6・1広告）○「連日満員の大好評。」（同紙6・7）○評「末広座」（「名古屋新聞」6・3）

○六月一日～(四)日　高砂座
演目不詳　市川米寿一座
【典　拠】「新愛知」6・1広告、「名古屋新聞」6・4広告、5広告。
【備　考】○「好評」（「新愛知」6・2広告）

○六月一日～(十一)日　夜六時開始　中央劇場
歌舞演芸団　初お目見得
落語　橘の円次郎一行
【番　組】落語（円次郎）一人角力（次郎）子供落語（博円）吹き寄せ浄瑠璃　講談　芝居　ダンス　音曲
【典　拠】「新愛知」6・1広告、「名古屋新聞」6・8評、11広告、12広告。
【備　考】○「五時半開演」（「名古屋新聞」6・5広告）○「大盛況連日満員」（同紙6・11広告）○評「中央劇場」（「名古屋新聞」6・8）

○六月一日～(十一)日　五時半より　宝生座
東京女浄瑠璃　竹本綾之助　綾女　団寿
【語り物】二日　太十（綾昇）柳（団寿　糸　素菊）合邦（綾之助　糸　二三龍）
三日　弁慶（団寿）堀川（綾之助）
四日　陣屋（綾春）安達（綾千代）十種香（綾昇）紙屋（団寿）寺子屋（綾之助）
五日　下屋敷（団寿）酒屋（綾之助）
六日　合邦（綾春）□崎（綾千代）八陣（綾昇）鳴戸（団寿）弁慶上使（綾之助）

七日　日吉（綾清　氏朝）　鼈（綾春　綾勝）　沼津（綾千代　綾多□）　朝顔　宿屋（綾昇　三好）　酒屋（団寿　素菊）　太十（綾之助　綾女）

八日　蝶花形（団寿）　壺坂（綾之助）

九日　酒屋（綾千代）　寺子屋（綾昇）　野崎（団寿）　安達（綾之助）

十日　太十（綾千代）　紙屋（綾昇）　八陣（団寿）　御好みに依り堀川（綾之助）

十一日　先代（綾千代）　弁慶上使（綾昇）　壺坂（団寿）　柳（綾之助）

【典　拠】「名古屋新聞」5・31、6・2～11、「新愛知」6・1広告、5評。

【備　考】○「来る十一日迄日延べ。」（「名古屋新聞」6・9）○評「宝生座の綾之助」（「新愛知」6・5）

○六月二日～（十二）日　三栄座

浪花節劇　　世界亭国丸

【典　拠】「新愛知」6・2広告、「名古屋新聞」6・2広告、12広告、13。

【備　考】○「好評」（「名古屋新聞」6・3広告）

○六月二日～（八）日　千歳劇場

《喜　劇》喜楽会千葉萬楽一行　芸題替

喜劇　衣《ころも》がえ　三場　　萬楽

喜劇　子《こ》供《ども》の口《くち》　二場　　四貞楽

悲劇　巡《じゅん》礼《れい》唄《うた》　二幕五場　　子役 小柳萬寿子

高級映画

【内　容】大活劇死を賭して　喜劇馬鹿と決闘

【典　拠】「名古屋新聞」6・2、2広告、6評、8広告、9広告。

【備　考】○評「千歳劇場」（「名古屋新聞」6・6）

○六月二日～（十）日　蓬座

万歳新演劇　　花房清十郎一行

【典　拠】「新愛知」6・1広告、「名古屋新聞」6・2広告、10広告、11。

【備　考】○「好評」（「名古屋新聞」6・3広告）

○六月（三）日～（六）日　寿座

演目不詳　　市川左延治一行

【典　拠】「名古屋新聞」6・2広告、3広告、6広告、7。

【備　考】○「好評」（「名古屋新聞」6・4広告）

○六月三日　**太陽閣の余興**
「本日より余興変り。大吉嬢の義太夫。昼は『鈴ケ森』、夜は『弁慶』。」（「名古屋新聞」６・３）

○六月四・(五)日　午後六時より　**大黒座**
浪花節　吉田小奈良丸一行
【典　拠】「名古屋新聞」６・４、４広告～６広告。
【備　考】○「好評」（「名古屋新聞」６・５広告）

○六月五日　午後五時より　**高砂座**
錦心流琵琶大会
【典　拠】「名古屋新聞」６・５。

○六月五日～(十三)日　**秋葉前にて娘曲馬**
五日より熱田秋葉前にて、大竹娘曲馬が午前十一時・午後六時の昼夜二回開催される。（「新愛知」６・５、５広告、13広告）

○六月六日～(八)日　午後五時より　**京枡座**
《実写連鎖劇》
若《わか》葉《は》の蔭《かげ》　小林五郎　池田一雄　山田一道　合同
【典　拠】「名古屋新聞」６・６、８広告、９広告。
【備　考】○「好評　新派連鎖劇」（「新愛知」６・７広告）

○六月六日～(九)日　**大黒座**
《女芝居》
演目不詳　岡本美代松
【典　拠】「名古屋新聞」６・６広告、９広告、10広告。
【備　考】○「好評」（「名古屋新聞」６・７広告）

○六月六日～(八)日　**高砂座**
演目不詳　小泉一郎一派
【典　拠】「名古屋新聞」６・６広告、８広告、９広告。
【備　考】○「好評」（「名古屋新聞」６・７広告）

○六月六日～(十三)日　午前八時ヨリ午后四時マデ　**帝国座**
織元出張聯合販売会
【典　拠】「名古屋新聞」６・６広告、11、「新愛知」６・11広告。
【備　考】○「織物大廉売会は夏衣類・浴衣・帯地数十万点を大廉売する由なるが、原価の半額同様に廉売すといふが、尚買上げ金額に応じ市内劇場の招待券を進呈すと。」（「名古屋新聞」６・５）○「盛況に就き来る十三日迄日延べ。」（同紙６・11）

○六月七日～(十三)日　**歌舞伎座**

《連　鎖》新狂言

連鎖　色　元　結

喜劇　お　静　ち　ゃ　ん

【典　拠】「名古屋新聞」6・7広告、13広告、14広告。

【備　考】○「大道具改造の為め本日臨時休業」（「名古屋新聞」6・14広告）

○六月七日～(九)日　午後五時より　**寿座**

演　舞　会　　美遊喜連有志

【典　拠】「名古屋新聞」6・7、9広告、10。

【備　考】○「好評　美遊喜連連鎖」（「名古屋新聞」6・8広告）

○六月七日～　午後五時開場　**帝国座**

《連鎖劇》藤川岩之助・原沢新三合同一派　替狂言

佐藤紅緑氏作

悲劇　雲《くも》の響《ひゞき》　連鎖七場　　松□　滝川　高浪　江川

喜劇　さ　く　せ　ん　一幕

【典　拠】「新愛知」6・7、7広告。

【備　考】○「名古屋志知興行部」「当興行に限り午後五時より一回興行」（「新愛知」6・7広告）

○六月七日～　**湊座**

芸題替へ

【一番目】小《こ》猿《さる》七之《の》助《すけ》　四幕　　新加入 中村歌蔵　市川栄升

【中　幕】俊寛島物語《しゅんくわんしまものがたり》　一幕

【大喜利】吉原《よしはら》百人斬《にんき》り　三幕

活　動　写　真

【内　容】新派怪賊船隼丸

【典　拠】「新愛知」6・7、7広告、「名古屋新聞」6・7。

○六月八日　午後七時より　**国技館**

活　動　写　真　　主催 商業専修学校

【内　容】君国の為に

【典　拠】「名古屋新聞」6・6、8。

【備　考】○「会費は五十銭、中学生金三十銭、小学生は十銭。」（「名古屋新聞」6・6）○「在郷軍人・青年団員・中等学生には一名三十銭に割引。」（同紙6・8）

○六月八日～　午後五時開演　**末広座**

曽我廼家五郎一派　二の替り

【一】一時《じ》逃《のが》れ　五郎

【二】色《いろ》眼《め》鏡《がね》　蝶六

【三】幸《かう》助《すけ》餅《もち》　大磯

【四】雀《すゞめ》百迄　太郎

【典　拠】「名古屋新聞」6・8、8広告、10評。

【備　考】○評「末広座」（「名古屋新聞」6・10）

○六月八・（九）日　午後五時より　**御園座**

薩摩・筑前琵琶演奏会　主催 同好会

【出　演】東京薩摩 吉村岳城　東京筑前 亀井旭登美・熊沢旭代

【典　拠】「名古屋新聞」6・8。

○六月九日～（十一）日　六時より　**京枡座**

浪花節　原華六一行

【典　拠】「名古屋新聞」6・9、11広告、12広告。

【備　考】○「長講二席づつ。」（「名古屋新聞」6・9）○「好評」（同紙6・10広告）

○六月九日～十五日　昼夜二回　**新守座**

《連鎖劇》新派大合同劇団熊谷武雄一派　二の替

【第一】喜劇　貞女《ていじょ》のモデル　熊谷・原田・桜井・村島・小東・高田

【第二】悲活劇　命《いのち》がけ　連鎖十一場

【典　拠】「名古屋新聞」6・9、9広告、14評、15、「新愛知」6・13。

【備　考】○「『命がけ』は目先の変つた面白い連鎖劇。」（「新愛知」6・13）

○評「新守座」（「名古屋新聞」6・14）

○六月九日～（十三）日　午後五時半より　**高砂座**

《新派連鎖劇》

演目不詳

【典　拠】「名古屋新聞」6・9、13広告、14広告。

【備　考】○「好評　東京新派冒険大連鎖劇」（「名古屋新聞」6・10広告）

○六月九日～（十五）日　**千歳劇場**

《悲喜劇》喜楽会千葉萬楽一派　芸題替へ

喜劇　箱《はこ》入《いり》娘《むすめ》　二場

悲劇　日《ひ》蔭《かげ》の女《をんな》　三場

喜劇　蒲《かま》鉾《ほこ》屋《や》　二場

【出　演】大沢萬両・大村楽峰・大西百々楽・吉井芝楽・田中弁楽・村田四貞楽・松井極楽・福原夢楽・藤原文楽・酒井謡楽・島津

小萬・姫路楽城・久松茶目楽・森田信楽・千崎楽陽・子役若葉みどり・小柳萬寿子

【幕　間】活動写真

【内　容】活劇野の方へ　喜劇一寸と拝借

【典　拠】「名古屋新聞」6・9、9広告、15広告、16広告。

【備　考】○「連日好評。」（「新愛知」6・13）

○六月十日～(十四)日　午後六時より　**寿座**

実《じつ》録《ろく》千代《だい》萩《はぎ》　市川照蔵　中村歌女　一座

阿《あ》波《は》鳴《なる》戸《と》

【典　拠】「名古屋新聞」6・10、14広告、15広告。

【備　考】○「好評」（「名古屋新聞」6・11広告）

○六月(十)日～(十四)日　**大黒座**

万歳芝居　鈴木源十郎　石川貫一

【典　拠】「名古屋新聞」6・9広告、10広告、14広告、15広告。

○六月　商品陳列館の改革

「愛知県にては、商品陳列館の運用に関して改革を行ふべく、小幡内務部長は過日来中村館長・久保事務官等と共に研究中なりしが、近く館内の整理を実行し、本館は主として商品参考品の陳列場として充満し、事務室を本館宝冠閣の階下に移して、事務の簡捷と当業者との接触を便にし、二号館及従来の事務館を集会所・展覧会場として希望者に貸与し、本館は一切貸与せざる方針にて、女監守を廃し、男子を以て館内の監守に任じ、従来の不評を一掃して、効用を発揮する事となれり。」（「名古屋新聞」6・10）

○六月十一日～　午後五時より　**国技館**

《女歌舞伎》

御《お》目《め》見《み》得《え》だんまり

十二時《とき》会《くわい》稽《けい》曽我《そが》

三勝《かつ》半《はん》七　酒屋　女優　市川団女　一座

【典　拠】「名古屋新聞」6・11、「新愛知」6・13。

【備　考】○「若手揃ひにて好人気。」（「新愛知」6・13）○「大好評」（同紙6・16広告）

○六月十一日～(十四)日　午後五時半より　**蓬座**

《新派劇》

演目不詳　東京蝶々会一行

【典　拠】「名古屋新聞」6・11、14広告、15広告。

○六月十二日～(十四)日　六時より　**京枡座**

浪花節芝居　毎夜つゞき

市川市童
京山伊勢吉

【演目】弁天小僧一代記
【典拠】「名古屋新聞」6・12、14広告、15広告。
【備考】○「好評」(「名古屋新聞」6・13広告)

○六月十二日～(十四)日　午後五時開演　**中央劇場**

浪花節

東巳三夫一行

【典拠】「名古屋新聞」6・12広告、14広告、「新愛知」6・15広告。

【備考】○「賜北白川宮殿下・陸軍中将大庭閣下御前口演之栄(中略)入場料五十銭、四十銭、三十銭、二十銭」(「名古屋新聞」6・12広告)

○六月十二・十三日　午後六時より　**御園座**

筑前琵琶聯合大演奏会

主催 加藤氏
後援 名古屋教師会

【出演】関西法憲山教授 山崎旭正師・関西女流法洋山教授 小沢旭棟嬢・同法公山 林旭麗嬢　山崎旭濤女史外十数名
【典拠】「名古屋新聞」6・11、「新愛知」6・12広告、13広告。
【備考】○「両共(ママ)二十余の番組ありと。」(「名古屋新聞」6・11)

○六月十三日～(十五)日　**三栄座**

《旧劇連鎖》

塩原実記《しほはらじつき》孝子《かうし》伝《でん》一代記《たいき》

市川芳三郎
尾上扇三郎一座

【典拠】「名古屋新聞」6・13、15広告、16、「新愛知」6・14。
【備考】○「『塩原多助一代記』。」(「新愛知」6・14)

○六月(十三)日　**名古屋能楽会**

「名古屋能楽会の第十二期第二回能楽は、十三日午前八時より、東区呉服町能楽堂にて開会。」(「名古屋新聞」6・9)

○六月十四日～(十七)日　**高砂座**

《旧劇写真連鎖劇》

演目不詳

沢村村右衛門一行

【典拠】「名古屋新聞」6・14、17広告、18。
【備考】○「好評」(「名古屋新聞」6・16広告)

○六月中旬　**港座**

《連鎖劇》

忠臣蔵　毎日役替り　居所返し大仕掛

新加入 中村梅暁
中村春之助

【典拠】「名古屋新聞」6・14広告。

○六月十五日～(二十二)日　**歌舞伎座**

《連　鎖》一心劇拡張記念興行

連鎖悲劇　鐘の別れ路　新加盟 高堂国典　菊田健多良 一派

【二番目】活劇　うらみ

【典　拠】「名古屋新聞」6・15広告、22広告、23広告。

【備　考】○「黄花園式背景大道具」(「名古屋新聞」6・15広告)

○六月十五日～(十九)日　四時より　**京枡座**

《旧劇実写連鎖》

勢《せい》力《りき》富《とみ》五郎《らう》　市川百十郎　友十郎 一座

【典　拠】「名古屋新聞」6・15、19広告、20広告。

【備　考】○「好評」(「名古屋新聞」6・16広告)

○六月十五日～(三十)日　**寿座**

浪花節劇　京山伊勢吉 一行

【演　目】国定忠次　毎日続き

【典　拠】「名古屋新聞」6・15、15広告、30広告、7・1広告。

【備　考】○「名古屋新聞」6・15には「市川助三郎一座」とある。○「好評」(「名古屋新聞」6・16広告)

○六月十五日～(十七)日　**大黒座**

浪花節芝居　世界亭国丸 一行

【典　拠】「名古屋新聞」6・15、17広告、18広告。

【備　考】○「大好評」(「名古屋新聞」6・17広告)

○六月十五日～(十八)日　午后六時開演　**中央劇場**

《女優劇》東京歌舞伎女優劇

演目不詳

【観劇料】三十銭均一

【典　拠】「新愛知」6・15広告、18広告、19広告。

○六月十五日～(二十二)日　昼夜二回　**帝国座**

《連鎖劇》藤川・原沢合同一派

五大悲劇　海岸づくし　一幕宛

【演　目】第一　金色夜叉　熱海海岸　第二　琵琶歌　由井ケ浜　第三　新羽衣物語　三保松原　第四　不如帰　逗子海岸　第五　己ケ罪　根本海岸

旧喜劇　花《はな》街《まち》の賑《にぎは》ひ　一幕

【出　演】松枝・岡田・高浪・小松・梅若・中山・江川

【典　拠】「名古屋新聞」6・11、14、14広告、22広告、23広告、「新愛知」6・14広告。

【備　考】○「名古屋志知興行部」(「新愛知」6・14広告)　○「海岸デー(中略)第六旧喜劇『花街の賑』一幕」(同日同紙広告)　○「満員好評」(「名古屋

新聞」6・16広告）

○六月十五日〜(二十一)日　昼一時 夜六時 二回興行　宝生座

《新旧合同劇》革新劇団大川広二一座・片岡二郎一座（東京若手俳優）第一回

新派劇 航空思想 普及劇　爆《ばく》弾《だん》下《した》　七場

【幕　間】外人演芸　冒険的妙技　露国演芸団一行

旧劇
昼の部　弓張月源家鏑矢《ゆみはりづきげんけのかぶらや》　八丈ヶ島一幕
夜の部　義《よし》経《つね》千《せん》本桜《ぼんざくら》　道行一幕

【幕　間】曲　芸　米国新帰朝 菊地徳松 菊地のぶ子　菊地ナヲ子一行

喜劇 純喜劇　フラワデー　一幕

【出　演】（新派）花園薫・花浦咲子・高概八州男・川島春之助・井上芳美・西川清一・池田紅花・菊地成之助・歌川蓬舟・北村桂太郎・荒尾誠一・今井欣吾・大川広二　（旧劇）片岡二郎・阪東勝三郎・中村小雀・尾上幸次・片岡房枝・市川右治丸

【経　営】山森三九郎

【典　拠】「名古屋新聞」6・13、15、15広告、18評、21広告、22広告、24広告。

【備　考】○旧派俳優に関し「名古屋新聞」6・15には「市川右治丸一座」とあるが、同紙6・24広告は片岡二郎から片岡房枝「外八名」とし、右治丸の名は掲げない。○「新派と旧派と曲芸等で幕なし。」（「新愛知」6・13）○「『爆弾投下』、喜劇『花の日』。」（「名古屋新聞」6・14）○「初日四時開場一回興行」（同紙6・15広告）○「大修理を施し（中略）開始したるが、目覚る許り。」（同紙6・17）○「名古屋コリーシアムに就き（中略）山森三九郎談」（同紙6・24広告）○評「末広と宝生」（「名古屋新聞」6・18）

○六月十五日〜(十九)日　午後六時より　蓬座

《新派連鎖劇》

演目不詳　立花薫一行

【典　拠】「名古屋新聞」6・15、19広告、20。

【備　考】○「好評」（「名古屋新聞」6・16広告）

○六月十五日　刑事・記者を装う無料観覧

市内中区松元町二丁目三十番地糸撚業刈谷藤七（四一）は、本年二月頃より刑事或いは新聞記者と称して、大須世界館・文明館等に無銭入場していたが、十五日夜、文明館にて観覧中を門前町署によって取押えられ、詐欺罪として取調べを受けることとなった。

（「名古屋新聞」6・17）

○六月十六日〜(十九)日　三栄座

万歳新演劇　花房清十郎一座

【典　拠】「名古屋新聞」6・16、19広告、20広告。

【備　考】○「好評」（「新愛知」6・17広告）

○六月十六日～二十二日　新守座

《連鎖劇》熊谷武雄大合同劇団　芸題取替

喜劇　紅《べに》元《もと》結《ゆひ》

悲劇　心《こゝろ》の響《ひゞき》　連鎖九場

熊谷　原田　桜井　秋山　小東　高田　南郷

【典　拠】「名古屋新聞」6・16、22、「新愛知」6・21。

【備　考】○「本日は夜間一回興行。」（「名古屋新聞」6・16）○「本日より二回。」（同紙6・17）○「連日満員大盛況。」（「新愛知」6・21）

○六月十六日～二十三日　六時開演　末広座

演　芸　　出雲芸者　千家くま一行

【番　組】安来節　磯節　出雲拳　追分（市太郎）　活動連鎖　鰌掬ひ

【典　拠】「新愛知」6・13、「名古屋新聞」6・15広告、16広告、18評、23。

【備　考】○「千家くま一行（中略）は『出雲踊』其他お国名物の演芸団を組織し…。」（「新愛知」6・13）○「琴・三味線・尺八・太鼓合奏『安来拳』。」（「名古屋新聞」6・15広告）○「三十余名の一行。」（同紙6・16）○「大入に付二十三日迄日延べ（中略）余興沢山」（同紙6・20広告）○評「末広と宝生」（「名古屋新聞」6・18）

○六月十六日～（二十二）日　千歳劇場

千葉萬楽一派　芸題替

悲劇　玉《たま》の光《ひかり》　四場

喜劇　暗《やみ》の御《ご》意《い》見《けん》　二場

喜劇　よその畑《はた》　三場

【幕　間】写　真

【内　容】活劇家畜荒し　喜劇英雄のつもり　喜劇お洒落の失敗

【典　拠】「名古屋新聞」6・16、16広告、22広告、23広告、「新愛知」6・21。

【備　考】○「場内の装飾も夏向に飾り附け大煽風器も増設致します」（「名古屋新聞」6・16広告）

○六月十六日　共楽園の浴場開きと余興

「開設以来年々場内の施設に改良を加へ、各種の余興を催して、好評を博し居る市内矢場町（大津町電車通）の共楽園は、本年は創立三周年に相当するので、園内の諸設備の大改善を施し、祝意を表する意味で各種の余興を行ふ筈であるが、十五日の浴場開きは、新愛知デーと為し、午前十時から左記各種の余興を催し、変装少女探し発見者には賞品を贈る筈。」（「新愛知」6・14）

「余興　午前十時よりメタル探し　午前十一時より少女変装探し　午後三時より お伽噺　午後四時より お伽琵琶」（「新愛知」6・15広告）

「本日浴場開き　雨天順延　各種余興あり」（「名古屋新聞」6・16広告）

○六月十八日　大黒座

浪花節　桃中軒雲奴

【典拠】「名古屋新聞」6・18広告。

○六月十八日　午後五時半より　高砂座

筑前琵琶大会　主催 熱田旭春会

【番組】西南の役(旭春女史)

【典拠】「名古屋新聞」6・17、18。

○六月(十八)日　橋岡談交舎来名の能楽会

「東都橋岡談交舎の士来名を機とし、十八日午後一時より呉服町能楽堂に於て大能会を開く。」(「名古屋新聞」6・14)

○六月　宝生座の修繕

「宝生座は内部に大修繕を施し、綺麗薩張《さつは》りとなつたは何より心地がよい。此座は新旧合同劇で幕間に露国人の舞踊や曲芸を入れ、些《ち》つとも倦《あか》さない趣向。旧派の片岡次郎は大向ふを喜ばす。新派には花浦咲子などの顔馴染が居り、何れも臭いながらも達者だ。…夏向のかけもの。散歩がてらに観るは適当だらう。」(「名古屋新聞」6・18評)

○六月十九日　午後一時より　国技館

普選聯盟 内閣打破 大演説会　主催 東海普選記者団

【典拠】「名古屋新聞」6・19広告。

○六月十九日～(二十一)日　午後六時より　大黒座

浪花節　京山雲一行奴

【典拠】「名古屋新聞」6・19、21広告、22広告。

【備考】○「好評」(「名古屋新聞」6・20広告)

○六月十九日～(二十一)日　高砂座

《女優歌舞伎》

演目不詳　東京歌舞伎女優 大谷友助一行

【典拠】「名古屋新聞」6・19、21広告、「新愛知」6・22広告。

【備考】○「好評」(「名古屋新聞」6・20広告)

○六月(十九)日～　中央劇場

中央電気館臨時引越大興行

映画

【内容】十九日～　松之助一世劇　旧劇弥次喜多逆戻り　連続活劇人間タンク

二十六日　写真替へ　旧劇後篇弥次喜多逆戻り　最終篇人間タンク

【典拠】「名古屋新聞」6・18広告、19、19広告、26、26広告。

【備考】○「中央電気館(中略)修繕につき…。」(「名古屋新聞」6・19)

○六月十九日～(二十一)日　**波留貴座**

獅子劇　酒徳

【典拠】「名古屋新聞」6・19、21広告、22広告。

【備考】○「好評」(「名古屋新聞」6・20広告)

○六月十九日～(二十六)日　**大池埋立地にて娘曲馬**

十九日より大池埋立地(公園線電車通)にて、大竹娘曲馬が昼夜二回開催される。

(「名古屋新聞」6・19、19広告、26広告)

○六月　**俳優による誘拐事件**

新派俳優立花薫の弟子秋月清美《せいび》こと中畑四郎三郎(三二)は、五月三十一日知多郡篠島村より半田町に至る船中において、乗り合わせた女性(二二)を騙し、半田町から名古屋市内へ連れ来り、熱田東町の常盤亭に酌婦として住み込ませた上、その前借金四十円を横領し、遊興に費消した。熱田署の巡査によって発見され、局送りとなったが、同人には一月にも同様の前科があったもよう。

(「名古屋新聞」6・19)

○六月二十日～(三十)日　五時より　**京枡座**

(万歳新演劇)　芸題毎日替り　花房清十郎一行

【典拠】「名古屋新聞」6・20、30広告、7・1広告。

【備考】○「喜劇花房清十郎。」(「名古屋新聞」6・20)　○「好評」(同紙6・21広告)

○六月二十・(二十一)日　**三栄座**

《新派連鎖》
孝《かう》子《し》の末《まつ》路《ろ》　立花薫一行

【典拠】「名古屋新聞」6・20、21広告、22広告。

【備考】○「好評」(「名古屋新聞」6・21広告)

○六月二十日～(二十五)日　午後六時より　**蓬座**

《実写連鎖劇》
塩《しほ》原《はら》太《た》助《すけ》　尾上扇三郎・市川芳三郎一行

【典拠】「名古屋新聞」6・20、21広告、26広告、「新愛知」6・25広告。

【備考】○「好評」(「名古屋新聞」6・21広告)

○六月二十日　**七ツ寺弁財天営繕のための寄附**

「名古屋七ツ寺境内にある弁財天の堂が荒廃したので、旭廓《しんち》すゞな家のすゞなが発起となり、八方に寄附を募る可く、二十日夜七ツ寺に有志が集合した。この堂は、□(マヽ)和二年吉沢検校が十銭づゝの万人講を起して、当時全国の遊芸師匠等から集め、竣成したもので、此儘荒るゝに任せてはとすゞな始め旭豊等が学校等に琵琶を演奏した謝礼等を投じて、堂の営繕繁栄を期して取かゝつた。」

(「名古屋新聞」6・22)

○六月(二十)日　**青山社中の素謡舞囃子**

「来る二十日午後一時より、市内呉服町能楽堂に於て、当市能楽家青山社中の素謡舞囃子を開催する由。」

(「名古屋新聞」6・15)

○六月二十二日〜二十七日　国技館

獅子芝居　嵐　酒徳　二座合併

【典　拠】「名古屋新聞」6・22、27。

【備　考】○「前景気頗るよし。」（「名古屋新聞」6・22）　○「大好評」（「新愛知」6・27広告）　○「本日迄日のべ。」（「名古屋新聞」6・27）

○六月二十二日　三栄座

中京商会活動大写真

【内　容】旧劇　活劇　新派劇　其他

【典　拠】「名古屋新聞」6・22。

○六月二十二日〜(二十四)日　大黒座

浪花節　大和家　錦一行

【典　拠】「名古屋新聞」6・22、24広告、25広告。

【備　考】○「好評」（「名古屋新聞」6・23広告）

○六月二十二・(二十三)日　午前《(ママ)》六時より　高砂座

演目不詳　荒木清一行

【典　拠】「新愛知」6・22広告、「名古屋新聞」6・22、23広告、24広告。

【備　考】○「満員大好評。」（「名古屋新聞」6・22）

○六月二十二日〜(二十九)日　昼一時　夜六時　二回開演　宝生座

《新派・旧劇・演芸》芸題替

新派悲劇　涙《なみだ》　三場

【第　二】辰巳情話　相《あひ》合《あひ》傘《かさ》　四場

旧劇　千本《ほん》桜《さくら》　鮓屋

【余　興】内外人大演芸

【典　拠】「名古屋新聞」6・22、22広告、23広告、29広告、30広告。

○六月(二十二)・(二十三)日　湊座

誠忠義士銘々伝劇

【第　一】南部《なんぶ》坂雪《さかゆき》の別《わか》れ

【第　二】本《ほん》蔵《さう》下《しも》屋《や》敷《しき》

【第　三】土《つち》屋《や》主税《ちから》

【典　拠】「名古屋新聞」6・22、23広告、24。

【備　考】○「新愛知」6・21には「今日より」とある。

○六月二十三日〜(二十九)日　歌舞伎座

《連　鎖》連鎖悲劇　夜の鶴

【二番目】活劇　宝の拍手

【典　拠】「名古屋新聞」6・23広告、24広告、29広告、30広告。

【備　考】○「喜劇『宝の拍手』」(「名古屋新聞」6・23広告)

○六月二十三日〜(三十)日　三栄座

万歳新演劇　鈴木源十郎　石川貫一一座

【演　目】命掛け

【典　拠】「名古屋新聞」6・23、30広告、7・1広告。

○六月二十三日〜(二十九)日　新守座

《連鎖劇》新派合同連鎖劇熊谷武雄　芸題替へ

連鎖劇　星《ほし》のながれ

【出　演】熊谷・原田・桜井・秋山・村島・小東・高田・天川・藤浪・田原・桃井・南郷

【典　拠】「名古屋新聞」6・23、23広告、29広告、30広告、「新愛知」6・28。

【備　考】○「今明両日は昼間一回興行。」(「名古屋新聞」6・23)　○「連日満員。」(「新愛知」6・28)　○評「新守座」(「名古屋新聞」6・26)

○六月二十三日〜(二十九)日　千歳劇場

《悲喜劇》喜楽会千葉萬楽一派　芸題替え　萬楽　四貞楽　萬両

喜劇　牡《ぼ》丹《たん》の獅《し》子《し》　二場

悲劇　妻《つま》の涙《なみだ》　二場

喜劇　角《かく》帽《ぼう》焼《やき》　三場

写　真

【内　容】活劇見込れた家

【典　拠】「名古屋新聞」6・23、23広告、28評、29広告、30広告。

【備　考】○評「千歳劇場」(「名古屋新聞」6・28)

○六月二十三日〜(二十九)日　昼夜二回　帝国座

《連鎖劇》藤川・原沢合同一派　新狂言

市村俗仏氏作

悲劇　月《つき》の傘《かさ》　連鎖八場

旧喜劇　嘘《うそ》の刃《やいば》　三場　新加入　岩崎

【典　拠】「名古屋新聞」6・23、23広告、29広告、30広告。

【備　考】○「名古屋志知興行部」(「新愛知」6・23広告)

○六月二十四日〜二十八日　六時開演　末広座

浪花節　桃中軒雲右衛門武力

【読み物】二十四日　俵玄《(ママ)》蕃の義心　岡野金右衛門
二十五日　大石山科妻子別れ　安兵衛高田の馬場
二十六日　赤垣源蔵徳利の別れ　不破数右衛門
二十七日　倉橋伝助　上下　長講二席
二十八日　宗五郎子別れ　大石東下り
【典　拠】「名古屋新聞」6・23、24広告、25広告、26、27広告、28。
【備　考】○「初日は五十銭均一。」（「名古屋新聞」6・24）

○六月（二十四）日～（二十六）日　高砂座
《新旧合同》
演目不詳　熱田トンボ会一行
【典　拠】「名古屋新聞」6・23広告、24広告、26広告、27広告。

○六月二十四日～二十六日　午后六時開場　御園座
浪花節　東家楽燕一行
【読み物】二十四日　南部坂雪の別れ　大西郷伝
二十五日　乃木将軍孝子辻占売の会見　梶川与《(ママ)》兵衛大力粗忽
二十六日　大石山鹿護送　広瀬中佐
【典　拠】「名古屋新聞」6・23、24、24広告、25、26、「新愛知」6・26広告、27広告。
【備　考】○「欧米諸国の同胞を慰□して帰朝せる東家楽燕。」（「名古屋新聞」6・20）

○六月二十四日～（二十九）日　午後二時開場　湊座
芸題替へ
【一番目】千両富当年引初《りやうとみたうねんひきぞめ》　五幕
【中　幕】お妻《つま》八郎《ろ》兵《へ》衛《ゑ》　鰻谷一幕
【大喜利】壇浦兜《かぶと》軍《ぐん》記《き》　阿古屋琴責一幕
引抜　越後獅子　長唄連中
活動写真
【内　容】新派悲劇涙日記
歌蔵　栄升　璃升　璃キ升　幸十郎　梅長　紀三郎　春之助　成蔵　萩之丞　滝蔵　長松郎　梅三郎　梅暁
【典　拠】「名古屋新聞」6・24、24広告、29広告、30。
【備　考】○「一番目『千両富年引初』」（「名古屋新聞」6・24広告）○「活動写真は『涙の日記』。」（同日同紙）

○六月二十五日～（二十七）日　大黒座
《旧劇連鎖》
塩《しほ》原《はら》太《た》助《すけ》　芳三郎　扇三郎一座
【典　拠】「名古屋新聞」6・25、27広告、28広告。
【備　考】○「好評」（「名古屋新聞」6・26広告）

○六月二十六日～(三十)日　蓬座

浪花節真打連合同大会

【典　拠】「名古屋新聞」6・26広告、30広告、7・1広告。
【備　考】○「好評」(「名古屋新聞」6・27広告)

○六月　岡崎に遊園地建設の計画

岡崎市松本町の松応寺付近は、花柳街となり、活動写真館などもできて賑やかな土地となったため、松応寺を他へ移転し、境内をすべて遊園地となすべく、九月頃に着手の予定。（「新愛知」6・26）

○六月二十七・二十八日　午後五時より　高砂座

浪花節　東家楽燕一行

【読み物】二十七日　大石山鹿護送(東家楽燕)　軍神広瀬中佐(東家楽燕)
二十八日　南部(ママ)雪の別れ(東家楽燕)　大西郷南洲伝(東家楽燕)

【典　拠】「名古屋新聞」6・27、「新愛知」6・28、28広告。
【備　考】○「好評」(「名古屋新聞」6・28広告)

○六月二十七日　午後六時開催　御園座

英国式模擬裁判公開　主催 東海毎日新聞社
鈴弁殺しの反面

【典　拠】「新愛知」6・27広告。
【備　考】○「裁判長・陪審員・検事・弁護士等は市内在住の新聞・通信記者にて、琵琶芸妓の新金波貞雄は証人として出廷し、小林・坂野両弁護士が舞台監督を勤めると。」（「名古屋新聞」6・27）

○六月二十七日　四声会演奏会

名古屋市唯一の合唱団四声会は、二十七日午後七時から東区富士塚町椙山高等女学校講堂において、第三回演奏会「合唱の夕」を開催し、会員四十名の男女声による合唱を披露し、午後九時に閉会した。（「名古屋新聞」6・26、「新愛知」6・28）

○六月二十八日～(三十)日　大黒座

浪花節　浪花家美之助　原雷右衛門

【典　拠】「名古屋新聞」6・28、30広告、7・1広告。
【備　考】○「好評」(「名古屋新聞」6・29広告)

○六月二十八日　午後七時より　御園座

大阪毎日新聞社
尼港惨状視察報告演説会　大阪毎日新聞社沿海州派遣軍従軍記者 名村寅雄

【典　拠】「新愛知」6・28。
【備　考】○「実写せし三十余種の幻燈と十数点の参考品も縦覧せしむ。」（「名古屋新聞」6・27）

○六月二十九・三十日　午後五時半より　高砂座

新愛知新聞社劇

妖魔伝　井上春之輔一行

【典拠】「名古屋新聞」6・29、「新愛知」6・30広告。

【備考】○「好評」（「名古屋新聞」6・30広告）

○六月三十日～七月(六)日　歌舞伎座

《連鎖》

連鎖悲劇　わすれ草　九場

社会劇　最後の勝利　五場

【典拠】「新愛知」6・30広告、7・1広告、6広告、7広告。

【備考】○「涼しい設備完成」（「新愛知」6・30広告）

○六月三十日～七月(八)日　正十二時 午後六時 二回開演　新守座

《新派連鎖》新派大合同劇

勇敢悲壮 中野巡査　職務《しよくむ》の為《ため》に　代表 熊谷武雄

【典拠】「名古屋新聞」6・30広告、7・6広告、8広告、9広告、「新愛知」7・5。

【備考】○「強賊水野幸一の兇刃に重傷も屈せず職務を遂行した警吏の亀鑑、中野巡査の功績を実地応用に劇的技巧を加へ、其筋の認可得たるもの。」（「名古屋新聞」6・29）○「連日満員の盛況（中略）中野巡査に熊谷武雄扮装し（中略）実景応用の舞台装置と連鎖写真は頗る皆様御意を得て居り升」（同紙7・6広告）

○六月三十日～七月(六)日　千歳劇場

喜楽会一派　芸題替り

【一】笑劇　女《をんな》の声《こえ》　一場

【二】喜劇　古《ふる》証《しよう》文《もん》　三場

【三】悲劇　園《その》江《え》の母《はゝ》　四場

【四】喜劇　トン〱拍《はく》子《し》(ママ)　二場

主任 千葉萬楽

【典拠】「名古屋新聞」6・30、30広告、7・1広告、6広告、7広告。

【備考】○「俳優新加入▲舞台大小道具新調」（「名古屋新聞」7・1広告）○「夏季観劇の衛生と趣味を考慮し、三個の大扇風機を取付け、扉・障子全部をみす・すだれに変更し、天井には装飾を施す。尚活動写真は暑気を避けんため夏季は休演。」（同紙7・2）

○六月三十日～七月(六)日　帝国座

《連鎖劇》藤川・原沢合同一派　第十回目狂言

山田松琴氏作

悲劇　露《つゆ》の命《いのち》　連鎖八場

現代劇 旧喜劇　秘《ひ》密《みつ》　三場

枝光　松枝　岩崎　岡田　富貴子　田の浦　江川

【典拠】「新愛知」6・30広告、7・1広告、「名古屋新聞」6・30、30広告、7・6広告、7広告。

【備考】○「名古屋志知興行部」（「新愛知」7・1広告）○「今回は特に大道具等を新調。ユニバース応用。」（「名古屋新聞」6・30）

○六月三十日～　湊座

芸題替へ

【一番目】二蓋笠柳生実記《かいがさやぎふじつき》　木挽町道場より家光公炬燵の間まで

【中　幕】お俊伝兵衛　堀《ほり》川《かは》　与次郎住家

【大喜利】喜劇　雪《せつ》月《げつ》花《くわ》　三段返し

雪　お染《そめ》久《ひさ》松《まつ》　倉の場

月　白《しら》縫《ぬひ》後《ご》日《じつ》譚《ものがたり》（萩原伊助）

花　所作事　保《やす》名《な》狂《きやう》乱《らん》

清元出語り

【清　元】廓春之家沢菊　長者町新若松福寿　〔三味線〕清元小沢　清元沢英

【典　拠】「新愛知」6・30広告、「名古屋新聞」6・30。

璃升　璃キ升　紀三郎　萩之丞　滝蔵　梅三郎　梅長　長松郎　成蔵　春之助　幸十郎　梅暁　栄升　歌蔵

○六月　周辺地区の興行

・一宮の満寿美座は、一日より三日間、井上春之輔一派による新派『妖魔伝』を上演。（「新愛知」6・1）

・挙母の大正座は、四日より世界館活動写真を上映。（「新愛知」6・4広告）

・三河碧海郡刈谷町の大黒座は、四日より尾張一宮町満寿美座にて上演していた『妖魔伝』を上演。（「新愛知」6・3）

・挙母町の宝集座は、六日午前十時より、西加茂郡教育会後援による第二回名古屋新聞お伽講演大会を開催。（「名古屋新聞」6・4）

・東春日井郡瀬戸町の栄座は、六日午前九時・午後一時の二回、お伽講演大会を開催。（「名古屋新聞」6・6）

・挙母の大正座は、十日より川上貞次郎による新派を上演。（「新愛知」6・10広告）

・伊勢山田市の万国劇場は、末広座中村巡業興行部の片岡緑左衛門・市川姉蔵合同一座にて興行中。（「名古屋新聞」6・11広告）

・豊橋の有楽館は、十三日午前十一時より、豊橋実業青年会の慰安会にて、落語・琵琶を上演し、活動写真を上映。（「新愛知」6・13）

・東春日井郡瀬戸町の栄座は、十六日から十八日まで、井上春之輔一行による新派『妖魔伝』を上演。（「新愛知」6・17）

・挙母の大正座は、十九日より尾張屋活動写真を上映。（「新愛知」6・19広告）

・津市の曙座は、末広座中村巡業興行部の片岡緑左衛門・市川姉蔵一座にて興行中。（「名古屋新聞」6・21広告）

・丹羽郡犬山町の公会堂では、二十四日午後三時より、犬山尋常高等小学校音楽研究部主任伊神訓導による「歌劇及歌劇的童謡音楽会」が催され、余興として同校職員による箏曲・尺八等の合奏が上演される。（「名古屋新聞」6・19）

・三河碧海郡高浜町の千歳座は、二十六日より井上春之輔一派による『妖魔伝』を上演。（「新愛知」6・26）

・挙母の宝集座は、二十七日正午より西加茂郡教育会・同郡仏教会主催による尼港殉難者大追悼会を開催。（「新愛知」6・26）

・犬山町の相生座は、二十七日より尾上梅東一行による連鎖劇を開演。（「名古屋新聞」6・28）

・伊勢久居町の永楽座は、末広座中村巡業興行部の片岡緑左衛門・市川姉蔵一座にて興行中。（「名古屋新聞」6・27広告）

・挙母の大正座は、二十八日より川上貞次郎による新派を上演。（「新愛知」6・27広告）

・伊勢一身田の常盤座は、末広座中村巡業興行部の片岡緑左衛門・市川姉蔵一座にて興行中。（「名古屋新聞」6・28広告）

・丹羽郡犬山町の真栄座は、二十九日午後二時より同町各宗仏教会・在郷軍人会・犬山壮年団の聯合主催による尼港殉難者追弔法会を開催。（「新愛知」6・30）

○七月一日～(三)日　四時より　京枡座

住《すみ》吉《よし》情《じやう》話《わ》　荒木清一行

【典　拠】「名古屋新聞」7・1、3広告、「新愛知」7・4広告。
【備　考】○「満員〆切」（「名古屋新聞」7・3広告）

○七月一日～(六)日　午後五時より　寿座

演目不詳　尾上扇十郎　木村亀十郎一行

【典　拠】「名古屋新聞」7・1、1広告、6広告、7広告。
【備　考】○「好評」（「名古屋新聞」7・2広告）

○七月一日～(四)日　三栄座

《女優劇》
丸《まる》橋《はし》忠《ちう》弥《や》
一の谷《たに》
重《しげ》の井《ゐ》子《こ》別《わか》れ
大阪女優　市川若之助一座

【典　拠】「名古屋新聞」7・1、5、「新愛知」7・4広告。
【備　考】○「好評　大歌舞伎女優劇」（「名古屋新聞」7・2広告）

○七月一日～　五時開幕　末広座

青年劇一派

【一番目】碁《ご》太平記《たいへいき》白石噺《しらいしばなし》　新吉原揚屋の場
【中　幕】中《なか》の都《みやこ》へ久方《ひさかた》ぶりに
けふお目見得《めみゑ》のお土産《みやげ》は
父《ちゝ》のあたりの俤《おもかげ》を
其《その》まゝうつす
近江源氏《あふみげんじ》先陣館《せんぢんやかた》　盛綱陣屋
【二番目】団七茂兵衛　時雨《しぐれ》の傘《からかさ》　上下
【大　切】所作事　くづの葉《は》　竹本連中　長唄連中
【配　役】一番目

吉原揚屋二階の場

傾城宮城野　中村福太郎
妹信夫　中村小福
遊女宮里　中村小雀
同　宮柴　実川美鴈
禿たより　中村扇吾
同もじの　実川美芦
大黒屋惣六　市川莚蔵

中幕　盛綱陣屋の場

佐々木三郎盛綱　中村扇雀
和田兵衛秀盛　嵐珏蔵
盛綱妻早瀬　尾上卯之助
母微妙　中村鴈衛門
一子小三郎　中村扇吾
高綱妻篝火　市川莚蔵
一子小四郎　林長丸
侍女唐崎　中村勝笑
同　堅田　実川若昇
同　矢走　市川莚太郎
同　粟津　市川右三郎
注進榛井藤太　中村扇
家臣三上源八　尾上喜十郎
同　柳瀬求女　中村駒蔵
同　長浜新九郎　市川右田平
同　米原忠之進　嵐小珏
同　逢阪小十郎　中村仙之助
竹下孫八　中村小福
石山主計　中村雀次郎
榛谷十郎　嵐亀六
古郡新左衛門　尾上多賀雄
守山甚左衛門　実川美鴈
日野采女之正　中村小雀

坂本逸藤太　阪東　豊太郎
馬場金吾　市川　右三郎
軍卒　大ぜい
北条時政　市川右田三郎

二番目
（上）堺大浜魚市の場
同　芝居前の場

団七茂兵衛　中村　扇雀
堺の大治　中村　鴈衛門
岩井風呂の治助　市川　莚蔵
並木正三　嵐　珏蔵
高市数右衛門　市川右田三郎
南地の川九　実川　美鴈
頭取組右衛門　片岡　喜美三
表方平助　阪東　八重三
帳場の市介　片岡喜久之助
廻し男久七　市川莚登満女
親方権兵衛　中村　駒蔵
町人市蔵　嵐　豊松
同　仁三　中村　扇平
同　三五郎　嵐　栄之助
同　城作　片岡　喜代松
同　伍市　中村　福衛門
同　六四郎　嵐　亀六
魚屋平五郎　嵐　寛平
同　安造　中村　勝笑
同　仲吉　市川　莚太郎
同　米三　市川　荒玉
万力市右衛門　中村　扇

足の浦土松　尾上　喜十郎
鼻の崎美留三　中村　仙之助
胡麻汐加羅太　嵐　小珏
女郎お富　中村　福太郎

（下）岩井風呂店の場
並木正三内の場
元の店の場

団七茂兵衛　中村　扇雀
岩井風呂の治助　市川　莚蔵
廻し男久七　市川莚登満女
同　佐兵衛　中村　雀次郎
女房おかじ　尾上　卯之助
女郎お富　中村　福太郎
舞妓菊勇　中村　扇吾
高市数右衛門　市川右田三郎
嵐三五郎　尾上　多賀雄
沢村国太郎　中村　梅丈
男衆政七　市川　右田平
同　藤七　阪東　豊太郎
同　虎吉　実川　若昇
並木正三　嵐　珏蔵

大喜利
道行乱菊の場
信太の森差駕の場

石川悪右衛門　中村　小福
葛の葉姫　中村　梅丈
奴与勘平　市川　莚蔵
同弥勘平　嵐　珏蔵
家来　大ぜい

狐葛の葉　中村　扇雀一奴狐勘平

【長　唄】玉村伊太郎　中村浅次郎　花房半七（三味線）中村伊三郎　中村粂三郎　中村敏一（太　鼓）若林久次郎（　笛　）坂東敏夫（　鼓　）坂東常一　【長　唄】玉村富五郎　【三味線】中村小浅

【観劇料】初日の観劇料　特等御一名金一円四十銭　一等同金一円　二等同金六十銭　三等同金四十銭　四等同金三十銭　二日目よりの観劇料　特等御一名金一円七十銭　一等同金一円二十銭　二等同金八十銭　三等同金五十銭　四等同金三十五銭

【典　拠】番付（松竹合名社印刷部印行）。

【備　考】○初日観劇料が記載されない番付がある。○「初日午后四時、二日目より午后五時開幕」（チラシ）○「好評。」（「新愛知」7・5）○評「末広座」（「名古屋新聞」7・3）

○七月一日～　大黒座

（奇　術）　松旭斎小天長一行

【典　拠】「名古屋新聞」7・1広告。

【備　考】○「好評」（「名古屋新聞」7・3広告）

○七月一日～　高砂座

《女優歌舞伎》

根《ね》岸《きし》の礎《いしづえ》　嵐　仲丸一座

鬼《き》一法《はふ》眼《げん》　菊畑

【典　拠】「名古屋新聞」7・1。

【備　考】○「好評」（「新愛知」7・3広告）

○七月一日〜三日　五時開演　御園座

浪花節　鼈甲斎虎丸一行

【語り物】一日　伊達大評定（虎丸）　左り小刀（虎丸）　長講二席
二日　伊達大評定（虎丸）　左り小刀（虎丸）　つゞき　長講二席
三日　伊達大評定（虎丸）

【典　拠】「名古屋新聞」6・30、7・1、1広告、2、3、「新愛知」7・5評。

○七月一日〜（十四）日　午後五時より　蓬座

浪花節芝居　毎日芸題引続　京山伊勢吉一行

【典　拠】「名古屋新聞」7・1、14広告、15。
【備　考】○「好評」（「名古屋新聞」7・2広告）

○七月一日　太陽閣の余興

大須公園の太陽閣洋食店では、一日より七日間、毎日午後九時開演にて、西川流の芸妓舞踊が余興として上演された。廓連芸妓数十名が毎日交代で出演。なお「舞踊観覧券附御料理券」が金一円にて六月二十七日から発売された。

（「名古屋新聞」6・27広告、7・1広告）

○七月一日　共楽園の余興

「開演中の矢場町共楽園にては、本日より午前十一時・午後三時の二回に宝探。同夜八時より浪花節行ふ。」

（「名古屋新聞」7・1）

「前週土曜日に催す筈であった共楽園の余興出雲踊は、連日雨天の為日延中であったが、若し十二日晴天であると、左の時間に依て之が余興開演の筈。

午後六時より（浪花節）、同八時より（出雲踊…浪越連芸妓出演）、八時半より（落語…春琴亭柳桜出演）」

（「新愛知」7・12）

○七月四日〜（七）日　京枡座

《新派連鎖劇》

演目不詳　蝶々会

【典　拠】「新愛知」7・4広告、「名古屋新聞」7・7広告、8広告。
【備　考】○「好評〆切」（「名古屋新聞」7・5広告）

○七月四日〜　国技館

日活特別大写真

【典　拠】「新愛知」7・4広告。
【備　考】○「大好評」（「新愛知」7・5広告）

○七月四日〜　枇杷島座

（新派劇）　荒木清一派

【典　拠】「新愛知」7・4広告。

○**七月四日**　昼の部正午 夜の部正六時から　**御園座**

《歌　劇》宝塚少女歌劇団　主催 桜楓会名古屋支部

少　女　歌　劇

【番　組】㈠歌劇　余吾の天人　㈡歌劇　金平めがね（雪野富士子・大江文子・滝川末子・天津乙女）　㈢管弦合奏　昼　天獄《ママ》と地獄　夜　詩人と農夫　㈣歌劇　毒の花園（篠原浅芽・喜久子）　㈤歌劇　西遊記（滝川末子）

【典　拠】「新愛知」6・25、7・5評、「名古屋新聞」6・26、7・5評。

【備　考】○「桜楓会は之に依つて得た純益は、当地に於て婦人界の為に活動する資金に宛る外、尼港に於ける遭難者遺族慰問の為に寄贈し、尚余りあれば母校内（編注、現日本女子大学）に新設したる研究会の為にも義捐するさうである。」（「名古屋新聞」6・24）　○「会場整理の都合上会員章を昼夜の別にし、会費は一等二円、二等一円五十銭、三等一円、四等五十銭。会員章申込所は、東門前町鈴木ヴアイオリン販売部・富沢町中京堂書店・栄町中央バザー内加藤楽器店・静観堂書店・門前町森川楽器店。」（「新愛知」6・25）　○評「歌劇を見て」しらうめ女（「新愛知」7・5）「少女歌劇を見て」俊子（「名古屋新聞」7・5）

○**七月四日～　黄花園の大納涼夜会**

万松寺角の黄花園は、七月四日から大納涼夜会を毎日午後六時より開会。「重々たる巌石滔々たる瀑布」や「直径四十八尺」の「大扇風機」を呼び物にしているほか、活動写真・喜劇・手踊・掛合噺・奇術・支那人曲芸・英人ダンスなどの余興が、一週間ごとに番組入れ替えで上演される。（「新愛知」7・4広告）

「本日余興番組全部変更　外に新規加入　少女歌劇団セントラルオペラ一行」（「名古屋新聞」7・18広告）

「本日余興全部番組変更致候」（「名古屋新聞」7・24広告）

「本日余興全部取替」（「名古屋新聞」8・1広告）

「本日余興番組全部変更」（「名古屋新聞」8・12広告）

「本日余興番組全部変更」（「名古屋新聞」8・21広告）

○**七月㈣日　豊明会謡会**

「豊明会主催にて、七月四日正午より、東区呉服町能楽堂に於て素謡・番囃子数番あり。入場随意なりと。」（「名古屋新聞」6・22）

○**七月㈣日　能楽画の展覧会**

七月四日より商品陳列館において、竹腰僊洞画伯の能楽画の展覧会を有志の発起にて開催。（「名古屋新聞」6・30）

○**七月五日～㈦日　三栄座**

《実写新派連鎖劇》

赤《せき》　心《しん》　劇《げき》　ユニバーサル応用大仕掛け　赤心団一行

【典　拠】「新愛知」7・5、「名古屋新聞」7・5、7広告、8広告。

○**七月五日～㈦日**　午後五時より　**大黒座**

《旧劇連鎖》七十七祝興行

演　目　不　詳　市川芳三郎 尾上扇三郎 一行

【典　拠】「名古屋新聞」7・5、7広告、8広告。

【備　考】○「市川芳三郎・尾上扇十郎一行。」（「名古屋新聞」7・5）

○七月五日～(七)日　高砂座

特別活動大写真

【典　拠】「名古屋新聞」7・5広告、7広告、8広告。
【備　考】○「大好評」(「新愛知」7・6広告)

○七月七日～(十)日　歌舞伎座

狂言替
悲劇　箱《はこ》根《ね》夜《や》話《わ》
喜劇　恋《こひ》の辻《つじ》うら

【典　拠】「名古屋新聞」7・7広告、10広告、11広告。

○七月(七)日～　寿座

浪　花　節　音羽家一行

【典　拠】「名古屋新聞」7・6広告、7広告。
【備　考】○「好評」(「名古屋新聞」7・30広告)

○七月七日～(十三)日　千歳劇場

《喜　劇》千葉万楽一派　芸題替え

喜劇　米《べ□》国《こく》行《□き》
喜劇　大《だい》黒《こく》柱《はしら》
笑劇　土《ど》用《□う》干《ほし》
社会劇　返《かへ》り咲《さき》

【典　拠】「名古屋新聞」7・7、7広告、13広告、14広告。
【備　考】○「幕間短縮　毎週四つの新狂言を提供します　俳優新加入」(「名古屋新聞」7・7広告)

○七月七・八日　夕五時より　帝国座

浪　花　節　浪界大立物 鼈甲斎虎　丸

【読み物】七日　十八番ノ内 塩原多助馬の別れ　寛政国技の花　長講
【典　拠】「名古屋新聞」7・6、7、7広告、8。
【備　考】○「金五十銭均一」(「名古屋新聞」7・7広告)　○「大好評」(「新愛知」7・8広告)

○七月七日～　昼十二時 夜六時 二回開演　宝生座

《新　派》尼港事件殉難者遺族弔慰料義捐
北村作
悲劇 惨劇　尼港の 北《ほく》露《ろ》の血《けつ》涙《るゐ》　二幕三場　革新劇団

【出　演】花園薫・井上芳美・□村光夫・谷川静波・坂東勝三郎・片岡二郎・高槻八州男・大川広二・今井

【典　拠】「名古屋新聞」7・7、7広告、9、9評。

【備　考】○「大入。」(「名古屋新聞」7・9) ○評「宝生座尼港劇」(「名古屋新聞」7・9)

○七月七日　YMCA夏期会館の開館と南大津町の繁栄策

名古屋のYMCA（基督教青年会）は、市内中区南大津町千代田生命南隣に夏期会館《サンマア・クオータアス》を遊覧場として開館することとなった。ギリシャ建築風の外観と噴水を備えた施設を建築中であり、七月七日から七十日間の予定で開館する予定である。館内の一番奥に設置された間口七間奥行四間のステージの前には、椅子席で四百人収容の広場が設けられ、活動写真の上映や井上つたえ女史主宰による童謡劇の上演が予定されている。また館内には、最大七十二人収容の喫茶店を兼ねた食堂が設けられ、酒類を除く飲食も提供されることになっている。YMCAでは、同会館について、「名古屋に一大青年会館を建設するその基金を得るために企てられた事業で、営利を離れた仕事」であると説明している。

（「名古屋新聞」6・23、7・6、7）

なお、同会館が開館する市内中区南大津町では、町内の繁栄策として、七月四日から「栄町より矢場五ノ切迄三町の間」の両側に夜店を開設し、「二百燭の電燈十六個を配置し、各々夜店に二十四燭を一個宛町費を以て点じ、不夜城を現出せしめ、尚町内百二十の各戸には『繁栄会』の美麗な揃ひの提燈を軒並に吊るし、各商店は大勉強の売出しをして、大いに景気を添へる事となり、一日迄の夜店の申込みは二百三十口余り、最早空所がない好況」と伝えられている。

（「名古屋新聞」7・2）

「広小路の栄町が行燈電燈で町内の美を飾り、南大津町に又百燭電燈で夜店を開始せる折柄、南大津町が矢場町五ノ切を以て打切られるので、五ノ切以南矢場地蔵尊迄の両側に夜店を開設し、種々の余興を催し、町内寄附金を以て夜店開業者に二十四燭の電燈一個宛を無料にて貸与する事に決定し、近日より更に不夜城を開始すると云ふ。」

（「名古屋新聞」7・5）

○七月七・(八)日　旭老会筑前琵琶演奏会

「旭老会にては、七月七・八の両日、中区白川町大運寺に於て、筑前琵琶月次《つきなみ》演奏会を開く。」

（「名古屋新聞」7・7）

○七月八・(九)日　五時より　**京枡座**

《新派実写連鎖劇》

孝《かう》子《し》の末《まつ》路《ろ》　立花薫一座

喜劇

【典　拠】「名古屋新聞」7・8、8広告〜10広告。

【備　考】○「満員〆切」(「名古屋新聞」7・9広告)

○七月八・(九)日　大黒座

演目不詳　千宝山王福林

【典　拠】「名古屋新聞」7・8広告〜10広告。

【備　考】○「好評」(「名古屋新聞」7・9広告)

○七月八日～　**高砂座**

《新派》

演目不詳　蝶々一行会

【典　拠】「名古屋新聞」7・8広告。

【備　考】○「好評」（「名古屋新聞」7・9広告）

○七月八日～（十二）日　午後五時　**御園座**

《歌舞劇》

歌舞劇　松竹専属新星歌舞劇団

【出　演】高田雅夫・原せい子・新加入堀田金星・柳田貞一・田谷力三・井上起久子・新加入清水静子・清水金太郎

【番　組】喜歌劇 セヴルラの床屋（ロッシニー作　田谷・堀田・井上）

神秘劇 プラハの大学生（伊庭孝作　高田・原・堀田）　ダンス　スパニッシュ（高田雅夫按舞）　大喜歌劇 天国と地獄（オッヘンバッハ曲　清水・静子・田谷・愛子）

【典　拠】「名古屋新聞」7・6、8、8広告、10評、12広告、13。

【備　考】○評「御園座」（「名古屋新聞」7・10）

○七月九日　午後一時より　**国技館**

尼港事件　内閣弾劾大会・大演説会　主催　東海普選記者団　改新倶楽部

【典　拠】「名古屋新聞」7・9広告、「新愛知」7・10。

○七月九日～（十五）日　**新守座**

芸題変り

【第　一】江戸情話　神《かん》田《た》ッ児《こ》　全七場

【第　二】事実悲劇　惨鼻痛恨の極　壮烈なる憤死　噫《あゝ》岸《きし》田《た》領《りやう》事《じ》　全三場

【出　演】熊谷・原田・桜井・秋山・村島・小東・高田

【典　拠】「名古屋新聞」7・9、9広告、15広告、16広告。

○七月九日～　毎夕五時開幕　**末広座**

大坂青年歌舞伎二の替り狂言

【第一番目】箱根霊験躄仇討《はこねれいげんいざりのあだうち》　非人施行より白滝まで

【中　幕】親《おや》の役目《やくめ》をそのまゝに　けふ初《はじ》めての代官《だいかん》は　未熟《みじゆく》ながらも小腕《こうで》の　引《ひき》窓《まど》　八幡村の場

【第二番目】親《おや》の譲《ゆず》りの古手屋《ふるてや》を　新《あらた》に磨《みが》く二字吉光《にじよしみつ》　鐘《かね》もろとも恨鮫鞘《うらみのさめざや》　三幕

【配　役】**一番目**

阿弥陀寺非人施行の場

権現白滝霊験の場

飯沼勝五郎　嵐　珏　蔵

女房初花　中村　小　福

母早蕨　市川右田三郎

滝口上野　市川　莚　蔵

刎川久馬　中村　駒　蔵

非人あんこの次郎　尾上　卯之助

同　海鼠の八　市川莚登満女

同　大　ぜ　い

月の輪　実は奴筆助　中村　鴈衛門

中　幕

八幡村の場

南与兵衛　後に南方十次兵衛　中村　扇　雀

女房おはや　中村　福太郎

母親お幸　中村　鴈衛門

平岡丹平　市川莚登満女
三原伝蔵　尾上多賀雄
里の童　中村扇吾
同　林長丸
濡髪長五郎　市川莚蔵

二番目

上の巻　住吉の浜茶店

古手屋八郎兵衛　中村扇雀
若旦那助三郎　尾上卯之助
松の尾佐吉　中村雀次郎
巾着切の勝　阪東八重三
鉄壁の丑松　中村扇
井筒屋太吉　尾上多賀雄
梶岡文蔵　中村駒蔵
奴角助　嵐小珏
隠居清入　尾上喜十郎
歯入屋与平次　中村鴈衛門
香具屋弥兵衛　嵐珏蔵
茶店のお作　中村梅丈
岩田屋おしげ　実川美鴈
女郎若野　中村小福
丹波屋おつま　中村福太郎

中の巻　坂町岩田屋見世

古手屋八郎兵衛　中村扇雀
丹波屋おつま　中村福太郎
鉄壁の丑松　中村扇
岩田屋おしげ　実川美鴈
中居おみつ　実川若昇
同　おたか　片岡喜久之助
同　おふで　中村勝笑
同　およね　市川莚太郎
舞妓小つる　実川美芦
同　三吉　中村扇吾
太鼓持長八　嵐亀六
同　九助　中村扇平
同　由蔵　嵐豊松
同　初次　嵐栄之助
同　竹松　中村福衛門
同　六半　片岡喜代松
同　宗作　市川右三郎
香具屋弥兵衛　嵐珏蔵
女郎若野　中村小福
実は里見の息女お才
矢島才兵衛　市川莚蔵
若徒半助　中村小雀
梶岡文蔵　中村駒蔵
奴角助　嵐小珏
うどんやの仁吉　片岡喜美三
歯入屋与平次　中村鴈衛門
井筒屋太吉　尾上多賀雄
古手屋助三郎　尾上卯之助

下の巻　坂町丹波屋店
同　法善寺裏
千日前墓場

香具屋弥兵衛　嵐珏蔵
丹波屋お市　阪東豊太郎
廻し男藤七　阪東八重三
下女小ぎく　林長丸
亭主物兵衛　市川右田平
梶岡文蔵　中村駒蔵
奴角助　嵐小珏
鉄壁の丑松　中村扇
隠居清入　尾上喜十郎
飛脚大和田屋　中村仙之助
按摩久目市　中村梅丈
矢島才兵衛　市川莚蔵
若徒半助　中村小雀
里見の息女お才　中村小福
古手屋助三郎　尾上卯之助
丹波屋おつま　中村福太郎
古手屋八郎兵衛　中村扇雀

【長　唄】玉村伊太郎　中村浅次郎　花房半七　〔三味線〕中村伊三郎　中村粂三郎　中村敏一　〔太　鼓〕岩林久次郎　〔笛　〕坂東敏夫　〔鼓　〕坂東常一　【長　唄】玉村富五郎　【三味線】中村小浅

【観劇料】特等御一名金一円七十銭　一等同金一円二十銭　二等同金八十銭　三等同金五十銭　四等同金三十五銭

【典　拠】番付（松竹合名社印刷部印行）。

【備　考】○番付に初日を「七月八日」と刷り、「九日」に訂正している。○「本日より芸題替（中略）四時開幕」（「名古屋新聞」7・9広告）○「中村扇雀親譲り『引窓』『古手屋八郎兵衛』は大好評」（同紙7・15広告）○評「末広座」（「名古屋新聞」7・12）

○七月九・十日　夕五時より　帝国座

尼港犠牲者
遺族弔慰　義捐琵琶大会

【出　演】薩摩神谷秀嶺　長谷川秀風　堀田金風　安藤金翠　秋田銀泉　大久保暁雲　武心流剣舞　伊藤宗治　増田宗久　筑前○○○孃　滝旭豊孃

【典　拠】「新愛知」7・9広告、「名古屋新聞」7・9、10広告。

○七月十日～(十三)日　京枡座

浪花節　真打連　港家光龍　港家円蝶　宝中軒鈴右衛門

【典　拠】「名古屋新聞」7・10、13広告、14広告。
【備　考】○「好評」(「名古屋新聞」7・11広告)

○七月十・(十一)日　大黒座

(浪花節)　桃中軒鶴曇一行

【典　拠】「名古屋新聞」7・10広告、11広告、12。
【備　考】○「好評」(「名古屋新聞」7・11広告)

○七月十日～　大池納涼大会

「十日夜より大池に於て納涼大会を開き、東西合併の大相撲を始め、支那人手品・獅子万歳・活動其他の余興あり。」(「名古屋新聞」7・10)

○七月十一日～(十五)日　歌舞伎座

臨時特別興行
尼港の惨虐　噫五月廿四日

【典　拠】「名古屋新聞」7・11広告、15広告、16広告。

○七月十一日～　午後五時半より　高砂座

(浪花節)　鼈甲斎虎丸一行

【語り物】十一日　伊達大評定(虎丸)　左小刀(虎丸)　長講二席
【典　拠】「名古屋新聞」7・10、11。
【備　考】○「大好評」(「新愛知」7・12広告)

○七月十一日～(十四)日　夕五時より　帝国座

嵐酒徳・市川小悦・尾上松寿三座合同名人会
三座合同獅子劇

【演　目】朝顔日記　阿波の鳴戸　島屋騒動
【典　拠】「新愛知」7・11広告、「名古屋新聞」7・11、14広告、15広告。
【備　考】○「名古屋新聞」7・11には「市川小鋭」とある。○「帝国一等獅子劇」(「新愛知」7・11広告)

○七月(十一)日　保能会能

「名古屋保能会にては、十一日午前八時より呉服町能楽堂に於て能会を開催する由。」(「名古屋新聞」7・7)

○七月　ＹＭＣＡ夏期会館の児童歌劇

「去る五月、商品陳列館に歌劇的童謡音楽会を催した井上つたえ女史主宰の名古屋童謡劇協会は、今回名古屋基督教青年会の夏期会館にて、七・八両月間出演する事となり、七月中は明十二日夜を始めとして、十六・二十三・三十の四日間興行する由。」(「名古屋新聞」7・11)

○七月十二日～(十四)日　**大黒座**

浪花節

京山燕平
桃中軒雲太夫
浪越亭愛造
一行

【典　拠】「名古屋新聞」7・12、14広告、15広告。

○七月十三日　午後五時より　**御園座**

尼港殉難者遺族弔慰金募集

筑前琵琶大会

主催 在郷軍人会中区矢場町班

【番　組】尼港の悲風(伊藤旭聡)　菊の礎(高木旭調)　実盛(安田旭老)

【典　拠】「新愛知」7・12、「名古屋新聞」7・13。

【備　考】○「筑前流教授及び大家出演。」(「名古屋新聞」7・13)

○七月十三日～(十九)日　二時開場　**湊座**

怪談《くわいだん》牡丹燈籠《ぼたんとうろう》

喜劇 夜討曽我十番斬り《ようちそがばんき》

【典　拠】「新愛知」7・13広告、19広告、20広告、「名古屋新聞」7・13。

【備　考】○「新盆興行。」(「名古屋新聞」7・13)

○七月　**YMCA夏期会館の活動写真**

中区南大津町千代田生命保険会社前のYMCA夏期会館においては、基督教青年会主催による活動写真を上映。

(「名古屋新聞」7・13広告)

「今二十一日より写真全部を取替へ。」

(「名古屋新聞」8・21)

472頁下段参照。

○七月十四日～(十九)日　**京枡座**

浪花節芝居

毎日続き

京山伊勢吉
市川市童
阪東次□
一座

【演　目】国定忠治　義士銘々伝　幕無し

【典　拠】「名古屋新聞」7・14、19広告、20広告。

【備　考】○「好評」(「名古屋新聞」7・16広告)

○七月十四日～(十六)日　午後六時より　**高砂座**

演目不詳

西萬兵衛
一行

【典　拠】「名古屋新聞」7・13、14広告、16広告、17広告。

【備　考】○「大好評」(「新愛知」7・15広告)

○七月十四日～(二十)日　**千歳劇場**

《喜　劇》千葉萬楽一派　新狂言

長篇社会劇 雲《くも》の晴《はれ》間《ま》　二幕六場

喜劇 引《いん》力《りよく》　三場

笑劇 神《しん》経《けい》質《しっ》　二場

萬楽
萬両
弁楽
楽陽

【典　拠】「名古屋新聞」7・14、14広告、16評、20広告、21広告、「新愛知」7・19。

【備　考】○「『雲の晴間』（中略）上場のため、今週に限り三狂言提供」（「名古屋新聞」7・14広告）○「大好評。」（「新愛知」7・19）○評「千歳劇場」（「名古屋新聞」7・16）

○七月十四日～（二十八）日　午後五時開演　**中央劇場**

《男女合同》新陽劇団

無名氏作

【一番目】祭《まつり》の夜《よ》　三場

なにがし作

【二番目】暁《あかつき》の声《こゑ》　五場

三好輝夫
田村正夫
林　玉子
吉田竹子

【典　拠】「新愛知」7・14広告、「名古屋新聞」7・14、28広告、29。

【備　考】○「元文芸協会座員三好輝夫（中略）等其他新進青年揃ひにて、一座は現代的の目新しき舞台面を見せるといふ。」（「名古屋新聞」7・14）○「初日三十銭均一」（同日同紙広告）○「好評」（同紙7・16広告）

○七月（十五）日～（十七）日　**大黒座**

浪花節芝居　毎日芸題替

【典　拠】「名古屋新聞」7・14広告、15広告、17広告、18広告。

○七月十五・（十六）日　**帝国座**

芸題変り

三座合同獅子劇

【演　目】苅萱　梅忠　朝顔　弥次喜太　弁慶

【典　拠】「名古屋新聞」7・15、「新愛知」7・16広告、17広告。

○七月十五日～（十九）日　**蓬座**

万歳芝居

鈴木源十郎
石川貫一

【典　拠】「名古屋新聞」7・15、19広告、20。

【備　考】○「好評」（「名古屋新聞」7・16広告）

○七月十五・（十六）日　**労働者慰安会の余興**

「信愛会食堂主催となり、同公会堂にて十五、六の両日午後六時より、労働者慰安会を開き、琵琶・手踊り其他の余興あり。」（「名古屋新聞」7・15）

編注、公会堂名不詳。

○七月十五日～（二十四）日　**鶴舞公園にて活動写真**

「大阪毎日支局は、十五日午後七時半より十日間、毎夜鶴舞《つるま》公園にて、国勢調査宣伝その他通俗教育活動写真を映写すと。」（「名古屋新聞」7・16）

○七月十六日～(二十二)日　昼正十二時 夜正六時 開演　歌舞伎座

奥村黄花園演芸部専属一心劇
改造大連鎖劇　十五回替り狂言
無名氏作

【一番目】連鎖悲劇　芸妓 憐れな 夢《ゆめ》次《じ》の一《いっ》生《せう》　全八場
【二番目】喜劇　うかむせ　全三場

三井武次郎
久本欣哉
板倉鬼勢
桃山次郎
生駒九二夫
高堂国典
田中愛之祐

【典　拠】番付。千秋楽は「名古屋新聞」7・22広告、23広告による。
【備　考】○「特・一・二等の差別なく三十銭均一」(「名古屋新聞」7・16広告)

○七月十六日～(二十二)日　昼夜二回開演　新守座

《新派連鎖劇》新派大合同連鎖劇　芸題替
喜劇　最《さい》後《ご》の勝利《しょうり》　三場
谷垣芳雄氏作
血《ち》潮《しほ》の滝《たき》　全十五場 実演十場
大詰本水使用の大道具

【出　演】熊谷武雄・原田好太郎・桜井武夫・秋山十郎・村島歳郎・小東金哉・高田篤二・三浦輝雄・天川吉弥・藤浪浅男・田原靖仁・桃井文夫・南郷広文
【典　拠】番付。芸題替は「名古屋新聞」7・16広告、千秋楽は同紙7・22広告、23広告による。
【備　考】○「二階食堂につめたい食べ物あります」(典拠番付)　○「初日に限り午後四時より夜一回。」(「名古屋新聞」7・16)　○評「新守座」(「名古屋新聞」7・18)

○七月十六・(十七)日　夢中連浄瑠璃会

「十六、七両日、白川町大運寺にて、夢中連浄瑠璃会を催す。」(「名古屋新聞」7・16)

○七月十七日～(十九)日　三栄座

東俠客業平文次《あづまけうかくなりひらぶんじ》　中京青年俳優一座
大《たい》功《こう》記《き》

【典　拠】「名古屋新聞」7・17、19広告、20広告。
【備　考】○「好評」(「名古屋新聞」7・19広告)

○七月十七日　高砂座

琵琶大演奏会

【典　拠】「名古屋新聞」7・17広告、18広告。

○七月十七日～二十一日　夕五時より　帝国座

浪花節　米国巡業大成功者 浪界の最高権威 松風軒栄楽

【読み物】十八日　山鹿護送　国技の華　長講二席
二十日　十八番 山科妻子別れ　伊賀の水月　長講二席
二十一日　十八番 赤垣源蔵徳利の別れ　伊賀水月　長講二席
【典　拠】「新愛知」7・17広告、「名古屋新聞」7・18、20、21。
【備　考】○「本日に限り金四十銭均一」(「新愛知」7・17広告)

○七月(十七)日　午後六時より　御園座

尼港殉難者追弔演芸会　市内在郷軍人会有志

【番　組】新内　琵琶　落語　奇術　尺八合奏　木曽踊り(浪越連妓)
長唄　新浦島(中券二葉会)

【典　拠】「名古屋新聞」7・16。

【備　考】○「会費金五十銭。」(典拠)

○七月十八日～　国技館

《連鎖劇》

連続(ママ)正喜劇

三曲万歳

諸芸吹寄せ

【典　拠】「名古屋新聞」7・18、18広告。

○七月十八日～(二十)日　大黒座

浪花節大会

【典　拠】「名古屋新聞」7・18広告、20広告、21広告。

【備　考】「好評」(「名古屋新聞」7・19広告)

○七月十八・(十九)日　高砂座

活動大写真

【典　拠】「名古屋新聞」7・18広告～20広告。

【備　考】○「満員好評」(「名古屋新聞」7・19広告)

○七月(十八)日　観世流素謡会

「十八日午後一時より、呉服町能楽堂にて、青山社中素謡会を開催。傍聴随意。」(「名古屋新聞」7・16)

○七月(二十)日～(二十二)日　午後六時より　京枡座

浪花節大会　花形美当峰月　武田萬兵衛
京山伯馬　東家巴燕

【典　拠】「名古屋新聞」7・20、21、22広告、23広告。

【備　考】○「名古屋新聞」7・21には「本日(中略)より」とある。

○七月二十・(二十一)日　三栄座

浪花節　浪花美之助
徳川ゆづる

【読み物】二十日　人か鬼か(ゆづる)　河内山宗春(美之助)

【典　拠】「名古屋新聞」7・20、21広告、22広告。

【備　考】○「好評」(「名古屋新聞」7・21広告)

○七月二十日～(二十三)日　午後六時より　**高砂座**

《新派連鎖劇》中京成美団　藤川岩之助
原□新三　合同

心の影

【典　拠】「名古屋新聞」7・20、23広告、24広告。
【備　考】○「好評」(「名古屋新聞」7・21広告)

○七月(二十)日～　**湊座**

納涼浄瑠璃　花沢柳子連

【語り物】二十四日　梅忠(弥生)　又助(柳玉)　鈴ケ森(萬)　日吉丸(三ツ輪)　忠八(小勝)　弁慶(小金)　堀川(葵)
【典　拠】「新愛知」7・19広告、20広告、「名古屋新聞」7・24。
【備　考】○「花柳連中。」(「名古屋新聞」7・24)

○七月二十日～(二十二)日　午後六時より　**蓬座**

《新　派》　執念の蛇芝居一行

執念の蛇

【典　拠】「新愛知」7・20広告、「名古屋新聞」7・20、22広告、23広告。
【備　考】○「舞台に本蛇を使用。」(「名古屋新聞」7・20)　○「満員好評」(同紙7・21広告)

○七月二十日～　動物園夜間開場の余興

「鶴舞《つるま》公園内動物園にては、二十日より三十日間、午後六時より十時迄開園す。本年は電燈を多数点火し、□余興として茶番狂言及び伊藤呉服店少年音楽隊の演奏ある由。」(「名古屋新聞」7・20)
「鶴舞《つるま》公園内市立動物園にては、十四日夜より来る十八日迄連夜に亘り、万歳・芝居・二輪加・浪花節等の余興を催す由。」(「名古屋新聞」8・14)
「今十六日は、納涼余興として、日本天勝一座の大魔術を催すべしと。」(「名古屋新聞」8・16)

○七月二十日～八月二十日　商品陳列館の納涼博覧会

新愛知新聞社の主催、愛知県庁・名古屋市役所・名古屋商業会議所・愛知県商品陳列館・同出品協会の協賛による納涼博覧会が、七月二十日夜の発会式から八月二十日にかけて、県商品陳列館境内において開催された。電飾化された場内には二ケ所に噴水も設けられ、各所に売店が設置されたほか、龍彩閣における各種の趣味の展覧会の開催や、近県の物産の陳列と即売なども行われた。

余興としては、第一余興場における手踊・剣舞・喜劇・曲芸・奇術・出雲踊・かっぽれ等、第二余興場における琵琶・義太夫・浪花節・尺八合奏・落語等が上演された。

(「新愛知」6・26、29広告、7・22、8・21)

○七月二十一日～(二十三)日　**大黒座**

《新　派》中京新派

演目不詳

【典　拠】「名古屋新聞」7・21広告、23広告、24。
【備　考】○「好評」(「名古屋新聞」7・22広告)

西　萬兵衛

○七月二十一日～(二十八)日　千歳劇場
《喜　劇》喜楽会千葉萬楽一派　狂言替り
社会劇　木曽の別れ路　一幕二場　萬楽
喜劇　脱　線　三場　弁楽
喜劇　船　大　工　二場　四貞楽
笑劇　水　鉄　砲　二場　萬両
【典　拠】「名古屋新聞」7・21、21広告、27広告、28。
【備　考】○「『木曽の別れ路』は万楽・万両の見世物たつぷりにて、場毎に大向ふの気受け頗る盛ん。」(「新愛知」7・26)

○七月二十二日～(二十五)日　午後六時より　三栄座
《新派連鎖劇》
演　目　不　詳　川上貞二郎一行
【典　拠】「名古屋新聞」7・22、25広告、26広告。
【備　考】○「満員好評」(「名古屋新聞」7・23広告)

○七月二十三日～　歌舞伎座
狂言替
活劇　水　鏡　七場
【二番目】どん底の叫び

【典　拠】「名古屋新聞」7・23広告。
【備　考】○「入場料三十銭均一」(典拠)

○七月二十三日～(二十七)日　京枡座
《実写連鎖劇》
演　目　不　詳　福新□川島八重子一行
【典　拠】「名古屋新聞」7・23、27広告、28広告。
【備　考】○「旧劇・喜劇其他。」(「名古屋新聞」7・23)　○「満員好評」(同紙7・24広告)

○七月二十三日～二十八日　昼夜二回開演　新守座
《新　派》新派大合同　お名残狂言
【一番目】喜劇　妙《めう》な願《ねがい》　上下
有松暁衣氏作
【二番目】連鎖劇　夏景色　すみだ川　全十一場
【出　演】熊谷武雄・原田好太郎・桜井武夫・秋山十郎・村島歳郎
【典　拠】番付。作者名は「名古屋新聞」7・23、千秋楽は同紙7・28による。
【備　考】○「初日は午後四時より一回。」(「名古屋新聞」7・23)　○「同座にては当分休演、約半ケ月の予定にて大修繕を終り、其内伊村義雄等は臨時巡業に赴くと。」(同紙7・27)

○七月二十三日～二十九日　午後四時開場　**御園座**

人形入り大阪文楽浄瑠璃　越路一座

【出　演】竹本源太夫・竹沢団六　竹本津太夫・鶴沢友次郎　竹本南部太夫・鶴沢寛次郎　竹本越路太夫・野沢吉兵衛　振事師吉田虎三・吉田栄三・吉田玉次郎・吉田文五郎・吉田玉五郎・吉田玉七

【語り物】二十三日　千本桜（竹本津花太夫）　一の谷（竹本豊島太夫）　加賀見山（竹本源路太夫）　昔八丈（竹本常子太夫）　いざり（竹本源太夫）　義士伝　弥作鎌腹（竹本津太夫　弥作＝栄三）　新口村（竹本南部太夫　梅川＝文五郎）　太十（竹本越路太夫　糸　吉兵衛　操＝文五郎）　夏祭り（八十太夫）

二十四日　赤垣（源太夫　団六）　帯屋（津太夫　友次郎）　中将姫（南部　寛次郎）　三勝半七（越路　吉兵衛）

二十五日　弁慶上使（孫《ママ》太夫）　沼津　平作内（津太夫）　朝顔日記　宿屋（南部太夫）　寺子屋（越路太夫）

二十六日　伊賀越　政右衛門屋敷の段（源）　白木屋（竹本津太夫　鶴沢友治郎）　先代萩　御殿の段（竹本南部太夫　鶴沢寛治郎）　お俊伝兵衛　堀川猿廻しの段（竹本越路太夫　野沢吉兵衛　ツレ引　勝平）　日吉丸　小牧山城中の段（竹本八十太夫　野沢勝平）

二十七日　本蔵下屋敷（源太夫）　吃又（津太夫）　明烏（南部）　合邦　下（越路）

二十八日　伊勢音頭（源）　布引滝（津）　廿四孝（南部）　紙治（越路）

二十九日　阿漕（源）　双蝶々　橋本（津）　鳴戸（南部）　野崎（越路）

【典　拠】「名古屋新聞」7・22、23広告、24、25、25評、26～29、「新愛知」7・23、26。

【備　考】○「初日は特等一円五十銭、一等一円二十銭、二等八十銭、三等五十銭、四等二十五銭。」（「名古屋新聞」7・23）○「毎日開演午後四時なるが、六時より人形入り。」（同紙7・24）○「初日以来連日満員の大盛況を持続。」（「新愛知」7・26）○評「御園座」（「名古屋新聞」7・25）

○七月（二十三）日～（二十五）日　**蓬座**

浪花節　美当峰月一行

【典　拠】「名古屋新聞」7・22広告、23、25広告、26広告。

【備　考】○「浪界の美声美当峰月。」（「名古屋新聞」7・23）○「満員好評」（同紙7・24広告）

○七月二十四日～　午後六時より　**大黒座**

万歳芝居　日比愛三郎一行

【典　拠】「名古屋新聞」7・24。

《旧劇連鎖》

○七月二十四日～（二十七）日　**高砂座**

天目山後日の武田
義侠客丹後の仇討　嵐守太郎一行

【典　拠】「名古屋新聞」7・24、27広告、28広告。

【備　考】○「満員好評　歌舞伎大連鎖劇」（「名古屋新聞」7・25広告）

○七月二十四日～二十七日　午後五時より　帝国座

落語　関西桂春団治一行

【典拠】「名古屋新聞」7・23、24、27。

【備考】○「名古屋志知興行部」（「新愛知」7・25広告）○「落語界の泰斗として大阪を根拠として地方に久しく出演せざりし関西の名物男桂春団治は、近日当地某座（編注、帝国座）に初お目見得する由。」（「名古屋新聞」7・20）○「時節柄大勉強　一等金六十銭・二等金四十銭均一」（同紙7・23広告）○「好評」（「名古屋新聞」7・25広告）

○七月下旬　富貴座

演目不詳

【典拠】「名古屋新聞」7・26。

【備考】○「二十四日午後九時頃（中略）富貴座演劇開演中、見物席にて些細の事より喧嘩を初め…。」（典拠）

○七月（二十五）日　午後四時八時二回開演　国技館

新愛知新聞社主催商品陳列館境内納涼博覧会

第一回　特別余興大演芸会

【典拠】「新愛知」7・17。

【備考】○「市内の全読者を一人漏らさず招待しようと云ふ大計画の催しであるので、七月中は二十五日二回で一万の読者を招待するに止め…。」（典拠）

○七月（二十五）日～　夏季音楽講習会

「中京音楽院内音楽講習会にては、夏季講習会を左記の如く三期に分ち開催。（中略）

▲講師中京音楽院主水野覚三其他　▲第一期七月二十五日より六日間　▲第二期八月一日より一週間　▲第三期八月九日より一週間」

（「名古屋新聞」7・19）

○七月二十六・（二十七）日　三栄座

《新派》

執念の蛇　中京美団一行

【典拠】「名古屋新聞」7・26、27広告、28広告。

【備考】○「実□の蛇を使用。」（「新愛知」7・26）

○七月二十六日～　蓬座

《新派実写連鎖劇》

演目不詳　楠愛之助合同

【典拠】「名古屋新聞」7・26。

【備考】○「好評」（「名古屋新聞」7・30広告）

○七月二十八日～　京枡座

浪花節　原雷右衛門　広沢鶴之助　宝中軒光龍合同

【典拠】「名古屋新聞」7・28。

【備考】○「満員好評」（「名古屋新聞」7・30広告）

○七月二十八日～　三栄座

全国浪花節大番附見立大競技会

【典　拠】「名古屋新聞」7・28。
【備　考】○「好評」（「名古屋新聞」7・30広告）

○七月二十八日～　高砂座

《連鎖劇》

演目不詳　川島八重子一行

【典　拠】「名古屋新聞」7・28。
【備　考】○「好評」（「名古屋新聞」7・30広告）

○七月二十八日～八月(三)日　千歳劇場

《悲劇・喜劇》千葉萬楽一派　芸題替り

喜劇　額のほくろ　四場
喜劇　掃除の跡　二場
社会劇　波　三場
笑劇　時計　二場

【典　拠】「名古屋新聞」7・28、28広告、8・3広告、4広告。

○七月二十八日～八月(三)日　帝国座

《衛生劇》中京成美団一行

岡田霜花氏作
賜《たまもの》　六幕
主催　名古屋衛生総聯合会

【切狂言】尼《ニ》港《かうじ》事件領事《けんれうじ》の最期《さいご》

【典　拠】「名古屋新聞」7・23、28、30、「新愛知」8・1広告。
【備　考】○「名古屋志知興行部」（「新愛知」7・28広告）○「市衛生総聯合会にては時節柄衛生思想普及のため『蠅の展覧会』を開催するに決し既に夫々準備中なりしが、今回模様替となり『コレラ予防に関する衛生劇』を開演することに一決したる由なるが、劇はかつて京阪地方に於て大好評を博したる（中略）『賜』六幕と尚切狂言として（中略）最近の悲劇を上場する筈。」（「名古屋新聞」7・23）○「愛知県警察法及び市衛生課後援の下に（中略）『賜』は盛況を呈し、三番目には尼港事件を上場しつゝあるが…。」（同紙7・30）○「連日満員に付本日は昼夜二回　衛生思想普及衛生劇『賜』六場　キドセンハイリマセン」（「新愛知」8・1広告）

○七月二十八日　万福院明王縁日の余興

「中区南鍛冶屋町万福院にては、二十八日不動明王縁日に付き、夕方より祈禱。余興、福引・八代流生花・源平連の浄瑠璃大会あり。」（「名古屋新聞」7・28）

○七月二十九日～　中央劇場

落語・手品・舞踊　大阪　桂春団治一行

【典　拠】「名古屋新聞」7・29、29広告。

○七月(三十)日　新舞子海水浴デーの余興

新舞子における名古屋新聞主催の海水浴デーが二十五日に予定され、各種競技のほか、余興として「土井興行部の特殊寄贈になる女流浪花節林家静子、奇術大和家宝出演、面白いもの数番」が上演されることとなっていたが、「風波荒き為め見合せ、三十日に挙行」と日程変更された。

（「名古屋新聞」７・24広告、26広告）

○七月　周辺地区の興行

・四日市の港座は、末広座中村巡業興行部片岡緑左衛門・市川姉蔵一座にて興行中。（「名古屋新聞」７・１広告）

・挙母の大正座は、四日より尼港慈善興行を開演。（「新愛知」７・４広告）

・瑞浪駅の常盤座は、末広座巡業部宗十郎にて興行中。（「新愛知」７・４広告）

・(豊橋の)東雲座は、六日より沢村源之丞・市川猿十郎・中山喜楽等の一座にて、『義経千本桜』大序笠うりより御殿まで、二番目『江戸桜男一匹』を上演。（「新愛知」７・６号外）

・伊勢桑名の中橋座は、六日より八日まで、井上春之輔一派による『妖魔伝』を上演。（「新愛知」７・６広告）

・土岐津の長久座は、志知興行部桃中軒峯右衛門にて興行中。（「新愛知」７・６広告）

・浜松の歌舞伎座は、志知興行部藤川・原沢一派にて興行中。（「新愛知」７・７広告）

・下石の陶盛座は、志知興行部桃中軒峯右衛門にて興行中。（「新愛知」７・７広告）

・岡崎の宝来座は、志知興行部桃中軒峯右衛門にて興行中。（「新愛知」７・９広告）

・豊橋市の東雲座は、十日午後七時より、豊橋市育慈院主催による慈善音楽会を開催。（「名古屋新聞」７・10、「新愛知」７・16）

・挙母の大正座は、桃中軒雲入道にて浪花節を興行中。（「新愛知」７・10広告）

・蒲郡の宝盛座は、志知興行部桃中軒峯右衛門にて興行中。（「新愛知」７・11広告）

・岐阜県安八郡墨俣町の盛栄座は、十二日午後二時より、墨俣・結・穂積・牛牧・日置江の一町四村の五校長主催によるお伽噺大会を開催。（「新愛知」７・11、13）

・藤枝駅前の東海座は、末広座中村巡業興行部沢村宗十郎一座にて興行中。（「名古屋新聞」７・14広告）

＊「新愛知」７・14広告は劇場名を「東海倶楽部」とする。

・豊橋の東雲座は、志知興行部藤川・原沢一派にて興行中。（「新愛知」７・15広告）

・刈谷の大黒座は、志知興行部桃中軒峯右衛門にて興行中。（「新愛知」７・15広告）

・海部郡津島町の巴座は、十六・十七の二日間、井上春之輔一派による『妖魔伝』を上演。（「新愛知」７・16、16広告）

・挙母の大正座は、中央フイルム会社活動写真を上映中。（「新愛知」７・17広告）

・津市の曙座は、末広座中村巡業興行部中村扇太郎にて興行中。（「名古屋新聞」７・18広告）

＊「新愛知」７・17広告は出演者を「宗十郎一座」とする。

・伊勢桑名町の琴声館は、十八日午後二時より名古屋新聞お伽団員による児童慰安お伽噺大会を開催。（「名古屋新聞」７・11）

・半田町の葉住座は、十八日から二十日まで、井上春之輔一派による『妖魔伝』を上演。（「新愛知」７・18広告）

・西尾の歌舞伎座は、志知興行部桃中軒峯右衛門にて興行中。（「新愛知」７・18広告）

・挙母の大正座は、二十一日より吉田伊左衛門にて開場。

（「新愛知」7・20広告）

・武豊町の大黒座は、二十一日より二日間、井上春之輔一派の新派『妖魔伝』を上演。

（「新愛知」7・21）

・浜松の歌舞伎座は、志知興行部桃中軒峰右衛門にて興行中。

（「新愛知」7・21広告）

・豊橋市の東雲座は、二十二日より三日間、豊橋市札木天狗倶楽部主催による野球活動写真「ホームラン」「慶応対市俄古大学野球試合実況」を上映。利益金は豊橋野球協会の基金へ寄附。

（「新愛知」7・17）

・松阪の中座は、末広座巡業部扇太郎一座にて興行中。

（「新愛知」7・23広告）

・半田の葉住座は、志知興行部桃中軒峰右衛門にて興行中。

（「新愛知」7・23広告）

・大野の寿座は、志知興行部桃中軒峰右衛門にて興行中。

（「新愛知」7・28広告）

○八月一日～(六)日　歌舞伎座

狂言替

大阪朝日新聞連載　渡辺霞亭原作

家庭悲劇　渦　巻　七場

喜劇　足の身替り

【典　拠】「名古屋新聞」8・1広告、6広告、7広告。

【備　考】○「入場料三十銭均一」（「名古屋新聞」8・1広告）

○八月一日～(四)日　京枡座

《旧劇実写連鎖劇》

仮名手本忠臣蔵　中村鴈笑　片岡二郎

【典　拠】「名古屋新聞」8・1、4広告、5広告。

【備　考】○「『仮名手本忠臣蔵』は当名所全部撮影。」（「名古屋新聞」8・1）○「好評」（同紙8・2広告）

○八月一日～(十四)日　三栄座

浪花節演劇　元祖□□□延之助　浅尾幸朝一座

【演　目】尾張大八一代記　毎日つゞき

【典　拠】「名古屋新聞」8・1、14広告、15広告。

【備　考】○「好評（中略）音羽家一座」（「名古屋新聞」8・2広告）

○八月一日～(十一)日　大黒座

浪花節芝居　芸題毎日続き

【典　拠】「名古屋新聞」8・1広告、11広告、12広告。

【備　考】○「好評」（「名古屋新聞」8・2広告）

○八月一日〜(三)日　高砂座

【一番目】義経千本桜

【二番目】御所五郎蔵

東京名代 沢村源之丞
市川猿十郎一座

【典　拠】「名古屋新聞」8・1、1広告、3広告、4。

【備　考】○「好評」(「名古屋新聞」8・2広告)

○八月一日〜五日　午后六時開演　中央劇場

女流浪花節　京山愛子

【読み物】三日　慶応美談(京山愛子)　元禄快挙(京山愛子)

五日　十八番 壺坂霊験記(京山愛子)　長講二席

【典　拠】「名古屋新聞」8・1広告、3、5広告。

【備　考】○「初日以来大入、本日の読物は十八番物。」(「名古屋新聞」8・3)

○八月一日〜三日　五時開場　御園座

桃中軒白雲・九里野若菊合同

女流浪花節　吉奴　梅春
福奴　春次
絹女

【読み物】一日　義烈百傑(白雲)　越後大評定(若菊)

二日　義烈百傑(白雲)　石童丸(若菊)

三日　堀部安兵衛(白雲)　石童丸(若菊)

【典　拠】「名古屋新聞」7・30、8・1、2、2広告、3。

○八月一日〜(十)日　港座

演目不詳　井上春之輔一派

【典　拠】「名古屋新聞」8・1広告、10広告、11広告。

【備　考】○「大好評」(「新愛知」8・3広告)

○八月一日〜(四)日　午後六時より　蓬座

浪花節真打連大会

【典　拠】「新愛知」8・1広告、「名古屋新聞」8・2、4広告、5広告。

【備　考】○「満員好評」(「名古屋新聞」8・2広告)

○八月一日　西築地夜店の余興

「桟橋附近にては、一日より夜店を出す事と成りたるに付、同日其の発会式の余興として、花火・二輪加・相撲等の催しあり。遊船はこの納涼客のために臨時増船を計り、名電も亦これらの人々のために一般観衆の便宜を図るとの事なり。」

(「名古屋新聞」8・1)

○八月一日　交通道徳の宣伝

愛知県保安課は一日から交通安全を呼びかける宣伝活動に力を入れており、自動車やオートバイを用いて名古屋市内各地でのチラシ配布などを展開しているほか、市内の活動写真常設館における交通安全に関する幻燈の映写、市内の官公衙・学校等におけるチラシの掲示、芝居の番付やプログラムへの宣伝文の印刷、劇場の引幕への交通標語の染め出しなどによって、交通安全意識の喚起に努めている。

(「新愛知」8・2、「名古屋新聞」8・2)

○八月上旬～(二十六)日　寿座

万歳新演劇　鈴木源十郎　石川貫一　合同

【典　拠】「名古屋新聞」8・1広告、26広告、27広告。

○八月上旬　宝生座

浪花節　篠田実　一行

【典　拠】「名古屋新聞」8・1広告。

○八月(二)日　二葉会常盤津研究会

「二葉会の常盤津研究会は、八月二日午前六時より、朝日町名古屋倶楽部に於て開催する由。」（「名古屋新聞」8・1）

○八月(三)日～　活動写真常設館の義捐活動と教育活動

不景気に加えて夏季の暑さによる客足の減少を受けて、名古屋市内の活動写真常設館は、七月二十四日に活動写真組合の臨時協議会を熱田の南陽館において開き、繁栄策等を凝議した。その結果、八月三日から一週間の予定で、市内各館で一斉に尼港殉難者遺族への義捐金募集興行を実施することを決め、収支にかかわらず、組合から金五百円を寄附することとした(実際は八月五日から一週間実施された)。また、青少年への悪感化という社会からの批難の声に対応し、児童に限り五銭程度の入場料で午前中に教育的な活動写真を見せる教育活動写真会などの方策も立て、県保安課並びに市庶務課・同教育課との打合せも考えているという。（「新愛知」7・27、「名古屋新聞」8・5）

○八月四日～(七)日　午後六時より　高砂座

浪花節　桃中軒白雲　一行

【典　拠】「名古屋新聞」8・4、7広告、8広告。

【備　考】○「好評」(「新愛知」8・5広告)

○八月四日～(十)日　千歳劇場

《悲喜劇》千葉萬楽一派　狂言替り

喜劇　招ク尾花　二場

喜劇　家鴨の卵　三場

社会劇　浅黄服　三場

笑劇　走馬燈　三場

【典　拠】「名古屋新聞」8・4、4広告、10広告、11広告、「新愛知」8・9。

【備　考】○「時節柄瀟洒たる場内の設備と(中略)淡白にして情味ある悲喜劇にて市内の人気を集めたる千歳劇場。」(「名古屋新聞」8・4)

○八月五日～(十六)日　京枡座

《旧劇連鎖》三周年祝興行

演目不詳　市川百十郎　市川友十郎

【典　拠】「名古屋新聞」8・5、16広告、17広告。

【備　考】○「三周年の祝興行、木戸銭大破格。」(「名古屋新聞」8・5)○

「満員好評」（同紙8・6広告）

○八月五日～十三日　午後四時開幕　初日に限り午後三時開幕　末広座

松竹合名社専属俳優

【第一番目】夏《なつ》祭《まつり》浪《なに》花《は》鑑《かゞみ》　三幕

河竹黙阿弥翁作

【中幕上】大杯觴酒戦強者《おほさかづきしゆせんのつはもの》　一幕

【中幕下】赤穂義士伝の内　鎌《かま》腹《ばら》　一幕

【大喜利】鯉《り》魚《ぎょ》の精《せい》　三場

【配　役】　序　幕　住吉華表前

玉嶋磯之丞　片岡　松　鶴
一寸徳兵衛　阪東　寿三郎
釣船三婦　滝十郎改 市川　鰕十郎
大鳥佐賀右衛門　尾上　卯十郎
堤藤内　市川　斎五郎
こつぱの権　片岡　松　寿
なまの八　市川　右十郎
下剃長次　嵐　璃　童
傾城琴浦　中村　小　雀
団七女房お梶　中村　紫　香
同　倅市松　市川　家眼三
参詣人　中村　紫　藤
同　片岡　蝶之助
同　実川　八百枝
同　尾上　音　助
同　市川　鰕三郎
同　尾上　松　六
同　市川　右田平
同　尾上　万之助
同　片岡　美登里
団七九良兵衛　市川　右団治

二幕目　釣舟三婦の内

釣舟三婦　滝十郎改 市川　鰕十郎
玉嶋磯之丞　片岡　松　鶴
三河屋義平次　尾上　卯三郎
こつぱの権　片岡　松　寿
なまの八　市川　右十郎
俄の若い者　市川　鰕五郎
同　尾上　松　六
同　市川　右田平
町内の若い者　大　ぜ　い
丁稚庄吉　市川　右　一
傾城琴浦　中村　小　雀
娘おみつ　阪東　豊之助
同おひで　嵐　徳　獅
同おなほ　実川　八百枝
釣舟女房おつぎ　実川　八百蔵
一寸女房お辰　吾妻　市之丞
団七九郎兵衛　市川　右団治
一寸徳兵衛　阪東　寿三郎

大　詰　長町裏田圃

団七九郎兵衛　市川　右団治
祭りの若い者　市川　鶴　松
同　片岡　我運童
同　尾上　昇　鶴
同　市川　鰕五郎
同　片岡　松　寿
同　尾上　音　助
同　片岡　蝶之助
同　尾上　松　六
同　実川　八百枝
同　中村　小　雀
同　尾上　万之助
同　中村　紫　藤
同　市川　鰕三郎
同　市川　右田平
同　片岡　美登里
同　市川　鶴　次
同　市川　鰕　作
同　吾妻　藤　作
同　吾妻　藤　助
同　市川　鶴之丞
同　尾上　梅太郎
同　市川　右十郎
同　尾上　多見次
同　嵐　徳　獅
同　嵐　璃　若
同　嵐　璃　童
同　阪東　豊之助
同　惣　出
三河屋義平次　尾上　卯三郎

中の上

内藤家の足軽部屋

同　書院戦場物語

井伊掃部頭直孝　市川　右団治
内藤紀伊守信政　滝十郎改 市川　鰕十郎
家臣平岡治右衛門　尾上喜久太郎
近習守山新吾　市川　右十郎
同　宮原勘六　尾上　昇　鶴
同　高宮千歳　尾上　梅太郎
同　越川伝平　尾上　多見次
小性木村采女　片岡　松　鶴
同　杉浦主水　嵐　璃　童
足軽小頭太良兵衛　実川　八百蔵
足軽九良蔵　市川　斎五郎
同　四良助　片岡　松　寿
菜売嬶おでん　市川　鰕五郎

若徒友平　市川　鰕三郎
中間丸平　市川　右田平
同　角助　中村　紫　藤
酒屋丁稚三吉　中村　小　雀
茶道珍才　市川　家眼三
同　雲才　市川　右　一
足軽才助　阪東　寿三郎
実は馬場三郎兵衛信久

中の下
萱野村弥作住居
代官七太夫の邸

柴村七太夫　尾上　卯十郎
萱野和助　阪東　寿三郎
弥作女房おかや　尾上喜久太郎
百姓久作　市川　鰕五郎
同　久治　尾上　昇　鶴
大庄や庄兵衛　片岡　我運童
茨木杢之丞　尾上　梅太郎
佐竹久五郎　尾上　多見次
柴村娘お花　中村　小　雀
下女お辰　阪東　豊之助
百姓弥作　尾上　卯三郎

大　切
市女ケ原の蛍狩
釣家の別館
琵琶湖鯉魚退治

滝窓志賀之助　市川　右団治
実は鯉魚の精
釣家の息女小桜姫　中村　紫　香
篠村次郎公光　阪東　寿三郎
同　妻山吹　吾妻　市之丞
子息太郎高吉　吾妻　藤　蔵
堅田刑部　尾上　卯十郎
粟津郷左衛門　片岡　松　寿
矢橋左平次　尾上　昇　鶴
侍女胡蝶　市川　鶴　松
同　糸遊　片岡　松　鶴
同　錦　嵐　璃　童
同　梅ケ枝　嵐　璃　若
同　唐織　嵐　徳　獅
同　花野　阪東　豊之助
同　若葉　実川　八百枝
同　夏草　片岡　蝶之助
滝窓志賀之助　市川　右団治
前名清若丸

【長　唄】坂東鶴三郎　坂東吉蔵　阪東小鶴　〔長　唄〕坂東与三郎　〔三味線〕市川辰三郎　杵屋正呂二　杵屋正由郎　〔三　絃〕坂東庄次郎　〔　鼓　〕望月太満一郎　〔大　鼓〕望月重二郎　〔太　鼓〕小川弥太郎　〔　笛　〕望月広一　【　頭　】神崎屋兼吉　【　鼓　】望月太満三郎

【典　拠】番付（松竹合名社印刷部印行）。千秋楽は「名古屋新聞」8・13による。

【備　考】○典拠番付邦楽連名に「緑会」とある。○「此度滝十郎改め六代目市川鰕十郎初お目見得（中略）松竹合名社末広座」（別紙番付口上）○出演者のうち「吾妻市之丞」は「東京俳優」。（「名古屋新聞」8・8広告）○「大阪大歌舞伎納涼劇大好評。」（同紙8・6）○「鯉の精（編注、市川右団治）本水使用大仕掛宙乗早替の活躍」（同日同紙広告）○「満員につき十三日迄日延べ。」（同紙8・10）○評「末広座」（「名古屋新聞」8・7）

○八月五日～（八）日　五時より　**蓬座**

《旧劇連鎖劇》

忠　臣　蔵

中村鴈笑一行

【典　拠】「名古屋新聞」8・5、8広告、9広告。
【備　考】○「東京俳優新加入。」（「名古屋新聞」8・5）○「満員好評」（同紙8・6広告）

○八月（六）日～（九）日　中央劇場

大見立浪花節大会

【典　拠】「名古屋新聞」8・5広告、6広告、9広告、11。

○八月七日～（十三）日　歌舞伎座

狂言替

非活劇　焔《ほのふ》の曲《きよく》　九場

喜劇　土用餅　二場

【典　拠】「名古屋新聞」8・7広告、13広告、14広告。
【備　考】○「入場料三十銭均一」(「名古屋新聞」8・7広告)

○八月(八)日　午前九時より　**国技館**

軍人慰安演芸会

主催 新愛知新聞社

【余　興】筑前琵琶 尼港の嵐(滝旭豊嬢)　奇術(松旭斎天旭)　滑稽掛合噺　演目不詳(桃中軒峯右衛門)　長講一席
【典　拠】「新愛知」8・7広告。

○八月八日〜(十)日　**高砂座**

活動写真

東京大島商会

【内　容】旧劇八百屋お七　新派片われ月
【典　拠】「名古屋新聞」8・8、10広告、11。
【備　考】○「好評」(「名古屋新聞」8・9広告)

○八月八日〜十二日　午後六時ヨリ　**宝生座**

東京落語

柳家小さん一派

【番　組】八日　初天神(小さん)　碁ドロ(小さん)　尺八(渓水)　小言幸兵衛(小さん)　弥次郎(語三平)　時鳥(小平次)　新講談(野口復堂)　哥沢 薄墨(小さん)　宇治茶(小さん)
十日　第一回 くやみ　第二回 大工しらべ
十二日　らくだ　馬のでんがく

【典　拠】「新愛知」8・7広告、「名古屋新聞」8・8、8広告、10、12。
【備　考】○「小さん(中略)は当地に於て一回も開演したる事なし。」(「名古屋新聞」8・7)　○「毎夜特に二席づゝ口演仕り候」(「新愛知」8・8広告)　○「小さん遉が日本一の好評にて、復堂の新講談亦巧妙。」(「名古屋新聞」8・9)

○八月八日　午後七時より　**御園座**

国民党宣伝部支局演説会

【典　拠】「名古屋新聞」8・9。

○八月九・十日　昼夜二回　**蓬座**

新愛知読者招待大演芸会

【典　拠】「名古屋新聞」8・9、10広告。

○八月十日〜(十二)日　午後七時より開催　**中央劇場**

滑稽衛生活動写真

主催 中区聯合衛生組合

【内　容】一 実況水上飛行機　二 天然痘予防上種痘奨励劇後悔　三 コレラ予防劇求むる幸福　四 チヤツプリンの滑稽
【典　拠】「名古屋新聞」8・5、11、11広告。
【備　考】○「一般市民に無料にて観覧せしむる筈(中略)映写時間は午後七時より約二時間半なりと。」(「名古屋新聞」8・5)

○八月十一日～(十七)日　午後六時より　高砂座

納涼劇　つぼみ会

【典　拠】「名古屋新聞」8・11、「新愛知」8・17広告、18広告。
【備　考】○「好評」(「新愛知」8・12広告)

○八月十一日～(十七)日　千歳劇場

《喜　劇》千葉萬楽一派　芸題替

喜劇　初　対　面　三場
喜劇　東　西　屋　三場
社会劇　啌も孝行　二幕三場
笑劇　去年の夏　四場

【典　拠】「名古屋新聞」8・11広告、17広告、18広告。
【備　考】○「連日満員」(「名古屋新聞」8・11広告)　○「何れも粒選りの狂言揃ひ。」(「新愛知」8・16)

○八月十一日～(十三)日　湊座

筑前琵琶夏期温習会　主催　旭左・旭聡両会合同

【典　拠】「名古屋新聞」8・10、11、「新愛知」8・13広告。
【備　考】○「名古屋新聞」8・11には「十一・十二日」とあるが、「新愛知」8・13広告には「本月限《(ママ)》」とある。

○八月十一日～(十三)日　夜　蓬座

浪花節芝居　毎日続き

【典　拠】「名古屋新聞」8・11、11広告、13広告、14広告。

○八月十二日～(十四)日　大黒座

(浪　花　節)　桃中軒白雲一行

【典　拠】「名古屋新聞」8・12広告、14広告、15広告。
【備　考】○「好評」(「名古屋新聞」8・14広告)

○八月十三日　YMCA夏期会館の少女歌劇

「市内中区南大津町通YMCA夏期会館出演名古屋童謡劇協会の少女歌劇は、今週より番組全部差替。お伽歌劇『小兎物語』、スケーティング・ダンス等の外、ヴァイオリン合奏、童謡合唱等あり。因に今月出演日は今十三日夜をはじめ毎週金曜なりと。本紙愛読者券持参者は割引の筈。」(「名古屋新聞」8・13)

「名古屋童謡劇協会出演少女歌劇は、今二日、明三日の両夜(雨天順延)限りなりと。」(「名古屋新聞」9・2)

○八月　西脇静雨の新劇団旗挙げ

「曩《さき》に歌舞伎座にて一心劇を創設し、近く同座を退きたる西脇静雨は、当地の岡崎商会主及び有志数名の後援を得て、舞台監督・作者・俳優の三つを兼ねて一座を組織し、市内中央劇場に於て場内の内外に大修繕を施し、本家茶屋を設け、旗あげをする由なるが、彼の芦辺の山松氏の片腕と迄世間に称《とな》へられし下山明一派も合同し、同時に関西劇界の花形たる杉浦市郎も加入し、其の上昨秋新守座へ来て渋味ある芸風を以て好評を博せし西村秀雄、当地の小山武男・稲葉喜峰等も出演して、近日より新旧劇を上場開演とあれば、定めし多大の好評を博する事なるべし。」（「名古屋新聞」8・13）

457頁下段参照。

○八月(十四)日〜(二十)日　**歌舞伎座**

黄花園一心劇　げだいかわり

悲劇　琵《び》琶《わ》歌《うた》

【典　拠】「名古屋新聞」8・13広告〜15広告、20広告、21広告。

【備　考】○「御入場料三十銭均一」（「名古屋新聞」8・15広告）

○八月(十四)日〜(二十一)日　**港座**

鎌倉武士鑑

【典　拠】「新愛知」8・13広告、14広告、21広告、22広告。

○八月十四・(十五)日　**蓬座**

名古屋ニコ〳〵館巡業活動写真会

【典　拠】「名古屋新聞」8・14広告〜16広告。

【備　考】○「好評」（「名古屋新聞」8・15広告）

○八月十五日〜(十九)日　**三栄座**

大阪松鶴家
中村飛雀一座

肥後駒下駄

【切】檜木山実記

【典　拠】「名古屋新聞」8・15、19広告、20広告。

【備　考】○「好評」（「名古屋新聞」8・16広告）

○八月十五日〜二十二日　午後四時開幕　**末広座**

松竹合名社専属俳優

【第一番目】仮名《いろは》四《よ》ツ《つ》谷《や》怪談《くわいだん》　四幕

女房お岩
お岩の亡霊
佐藤与茂七
小仏小兵衛
小兵衛の霊　市川右団次
右五役早替り水中演芸にて御覧に入候

【中　幕】伊賀越道中双六の内　沼《ぬま》津《づ》　一幕

呉服屋重兵衛　坂東寿三郎
雲助平作　尾上卯三郎
相勤め申候

【大喜利】上の巻は　天川《あまのかは》の星《ほし》合《あい》　竹本連中

下の巻は　大《おほ》川《かは》の夕涼《ゆうすゞみ》　清元れん中

夜這星
船頭蔦吉　市川右団次
早替りにて御覧に入候

【配　役】**第一番目**

序幕　浅草雷神門前
同　裏田圃

民谷伊右衛門　阪東寿三郎
伊藤喜兵衛　尾上卯十郎
四ツ谷左門　市川斎五郎
山井養仙　片岡我運童
薬売藤助　片岡松寿
曲金の七　市川右十郎
闇夜の三　市川鰕三郎

丁稚市松　市川右一
大和屋新五郎　尾上昇鶴
伊勢屋仁助　市川鰕五郎
上総屋平兵衛　嵐徳獅
鶴屋長七　阪東豊之助
木村屋おます　市川鶴之丞
参詣人　市川鶴次
同　吾妻藤作
同　尾上音助
同　片岡蝶之助
同　市川右田平
同　尾上万之助
同　中村紫藤
同　市川鰕作
同　実川八百枝
同　片岡美登里
同　尾上松六
同　吾妻藤助
同　中村鹿次郎
同　市川家眼三
与茂七女房お袖　市川鶴松
水茶屋お松　中村小雀
伊藤娘お梅　中村紫香
乳母お槙　実川八百蔵

二幕目　雑司ケ谷伊右衛門浪宅

同　伊藤喜兵衛邸

秋山長兵衛　滝十郎改 市川鰕十郎
関口官蔵　尾上喜久太郎
伊藤喜兵衛　尾上卯十郎
利倉屋茂助　市川鶴松
仲間伴助　片岡松寿
同　平八　市川右田平
按摩宅悦　市川斎五郎
仏孫兵衛　尾上梅太郎
伊藤妻お弓　片岡松鶴
娘お梅　中村紫香
乳母お槙　実川八百蔵
下女お由　吾妻市之丞
民谷伊右衛門　阪東寿三郎
小仏小兵衛　市川右団治
小兵衛の亡霊
民谷女房お岩
お岩の亡霊

三幕目　砂村の隠亡堀

民谷伊右衛門　阪東寿三郎
直助権兵衛　尾上卯三郎
秋山長兵衛　滝十郎改 市川鰕十郎
仏孫兵衛　尾上梅太郎
後家お弓　片岡松鶴
伊右衛門母お熊　尾上卯十郎
乳母おまき　実川八百蔵
お岩の亡霊　市川右団治
小兵衛の怨念
佐藤与茂七

大詰　蛇山の庵室

小林平内　実川八百蔵
秋山長兵衛　滝十郎改 市川鰕十郎
関口官蔵　尾上喜久太郎
小汐田又之丞　吾妻藤蔵
坊主頓念　市川右十郎
仲間幸助　尾上多見治
左官七六　市川鰕五郎
魚屋塩八　阪東豊之助
百性豊作　市川鰕三郎
講中佐兵衛　実川八百枝
同　吉助　尾上万之助
同　権六　尾上松六
町内の人　尾上梅太郎
同　尾上昇鶴
同　片岡我運童
同　嵐璃若
同　市川右一
同　嵐徳獅
同　阪東豊之助
同　嵐璃童
同　中村小雀
同　片岡蝶之助
同　市川鶴之丞
同　市川右田平
同　中村紫藤
同　片岡美登里
同　市川鶴次
同　尾上音助
同　市川鰕作
同　吾妻藤助
母おくま　尾上卯十郎
民谷伊右衛門　阪東寿三郎
お岩の亡霊　市川右団治

中幕　東海道立場茶屋

同　沼津平作住家

同　街道千本松

呉服屋十兵衛　阪東寿三郎
荷持安兵衛　滝十郎改 市川鰕十郎
平作娘お米　吾妻市之丞
茶店娘おゝつ　阪東豊之助
旅人　市川鰕三郎
同　尾上万之助
同　実川八百枝
同　片岡美登里
同　市川鰕作
同　尾上鶴次
同　中村紫藤
池添孫八　尾上喜久太郎
蜘蛛助平作　尾上卯三郎

大切

上の巻　天の川

流星　市川右団治
牽牛星　阪東寿三郎
織女星　中村紫香

下の巻　大川

芸子小浅　嵐璃童
同　おわか　嵐璃若
同　豊松　阪東豊之助
同　徳栄　嵐徳獅

同　お鈴　中村　小雀
同　小亀　市川　家眼三
同　小蝶　片岡　蝶之助
船頭蔦吉　市川　右団治
舞子市鶴　市川　右一

【長　唄】坂東鶴三郎　坂東吉蔵　坂東小鶴　〔長　唄〕坂東与三郎　〔三味線〕市川辰三郎　杵屋正呂二　杵屋正由郎　〔三　絃〕坂東庄次郎　〔　鼓　〕望月太満一郎　〔大　鼓〕望月重二郎　〔太　鼓〕小川弥太郎　〔　笛　〕望月広一　【　頭　】神崎屋兼吉　【　鼓　】望月太満三郎　【清　元】清元豊後太夫　清元喜志太夫　清元芳寿太夫　清元菊恵太夫
〔三味線〕清元喜代八　同志喜三　〔上てうし〕清元志喜代
【観劇料】特等御一人金二円八十銭　一等同金二円五十銭　二等同金一円三十銭　三等同金九十銭　四等同金六十銭　五等同金三十五銭
【典　拠】番付（松竹合名社印刷部印行）。千秋楽は「名古屋新聞」8・22による。
【備　考】○典拠番付の大喜利の絵面中に「水中演芸」の文字あり。○典拠番付邦楽連名に「緑会」とある。○「夏向の各優十八番物ばかり。」（「新愛知」8・16）○評「末広座」（「名古屋新聞」8・18）

○八月十五日～（十八）日　**大黒座**

浪花節芝居　音羽家一行

【典　拠】「名古屋新聞」8・15広告、18広告、19広告。
【備　考】○「好評」（「名古屋新聞」8・16広告）

○八月十五日～（二十一）日　午後四時開演　**中央劇場**

《新旧劇》

【一番目】血の涙　全四場
【中狂言】阿古屋の三曲　五場　杉浦市郎相勤め升
西脇静雨新作
【二番目】滝の格闘　全八場　落雷・滝壺は本水使用

西脇静雨　下山明　杉浦市郎　西村秀雄　小山武男　稲葉喜峰　岩崎

【典　拠】「名古屋新聞」8・13、14広告、15広告、21広告、22。
【備　考】○「新劇団の旗挙げ　曩《さき》に歌舞伎座にて一心劇を創設し近く同座を退きたる西脇静雨は、当地の岡崎商会主及び有志数名の後援を得て、舞台監督・作者・俳優の三つを兼ねて一座を組織し、市内中央劇場に於て場内の内外に大修繕を施し本家茶屋を設け旗あげをする由。」（「名古屋新聞」8・13）○「関西劇界の花形（中略）杉浦市郎と、当地の人気俳優下山明一派に、舞台監督として（中略）西脇静雨とが合同」（同日同紙広告）○「好評若手青年奮闘劇」（同紙8・16広告）

○八月十五日～（二十一）日　午後五時より開演　**宝生座**

東京時代家劇梶原菊孃一行

喜劇・連鎖・社会劇・悲劇・新派劇　幕なし

【幕　間】活動写真
【典　拠】「名古屋新聞」8・14、15、15広告、21広告、22広告。
【備　考】○「男女優五十余名の一行。」（「名古屋新聞」8・15）○「入場料

は金二十銭より」（同日同紙広告）　○「新旧劇を撮□。」（「新愛知」8・16）　○「宝生座主水谷銀治郎。」（「名古屋新聞」8・20）

○八月（十五）日　**市会議事堂にて衛生活動写真**

「名古屋市衛生聯合会主催に係る衛生宣伝活動写真会は、来る十五日午後七時より市会議事堂に於て開催すと。」（「名古屋新聞」8・12）

○八月十六日〜（二十）日　**蓬座**

《旧劇連鎖》

演目不詳　　友十郎　百十郎　一派

【典　拠】「名古屋新聞」8・16広告、20広告、21広告。
【備　考】○「好評」（「名古屋新聞」8・17広告）

○八月十六日　**弁士の免許取上げ**

「市内東区高岳町二の三小野市之助（三三）は、大正七年十二月十日活動弁士の免許を受け、爾来各地を巡業しつゝあり、此の程賭博にて名古屋区裁判所に於て罰金三十円に処せられたるが、同人は賭博常習者なりとの見込みにて、十六日本県知事より弁士の免許を取消されたり。県当局は此の際、不良弁士の一掃を為すべく、内々其の素行を調査しつゝあり。

一旦免許を取消されたる弁士が再免許を得るは、容易に非らず。而して他府県に赴くも、免許を受くる望み無きに依り、免許の取消しは彼等の致命傷とも謂ふべき次第なりと。」（「名古屋新聞」8・17）

○八月（十七）・十八日　午後七時より開催　**京枡座**

東部衛生活動写真　　主催　市内各部衛生聯合会

【内　容】一　実況水上飛行機　二　天然痘予防上種痘奨励劇後悔　三　コレラ予防劇求むる幸福　四　チヤツプリンの滑稽
【典　拠】「名古屋新聞」8・5、17広告、18広告、19。
【備　考】○「一般市民に無料にて観覧せしむる筈（中略）十六日より十八日まで東部（竪代官町京枡座）（中略）映写時間は午後七時より約二時間半なりと。」（「名古屋新聞」8・5）　○「好評」（同紙8・18広告）

○八月十八日〜（二十二）日　**高砂座**

（浪花節）　　二代目京山小円　京山円十郎一行

【読み物】佐倉義民伝　宗五郎妻子別れ　一番目　吉原十人斬　長講二席
【典　拠】「名古屋新聞」8・18、22広告、23広告。
【備　考】○「好評」（「名古屋新聞」8・22広告）

○八月十八日〜（二十四）日　**千歳劇場**

《喜　劇》喜楽会千葉万楽一派　芸題がはり

喜劇　廓帰り　四場
喜劇　仇姿　二場
社会劇　夜網　三場
笑劇　映画の人　二場

【典　拠】「名古屋新聞」8・18広告、24広告、25。
【備　考】○「相変らず連日満員」（「名古屋新聞」8・18広告）

○八月十九日～(二十三)日　京枡座

音羽家一座

節　劇　芸題毎日つゞき

大阪若手 河内家小円治
河内家円太郎
吉田奈良丸

【演　目】浪花侠客伝　義士銘々伝　幕無し
【典　拠】「名古屋新聞」8・19、23広告、24広告。

○八月十九日～(二十四)日　大黒座

《喜　劇》

演目不詳　デコボコ会一行

【典　拠】「名古屋新聞」8・19広告、24広告、25広告。
【備　考】○「好評」（「名古屋新聞」8・20広告）

○八月(十九)・(二十)日　志呂根会浄瑠璃

「来る十九日、広小路筋寺町角常徳寺に於て、来る二十日、七小町普蔵寺にて開催。」（「名古屋新聞」8・18）

○八月二十日～(二十四)日　三栄座

新陽劇団

悲劇　鐘乃響　林玉子
山田一郎
一行

【典　拠】「名古屋新聞」8・20、24広告、25広告。
【備　考】○「好評」（「名古屋新聞」8・21広告）

○八月二十日～二十六日　新守座

《連鎖劇》改築披露興行　伊村義雄一派　正午 午後六時 二回開演

悲劇　水《すゐ》神《じん》情《ぜう》話《わ》　十一場

【出　演】伊村義雄・伏見三郎・九女八娘市川菊子・沢田青柿・松本泰輔・斎田幾三郎・東・松田
【典　拠】「名古屋新聞」8・14、20、20広告、21、26。
【備　考】○「新進若手五十余名にて、お目見得狂言は同一派の独創劇とも云ふべき溌溂たる生気に満ちたる物。」（「名古屋新聞」8・14）○「極めて平民的の劇場たらんを信条として場内を修築し（中略）舞台面の如きは額面式に改造。」（同紙8・17）○「初日に限り午後四時より一回開演。」（同紙8・19）○評「新守座」（「名古屋新聞」8・22）「新守座」一記者（「新愛知」8・23）

○八月　他人の名義で活弁

「梶原華嬢一派の大須宝生座にて開演中の活弁の杉原金治（三二）、現在福島地方巡業中の滝本豊（三一）の名義を借り、活動許可願を出せし事発覚。」（「名古屋新聞」8・20）

○八月(二十一)日～(二十五)日　**歌舞伎座**

黄花園一心劇　げだいかわり

悲活劇　情《なさけ》の光《ひかり》

【典　拠】「名古屋新聞」8・20広告、21広告、25広告、26広告。

【備　考】○「御入場料三十銭均一」(「名古屋新聞」8・21広告)○「従業員夏期慰安会に付、本日臨時休業」(同紙8・26広告)

○八月二十一日～(二十三)日　午後六時より　**蓬座**

浪花節真打連大会

【典　拠】「名古屋新聞」8・21、23広告、24広告。

【備　考】○「好評」(「名古屋新聞」8・22広告)

○八月(二十一)日　**岐阜劇場の開場**

岐阜市伊奈波の劇場明治座は、延木鶴三に買収され、同市柳ヶ瀬に移転されて改築中であったが、大規模に設備を改修した上、岐阜劇場と改称されて舞台開きを行うこととなった。(「新愛知」8・17)

466頁上段参照。

○八月二十二日～(二十六)日　**中央劇場**

《新　派》二の替り

谷の響　全八場　下杉秋西

血　縁　二場　山浦月脇

【典　拠】「名古屋新聞」8・22、23広告、24、26広告、27広告。

【備　考】○「均一　五十銭席　三十銭席」(「名古屋新聞」8・22広告)○「非常に目先の替つた狂言(中略)特等五十銭　一等以下三十銭均一」(同紙8・23広告)○「好評　青年若手奮闘劇」(同日同紙広告)

○八月(二十二)日～(二十五)日　夕五時開演　**宝生座**

時代家劇梶原華嬢一行　二の替

演目不詳

【典　拠】「名古屋新聞」8・21広告、22広告、25広告、26広告。

【備　考】○「平場金十五銭均一」(「名古屋新聞」8・22広告)

○八月(二十二)日～(二十六)日　**港座**

仇討御堂前

【典　拠】「新愛知」8・21広告、22広告、26広告、「名古屋新聞」8・27。

○八月二十二・(二十三)日　**女連浄瑠璃会**

「二十二、三両夜、禅寺町含笑寺にて開催。」主な出演者は、初音・青葉・静駒・令香・木長。(「名古屋新聞」8・22)

○八月(二十三)日　**林貞院の余興**

西区新道の林貞院では、二十三日の午前十時より無縁法界大施餓鬼を行い、夕方より百万遍を執行するが、同日の余興として春操社中須磨琴会並びに三喜緒会主催の長唄大会が行われる。

（「名古屋新聞」8・21）

○八月二十四日～（二十六）日　**京枡座**

浪花節　港家扇蝶　港家扇雀　港家小扇治一行

【典拠】「名古屋新聞」8・24、26広告、27広告。

【備考】○「東都浪花節名人（中略）一行にて、読物は何れも十八番物を長講二席。」（「名古屋新聞」8・24）○「大好評」（同紙8・25広告）

○八月二十四日～（二十六）日　午後六時より　**蓬座**

浪花節芝居　音羽家一行

【典拠】「名古屋新聞」8・24、26広告、27。

【備考】○「満員好評」（「名古屋新聞」8・26広告）

○八月二十五・（二十六）日　**三栄座**

（浪花節）　女流花形 九里野若菊一行

【典拠】「名古屋新聞」8・25広告～27広告。

【備考】○「好評」（「名古屋新聞」8・26広告）

○八月二十五・（二十六）日　**大黒座**

大寄術　日本天勝一行

【典拠】「名古屋新聞」8・25広告～27広告。

【備考】○「好評」（「名古屋新聞」8・26広告）

○八月二十五日～　昼間 夜間午後五時より開演　**千歳劇場**

喜楽会千葉万楽一派　芸題変り

社会劇　都《みやこ》の風《かぜ》

喜劇　赤《あか》ん坊《ぼう》

喜劇　高《かう》慢《まん》芸《げい》者《しゃ》

笑劇　アルプス土産《みやげ》

【典拠】「名古屋新聞」8・25、25広告、30広告、「新愛知」8・30。

【備考】○「新愛知」8・30には「社会劇『都の嵐』」とある。○「魔の女の力」（「新愛知」8・25広告）編注、社会劇『都の風』の梗概。同日「名古屋新聞」にもあり。○「当劇場支配人高橋国次郎儀去二十七日病死に就き哀悼の意を表し、葬儀当日の今三十日に限り昼間興行一回だけ休演仕り、夜間興行は平日の通り午後五時より開演仕候」（「名古屋新聞」8・30広告）

○八月（二十六）日～　夕五時開演　**宝生座**

時代家劇梶原華嬢一行　三の替

演目不詳

【典拠】「名古屋新聞」8・25広告、26広告。

【備考】○「旧盆は昼夜二回　平場金三十五銭均一」（「名古屋新聞」8・26広告）

○八月二十七日～九月(二)日　歌舞伎座

黄花園一心劇　げだいかわり

悲劇　己が罪

喜劇　爆発の跡

【典　拠】「名古屋新聞」8・27、27広告、9・2広告、3広告。

【備　考】○「御入場料三十銭均一」(「名古屋新聞」8・27広告)

○八月二十七日～九月(四)日　京枡座

《旧劇実写連鎖》

演目不詳　市川芳三郎　扇三郎

【典　拠】「名古屋新聞」8・27広告、「新愛知」9・4広告、5広告。

【備　考】○「好評」(「名古屋新聞」8・28広告)

○八月二十七日～　寿座

孝女の仇討　市川莚昇　左衛門　左延次　一行

丸橋忠弥

【典　拠】「名古屋新聞」8・27、27広告。

【備　考】○「好評」(「名古屋新聞」8・28広告)

○八月二十七日～　三栄座

五郎正宗　尾上小扇次

義士銘々伝　尾上幸四郎

【典　拠】「名古屋新聞」8・27、30広告。

【備　考】○「満員好評」(「名古屋新聞」8・30広告)

○八月二十七日～九月(二)日　昼夜二回開演　新守座

《連鎖劇》伊村義雄一派連鎖劇

喜劇　働《はたら》け　全二場

弱者《じゃくしゃ》の叫《さけ》び　全十二場

伊村義雄　伏見三郎　市川菊子　沢田青柿　東良之助　東起久夫

【典　拠】番付。千秋楽は「名古屋新聞」9・2広告、3広告による。

【備　考】○「改正入場料　特等両桟敷下　新設正面二階　金一円　一等東西二階　正面桟敷二筋　金七十銭　二等平場全部　正面二階奥　金四十銭」(典拠番付)　○「大悲劇『弱者の叫び』。『ホトトギス』以上の涙の場面、海水浴を背景に素晴らしい立廻り」(「名古屋新聞」8・27広告)

○八月二十七日～九月(二)日　三時開幕　末広座

新国劇

中村吉蔵氏作

井伊大老の死　五幕七場　沢田正二郎一派

【出　演】田中・小倉・中井・沢田・東・園・沢・沢井・和歌浦・久松

【典　拠】「名古屋新聞」8・26、27広告、9・2広告、3広告。

【備　考】○「午後三時開演の一回興行。初日割引値段の特等金一円八十銭、一等金一円五十銭、二等金八十銭、三等金六十銭、四等金四十銭、五等金三十銭。」(「名古屋新聞」8・26) ○「曩《さき》に東京に於て上場せんとする際、旧水戸藩の士其他より抗議出で問題となりたる劇なり。」(同日同紙) ○「本日は道具調べの為め休演。」(同紙9・3) ○評「末広座」(「名古屋新聞」8・29)

○八月二十七日～　**大黒座**

(昼席)

(浪花節)　正木一平

(夜席)

獅子芝居

【典　拠】「名古屋新聞」8・26広告、27広告、30広告。

○八月二十七日～　**高砂座**

八犬伝　東京名題 中村歌蔵

照《ママ》虎配膳　市川栄松

箱根霊験

【典　拠】「新愛知」8・27広告、「名古屋新聞」8・27。

【備　考】○「好評」(「新愛知」8・30広告)

○八月二十七日～　正十二時ヨリ 正五時ヨリ 二回開演　**中央劇場**

《新　派》

大阪毎日新聞連載　柳川春葉先生作

片おもひ　全六場

滑稽喜劇　二場

【典　拠】「名古屋新聞」8・27広告。

【備　考】○「奮闘劇団(中略)特等五十銭　平場均一　三十銭均一」(「新愛知」8・27広告)

○八月二十七日～　午後三時開演　**帝国座**

《活動連鎖劇》

【一番目】平仮名盛衰記　源太勘当 一幕　目玉松之助一派

松之助御目見得　一幕

【二番目】大連鎖劇　忍術太郎　十八場

【典　拠】「新愛知」8・25広告、「名古屋新聞」8・25、25広告、27広告。

【備　考】○「今回場内及び大道具全部新式に新調し花々敷開場可仕候」(「新愛知」8・25広告) ○「帝国座に於ては株式会社と成りて面目を一新し活動写真の人気俳優目玉松之助一派にて(中略)二番目は松之助のお得意劇連鎖劇。」(「名古屋新聞」8・25) ○「忍術劇。」(同紙8・27) ○「当地目抜きの場所撮影す」(同日同紙広告) ○「大好評」(「新愛知」8・28広告) ○「忍術危命術応用は近頃に無き名芸術「　」。」(「名古屋新聞」8・29) ○「謹告　今回我が日活会社京都派撮影所の発展に伴ひ尾上松之助優に再び中村扇太郎優を加へたる第一団と市川姉蔵・尾上多摩之丞等の第二団との組織を見、尾上松之助優は当撮影所副所長として一層重要の地位に立たれ従前の通り撮影にも従事致し候間相変らず御贔負御後援の程伏して奉願上候。此時に当り、尾上松之助優の別名たる目玉松之助と名乗る者貴地方へ現はれ候由なるもそれは容貌相似たるより奇利を得んとする別物に外ならず候間此段広告仕候也。日活会社京都撮影所　撮影所長　牧野省三」（同紙8・30広告）

○八月二十七日～　午後三時開幕　**湊座**

港座専属大歌舞伎 嵐璃升一派　芸題変り

【第　一】双蝶々曲輪日記

【第　二】琵琶劇 石童丸

【第　三】沼津の里

【第　四】廿四孝

【配　役】

姉おせき　嵐　璃升
南与兵衛
絹屋重兵衛
濡髪長五郎　嵐　璃き升
僧真月
放駒長吉　喜（ママ）三郎

更科三郎
苅萱御坊　片岡　梅長
荷持安兵衛
上杉鎌信
僧清海　尾上　幸十郎
平作

中山喜楽　阪東勝三郎　沢村紀三郎　嵐璃キ升　尾上幸十郎　片岡梅長　片岡蝶十郎　片岡長松郎　市川滝蔵　中村梅三郎　市川成蔵　中村庄三郎

【典　拠】「新愛知」8・27広告、「名古屋新聞」8・27。

【備　考】○「名狂言揃ひ」（「新愛知」8・27広告）

○八月二十七日～　**蓬座**

ニコニコ館巡業部活動写真

【典　拠】「名古屋新聞」8・27。

【備　考】○「写真封切り物。」（典拠）

○八月二十八日～九月三日　午後三時開場 午後四時開幕　**御園座**

名古屋 若宮 中村巡業興行部

仮名手本忠臣蔵　大序より夜討迄 全部幕なし

大道具新調大仕掛居所返し

【出　演】登場俳優三座大合同大一座（次第不同）　中村信濃・岩井半之助・林長之助・岩井半左衛門・中村福三郎・中村高三郎・片岡半緑・中村春栄・尾上喜幸・片岡長若・市川花若・中村仙若・市川延笑・中村香若・嵐花助・尾上扇三郎・中村芝吉・市川左一郎・中村昇二郎・片岡緑三郎・尾上小卯三・市川高之助・中村房丸・市川左半次・中村時鶴・中村花びし・中村扇之助・嵐獅子丸・市川高六・尾上京枝・中村柴キ蔵・浅尾関蔵・中村紫美次・嵐巌蔵・中村芝歌十郎・沢村伝八・嵐島十郎・市川海老右衛門・中村芝助・中村小翫次・中村芝鳥・嵐猪三郎・実川若之助・中村翫蔵・尾上卯女鶴・片岡当笑・片岡緑左衛門・中村雁十郎

【配　役】**配役は御投票を願ひ点数に依り毎日役替りにて相つとめ申**

（二十八）日

由良之助　中村　雁十郎
おかや
若狭之助　中村　信濃

勘平
義直　弥（ママ）左衛門
おかる
判官　岩井　半之助
一文字屋お万（ママ）
戸無瀬

師直　中村　時鶴
原郷右衛門
奴関助
天川屋利兵衛
新式竹寿喜君（ママ）　当　丈
お石
一角
かほよ　尾上　卯女鶴

仲居おつる　市川　左半次
ぜげん善六（ママ）
寺岡平右衛門
石堂　中村　福三郎
定九郎
種ケ島
本蔵　□　蔵
薬師寺

【太夫元】中村
【観劇料】観覧料特等金一円　一等金八十銭　二等五十銭　三等三十銭　各等敷物下足料共
【典　拠】番付。初日配役は「名古屋新聞」8・28、千秋楽は同紙9・3広告による。
【備　考】○「前人気旺盛。」（「名古屋新聞」8・26）○「毎日役替りにて大入。」（同紙9・3）○評「御園座」（「名古屋新聞」8・30）

○八月　涼納会相撲の余興

「西区菊井町の涼納会（ママ）は、今回旧盆に大阪相撲を催し、浪花節・源氏節芝居等を演じつゝあり。」（「名古屋新聞」8・28）

○八月(二十九)日　新舞子の諸芸大会

「二十九日正午から、新舞子海岸本社休憩所附近で、本社主催の諸芸大会を催し、廓□寿々《すゞ》菜家《なや》三喜弥《きや》の筑前琵琶、桂文作・同文馬の滑稽掛合噺、竹本喜久丸の娘義太夫、敷島八千代の剣舞、三遊亭美都の曲芸等あり。尚ほ置時計他数十点の宝探しあり。」（「新愛知」8・28）

○八月三十一日〜九月(五)日　夕五時開幕　中央劇場

オペラ座舞踊大歌劇　石井　漠／沢　モリノ

【番　組】オペレット一万弗《ドル》二場　悲歌劇ロミオとジユリエット（沢モリノ・外山千里・中根龍太郎・□木三夫）古典舞踊オリエンタル（石井漠独演）新舞踊子守（沢モリノ独演）喜歌劇コスモスホテル（中根）
【典　拠】「名古屋新聞」8・29、31、31広告、9・2評、「新愛知」9・5広告、6広告。
【備　考】○「嘗て帝劇歌劇部の英才なりし石井漠・沢モリノ等は今回中央劇場の招聘に応じ、来る三十一日より出演。」（「名古屋新聞」8・28）○「舞踊歌劇界のオーソリテイー石井漠・沢モリノ外三十余名を網羅したる新進花形」（同紙8・31広告）○「石井の舞踊はシユトラウスの『サロメ』である。」（同紙9・2評）○「大歌劇は一日・十五日及び日曜日・土曜日は午後十二時・午後六時の昼夜二回開演。」（同紙9・3）○「連日大盛況御礼申上候」（同日同紙広告）○評「中央劇場」（「名古屋新聞」9・2）

○八月　周辺地区の興行

・多治見の榎本座（ママ）は、志知興行部桃中軒峰右衛門にて興行中。（「新愛知」8・1広告）
・一宮の満寿美座は、志知興行部による衛生劇を上演中。（「新愛知」8・7広告）
・岐阜市の旭座は、志知興行部桃中軒峰右衛門にて興行中。（「新愛知」8・7広告）
・岐阜市の旭座は、九日より四日間、井上春之輔一派による『妖魔伝』を上演。（「新愛知」8・9）
・一宮の歌舞伎座は、志知興行部桃中軒峰右衛門にて興行中。（「新愛知」8・10広告）

・挙母の大正座は、十一日より浪花家美之助にて開場。（「新愛知」8・11広告）
・豊橋の東雲座は、志知興行部藤川岩之助一派による衛生劇『賜』を上演中。（「新愛知」8・11広告、14）
・西尾町の歌舞伎座は、十五日、大阪毎日主催による国勢調査活動写真を上映。（「名古屋新聞」8・18）
・豊橋市の東雲座は、十六日、大阪毎日主催による国勢調査活動写真を上映。（「名古屋新聞」8・18）
・岡崎市の蓬莱座は、十七日、大阪毎日主催による国勢調査活動写真を上映。（「名古屋新聞」8・18）
・半田町の葉住座は、十八日、大阪毎日主催による国勢調査活動写真を上映。（「名古屋新聞」8・18）
・一宮町の歌舞伎座は、十九日、大阪毎日主催による国勢調査活動写真を上映。（「名古屋新聞」8・18）
・岐阜市柳ケ瀬町に新開場の岐阜劇場は、二十一日より二十四日まで、中村鴈治郎・中村雀右衛門等の一座にて、『寿式三番叟』、『御目見得だんまり』、一番目『小豆島』、中幕『碁盤太平記』、二番目『あかね染』、大切『奴道成寺』を上演。（番付、「新愛知」8・17、「名古屋新聞」8・20）
460頁上段参照。
・瀬戸町の陶元座は、二十一日、大阪毎日主催による国勢調査活動写真を上映。（「名古屋新聞」8・18）
・挙母の大正座は、二十一日より女浪花節菅原千鳥にて興行。（「新愛知」8・21広告）
・西尾の歌舞伎座は、志知興行部による衛生劇を上演中。（「新愛知」8・21広告）
・幡豆郡一色の朝日座は、志知興行部による衛生劇を上演中。（「新愛知」8・22広告）
・海部郡津島町の巴座は、二十三日午後七時より、国勢調査宣伝の為の講演会を開催し、竹下春磨氏の講談「国調事」および薩摩琵琶等を上演。（「名古屋新聞」8・21）
・挙母の大正座は、二十七日より日活活動大写真を興行。（「新愛知」8・27広告）
・刈谷の大黒座は、志知興行部による衛生劇を上演中。（「新愛知」8・27広告）
・挙母の大正座は、三十一日より三河家燕平にて開演。（「新愛知」8・31広告）

○**九月（一）日〜　大黒座**

万歳芝居　花房清十郎一行

【典　拠】「名古屋新聞」8・31広告、9・3広告。
【備　考】○「好評」（「名古屋新聞」9・2広告）

○**九月（一）日〜（七）日　千歳劇場**

《喜　劇》千葉萬楽一派　芸題替

社会劇　ユニバース応用背景大道具
喜劇
笑劇

【典　拠】「名古屋新聞」8・31、9・7広告、8広告。
【備　考】○「活劇・喜・笑劇」（「新愛知」9・3広告）

○九月(一)日～(五)日　午後六時開演　帝国座

浪界之座長連

浪　花　節

数名

【出　演】浪界花形玉川次郎　東京浪花節組合取締玉川勝太郎　京山湖舟　梅林龍　東京互立会副会長桃雲閣呑風　外

【典　拠】「新愛知」8・31広告、9・5広告、6広告、「名古屋新聞」8・31。

【備　考】○「玉川勝太郎(中略)外数十名出演。」(「名古屋新聞」8・31)

○九月(一)日～　夕六時開演　宝生座

出雲芸妓 安　来　節　千家くま一行

【番　組】活動応用鰌すくひ　出雲名物踊唄

【典　拠】「名古屋新聞」8・31、9・2広告。

【備　考】○「お国自慢余興沢山」(「名古屋新聞」9・2広告)

○九月(一)日～　午後三時開場　港座

臨時特別興行

御目見得だんまり

新脚色 義　士　劇　全二十一場

大道具大仕掛け

大阪尾上多見丸　市川鰕四郎　一座

【場　割】1鶴ケ岡　2吉良屋敷　3松の間　4田村門前　5同庭園　6蜂ノ巣　7萱野三平内　8大評定　9舟ノ別　10大石玄関　11同居間　12元ノ玄関　13一力茶屋　14大門ノ柳　15神奈川本陣　16同座敷　17両国勢揃　18吉良玄関　19泉中　20大広間　21炭部屋

【出　演】嵐巌右衛門・中村扇助・実川賞若・尾上多三郎・嵐吾露九・嵐橘美太郎・尾上多満二郎・市川恵美次・尾上菊丸・尾上花三郎・尾上羽三郎・市川紅若・片岡栄之助・中村芝二郎・実川丈之助・嵐富三郎・尾上多満雄・中村香太郎・嵐巌若・尾上多見若・中村芝十郎・沢村源太郎・尾上米緑・市川荒雄・片岡門緑・嵐三七郎・中村暁三郎・尾上多満蔵・嵐巌次・嵐巌紅・尾上喜鶴・市川成若・実川滝之助・沢村訥若・尾上多見太郎・実川延丈

【配　役】内蔵之助　尾上多見丸
三平
なかや高窓太夫　実川延丈
女房お由
若狭之助　嵐巌右衛門
吉右衛門
内匠守　中村香太郎
軍右衛門
源五衛門　嵐巌若
顔世　中村扇助
主税

右京介　沢村訥若
寺阪女房
梶川　尾上多見太郎
大石母
富三郎
吉良
竹林
薩摩武士　中村芝十郎
三左衛門　市川鰕四郎
橘左匠
義士　数十名

【典　拠】「名古屋新聞」8・30広告、31、31広告、「新愛知」8・31広告。

【備　考】○「名古屋新聞」8・31広告には「午後二時開場」とある。○「乍憚御挨拶　私共今回御錦地御贔負様の御招きに依り近日より大須港座に開演仕候こと、相成候。狂言の義は弊一座の最も得意とする所を撰択致し大車輪に御高覧に供すべく候間開場の上は賑々しく御観覧被下度先づは御招きに際し御挨拶迄如斯に御座候　百拝」(「名古屋新聞」8・30広告)○「八十余名の大一座。」(同紙8・31)○「赤穂義士劇全二十三場通し　尾上多見丸外八十五名出演」(「新愛知」9・5広告)

○九月二日～(十)日　寿座

演目不詳　中村歌女
片岡兵太郎
一座

【典　拠】「名古屋新聞」9・2広告、10広告、11。
【備　考】○「好評」(「名古屋新聞」9・3広告)

○九月二日～(五)日　三栄座

《新派連鎖劇》

尼港惨劇事件　川上貞次郎
一行

【典　拠】「名古屋新聞」9・2、「新愛知」9・5広告、6広告。
【備　考】○「満員好評」(「名古屋新聞」9・3広告)

○九月二・(三)日　蓬座

演目不詳　中村伝之助
嵐岩三郎
一行

【典　拠】「名古屋新聞」9・2、「新愛知」9・3広告、4広告。
【備　考】○「満員好評　中村伝之助・嵐巌三郎」(「名古屋新聞」9・3広告)

○九月上旬～(四)日　高砂座

《活動連鎖劇》

演目不詳　目玉松之助

【典　拠】「名古屋新聞」9・2広告、「新愛知」9・4広告、5広告。
【備　考】○「好評」(「名古屋新聞」9・2広告)　○「松之助」については463頁下段興行記録を参照。

○九月三日～　歌舞伎座

一心劇　芸題替り
渡辺霞亭先生原作

吉丁字　前編六場
後編六場　新加入高堂国典
秋月孤舟
川上要

【舞台監督】西脇静雨
【典　拠】「名古屋新聞」9・3、3広告。
【備　考】○「本日前篇　明日後篇　新加入高堂国典(中略)外九名」(「名古屋新聞」9・3広告)

○九月三日～九日　新守座

《新派連鎖》　新派国粋劇伊村義雄一派　三の替り

【第　一】喜劇　○
【第　二】新派　達《たて》引《ひき》と恋《こひ》　連鎖九場
西脇静雨氏作

【典　拠】「名古屋新聞」9・3、3広告、9。
【備　考】○「『達引と恋』劇(中略)幕毎に素晴らしい舞台大道具(中略)欧洲の戦乱が生んだ最新武器!タンク(実物等大)躍進中、車上の大立廻り(連鎖写真より実演)の大仕掛の場面は頗る好評を頂いて居り升」(「新愛知」9・5広告)

○九月(四)・(五)日　夜七時より　国技館

活動写真・お伽講演　教育団

【内　容】映画数種　お伽講演 尼港事件少年決死の使

【典　拠】「名古屋新聞」９・２。

【備　考】○「当地小学校・中等学校学生を中心として観覧せしむる。」(典拠) ○映画は「殉職先生」や「孝行娘」を題材にしたものなど。(典拠) ○「教育団の幹部(中略)三氏は収入の中より六十円を本社に寄贈し、教育事業の一助にして呉れと依頼せり。」(「名古屋新聞」９・９)

○九月四日～(十)日　午後四時開場　末広座

新国劇　替り狂言

中村吉蔵氏作

【一番目】責《せき》任《にん》者《しゃ》　一幕

行友李風氏作

【二番目】七《なゝ》本《もと》桜《さくら》　五幕

沢田正二郎　金井謹之助　野村清一郎　田中介二郎　中井哲　上田吉二郎　沢井光子　和歌浦糸子　久松喜世子

【脚本主任】行友李風　【背景主任】浜田右二郎

【典　拠】番付。千秋楽は「名古屋新聞」９・10広告、11広告による。

【備　考】○「松竹経営」(典拠番付) ○「幕内主任倉橋仙太郎(中略)庶務主任田辺黄鳥」(典拠番付) ○「『責任者』は純然たる社会劇で作者独特の深刻な人世観が如何に強烈な刺戟を現代人の心に与へ得ませうか『七本桜』は作者は特に一座のために書卸した当年の大作で短艇競漕の歌、団欒の歌が如何に京阪の学生間に愛唱せられつゝあるかは皆様の御記憶に新しい事と存じます」(典拠番付) ○「本日道具調の為休演」(「名古屋新聞」９・11広告)

○九月四日～　蓬座

ニコニコ館活動写真

【典　拠】「新愛知」９・４広告。

【備　考】○「好評」(「新愛知」９・５広告)

○九月上旬　長栄座

(浪　花　節)　桃中軒峰右衛門

【典　拠】「新愛知」９・４広告。

【備　考】○「名古屋志知興行部」(典拠)

○九月五・(六)日　京枡座

芝居・手踊温習会

【典　拠】「新愛知」９・５広告～７広告。

○九月五日～(七)日　高砂座

(浪　花　節)　桃中軒峰右衛門

【典　拠】「新愛知」９・５広告、７広告、「名古屋新聞」９・８広告。

【備　考】○「大好評」(「新愛知」９・６広告)

○九月五日〜　午後六時開場　御園座

神代遺跡　神　楽　舞

【典　拠】「新愛知」9・5広告。

【備　考】○「名古屋末広座中村巡業部」(典拠)　○「豊前国宇佐八幡宮に伝はれる神事(中略)拝観料特別金一円　普通金五十銭」(典拠)

○九月六日　三栄座

薩摩琵琶大会

【典　拠】「新愛知」9・6広告。

○九月六日〜(十四)日　午後三時開演　帝国座

国勢新生劇　成美団最高幹部　末吉春人・月村専一郎一行　京阪

妙な車夫　二場　加藤孝明

悲劇　仇夫婦　八幕　山本耕水　加入

【典　拠】「新愛知」9・5広告、6広告、「名古屋新聞」9・14広告、15広告。

【備　考】○「株式会社帝国座」(「新愛知」9・5広告)　○「大好評『仇夫婦』」(同紙9・7広告)　○「本日より午後四時開場、五時開幕」(同紙9・8広告)　○「毎日大好評、劇界の花形　月村専一郎・末吉春人」(同紙9・10広告)　○「昨日末吉後援会ニテ各連妓惣見アリ満員」(「名古屋新聞」9・12広告)　○「月村ノ扮スル勝造　末吉ノ扮スルおたき　大好評」(同紙9・13広告)

○九月七日〜(九)日　京枡座

活動大写真　ニコニコ館巡業部

【内　容】旧劇飛騨の化猫奇談　連続写真火星旅行

【典　拠】「名古屋新聞」9・7、9広告、10広告。

【備　考】○「満員好評」(「名古屋新聞」9・8広告)

○九月七日〜(十二)日　三栄座

万歳新演劇　花房清十郎一行

【演　目】浮雲

【典　拠】「名古屋新聞」9・7、12広告、13広告。

【備　考】○「満員好評」(「名古屋新聞」9・8広告)

○九月(七)日〜(十三)日　中央劇場

石井漠・沢モリノ一派　第二回公演

オペラ座舞踏大歌劇

【番　組】オペレット　ノンベンチ　印度歌劇　王女メロ(中根・高田・沢野・石井・山村・沢)　ジプシイダンス(石井・沢)　喜歌劇　私のベビイ(沢田・鈴木・沢・三井・沢野・輪王寺・長井)

【典　拠】「新愛知」9・6広告、「名古屋新聞」9・7、10評、13広告、14広告。

【備　考】○「新愛知」9・6広告には「本日より」とある。○「石井漠・沢モリノ独演独舞あり。」(「名古屋新聞」9・7)　○「今土曜日・明日曜日昼夜二回　午後一時・午後六時」(同紙9・11広告)　○評「中央劇場」(「名古屋新聞」9・10)

○九月七・(八)日　蓬座

《旧劇連鎖》

演目不詳　　市川芳三郎　尾上扇三郎　一座

【典　拠】「新愛知」9・7広告、「名古屋新聞」9・7広告～9広告。

○九月上旬～(十)日　大黒座

青年一座

演目不詳　　伝之助　雁三郎

【典　拠】「名古屋新聞」9・7広告、10広告、11広告。

○九月八日～十二日　国技館

尼港殉難者遺族寄附

東西合併大相撲　　東京 鳳　大阪 宮城山　一行

【典　拠】「新愛知」8・28、9・9、12。

○九月八日～(十七)日　高砂座

節劇　　元祖 桃中軒桃太郎　一行

【典　拠】「名古屋新聞」9・8、「新愛知」9・17広告、18広告。

【備　考】○「浪花節桃中軒桃太郎一行。」(「名古屋新聞」9・8)○「好評」(「新愛知」9・9広告)

○九月八日～(十四)日　千歳劇場

《喜　劇》千葉萬楽一派　狂言替り

喜劇　親の慈悲　三場

喜劇　帝《てい》展《てん》の画《ぐわ》　二場

社会劇　矢《や》場《ば》の女《をんな》　三場

笑劇　白《おし》粉《ろい》の香《にほひ》　二場

萬両　四貞楽　萬楽　小萬　楽峰

【典　拠】「名古屋新聞」9・8、8広告、11評、14広告、15広告。

【備　考】○評「千歳劇場」(「名古屋新聞」9・11)

○九月八日～十四日　午後二時より開演　湊座

尾上多見丸一座　芸題替

名古屋新聞連載講談

【一番目】連鎖劇　三家《け》三勇《ゆう》士《し》　全二十二場　幕なし

大道具大仕掛電気応用

【場　割】第一 水戸御殿大広間　第二 和田庄次郎出立　第三 周防岩国の宿屋　第四 国次惣左衛門屋敷　第五 同仲間部屋鎗の仕合　第六 同庭前宗一危難　第七 陶大之進道場仕合　第八 国次惣左衛門暗殺　第九 三十三間堂星野勘左衛門和佐大八郎出合　第十 京都三条枡屋三勇士仕合　第十一 水戸家和田庄助屋敷　第十二 中仙道虚無僧殺し　第十三 信州街道星野危難　第十四 星野刀売の場　第十五 間込峠国次親子返討　第十六 同谷間星野国次一子宗一を救ふ　第十七 忠臣八内住家　第十八 星野勘左衛門忠臣八内と仕合　第十九 三島宿に国次娘お花庄

二郎と再会　第二十　同棒鼻星野の大勇　第二十一　忠臣八内
切腹　第二十二　一月寺の本懐

【配　役】
国次家臣八内　尾上多見丸｜陶大之進　多見太郎
星野勘左衛門　鰕四郎｜安藤帯刀　賞若
国次娘おはな　延丈｜国次惣左衛門　富三郎
和田庄次郎　巌右衛門｜和田庄助　芝十郎
国次の妻槙　香太郎｜陶大助　訥若
和佐大八郎　巌若｜水戸光圀公　香太郎

【二番目】尾上多見丸十八番　三十三間堂《けんどう》棟木由来《むねきのゆらい》　平太郎住家より和歌の浦まで

【観劇料】特等金一円五十銭　一等金一円二十銭　二等金九十銭　三等金六十銭　四等金三十銭

【典　拠】「新愛知」9・7広告、8広告、「名古屋新聞」9・7、8、14。

【備　考】○「名古屋新聞」9・7には出演者名として「常若」の名が見られる。○同紙9・11評には「多見丸の国沢家忠臣八内、（中略）定十郎の庄助、同天眼」とある。○「目下本紙に連載中の講談『三家三勇士』は曩に大須文明館に活動写真として好評を博したるが、今回大須湊座に於て尾上多見丸一座（中略）総座員二十余名の大一座によつて劇に仕組（中略）今回の如き大一座は近来稀なる顔合せなれば…。」（「名古屋新聞」9・7）○「『三家三勇士』初日より惣幕出揃二十三場（中略）尾上多見丸外八十名出演」（「新愛知」9・8広告）○「場面何れも息もつかれぬ面白さに幕なし本水等も使用する由。」（「名古屋新聞」9・8）○「本紙連載講談『三家三勇士』は読み物としても興味あるものなるに、之を劇に仕組二十余名の大一座が大車輪となつての活動は近来になき面白き芝居なれば、八日の初日は早くも満員の盛況を見たり。二十二場の各場面は幕なし大道具の背景も新に電気を応急し本水をも使用することなれば見る目にも涼しく好評にて、二番目（中略）之れ亦大受けにて喝采を博したり。」（同紙9・9）○「二番目の『三十三間堂』は多見丸のお柳、平太郎の早替りで大向ふを喝采させた。」（同紙9・11評）○「『三家三勇士』は筋の面白きのみならず（中略）腕達者揃ひが努力活躍する事とて幕毎に緊張したる舞台を見せ、近来になき好芝居として頗る好評を博し（中略）連日大入り。」（同紙9・14）○評「湊座『三家三勇士』」（「名古屋新聞」9・11）

○九月八日　志呂根会浄瑠璃

「八日午後七時より日出町水天宮内に於て開催する由。」

（「名古屋新聞」9・8）

○九月　YMCA夏期会館の活動写真の終了

「市内中区南大津町通Y・M・C・A夏期会館演芸場は、愈々来る十日限り演芸を打切り、十一日よりは毎夜講演会を催す筈にして、今七日より掉尾の大写真提供として（後略）」

（「名古屋新聞」9・7）

「南大津町夏期会館にて今週の写真を映写する機械は、グラフオスコープと称する最近米国にて発明せられし最新式器械にして、未だ日本には数台輸入せられたのみ。此の器械は全部電気を応用したる自働器にして、而かも特別なる映写室を要せず、観客環視の中に於て映写する事を得るが故に、来会者は其の精巧なる器械の運転を目撃するを得べく、愛活家は勿論何人も是非一覧すべき価値あるものなりと。」

（「名古屋新聞」9・8）

438頁上段参照。

○九月　瑞雲会例会

「宝生流能楽研究の為め発起されたる瑞雲会にては、午後七時より長島町東照宮社務所に於て第一回例会を開く。」

（「名古屋新聞」9・8）

編注、日程不詳。

○九月九日〜(十二)日　午後六時より　**蓬座**

娘三曲節　市岡若吉一座

【典　拠】「名古屋新聞」9・9、12広告、13、「新愛知」9・9広告。
【備　考】○「好評」(「名古屋新聞」9・11広告)

○九月十・(十一)日　**京枡座**

浪花節　港家小柳丸一行

【典　拠】「名古屋新聞」9・10、11広告、12広告。
【備　考】○「好評」(「名古屋新聞」9・11広告)

○九月十日〜(十六)日　**新守座**

《新派連鎖》新派国粋劇伊村義雄一派　芸題替り

喜劇　古郷の秋　大倉南木氏新作

新派連鎖　玉《たま》姫《ひめ》日《にっ》記《き》　キネマ応用　連鎖十場

伊村義雄　伏見　市川菊子　沢田　松本　斎田　東良　東起　毛利　直江　延丸

【典　拠】「新愛知」9・10広告、「名古屋新聞」9・10、13評、16広告、17広告。
【備　考】○評「新守座」(「名古屋新聞」9・13)

○九月(十一)日〜(十七)日　**歌舞伎座**

黄花園一心劇　げだいかわり

家庭悲劇　地《ぢ》震《しん》　高堂　田中　生駒　加入

【典　拠】「名古屋新聞」9・10広告、11広告、13、17広告、18広告。
【備　考】○「危険極まる破天荒大仕掛」(「名古屋新聞」9・11広告)

○九月十一日〜(二十八)日　午後五時より　**寿座**

御目見得だんまり

実録千両幟

東京名代　市川滝十郎一座

【典　拠】「名古屋新聞」9・11、28広告、29広告。
【備　考】○「好評」(「名古屋新聞」9・13広告)

○九月十一日〜(十四)日　**大黒座**

活動大写真

【典　拠】「名古屋新聞」9・11広告、14広告、15広告。
【備　考】○「好評」(「名古屋新聞」9・12広告)

○九月十二日　**京枡座**

浪花節大会

【典　拠】「名古屋新聞」9・12広告。

○九月十二日～十九日　午后三時開演　末広座

新国劇沢田正二郎一派　三の替り

山本有三氏作

【一番目】生《い》命《の》の冠《かんむり》　三幕

額田六福氏作

【二番目】清《し》水《みづ》治《ぢ》良《ろ》長《ちやう》　五幕

沢田　田中　高島　小倉　南　金井

元安　中井　東　沢井　和歌浦　久松

【典　拠】「名古屋新聞」９・12、12広告、19。

【備　考】○評「末広座」（「名古屋新聞」９・14）

○九月（十二）日　御園座

法山号・雅号披露筑前琵琶会　主催 旭調会 旭鵬会

【番　組】扇の的（小出旭雪）　桜田の淡雪（森旭操）　芳流閣（長谷川旭忠）　川中島（箕浦旭静）　湖水渡（富田旭歌）　山崎合戦（最里旭昌）　那須与市（桐山《法大山》旭鵬）　筑後川（高木《法満山》旭調師）　広徳寺（矢野《法唱山》旭宙）

【典　拠】「名古屋新聞」９・11。

○九月十二日　活動写真子供デー

愛知県保安課は、名古屋活動写真組合の協力を得て、市内の活動写真常設館において、毎週日曜日午前九時から正午にかけて、子供のために「教育的フヰルム及び児童に無害なフヰルム（例へば風景の実写物或は無邪気なる滑稽物等）」を映写させることとした。観劇料は一人五銭。入場者は「少年少女、並に中流以上の家庭の子女に限る事」とされた。背景にあるのは、近年問題化している活動写真が児童心理にあたえる悪影響への懸念であり、同保安課は、名古屋市内及び隣接する各町村の小学校・女学校等に協力を呼びかけた。

十二日にその第一回が開かれ、概ね好評を博したが、教育的効果については疑問視する意見も寄せられた。また、日曜日ということもあり、兵士や店員など、子供以外の入場を希望する声もあった。

翌週の十九日には第二回、翌々週の二十六日には三回目が開かれた。

（「新愛知」９・10、「名古屋新聞」９・10、13、19、21、27）

○九月（十二）日　西園流尺八研究会

「紫園社中寄竹会主催にて、十二日午前十時より伊藤呉服店内クレハ倶楽部に於て西園流尺八研究会を催す由。」（「名古屋新聞」９・11）

○九月十三日～（十八）日　京枡座

万歳芝居　花房清十郎

【演　目】をなじ思ひ

【典　拠】「名古屋新聞」９・13、18広告、19。

【備　考】○「満員」（「名古屋新聞」９・14広告）

○九月十三・（十四）日　三栄座

浪花節　春日亭清鶴

【典　拠】「名古屋新聞」９・13広告～15広告。

【備　考】○「名古屋新聞」９・13には「宝中軒鈴右衛門一行」とある。○「好評」（「名古屋新聞」９・14広告）

○九月十三日～(十五)日　蓬座
《新派連鎖劇》
演目不詳
原沢新三
大橋礼吉
合同一座
【典　拠】「名古屋新聞」9・13、15広告、16広告。
【備　考】○「尼港惨殺の写真。」(「名古屋新聞」9・13)

○九月十四日～十九日　中央劇場
石井漠・沢モリノ　第三回替り
オペラ座舞踊大歌劇
【番　組】お伽歌劇　どちらが夢だ　二幕　童話歌劇　シンデリキラ　二幕　歌舞劇　女軍出征　一幕　新舞踊　スーヴニーア　一幕(石井・沢)
【典　拠】「名古屋新聞」9・14、14広告、19。
【備　考】○「大歌劇は(中略)十五日及び日曜日・土曜日は、午後十二時・午後六時の昼夜二回開演。」(「名古屋新聞」9・3)

○九月十五日～(十九)日　三栄座
演目不詳
中村歌女
中村幸十郎
一座
【典　拠】「名古屋新聞」9・15広告、19広告、20広告。
【備　考】○「好評」(「名古屋新聞」9・16広告)

○九月(十五)日～(十七)日　大黒座
浪花節劇
市川源昇
一座
【典　拠】「名古屋新聞」9・14広告、15広告、17広告、18広告。

○九月十五日～(二十一)日　千歳劇場
《喜劇》喜楽会千葉萬楽一派　狂言替
喜劇　落し文　四場
喜劇　鬼《おに》あざみ　四場
社会劇　五分《ぶ》珠《じゅ》　二場
笑劇　水《みづ》鏡《かゞみ》　四場
萬楽
茶目楽
島津小萬
四貞楽
萬両
【典　拠】「名古屋新聞」9・15広告、18評、21広告、22広告。
【備　考】○評「千歳劇場」(「名古屋新聞」9・18)

○九月十五日～(十七)日　帝国座
木村重友一行
浪花節
友忠
団子
座長連
【余　興】追分　米山甚句　ドヽイツ
【典　拠】「新愛知」9・15広告、17広告、「名古屋新聞」9・15、16広告、18広告。
【備　考】○「今回浪界の覇王たる木村重友は当る九月十五日より某座(編注、帝国座)に於て初お目見得出演する由」(「新愛知」9・12広告)　○「関東派の人気王」(同紙9・14広告) ○「美音と節廻り 天下一品木村重友外ニ追分ドヽイツ等余興アリ 大好評」(「名古屋新聞」9・16広告) ○「十五歳の青年友団子、余興(中略)大好評」(「新愛知」9・17広告)

○九月十五日～(十九)日 午後五時開場 **港座**

江戸生粋滑稽劇 巴家寅子 立花家金太郎 小直 加入

【典 拠】「名古屋新聞」9・11、15広告、19広告、20広告。

【備 考】○「先年当地に好評を博した江戸生粋の巴家寅子。」(「名古屋新聞」9・11) ○「諸芸大問屋 入場料金六十銭均一」(同紙9・15広告)

○九月十六日～(十九)日 **蓬座**

演目不詳 新成劇

【典 拠】「名古屋新聞」9・16、19広告、20広告。

【備 考】○「悲劇の親玉新成劇。」(「名古屋新聞」9・16) ○「満員好評」(同紙9・18広告)

○九月十七日～(二十三)日 **新守座**

《新 派》国粋劇伊村義雄一派 五の替り

【第 一】喜劇 帰へり 英一蝶氏新作

【第 二】新派悲劇 江戸気質 下《した》町《まち》の女《おんな》 連鎖十三場

【出 演】伊村義雄・伏見三郎・東良之助・松本泰輔・松本英一・沢田青柿・市川菊子・毛利研二・小原信一・斎田・東起・子役伏見直江

【典 拠】「名古屋新聞」9・17、17広告、20広告、21評、23広告、25広告。

【備 考】○『下町の女』連鎖九場(中略)座長伊村義雄はお辰に扮し、優が女形としての亦変つた持味を見せ…」(「名古屋新聞」9・17広告) ○評「新守座」(「名古屋新聞」9・21)

○九月(十八)日～ 正午より **歌舞伎座**

黄花園一心劇 げだいかわり

西脇静雨氏作

情話悲劇 三《み》筋《すぢ》の絲《いと》 八場 生駒久二夫 田中愛之助 高堂国典

【典 拠】「名古屋新聞」9・17広告、18広告、20広告。

【備 考】○「奇抜極まる背景・大道具」(「名古屋新聞」9・18広告) ○「例の黄花園式大道具大仕掛の舞台面を見せるのと一心劇一座の人気俳優生駒久二夫(中略)等の大活躍で連日好評」「黄花園経営 三大特色○安くて○きれいで○面白い」(同紙9・20広告)

○九月十八日～二十日 晩 **大黒座**

女義太夫 呂雪 播玉 広駒

【語り物】(十八)日 柳(大年) 赤垣(播玉) 堀川(呂雪)
二十日 一の谷(知代) 松王邸(寿々子) 又助住家(源花) 三人上戸(綱駒) 朝顔 宿屋(昇) 日吉丸 三(長富) 紙治(大年) 寺子屋(播玉) 壺阪寺(呂雪 広駒) 宝船(掛合)

【典 拠】「名古屋新聞」9・18、19広告、20、21広告、「新愛知」9・20。

【備　考】○「好評」（「名古屋新聞」9・19広告）

○九月十八日〜（二十）日　高砂座

活動大写真

【内　容】尼港惨殺事件

【典　拠】「名古屋新聞」9・18、20広告、21広告。

【備　考】○「好評」（「新愛知」9・19広告）

○九月十八日〜　帝国座

東京名代 市川米十郎一行　午後二時開場 午後三時開幕

【一番目】大岡政談　徳川天一坊　大序より大詰迄

御目見得だんまり

【中　幕】土屋主税　二幕

【二番目】細川血達摩（大川友右衛門）

舞台一面猛火大道具大仕掛にて御覧に入升

大川友右衛門　市川米十郎相勤候

中村香笑　中村米三　岩井紫若　尾上多見十郎　中村寿郎　阪東三津太郎　市川段治　加賀家玉七　中村紅十郎　阪東佐十郎　嵐幡十郎　片岡栄三郎　中村慶丈　嵐離幸

【典　拠】「名古屋新聞」9・18、「新愛知」9・20広告。

【備　考】○「昨初日は開場前より木戸口に押掛け見る〳〵内に満員　舞台一面猛火大道具大仕掛電気応用」（「新愛知」9・19広告）○「彼岸興行」（「名古屋新聞」9・20広告）○「毎日好評」（同紙9・21広告）○「勇連出演の事とて大好評」（「新愛知」9・23広告）

○九月（十八）日　劇談花道会の総会

「松本泰輔等発起にて創立したる劇談花道会は十八日午後七時より新守座前茶屋梅本にて総会を開き、新派連鎖劇に関し各自の感想を述ぶる筈。」（「名古屋新聞」9・17）

○九月十九日〜（二十一）日　京枡座

《新派劇連鎖》

五□龍　小山秀夫　高橋緑郎

喜劇　飯島薫

【典　拠】「名古屋新聞」9・19、21広告、22広告。

【備　考】○「好評」（「名古屋新聞」9・21広告）

○九月十九日　吉沢検校忌音楽会

明治五年九月十九日に没した生田流の故吉沢検校の忌日に当る十九日、南桑名町国風音楽講習所において故人追悼の音楽会が催された。（「名古屋新聞」9・20）

○九月（十九）日　保能会能会

「名古屋保能会にては、来る十九日午前九時より、呉服町能楽堂に於て、第二期四回目の能会を催す由。」（「名古屋新聞」9・8）

○九月二十・(二十一)日　**三栄座**

浪花節　浪界若手横綱 吉田一若一行

【典　拠】「名古屋新聞」9・20、21広告、22広告。

【備　考】○「毎日好評」(「名古屋新聞」9・21広告)

○九月二十日～(三十)日　正十二時 午後五時 昼夜二回　**中央劇場**

成金家一座

浪花節劇　桃中軒桃太郎

【典　拠】「名古屋新聞」9・20広告、30広告、10・1広告。

【備　考】○「毎日好評」(「名古屋新聞」9・21広告)

○九月二十日～二十六日　午後一時開幕　**宝生座**

東京若手歌舞伎　猿蔵襲名披露

河竹黙阿弥翁

【一番目】日本晴《につほんはれい》伊賀仇討《がのあだうち》　五幕

河竹黙阿弥翁
新之助お目見得

【中　幕】上　老《ろう》後《ご》の政《まさ》岡《をか》　御殿
下　新歌舞伎十八番 高《たか》時《とき》　田楽舞一幕

河竹黙阿弥翁

【二番目】おその六三 腕《うで》競《くらべ》春建《はるのたて》前《まへ》　三幕

【大　切】新歌舞伎十八番 紅《も》葉《みじ》狩《がり》　長唄囃子・常磐津・竹本三方掛合

市川宗家養子初御目見得 市川新之助
市川鬼丸
松本小次郎
浅尾工左衛門
沢村淀五郎
市川猿蔵
沢村宇十郎
坂東鶴蔵
坂東錫昇
市川寿鶴
松本銀杏
市川成代
嵐市太郎

【配　役】**一番目　日本晴伊賀仇討**

夢の市蔵　市川新之助
柏木源右衛門　市川鬼丸
一時半兵衛　松本小次郎
荒木政右衛門
伊豆屋十兵衛　浅尾工左衛門
本田大内記
沢井又五郎　沢村淀五郎
宵寝の宗次
矢部城五郎　沢村宇十郎
柘榴武助
女房おてう　市川猿蔵
梅本のおせん　市川成代
渡辺靱負　市川寿鶴
竹内鬼玄丹
倉橋弥三右衛門
蝶々売六兵衛　坂東鶴蔵
桜井林左衛門
渡辺志津馬　嵐市太郎

中幕上　老後の政岡

老女政岡　浅尾工左衛門
伊達綱村　市川鬼丸

中幕下　新歌舞伎十八番高時　田楽舞

高時　市川新之助

大仏陸奥守　市川　鬼　丸
城介入道延明　松本　小次郎
愛妾衣笠　市川　猿　蔵
安達三郎　沢村　淀五郎

二番目　おその六三腕競春建前

大工六三　市川　新之助
お園　市川　鬼　丸
芸者小糸　市川　猿　蔵
手代佐七　沢村　淀五郎
村上綱義　坂東　鶴　蔵
川崎九郎　市川　寿　鶴
箱丁千吉　沢村　宇十郎
三河屋惣兵衛　松本　小次郎
大工与吉　浅尾工左衛門

大　切　新歌舞伎十八番紅葉狩

更科姫 実は鬼女　市川　鬼　丸
山神　松本　小次郎
従者　沢村　宇十郎
従者　坂東　鶴　蔵
腰元　市川　成　代
腰元　嵐　市太郎
平維茂　市川　新之助

【観劇料】初日割引　特等一円五十銭　一等一円　二等六十銭　三等二十五銭

【典　拠】「名古屋新聞」9・11、13、20、20広告、21広告、26、「新愛知」9・21広告。

【備　考】○「名古屋新聞」9・19には局楓＝宇十郎、母渚・桂木民部＝鶴蔵、野菊＝市太郎、局沖舟＝成代とある。○「宝生座、此処は改築以来非常な発展振で…」(「名古屋新聞」9・20広告)　○「彼岸興行(中略)八十名の大一座」(同日同紙広告)　○「昨日初日満員」(「新愛知」9・21広告)　○評「宝生座」(「名古屋新聞」9・23)

○九月二十・(二十一)日　午後六時より　**蓬座**

万歳芝居　花房清十郎一行

【典　拠】「名古屋新聞」9・20、21広告、22広告。

【備　考】○「満員好評」(「名古屋新聞」9・21広告)

○九月二十一日～(二十五)日　大黒座

浪花節劇　市川源昇一座

【典　拠】「名古屋新聞」9・21広告　25広告、26広告。

【備　考】○「好評」(「名古屋新聞」9・22広告)

○九月二十一日～(二十五)日　高砂座

浪花節　木村重友一行

【典　拠】「名古屋新聞」9・21、25広告、26広告。

【備　考】○「好評　東海人気王木村重友」(「新愛知」9・22広告)

○九月二十一日　和泉流狂言師井上菊次郎没

「和泉流狂言の大家として知られたる末広町の仏具商井上菊次郎翁は、今春来胃癌に罹り、東山の別荘に病を養ひつゝありしが、二十一日午前五時、遂に逝去したり。葬儀は二十三日午前八時門前町阿弥陀寺に営む。翁はお洒落会の一人として、生前奇行逸話に富めり。」(「名古屋新聞」9・22)

○九月　共楽園における余興

「市内矢場町の水泳場共楽園は、秋季に入ると共に、今回遊園地に改め、二十一日より開園し、園内には奇らしき鳥獣を飼育し、池中に鯉・鮒を放ちて、入園者に釣るに任せ、尚余興場を設け、昼夜二回(昼午後四時より、夜七時半より)浪花節・落語・義太夫等ありて耳を喜ばすと。尚開園当日は懸賞付モルモット狩を催す由。」(「名古屋新聞」9・21)

○九月二十二日～(二十六)日　京枡座

《旧劇実写連鎖》

観音丹次　市川百十郎　友十郎一座

【典拠】「名古屋新聞」9・22、22広告、「新愛知」9・26広告、27広告。

【備考】○「好評」(「名古屋新聞」9・23広告)

○九月二十二日～(二十六)日　三栄座

釈迦八相記　幸十郎　歌女一座

【典拠】「名古屋新聞」9・22、26広告、27広告。

【備考】○「満員好評　芸題『釈迦一代記』」(「名古屋新聞」9・23広告)

○九月二十二日～(二十八)日　千歳劇場

《喜劇》喜楽会千葉萬楽一派　狂言替

喜劇　新らしい芸者　二場

大阪毎日連載小説

喜劇　片思ひ　四場

社会劇　みなし児　二場

旧劇　御用聞き　二場

【典拠】「名古屋新聞」9・22広告、28広告、29広告。

○九月二十二日～　午后五時開場　御園座

浪花節　京山円十郎　吉田一若　合同一座

【読み物】二十二日　鳴渡る櫓の巴(円十郎)　勧進帳(一若)

二十三日　大石廓の遊興(一若)　宗五子別れ(円十郎)

二十五日　源平盛衰記(一若)　乃木将軍遺族慰問(円十郎)

二十六日　鍵屋騒動(円十郎)　源平盛衰記(一若)

【典拠】「名古屋新聞」9・22、22広告、23、25、26。

【備考】○「二十日より開演の筈なりし京山小円は、都合(編注、病気)により二十二、三日頃初日々延となれり。」(「名古屋新聞」9・20)　○「小円代理として円十郎・一若一行。」(同紙9・22)　○「二代目小円となる京山円十郎　二代目奈良丸となる吉田一若」(同日同紙広告)　○評「御園座」(「名古屋新聞」9・25)

○九月二十二日～　蓬座

ニコニコ館巡業部活動写真

【典拠】「名古屋新聞」9・22。

【備考】○「満員好評」(「名古屋新聞」9・23広告)

○九月(二十三)日　正午より　国技館

秋季舞踊温習会　主催 梶浦鶴敏会　後見 西川小鶴

【典拠】「名古屋新聞」9・21。

【備考】○「出演は同門下の少女(中略)常盤津は佐賀太夫。」(典拠)

○九月(二十三)日　観世流素謡舞囃子会
「来る二十三日午後一時より、呉服町能楽堂に於て、青山社中素謡舞囃子会を開催す。」（「名古屋新聞」9・20）

○九月二十四日～二十九日　新守座
伊村義雄一派　お名残狂言
喜劇　天下太平
悲活劇　宝《ほう》庫《こ》の扉《とびら》
伊村　伏見　菊子　沢田　松本
斎田　東良　東起（ママ）　松下英
【典　拠】「名古屋新聞」9・25、25広告、29。

○九月二十五日～(二十八)日　帝国座
東京名代　市川米十郎一座　二の替り
【一番目】百万石千代田の礎　大序より大詰まで
【二番目】木下蔭狭間合戦　竹中官兵衛館の場
【典　拠】「名古屋新聞」9・25広告、28広告、29広告。
【備　考】○「毎日好評」（「名古屋新聞」9・26広告）

○九月二十五・(二十六)日　午後六時より　蓬座
松葉会秋季浄瑠璃大会
【典　拠】「名古屋新聞」9・25、26広告、27広告。
【備　考】○「満員好評」（「名古屋新聞」9・26広告）

○九月下旬～(二十九)日　歌舞伎座
黄花園一心劇　げだいかわり
悲劇　想《そう》夫《ふ》恋《れん》　八場
新加入　月村専一郎
【典　拠】「名古屋新聞」9・25広告、27広告、29広告、10・1広告。
【備　考】○「新加入月村専一郎外六名」（「名古屋新聞」9・25広告）

○九月二十五日　大宮館にて酔客の狼藉
二十五日夜、活動写真上映中の大宮館に入場した南区熱田西町在住の島田政十郎(四二)と田中粂一(三七)の両名が、酒気を帯びて大声を発するなど観覧を妨害し、咎めた観客の一老人に乱暴を働くなどしたため、居合せた熱田消防署員五、六名が止めに入ったが、政十郎の子分二、三名も駈けつけて、大宮館前の路上にて乱闘となり、活動写真も上映中止となった。観覧中の水上署の巡査も仲裁に入って負傷するなどしたが、通りかかった熱田署員が飛び入って漸く暴漢等を取押えた。（「名古屋新聞」10・4）

○九月二十六・(二十七)日　大黒座
浪花節
天光軒満月　吉田久菊　吉田久丸
【典　拠】「名古屋新聞」9・25広告～28広告。

○九月(二十六)日　高砂座
《旧劇実写連鎖劇》
演目不詳

【典　拠】「名古屋新聞」9・25広告〜27広告。
【備　考】○「好評」（「名古屋新聞」9・26広告）

○九月　**共楽園の貸舞台**
「矢場町の共楽園は、今度園内の舞台付六十畳敷の娯楽場を設け、集会や温習会其他の会場に貸すこととし、落語・琵琶・尺八・奇術等余興出演者を求むる向へは極めて軽便に周旋を為すと。」

（「名古屋新聞」9・26）

○**九月二十七日〜（三十）日　京枡座**
浪　花　節
天光軒満月　久丸
吉田久菊□　当円
吉田駒□　合同
【典　拠】「新愛知」9・27、「名古屋新聞」9・30広告、10・1広告。
【備　考】○「読物銘々十八番物を口演。」（「新愛知」9・27）○「満員好評」（「名古屋新聞」9・28広告）

○**九月二十七日**　午後六時　**国技館**
活　動　写　真
【内　容】米国ナシヨナルアクメ会社製造グリツドリー自動機械ピストン及ピストンリング製造機□作業並に製造方法
【典　拠】「新愛知」9・27。
【備　考】○「［　　］二丁目□武商会名古屋出張所にては（中略）活動写真を影写し、□客取引為す由。」（典拠）

○**九月（二十七）日〜（三十）日　三栄座**
《新　派》
九州男子血染の軍刀　新派若手合同
【典　拠】「名古屋新聞」9・27広告、28、30広告、10・1広告。
【備　考】○「名古屋新聞」9・28には「本日より」とある。○「満員好評」（「名古屋新聞」9・29広告）

○**九月二十七日〜（三十）日　高砂座**
《衛生劇》
演　目　不　詳　中京成美団一行
【典　拠】「名古屋新聞」9・27、30広告、10・1広告。
【備　考】○「好評」（「新愛知」9・28広告）

○**九月二十七日〜（三十）日　蓬座**
浪花節真打連大会
【典　拠】「名古屋新聞」9・27、30広告、10・1。
【備　考】○「好評」（「名古屋新聞」9・28広告）

○**九月二十八日〜十月（一）日（九月三十日は休業）**　四時開場　**末広座**
大阪女浄瑠璃　豊竹呂昇一座
【出　演】東鶴・呂昇・小昇・寿美昇・昇女・燕之助・金昇・呂之助・右昇・喜昇・東広

【語り物】二十八日　忠六（は昇）　新口村（呂之助）　日吉丸（右昇）　明烏（喜昇）　寺子屋（東広）　堀川（呂昇　ツレ　全《ママ》昇）
二十九日　野崎（右昇）　安達（喜昇）　沼津（東広）　太十（呂昇）
十月一日　忠四（は昇）　白石　揚屋（呂之助）　岸姫（右昇）　宿屋（喜昇）　赤垣出立（東広）　酒屋（呂昇）
二日　鈴ケ森（呂之助）　太十（右昇）　宗五郎（喜昇）　躄（東広）　壺坂（呂昇）
【典　拠】「名古屋新聞」9・20、23、28、28広告、29、29広告、30広告、10・1、2、3広告、「新愛知」10・2。
【備　考】○「二十三日より。」（「名古屋新聞」9・21）○「二十五日よりと変更。」（同紙9・22）○「京都南座興行日延べの為め、従つて二十八日と変更。」（同紙9・25）○「本日五時開場」（同紙9・28広告）○「国勢調査の為本日臨時休場」（同紙9・30広告）○「昨夕より呂昇俄に風邪に罹り本日は休演。」（同紙10・3）

○九月二十八日　**大黒座**

浪花節芝居　市川源昇

【典　拠】「名古屋新聞」9・28広告、29広告。

○九月（二十八）日～　**宝生座**

浪花節　友若竜雲一行

【典　拠】「名古屋新聞」9・27広告。

○九月（二十九）日～十月（四）日　**寿座**

浪花節芝居　市川源昇一行

【典　拠】「名古屋新聞」9・28広告、29広告、10・4広告、5広告。

○九月二十九・（三十）日　**大黒座**

浪花節　広沢鶴之助

【典　拠】「名古屋新聞」9・29広告～10・1広告。

○九月二十九日～十月（五）日　**千歳劇場**

《喜劇》芸題替

喜劇　女即ち金　二場
喜劇　めくら縞　二場
社会劇　衣《きぬ》笠《かさ》村《むら》　一幕　万両　四貞　楽　小万
笑劇　湯《ゆ》の煙《けむり》　三場

【典　拠】「名古屋新聞」9・29、29広告、10・5広告、6広告、「新愛知」10・1評。
【備　考】○「名古屋新聞」9・29には「喜劇『湯の煙』1　社会劇『衣笠村』3」と場数が異なる広告もある。○「座長万楽病気欠勤（中略）代役小万。」（「新愛知」10・1評）○「『衣笠村』、笑劇『湯の煙』□好評。」（同紙10・2）○評「千歳劇場」（「新愛知」10・1）

○九月二十九・三十日　午後五時開演　**帝国座**

三府男女大合同演芸会

【番　組】落語　喜劇　源氏節　外余興沢山
【典　拠】「新愛知」9・29広告、「名古屋新聞」9・30広告。
【備　考】○「金十五銭均一早いがち」（「新愛知」9・29広告）○「三府男女大合同劇」（「名古屋新聞」9・29広告）

○九月三十日～十月(七)日　**歌舞伎座**

狂言替
悲活劇　百　万　円　新加入月村　専一郎　原沢　新三

【典　拠】「名古屋新聞」10・1広告、7広告、8広告。

○九月三十日～十月七日　昼夜二回　**新守座**

《連鎖劇》帝国キネマ第一劇団大井新太郎一派・客員山田九州男合同　第一回

喜　劇　馬鹿八一派

某雑誌小説脚色
お目見得狂言
連鎖悲劇　順《じゅん》礼《れい》歌《うた》　連鎖十四場

【出　演】山田九州男・波多譲・葉山満夫・金子新八・田島雄明・津田敏夫・中原正也・村尾一華・子役寺田健一・天川吉弥・三好康雄・三園豊・子役野村君子・小林武雄・大井新太郎
【典　拠】「名古屋新聞」9・28、30、30広告、10・1、3評、7、「新愛知」10・2評。

【備　考】○「得意の狂言を撰定。」（「名古屋新聞」9・28）○「初日に限り午後三時より一回興行。」（同紙9・30）○「関真佐男の替はりに山田九洲男を加へて…。」（「新愛知」10・2評）○評「新守座」（「新愛知」10・2）「新守座」（「名古屋新聞」10・3）

○九月三十日　**国勢調査による終演時間繰上げ**

第一回国勢調査が行われることになり、十月一日午前零時の時点での申告が行われる関係で、前夜の九月三十日には興行街にも多少の影響が見られた。なお、申告書は十月一日午前八時から回収された。

「（前略）市内の新守座を始め各劇場も、平常時間を繰上げて九時半頃に木戸を閉たり、全然休業した劇場もあつたり、雨の加減も手伝つて、流石の広小路も毎夜よりは著しく人通りも見受けられてゐた。」
（「新愛知」10・1）

○九月　**周辺地区の興行**

・豊橋市の東雲座は、一日より三日間、名古屋の尺八の名人加藤渓水の後援にて、桂文福・春雨家雷蔵等の東西合併落語大会を開催。
（「新愛知」8・31）
・安城の明治座は、志知興行部による衛生劇を上演中。
（「新愛知」9・2広告）
・横須賀の歌舞伎座は、志知興行部桃中軒峰右衛門にて興行中。
（「新愛知」9・2広告）
・挙母の宝集座は、志知興行部による衛生劇を上演中。
（「新愛知」9・5広告）
・豊橋市の豊橋座は、末広座中村巡業部中村信濃・中村雁十郎の一座にて『忠臣蔵』を上演中。
（「新愛知」9・5広告）
・新川の新盛座は、志知興行部による衛生劇を上演中。

・桑名の中橋座は、志知興行部桃中軒峰右衛門にて興行中。（「新愛知」9・7広告）
・岡崎の金升座は、九日より末広座中村巡業興行部中村信濃・中村雁十郎の一座による『忠臣蔵』を大道具大仕掛・居所返しにて上演。（「新愛知」9・8広告）
・挙母の大正座は、十日より日活直営浅野興行部にて興行。（「名古屋新聞」9・10広告）
・小牧の小桜座は、十日より立花薫一座にて『義理づく□』を上演。（「新愛知」9・10広告）
・大浜の寿々喜座は、志知興行部による衛生劇を上演中。（「新愛知」9・9広告、10広告）
・新城町の富貴座は、十一日より末広座中村巡業興行部中村信濃・中村雁十郎の一座による『忠臣蔵』を大道具大仕掛・居所返しにて上演。（「新愛知」9・10広告）
・小牧の小桜座は、十二日より芸題替りにて『戦友』を上演。（「名古屋新聞」9・10広告）
・小牧の甲子座は、活動連鎖劇を興行中。（「新愛知」9・12広告）
・山田市の帝国座は、末広座中村巡業興行部中村信濃・中村雁十郎の一座による『忠臣蔵』を大道具大仕掛・居所返しにて上演中。（「新愛知」9・12広告）
・豊橋市の弥生座は、末広座中村巡業興行部による「神代古事神楽の舞神楽会」を興行中。（「名古屋新聞」9・13広告）
・半田の葉住座は、志知興行部による衛生劇を上演中。（「名古屋新聞」9・13広告）
・三重の関劇場は、志知興行部桃中軒峰右衛門にて興行中。（「新愛知」9・14広告）
・松阪の松阪座は、志知興行部桃中軒峰右衛門にて興行中。（「新愛知」9・14広告）
（「新愛知」9・15広告）

・豊橋の東雲座は、十七日より四日間、登喜和・豊盛の豊橋両連妓による舞踊温習会を開催。（「新愛知」9・15）
・津市の曙座は、末広座中村巡業興行部中村信濃・中村雁十郎の一座による『忠臣蔵』を大道具大仕掛・居所返しにて上演中。（「名古屋新聞」9・17広告）
・久居の永楽座は、志知興行部桃中軒峰右衛門にて興行中。（「新愛知」9・17広告）
・津島町の巴座は、十八・十九の両日、午後六時より同町青年会・在郷軍人会・海部郡各学校長ほかの後援にて、安部旭春・前田旭龍・村上旭生・浅井旭聖・海部旭蓉・浅井玉蘭等の出演による筑前琵琶大会を開催。（「名古屋新聞」9・11、「新愛知」9・18）
・挙母の大正座は、十八日より立花薫一行による連鎖劇を上演。（「新愛知」9・18広告）
・武豊の大黒座は、志知興行部による衛生劇を上演中。（「新愛知」9・18広告）
・岡崎停車場前において、十九日より東京市川登子若手女優一座による『忠臣蔵』『塩原多助』全十二幕の通しが「両面舞台の一分の間なく」上演される。（「名古屋新聞」9・19）
・一身田の常磐座は、志知興行部桃中軒峰右衛門にて興行中。（「新愛知」9・19広告）
・伊勢松阪の中座は、二十一日より末広座中村巡業興行部中村信濃・片岡緑左衛門・中村雁十郎等の合同一座による『仮名手本忠臣蔵』を、大道具大仕掛・居所返しにて上演。（「名古屋新聞」9・21広告）
・知多横須賀の歌舞伎座は、志知興行部による衛生劇を上演中。（「新愛知」9・21広告）
・伊勢神戸の寿座は、志知興行部桃中軒峰右衛門にて興行中。（「新愛知」9・21広告）
・挙母の大正座は、二十二日より篠田実にて興行。（「新愛知」9・22広告）

・豊橋の東雲座は、二十三日午前八時より、市制記念祭にちなむ子供デーを開催。教育団一行の活動写真部による孝女鵜沢貞子の映画の上映や名古屋新聞小尾社員による講演などが予定されている。
（「名古屋新聞」９・21）

・大野の寿座は、志知興行部による衛生劇を上演中。
（「新愛知」９・23広告）

・津島の巴座は、志知興行部桃中軒峰右衛門にて興行中。
（「新愛知」９・23広告）

・亀山の大正座は、末広座中村巡業興行部中村信濃・中村雁十郎・片岡緑左衛門・岩井半之助・市川左半次・中村時鶴ほか百十余名の合同一座による『仮名手本忠臣蔵』を、大道具大仕掛け・居所返し、全部幕なし、毎日役替りにて二日間限りで上演中。
（「名古屋新聞」９・25、25広告）

・常滑の晋明座は、志知興行部による衛生劇を上演中。
（「新愛知」９・25広告）

・一宮町の歌舞伎座は、二十六・二十七の両日、名古屋新聞後援の活動写真「松本訓導」を上映。
（「名古屋新聞」９・23）

・伊勢桑名の中橋座は、二十六日より末広座中村巡業興行部中村信濃・中村雁十郎・岩井半之助・片岡緑左衛門・中村時鶴・市川左半次ほか百十余名の合同一座による『仮名手本忠臣蔵』を、大道具大仕掛け・居所返し、全部幕なし、毎日役替りにて上演。
（「新愛知」９・26、「名古屋新聞」９・26、26広告）

・一宮町の歌舞伎座は、二十六・二十七日の二日間、名古屋新聞後援の活動写真「松本訓導」を上映。
（「名古屋新聞」９・27広告）

・挙母の大正座は、ニコニコ館巡業部提供の活動写真を上映中。
（「新愛知」９・26広告）

・犬山の真栄座は、志知興行部桃中軒峰右衛門を興行中。
（「新愛知」９・28広告）

・伊勢四日市の港座は、末広座中村巡業興行部中村信濃・岩井半之助・市川左半次・中村時鶴・片岡緑左衛門・中村雁十郎ほかの合同一座による『仮名手本忠臣蔵』を、大道具大仕掛け・居所返し、全部幕なし、毎日役替りにて上演中。
（「名古屋新聞」９・30広告）

○十月一日～(三)日　京枡座

【一番目】一の谷嫩軍記

【二番目】切られ与三

尾上幸十郎
市川団右衛門
一座

【典　拠】「名古屋新聞」10・1、3広告、4広告。

【備　考】○「〆切好評」（「名古屋新聞」10・2広告）

○十月一日～(七)日　三栄座

万歳新演劇

鈴木源十郎
石川貫一
一座

【演　目】月と光　追分（源十郎）

【典　拠】「名古屋新聞」10・1、7広告、8広告。

【備　考】○「満員好評」（「名古屋新聞」10・2広告）

○十月一日～(三)日　大黒座

演目不詳

嵐梅笑
一座

【典　拠】「名古屋新聞」10・1、3広告、4広告。

【備　考】○「好評」（「名古屋新聞」10・2広告）

○十月一日～(四)日　高砂座
（諸　芸）　三府男女合同演芸団
【典　拠】「名古屋新聞」10・1広告、4広告、5広告。
【備　考】○「好評」(「名古屋新聞」10・2広告)

○十月一日～(四)日　晩　中央劇場
浪　花　節　原華六
浪花美之助
合同一行
【読み物】三日　板垣退助と西郷隆盛　赤垣源蔵
【典　拠】「名古屋新聞」10・1、3、4広告、5。
【備　考】○「読み物は十八番を選択。」(「名古屋新聞」10・1)

○十月一日～(五)日　帝国座
浪　花　節　東家愛楽
戸川小浅
一行
【典　拠】「名古屋新聞」10・1、1広告、5広告、6広告。
【備　考】○「御当地初御目見得　関東派浪界東家三豪傑　東家愛楽一行　浪曲三味線界之日本一　戸川小浅　株式会社帝国座」(「名古屋新聞」10・1広告)　○「大好評」(「新愛知」10・3広告)

○十月一日～(七)日　午後五時開場　宝生座
浪　花　節　特別応援篠田実
第二雲桃中軒巴若
【典　拠】「名古屋新聞」9・29広告、30、10・1広告、7広告、8広告。
【備　考】○「入場料金三十五銭」(「名古屋新聞」9・29広告)　○「一日初日に変更。」(同紙9・30)　○「好評」(同紙10・7広告)

○十月一日～六日　夕五時開場　御園座
《新喜劇》　楽天会一派
【第　一】自慢《じまん》の一幅《ぷく》
【第　二】女《をんな》嫌《きら》ひ
【第　三】仇《あだ》か情《なさけ》か
【第　四】たつた一と言《こと》
通天　弁天　天華　三楽　天靖　楽太
【典　拠】「名古屋新聞」10・1・1広告、3評、6、7。
【備　考】○「初日は一円二十銭、八十銭、五十銭、二十五銭。」(「名古屋新聞」9・30)　○「中島楽翁を失つた喜劇楽天会は多少の新手を差加へて…。」(同紙10・3評)　○評「御園座」(「名古屋新聞」10・3)

○十月一日～(三)日　午後六時より　蓬座
《新派連鎖》
演　目　不　詳　小山秀夫
一行
【典　拠】「名古屋新聞」10・1、3広告、4広告。
【備　考】○「満員好評」(「名古屋新聞」10・2広告)

○十月一日　共楽園にて尺八演奏会
矢場町の共楽園娯楽場にて、一日夜に尺八演奏会が開催された。入場は無料。

（「名古屋新聞」10・1広告）

○十月(二)・(三)日　**国風会秋季温習会**

「市内桑名町国風会講習所にては、十月二日・三日の両日、同所に於て秋季温習会を催す由。」

（「名古屋新聞」10・1）

○十月三日　**花道会例会**

「三日午後六時より西区本重町米鶴に例会を開き、目下新守座出演中の波多□氏の新派劇の将来と題する講演あり。」

（「名古屋新聞」10・3）

○十月四日～六日　午後五時より　**京枡座**

昨助門人　雀連秋季浄瑠璃会　取持　吾妻連妓

【語り物】四日　弁慶（若葉家千成）　壺坂（弥光）　玉三（勇）　三十三間堂（信濃）　新吉原（月志）　太十（時香）　野崎（掛合）

【典　拠】「名古屋新聞」10・4、6広告、7。

【備　考】○「好評」（「名古屋新聞」10・5広告）

○十月四日～　**大黒座**

演目不詳　静波三郎一行

【典　拠】「名古屋新聞」10・4広告。

【備　考】○「好評」（「名古屋新聞」10・8広告）

○十月四日～(六)日　午後六時より　**蓬座**

ニコニコ館巡業部活動大写真

【典　拠】「名古屋新聞」10・4、6広告、7広告。

【備　考】○「満員好評」（「名古屋新聞」10・5広告）

○十月(四)日～(六)日　**新城町富永神社祭礼の余興**

「南設楽郡新城町富永神社祭礼は、十月四・五・六の三日間に亘り執行。余興に能楽・花火あり。」

（「名古屋新聞」9・14）

○十月(五)・(六)日　**寿座**

浪花節芝居　雷成美団

【典　拠】「名古屋新聞」10・4広告～7広告。

【備　考】○典拠の広告に「浪花節芝居」とあるが、前興行（九月二十九日初日）の興行名が誤って残ったものとも考えられ、次興行（十月七日初日）と同じ興行の可能性もある。

○十月五日～(十)日　**高砂座**

《新派連鎖劇》

演目不詳

【典　拠】「名古屋新聞」10・5広告、10広告、11広告。

【備　考】○「好評」（「名古屋新聞」10・6広告）

○十月六日～(十二)日　千歳劇場

《喜　劇》千葉萬楽一派　狂言替

喜劇　満汐まで　三場

喜劇　乳配り　四場

社会劇　若《わか》道《どう》心《しん》　二場　大沢萬両

笑劇　日《ひ》の丸《まる》　二場

【典　拠】「名古屋新聞」10・6広告、12評、12広告、13広告。

【備　考】○「千葉萬楽病気欠勤中の処、今週より出演致す可く候」(「名古屋新聞」10・6広告)　○評「千歳劇場」(「名古屋新聞」10・12)

○十月六日～　午後五時開場　中央劇場

《軍事教育連鎖劇》宣誠団

奥村大佐作

連鎖悲劇　再《さい》度《ど》の出征《しゅっせい》

喜劇　京人形　山本薫一行

別世界

【典　拠】「名古屋新聞」10・5、6広告、9評。

【備　考】○「中京人気俳優山本薫一行。」(「名古屋新聞」10・5)　○「久方振りの御目見得」(同紙10・6広告)　○「山本薫が軍事教育連鎖劇宣誠団と云ふのを組織して中央劇場で(中略)やつて居る。」(同紙10・9評)　○評「中央劇場」(「名古屋新聞」10・9)

○十月六日～(八)日　帝国座

素人義太夫連 近松会 白面会 合併

素人義太夫

【語り物】忠臣蔵　天の網島　廿四孝

【典　拠】「名古屋新聞」10・6、8広告、9広告。

【備　考】「好評　近松会・面白会合同劇」(「名古屋新聞」10・7広告)

○十月七日～(九)日　京枡座

三都男女合同演芸会

【番　組】源氏節　落語　奇術　旧劇　喜劇

【典　拠】「名古屋新聞」10・7、「新愛知」10・9広告、10広告。

【備　考】○「好評」(「名古屋新聞」10・8広告)

○十月(七)・(八)日　寿座

《新　派》新派合同劇

演目不詳　雷成美団

【典　拠】「名古屋新聞」10・6広告～9広告。

【備　考】○前興行と同一の興行の可能性もある。

○十月七日〜十一日　夕五時開場　御園座

楽天会　二の替

【第一】義《ぎ》理《り》争《あらそ》ひ
【第二】父《ちゝ》の命《めい》日《にち》
【第三】妙《めう》な縁《えん》
【第四】変《へん》な夫《ふう》婦《ふ》

天華　通天　楽太　天靖　三楽　天照　新加入 花井天女

【典　拠】「名古屋新聞」10・7、8広告、9評、11広告。
【備　考】○「本日は特に昼夜二回開演し、昼間は廓娼妓慰安、午後五時よりは一般公開。」（「名古屋新聞」10・8）○評「御園座」（「名古屋新聞」10・9）

○十月七・（八）日　蓬座

《新　派》中京成美団

演目不詳　小沢一行

【典　拠】「名古屋新聞」10・7、7広告〜9広告。
【備　考】○「好評」（「名古屋新聞」10・8広告）

○十月（七）日　宝生流研究会

「七日午後二時より呉服町能楽堂に於て宝生流研究会を開く。」（「名古屋新聞」10・5）

○十月八日〜（十三）日　歌舞伎座

一心劇　狂言替

悲活劇　戦《たゝかひ》の影《かげ》に
喜劇　悋《りん》気《き》の長《なぎ》刀《なた》

月村　高堂　西脇　加入

【典　拠】「名古屋新聞」10・8、8広告、13広告、14広告。

○十月八日〜（十）日　三栄座

《新派連鎖劇》蝶々会

青年犠牲　山田日出男一行

【典　拠】「名古屋新聞」10・8、10広告、11広告。
【備　考】○「満員好評」（「名古屋新聞」10・10広告）

○十月八日〜（十三）日　新守座

《新派連鎖》第一劇団代表者大井新太郎・客員山田九州男　二の替り

【第一】喜劇　六道《どう》の辻《つじ》
【第二】連鎖悲劇　千《ち》鳥《どり》啼《な》く夜《よ》　連鎖十一場
山本夏山氏作

山田　波多　葉山　金子　田島　津田
村尾　寺田　天川　三好　三園　大井

【典　拠】「名古屋新聞」10・8、8広告、10評、13広告、14広告。
【備　考】○「九日午前九時より西本願寺に於て大阪砲兵工廠名古屋兵器製造所死亡職工追悼会並に職工慰安会が挙行された。（中略）同十時十分当日の慰安会場である新守座に向つた。」（「名古屋新聞」10・10）○評「新守座」（「名古屋新聞」10・10）

○十月(九)日～(二十一)日　寿座

《新派》新派合同劇　正栄会一行

演目不詳

【典拠】「名古屋新聞」10・8広告、9広告、21広告、22広告。

○十月九日　午後三時より　帝国座

神谷秀嶺送別琵琶大会

【典拠】「名古屋新聞」10・9。

【備考】○「神谷秀嶺師故郷東都へ上京に付、送別琵琶大会を(中略)開演する由。」(典拠)

○十月九・(十)日　南劇場

松本訓導活動写真

【典拠】「名古屋新聞」10・9。

【備考】○「県下及び岐阜県下各地にて好評(中略)本紙愛読者及学生は、例により大割引。」(典拠)

○十月九・十日　午後六時より　蓬座

秋季筑前琵琶演奏会

【典拠】「名古屋新聞」10・9、10広告、11広告。

【備考】○「好評」(「新愛知」10・10広告)

○十月九日　消防義会発会式の余興

九日午前十時より鶴舞《つるま》公園において、愛知県消防義会の財団法人設立記念会が挙行された。式終了後には、消防演習に続いて園遊会が催され、余興として万歳・奇術・曲芸・名古屋踊(市内各連芸妓による「玉川」「名古屋八景」)・剣舞・笑劇などが演じられる。

(「名古屋新聞」10・9)

○十月十・(十一)日　京枡座

関東派浪花節　初御目見得　東家愛楽一行

【典拠】「名古屋新聞」10・10、11広告、12広告。

【備考】○「長講二席。」(「名古屋新聞」10・10)　○「好評」(同紙10・11広告)

○十月十日～(十四)日　大黒座

浪花節　吉川清之助

【典拠】「名古屋新聞」10・10広告、14広告、15広告。

【備考】○「好評」(「名古屋新聞」10・12広告)

○十月十日～(十六)日　午後二時開幕　**帝国座**

東京名題女優劇

御目見得だんまり　一幕

伽羅先代萩　花水橋より対決迄

絵本太功記　十段目一幕

斬られお富　四場

東京名題女優のしほ改メ　阪東秀調一座

【観劇料】初日限り各等割引　十五日各等大割引

【典　拠】「名古屋新聞」10・10広告、16広告、17広告、「新愛知」10・15広告。

【備　考】「阪東秀調一座外五十有余名」(「名古屋新聞」10・10広告)○「昨初日は大入満員の盛況。」(「新愛知」10・11)○「『先代萩』御殿。」(「名古屋新聞」10・12)○「昨十五日は開幕前に満員の大盛況」(同紙10・16広告)

○十月十日　**妙行寺御会式の余興**

「十日午後一時より中区八百屋町妙行寺にて、日蓮上人御会式開催。(中略)余興には筑前琵琶の演奏。」(「名古屋新聞」10・10)

○十月上旬　**羽黒劇場の開場**

「丹羽郡羽黒村の羽黒劇場の小屋開きは、来月上旬行ふ由。」(「名古屋新聞」9・27)

○十月　**素人芝居の取締**

「宝飯郡御油警察署では、昨今各町村の神社祭典に際し、青年連が粉黛を施して素人「　」の虞《おそれ》があるので、之が厳重取締を開始したが、仮令《たとへ》正規の鑑札を受けたものでも、将来俳優を正業とするの見込なく、一時的のものに対しては出演を禁止する方針である。」(「新愛知」10・10)

○十月十一日～(十六)日　**三栄座**

三府男女合同演芸会

【番　組】東京・大阪落語(各派)　源氏節(岡本一行)　西洋奇術　新旧劇

【典　拠】「名古屋新聞」10・11、16広告、17広告。

【備　考】○「好評」(「名古屋新聞」10・12広告)

○十月十一日～　午後五時より開場　**末広座**

桃中軒如雲一行

浪花節

桂七雲　本多小燕佐
桃中軒如光　京山若円
桃中軒むら雲　吉田小音丸

【読み物】十一日　勤王美談(桂人雲)　櫓太鼓(桃中軒如光)　伊香保土産(桃中軒むら雲)　村正の改心(本多小燕左)　天正武蔵(吉田小寿)　水府仁公(吉田小音丸)　大石山鹿護送(如雲)　七大名荒茶場(如雲)

十二日　村上喜剣(如雲)　高田の馬場(如雲)

十三日　醍醐帝の壱岐小島(如雲)　安兵衛の聟入り(如雲)

十四日　丸津田越前守(如雲)　大名東下り(如雲)

【典　拠】「名古屋新聞」10・9、11～14、「新愛知」10・11。

【備　考】「桃中軒如雲（中略）久敷米国を漫遊し八年振に出演。（中略）若手初お目見得。」（「名古屋新聞」10・9）○評「末広座」（「名古屋新聞」10・14）

○十月十一・十二日　午後六時より　高砂座

松本訓導活動大写真

【典　拠】「名古屋新聞」10・10広告、11、12広告。
【備　考】○「活動写真割引券（中略）本券切抜御持参の方は金二十銭に割引」（「名古屋新聞」10・10広告）○「好評　国際活動大写真」（同紙10・12広告）

○十月十一日～（十四）日　蓬座
《新派連鎖》

演目不詳　蝶々会一行

【典　拠】「名古屋新聞」10・11、14広告、15広告。
【備　考】○「好評」（「名古屋新聞」10・12広告）

○十月十二日～（十四）日　京枡座

浪花節芝居　幕無し　大阪若手 市川鰕五郎一行

【演　目】自雷也物語　幡随長兵衛　大江山
【典　拠】「名古屋新聞」10・12、14広告、15広告。
【備　考】○「好評」（「名古屋新聞」10・13広告）

○十月十二日　偽巡査の臨検

「原籍三河碧海郡新川町一番地提灯製造業原田栄七（三十三）は、商用の為瀬戸町に来り、十二日夜同町陶栄座木戸口にて、本県大浜署巡査成瀬徳一の名刺を示して入場し、臨検席に着き、幕合には楽屋内に入り、色々の指揮やら注意を与へ居る中、瀬戸署の西巡査が怪しみ、取調た処、全く偽巡査なる事判明し、十三日局送りとなる。」（「新愛知」10・14）

○十月（十二）日　曹流寺縁日の余興

新栄町四丁目の曹流寺にて、十二日午後より安産子守薬師如来縁日の法会修行等が行われるのに伴い、余興として浄瑠璃・生花大会等が行われる。（「名古屋新聞」10・11）

○十月十三日～（十九）日　昼夜開演　千歳劇場
《喜　劇》狂言替

喜劇　女工の親　三場
喜劇　蔓《つる》一筋《すぢ》　二場
社会劇　焔《ほのふ》の末《すゑ》　三場
笑劇　三筋の力　二場

萬楽　四貞楽　小萬　萬両　夢楽　喜津根

【典　拠】「名古屋新聞」10・13広告、16評、19広告、20広告。
【備　考】○「『工女の親』。」（「名古屋新聞」10・13）○「入替なし」（同日同紙広告）○評「千歳劇場」（「名古屋新聞」10・16評）

○十月十四日〜(二十)日　歌舞伎座

狂言替

悲活劇　花いばら　八場

【典　拠】「名古屋新聞」10・14広告、20広告、21広告。

【備　考】○「大特別興行」(「名古屋新聞」10・14広告)

○十月十四日〜二十一日　新守座

《連鎖劇》大井・山九州一座　芸題取替へ

喜劇　調《てふ》ふく　一幕

家庭大悲劇　想《さう》夫《ふ》憐《れん》　八場

山田　波多　葉山　金子　田島　津田

村尾　寺田　天川　三好　三園　大井

【典　拠】「名古屋新聞」10・14、14広告、16評、21。

【備　考】○「初日に限り午後四時ヨリ一回」(「名古屋新聞」10・14広告)

○評「新守座」(「名古屋新聞」10・16)

○十月十四日　高砂座

岡田活動大写真

【典　拠】「名古屋新聞」10・14、15広告。

○十月十四日〜二十日　五時開場　御園座

浪花節　京山小円

【読み物】十四日　源蔵徳利の別れ(小円)　天保六歌仙(ママ)　河内山宗俊(小円)

十五日　前席　鳴り渡る櫓の巴(小円)　後席　岡野重右(ママ)衛門(小円)

十六日　勧進帳(小円)　幡随長兵衛(小円)

十七日　宗五郎子別れ(小円)　義士討入り(小円)

十九日　五郎正宗孝子伝(小円)　越後家大評定(小円)

【典　拠】「名古屋新聞」10・13、14、14広告、15、16、16評、17、19、20広告。

【備　考】○「名古屋新聞」10・16評には、初日小円の読み物として右のほか「国調(編注、国勢調査)記念に先頃宣伝したのを二くだりばかり」とある。○「初日は九十五銭、七十五銭、四十五銭。」(「名古屋新聞」10・13)

○評「御園座」(「名古屋新聞」10・16)

○十月十五日〜十七日　午前十時より午後十時まで　京枡座

《新派連鎖》軍事教育劇　宜誠団

悲劇　再度の出征　山本薫一行

【大　切】京人形

【典　拠】「名古屋新聞」10・15、16広告、17広告。

【備　考】○「好評」(「名古屋新聞」10・17広告)

○十月(十五)日　午前十時より　国技館

名古屋鉄道局殉職者祭典

【典　拠】「名古屋新聞」10・1。

【備　考】○「遺族慰安として当日前後三日間は、市内各劇場・活動写真館

等の好意に依り、特別観覧を為し得る筈。」（典拠）

○十月十五日～(十九)日　大黒座

（万歳芝居）

鈴木源十郎
石川貫一

【典　拠】「名古屋新聞」10・15広告、19広告、20広告。

【備　考】○「好評」（「名古屋新聞」10・16広告）

○十月十五・(十六)日　高砂座

東京三福活動大写真

【典　拠】「名古屋新聞」10・15広告～17広告。

【備　考】○「好評」（「名古屋新聞」10・16広告）

○十月十五日～(二十一)日　十五日より十七日昼夜二回 十八日より二十一日まで一回興行　中央劇場

東京少女大歌劇

東京少女歌劇団

【出　演】白河澄子・田中寿々子・貴島田鶴子・上野一枝・谷崎歳子
新加入 一条久子・千種百合子・守八千代

【番　組】お伽歌劇 千年後 三場　史歌劇 山伏接待 二幕　ダンス ボードビル　オペレット 日記の頁から 二幕

【典　拠】「名古屋新聞」10・11、15、15広告、20評。

【備　考】○「東京少女歌劇来る　目下神戸に興行中の同歌劇団は当市に開演の由。」（「名古屋新聞」10・6）　○「六十余名。」（同紙10・15）　○「好評」（同紙10・16広告）　○評「中央劇場」（「名古屋新聞」10・20）

○十月十五日～　午後六時より　蓬座

《新派》

演目不詳

小川竹之助一行

【典　拠】「名古屋新聞」10・15。

【備　考】○「好評」（「名古屋新聞」10・17広告）

○十月(十五)日　旭聴会琵琶会

「蘇鉄町親愛会労働者慰安の為め、十五日夜同公会堂にて、旭聴会琵琶会開催。」（「名古屋新聞」10・14）

○十月十五日　七ツ寺弁財天奉納琵琶演奏

十五日、市内中区門前町七ツ寺境内弁財天の大祭が催され、滝旭常外数名による琵琶演奏が奉納された。（「名古屋新聞」10・14、「新愛知」10・15）

○十月十六日　夢中連浄瑠璃会

「十六日白川町大運寺に於て浄瑠璃会開催。」（「名古屋新聞」10・16）

○十月十七日　三栄座

篠塚力春門人舞踊温習大会

【典　拠】「名古屋新聞」10・17。

○十月十七日〜(十九)日　午後六時より　高砂座

（浪　花　節）　奈良丸会　鼈甲斎輝寅一行

【典　拠】「名古屋新聞」10・17、19広告、20広告。

【備　考】○「虎丸会鼈甲斎輝虎一行」(「新愛知」10・17広告)

○十月十七日〜二十日　帝国座

のしほ改メ阪東秀調一座　二の替り

浅間嶽時鳥　北上川遊覧より時鳥殺しまで

奥州安達原　袖萩祭文の段

芦屋道満大内鑑　葛の葉子別れの段二場

碁太平記白石噺　揚屋の段

【典　拠】「名古屋新聞」10・17広告、「新愛知」10・20広告、21広告。

【備　考】○「大好評」(「新愛知」10・20広告)

○十月(十七)日〜　宝生座

《新派劇》　落井浜次郎一行

演目不詳

【典　拠】「名古屋新聞」10・16広告、17広告、22広告。

【備　考】○「落合虎次郎」(「名古屋新聞」10・17広告)

○十月十七日　土屋重永追善能

十七日午前九時より、東区呉服町能楽堂において、宝生流の故土屋重永追善能が催された。

(「名古屋新聞」10・12、「新愛知」10・21)

○十月十九日〜(二十一)日　京枡座

浪花節　呑風　東天　吾一　一行

【典　拠】「名古屋新聞」10・19広告、21広告、22広告。

【備　考】○「好評　浪花節三兄弟」(「名古屋新聞」10・20広告)

○十月十九日〜(二十三)日　三栄座

《新　派》　新派合同劇　静波三郎

演目不詳

【典　拠】「名古屋新聞」10・19広告、「新愛知」10・23広告、24広告。

【備　考】○「満員好評」(「名古屋新聞」10・21広告)

○十月十九日〜二十五日　午後三時開幕　末広座

松竹合名社専属俳優

【一番目】裏表彩錦伊達織《うらおもてにしきのだてをり》　四幕

河竹黙阿弥翁作

【二番目】勧善懲悪孝子誉《くわんぜんちやうあくかうしのほまれ》　二幕

【大　切】廓《くるわ》文《ぶん》章《しやう》　吉田屋の場

【配　役】第一番目

序　幕　三股川御座船

伊達左金吾頼兼　中村　仲太郎
近習右門　実川　芦三郎
同　要人　実川　菊之助
茶道珍才　嵐　吉　郎
太鼓持竹八　浅尾　よしの
同　仁作　嵐　冠之助
同　雀介　嵐　吉五郎
同　八助　阪東　豊　蔵
同　仙吉　嵐　岡　六
同　大作　尾上　音　助
同　五蝶　中村　鶴　獅
同　門平　実川　延　八
仲居おいち　実川　八百枝
同　おふじ　嵐　広　二
同　おみつ　嵐　冠吉郎
同　およね　実川　若三郎
三浦屋高尾　実川　八百蔵

二幕目　典医大場住宅

医家大場道益　実川　延五郎
同　弟同性宗益　浅尾　関三郎
家主杢兵衛　実川　鴈　蔵
下駄職人樫蔵　実川　正　寿
番太与兵衛　嵐　吉五郎
伊勢屋芳松　実川　鴈　童
花売佐五兵衛　尾上　卯十郎
同人娘お竹　嵐　広三郎
鬼頭条三郎　実川　家　正

久方正太郎　中村　仲太郎
小者小助　実川　延　若

三幕目　伊達家奥御殿

伊達鶴千代　実川　延　幸
悴千松　中村　福　呂
山名奥方栄御前　中村　仲太郎
銀兵衛妻八汐　嵐　吉三郎
庄司妻沖の井　嵐　広三郎
帯刀妻松島　実川　家　正
侍女信夫　浅尾　よしの
腰元芳埜　実川　若三郎
同　龍田　嵐　冠吉郎
同　雲井　実川　八百枝
同　田毎　嵐　広　二
鳶嘉藤太　実川　鴈　蔵
乳人政岡　実川　延　若

同　奥　床下怪異

仁木弾正直則　実川　延　若
荒獅子男之助

大　詰　問注所白洲

倉橋弥十郎　嵐　吉三郎
横井角左衛門　実川　延　郎
大場宗益　浅尾　関三郎
花屋佐吾兵衛　尾上　卯十郎
上原丹下　実川　菊之助
下間左忠太　嵐　冠之助
家主杢兵衛　実川　鴈　蔵
下女おたけ　嵐　広三郎
小者小助　実川　延　若

同　詰所刃傷

仁木弾正　実川　延　若
渡辺外記左衛門　実川　延五郎
渡辺民部　実川　延　枝
笹野才蔵　嵐　吉　郎
井筒鹿之助　実川　菊之助
鈴木主計　実川　正　寿
天野真八　実川　芦三郎
近侍　嵐　吉五郎
同　嵐　冠之助
同　嵐　岡　六
同　嵐　冠吉郎
同　嵐　広　二
同　阪東　豊　蔵
同　尾上　音　助
同　実川　延　八
同　実川　八百枝
同　中村　鶴　獅
同　実川　若三郎
細川勝元　嵐　吉三郎

第二番目

序　幕　横浜長者町裏屋善吉住家

紙屑屋福住善吉　嵐　吉三郎
同　悴卯之助　実川　延　幸
同　父甚兵衛　中村　仲太郎
差配人佐次兵衛　実川　延　郎
古着屋安達喜兵衛　尾上　卯十郎

同　手代吾助　実川　鴈　蔵
裏長屋女房お鹿　嵐　吉　郎
同　おくま　浅尾　関三郎
女将おとみ　嵐　広三郎

二幕目　横浜海岸通道普請

福住善吉　嵐　吉三郎
同　悴卯之助　実川　延　幸
虎蔵弟巳之助　実川　八百蔵
同　女房おむら　実川　家　正
人夫源六　実川　延五郎
同　熊蔵　実川　菊之助
同　竹斎　実川　延　郎
同　雲念　嵐　吉　郎
同　銀太　実川　芦三郎
同　升七　実川　延　枝
同　五右衛門　実川　正　寿
野毛重右衛門　中村　仲太郎
北向虎蔵　実川　延　若

大　切　新町吉田屋

藤屋伊左衛門　嵐　吉三郎
吉田屋喜左衛門　中村　仲太郎
若い者新吉　実川　延　郎
同　松造　実川　鴈　蔵
同　千代蔵　嵐　吉　郎
同　九助　実川　正　寿
同　慶次　実川　芦三郎
同　蓮太　実川　菊之助
同　道八　嵐　冠之助

同　横太　嵐　岡六
同　長次　尾上　音助
平大尽　嵐　吉五郎
太鼓持万平　阪東　豊蔵
同　千次　中村　鶴獅
同　寿作　実川　延八
幇間一八　実川　鴈童
同　万吉　実川　延枝
同　笑六　実川　家正
藤屋若い者　大　ぜ　い
扇屋夕霧　嵐　広三郎
禿かよひ路　実川　延幸
実川　八百蔵
吉田屋女房おきさ
同　仲居　大　ぜ　い

【長　唄】芳村伊十次郎　芳村政一郎　玉村善次郎　〔三味線〕玉村秀三郎　玉村富之助　坂東吉次郎　〔　笛　〕坂東重作　〔小　鼓〕小川源次　〔大　鼓〕小川伊三郎　〔太　鼓〕中村小新次　【長　唄】玉村富五郎

【観劇料】初日入場料　特等金二円八十銭　一等金二円　二等金一円二十銭　三等金七十五銭　四等金五十銭　五等金三十銭　二日目より　特等金三円五十銭　一等金二円五十銭　二等金一円五十銭　三等金九十銭　四等金六十銭　五等金三十五銭

【典　拠】番付。観劇料はチラシ、千秋楽は「名古屋新聞」10・25による。

【備　考】○「初日に限り午後二時開幕」（典拠番付）○『裏表錦伊達織』二幕目「典医大場住宅の場」において「延若の口上で当地に縁故深き仲太郎・家正の御目見得挨拶あり」。（「名古屋新聞」10・21評）○「百余名大一座」（同紙10・19広告）○「仲太郎病気の為め綱宗（広三郎）、栄御前（八百蔵）、喜左衛門（延若）が代役。」（同紙10・21）○「本日限りにて開幕は午後二時。」（「新愛知」10・25）○評「末広座」一記者（「新愛知」10・21）「末広座」（「名古屋新聞」10・21）

○十月十九日～（二十二）日　午後六時より　**蓬座**

《新派実写連鎖》

演目不詳

小山秀夫一行

【典　拠】「名古屋新聞」10・19、「新愛知」10・22広告、23広告。

【備　考】○「好評」（「名古屋新聞」10・20広告）

○十月　西流薩摩琵琶同好会の篤志

「同会にては、琵琶会の純益金二十三円七十五銭を中区古沢町一丁目名古屋盲人会へ寄附したり。尚同会にては、盲人会の事業援助の目的にて、毎月開催の都度、之れが利益を寄贈する由。」（「名古屋新聞」10・19）

○十月（二十）日～　**大黒座**

浅遊連芸妓秋季浄瑠璃大会

【典　拠】「名古屋新聞」10・19広告、「新愛知」10・20広告。

【備　考】○「鯱連浄瑠璃大会」（「名古屋新聞」10・20広告）

○十月二十日　**高砂座**

演目不詳

中村芝三郎

【典　拠】「名古屋新聞」10・20広告、21広告。

【備　考】○「好評」（「新愛知」10・20広告）

○十月二十日～(二十六)日　千歳劇場

《喜　劇》喜楽会千葉萬楽一派　狂言替

【第　一】喜劇　晴　れ　衣　三場

【第　二】喜劇　夢　の　世　二場

【第　三】社会劇　狂　ひ　駒　四場

【第　四】笑劇　ゴ　リ　ラ　二場

【典　拠】「名古屋新聞」10・20広告、26広告、27広告。

【備　考】○「例の萬楽□□艶な舞台振で好評。」(「新愛知」10・25)

○十月二十日　旭廓の火事による劇場の休業

二十日午後六時十分、旭廓《しんち》にて高圧線の断線による火災が発生し、女紅場の一部に被害が出たが、その影響で大須の劇場や活動写真館も一時休業した。(「名古屋新聞」10・21)

○十月二十一日～(二十七)日　歌舞伎座

狂言替

【一番目】社会劇　炭　山　五場

【二番目】活劇　菊　人　形　五場

【典　拠】「名古屋新聞」10・21広告、27広告、28広告。

【備　考】○「大道具新調のため本日より三日間臨時休業」(「名古屋新聞」10・28広告)

○十月二十一日～(二十三)日　午後六時より　高砂座

(浪　花　節)　京山小円一行

【典　拠】「名古屋新聞」10・21、「新愛知」10・23広告、24広告。

【備　考】○「大好評」(「新愛知」10・22広告)

○十月二十一日～(二十九)日　昼夜二回　帝国座

《新派連鎖劇》新生団一行

悲活劇　みだれ咲　十一場

喜劇　笑　顔　三場

福山林　白木松子　岩崎望月　大橋歌川　大西谷重

【典　拠】「名古屋新聞」10・20広告、21、29広告、30広告。

【備　考】○「入替なし(中略)新進若手幹部揃ひ」(「名古屋新聞」10・20広告)○「京阪神地より幹部連出演」(同紙10・21広告)○「背景と俳優熱心にて大好評」(「新愛知」10・25広告)

○十月二十一・二十二日　午後五時より開催　御園座

北清飢饉義捐

慈善筑前琵琶大演奏会　東京筑前琵琶宗家師範　橘　旭　宗

【主　催】当市旭老・旭鵰・旭邦・旭調・旭龍・旭聡・旭凰・旭文・旭宏・旭生・旭艶・旭洲・旭春・旭常の諸会

【出　演】東京島田旭耕・神戸松岡旭岡・東京東原旭扇女史

【番　組】二十一日　義士本懐(高田旭邦)　橘中佐(渡辺旭芝女史)　伊豆御難(熊沢旭香女史)　菊の礎(桐山旭鵬嬢)　師長(合奏　安部旭栄嬢・滝旭豊嬢)　本能寺(前田旭

龍女史） 屋島（島田旭耕） 衣川（松岡旭岡） 広徳寺（東原旭扇女史） 檀特山（橘旭宗） 茶臼山（橘旭宗） 旭の光（五絃合奏 旭岡・旭宗・旭扇・旭耕）

二十二日 佐渡の若竹（村上旭生） 蓬莱山（旭栄・旭豊） 藤戸の渡（安田旭園嬢） 金子十郎（旭香） 箙の梅（旭鵬） 長柄の秋風（滝旭常女史） 実盛（旭龍） 大徳寺（旭岡） 壇の浦（旭耕） 那須与市（旭扇） 俊寛（橘旭宗） 裾野の誉（橘旭宗） 秘曲蝉丸（五絃合奏 旭岡・旭宗・旭扇・旭耕）

【典　拠】「名古屋新聞」10・19、21、22評、22広告、「新愛知」10・21。

【備　考】○「純益金を新愛知・名古屋両新聞社に託し、慈善費に充つる筈。」（「名古屋新聞」10・19） ○「特別会員一円（中略）普通会員五十銭」（同紙10・22広告） ○評「御園座の慈善琵琶会」（「名古屋新聞」10・22）

○十月二十二日～（二十五）日　京枡座

《新派連鎖劇》

落花の恨　　楠　愛之助　下山　明　合同

【典　拠】「名古屋新聞」10・22、25広告、26広告。

【備　考】○「好評」（「名古屋新聞」10・24広告）

○十月二十二日～　寿座

万歳芝居　　市川　幸丸　一行

【典　拠】「名古屋新聞」10・22広告。

【備　考】○「好評」（「名古屋新聞」10・31広告）

○十月二十二日～二十九日　新守座

《新派連鎖劇》 第一劇団大井・山九州 芸題変り

喜劇 見越しの松

新派悲劇連鎖劇 涙《なみだ》の村《むら》　全七場

山田　波多　葉山　金子　田島　津田
村尾　寺田　天川　三好　三園　大井

【典　拠】「名古屋新聞」10・22、22広告、26評、29。

【備　考】○「今初日ニ限リ午后四時ヨリ一回」（「名古屋新聞」10・22広告） ○「本日ひるの部は砲兵工廠殿へ売切り　夜の部は午後四時より開場」（同紙10・28広告） ○評「新守座」（「名古屋新聞」10・26）

○十月二十二日　七ツ寺境内の火事

二十二日午前二時頃、市内中区門前町七ツ寺境内の料理店宮房本店裏手より出火。同店の客席二棟を全焼したほか、南風に煽られて善光寺通りに燃え移った火は、源氏節語り岡本美根吉宅など数軒に被害を出した。

（「新愛知」10・23）

○十月（二十三）日～二十九日　中央劇場

二十三・二十四日昼夜二回
二十五日より二十九日迄一回興行

二の替

東京少女大歌劇

【番　組】史歌劇 曽我物語 二場　歌劇 熊野 一幕　オペレット 啞女房 一幕

【典　拠】「名古屋新聞」10・22、29、「新愛知」10・23広告。

【備　考】○「名古屋新聞」10・22には「本日より」とある。 ○「『曽我物語』を始め新作物上場。」（「名古屋新聞」10・21）

○十月(二十三)日　午後三時より　**御園座**

第八回 哥沢演奏会　主催 哥沢家元 哥沢芝金

【典　拠】「名古屋新聞」10・13。

○十月(二十三)・(二十四)日　**蓬座**

演目不詳　河井浜次郎 蝶々会合同

【典　拠】「新愛知」10・22広告、23広告、「名古屋新聞」10・24広告、25広告。

【備　考】○「好評」(「名古屋新聞」10・24広告)

○十月二十三日　**県会議事堂における活動写真会**

二十三日午後六時から、愛知県会議事堂において名古屋新聞主催による通俗教育活動写真会が開催され、県・市当局者、市内・付近在住の教育関係者及びその家族が招待された。　（「名古屋新聞」10・24）

○十月二十四日～　午後六時より　**三栄座**

《新　派》新陽劇団

かれゆく雲　山田一郎 林玉子 一行

【典　拠】「名古屋新聞」10・24、24広告。

【備　考】○「好評」(「名古屋新聞」10・30広告)

○十月二十四日～　**高砂座**

演目不詳　荒木清一派

【典　拠】「新愛知」10・24広告。

【備　考】○「名古屋新聞」10・24広告～26広告には「好評　尺八・琴・長唄温習会」とある。○「好評」(「新愛知」10・25広告)

○十月(二十四)日～　**宝生座**

慈善琵琶会

【典　拠】「新愛知」10・23広告。

○十月(二十四)日　午後五時半より　**御園座**

秋渓入営送別ハーモニカ大会　主催 秋渓倶楽部

【典　拠】「名古屋新聞」10・22。

○十月二十四日　**改名披露薩摩琵琶会**

「愛琵会主催にて、二十四日午後五時より熱田市場町蔵福寺に、土川・小坂井両師の改名披露正派薩摩琵琶大演奏会を催す由。」
（「名古屋新聞」10・24）

○十月二十四日　**片岡杜若没**

豊橋市松葉町の旅宿に投宿中の俳優片岡杜若こと佐右田金吉(五五)は、鉛毒その他の病を併発し、豊橋市役所へ行路病者として収容され

たが、二十四日死去した。（「新愛知」10・26）

○十月(二十四)日　江戸時代文芸会と新内演奏

「二十四日午後七時から、矢場町共楽園で江戸時代文芸会を催し、軟派物に就ての講話と中京川柳社員の末摘花摘講、富士松春太夫の新内等がある。会費五十銭にて多数の来会を歓迎す。」（「新愛知」10・21）

○十月(二十四)日　観世流素謡会

「二十四日午後一時より、呉服町能楽堂に於て、当市能楽家青山社中の素謡会を開催する由。傍聴随意。」（「名古屋新聞」10・22）

○十月下旬～(二十八)日　大黒座

演　目　不　詳　　諸演劇団一行

【典　拠】「名古屋新聞」10・24広告、28広告、29広告。
【備　考】○「好評」(「名古屋新聞」10・24広告)

○十月二十五日～　夕五時より　御園座

浪　花　節　　桃中軒峰右衛門

【読み物】二十五日　十八番の内 南部坂雪の別れ(峰右衛門)　十八番の内 出世力士稲川東下り(峰右衛門)　長講二席
二十六日　池田と大名(峰右衛門)　山鹿護送(峰右衛門)
二十八日　水府義士(ママ)(峯右衛門)　大石江戸探り(峯右衛門)　二席

【典　拠】「名古屋新聞」10・24、24広告、25広告、26、28。
【備　考】○「名古屋志知興行部」(「新愛知」10・25広告)「大勉強金五十銭均一」(「名古屋新聞」10・25広告)　○「好評」(同紙10・28広告)

○十月二十五・(二十六)日　蓬座

ニコ〳〵館活動大写真

【典　拠】「名古屋新聞」10・25広告～27広告。
【備　考】○「好評」(「名古屋新聞」10・26広告)

○十月二十六日～(二十八)日　京枡座

秋季浄瑠璃温習会　　野沢吉次門人

【典　拠】「名古屋新聞」10・26、28広告、29広告。
【備　考】○「廓連始め、其他四連妓物取持。」(「名古屋新聞」10・26)　○「好評」(同紙10・27広告)

○十月二十六日～　午後五時開演　宝生座

(諸　芸)　　三遊亭小円朝　柳家さくら

【番　組】新講談(野口復堂)　尺八(加藤渓水)　義太夫　三十三間堂(新若松金時)
【典　拠】「名古屋新聞」10・26広告、29。
【備　考】○「久方振りの小円朝と復堂、渓水の尺八は浄瑠璃と合奏し…。」(「名古屋新聞」10・26広告)　○「毎日満員」(同紙10・30広告)

○十月(二十六)日　西村刀自追善演芸会

「劇狂江崎浮山氏等発起となり、二十六日蒲焼町三芝居屋に於て、先日物故せる西村刀自の為め追善演芸会を開催の由。」

(「名古屋新聞」10・25)

○十月二十七日～十一月(二)日　正午開演昼夜　千歳劇場

《喜劇》喜楽会千葉萬楽一派　狂言替

喜劇　紅ハンカチ　三場

喜劇　でん〳〵太鼓《たいこ》　二場

社会劇　縁《えん》不《ふ》縁《えん》　三場

笑劇　狸の皮　二場

四貞楽
萬両
喜津根
小萬
萬楽

【典　拠】「新愛知」10・26、「名古屋新聞」10・27広告、29評、11・2広告、3広告。

【備　考】○「昼夜入替え無し」(「名古屋新聞」10・27広告)○評「千歳劇場」(「名古屋新聞」10・29)

○十月二十七日～　蓬座

万歳芝居

石川貫一
鈴木源十郎
一行

【典　拠】「名古屋新聞」10・27。

【備　考】○「好評」(「名古屋新聞」10・31広告)

○十月下旬～(二十七)日　高砂座

荒木清一派　二の替り

演目不詳

【典　拠】「名古屋新聞」10・27広告、28広告。

○十月二十八日～十一月三日　午後四時開演　末広座

初日に限り午後三時開演

《新派劇》東京新派劇

大阪毎日新聞連載

菊池寛氏原作　川村花菱氏脚色

真《しん》珠《じゅ》夫《ふ》人《じん》　七幕十場

【出　演】木下吉之助・梅島昇・鈴木清隆・名越仙左衛門・橘緑坡・吉岡啓太郎・小堀誠・東辰夫・御門啓輔・川村桂一・下田猛・磯野平二郎・武村新・松本要次郎・河合武雄

【典　拠】番付(松竹合名社印刷部印行)。千秋楽は「名古屋新聞」11・3による。

【備　考】○「毎日二時開場」(「名古屋新聞」10・29広告)○「連日満員大好評(中略)本日限り　三時開幕」(同紙11・3広告)○評「末広座」(「名古屋新聞」10・30)

○十月二十八日　高砂座

常盤津追善大会

【典　拠】「名古屋新聞」10・28広告。

○十月二十九日　午前十時より　**京枡座**

秋季手踊温習会　森川しい門下

【典　拠】「名古屋新聞」10・29。

○十月(二十九)日～　**大黒座**

浪　花　節　大阪親友派　京山　吾一　呑風　東天

【典　拠】「名古屋新聞」10・28広告～30広告。

○十月二十九・(三十)日　午後二時より　**高砂座**

(奇　術)　日本　天勝　一行

【典　拠】「名古屋新聞」10・29、30広告、31広告。

○十月(二十九)日　**庚申尊天大祭の余興**

二十九日、東区七小町養蓮寺において、六十一年ぶりに庚申尊天大祭が催されるのに伴い、余興として福引・獅子・万歳・生花などが行われる。(「名古屋新聞」10・28)

○十月　**雑誌「筑前琵琶」第一号刊行**

「名古屋に於ける筑前琵琶の隆興を一層ならしめん為め生れたる雑誌なり。折角の発達を祈り置く。(定価十銭　名古屋市中区南武平町四ノ二十一タチバナ社)」(「名古屋新聞」10・29)

○十月(三十)日　**歌舞伎座**

鉄道省四日市工場職員家族慰安会

【典　拠】「名古屋新聞」10・26。

○十月三十日　**京枡座**

浪　花　節　京山　豊太夫　一行

【典　拠】「名古屋新聞」10・30、31広告。

○十月三十日～十一月五日　**新守座**

《新派連鎖劇》代表者大井新太郎・客員山田九州男合同劇　芸題変り

喜劇　角　力　狂

新派連鎖劇　悲劇　血《ち》に啼《な》く声《こゑ》　全十二場　大井　寺田　村尾　波多　山田

【典　拠】「名古屋新聞」10・30、30広告、11・5。

【備　考】○「帝式(編注、帝国キネマ式)の面白い舞台面。」(「新愛知」10・26)　○「本日初日に限り三時半ヨリ一回」(「名古屋新聞」10・30広告)

○十月(三十)・(三十一)日　**中央劇場**

錦心流琵琶大会

【典　拠】「名古屋新聞」10・29、30広告、31広告、11・2広告。

○十月三十日〜十一月(六)日　昼夜二回開演　帝国座

《新派》

御目見得狂言

悲劇　岩《いは》清《し》水《みづ》　八場　松尾志乃武一派

琵琶・義太夫応用

【典　拠】「名古屋新聞」10・30広告、11・2評、6広告、「新愛知」11・7広告。

【備　考】○「帝国座へは先年新守座で当りを取つた松尾志乃武一座が久々に顔を見せる。」(「新愛知」10・26) ○「関西劇壇一優勝者　御待兼ねの松尾志乃武」(同紙10・29広告) ○「初日に限り各等金三十銭均一　二日目より昼夜二回開演」(「名古屋新聞」10・30広告) ○「『岩清水』は所謂□守式のものであるが、それが名古屋の見物には向くのであらう。」(「新愛知」11・2) ○「初日より引続き毎日満員〆切御礼」(同紙11・3広告) ○評「帝国座」(「名古屋新聞」11・2)

○十月三十日　大雲劇場、豊冨館として新装開場

「市内西区円頓寺筋の大雲劇場は、今回大須世界館主が譲り受け、豊冨館《とよとみくわん》と改め、活動常設館とし、三十日盛んなる開館式を挙げ、三十一日より開館したり。館内は美しく改造され、居心地よく身勝手よき小屋となりたり。」(「名古屋新聞」11・2)

○十月三十一日〜十一月(六)日　昼夜　歌舞伎座

関真佐男一行・一心劇合同

悲劇　廓の夜噺　十一場

【出　演】高堂・月村(専)・田中(愛)　新幹部　杉浦市郎・浅井・小島・富田　関真佐男一行加入

【典　拠】「名古屋新聞」10・29広告、31広告、「新愛知」11・6広告、7広告。

【備　考】○「新愛知」10・26には「酒井政俊が加入」とある。○「名古屋新聞」10・31広告ほかには場数「十場」とある。○「一心劇の革新を称する為め背景・大道具を新調するは勿論、主役関の扮する衣装は特に武田呉服店の調製に係り、現に同店及び黄花園内に陳列したるも其の一例」(「名古屋新聞」10・30広告) ○「御入場料　初日ニ限リ　特等五十銭　一等三十銭　二等二十銭」(同紙10・31広告) ○「連日の満員」(同紙11・2広告)

○十月三十一日〜十一月(三)日　京枡座

演目不詳　東京　嵐獅山　坂東彦蔵

【典　拠】「名古屋新聞」10・31広告、11・3広告、4広告。

【備　考】○「満員好評」(「名古屋新聞」11・2広告)

○十月三十一日〜十一月(四)日　高砂座

演目不詳　東京歌舞伎名代　市川栄升　中村歌蔵

【典　拠】「名古屋新聞」10・31広告、11・4広告、5広告。

【備　考】○「大好評」(「新愛知」11・2広告)

○十月三十一日〜十一月六日　夕六時開演　御園座

魔術　松旭斎天勝一行

【番　組】1 和洋音楽合奏(大勢)　2 家庭劇 小公子(巌谷小波先生訳

天勝・南部邦彦　其他大勢）　3 小奇術（美代子・かめ子・信子・天絹）　4 大小魔奇術　英雄船アルゴウ　ムニフの旗　不思議の十字架（天勝）　5 各国流行ダンス（小天勝・しげ子）　6 喜歌劇　おてくさん（かめ子・美代子）　7 小奇術（天海）　8 歌劇　まぼろし（南部邦彦・石神タカネ　其他大勢）　9 滑稽種明し（天海・天清）　10 大魔術（天勝）　上演順不明　喜歌劇　日本主義血のような椿（南部邦彦作）　お伽歌舞劇　夢の胡蝶（中山呑海作）

【典　拠】「名古屋新聞」10・29広告～31広告、11・6広告。

【備　考】○「一行実に七十名」（「名古屋新聞」10・29広告）　○「益々好評」（同紙11・4広告）　○評「御園座」（「名古屋新聞」11・2）

○十月三十一日　神風クラブ曲馬団

「本日より於万松寺通空地　神風クラブ大曲馬団来る　余興　神代節・倭踊　（昼間正午より、夜間午後六時より開演）」

（「新愛知」10・31広告）

○十月(三十一)日　宝生流能会

「名古屋宝生会にては、三十一日呉服町能楽堂に於て能会を開催。傍聴随意。」

（「名古屋新聞」10・28）

○十月　周辺地区の興行

・津島町の巴座は、一日午後六時より絃月会改め津島武絃会主催による関西流薩摩琵琶温習会を開催。

（「名古屋新聞」9・25、28）

・挙母の大正座は、一日より西萬兵衛一行にて開場。

（「新愛知」9・30、10・1広告）

・犬山の真栄座は、志知興行部による衛生劇を上演中。

（「新愛知」10・2広告）

・古知野の古知野劇場は、志知興行部による衛生劇を上演中。

（「新愛知」10・3広告）

・一宮町の歌舞伎座は、末広座中村巡業興行部中村信濃・岩井半之助・市川左半次・中村時鶴・片岡緑左衛門・中村雁十郎ほかの合同一座による『仮名手本忠臣蔵』を、大道具大仕掛け・居所返し、全部幕なし、毎日役替りにて上演中。

（「名古屋新聞」10・4広告）

・岩倉の開栄座は、志知興行部による衛生劇を上演中。

（「新愛知」10・5広告）

・東濃坂下町の万歳座は、末広座中村巡業興行部市川海老十郎・中村信濃の一座による『忠臣蔵』を、大道具大仕掛・幕なしにて上演中。

（「名古屋新聞」10・8広告）

・小牧の甲子座は、志知興行部による衛生劇を上演中。

（「新愛知」10・8広告）

・挙母の大正座は、九日より港家扇蝶にて浪花節を興行。

（「新愛知」10・9広告）

・「西尾町の長唄師匠小林ていの門人等発起し、来る十月上旬を期し、追善と名披露を兼ね、演芸大会を開催する由にて、西城・東雲各連芸妓数十名も出演す。」

（「名古屋新聞」9・13）

・東濃瑞浪の常盤座は、末広座中村巡業部市川海老十郎・中村信濃の一座による『忠臣蔵』を、大道具大仕掛にて上演中。

（「新愛知」10・13広告）

・静岡市の若竹座は、十五日より末広座中村巡業興行部第一団市川海老十郎・沢村百之助・中村信濃等の東西合同一座による『忠臣蔵』の通しを、居所返し・幕なしにて上演。

（「名古屋新聞」10・14、14広告）

・小牧町の甲子座は、十五日午前十時より岩倉・小牧間電車開通式を挙行。小牧芸妓による手踊などあり。

（「名古屋新聞」10・16）

・半田の葉住座は、志知興行部中京成美団にて興行中。
（「新愛知」10・15広告）
・挙母の大正座は、十八日より山本薫による教育劇を上演。
（「新愛知」10・19広告）
・豊橋市の豊橋座は、十九日より末広座中村巡業興行部市川海老十郎・沢村百之助・中村信濃等八十余名の東西合同一座にて開場。
（「名古屋新聞」10・19、19広告）
・瀬戸の陶元座は、二十日午後六時より錦正派宗家神谷秀嶺・小田切木月・平鳳堂、筑前琵琶高木旭宏等による琵琶名人会を開催。琵琶新聞社長牧野□利の講演もあり。
（「名古屋新聞」10・19）
・小牧町の小桜座は、二十・二十一の両日、「松本訓導」活動写真会を開催。
（「名古屋新聞」10・20）
・瀬戸町の陶元座は、二十三日より三日間、「松本訓導」活動写真を上映。
（「名古屋新聞」10・25）
・小牧の小桜座は、二十三日より東京大歌舞伎を上演。
（「新愛知」10・24広告）
・国府町の霞座は、末広座中村巡業部市川海老十郎・沢村百之助・中村信濃等の東西合同一座にて興行中。
（「新愛知」10・23広告）
・四日市の湊座は、二十四日より、のしほ改め阪東秀調一座にて開場。
（「新愛知」10・23広告）
・挙母の大正座は、二十五日より桃中軒富士入道にて興行。
（「新愛知」10・25広告）
・豊川町の第二豊川座は、末広座中村巡業興行部市川海老十郎・沢村百之助・中村信濃等の東西合同一座にて興行中。
（「名古屋新聞」10・25広告）
・小牧町の甲子座は、三十一日夜、錦線会主催による琵琶会を興行。
（「名古屋新聞」10・30）

○十一月一日～(五)日　寿座

五郎正宗孝子伝　中村芝三郎

義士劇　一座

【典　拠】「名古屋新聞」11・2、5広告、6広告。
【備　考】○「好評」（「名古屋新聞」11・3広告）

○十一月(一)日～　大黒座

浪花節劇　市川源昇　お月一行

【典　拠】「名古屋新聞」10・31広告。
【備　考】○「好評」（「名古屋新聞」11・6広告）

○十一月一日～(十)日　中央劇場

正十二時　午後六時　昼夜二回

中京成美団
新愛知新聞連載新小説　江見水蔭氏作

虹《にじ》の舞《まひ》袖《そで》　藤川岩之助

【典　拠】「新愛知」10・25、26、11・2、8広告、10広告、11広告、「名古屋新聞」11・2広告。
【備　考】○「写真の撮影法も新規軸を出し、総て大道具は布幕を用ゐ、暗転・ドンデン返し等で観客を呆《あつ》と云はせる趣向で、東京より新に松木涓氏を聘し、舞台装置の考案中。」（「新愛知」10・25）　○「本社劇の初日（中略）押すな〳〵の盛況にて、各場面共目新しき演出法にて大喝采（中略）夜間は尚一層の好人気にて、入場を断りたる向もあり。」（同紙11・2）　○「『虹の舞袖』劇は（中略）昨夜より竹子夫人を沢井小百合が勤むる事となつた。又

□劇場が初日当時市内各所□飛揚した懸賞付風船玉は…。」(同紙11・7)
○「名古屋志知興行部」「一等八十銭(中略)二等六十銭(中略)三等四十銭」(「新愛知」11・8広告)

○十一月一日〜(七)日　昼一時 夜五時二回開演　宝生座
《新喜劇》　志賀廼家淡海一行
演目不詳
【典　拠】「名古屋新聞」10・31広告、11・2広告、「新愛知」11・7広告、8広告。
【備　考】○「昼夜入替なし」(「名古屋新聞」10・31広告)

○十一月(一)日　林泉寺大般若修行の余興
金城村の林泉寺において、一日午後一時より大黒福寿天記念三周年甲子秋期祈禱大般若修行が催されるのに伴い、余興として知多万歳、二輪加大会が行われる。(「名古屋新聞」10・29)

○十一月(一)日　親愛会遥拝式の余興
「名古屋蘇鉄町親愛会にては、来月一日明治神宮鎮座祭当日午後二時より遥拝式を行ひ、引続き名士の講演あり。午後六時よりは奥村氏一行の余興落語・講談・二輪加・手品数番を催すべし。」(「名古屋新聞」10・30)

○十一月二・(三)日　午後二時より　蓬座
《旧劇連鎖》　大谷友十郎 市川百十郎
演目不詳
【典　拠】「名古屋新聞」11・2、3広告、4広告。

○十一月二日　高宮神宮祭の余興
「岡崎市明大寺町高宮神宮は、今回県社に昇格したるより、二日奉告式を挙げ、芝居・角力・大弓・手踊等の余興あり。」(「名古屋新聞」11・3)

○十一月上旬〜(五)日　午後六時より　三栄座
《新派連鎖劇》　川上貞二郎一行
演目不詳
【典　拠】「名古屋新聞」11・2、5広告、6広告。
【備　考】○「好評」(「名古屋新聞」11・2広告)　○「川上貞次郎」(「新愛知」11・5広告)

○十一月三日～(九)日　千歳劇場

《喜　劇》喜楽会千葉萬楽一派　芸題替

喜劇　酔　ざ　め　三場

喜劇　開　店　祝　二場

社会劇　牧　場　の　秋　二場

笑劇　人　形　師　三場

【典　拠】「名古屋新聞」11・3広告、9広告、10広告。

○十一月三日　活動弁士に科料

活動弁士柴山春豊(二五)と遠矢栄(二二)の両名は、十月二十七日午後八時三十分、愛知県中島郡祖父江町大字祖父江の新豊座にて興行中の活動写真に、免許を受けずに弁士を勤めたため、三日一宮署にてそれぞれ科料五円に処せられた。

(「新愛知」11・5)

○十一月上旬　京山愛子の愛楽園建設

「女流浪界の京山愛子は、市内門前町湊座横大須公園内に住所を定め居たるが、今回公園内に八百六十坪の地を借入れ、愛楽園なるものを設け、園内には理想的の玉突場、大弓場、碁将棋場、旅館及ひラヂユームの大温泉等を設けんと、三ケ年間計画にて、来月上旬迄には、玉突、大弓、旅館の一部竣工のよし。」

(「名古屋新聞」10・3)

○十一月四日～(六)日　京枡座

秋季浄瑠璃大会

会主　竹本越広

森太夫一座

【典　拠】「名古屋新聞」11・4、「新愛知」11・6広告、7広告。

【備　考】○「満員好評」(「名古屋新聞」11・5広告)

○十一月四日　午前九時より　末広座

秋季舞踊大温習会

主催　中島鶴弥

【典　拠】「名古屋新聞」11・4。

【備　考】○「二十九番ありて、杵屋三太郎・岩屋一郎両師門下の旭廓芸妓の取持あり。」(「名古屋新聞」11・2)　○「午前八時より」(同紙11・4広告)

○十一月四日～(七)日　蓬座

《新派連鎖劇》

演　目　不　詳

一志好美一行

【典　拠】「名古屋新聞」11・4、「新愛知」11・7広告、8広告。

【備　考】○「名古屋新聞」11・4は「一心好美」とする。○「大好評」(「新愛知」11・6広告)

○十一月五日　午後一時　国技館

御園白粉本舗伊藤胡蝶園東海支局創業三周年記念

東海婦人美髪師大会

主催　東京すがた社東海支局

【典　拠】「名古屋新聞」11・4広告、6。
【備　考】○「正午十二時開場　競技　各種結髪競技神前結婚式仮装公開（中略）講話　鳩山春子女史」（「名古屋新聞」11・4広告）

○十一月五日～(七)日　高砂座
ドン〳〵節　元祖三河家円　車
【典　拠】「名古屋新聞」11・5広告、「新愛知」11・7広告、8広告。
【備　考】○「大好評」（「新愛知」11・6広告）

○十一月六日～(八)日　寿座
二人合邦　市川　川蔵　嵐　□一座
【典　拠】「名古屋新聞」11・6広告、8広告、9広告。

○十一月六日　三栄座
舞踊大会　篠塚力長門人
【典　拠】「名古屋新聞」11・6。
【備　考】○「篠塚力長門人数十名及廓連妓出演。」（典拠）

○十一月六日～十二日　新守座
《連　鎖》第一劇団大井新太郎一派　芸題替
山本夏山氏脚色
悲劇　蛇《へび》苺《いちご》　連鎖八場　客員山田九州男加入
【典　拠】「名古屋新聞」11・6、6広告、12。

○十一月六・七日　三時より　末広座
はなみち会　第一回試演会
会津魂
先台萩
玄冶店
桐の葉散る夕
【第　五】鈴ケ森
【典　拠】「名古屋新聞」11・4、6、「新愛知」11・7広告。
【備　考】○「文士・芸妓・会社重役・番頭等に依り組織された同会は…。」（「名古屋新聞」11・4）

○十一月七日～(十二)日　歌舞伎座
《新　派》狂言替
悲劇　花の夢　八場　高堂国典　関　真佐男

【典　拠】「新愛知」11・8広告、12広告、13広告。
【備　考】○「三十一日から新加入として（中略）出演してゐる関真佐男は（中略）女主人公に扮し…。」（「新愛知」11・8）○「連日満員」（同紙11・12広告）

○十一月七日　京枡座

舞踊大会　青山□□門人

【典　拠】「新愛知」11・7広告。

○十一月（七）日～（九）日　三栄座

《旧劇実写連鎖劇》

演目不詳　市川百十郎

【典　拠】「新愛知」11・6広告、7広告、「名古屋新聞」11・9広告、10広告。
【備　考】○「好評」（「名古屋新聞」11・8広告）

○十一月七日～（十三）日　帝国座

《新　派》松尾志乃武一派　二の替り

悲劇　返り咲き　全九場

【典　拠】「新愛知」11・7広告、「名古屋新聞」11・9広告、13広告、14広告。
【備　考】○「平場早イがち金四十銭」（「新愛知」11・7広告）○「松尾優が菊奴に扮して毎日満員の大好評」（「名古屋新聞」11・13広告）

○十一月七日～十日　午後五時開演　御園座

女流浪花節　吉田小奈良　吉田奈良栄　市川中子

【読み物】八日　義士伝（小奈良）偉人の面影（小奈良）
九日　大石妻子別れ（小奈良）不破の赤心（小奈良）
十日　袈裟御前（小奈良）神崎東下り（小奈良）

【典　拠】「名古屋新聞」11・5、7広告、8～10。
【備　考】○「久々のお目見得　金五十銭均一」（「名古屋新聞」11・7広告）

○十一月七日　旭鶊会琵琶会

「七日午後五時より、松山町含笑寺にて、旭鶊会主催で筑前琵琶□□温習会を開く。」（「名古屋新聞」11・7）

○十一月（七）日　名古屋保能会

「名古屋保能会にては、七日午前九時より東区呉服町能楽堂に於て能会を開催。」（「名古屋新聞」11・5）

○十一月八日～（十）日　午後六時より　京枡座

《新派連鎖劇》

演目不詳　一志好美一行

【典　拠】「名古屋新聞」11・8、10広告、11広告、「新愛知」11・8広告。
【備　考】○「名古屋新聞」11・8は「一心好美」とする。○「満員好評」（「名古屋新聞」11・9広告）

○十一月八日～(十一)日　大黒座

浪花節　原華六 浪花家美之助一座

【典拠】「名古屋新聞」11・8、11広告、12広告。

○十一月八日～(十三)日　午後六時より　高砂座

《新派連鎖劇》

演目不詳　新生団一行

【典拠】「名古屋新聞」11・8、13広告、14広告。
【備考】○「好評」(「名古屋新聞」11・9広告)

○十一月八日～　宝生座

《喜劇》狂言替

演目不詳　志賀廼家淡海一行

【典拠】「名古屋新聞」11・8広告、10広告。
【備考】○「好評」(「名古屋新聞」11・10広告)

○十一月八・(九)日　午後二時より　蓬座

ニコ〱活動大写真

【典拠】「名古屋新聞」11・8、9広告、10広告。
【備考】○「好評　ニコ〱館連鎖活劇」(「名古屋新聞」11・9広告)

○十一月九日～(十四)日　寿座

浪花節芝居　市川源昇

【典拠】「名古屋新聞」11・9広告、14広告、15広告。
【備考】○「好評」(「名古屋新聞」11・10広告)

○十一月十日～(十二)日　三栄座

豊仙連秋季浄瑠璃大会

【典拠】「名古屋新聞」11・9、10広告、12広告、13広告。
【備考】○「好評」(「新愛知」11・11広告)

○十一月十日～(十六)日　千歳劇場

《喜劇》喜楽会千葉萬楽一派　狂言替

喜劇　水先案内　三場

喜劇　置土産　一場

社会劇　紅葉祭り　二場

笑劇　新華族　二場

【典拠】「名古屋新聞」11・10広告、16広告、17広告。

【備考】○「喜劇『水先案内』三場、同『置土産』一場。」(「名古屋新聞」11・10)

○十一月十日〜(十二)日　午後六時より　蓬座

《新派》

演目不詳　中京国劇団一行

【典拠】「名古屋新聞」11・10、13広告、「新愛知」11・12広告。

【備考】○「好評」(「名古屋新聞」11・11広告)

○十一月十一日〜(十四)日　京枡座

浪花節　原華六　美之助　二座合併

【典拠】「名古屋新聞」11・11、14広告、15広告。

【備考】○「中京浪花節(中略)長講二席づゝ。」(「名古屋新聞」11・11)○「満員好評」(同紙11・12広告)

○十一月十一日〜　中央劇場

二の替り

桜村先生新作

悲劇　涙《なみだ》の跡《あと》

【典拠】「新愛知」11・11広告、「名古屋新聞」11・11、11広告。

【備考】○「名古屋志知興行部」(「新愛知」11・11広告)○「好評」(「名古屋新聞」11・17広告)

○十一月十一日　十一屋呉服店の新築

十一日、十一屋呉服店が新築開業した。一階から三階までを売場としているほか、三階に食堂を設置。四階を演芸場とし、屋上に庭園を備えている。

(「名古屋新聞」11・11)

○十一月(十一)日　元東陽館の建物、貯金局分室に

名古屋市内中区東陽町の東陽館元名古屋商友倶楽部跡に、十一日より通信省貯金局名古屋分室が開設されることになった。

(「新愛知」11・9)

532頁上段参照。

○十一月　西尾町に大劇場新築の計画

「昨秋焼失せし県下幡豆郡西尾町の西尾座は、今回二万五千円の株式会社を以て設置に決し、既に証拠金を徴収せしが、一方同町の歌舞伎座も本年限り改築の必要あり。両劇場関係者協議の上、合併し、一大劇場を元西尾座跡に新築する筈なり。」

(「名古屋新聞」11・11)

532頁下段参照。

○十一月十二日〜(十四)日　大黒座

奇術・魔術・曲芸　松旭斎天佐一行

【典拠】「名古屋新聞」11・12広告、14広告、15広告。

○十一月十二日〜　午後五時開場　宝生座

大魔術・抜現活動写真

【番組】奇術　ダンス(仏国女優ローザ)等

【典拠】「名古屋新聞」11・11広告、12。

【備　考】○「東京新富座にて連日満員　此の抜現奇術は奇術界にて誰れも曾つて演ぜし事なきもの　天佐の専売物にして欧米巡業土産」（「新愛知」11・11広告）○「写真の映画が抜出る魔術」（同紙11・13広告）

○十一月十二日～十八日　午後二時開場　**御園座**

東京市村座附幹部俳優中村吉右衛門・坂東三津五郎一座
五代目中村七三郎名びろめ

【序開き】寿《ことぶき》対《つひの》丹《たん》前《ぜん》　一幕　長唄囃子連中
並木宗輔作
【一番目】一谷《いちのたに》嫩軍《ふたばぐん》記《き》　二幕
【場　割】陣門　組打　陣屋
紀海音作　岡村柿紅氏脚色
【二番目】傾《けい》城《せい》三《さん》度《ど》笠《がさ》　三幕五場
【場　割】上本町亀屋店　新町島裏口　おなじく奥座敷　三輪里新七内
おなじく村外れ
【大喜利】茶《ちゃ》壺《つぼ》　一幕
【出　演】中村吉右衛門・坂東三津五郎・中村時蔵・市川新十郎・坂東玉之助・中村吉兵衛・中村吉之丞・坂東三津太郎・中村七三郎
【配　役】直実　吉右衛門　忠兵衛　時蔵
利左衛門　玉織姫
新七　麻古六
熊鷹　三津五郎　梅川
義経　武者所　新十郎
三郎兵衛　半之丞　七三郎
弥陀六　丹前

【観劇料】初日御観劇料　特等二円六十銭　一等一円八十銭　二等一円四十銭　三等一円　其他四十銭均一
【典　拠】「名古屋新聞」11・12、12広告、13広告、14評、16広告、「新愛知」11・18広告。
【備　考】○『茶壺』は中幕の予定だったが、「御好依り」大喜利に変更された。（「名古屋新聞」11・14広告、16広告）○「素劇から玄人になつた中村七三郎。」（「新愛知」10・26）編注、七三郎は日本画家安田靫彦の兄。初代中村鴈治郎に入門し初名中村扇玉、のち吉右衛門門弟。○「若手揃百余名の大一座。」（「名古屋新聞」11・5）○「『茶壺』は三津五郎と時蔵・吉之丞が三つ巴となりて踊抜く。」（同紙11・14評）○「九十余名の（中略）大一座」（同紙11・16広告）○「連日満員御礼」（「新愛知」11・18広告）○評「御園座」（「名古屋新聞」11・14）

○十一月十三日～（十九）日　正午開幕　**歌舞伎座**

黄花園一心劇　狂言替
悲劇　添《そ》われぬ縁《えにし》　九場
（ママ）菊花園式大道具

【典　拠】「名古屋新聞」11・14広告、15広告、19広告、20広告。
【備　考】○「本日に限り午後四時開幕」（「名古屋新聞」11・13広告）○「（ママ）菊花園式大道具三段返しは当狂言に於いて遺憾なく発揮せられ候」（同紙11・15広告）

○十一月十三・(十四)日　午後五時より　三栄座

今村新丸・松夫・沢村磯丸・尾上松寿三座合同

帝国一等　獅子芝居

【典　拠】「名古屋新聞」11・13、13広告〜15広告。

【備　考】○「今村新丸・尾上寿合同劇。」(「名古屋新聞」11・13)　○「好評」(同紙11・14広告)

○十一月十三日〜十九日　新守座

《新　派》第一劇団大井・客員山田一座　芸題替

故川上眉山先生

悲劇　観《かん》音《をん》岩《いわ》　全十場

【出　演】山田九州男・波多譲・金子・田島・寺田・村尾・天川・三好・津田・大井新太郎

【典　拠】「名古屋新聞」11・13、13広告、16、16評、19。

【備　考】○評「新守座」(「名古屋新聞」11・16)

○十一月十三日〜十九日　午後三時開幕　末広座

東京大歌舞伎

難波《なには》の町《まち》や東路《あづまぢ》の
噂《うはさ》に残《のこ》る名人《めいじん》より
伝《つた》はる型《かた》を手本《てほん》にして

【第　一】おこがましくも御当地《ごとうち》にて　鈴《すゞ》ケ森女長兵衛《もりをんなちやうべゑ》　一幕

偽《に》せ紫《むらさき》の声色《こわいろ》に
冴《さ》えし小腕《こうで》の権八《ごんぱち》を
此《こ》の道連《みちづれ》にお馴染《なじみ》の
御贔負様《ごひゐきさま》を後楯《うしろだて》に

【第　二】一谷《いちのたに》嫩軍記《ふたばぐんき》　陣門より組打まで

【第　三】鳩《はと》の平右衛門《へいゑもん》　一幕

河竹黙阿弥作

【第　四】切《き》られお富《とみ》　三幕

【第　五】一条《いちでう》大《おほ》蔵譚《くらものがたり》　二幕

河竹黙阿弥作

【第　六】御所五郎蔵《ごしょごろぞう》　二幕

【配　役】第　一

鈴ケ森の場

幡随院長兵衛女房お崎	沢村　源之助
白井権八	沢村　源十郎
飛脚早太	市川　若　猿
雲助雲州の熊	市川　団三郎
雲助	市川　桃　猿
同	尾上　紋五郎
同	市川　成　升
同	市川　団　六
同	市川　七之助
同	中村　駒　升
同	市川　市女三

同　尾上　喬三
同　尾上　右多六
同　市川　猿吉
同　市川　若次
同　市川　玉蔵
同　沢村　紀久蔵
同　沢村　紀代次
同　片岡　千代駒

第二

陣門の場
須磨の浦の場

熊谷次郎直実　市川　九蔵
　中村　成駒
同　一子小次郎直家
平山武者所季重　市川　若猿
軍兵　大ぜい
遠見の熊谷　市川　芳之助
同　敦盛　沢村　紀久丸
玉織姫　尾上　梅女

第三

平右衛門住家の場
江州相坂山の場

矢間重太郎　沢村　源十郎
小汐田又之丞　市川　若猿
寺岡平左衛門　市川　団三郎
同　平右衛門　尾上　紋三郎
医者了竹　沢村　清子
金ぴら参り斧平　市川　市女三
薬屋手代伊兵衛　市川　成升

平右衛門女房おきた　中村　成駒

第四

序幕　薩埵峠一ツ家の場
二幕目　弥勒町赤間屋の場
同　内証の場
返し　狐ケ崎畜生塚の場

井筒与三郎　沢村　源十郎
蝙蝠安　尾上　紋三郎
旅人　尾上　喬三
同　尾上　右多六
同　市川　猿吉
雲助岩　市川　団六
同　松　中村　駒升
赤間源左衛門　市川　九蔵
旅商人幸助　市川　若猿
　実は幸十郎
赤間屋の若い者　市川　成升
同　沢村　清子
同　大ぜい
女郎福山　尾上　紋之助
同　みよし　市川　かしわ
源左衛門女房おたき　尾上　梅女
切られお富　沢村　源之助

第五

大蔵館曲舞の場
同　奥殿物語の場

一条大蔵長成卿　市川　九蔵
播磨大掾広盛　市川　団三郎
八剣勘解由　市川　桃猿
吉岡鬼次郎　沢村　源十郎
こし元　尾上　紋之助
同　沢村　紀久次
同　市川　かしわ
同　片岡　千代駒
同　尾上　紋太郎
同　岩井　粂吉
吉岡の妻お糸　尾上　梅女
常磐御前　中村　成駒

第六

五条坂出合の場
甲屋内縁切の場
格子先殺しの場

星影土右衛門　沢村　源十郎
門弟　市川　桃猿
同　尾上　紋五郎
同　市川　団六
同　市川　成升
御所五郎蔵　尾上　紋三郎
子分　沢村　清子
同　市川　七之助
同　中村　駒升
同　市川　玉蔵
甲屋与五郎　市川　団三郎
あんまひよろ市　沢村　紀久蔵
若い者喜助　尾上　喬三
肴屋の八　市川　猿若
花形屋の若い者　尾上　右多六
同　市川　猿吉
同　市川　若次
花形屋吾助　市川　若猿
仲居おつる　市川　かしわ
同　おさく　岩井　粂吉
同　おたつ　沢村　紀代三
新造花川　尾上　紋之助
傾城逢州　尾上　梅女
同　さつき　中村　成駒
禿みどり　沢村　紀久松
同たより　沢村　紀久丸

【観劇料】七十銭均一
【典　拠】番付(松竹合名社印刷部印行)。観劇料は「名古屋新聞」11・13、千秋楽は同紙11・19による。
【備　考】○「昨初日満員御礼(中略)毎日二時開幕」(「名古屋新聞」11・14広告)　○「十八番揃ひの上演、人気よし。」(同紙11・16)　○評「末広座」(「名古屋新聞」11・16)

○十一月十三・(十四)日　午後六時より　蓬座

三福本部活動大写真

【典　拠】「名古屋新聞」11・13、14広告、15広告。
【備　考】○「好評」(「名古屋新聞」11・14広告)

○十一月十四日　午前の部午前十時より　午後の部一時より　国技館

お伽噺大会

主催　新愛知新聞社

【典　拠】「新愛知」11・15。

○十一月(十四)日　午後六時より　国技館

筑前琵琶演奏会

主催　名古屋旭宏会

【典　拠】「名古屋新聞」11・13。
【備　考】○「傍聴随意。」(典拠)

○十一月(十四)日　高砂座

明治神宮鎮座祭活動大写真

【典　拠】「名古屋新聞」11・13広告～15広告。
【備　考】○「好評」(「名古屋新聞」11・14広告)

○十一月十四日～　帝国座

《新　派》松尾志乃武一座　三の替

悲劇　娘義太夫　全十一場

【典　拠】「新愛知」11・14広告、「名古屋新聞」11・20広告。
【備　考】○「皆様の御好みにより上演」(「新愛知」11・14広告)　○「松尾優娘義太夫春梅に扮して連日〆切大盛況」(「名古屋新聞」11・20広告)

○十一月十四日　吉美会第三回長唄例会

「吉住派吉美会にては、今十四日午後一時より納屋橋畔得月楼に第三回長唄例会開催。」杵屋三太郎・小美代ほか出演。

(「名古屋新聞」11・14)

○十一月(十四)日　花調会の素謡

「十四日午前九時より、西区菅原町眼光院に於て、長尾社中花調会の素謡・独吟・独調・囃子等ある由。」

(「名古屋新聞」11・11)

○十一月十五日～(十七)日　午後六時より　京枡座

《連鎖劇》市川百十郎　大谷友十郎一座

演目不詳

【典　拠】「名古屋新聞」11・15、「新愛知」11・17広告、18広告。
【備　考】○「好評」(「名古屋新聞」11・16広告)

○十一月十五・(十六)日　午後六時より　**寿座**

浪花節芝居　正浪家一行

【典　拠】「名古屋新聞」11・15、16広告、17広告。

【備　考】○「好評（中略）正浪花一行」（「名古屋新聞」11・15広告）

○十一月十五日～(十七)日　**三栄座**

万歳新演劇　花房清十郎一行

【典　拠】「名古屋新聞」11・15、「新愛知」11・17広告、18広告。

【備　考】○「好評」（「名古屋新聞」11・16広告）

○十一月十五日～(二十)日　午後六時より　**大黒座**

浪花節芝居　市川源昇一座

【典　拠】「名古屋新聞」11・15、20広告、21広告。

【備　考】○「好評」（「名古屋新聞」11・16広告）

○十一月十五日～(十七)日　**高砂座**

《新派連鎖劇》

演目不詳　山本薫一行

【典　拠】「名古屋新聞」11・15、「新愛知」11・17広告、18広告。

【備　考】○「大好評　軍事劇」（「新愛知」11・16広告）

○十一月十五日～(十七)日　午後六時より　**蓬座**

《新派連鎖劇》

演目不詳　立花薫一行

【典　拠】「名古屋新聞」11・15、「新愛知」11・17広告、18広告。

【備　考】○「好評」（「名古屋新聞」11・16広告）

○十一月(十五)日　**宝生流瑞雲会例会**

「来る十五日午後正一時より、東照宮前に於て第三回例会開催。」（「名古屋新聞」11・6）

○十一月十六日　**簡保奨励用活動写真の脚本募集**

「恒例に依り逓信省簡易保険局では、其の簡易生命保険奨励の目的の下に、来る二十日の官報で告示し、汎《ひろ》く民間から『簡保奨励用活動写真フヰルム脚本を懸賞募集』する事となつたが、右募集の要項に関して、十六日名古屋逓信局は左の通り公表した。

一、脚本の筋は一般に保険思想を誘起せしむる趣向たること

二、保険は単に老後の生活資本を供給し、又は死後遺族の新生面開拓に資すると謂ふに止まらず、之に加入するは未来の不安を去り、日々心強く活動し得ること、及び社会奉仕の一たること等をも含蓄すること

三、劇は労働者、小農夫、其他薄資者階級に適応し、感興を与ふるものなること

四、公序・良俗に反し、又は民間の保険と比較して其の長短を論評するが如き構想は、厳に避くること

（後略）」

なお、賞金は一等二百円一人、二等百円二人、三等五十円三人とな

っており、応募原稿の著作権は当局に帰属と定められている。（「新愛知」11・18）

○十一月(十七)日～(二十二)日　寿座

浪花節芝居　新成家一行

【典　拠】「名古屋新聞」11・16広告、17広告、22広告、23広告。
【備　考】○「好評」(「名古屋新聞」11・19広告)

○十一月十七日～　千歳劇場

《喜　劇》喜楽会千葉萬楽一派　狂言替

喜劇　懐ころ児　二場
喜劇　情の縄　四場
社会劇　峯子の家　三場
笑劇　ダイヤモンド　二場

【典　拠】「名古屋新聞」11・17広告。

○十一月十八日～(二十一)日　京枡座

花靱連浄瑠璃温習会

【典　拠】「新愛知」11・18広告、「名古屋新聞」11・21広告、22広告。
【備　考】○「満員〆切」(「名古屋新聞」11・19広告)

○十一月十八日　三栄座

薩摩・筑前琵琶大会

【典　拠】「新愛知」11・18広告。

○十一月十八日～(二十二)日　高砂座

日本車輌株式会社職工慰安会

【典　拠】「新愛知」11・18広告、「名古屋新聞」11・22広告、23広告。
【備　考】○「好評」(「名古屋新聞」11・19広告)

○十一月十八日～(二十一)日　蓬座

浪花節　原雷右衛門

【典　拠】「新愛知」11・18広告、「名古屋新聞」11・21広告、22広告。
【備　考】○「好評」(「名古屋新聞」11・19広告)

○十一月十九日～(二十一)日　午後六時より　三栄座

万歳新演劇　花房清十郎一行

【典　拠】「名古屋新聞」11・19、「新愛知」11・21広告、22。
【備　考】○「満員〆切」(「名古屋新聞」11・20広告)

○十一月二十日～(二十五)日　**歌舞伎座**

《連　鎖》狂言替

悲活劇　潮《うしほ》　全七場

【典　拠】「名古屋新聞」11・20広告、25広告、26広告。

【備　考】○『浮草』劇上演(中略)準備のため、本日臨時休演」(「名古屋新聞」11・26広告)

○十一月二十・二十一日　午後三時から　**国技館**

名古屋在住逓信現業員慰安会　主催　名逓局

【番　組】手踊(浪越連)　奇術　浪花節　喜劇　剣舞　活動写真

【典　拠】「名古屋新聞」11・21。

○十一月二十日～(二十六)日　**新守座**

《連　鎖》第一劇団大井新太郎〔代表者〕・山田九州男〔客員〕一座　芸題替

悲劇　南《なん》国《ごく》の名《めい》花《か》　全八場

【出　演】山田・金子・村尾・天川・波多・田島・寺田・大井

【典　拠】「名古屋新聞」11・20、20広告、26広告、27広告。

【備　考】○評「新守座」(「名古屋新聞」11・25)

○十一月二十日　午後六時半より　**中央劇場**

第三回　自治擁護大演説会　主催　自治擁護有志団

【典　拠】「名古屋新聞」11・19広告、21。

○十一月二十日～二十五日　昼夜二回　**御園座**

名鉄慰安会

【番　組】合奏　新作鉄道歌　真心劇(荒木清一派)

【典　拠】「名古屋新聞」11・21、27。

【備　考】「本年度は曩に募集した鉄道歌の普及に重きを置き、毎日職員交互に出席して斡旋する筈で例年に比し著しき趣を異にして居る。」(「名古屋新聞」11・6)　○「名古屋鉄道局並に名古屋運輸・保線両事務所管内及四日市工場名古屋派出所・名古屋鉄道治療所の職員家族六千名に対する慰安会。」(同紙11・21)

○十一月二十一・(二十二)日　**大黒座**

《新派連鎖劇》

演目不詳　一志好美一派

【典　拠】「名古屋新聞」11・21広告～23広告。

○十一月二十一日～二十八日　昼夜二回開演　**中央劇場**

二代目松旭斎天華一行・ルボーフ

大歌劇・大舞踊《ダンス》・大奇術

【典　拠】「名古屋新聞」11・20広告、21、21広告、28広告。

【備　考】○「名古屋新聞」11・20広告には「正午ヨリ二回開演」、同紙11・21広告には「五時開演」とある。

○十一月二十一日～(三十)日　午後六時開演　宝生座

原一派大合同

浪花節　　原　華六　原　雷右衛門　浪花　美之助

【読み物】一心太助(原華円)　両面金太(原雷右衛門)　越後伝吉(浪花美之助)　銭屋五兵衛(原華六)　河内山(原華六)

【典　拠】「名古屋新聞」11・21広告、26広告、30広告、12・1広告。

【備　考】○「連日満員御礼(中略)読物十八番物計り(中略)毎日午後五時開演」(「名古屋新聞」11・26広告)

○十一月二十二日～(二十九)日　京枡座

(万歳芝居)　鈴木源十郎　石川貫一一座

【典　拠】「名古屋新聞」11・22、29広告、30広告。

【備　考】○「満員〆切」(「名古屋新聞」11・23広告)

○十一月二十二・(二十三)日　国技館

秋季舞踊大会　会主 飯田すま女

【典　拠】「名古屋新聞」11・22。

【備　考】○「取持多数。」(典拠)

○十一月二十二日～　三栄座

二葉会秋季浄瑠璃大会　会主 竹本二葉太夫

【典　拠】「新愛知」11・22、「名古屋新聞」11・23広告。

【備　考】○「好評」(「新愛知」11・23広告)

○十一月二十二日～二十五日　午後五時半より開場　末広座

松竹キネマ旗挙興行

活動写真　説明者 生駒雷遊　芳本濤華　河井華水　木下紫楼　仙石雷□

【内　容】女性の為に　呪のオシリス　旧劇島の女　羅府の鰐魚園

【典　拠】「新愛知」1・21広告、「名古屋新聞」1・22、25。

【備　考】○「松竹キネマ合名会社が第一回の公開として二十二日より四日間末広座に開演する活動写真は、二十一日□座にて試写を為す由なるが、映画は同社が欧米を漁りて選択せし米・伊二国の代表作。」(「名古屋新聞」11・20)　○「説明監督小山内薫氏・説明監督松居松葉氏・舞台装置斎藤佳三氏(中略)本邦映画界最初の試み　大管弦楽団演奏　御観覧料　四等金五十銭　三等金一円　二等金一円半　一等金二円　特等金三円　松竹経営末広座」(同紙11・21広告)　○評「松竹キネマ」(「名古屋新聞」11・23)

○十一月二十二日～(二十九)日　帝国座

《新　派》松尾志乃武一派　第四の替り

新橋情話 粋者髷のおれん　全十場

【典　拠】「名古屋新聞」11・22広告、25広告、28広告～30広告、「新愛知」11・23広告。

【備　考】○「全十一場」(「名古屋新聞」11・22広告)　○「開演以来多大の御同情を蒙り御蔭様にて連日満員の盛況を呈し難有厚く御礼申上升　就きまして当一行本日限りにて打上げます筈の処、有志方の御勧めに依り正月迄引続き開演致すことに相成ました故、何卒御見捨てなく御引立御来観の程御願申上升　帝国座　松尾志乃武」(同紙11・26広告)　○「松尾優が得意

の役に扮して連日満員〆切」（同紙11・28広告）

○十一月二十二日～（二十五）日　午後六時より　**蓬座**

三府合同諸演芸大会

【典　拠】「名古屋新聞」11・22、23、25広告、26広告。
【備　考】○「満員好評」（「名古屋新聞」11・23広告）

○十一月二十二・二十三日　**薬祖神祭の余興**

二十二・二十三の両日、京町の薬祖神大祭が行われたのに伴い、呉服町の倶楽部において講演会が開かれ、夜にはその余興として琵琶歌・浄瑠璃等が上演された。（「名古屋新聞」11・23）

○十一月二十三日～（三十）日　午後六時より　**寿座**

万歳演劇　喜盛会一行

【典　拠】「名古屋新聞」11・23、30広告、12・1広告。
【備　考】○「好評」（「名古屋新聞」11・25広告）

○十一月二十三日～（二十五）日　午後六時より　**大黒座**

女流浪花節同盟会

【典　拠】「名古屋新聞」11・23、25広告、26広告。
【備　考】○「好評」（「名古屋新聞」11・25広告）

○十一月二十三日～　午後六時より　**高砂座**

演目不詳

【典　拠】「名古屋新聞」11・23。
【備　考】○「旧劇若手一座にて開演。」（典拠）

○十一月（二十三）日　**桜の岡御霊社の奉納能**

「東区大曽根町桜の岡御霊社奉納の為め、二十三日午後一時より能会を催す由。観覧随意。」（「名古屋新聞」11・22）

○十一月（二十四）日～（三十）日　**千歳劇場**

《喜　劇》　喜楽会千葉萬楽一派　芸題替

喜劇　鼻より三寸　二場
喜劇　磯時雨　四場
社会劇　心の波　三場
笑劇　抜き衣紋　二場

【典　拠】「名古屋新聞」11・23広告、30広告、12・1広告。

○十一月二十五日～　**三栄座**

浪花節劇　音羽家一座

【演　目】尾張大八　義士銘々伝　毎日続き

【典　拠】「名古屋新聞」11・25。
【備　考】○「満員〆切」(「名古屋新聞」11・29広告)

○十一月二十五日〜　高砂座

浪　花　節　東海大斗
桃中軒多聞丸

【典　拠】「新愛知」11・25広告、「名古屋新聞」11・25広告。
【備　考】○「好評」(「名古屋新聞」11・26広告)

○十一月二十五日　劇場関係者を装った金品詐取

「近来市内各所の大商店或は劇場の名を借り、然《しか》も使の如く装ひ、至る処に出没して、巧に金品を詐取する者あるを、笹島署森本刑事が探知し、犯人捜査中の処、二十五日夜、中区正木町三栄座にて役者志願に事寄せて入込み居る怪しき男あるを発見し、取敢ず引致取調べたる処、同人は市内中区伊勢山町黒田宗七方同居前科二犯堀田鍬治(三一)と云ひ、千歳劇場を始め他三十七ケ所に於て、其取引先より現金或は物品を詐取したる旨自白したるが、尚余罪ありて金額も多額に上る可き見込にて、引続き取調べ中。」(「名古屋新聞」11・27)

○十一月二十六日〜十二月(三)日　午後六時より　大黒座

浪花節芝居　市川源昇
一行

【典　拠】「名古屋新聞」11・26、12・3広告、4広告。
【備　考】○「好評」(「名古屋新聞」11・27広告)

○十一月二十六・(二十七)日　富士浅間社祭の余興

二十六・二十七の両日、市内中区門前町の富士浅間神社は、社殿改築、拝殿等の新築の報告祭と新嘗祭とを兼ねて祭典を行い、余興として筑前琵琶・手品等が上演される。(「名古屋新聞」11・26)

○十一月二十七日〜十二月十日　正午
午後六時　昼夜二回開演　歌舞伎座

名古屋新聞連載小説
中川雨之助君原作脚色
浮《うき》　草《くさ》　七場
奥村興行部黄花園式大道具大仕掛

【出　演】関真佐男・秋月孤舟・月村専一郎・田中愛之助・堀田肇・田口健一郎・辰巳政哉・浜野順次郎・富田友也・原沢新三・小島利男・子役木村双葉・杉浦市郎・高堂国典
【典　拠】「名古屋新聞」11・26、27、27広告、28、12・10広告。
【備　考】○「道具は黄花園式の大仕掛け。全篇七場中で幕は二度引くのみで、他は暗転ドンデン返しを以てする。」(「名古屋新聞」11・26)　○「一座俳優三十余名。」(同日同紙)　○「大道具八段返へし」(同日同紙広告)　○「本社は此機会に於て奥村興行部に対し引幕を贈りました。(中略)特等八十銭(中略)一等六十銭(中略)二等四十銭。」(同紙11・27)　○「高堂が(編注、初日)昼の立廻りで怪我を為し、夜は堀田が代つてゐた。」(同紙11・29評)　○「初日・二日目いづれも満員〆切」(同日同紙広告)　○「連日満員の為め折角の御尊来に入場を謝絶する方も多数有之候間、可成定刻前御来駕奉待候」(同紙12・3広告)　○「連鎖悲劇『浮草』」(同日同紙広告)　○「大入満員のため(中略)本社の希望により三日間日延」(同紙12・4広告)　○「更に二日間の日延べをなし明八日まで。」(同紙12・7)　○「大盛況に付之を最後として本日より二日間日延」(「新愛知」12・9広告)　○評「『浮草』劇の評判」(「名古屋新聞」11・29)「歌舞伎座評判記」尾関健八(同紙12・3)

○十一月二十七日〜十二月(三)日　昼夜二回開演　**新守座**

《連　鎖》第一劇団大井新太郎一派

喜劇　**恋のつゝ音**　全四場

山本夏山氏新作

連鎖悲劇　**櫓《やぐら》の曙《あけぼの》**　全八場

【出　演】客員山田九州男・波多譲・金子新八・田島雄明・津田敏夫・村尾一華・寺田健一・天川吉弥・三好康雄・山本花人・池永馬鹿八・花井一郎・大井新太郎

【典　拠】番付。千秋楽は「名古屋新聞」12・3広告、4広告による。

【備　考】○評「新守座」(「名古屋新聞」12・2)

○十一月二十七日〜二十九日　午後一時から開演　**御園座**

宗家継承祝賀　中部旭会発会式

筑前琵琶大演奏会

第二世旭翁橘　智　定

【番　組】二十七日　合奏　君が代　名残の桜(高田旭広)　菊の礎(横山旭文)　斎藤実盛(窪坂旭峰)　屋島(安田旭栄)　虎狩(安田旭芳)　那須与市(伊藤旭聡)　茶臼山(安田旭老)　合奏　発会式祝歌(作歌　当市江藤嶺南子　作曲宗家旭翁)　本能寺(世古旭祥)　橘中佐(今井旭秀)　筑後川(小沢旭棟)　坂本城(森本旭方)　壇の浦(井上旭覇)　小栗栖(山下旭洋)　広徳寺(花田旭游)　夜の鶴(日高旭鶴)　地震加藤(東京法音山宗家橘旭翁)　合奏　旭の光(旭龍女史・旭鵬嬢・旭芳嬢)

二十九日　合奏　蓬莱山　義士の本懐　湖水渡　菊の礎　那須与市　龍の口　大高源吾　屋島　賎ケ嶽　合奏　宗家二世継承祝歌　壇の浦　虎狩　斎藤実盛　項羽の上　藤戸の渡　小栗栖　広徳寺　本能寺　平野次郎「　」(宗家旭翁)　合奏　旭□光

【典　拠】「名古屋新聞」11・25、29評、「新愛知」11・29。

【備　考】○「第一世旭翁法眼橘智定(中略)初秋歿せられ、茲に大日本旭会の発会式を挙げられたるが、第二世旭翁(中略)直に先業を継承せられ、茲に大日本旭会の発会式を挙げられたるが、名古屋を中心として附近八県下を統轄する大日本中部旭会長中井巳治郎氏は、今回発会式を兼ね、宗家祝賀の大演奏会を(中略)開演する事となりしが、出演者は(中略)全国の名手を網羅し殆ど一世一代とも云ふべき大演奏会なり。」(「名古屋新聞」11・25)　○「発会式は(中略)二十七日午前十時より(中略)挙行され(中略)頗る盛大であった。」(「新愛知」11・29)　○評「琵琶旭会中部発会式」(「名古屋新聞」11・29)

○十一月(二十八)日　**観世流素謡舞囃子会**

「来る二十八日午後正一時より、呉服町能楽堂に於て当市能楽家青山社中の素謡舞囃子会を開催する由。傍聴随意。」

(「名古屋新聞」11・22)

○十一月二十九日　午後正七時　**中央劇場**

電鉄市営反対大演説会

主催電鉄市営反対同盟

【典　拠】「新愛知」11・29広告。

○十一月二十九・(三十)日　**蓬座**

万歳芝居

花房清十郎一座

【典　拠】「名古屋新聞」11・29、30広告、12・1広告。
【備　考】○「満員好評」(「名古屋新聞」11・30広告)

○十一月　活動弁士の養成所開設から三ヶ月

市内西区明道町に芦辺館主任弁士原狂雨の経営する「活動写真弁士養成所」が開設されて三ヶ月が経過した。約五十名の志願者のうち、採用されたのは七、八名であると原は語っている。

(「名古屋新聞」11・29)

○十一月(三十)日　京枡座

浪　花　節　　京山　円十郎

【典　拠】「名古屋新聞」11・29広告〜12・1広告。
【備　考】○「満員〆切」(「名古屋新聞」11・30広告)

○十一月三十日〜十二月(三)日　高砂座

大歌劇・大魔術　　松旭斎天華一行

【典　拠】「名古屋新聞」11・28広告、30広告、12・3広告、4広告。
【備　考】○「好評」(「名古屋新聞」12・1広告)

○十一月三十日〜十二月(六)日　帝国座

《新　派》松尾志乃武一派　第五回目替狂言

活悲劇　西伯利亜お花　電気応用　全九場

【典　拠】「新愛知」11・30広告、12・1広告、「名古屋新聞」12・2広告、4広告、6広告、7広告。
【備　考】○「頗る好評に付来春月末迄出演」(「新愛知」11・30広告)○「松尾志乃武優が得意の西伯利亜お花に扮して露国軍人相手に西伯利亜海岸にて雪中の大立廻りは、電気応用実に近頃になき大好評なり」(「名古屋新聞」12・2広告)○「近頃珍らしき劇にて連日満員〆切」(同紙12・4広告)

○十一月　周辺地区の興行

・挙母の大正座は、二日より喜楽会神田関十郎にて開演。
(「新愛知」10・30広告、11・2広告)
・挙母の大正座は、六日より東京大角力を興行。
(「新愛知」11・6広告)
・津島町の巴座は、十日津島町在郷軍人分会主催にて天王川グラウンドに竣工した日清日露戦病死者記念碑除幕式に伴い、花沢連芸妓による舞踊を上演。
(「名古屋新聞」10・30)
・浜松市の歌舞伎座は、十日より三日間、鉄道省名古屋管理局管内東海道線刈谷・島田間各駅現業員慰安会を開催し、余興として、荒木清一座による『憂き身』を上演。
(「名古屋新聞」11・12)
・挙母の大正座は、十八日より桃中軒多聞丸にて開場。
(「新愛知」11・17広告、19広告)
・岐阜の旭座は、二十日より二十五日まで、志知興行部中京成美団による『虹の舞袖』を上演。
(「新愛知」11・20広告、25広告)

・岡崎の宝来座は、二十一日午後五時より、「官衙小使・給仕・集配人其他」の慰安会を開催。（「新愛知」11・23）
・渥美郡田原町の田原座は、二十三日から芸妓温習会を開催。（「新愛知」11・9）
・一宮の満寿美座は、二十六日より二十八日まで、志知興行部中京成美団による『虹の舞袖』を上演。（「新愛知」11・26広告、28広告）
・静岡市の若竹座は、中村吉右衛門ほかの出演にて、『市谷嫩《ママ》軍記』、二番目『傾城三度笠』を上演中。二十五日夜の公演中、道具方の手違いにて吉右衛門が負傷。（「新愛知」11・27）
・挙母の大正座は、二十九日より片岡菊三郎による連鎖劇を上演。（「新愛知」11・29広告）
・浜松の浜松座は、二十九日より志知興行部中京成美団による『虹の舞袖』を上演。（「新愛知」11・29広告）

○十二月一日～(三)日　京枡座

《新派連鎖劇》

演目不詳　立花薫一行

【典　拠】「名古屋新聞」12・1、3広告、4広告。
【備　考】○「満員〆切」（「名古屋新聞」12・3広告）

○十二月一日～(二十七)日　寿座

浪花節　新成家一行

【典　拠】「名古屋新聞」12・1広告、27広告、28広告。
【備　考】○「名古屋新聞」12・1広告には「新式家一行」とある。○「好評」（「名古屋新聞」12・3広告）

○十二月一・(二)日　三栄座

浪花節　龍甲斎虎丸　小虎丸一行

【典　拠】「名古屋新聞」11・30、12・1、2広告、3広告。
【備　考】○「初日読物十八番を長講［　］。」（「名古屋新聞」12・1）

○十二月一日～(七)日　千歳劇場

《喜　劇》　喜楽会千葉萬楽一派　狂言替

喜劇　恋の勝利　四場
喜劇　長崎土産　四場
社会劇　伝道師の妻　三場
笑劇　伏魔殿　二場

【典　拠】「名古屋新聞」12・1、1広告、7広告、8広告。

○十二月一日～(四)日　午後五時より　中央劇場

愛知因社義太夫秋季大会

【典　拠】「名古屋新聞」12・1、5広告、「新愛知」12・4広告。
【備　考】○「出席者は何れも優抜者許《ママ》りの由。」（「名古屋新聞」12・1）

○十二月一日～　午後五時開演　宝生座

浪花節　桃中軒雲風一行

【読み物】壺阪（高木残月）　国定忠次（原雷右衛門）　三日月次郎吉（桃中軒多門丸）　赤穂義士伝（桃中軒雲風）　寛政力士伝（桃中軒雲風）

【典　拠】「名古屋新聞」12・1広告。

【備　考】○「読物十八番物ヲ撰定」（「名古屋新聞」12・1広告）

○十二月一日～(五)日　午後五時開場　御園座

映画　主催 護国活動写真育成会　弁士 染井三郎

【内　容】国難

【典　拠】「新愛知」11・29、30広告、「名古屋新聞」12・1。

【備　考】○「蒙古襲来の大史蹟を九州各地の実景に於て撮影せる『国難』（中略）写真は元冦史蹟研究家として知られたる木下讃太郎氏監督の下に、一年余の時日を費して曩頃完成（中略）九州各地の実景に依り撮影（中略）説明主任は斯界の大立物染井三郎。」（「名古屋新聞」11・29）　○「入場料二円一円五十銭　一円　五十銭（中略）五日間限日延なし」（同紙11・30広告）　○評「活動『国難』」（「名古屋新聞」12・3）

○十二月一日～(三)日　蓬座

浪花節　吉田小奈良一行

【典　拠】「名古屋新聞」12・1広告、3広告、4広告。

【備　考】○「好評」（「名古屋新聞」12・3広告）

○十二月二日　湊座主玉垣（青木作兵衛）没

「湊座主玉垣事青木作兵衛氏は、闘病中にて二日午後九時逝去せり。葬儀は来る六日正午大須宝生院に於いて執行。」（「名古屋新聞」12・4）

○十二月　活動弁士改善のための会の創設

県警察部の太田保安課長は、教育活動写真も含めた活動写真の改善を図る方策として、活動写真説明者（弁士）の養成を計画中であることを明らかにした。説明者に対して、その公休日に名士の講話を聴かせるなど、自学自修の案を検討しているもよう。既に会規案も作成してあるとのことであり、近く営業主と説明者を集めた大会を開いて協議の上、実行に移したい意向のようである。（「名古屋新聞」12・2）

○十二月三日～(七)日　三栄座

《実写連鎖》

花笠文次一代記　市川芳三郎　尾上扇三郎一座

【典　拠】「名古屋新聞」12・3、7広告、8広告。

○十二月四日～(七)日　京枡座

浪花節　吉田小奈良一行

【典　拠】「名古屋新聞」12・4、7広告、8広告。

【備　考】○「満員〆切」（「名古屋新聞」12・5広告）

○十二月四日～十日　昼夜二回開演　**新守座**

《連　鎖》第一劇団　御名残狂言

喜劇　やれ〳〵安心　一幕

何某氏作

悲劇　二《ふた》ツの鍵《かぎ》　全十一場

【出　演】客員山田九州男・波多譲・金子新八・田島雄明・津田敏夫・村尾一華・寺田健一・天川吉弥・三好康雄・三好大六・花井一郎・松尾芝雀・大井新太郎

【典　拠】番付。千秋楽は「名古屋新聞」12・10による。

【備　考】○「当狂言限りにて年内は地方巡業する事になりました」（典拠番付）○「『二の鍵』連鎖十二場」（「名古屋新聞」12・4広告）

○十二月四日　午後六時半より　**大黒座**

情弊打破　自治擁護大演説　主催　自治擁護団

【典　拠】「名古屋新聞」12・4広告。

○十二月四日～（七）日　**高砂座**

実物名馬応用劇

演目不詳

【典　拠】「名古屋新聞」12・4、7広告、「新愛知」12・8広告。

【備　考】○「好評」（「名古屋新聞」12・5広告）

○十二月四日～（九）日　**蓬座**

浪花節芝居　市川源昇一行

【典　拠】「名古屋新聞」12・4、4広告、10、「新愛知」12・9広告。

【備　考】○「好評」（「名古屋新聞」12・8広告）

○十二月　**瀬戸の陶元座会計係、興行税を横領**

瀬戸町の陶元座会計係を勤めていた前科五犯林宗七郎（二七）は、大正八年十二月頃より本年九月までに納入すべき興行税十円余、その他数ケ所にて五十円余を詐欺横領したことが発覚。二日局送りとなった。（「新愛知」12・4）

○十二月五日　**国技館**

午前十時より

立憲政友会東海十一州大会　主催　愛知支部

午後一時より

政談大演説会

【典　拠】「新愛知」12・6。

【備　考】○「午前十時三十分より。」（「名古屋新聞」12・6）

○十二月五日～　午後五時より開演　**中央劇場**

浪花節　京山小円

【典　拠】「名古屋新聞」12・5、6広告。

【備　考】○「久々の御目見得」（「名古屋新聞」12・5広告）

○十二月(六)・(七)日　大黒座

浪花節　原　雷右衛門

【典　拠】「名古屋新聞」12・5広告～8広告。
【備　考】○「好評」(「名古屋新聞」12・7広告)

○十二月(六)日　楽舞研究会

「市内楽舞研究会にては、六日正午より中区矢場町守綱寺に於て第十一回演奏会を開催。」(「名古屋新聞」12・4)

○十二月七日～(十二)日　帝国座

松尾志乃武一派　第六回目替り
活悲劇　蝶々むすび　全七場

【典　拠】「新愛知」12・7広告、「名古屋新聞」12・7、12、13。
【備　考】○「名古屋新聞」12・8には「昨日より『女俠銀杏髷のおれん』」とある。○「開演以来毎日満員〆切御礼申上候　松尾優が得意の女俠に扮して大活躍」(「新愛知」12・7広告)　○「大地震の場面大好評」(「名古屋新聞」12・8広告)

○十二月(八)日～(十)日　京枡座

(万歳芝居)　花房清十郎一行

【典　拠】「名古屋新聞」12・7広告、8、10広告、11広告。
【備　考】○「好評満員」(「名古屋新聞」12・10広告)

○十二月八日～(十一)日　三栄座

浪花節　当り家萬楽　原雷右衛門一行

【典　拠】「名古屋新聞」12・8、11広告、12広告。
【備　考】○「好評」(「名古屋新聞」12・10広告)

○十二月八日～十五日　午後四時開場　末広座

《新派劇》東京新派劇
長田幹彦氏作　瀬戸英一氏脚色
【第　一】恋《こひ》ごろも　二幕
真山青果氏作
【第　二】雲《くも》の別《わか》れ路《ぢ》　五幕
【出　演】喜多村緑郎・福島清・石川幸三郎・水口薇陽・雪岡光次郎・浅野長・池内清峰・松永猛・村田正雄・藤村秀夫・田宮米峰・若井信男・南一郎・川島柳峰・花柳章太郎・藤井六輔・木村操・伊井蓉峰

【典　拠】番付(松竹合名社印刷部印行)。千秋楽は「名古屋新聞」12・15による。
【備　考】○「本日初日(中略)午後二時開場」(「名古屋新聞」12・8広告)　○「毎日三時開場」(同紙12・10広告)　○評「末広座」(「名古屋新聞」12・10)

○十二月八日～(十)日　大黒座

演目不詳　尾上小扇次一行

【典　拠】「名古屋新聞」12・8、10広告、11広告。
【備　考】○「好評」(「名古屋新聞」12・10広告)

○十二月八日～　高砂座
《新派連鎖劇》
演目不詳　福寿会
【典　拠】「新愛知」12・8広告。
【備　考】○「好評」(「新愛知」12・9広告)

○十二月八日～(十四)日　千歳劇場
《喜劇》喜楽会千葉萬楽一派　狂言替
喜劇　変らぬ夫婦　三場
喜劇　お染の夢　四場
社会劇　修《しう》善《ぜん》寺《じ》情《ぜう》話《わ》　一場
笑劇　一両《れう》損《そん》　四場
萬楽
夢楽
新加入 馬鹿八改 池永　鹿楽
【典　拠】「名古屋新聞」12・8広告、11評、14広告、15広告。
【備　考】○評「千歳劇場」(「名古屋新聞」12・11)

○十二月九日～(十三)日　四時より　中央劇場
東京名流演芸会
【番　組】浮世節(龍千)　落語(三遊亭金三・三遊亭円窓)
【典　拠】「名古屋新聞」12・8、「新愛知」12・9広告、11広告。
【備　考】○「新愛知」12・9広告には「午後五時開演」とある。○「好評」(「名古屋新聞」12・13広告)

○十二月九日　三河万歳の東京行き不許可
「徳川の御代を寿く新春嘉例の一つとなつてゐた三河万歳も、時代の推移から、太夫なるもの、人格が甚だしく野卑となり、今では門付の芸人と何等異なる処がなくなつたが、毎年知多・額田・幡豆・宝飯の各郡から東京方面へ出掛ける万歳の数は少くなく、
　彼等は、上り乞食下り大名と呼ばれ、帰る時には大抵二、三百円の金を懐中に帰つて来る。而して東京から下総までに及んで居るが、其の郡により縄張を異にしてゐるが、今年は宝飯と知多郡とで、目下盛んに準備中である。
　然るに旧吉田藩主大河内正敏子は、三河万歳が年々世人から疎まるゝのを慨《なげ》き、旧領地の関係上自ら千住の合宿所へ出掛け、彼等に対して、『明年一月から一切東京方面で万歳に出るな』との厳命を下した。六十余名は肝腎の稼ぎ場の東京を封ぜられては飯の喰い上りとなるので、九日一同悄然《しほ〳〵》と帰郷したさうである。之で明年の正月には帝都に名物の三河万歳の影を見る事は出来なくなる。」
(「名古屋新聞」12・10)

○十二月十日～(十四)日　午後三時開演　宝生座
《女優歌舞伎》
演目不詳　女優歌舞伎一座
【観劇料】三十銭均一

【典　拠】「名古屋新聞」12・10広告、12、14広告、15広告。
【備　考】○「年末余興として毎日五時開演。」(「名古屋新聞」12・12)○「大々好評」(「新愛知」12・14広告)

○十二月十日～(十二)日　午前六時より　蓬座
《旧劇連鎖劇》
演目不詳
尾上扇三郎
市川芳三郎
一行
【典　拠】「名古屋新聞」12・10、12広告、13広告。

○十二月十一日～(十五)日　歌舞伎座
関・高堂　狂言替(ママ)
悲活劇　十《い》六《ざ》夜《よ》日《につ》記《き》　十一場
【典　拠】「名古屋新聞」12・11広告、12広告、15広告、16広告。
【備　考】○「大道具新調の為十六日・十七日の二日間休演」(「名古屋新聞」12・16広告)

○十二月十一日～(十四)日　午後六時より　京枡座
浪花節
原雷右衛門
一行
【典　拠】「名古屋新聞」12・11、14広告、15広告。
【備　考】○「好評」(「名古屋新聞」12・12広告)

○十二月十一日～(十三)日　大黒座
豊竹はじめ追善浄瑠璃大会
【語り物】十一日　柳(久米玉三)　太十(勇昇)　弁慶(大津家小長)　菅四(□香)　朝顔(八千代)　沼津(二ツ玉)　新口村(土司)　安達三(越名太夫)
【典　拠】「名古屋新聞」12・11、13広告、14広告。
【備　考】○「好評」(「名古屋新聞」12・12広告)

○十二月(十一)日　警察招魂祭の余興
愛知県警察招魂祭が、十一日午前十時より市内大池武徳殿境内殉難警察官碑前において執行されるのに伴い、十二時過ぎより、撃剣・柔道・弓術等の武術及び相撲、手踊・二輪加・手品・煙火《はなび》等の余興がある。観覧は随意。

(「名古屋新聞」12・4)

○十二月十二日～(十七)日　三栄座
《新派連鎖劇》
演目不詳
一志好美
一派
【典　拠】「名古屋新聞」12・12広告、17広告、「新愛知」12・18広告。
【備　考】○「好評」(「名古屋新聞」12・13広告)

○十二月十二日～(十七)日　昼夜二回開演　**新守座**

東京大歌舞伎　師走特別興行

【一番目】有松染《ありまつそめ》相撲《すまふ》浴衣《ゆかた》（有馬猫騒動）　二幕

【中　幕】増補忠臣蔵　本蔵下屋敷

岡本綺堂先生新作

【二番目】京《けう》の友禅《ゆうぜん》　二幕

歌舞伎十八番（ママ）の内

常盤津連中
長唄連中
竹本連中

【大　切】二人《にん》袴《ばかま》

市川鬼丸
市川猿蔵
沢村宇十郎
市川寿鶴
嵐市太郎
松本小次郎
市川成代
坂東鶴蔵
沢村淀五郎
浅尾工左衛門
九代目団十郎養子 市川新之助

【配　役】**一番目　有松染相撲浴衣**

召使お仲　市川　鬼丸

中　幕　増補忠臣蔵

本蔵　浅尾工左衛門

若狭之助　市川　新之助

二番目　京の友禅

手代友七　市川　新之助

お京　市川　猿蔵

おいよ　市川　鬼丸

大　切　二人袴

高砂尉兵衛　松本　小次郎

【典　拠】「名古屋新聞」12・10、12広告、15評、17広告、「新愛知」12・18広告。

【備　考】○「殆んど歌舞伎劇の来演を見ざる同座は(中略)市川新之助を始め、帝劇・市村の若手松本小次郎・市川猿蔵・嵐市太郎・市川鬼丸・坂東鶴蔵(中略)外八十余名の大一座。」(「名古屋新聞」12・10)　○評「新守座」(「名古屋新聞」12・15)

○十二月十二日　**東陽館跡地に私設市場**

東陽館跡地の庭園約二千坪のうち約千坪に、十二日から百余戸の店舗による私設市場が開設され、食料品・薪炭・呉服・化粧品等が販売されることとなった。

(「新愛知」12・12)

「庭園区域が大きいので、小公園の観があり、おまけに余興場等まで作つて鉦《かね》や太鼓入りでヤンヤと売出さうとする計画ださうだ。」

(「名古屋新聞」12・11)

513頁下段参照。

○十二月十二日　**西尾座株式会社創立**

県下幡豆郡西尾町の西尾座は、十二日午後二時より株式会社創立の手続きを終え、役員を選出した。同町歌舞伎座との合併については株主に反対意見があるため見送られることとなり、七千五百円を増資して現在の劇場を改築し、興行を継続する考えが優勢を占めている。十四日に株主協議会が開かれ、善後策が協議されたが、やはり現状どおり二座併立ということに収まるものと見られている。

(「名古屋新聞」12・16)

513頁下段参照。

○十二月(十二)日　**関西流琵琶会**

「宗家森田金泉師病気の為め一時中止なりし武絃会にては、全快せられしを以て、十二日午後五時より、中区新栄町四丁目常徳寺に於て温習会を開催し、番数二十一曲ある由。」

(「名古屋新聞」12・11)

○十二月十三日～(十九)日　**帝国座**

《新派劇》　松尾志乃武一派　七回目替

仮名家小梅　清元出語り

【典　拠】「名古屋新聞」12・13、13広告、19広告、20。
【備　考】○「松尾志乃武得意の出し物」(「名古屋新聞」12・13広告) ○「松尾優が小梅に扮して大好評」(同紙12・15広告) ○「浜町岸兼吉殺しは大好評」(同紙12・16広告) ○「月末にもかゝはらず毎日満員〆切御礼申上候」(新愛知12・19広告)

○十二月十三・(十四)日　蓬座

星教育活動大写真

【典　拠】「名古屋新聞」12・13、14広告、15広告。

○十二月十四日〜　午後六時より　**大黒座**

《新　派》

演　目　不　詳　　山田一郎 一行

【典　拠】「名古屋新聞」12・14。
【備　考】○「好評」(「名古屋新聞」12・15広告)

○十二月十四・(十五)日　高砂座

浪　花　節　　鼈甲斎虎丸 一行

【典　拠】「名古屋新聞」12・14広告〜16広告。
【備　考】○「大好評」(「新愛知」12・15広告)

○十二月十四日　午前八時より　**御園座**

西川久寿門人鬼頭あき子改名久八

名披露舞踊会

【典　拠】「名古屋新聞」12・14。

○十二月十四日　名古屋義士会の余興

赤穂義士の一人片岡源五右衛門の墓のある市内中区東田町乾徳寺において、十四日午前八時よりゆかりの品の展示があり、午後六時からの墓前祭に続いて、講演と余興の講談・琵琶演奏等が催された。

(「名古屋新聞」12・14、「新愛知」12・16)

○十二月十四日　旭聴会義士会

「同会にては、十四日午後四時より、桑名町音楽講習所に於て義士会筑前琵琶大会を開く。」

(「名古屋新聞」12・14)

○十二月(十四)日　旭老会琵琶演奏会

「旭老会主催にて、十四日白川町大運寺に於て、義士追悼筑前琵琶演奏会開催す。」

(「名古屋新聞」12・13)

○十二月(十四)日　義士祭の余興

「市内中区日置青年会に於ては、十四日夜日置小学校に於て義士祭を催し、講演及び講談・琵琶・浪花節等の余興ありと。」

(「名古屋新聞」12・13)

○十二月十五日～(十八)日　京枡座

錣　引

里見八犬伝

川中島勝利山本

お染久松 妹脊の門松

御所の五郎蔵

東京 中村歌蔵　市川栄升　市川莚登満女　一座

【典　拠】「名古屋新聞」12・15、「新愛知」12・18広告、19広告。

【備　考】○「好評」(「新愛知」12・16広告)

○十二月十五日～(二十一)日　千歳劇場

《喜　劇》喜楽会萬楽一派　狂言替

喜劇 筒　井　筒　三場

【二番目】喜劇 夜《よる》の鶴《つる》　一幕

社会劇 桐《きり》の花《はな》　一幕

笑劇 日《にち》曜《よう》日《び》　二場

萬楽　楽陽　小萬　南　荒川晃

【典　拠】「名古屋新聞」12・15広告、20評、21広告、22広告。

【備　考】○評「千歳劇場」(「名古屋新聞」12・20)

○十二月十五日～(十八)日　五時より　中央劇場

(浪　花　節)　三河家円車一行

【典　拠】「名古屋新聞」12・15広告、19広告、「新愛知」12・16広告、18広告。

【備　考】○「十五日午後四時開場」(「名古屋新聞」12・15広告)

○十二月十五日～　宝生座

浪花節競演会

【典　拠】「名古屋新聞」12・15。

【備　考】○「入場料金十五銭。」(典拠)

○十二月十五日～(十七)日　午後五時より　御園座

出雲節・鰌すくひ踊　大社糸子一行

【典　拠】「名古屋新聞」12・14広告、15広告。

【備　考】○「十一才美音の天才大社糸子一行　本社後援(中略)一等一円(中略)二等八十銭(中略)三等五十銭」(「名古屋新聞」12・14広告)　○「京都国技館にて大入満員(中略)出雲踊等数連浅野興行部」(同紙12・15広告)

○十二月十五日〜(十八)日　**蓬座**
《新派実演連鎖劇》
明け行く路　川上貞次郎一行
喜劇 欲の間違
【典　拠】「名古屋新聞」12・15、15広告、「新愛知」12・18広告、19広告。
【備　考】○「好評」(「名古屋新聞」12・16広告)

○十二月十六日〜二十日　六時始め　**末広座**
拳闘と柔道試合　主催 国際柔拳倶楽部 神戸ボクシング倶楽部 聯合
【典　拠】「名古屋新聞」12・16広告、20。
【備　考】○「米・露・英・和人の拳闘家と本邦有段柔拳試合大会は、東京・大阪・神戸にて開催し熱狂的の大歓迎を受け、懸賞附外人との飛入試合を歓迎する。」(「名古屋新聞」12・15) ○「懸賞附飛入り試合に一層の人気。」(同紙12・19)

○十二月(十六)日〜　**高砂座**
演目不詳　ケレン師 真鍋庄太郎
【典　拠】「名古屋新聞」12・15広告、16広告、「新愛知」12・17広告。
【備　考】○「真野正太郎」(「名古屋新聞」12・16広告)

○十二月十六日　**夢中連浄瑠璃会**
「夢中連にては十六日午後六時より中区白川町大運寺に例会開催。」(「名古屋新聞」12・16)

○十二月十七日　**大用寺秋葉会の余興**
「赤塚町三丁目大用寺秋葉大会につき、十七日午後四時より大般若余興に万歳・義太夫等あり。」(「名古屋新聞」12・17)

○十二月十八日〜(二十三)日　**歌舞伎座**
《新　派》
愛知新聞連載
悲劇 涙　十二場
【典　拠】「新愛知」12・18広告、23広告、24広告。
【備　考】○「正午開幕」(「新愛知」12・18広告) ○「連夜満員」(同紙12・21広告)

○十二月十八・十九日　**国技館**
愛知新聞社社会教育活動写真班新設
社会教育活動写真大会　主催 新愛知新聞社
【内　容】十九日　凸坊漫画帖夢の巻　全国青年団明治神宮代参者実況　前篇　滑稽魔法の自転車　全国青年団明治神宮代参者実況　後篇　デブ君の熊狩り　欧洲戦乱の実況
【典　拠】「新愛知」12・14広告、17広告、20。
【備　考】○「今回本社に活動写真班を設けました最初の催しとして(中略)第一回大会を開き、読者に限り無料公開を致します(中略)昼正午入場　夜午後六時入場」(「新愛知」12・17広告) ○「第二日は(中略)午後六時より

開会。」(同紙12・20)

○十二月十八日〜(二十四)日　三栄座

演目不詳　尾上多見十郎／市川市猿治

【典　拠】「新愛知」12・18広告、「名古屋新聞」12・24広告、25広告。

【備　考】○「好評」(「名古屋新聞」12・19広告)

○十二月(十八)日〜二十二日　昼夜二回　新守座

東京大歌舞伎　二の替

【第　一】三《み》日《が》月《づき》お蝶《てう》　二幕

【中　幕】上　名筆吃又平　一幕

下　河《かう》内《ち》山《やま》　三場

新歌舞伎十八番の内

【切　】大《おほ》森《もり》彦《ひこ》七　一場

【配　役】中　幕

上　吃又

吃又　浅尾工左衛門

女房おとく　市川　鬼　丸

下　河内山

河内山　市川　新之助

家老　松本　小次郎

切　大森彦七

大森彦七　松本　小次郎

【典　拠】「名古屋新聞」12・17広告、21評、22、「新愛知」12・18広告。

【備　考】○「歳末にも拘らず連日絶大の好評を蒙りました」(「名古屋新聞」12・22広告)○評「新守座」(「名古屋新聞」12・21)

○十二月十九日〜(二十三)日　京枡座

《新派実写連鎖劇》

演目不詳　川上一座

【典　拠】「名古屋新聞」12・19、23広告、24広告。

【備　考】○「満員〆切」(「名古屋新聞」12・21広告)

○十二月十九・(二十)日　大黒座

《新派連鎖劇》

演目不詳　一志好美一派

【典　拠】「名古屋新聞」12・19広告〜21広告。

【備　考】○「好評」(「名古屋新聞」12・20広告)

○十二月(十九)日〜　中央劇場

獅子芝居

【典　拠】「新愛知」12・18広告、「名古屋新聞」12・19広告。

【備　考】○「好評」(「名古屋新聞」12・20広告)

○十二月十九日〜　三時より開場　宝生座

東京青年歌舞伎

誉之仇討　全十三場

錣引　摩耶山中

お染久松　人形振り

朝顔日記　宿屋　川場

歌蔵　莚登満女　栄升

【典　拠】「名古屋新聞」12・19、19広告。

○十二月十九日〜(二十三)日　蓬座

浪花節芝居　芸題毎日続き　音羽家一座

【典　拠】「名古屋新聞」12・19、23広告、24広告。

【備　考】○「好評」(「名古屋新聞」12・21広告)

○十二月二十日　高砂座

第三回　社会教育活動写真大会　昼 午後一時から午後三時半終了　夜 午後六時から午後十時散会　主催 新愛知新聞社

【内　容】凸坊漫画帖夢の巻　全国青年団明治神宮代参者実況　デブ君の熊狩り　全国青年団明治神宮代参者実況 続　西洋滑稽物魔法の自転車　欧洲戦乱の実況

【典　拠】「新愛知」12・17広告、22。

【備　考】○「今回本社に活動写真班を設けました最初の催しとして(中略)読者に限り無料公開を致します」(「新愛知」12・17広告)

○十二月二十日〜(二十六)日　昼夜二回　帝国座

【一番目】新派活劇　小佐倉徳次　全九場　松尾志乃武一派

【中　幕】旧劇　明烏雪の曙　浦里雪責　新内出語り

【切狂言】絵本太功記　十段目

【典　拠】「新愛知」12・20、「名古屋新聞」12・20広告、25広告。

【備　考】○「忘年興行」(「名古屋新聞」12・20広告)　○「松尾優がやり手婆おかやと時次郎二役大好評、一座の連中も旧劇大喝采」(同紙12・22広告)　○「月末にもかゝわらず毎日満員〆切」(「新愛知」12・23広告)　○「いよ〳〵本月二十六日限りにて本年中は休演致し升」(「名古屋新聞」12・25広告)　○「松尾志乃武が女優に扮した『小佐倉徳次』と旧『明烏の曙』等。」(同紙12・26)

○十二月二十日　津島町公会堂新設の計画

海部郡津島町の町会議事堂において、二十日公会堂新設についての協議会が開かれ、元警察署跡に予算約三万円にて建設することを決した。建設費の半額を町費、他を商工会員その他の寄附で賄うこととし、新年早々基礎工事に着工して、五、六月頃の完成を目指している。

(「名古屋新聞」12・23)

○十二月(二十)日～(二十五)日　**宝生流稽古能**

「宝生流研究会にては、二十日より二十五日迄の間、能楽倶楽部に於て野口先生稽古能を開く。」（「名古屋新聞」12・21）

○十二月(二十一)日～(二十三)日　**大黒座**

（浪　花　節）　吉田奈良女　京山円十郎

【典　拠】「名古屋新聞」12・20広告、21広告、23広告、24広告。

○十二月二十一日～　**高砂座**

浪　花　節　津田清美　一行

【典　拠】「名古屋新聞」12・21広告。

【備　考】○「好評」（「名古屋新聞」12・23広告）

○十二月二十二日～　**千歳劇場**

《喜　劇》喜楽会萬楽一派　狂言替

喜劇　裾　模　様　二場

喜劇　故《こ》郷《けう》の空《そら》　二場

社会劇　三　人《にん》兄《けう》弟《だい》　三場

笑劇　年《ねん》季《き》証《せう》文《もん》　三場

自楽　鹿楽　楽陽　荒川狂児　夢楽　小萬

【典　拠】「名古屋新聞」12・22広告、25評。

【備　考】○「忘年興行二十七・二十八・二十九日夜間一回興行、午後四時開場。三十日正月興行準備の為休演」（「名古屋新聞」12・27広告）○評「千歳劇場」（「名古屋新聞」12・25）

○十二月　**市川鬼丸の篤志**

「新守座にて開演中の市川鬼丸は、愛知育児院に大幕（ママ）を寄附せり。」（「名古屋新聞」12・22）

○十二月二十三日　午後六時入場　七時開会　**枇杷島座**

新愛知読者優待　各地巡回

社会教育活動写真大会

主催　新愛知新聞社

【典　拠】「新愛知」12・23広告。

【備　考】○「此の活動写真大会は入場券所持の読者のみで、他は一切御辞退致します。又入場券に記入してある日に必ず御出掛け下さらないと無効になります　入場無料」（典拠）

○十二月二十三・二十四日　**豊橋にて消火器検査**

豊橋警察署は、二十三・二十四の両日、火災予防のため、市内の劇場・活動写真館・寄席・料理店・飲食店・旅館・寄宿舎・貸座敷の消火器を一斉に点検した結果、総数五百二十二個のうち百一個を不良として注意をあたえた。（「新愛知」12・27）

○十二月二十四日～　午後三時開場　**歌舞伎座**

一心劇　忘年観劇会

【一番目】絵本太功記　十段目

社会劇　五十年　全三場

【二番目】奥州安達ケ原　袖萩祭文の場

【出　演】関真佐男・木下二葉・不二村史郎・杉浦市郎・浜野順次郎・石川信夫・堀田肇・原沢新三・松影幸次郎・富田友郎・田中愛之助・高堂国典

【典　拠】「新愛知」12・24広告、「名古屋新聞」12・24広告。

【備　考】○「松影幸資・富田友也」（「新愛知」12・24広告）○「早いもの勝ち三十銭均一」（「名古屋新聞」12・25広告）

○十二月二十四日～　午後六時より　**京枡座**

浪花節芝居　音羽家一行

【典　拠】「新愛知」12・24広告、「名古屋新聞」12・24。

【備　考】○「満員〆切（中略）忘年興行」（「名古屋新聞」12・29広告）

○十二月二十四日～（二十七）日　**大黒座**

浪花節芝居　小松家長十郎一行

【典　拠】「名古屋新聞」12・24広告、27広告、28広告。

○十二月二十四日～　午後五時より　**中央劇場**

大魔術・大奇術　天勝一行

【典　拠】「名古屋新聞」12・24。

○十二月二十四日～　午後六時より　**蓬座**

浪花節　京山豊太夫　富士入道　二座合同

【典　拠】「名古屋新聞」12・24。

【備　考】○「好評」（「名古屋新聞」12・26広告）

○十二月二十五・（二十六）日　**三栄座**

《新　派》羽衣劇団

千鳥の舞　八場　林玉子一行

【典　拠】「名古屋新聞」12・25、26広告、27広告。

○十二月二十五日～二十七日　午后三時開場　**新守座**

《芸妓劇・舞踊》　忘年芸妓劇・中券二葉会舞踊

【一】菅原伝授手習鑑　寺子屋

【二】本朝廿四孝　十種香の場

【三】太閤記十段目　尼ケ崎の場

【四】吉野天人

【五】奥州白石噺　揚屋

【六】新版歌祭文　野崎村久作内

坂東鶴之助
市村芝好
市川芝童
松本錦山

【典　拠】番付。

【備　考】○「二十五日より三日間」（典拠）○「芝居好の芸妓連や前茶屋の男達が集つて…」（典拠）○『太閤記』十段目「武智光秀」に「坂東鶴之助」、『新版歌祭文』野崎村久作内「百姓久作」に「市村芝好」、「かごかき」に「市川芝童・松本錦山」ら歌舞伎俳優が出演している。○「入場料　階下全部六十銭　階上全部三十銭」（「名古屋新聞」12・24広告）○「午後三時より毎日一回開演。」（同紙12・25）

○十二月二十五日～　**高砂座**

《新派連鎖劇》

悲劇　涙の家　八場　荒木清一派

【典　拠】「名古屋新聞」12・24、25広告。

【備　考】○「『涙の家』八場其他。」（「名古屋新聞」12・24）○「好評」（同紙12・27広告）

○十二月二十七日～　**三栄座**

活動大写真

【内　容】尼港惨殺実写活動大写真　新派・旧劇各種

【典　拠】「名古屋新聞」12・27。

○十二月二十七日～二十九日　**宝生座**

浪花節　津田清美一行

【典　拠】「名古屋新聞」12・27、29広告。

【備　考】○「入場料金三十銭」（「名古屋新聞」12・27広告）

○十二月（二十八）日～　**寿座**

演目不詳　嵐巌三郎　尾上歌扇　坂東彦次郎一行

【典　拠】「名古屋新聞」12・27広告、28広告。

○十二月（二十八）日～　**大黒座**

西洋奇術

【典　拠】「名古屋新聞」12・27広告、28広告。

【備　考】○「好評」（「名古屋新聞」12・29広告）

○十二月二十八日～　午後五時より　中央劇場

少女歌劇一座

金色夜叉

白石噺　揚屋の場

【典　拠】「名古屋新聞」12・28、28広告。

【備　考】○「新趣向の忘年会開催。」（「名古屋新聞」12・28）○「好評（中略）楽屋総出演」（同紙12・29広告）

○十二月二十八日　浜松電気館の開館

「浜松市南部有志の土地発展策として、新たに砂山□株式会社電気館を創設するに至り、二十八日午後二時より開館式を挙行せり。」

（「名古屋新聞」大正10・1・1）

○十二月　清崎に公会堂建設の計画

県下北設楽郡田口町大字清崎の青年会では、工費一万円にて公会堂と図書館を建設すべく、この程工事に着手した。完成は来年三月中旬までの予定。

（「名古屋新聞」12・28）

○十二月　周辺地区の興行

・豊橋の東雲座は、志知興行部中京成美団による『虹の舞袖』を上演中。（「新愛知」12・4広告）

・豊橋の豊橋座は、五日午後五時より、豊橋郵便局員慰安会を開催。余興として、演劇『大功記《ママ》』四場、落語・手踊・薩摩琵琶を上演。（「新愛知」12・4）

・挙母の大正座は、六日より徳川会による浪花節を開演。（「新愛知」12・6広告）

・国府の霞座は、志知興行部中京成美団による『虹の舞袖』を上演中。（「新愛知」12・7広告）

・安城の安城座は、九日より志知興行部中京成美団による『虹の舞袖』を上演。（「新愛知」12・9広告）

・小牧町名電駅前にて、十日より神風倶楽部娘曲馬を開演。（「新愛知」12・11）

・東濃中津町の旭座は、末広座中村巡業興行部市川海老十郎・沢村百之助・中村信濃合同一座にて興行中。（「名古屋新聞」12・11広告）

・東春瀬戸町の陶元座は、末広座中村巡業部嵐雛十郎・嵐枝昇合同にて興行中。（「新愛知」12・11広告）

・南設楽郡新城町の富貴座は、沢村源之丞一座にて十三日以前より興行中。（「新愛知」12・15）

・豊浜の豊浜座は、十四日より志知興行部中京成美団による『虹の舞袖』を上演。（「新愛知」12・14広告）

・西尾町の歌舞伎座は、末広座中村巡業興行部市川海老十郎・沢村百之助・中村信濃東西合同一座にて興行中。（「名古屋新聞」12・15広告）

・古知野の古知野座は、末広座中村巡業興行部嵐雛十郎・嵐枝昇一座による早替り劇を上演中。（「名古屋新聞」12・15広告）

・岡崎の蓬来座は、二十四日より志知興行部中京成美団による『虹の舞袖』を上演。（「新愛知」12・22広告）

・丹羽郡犬山町の相生座は、二十四日午後六時半より、新愛知新聞社主催による社会教育活動写真大会を開催。（「新愛知」12・24広告、25）

・古知野町の古知野座は、二十五日午後七時より、新愛知新聞社主催による社会教育活動写真大会を開催。（「新愛知」12・25広告、26）

・東春日井郡小牧町の甲子座は、二十六日午後七時より、新愛知新聞社主催による社会教育活動写真大会を開催。

（「新愛知」12・26広告、27）

・丹羽郡布袋町の布袋座は、二十七日午後六時より、新愛知新聞社主催による社会教育活動写真大会を開催。（「新愛知」12・27広告、28）

・丹羽郡岩倉町の開栄座は、二十八日午後六時より、新愛知新聞社主催による社会教育活動写真大会を開催。（「新愛知」12・28広告、29）

○大正九年諸芸一覧

興行月日	興行名	寄席・劇場等	出演者等
一月一日～	落語・人情噺・手踊・剣舞ほか	富本席	余興 八木節。春雨家雷蔵・柳桜・朝之助・美都・寿楽ほか
一月一日～（七）日	大阪親友派浪花節大会	波留貴座	森虎勢ほか座長数名
一月上旬～（六）日	浪花節	開慶座	森虎勢・京山□勢・武蔵屋紋左衛門
一月上旬～（十四）日	ドン〳〵節	大和座	三河屋円車
一月（二）日	ハーモニカ演奏会	中央バザー内栄ホール	ホワイトローズハーモニカ研究会主催
一月（七）日～（十三）日	浪花節	開慶座	三河家円車・三河家梅車・都小円治合同
一月（八）日～（十一）日	演目不詳	波留貴座	雲光・道雲・君丸
一月十一・（十二）日	錦心流慈善琵琶演奏会	中央バザー内栄ホール	丸山巴水
一月十二日～（十四）日	浪花節	波留貴座	中川伊勢丸一行
一月（十四）日	大阪親友派浪花節	開慶座	中川伊勢丸一行
一月十五日～	浪花節	開慶座	天龍軒敷島・吉川清之助一行
	大阪親友派浪花節真打競演会	大和座	
一月十五日	関西流琵琶演奏会	中央バザー内栄ホール	森田金泉。帝国救助院主催
一月（十五）日～（十七）日	ドンドン節	波留貴座	三河家円車・小円治・八重松・小辰
一月十八日	名古屋鍼灸按同志会発表式	富本席	余興 講談・落語（富本席付き）
一月（十八）日～（二十一）日	浪花節	波留貴座	小翠花香・広沢鷹峰・末広亭清風
一月中旬～（二十一）日	浪花節	開慶座	楽翁・清之助・小辰王・霧島一行
一月二十二日～	浪花節	開慶座	原雷右衛門一行
一月二十二日～（二十六）日	浪花節	波留貴座	吉田一奴・吉田奈良一
一月二十四日～	和洋音楽会	商品陳列館	名古屋絃楽倶楽部主催
一月二十五日	稲香画塾新年会	東陽館	余興 狂言（井上菊次郎父子）・落語・手品
一月二十七・（二十八）日	夢中連浄瑠璃会	東陽館	
一月二十七日～	浪花節	波留貴座	雲光道・京山一若
二月一日	錦心流琵琶蛍雪師独演会	中央バザー内栄ホール	露川蛍雪
二月一日～（十四）日	大阪浪花節	大和座	京山恭平
二月上旬～（五）日	大阪親友派浪花節	開慶座	京山恭平・姉川好丸一座
	浪花節	波留貴座	吉田奈良女一行

二月(六)日～(十六)日	女流浪花節	開慶座	吉田奈良女一行
二月(六)日～(十)日	浪花節	波留貴座	京山恭平・姉川好丸・政友軒遊楽
二月八日	第二回女学校聯合音楽会(昼) 第一回中京婦人音楽会(夜)	商品陳列館	新愛知新聞社婦人部主催。琴・独唱・合唱(昼) 試演演劇「二つの胡蝶」(名古屋少女歌劇団)(夜) 329頁上段劇界記事参照
二月十一日	第二回音楽会	商品陳列館	中京好楽会主催。池戸やす子ほか
二月(十一)日	関西流琵琶例会	中央バザー内栄ホール	森田金泉・安藤金翠・堀田金風ほか。帝国救助院
二月(十一)日～(十四)日	浪花節	波留貴座	桃中軒雲大掾・桃中軒雲太夫・桃中軒雲
二月(十五)日	菊花学会講演会	商品陳列館	余興　琵琶・落語
二月十五日	露川蛍雪師独演会	中央バザー内栄ホール	露川蛍雪ほか
二月十五日～(十九)日	浪花節	波留貴座	敷島大蔵・浪花亭愛山・京山恭高・敷島大掾・政友軒遊楽・浪花亭辰美一行
二月十五日～(二十九)日	浪花節	大和座	二代目敷島大蔵一行
二月(十六)日	夢中連浄瑠璃会	東陽館	
二月(十七)日～(十九)日	浪花節	開慶座	吉川清之助一座
二月二十日～(二十九)日	浪花節	開慶座	二代目敷島大蔵一座
二月(二十)日～(二十四)日	浪花節	波留貴座	伯陽軒辰丸一行

二月二十一日	楽友会第二回目例会レコード演奏会	商品陳列館	「名古屋で最初の試みである泰西名家吹込みのレコード演奏会。」(「名古屋新聞」2・19)
二月二十五日～(二十九)日	浪花節	波留貴座	政友軒遊楽・吉田奈良女合同
三月一日～(七)日	浪花節	開慶座	吉川清之助
三月一・(二)日	商品陳列館第九回記念日祝賀会	商品陳列館	余興　琵琶・箏曲・長唄・舞踊・俄・曲芸・剣舞・万歳
三月(一)・(二)日	武紘会第八回慈善琵琶例会	中央バザー内栄ホール	森田金泉・金翠・金風
三月(一)日～(六)日	浪花節	波留貴座	正木一平
三月(一)日～(三十一)日	関西浪花節	大和座	京山好子
三月七日～(十四)日	浪花節真打連大合同	波留貴座	雲井雷太郎・雲井奴
三月(八)日～(十六)日	浪花節	開慶座	伯陽軒虎丸一行
三月八日～十二日	女義太夫	大正館	竹本播玉・豊竹呂雪・豊沢広駒ほか
三月(十三)・(十四)日	慈善錦心流琵琶大会	中央バザー内栄ホール	山田桃水
三月十五日～(十七)日	浪花節	波留貴座	正木一平
三月(十七)日～(三十一)日	浪花節	開慶座	京山よし子・立花家燕朝一座
三月十八日～(二十四)日	浪花節	波留貴座	雲太夫一行
三月二十・(二十一)日	改造展覧会	商品陳列館	余興　義太夫(文次郎)・演奏(第三師団軍楽隊)ほか

三月二十一日	錦心流琵琶大演奏会	中央バザー内栄ホール	露川蛍雪・三島湖水ほか。蛍雪会主催
三月二十二日	千種町第二部消防組に対する金馬簾授与式余興	武田座	消防組の万歳
三月(二十五)日～四月(七)日	女流浪花節	波留貴座	京山奴一行
三月二十九日	県下各女学校同窓会聯合大会	東陽館	余興 喜劇「女の声」(千葉萬楽一座)・音楽(スチンソン)
四月一日～(七)日	浪花節	開慶座	吉川秋水
四月(一)・(二)日	武紘会慈善琵琶会	中央バザー内栄ホール	森田金泉
四月(一)日～(三十)日	大阪女流浪花節	大和座	篠田実子・京山小円
四月(三)日	旭春会西築地支部設置披露筑前琵琶大会	千鳥座	
四月三・(四)日	錦心流琵琶大会	中央バザー内栄ホール	丸山巴水
四月八日～(十五)日	女流浪花節	開慶座	京山小円・篠田実子一行
	浪花節	波留貴座	近海駒之助・日吉川柳水一行
四月(十一)日	第百一回記念囃子会	美術倶楽部	霞会
四月(十六)日～(二十三)日	浪花節	開慶座	吉田伊左衛門・姉川仲蔵・末広亭清風一座
四月(十六)日～(二十)日	女流浪花節	波留貴座	篠田実子・京山小円一行
四月十八日	仏教活動写真試写	商品陳列館	中京布教団本部
四月(二十一)日～(二十三)日	浪花節	波留貴座	吉田伊左衛門・姉川仲造一行
四月(二十四)日～五月(一)日	三人会	開慶座	扇生・義幸・武雄
四月二十四日～(三十)日	女流浪花節	波留貴座	京山雲奴一行
四月(二十五)日	音楽演奏	鶴舞公園奏楽堂	陸軍音楽隊
五月(一)日	歌劇的童謡音楽会	商品陳列館	名古屋童謡劇協会。「かなりや物語り」「トラヴィアタ」
五月一・(二)日	関西流琵琶会	中央バザー内栄ホール	金風会
五月一日～	(講談)	波留貴座	神田伯龍一行
五月(一)日～(八)日	関西親友派浪花節	大和座	広沢□駒
五月(二)日～(十三)日	関西親友派浪花節	開慶座	広沢駒蔵・吉田若春
五月(二)日	名古屋旭調会筑前琵琶月並温習会	商品陳列館内龍影閣	
五月二日	音楽演奏	鶴舞公園奏楽堂	軍楽隊
五月(七)・(八)日	長昇連浄瑠璃会	東陽館	
五月八日～	大阪親友派浪花節	波留貴座	広沢駒造一行
五月(九)日～(三十一)日	関西親友派浪花節	大和座	広沢駒蔵
五月十四日	(講談)	開慶座	神田伯龍一行
五月十五日～	浪花節	開慶座	小秋水・龍鳳一行

（二十六）日			
五月（十六）日	琴古流尺八春季演奏会	商品陳列館	日比野社中主催
	軍楽演奏	鶴舞公園奏楽堂	第三師団軍楽隊
五月十六日	各派薩摩琵琶大会	中央バザー内栄ホール	秋山銀泉・大久保暁雲・神谷秀嶺・入江岳秋
五月十八日～二十二日	女義太夫	大正館	呂雪・広駒・播玉・大年ほか
五月十九日～（二十四）日	浪花節	波留貴座	浪花家浪子一行
五月（二十二）日	ワグネル記念祭	商品陳列館	名古屋基督教青年会清趣会第七回。ピアノ・テノール・講演・活動写真
	尺八演奏会	中央バザー内栄ホール	山本葵峰門下葵会
五月（二十三）日	第二回マンドリン試演会	商品陳列館	名古屋マンドリン倶楽部
五月二十五日～	浪花節	波留貴座	日吉川小秋水・京山龍鳳合同
五月二十七日～	浪花節	開慶座	京山雲奴・立花家歌右衛門一行
五月（二十七）日	門前校学芸会	商品陳列館	
五月（二十七）・（二十八）日	長唄古雅会第二十五回大温習会	美術倶楽部	杵屋六満左社中
五月（三十）日	西園流尺八第一回演奏会	美術倶楽部	緑園社・中共和会主催、田中湖舟後援
六月（一）日	中京音楽会主催音楽会	商品陳列館	シユーラ
六月上旬～（十）日	浪花節	開慶座	広沢一右衛門
六月上旬	浪花節	波留貴座	吉田小奈良一行
六月上旬～七月（一）日	女流浪花節	大和座	前田八重子
六月（五）日	在名外人及び音楽家の演奏会	商品陳列館	日本日曜学校協会名古屋支部
六月六日	軍楽演奏	鶴舞公園奏楽堂	第三師団軍楽隊
六月八日～（十六）日	女流浪花節	波留貴座	前田八重子
六月（十一）日～（十五）日		開慶座	朝日義幸一行
六月十五日	蛍雪会主催音楽会	中央バザー内栄ホール	露川蛍雪
六月十六日～（二十一）日	女流浪花節	開慶座	前田八重子一行
六月十七・（十八）日	夢中連浄瑠璃会	東陽館	
六月十七日	浪花節	波留貴座	大和屋錦一行
六月（十九）日	佐藤謙三独奏会	商品陳列館	
六月二十二日～		開慶座	朝日義幸一行
六月二十二日～（三十）日	浪花節	波留貴座	広沢一右衛門一行
六月二十二日～二十七日	義太夫	米本座	呂雪・広駒・播玉・大年ほか
六月二十六日～	浪花節	開慶座	大和家錦一行
六月二十六日	奏楽	鶴舞公園奏楽堂	第三師団軍楽隊
七月一日～（九）日	浪花節	開慶座	吉田伊左衛門・姉川仲造一行

七月一日	錦心流蛍雪会琵琶大会	中央バザー内栄ホール	露川蛍雪ほか
七月一日～（十）日	浪花節	波留貴座	政友軒遊楽一行
七月二日～（十五）日	浪花節	大和座	浪花家美之助・原華六合同一座
七月（十）日～（十四）日	浪花節	開慶座	浪花家美之助・原華六合同一行
七月十日	応援演奏会	商品陳列館	大阪毎日新聞名古屋支局。神戸関西学院カレヅヂ・グリー・クラブ応援
	奏楽	鶴舞公園奏楽堂	第三師団軍楽隊
七月（十一）日～（十四）日	浪花節	波留貴座	三河家円平一行
七月（十五）日～（二十一）日	浪花節	開慶座	広沢巌蔵・政友軒遊楽
七月十五日～（十九）日	浪花節	波留貴座	京山雲奴一行
七月十六日～	関東・関西浪花節	大和座	原雷右衛門・広沢鶴之輔一行
七月（十七）日	尼港惨死者遺族義捐金募集演奏	中央バザー内栄ホール	ホワイトローズハーモニカ研究会
七月二十日～（二十七）日	合同浄瑠璃会	波留貴座	
七月二十二日～（二十六）日	演目不詳	開慶座	木村重若丸
七月二十四日	演奏会	鶴舞公園奏楽堂	第三師団軍楽隊
七月二十七日～	浪花節	開慶座	桃中軒雲入道
七月二十八日～	浪花節	波留貴座	吉田小奈良丸一行

八月一日～（十）日	浪花節	開慶座	港家扇蝶・京山為友二座合同
八月一日	蛍雪会錦心流琵琶大会	中央バザー内栄ホール	蛍雪ほか
八月一日～（五）日	浪花節	波留貴座	桃中軒白雲一行
八月上旬～九月（二）日	浪花節	大和座	港家扇蝶
八月四日～	浪花節	富貴座	桃中軒雲入道一行
八月六日～（十一）日	浪花節	波留貴座	二代目雲右衛門雲入道一行
八月十一日～（十四）日	浪花節	開慶座	桃中軒雲入道一行
八月十二日～（十四）日	浄瑠璃大会	波留貴座	
八月十三日	ヴァイオリン入国勢調査宣伝	鶴舞公園奏楽堂	
八月十四日	演奏会	鶴舞公園奏楽堂	第三師団軍楽隊
八月（十五）日～	浪花節	開慶座	湊屋扇蝶一行
八月十五日～（二十四）日	浪花節	波留貴座	湊家扇蝶一行
八月十五日～（十七）日	愛知因社浄瑠璃大会	美術倶楽部	寿珏・小勝・五月ほか
八月二十一日～	浪花節	富貴座	桃中軒雲入道一行
八月二十五・二十六日	大奇術	波留貴座	日本天勝一行
八月二十六日～	浪花節	開慶座	
八月二十七日～九月（二）日	浪花節	波留貴座	篠田実一行
八月二十七日	旭風会琵琶会	美術倶楽部	伊藤旭光・梶原旭立ほか

八月二十八日	演奏会	鶴舞公園奏楽堂	第三師団軍楽隊
九月三日～	浪花節	波留貴座	玉川勝太郎・桃雲閣呑風一行
九月（三）日～（十九）日	大阪親友派浪花節	大和座	天光軒満月・吉田久菊
九月七日～（十四）日	浪花節	開慶座	吉川清之助一行
九月七日～（十一）日	大阪親友派浪花節	波留貴座	天光軒満月・吉田久菊一行
九月十・（十一）日	少女薩摩琵琶大会	中央バザー内栄ホール	白山会主催。田辺錦波
九月（十二）日	錦心流琵琶大会	中央バザー内栄ホール	叫水会本部主催
九月十二日～（十四）日	中京花柳会浄瑠璃	波留貴座	
九月十三日～十七日	女義太夫	大正館	呂雪・広駒・播玉・大年ほか
九月（十五）日～（三十）日	大阪親友派浪花節	開慶座	天光軒満月・吉田久菊・吉田久丸
九月十五日～（十九）日	浪花節	波留貴座	吉田久丸・京山龍鳳
九月（十八）日	第二回錦心流琵琶会	中央バザー内栄ホール	堅水会主催
九月二十日～	浪花節	波留貴座	相生家宝松・吉田播磨一行
九月二十日～（三十）日	関西親友派浪花節	大和座	吉田久丸・広沢駒蔵
九月二十一・（二十二）日	女義太夫	武田座	大年・播玉・呂雪・広駒
九月二十三日～二十五日	松本訓導活動写真会	武田座	名古屋新聞社後援

九月二十三日～（二十五）日	大阪親友派浪花節	波留貴座	広沢駒造・広沢当円一行
九月（二十四）日	西園流尺八秋季大会	中央バザー内栄ホール	内田西園社中
九月（二十五）日	名阪合同音楽会	商品陳列館宝冠閣	愛知新聞文芸部主催。大阪楽人会・中京クワルテットソサイチイ
九月（二十六）日	奏楽	鶴舞公園奏楽堂	陸軍軍楽隊
九月二十六日～（三十）日	浪花節	波留貴座	吉川清之助一行
九月（二十八）日	天風流尺八秋季演奏会	中央バザー内栄ホール	天風会主催。吉田天風
九月（二十九）・（三十）日	薩摩・筑前慈善琵琶会	中央バザー内栄ホール	名古屋養育院主催、琵琶研究会発起
十月一日～（五）日	大阪親友派浪花節	開慶座	京山吾一・京山呑風・京山東天一行
十月一日	錦心流琵琶講習会	中央バザー内栄ホール	蛍雪会主催
十月一日～（四）日	浪花節	波留貴座	港家儀蝶一行
十月一日～十一月（二）日	大阪親友派浪花節三兄弟会	大和座	京山吾一・京山呑風・京山東天一行
十月二日	レコード音楽会	商品陳列館	音楽と美術会主催
十月三日	名古屋日曜学校生徒大会	鶴舞公園奏楽堂	
十月四日	秋季常盤津温習会	中央バザー内栄ホール	岸沢力松会主
十月（五）日～（十）日	大阪親友派浪花節	波留貴座	京山東天・京山吾一・京山呑風
十月六日～（十二）日	浪花節	開慶座	港家儀蝶一行

十月(六)日	常盤津秋季温習会	中央バザー内栄ホール	岸沢式寿重会主
十月七・(八)日	慈善筑前琵琶演奏会	中央バザー内栄ホール	名古屋養育院主催
十月九日	音楽会	商品陳列館	名古屋楽友会主催。オーレ・シロイド
十月(九)日	錦心流琵琶会	中央バザー内栄ホール	中京錦心流琵琶同好会主催
十月十日～(十二)日	文連秋季浄瑠璃大会	中央バザー内栄ホール	文連主催。浪越・中券義太夫芸妓
十月十一日	浪花節	波留貴座	京山小愛三一行
十月十二日～(十六)日	浄瑠璃大会	波留貴座	
十月十三・(十四)日	浪花節	開慶座	京山愛虎一行
十月(十三)日	都山流尺八演奏会	商品陳列館	都山流中京珗琳会主催。珗山師昇格祝賀
	薩摩琵琶大会	中央バザー	愛琵会
十月十四日	常盤津研究会演奏会	美術倶楽部	浪越常盤津研究会
十月十五日～(二十)日	大阪親友派浪花節	開慶座	京山東天・吾一・呑風
十月(十六)日	奏楽	鶴舞公園奏楽堂	陸軍軍楽隊
十月十七日～	浪花節	波留貴座	
十月(十八)日	琵琶会	中央バザー	白山会主催
十月十九日	浪花節	波留貴座	徳川譲一行
	旭龍会一週年記念琵琶会	美術倶楽部	
十月(二十)日	浄瑠璃大会	波留貴座	
十月二十一日～十一月(二)日	浪花節	開慶座	南軒一守
十月二十二日～(二十四)日	都昇連浄瑠璃秋季大会	富貴座	一枝・義玉ほか
十月(二十四)日	秋季囃子会	美術倶楽部	田鍋社中霞会
十月(二十八)日	逸城会尺八楽演奏会	中央バザー内栄ホール	逸城会主催
十月二十九・(三十)日	慈善琵琶会	中央バザーホール楼上	名古屋養育院主催、琵琶研究会発起。松下旭邦
十月(三十一)日	関西流慈善琵琶大会	大正館	名古屋盲人会主催
	白山会琵琶会	中央バザー	
	天長佳節大演奏会	鶴舞公園奏楽堂	第三師団軍楽隊
十月三十一日～	支那の不具者公開	宝座	愛知医科大学各博士証明
十一月(一)日～	浪花節	波留貴座	京山敷島一行
十一月二日～(五)日	長昇連秋季浄瑠璃会	中央バザー内栄ホール	令香・操・越登ほか
十一月三日～(十四)日	浪花節	開慶座	吉川清之助
十一月三日～(三十)日	大阪女流同盟会	大和座	
十一月六日～	源連浄瑠璃大会	大正館	広勝・喜昇・みどりほか
十一月六日	薩筑合同琵琶会	中央バザー	琵琶研究会主催
十一月(八)日	名古屋マンドリン倶楽部第三回試演会	商品陳列館	
	関西流渓水派尺八秋季大会	中央バザー	杉山渓水主催

十一月八日～(十)日	浪花節	波留貴座	三枡家若遊一行
十一月九日	文化講座音楽会	商品陳列館	安村禎子・ゼーベルゲル夫人
十一月十日～	浪曲	富貴座	鼈甲斎虎丸一行
十一月十一日～(十四)日	大阪女流浪花節	波留貴座	大阪女浪花節同盟会一行
十一月(十三)日	和洋秋季音楽会	商品陳列館	芸術社主催。琴・三絃・尺八・バイオリン・ハーモニカ
十一月十五日～(二十)日	女流浪花節	開慶座	広沢千代女・岡田千代子・春日軒俊子・浪花家虎筆・旭市子一行
十一月(十五)日	慈善琵琶会	中央バザー内栄ホール	名古屋盲人会主催
十一月十五日～	浪花節	波留貴座	原雷右衛門
十一月十七日	長唄研究会	美術倶楽部	浪越連妓
十一月十九日	筑前琵琶聯合大温習会	商品陳列館本館階上	旭聡会・旭風会主催
十一月十九日～	奇術・喜劇	波留貴座	松玉斎一行
十一月二十一日～(二十五)日	浪花節	開慶座	相生家宝松一行
十一月二十一日～(二十三)日	浄瑠璃	大正館	竹本越名太夫追善特別興行。竹本越名太夫一座
十一月(二十一)日	琵水会創立三週年記念琵琶大会	中央バザー内栄ホール	琵水・準水・盛水・康水
十一月二十一日	箏曲秋季温習会	美術倶楽部	杉山田鶴子社中・内田西園・平野芳園・安福呉山・田中湖舟ほか
十一月(二十二)日	天風流尺八演奏会	中央バザー内栄ホール	天風会主催

十一月二十三・(二十四)日	薩摩・筑前合同琵琶会	中央バザー内栄ホール	
十一月二十三日～二十五日	関東浪花節座長連大会	波留貴座	
十一月二十五日	第十九回演奏会	商品陳列館	シコラ・ヒルベルグ夫人
十一月二十六日～(三十)日		開慶座	朝日義幸・高島憲太郎一行
十一月二十六日	第二回歌劇的童謡音楽会	商品陳列館	井上博枝主宰名古屋童謡劇協会。家庭踊・お伽歌劇「桃太郎」ほか
	手踊温習会	波留貴座	
十一月二十七日	愛知医大同好会秋季尺八演奏会	商品陳列館	日比野一風主催
十一月二十七日～(三十)日	浪花節	波留貴座	小円車・梅車・小円治合同
十一月二十七日～(二十九)日	愛知因社秋季浄瑠璃大会	美術倶楽部	小叶・寿班・京枝ほか
十一月二十八日	第三回向上会総会	栄座	余興　芝居・浪花節
十二月一日～(五)日		開慶座	高木残月一行
十二月一日～(七)日	浪花節	波留貴座	三枡家若遊一行
十二月一日～	浪花節	大和座	吉田奈良女三座合同
十二月四日	原首相歓迎会	美術倶楽部	余興　名古屋踊(盛栄連)
十二月六日～(十一)日	浪花節	開慶座	京山円十郎・吉田奈良女一行
十二月六日	筑前・薩摩合同琵琶会	中央バザー	

十二月(八)日～(十)日	浄瑠璃二座合同	波留貴座	
十二月(九)日	緞帳披露長唄演奏会	美術倶楽部	中券二葉会
十二月十一日	忘年琵琶大会	中央バザー内栄ホール	琵琶普及会主催
十二月十一日～(十九)日	浪花節	波留貴座	徳川譲一行
十二月十二日～(十六)日	浪花節	開慶座	浪花家林花
十二月(十四)日	筑前琵琶義士会	商品陳列館	名古屋旭洲会主催
十二月(十五)日	都山流尺八葵会演奏会	中央バザー内栄ホール	
十二月(十七)日～(二十五)日	浪花節	開慶座	三升家若遊・南亭一守一行
十二月二十日～	浪花節	波留貴座	大洋改め浪花愛右衛門一行
十二月中旬～	浪花節忘年会	大和座	富士入道一行
十二月二十五日～	浪花節忘年大会	波留貴座	広沢菊造一行
十二月二十六日～	浪花節	開慶座	吉川清之助一行

○大正九年　活動写真常設館における実演を含む写真および余興一覧表

日程	劇場	実演を含む内容	実演の分野・演者	その他の内容	備考
一月七日～(十三)日	芦辺館	新派琵琶劇「女兵士」		旧劇「女地雷也」、大活劇「暴風雨の一夜」	
一月八日～(十四)日	太陽館	新派悲劇「恋の恨み」(「呼千鳥」改題)	琵琶入り	連続驚異劇「怪魔人間タンク」	
一月十五日～(二十一)日	太陽館	新派悲劇「残る月」	琵琶入り	連続驚異劇「怪魔人間タンク」	「残る月」は渡辺霞亭原作
一月(二十)日～	大宮館	新派悲劇「侠艶録」(劇中劇「重の井子別れ」の場)	義太夫入り	連続冒険活劇「鉄の爪」、旧劇「崇禅寺馬場の大仇討」	昼夜二回上映
一月二十二日～	太陽館	新派悲劇「恋の犠牲」	琵琶入り	連続驚異劇「怪魔人間タンク」、「大紐育」	
一月下旬～	芦辺館	新派琵琶劇		連続活劇「伯林の狼」	
二月上旬～(六)日	文明館	余興〈詳細不明〉	宝和楽一行	連続活劇「呪の家」、旧劇「宮本左門之助」	
二月上旬～	芦辺館	旧劇「紙屋治兵衛」	義太夫出語り	新派「雲の流れ」、連続活劇「伯林の狼」	

二月(二十)日～(二十六)日	芦辺館	新派琵琶劇「娘心」		旧劇「忍術真田十勇士の一人猿飛佐助」、連続活劇「伯林の狼」	
三月(二十)日～(二十六)日	中央電気館	新派「浮き沈み」	琵琶弾奏(小亀錦湖)	人情活劇「ユーコン河の侠妓」	「自今新派劇は当館に於て封切を致し升。」(「名古屋新聞」３・20広告)
四月(三)日～(九)日	中央電気館	新派悲劇「小松島」	秘曲弾奏(小亀錦湖)	喜活劇「ミツキー」	
四月(十七)日～(二十三)日	中央電気館	「嗚呼松本訓導」	琵琶入り	西部活劇「覚醒の労働」	
四月三十日～五月(六)日	芦辺館	琵琶劇「常陸丸」		「佳人の復讐」、旧劇「三家三勇士」	
五月二十一日～	ニコニコ館	新派悲劇「みなし児」	琵琶入り	家庭情話「良妻賢母」、社会劇「犯罪簿に載れる女」	
五月二十八日～六月(四)日	芦辺館	新琵琶劇「南山血染の勇士」		旧劇「忍術龍王丸」、連続活劇「曲馬団の娘」	
五月二十八日～六月(三)日	世界館	「十字軍」、連続活劇「幽霊騎手」、特別番外「落日の山道」	オーケストラ		「同館独特のオーケストラを組織して…」(「名古屋新聞」５・28)とあるが、詳細は不明。説明は「十字軍」が石井孤峰、「幽霊騎手」が若宮三郎、「落日の山道」が石井ライオン
六月十一日～十七日	世界館	幕間休憩〈奏楽〉	オーケストラ	社会劇「泥中の薔薇」、「幽霊騎手」、「ラジウムの秘密」	「幕間休憩には奏楽を演奏。」(「名古屋新聞」６・10)
六月十九日～(二十五)日	金輝館	旧劇「源義経」(勧進帳)	出語り	支那劇「西廂記」	「『源義経』勧進帳は出語り。」(「名古屋新聞」６・19)
七月十七日～二十三日	文明館	新派悲劇「子持芸者」	琵琶入り	「御三家三勇士」、連続冒険活劇「電光石火」	「御三家三勇士」は尾上松之助出演。(「名古屋新聞」７・17に詳細な配役あり)
七月二十二日～(二十八)日	世界館	琵琶劇「乃木将軍と潮来船」		「強者の道」、「愛の手招」、「ラヂウムの秘密」	「今一週間に限り番外として琵琶劇(中略)を上場。」(「新愛知」７・23)
七月二十二日～(二十九)日	ニコニコ館	新派「己が罪」	琵琶弾奏(古市射水)	「嫉妬に燃ゆる眼」、「黄金の夢」	

七月三十日～八月（五）日	ニコニコ館	新派悲劇「新乳兄弟」	琵琶入り	「船渠の蛇」	
八月二十日～（二十六）日	ニコニコ館	新派琵琶劇「新召集令」	琵琶弾奏（古市射水）	お伽戦争活劇「ジヤックと豆の木」	
八月二十七日～九月（二）日	ニコニコ館	新派「咲く花散る花」	琵琶入り	「女優と作者」	
八月二十八日～	金輝館	特別余興〈真正流剣舞・鉄棒術〉	野村米子嬢 国守一誠	旧劇「猿飛佐助」、新派悲劇「三味のもつれ」、連続活劇「七真珠」	剣舞は「芸題お好次第」、鉄棒術は「飛入勝手次第」とある。（「名古屋新聞」8・27広告）
九月二十日～二十六日	港座	「ウーマン」	オーケストラ弾奏（大田汀波指揮・坪井清吉ピアニスト）	新派悲劇「八幡屋の娘」、滑稽活劇「有頂天」	昼夜二回上映。「ウーマン」の説明は田中礼文・市川天華・高木鯱城・藤巻来恩・白井雅村・徳富公堂
十月八日～	芦辺館	琵琶劇「死出の晴着」		旧劇「熊若丸」、人情劇「夜の祭」	
十月十一日～（十六）日	港座	琵琶劇「天下隠密三河万歳」		新派悲劇「其の夜の一念」、人情活劇「犂執る乙女」	「三河万歳」は市川姉蔵一座出演
十月二十九日～十一月（三）日	太陽館	特別余興〈君ヶ代、ハトポッポ、カメサン、其他単語数種〉	南洋産物言ふ鳥 浅黄帽子（一名「太郎さん」）	「大旋風」、「チヤプリン一日の行楽」、南北戦話「南軍の花」	『大旋風』の余興として三味線の音色に合して人声を発する『青帽子』と云ふ珍鳥を出演せしむと。（「名古屋新聞」10・28）
十一月二十六日～十二月（二）日	世界館	「恐怖の夜」、「踊子となりて」、「鉄腕の響」	管弦楽演奏		「管弦楽演奏」（「名古屋新聞」11・26広告）とあるが、詳細は不明
十二月三日～（九）日	世界館	「リキシーから君は来たか」	奏楽	野球ローマンス「熱球」、「鴛鴦の舞」、「鉄腕の響」「帰らぬ一夜」	
十二月九日～（十四）日	太陽館	旧劇「義士外伝横川勘平」	浪花節口演（桃中軒福右衛門）	新派悲劇「月見草」、冒険活劇「鉄拳勇士」	「横川勘平」は嵐璃徳出演
十二月十七日～（二十三）日	世界館	「東洋の恋歌と夢」	奏楽	「沈み行くジヤンヌ」、「孔雀の舞」、「鉄腕の響」	
十二月十八日～（二十四）日	港座	「明治神宮と思出の乃木将軍」	錦心流琵琶弾奏（古市射水）	人情劇「猜疑の眼」、喜活劇「情の男よ」	
十二月二十四日～（二十九）日	世界館	「結婚の薔薇」	奏楽	特選喜劇大会、「訓の庭」、「呪の暗号」	

近代歌舞伎年表　名古屋篇　第十一巻

発　行　平成二十九年三月三十一日

定　価（本体一九、〇〇〇円＋税）

編　者　独立行政法人日本芸術文化振興会
国立劇場調査養成部調査記録課
近代歌舞伎年表編纂室

発行所　株式会社　八木書店古書出版部
代表　八木乾二
〒101-0052　東京都千代田区神田小川町三―八
電　話　〇三―三二九一―二九六九〔編集〕
〇三―三二九一―六三〇〇〔ＦＡＸ〕

発売元　株式会社　八木書店
電　話　〇三―三二九一―二九六一〔営業〕
〇三―三二九一―六三〇〇〔ＦＡＸ〕

印　刷　精興社

製　本　博勝堂

ISBN978-4-8406-9245-8

URL : https://catalogue.books-yagi.co.jp/
E-mail : pub@books-yagi.co.jp

中村座